Thedorus Bergh.

Poetae lyrici Graeci Pindari carmina continens

Thedorus Bergh.

Poetae lyrici Graeci Pindari carmina continens

ISBN/EAN: 9783742803337

Manufactured in Europe, USA, Canada, Australia, Japa

Cover: Foto ©Andreas Hilbeck / pixelio.de

Manufactured and distributed by brebook publishing software (www.brebook.com)

Thedorus Bergh.

Poetae lyrici Graeci Pindari carmina continens

POETAE LYRICI GRAECI.

TERTIIS CURIS

RECENSUIT

THEODORUS BERGK.

PARS I.
PINDARI CARMINA CONTINENS.

LIPSIAE.
IN AEDIBUS B. G. TEUBNERI.
MDCCCLXVI.

AUGUSTO MEINEKIO,

FRIDERICO THEOPHILO WELCKERO

D. D. D.

THEODORUS BERGK.

PRAEFATIO.

Lyricorum poetarum monumenta cum tertiis curis pertractanda essent, sedulo operam dedi, ne industria mea aut fides desideraretur, quamquam publici muneris officia raro otii intervalla his studiis concesserunt. Itaque quantum fieri potuit aliorum inventa studiose undique collegi ac recensui, quamquam vel sic credo nonnullas hominum doctorum correctiones meam diligentiam fugisse; tum vero lectio repetita horum carminum aliquantum incrementi emendationi attulit: nam et ipsorum poetarum reliquias relegi et quae olim de his commentatus sum, sub examen vocavi. Nostra studia verecundo, aliena iuste aestimavisse mihi videor, cavens, ne quid in alios acerbius dicerem, quamvis insignem levitatem, qua hac nostra aetate permulti criticam artem factitant, prudenti homini fastidium movere par sit.

In Pindaro plura novavi speroque ad emendationis perfectionem me propius accessisse, quam antea: nam non solum, quod haec carmina fere sola integra servata sunt, criticae arti facilitandae bulgui est adiumento, verum etiam poetae summi virtutes animum imprimis detinuerunt, ut praeclaris his ingenii monumentis pristinum nitorem pro virili parte restituere non desisterem. Praeterea hominum doctorum studia, quae novissimo tempore in hoc poeta collocata sunt, multum mihi profuerunt: nam quamvis mihi saepenumero scorsim sentiendi necessitas fuerit imposita, vel sic tamen lubens merito profiteor me etiam ex aliorum erroribus aliquem fructum percepisse. Denique ad Pindarum emendandum etiam nova quaedam subsidia adhaeruunt: nam et Mediceis libris nonnullis et Ambrosiano codice ex parte uti licuit: neque tamen integram lectionis varietatem subieci, sed, ut instituti ratio ferebat, potissima selegi.

De Pindaro nuper praeclare meritus est Tycho Mommsen, qui singulari industria plurimos libros manuscriptos exploravit, ut qui postea huius poetae carmina ad criticae artis leges examinabit, iam firmiore fundamento uti possit. Sed quamvis amplissimum hoc sit instrumentum, non tamen satis est praesidii in his libris, qui haud raro in vitiis vel apertis vel caecis conspirant: codices illos ut antiquitate ita virtute multo superant veterum commentariorum reliquiae; horum scholiorum auxilio cum multi poetae loci a criticis nostris sint emendati, haud vana est spes, fore ut alia quoque vitia certa medicina procurari possint, si pari cura etiam scholiis librorum ope correctis et suppleta fuerint: ac fortasse etiam glossae, quae supra versus adscriptae leguntur, quaeque fere neglectae sunt, aliquid emolumenti suppeditabunt. Quod si Mommsen hanc quoque laboris partem in se reciplet, meritis suis insignem addet cumulum. Ceterum ipse Mommseni copiis non potui uti; nam cum eius editio publici facta est iuris, mea Pindari recensio iam absoluta erat: neque si licuisset librorum a Mommseno vel denuo vel primum collatorum fidem et auctoritatem examinare, satis honestum fuisset, alieni fructus laborem continuo huc transferre.

In versibus Pindaricis describendis nihil fere novavi, quamquam existimo nonnulla rectius administrari posse. Sane versuum distributio plerumque certa est, sed quo pacto singula cola dissribenda sint, multis locis valde ambiguum: item de illis, quae συμμαδίαν numerorum effugiunt, magna est quaestio. Inprimis stropharum, quae logaoedici sunt generis, numeri nondum satis sunt explorati: neque enim animadverterunt, insanum temporum frequentia hoc numerorum genus inprimis insigne esse. Illic ego, si quae mihi vera aut certe verisimilia videntur, in diagrammate tantum uniuscuiusque carminis significassem, laboris mei fructus fere nullus fuisset: nam oportebat simul causas accuratius explanare, quibus meae rationes nitantur: hae autem quaestiones, quae arcta necessitate cum artis rhythmicae legibus coniunctae sunt, ab huius operis instituto alienae esse apparet. Alia autem ita sunt comparata, ut quo modo numeri in diagrammate sint notandi, non ausim diiudicare. Velut leges Stesichorei generis, quo Pindarus praeter logaoedicum in epinicis plurimum utitur, iam Boeckhius praeclare illustravit, sed mensura rhythmica prorsus incerta: alius aliam coniecturam periclitatur: ego quae de ea re aliquando proposui, ipse iam improbo: illud certum, trochaeos hic solito graviores esse. Apparet igitur, ne inania quidem tempora satis certo hic notari posse.

Huc accedit alia difficultas. Facile quidem fere deprehendimus, ubi poetae verba cum numerorum lege non satis congruunt, sed ad tempora exaequanda utrum silentio an adiectione [*]) usi sint, plerumque incertum. De iis Rossbach et

---

[*]) Adiectionem sive πρόσθεσιν rhythmici videntur appellavisse, quam musici τονὴν vocaverunt, uti iam in thesibus philologis significavi. Aristides hic quoque graviter errat, qui πρόσθεσιν duorum temporum limen esse dicit. Hanc adiectionem, ubi vocalis longius porrigitur idemque sonus diutius tenetur, videtur etiam Demetrius rhetor spectare de elocutione 74, ubi de vocalium concursione disserit, quam negat tanquam vitiosam plane fugiendam esse, cum etiam ipse sermo in modulis vocabulis haud rare vocales ita consoclare solcat, ut continue se excipiant; tum pergit: Καὶ ἐν ᾠδαῖς δὲ τὰ μελίσματα ἐπὶ ἑνὸς

Westphal, qui huc potissimum animum adverterunt ac de hac rhythmicae artis parte egregie meriti sunt, cum aliis, tum hoc non recte praecipiunt, in medio vocabulo nullum esse locum silentio: quod praeceptum falsum esse compluribus argumentis ac testimoniis ostendi potest: quae singillatim persequi non est huius loci: itaque breviter perstringam. Etenim poetae vel musici cum carmina modis adaptarent, pariter utroque numeri complemento usi sunt, ita ut in eodem carmine paribus locis modo adiectionem modo silentium adhiberent, quamquam sane consentaneum est, non solum singulis metrorum generibus, sed etiam singulis locis vel hoc vel illud supplementum magis convenire. Documento sunt in primis Mesomedis carmina.*) Existimant poetam hic modo anapaestis logaoedicis, modo puris paroemiacis usum esse, ita ut pro arbitrio diversissima haec metra usurpaverit: at id omnino falsum: paroemiaci qui videntur logaoedicorum legem sequuntur, a qua lege eatenus recedunt, quod brevis syllaba, quae est paenultimo loco, reticetur.**) Quare passim vacui temporis signum (Λ) in illa ipsa sede versus deprehendimus, velut II 8 et 9 ed. Bellermann:

$$\text{'Ροδόεσσαν ὃς ἄντυγα καλῶν}$$
$$\text{Πτανοῖς ὑπ' ἴχνεσσι διώκεις.}$$

Item III v. 3:

$$\text{'Α κούρα φρυάγματα θνατῶν.}$$

et ibidem v. 10:

$$\text{Γαυρούμενον αὐχένα κλίνεις.}$$

γίνεται τοῦ αὐτοῦ μακροῦ γράμματος, οἷον ᾠδῶν ἐπεμβαλλομένων ᾠδαῖς, ὥστε ἡ τῶν ὁμοίων συγκρουσις μικρὸν ἔσται τι ᾠδῆς μέρος vel μέλισμα. Nisi forte ille μετεῖον intellexit, ubi idem sonus saepius canendo iteratur, quam πετεῖον Aristophanes in Euripide videtur reprehendere Ran. 1314, ubi quod scribit Scholiasta ἡ ἐπίστασις τοῦ ει εἰ ἐλίσσετε κατὰ μίμησιν τῆς μελοποιίας, grammaticorum ille, non musicorum utitur vocabulo. Denique quod Fronto dicit p. 126 ed. Berol. 'Isti autem tam oratores quam poetae consimile faciunt atque citharoedi solent unam aliquam vocalem litteram de (In)mone (ter. Inone) vel de Aedone multis et variis accentibus cantare.' Item περτείαν videtur spectare.

*) Mesomedis enim, non Dionysii, qui nullus fuit poeta, tres illae sunt cantilenae. Frustra adversatus est I. Caesar (Grundzüge der griech. Rhythmik p. 188), qui quod dicit id quod sibi hoc usque aliis omnibus visum esse, fumum vendit. Neque Bellermann, vir in primis prudens et doctus, neque alius quisquam, quod sciam, tam mira commentus est; sed dicetur de hac re alias.

**) Dixerunt de his versibus Rossbach et Westphal I p. 87 seq., ubi recte intellexerunt, anapaestis cyclliis hos versus constare, sed quae ratio inter paroemiacos, qui videntur, et versus logaoedicos acatalectos intercedat, non animadverterunt.

ac rursus v. 13:

>   Ζυγὸν μετὰ χεῖρα κρατοῦσα.

Denique II v. 21 clausulam nota auctiorem exhibet:

>   Γλαυκὰ δὲ πάροιθε Σελάνα.

At rursus alias in similibus versibus non reperitur fimbriatis sigla, sed bisyllaba versus clausula tribus quattuorve siglis est instructa, ut appareat poetam hic nos silentio, sed adiectione unum esse, velut II 13:

>   Αἴγλης πολυδερκέα παγάν.

et ibidem v. 23:

>   Λευκῶν ὑπὸ σύρμασι μόσχων.

et 24:

>   Πολυείμονα κόσμον ἑλίσσων.

item III v. 9:

>   Λήθουσα δὲ παρ πόδα βαίνεις.

Sunt denique loci, ubi neutrum complementum comparet, ita ut clausula bisyllaba binis tantum notis instructa sit, velut II v. 7:

>   Χιονοβλεφάρου πάτερ Ἀοῖς.

et ibidem v. 14:

>   Περὶ γαῖαν ἅπασαν ἑλίσσων.

et v. 18—19:

>   Κατ' Ὄλυμπον ἄνακτα χορεύει.
>   Ἄνετον μέλος αἰὲν ἀείδων

et v. 22:

>   Χρόνον ὥριον ἡγεμονεύει.

item III v. 4:

>   Ἐπέχεις ἀδάμαντι χαλινῷ.

Verum non dubito, quin hic librariorum negligentia signum aliquod interciderit: sed haec diiudicent musicae artis peritiores.

Amplo opere ut iam commodius uti liceat, placuit trifariam dividere: Pindari carmina, quae seorsim eduntur, mox subsequentur elegiographorum et iambographorum reliquiae: tertia pars melicorum poetarum monumenta continebit.

Superest, ut publice meritas gratias agam iis, qui liberalissime et prompta voluntate me adiuverunt; nam publica munificentia, quae aliis multis adfuit, mea studia nunquam sublevavit. Et primum quidem Fridericus Dochmer, qui in hac academia sacras litteras prolitetur, ea quae Florentiae anno 1852 mense Novembri, et rursus anno 1853 mense Aprili ex Mediceis Pindari libris enotavit, mihi comiter concessit; Guilelmus autem Studemund Mediolani codicis Ambrosiani, qui Pindari Olympia continet, partem meo rogatu diligentissime contulit; denique H. Nolte Parisiis humanissime mihi transmisit Phocylidei carminis varias lectiones ex codice antiquissimo Parisino enotatas, quem librum statim intellexi non diversum esse a Bekkeri codice Mutinensi, sed vel sic iterata optimi exempli collatio perutilis fuit.

Scripsi Halae d. XXVII m. Decembris
MDCCCLXIV.

Serius, quam exspectaveram, haec nova editio foras datur, typographorum Lipsiensium opera diutius plane cessante: haec mora, quamvis ingrata, tamen profuit, siquidem Guil. Studemund cum alia apparatus critici supplementa transmisit, de quibus suis locis dicetur, tum Mediolani in bibliotheca Ambrosiana Hephaestionis codicem pervetuum *) reperit eiusque varias scripturas mecum communicavit, quem codicem littera A signabo.

Item Anthologia Lyrica, quae habet peculiaria quaedam, novis curis perpolita proxime prodibit: augebitur autem non tantum Babrianarum fabularum sylloge altera, sed etiam Theocriti carmine melico, quod nuper Studemund in codice Ambrosiano indagavit: quod carmen versibus XXXII Asclepiadeis constans edidi in Procemio lect. Hal. 1865,6, sed quoniam academicae commentationes in paucorum manus perveniunt, Anthologiae inseram. Eiusdem viri amicissimi insignis industria ac fides me invit in Theocriti, Simmiae, Dosiadae carminibus figuratis recensendis, ut difficillimas has aenigmas, quae nostris hominibus videntur, non solum aliquanto emendatiores, sed etiam Simmiae Securim versa auctam edere liceat: Item varias scripturas Parisinorum aliquot codicum in quibus illa carmina leguntur mecum liberaliter communicavit Froehner. Hanc Anthologiam, quae maioris operis quasi complementum quoddam est, multi homines docti videntur plane ignoravisse, nonnulli usi sunt, sed tacite, alii ad utram partem pertineant, nescias. Ita cum in Alexandri Aetoli elegia I v. 15 ἅλα ξυνεῶνα Θαλείης scripsissem, biennio post Mauricius Haupt in procemio lect. Berolin. (1855,6) eandem

---

*) Cod. Ambr. I 8 sup, membran. saec. XIV, forma quadr. min., qui olim L. V. Pinellii fuit, in margine detritus. Continet liber Nicomachi Arithmetica cum scholiis fol. 1—75, Longini prolegomena (ἐν τῷ Λογγίνου τοῦ φιλοσόφου τὰ προλεγόμενα εἰς τὸ τοῦ Ἡφαιστίωνος ἐγχειρίδιον) sine scholiis marginalibus fol. 76—91, denique Ἡφαιστίωνος ἐγχειρίδιον περὶ μέτρων fol. 92—151 cum scholiis in margine, sed partim propemodum evanidis.

commendavit emendationem, unde Hercherus in Parthenii editione
eam coniecturam Hauptio adscripsit. Solet enim Hauptium ob-
livio capere eorum, quae alii ante se recte animadverterunt, vel-
ut in eodem prooemio, ubi quinque potissimum emendationes
proposuit, duae a me sunt occupatae: nam etiam quod in versu
Timonis sillographi ἀμενθήριστος scribendum esse dicit, id
ego iam dudum in commentatione critica I p. 3 (Marburgi 1844)
suasi, atque rursus eandem coniecturam Nauck et ipse meorum
immemor proposuit a. 1849 in Philologo IV 199). Nunc quo-
que, ut alias solitus sum, haec silentio praetermisissem, sed
verendum est, ne hoc silentio abutantur malevoli homines et
contumeliae adiaut iniuriam, me haec mala fraude aliis surri-
puisse dictitantes.

Vel diligentissimo homini, qui maxime cavet, ne aliena sibi
vindicet, potest accidere ut in medium proferat, quae alii iam
antea proposuerunt: sed honesti viri, qui inviti se nescii alio-
rum inventa repetunt, ab istis, qui furto subigere consuerunt
alienas emendationes, nullo certiore indicio possunt dignosci,
quam quod hi eosdem quos impudenter despoliassent graviter
solent lacessari: quidvis invidiose et inique reprehendunt, quae
non possunt reprehendere, aut sibi vel aliis tribuunt, aut si-
lentio praetermittunt, per omnia sive taceant sive loquantur, in-
iustum et a veritate aversum animum confessi.

Scr. d. X m. Dec. MDCCCLXV.

PRAEFATIO EDITIONIS SECVNDAE.

Ἀνδρῶν δικαίων χρόνος σωτὴρ ἄριστος.

Otius, quam putaveram, mihi redeundum fuit ad studia in
Lyricorum Poetarum reliquiis olim a me collocata, neque un-
quam plane intermissa. Quintus enim iam agitur annus, ex quo
retractandae prioris editionis initium feci, ex quo quidem tem-
pore, quidquid otii officiorum religio concessit, id fere omne
ad praestantissima haec Graecae poesis monumenta perpolienda
adhibui. Sed cum iam altera haec poetarum lyricorum editio,
opus laboris operaeque multiplicis, ad finem sit perducta, pauca
quaedam praemonebo. In priore editione cum selectas librorum
manuscriptorum lectiones subiecissem, unde integram fore scrip-
turae varietatem e codicibus notatam addidi, nisi quod in Pin-
dari carminibus, Olympicis maxime, non omnia deteriorum
librorum vitia recensui, neque ubique, si lectio aliunde satis
stabilita erat, sordes omnes Etymologi Gudiani aut Prisciani co-

dicum exhibui, neque tamen credo praetermissas esse a me lectiones, quae quidem alicuius sunt momenti; fortasse tamen vel sic non deerunt, quibus videar modum excessisse in codicum lectionibus commemorandis, sed malui in hanc potius partem peccare. Adhibui autem ubique quantum licuit editiones novissimas, quae ab hominibus doctis ad artis criticae leges emendatae sunt, ex quibus editionibus codicum notas petii, quas qui accuratius cognoscere velint, illas ipsas editiones adeant, necesse est. Honuinum doctorum coniecturas quanta maxima potui diligentia notavi; etiam ex iis, quae parum probabilitatis habent aut reiiciendae videntur, permultas commemoravi: contra in locis difficilioribus, ubi omnis coniectandi labor prorsus incertus est, saepe malui silentio praetermittere, quae ipse suspicatus eram, quam vana opinionum commenta in medium proferre. *) Omnino enim in recensendis horum poetarum reliquiis hanc legem secutus sum, ut quam proxime ad librorum optimorum auctoritatem accederem, itaque haud paucis locis lectionem quamvis aperte depravatam intactam reliqui. Quare etiam in dialecto, qua quisque poeta usus est, restituenda satius duxi plerumque codicum auctoritatem sequi quam omnia ubique revocare ad illam sermonis aequalitatem, quam hoc tempore grammatici nostrates, qui dialectorum arcana soli norunt, sectari solent. Alia fortasse emendatiora etiam proponi potuissent, si nova adhibere licuisset subsidia: velut in Pindaro perpollendo cum essem occupatus, frustra identidem operam dedi, ut codicis Vaticani 1312 vel collati vel conferendi fieret copia. Omnino autem operis laboriosi difficultates auctae sunt eo, quod cum multorum librorum usus domi esset denegatus, coactus eram aut ipse adire exterorum bibliothecas aut aliunde arcessere libros, quibus ad tempus tantum uti licuit: sed non possum non gratias agere quam maximas viris amicissimis, Bonnae, Cassellis, Gottingae, Heidelbergae, qui libris suppeditandis haec mea studia adiuverunt. Illud quoque accessit, quod, priusquam licuit librum ad umbilicum usque adducere, Chattis relictis, quae mihi altera paene patria fuit, domicilium huc transferendum fuit, id quod moram haud exiguam operi attulit.

Illud praeterea praemittendum est, cum in priore editione eos tantum poetas in ordinem recepissem, qui usque ad Alexandri Magni tempora floruerunt, me iam fines aliquanto latius protulisse: nam continentur hac altera editione reliquiae omnium

---

*) Illud praeterea hic moneo, me ea fragmenta quae ex coniectura tantum alicui poetae aut carmini vindicata sunt *asterisco* notavisse; quae adiecta sunt verba ex suspicione his signis ( ), quae delenda visa sunt hoc modo [ ] notavi. In orthographia quidquid novatum est, id suis locis significavi, nisi quod in extremo versu πό illud ephelcysticon tacite fere affeci, et quod *sαφ*, *έν*, *sαν* alia scribere soleo, non ut vulgo fit *sαφ*, *ἀν*, *sαν*, quod mihi quidem videtur ratione carere.

poetarum, quotquot usque ad annum 300 a. Chr. n. sive usque ad Olymp. 120 initium vixerunt. Nam inde ab hoc demum tempore, quo regna ab Alexandri Magni successoribus condita satis iam stabilita erant, et discordia, quae omnia perturbaverat, aliquamdiu composita est, novum litterarum Graecarum saeculum capit exordium, de qua re nuper alio loco pluribus disputavi.*) Poetarum Alexandrinorum reliquias non magis nunc quam olim recepi, cuius rei rationem paucis in praefatione prioris editionis significavi, et qui norunt qualis poesis graecae indoles illis fuerit saeculis, facile hanc rationem comprobabunt: nam qui me reprehenderant, quod non simul horum poetarum carmina complexus essem, iis auctor sum, ut sigillatim exponant, quaenam ex Callimacheis sint recipienda, quaeve seponenda. Sed in *Anthologia Poetarum lyricorum*, quae his ipsis diebus a me adornata prodibit**), ubi non id agebatur, ut integrae reliquiae poetarum reciperentur, sed delectus habendus erat, etiam Alexandrinorum poetarum et qui insequuntur habui rationem.

Prior editio cum publici esset lucis facta, Schneidewin in Annalibus Berolinensibus anni 1844 censuram egit, quam paulo post peculiari libello edidit Beiträge zur Kritik der Poetae Lyrici, Göttingen 1844 comitemque isti se addidit Ahrens, qui in Diurnis Halensibus anni 1844 operam a me praestitam sub iudicium vocavit. Quod si salito philologorum more uti consuevissem, in hac altera editione commoda oblata erat occasio, per quam ab adversariis iniquissimi iudicii poenas repeterem, sed sedulo cavi, ne quid in adnotationibus in illos dicerem, neque hic decet de contumeliis amicitiae simulatione mihi illatis conqueri: equidem satius duxi iniuriarum oblivisci, quam illorum via grassari:

> Τοὔνεκεν, εἰ φίλος ἀστῶν, εἴ τις ἀντάξις, τό γ' ἐν
> ξυνῷ πεπονημένον εὖ
> μὴ λόγον βλάπτων ἀλίοιο γέροντος κρυπτέτω·
> κεῖνος αἰνεῖν καὶ τὸν ἐχθρὸν
> παντὶ θυμῷ σύν γε δίκῃ καλὰ ῥέξαντ᾽ ἔννεπεν.

Scr. Friburgi Brisgaviae
die XXI. Iunii MDCCCLIII.

---

*) Cf. Annales Antiquit. 1851, n. 16, 17.
**) Anthologia Lyrica, continens Theognidem, Babrium, Anacreontea cum ceterorum poetarum reliquiis selectis ed. Theodorus Bergk, Lipsiae MDCCCLIII apud Reichenbachios.

PRAEFATIO EDITIONIS PRIMAE.

Poetarum, quicunque apud Graecos lyricam artem illustraverunt, reliquias colligendi et edendi consilium non nuper suscepi, sed iam multis annis ante agitavi, tum, postquam Schneidewinum virum amicissimum eidem operi intentum esse cognoveram, abieci; at ubi intellexi illum delectum tantum ex his carminum reliquiis parare, ibi vero rursus recepi institutum laborem, non inutile me tractare opus ratus, sed quod plurimorum desideriis satisfaceret. Nam singulatim quidem homines docti lyricos Graecorum poetas ediderunt plerosque: quemadmodum Hermannus, Boeckhius, Dissenius in emendandis et explicandis Pindari carminibus praeclaram collocaverunt operam; de Theognidis reliquiis egregie meriti sunt Bekkerus et Welckerus: alii certatim novem qui vocantur lyricos illos poetas illustraverunt commentariis, ex quibus Schneidewiniana Simonidis Cei recensio facile primum sibi vindicat locum; quin etiam minus nobiles poetae interpretes atque criticos nacti sunt. Itaque consentaneum visum est, iam una comprehendere omnium lyricorum poetarum reliquias, in quibus quidem edendis hanc rationem secutus sum, ut nihil nesciis legentibus novatum sit: in critica enim adnotatione, quam subieci, sedulo operam dedi, ut quid librorum manu scriptorum auctoritate nitatur, quidve ex hominum doctorum coniecturis profectum sit, plane possit perspici. Sed ne nimium libri moles augeretur, praecipuas tantum coniecturas easque, quae probabilitatis specie maxime commendarentur, commemoravi. Seclusi autem ab hac collectione eos poetas, qui inde ab Alexandri Magni aetate inclaruerunt, quoniam inde ab eo tempore graecae poesis ratio prorsus immutata est, ita ut iam non liceat tria illa praecipua poesis genera, sicut ante, distinguere.

Iam siquid in colligendis corrigendisque horum poetarum carminibus aut praetermisi aut peccavi, errauti condonabunt aequi iustique arbitri, qui non ex iis, quae falsa aut prava sunt, sed ex iis, quae nitent, etiamsi non sint plurima, pretium operi solent statuere; qui illud teneant, hoc opus varii multiplicisque laboris esse et per multa temporis intervalla, cum aliis impeditus essem negotiis, confectum esse.

Superest ut gratias agam viris amicissimis, Augusto Meinekio Berolinensi et Christiano Schubarto Cassellano, quotidiana propemodum consuetudine olim mecum coniunctissimis, quorum ille emendationes aliquot praeclaras mecum communicavit, alter quae ex Vindobonensis bibliothecae copiis in suum usum con-

verterat, nihil ea qua insignis est liberalitate concessit, ita ut
mihi liceret cum alia, tum potissimum Phocylideum quod vulgo
perhibetur carmen multo auctius atque emendatius in medium
proferre.

 Scripsi Marburgi Chattorum
 Calendis Novembribus MDCCCXLII.

PINDARI CARMINA.

INDEX CARMINVM PINDARICORVM.

OLYMPIA.

OLYMP. I. Hieroni Dinomenis filio Syracusarum regi celete victori Ol. 76 scriptum et Syracusis cantatum praesente ut videtur Pindaro. Referunt vulgo ad Ol. 77, sed cum Pindarus LN. III v. 42 aperte huius carminis exordium respexerit, illud autem carmen omnino ad Ol. 76. pertineat, apparet hoc carmen paulo ante Ol. III compositum esse; atque ita etiam Hermannus, cuius argumenta frustra impugnavit Rauchensicin Comment. Pind. II 22. Neque aliam rationem secuti sunt veteres interpretes, nam quod scholiasta dicit: ἐπιγέγραπται ὁ Ἰσενίκιος Ἱέρωνι τῷ Γέλωνος ἀδελφῷ νικήσαντι ἵππῳ κέλητι τὴν οἷ' Ὀλυμπιάδα. ἢ ὡς ἔνιοί ἁρματι· ὁ δὲ οὗτος καὶ τὴν οξ' νικᾷ κέλητι, τὴν δὲ οη' τεθρίππῳ, apparet ipsum huius victoriae tempus significari; sed numerus corruptus, scribendum τὴν ος' (OF) Ὀλυμπιάδα. Huc etiam referenda est adnotatio ad v. 33; nam Apollodorus et Didymus carmen haud dubie ad Ol. 76 retulerunt, Aristonicus quid secutus sit, incertum.

OLYMP. II. Theroni Aencsidami filio Agrigentinorum principi curru victori Ol. 76 scriptum aliquando post carm. Ol. III. Quod scholiastae ambigere videntur, utrum haec victoria ad Ol. 76 an 77 pertineat, librariorum potius quam grammaticorum errori tribuendum existimo.

OLYMP. III. eidem ob eandem victoriam missum, sed ante carm. Ol. II.

OLYMP. IV. Psaumidi Acronis filio Camarinaeo rheda mulari victori Ol. 82 scriptum et Camarinae, non Olympiae, ut Boeckhio visum est, cantatum.

OLYMP. V. Eidem ob eandem victoriam missum, sed carmen haud dubie Pindaro omnino abiudicandum est.

1*

OLYMP. VI. Agesiae Sostrati filio Syracusano rheda mulari victori Ol. 77, ut videtur, scriptum: nam ad quam Olympiadem victoria pertineat, non est memoriae proditum; sed cum Hierone regnante scriptum sit carmen, ad Ol. 76 aut 77 aut 78 referendum esse apparet; atque Olympiadi 76 propterea non poterit adscribi, quoniam eo tempore Pindarus Syracusis versatus est, hoc autem carmen Thebis misit, itaque ad Ol. 77 retuli. Boeckh Ol. 78 adscripsit.

OLYMP. VII. Diagorae Damageti filio Rhodio pugilatu victori Ol. 79 scriptum.

OLYMP. VIII. Alcimedonti Iphionis filio Aeginetae lucta inter pueros victori Ol. 80 scriptum ante belli Aeginetici exordium, et Aeginae, non Olympiae cantatum.

OLYMP. IX. Epharmosto Opuntio lucta victori Ol. 87, ut videtur, sed non continuo post victoriam scriptum, nam simul Pythiae victoriae ratio habetur, quam eadem Olympiade igitur post Olympiam victoriam reportavit. Schol. ad v. 17 dicunt vicisse Olympiade ογ´, Pythiade δ´ (sive ut est in cod. Vrat. λγ´), sed probabiliter Hermann OH pro OI´ correxit. Boeckh ad Ol. 81 hoc carmen retulit.

OLYMP. X. (sec. Boeckhium XI.) Agesidamo Archestrati filio ex Locris Epizephyriis pugilatu inter pueros victori Ol. 74. scriptum; quod schol. Vrat. Ol. 76 exhibet, manifestus error est, illo enim tempore poeta in Sicilia aliis carminibus operam dabat compluribus.

OLYMP. XI. (sec. Boeckhium X.) eidem ob eandem victoriam haud ita multo ante ut videtur missum.

OLYMP. XII. Ergotelei Philanoris filio Himeraeo dolicho victori Ol. 77, sed non ante 77, 3 missum: Ergoteles enim eadem Olympiade etiam Pythia vicit, sicuti iam antea Delphis victor renuntiatus fuit; binas has victorias cum poeta commemorare videatur v. 18, carmen Ol. 77, 3 scriptum esse consentaneum est.

OLYMP. XIII. Xenophonti Thessali filio Corinthio stadio simul et quinquertio victori Ol. 79 scriptum.

OLYMP. XIV. Asopicho Cleodami filio Orchomenio stadio inter pueros victori Ol. 77. Libri partim ος´ partim ος´ exhibent, sed quoniam Ol. 76 in Sicilia fuit Pindarus, illud praetuli.

PYTHIA.

Pyth. I. Hieroni Dinomenis filio Aetnaeo Syracusanorum principi curru victori Pythiade 29. Ol. 77, 3, secundum Boeckhium Ol. 76, 3: verum Boeckhii rationibus cum alia adversantur, tum quae poeta dicit v. 50 seq., quae non spectant bellum adversus Etruscos Ol. 76, 3 gestum, ut interpretes putant, sed referenda sunt ad bellum contra Thrasydaeum et Agrigentinos Ol. 77, 1.

Pyth. II. Eidem Hieroni Syracusano curru victori, sed carmen a Pythiis alienum, nec tamen constat ubi victoria parta sit: Boeckh Hieronem Thebis in Heracleis sive Iolaiis victoriam reportavisse coniecit Ol. 75, 4; sed manifestum est, Pindarum hoc carmen tum demum scripsisse, cum Hieroue familiariter usus eius ingenium et mores penitus introspexisset: compositum igitur epinicium, postquam ex Siciliensi peregrinatione (Ol. 76, 1) Thebas reversus erat.

Pyth. III. Eidem Hieroni Syracusano, sed consolatorium magis est carmen, quam epinicium, quamquam poeta respicit Pythias victorias equestres, quae Hieroni contigerunt Pyth. 26 sive Ol. 71, 3 (sec. Boeckhium 73, 3) et Pyth. 27. sive Ol. 75, 3 (sec. Boeckhium 74, 3). Carmen ipsum Boeckh Ol. 76, 3 compositum esse statuit.

Pyth. IV. Arcesilao IV. Batti filio Cyrenarum regi curru victori Pyth. 31 sive Ol. 79, 3 (sec. Boeckhium Ol. 78, 3).

Pyth. V. Eidem Arcesilao eandem victoriam congratulatur.

Pyth. VI. Thrasybulo Xenocratis filio Agrigentino Xenocratis currulem victoriam Pyth. 24 sive Ol. 72, 3 (sec. Boeckhium Ol. 71, 3) reportatam congratulatur: carmen magis encomii quam epinicii speciem refert.

Pyth. VII. Megacli Atheniensi curru victori Pyth. 25 sive Ol. 73, 3 (sec. Boeckhium Ol. 72, 3), quamquam tempus non satis certum.

Pyth. VIII. Aristomeni Xenarcis filio Aegineiae lucta victori tempore incerto; nam quod Schol. dicit victoriam reportatam esse Pythiade 35 (λε΄, cod. G λη΄) h. e. Ol. 83, 3, manifestus librariorum error est: frustra enim L. Schmidt (de carm. Pind. p. 398) hoc tuetur seu Boeckhii rationes ad Ol. 82, 3 revocans, sed non magis probari potest, quod Boeckh corrigens λγ΄ (O. Müller λβ΄) ad Ol. 80, 3 referre voluit, id quod Krüger recte vidit: idem Krüger (Hist. philol. Stud. I p. 194) carmen Ol. 77, 3 vel Ol. 78, 3 scriptum esse suspicatur, argumentis ut ipse significat non satis firmis usus.

Hermanno corrigens κυ' ad Olymp. 75, 3 (vel rectius Ol. 76, 3) retulit. Illud certum, carmen scriptum bellis Persicis compositis ante Argloctarum bellum cum Atheniensibus, fort. Ol. 79, 3.

PYTH. IX. Telesicrati Carneadae filio Cyrenensi armato cursu victori Pyth. 28 sive Ol. 76, 3 (sec. Boeckhium Ol. 75, 3).

PYTH. X. Hippocleae Pluriciae filio Pelinnaeo diaulo victori Pyth. 22 sive Ol. 70, 3 (sec. Boeckhium Ol. 69, 3).

PYTH. XI. Thrasydaeo Thebano stadio victori: secundum scholiastas bis vicit, primum puer stadio Pyth. 28 sive Ol. 76, 3 (sec. Boeckhium Ol. 75, 3), postea vir diaulo Pyth. 33 sive Ol. 81, 3 (sec. Boeckhium Ol. 80, 3), atque dissident veteres interpretes, utram victoriam poeta celebraverit; Boeckh ad priorem, Mommseu (de vita Pind. p. 62) ad posteriorem victoriam refert, denique Rauchenstein (in Philologo I p. 193) hoc carmen Ol. 79, 3 adscripsit. Cum nulli dum interpretum contigerit difficultates hujus carminis expedire, optio satis est incerta, ac fortasse hic quoque in numeris error aliquis delitescit.

PYTH. XII. Midae Agrigentino tibiis victori. Cum bis vicerit, Pyth. 24 sive Ol. 72, 3 (sec. Boeckhium Ol. 71, 3) et Pyth. 25 sive Ol. 73, 3 (sec. Boeckhium Ol. 72, 3), anceps est iudicium, nec tamen improbabile priorem victoriam celebrari.

NEMEA.

NEM. I. Chromio Agesidami filio Aetnaeo curru victori, fortasse Ol. 76, 4, ut Boeckh quoque censuit; neque vero Pindarus ipse sollennitati interfuit, sed secundum nostras rationes Thebis carmen Syracusas misit. Fallitur omnino L. Schmidt (p. 457), qui Ol. 75, 1 vel 75, 4 adscripsit, nam eo tempore neque Aetnaeus appellari poterat Chromius, neque Pindaro licuit hunc in modum laudare Chromium, cuius consuetudine tunc nondum usus erat. Leutsch (Philol. XIV, 57) hoc carmen Ol. 77, 1 vel 2 scriptum esse suspicatur post Nem. IX.

NEM. II. Timodemo Timonoi filio Atheniensi pancratio victori tempore incerto; L. Schmidt (p. 516) ad supremam poetae aetatem revocat.

NEM. III. Aristoclidae Aristophanis filio Aeginetae pancratio victori, longiore post victoriam intervallo, sed ante Ol. 80, 1, L. Schmidt (p. 464) Ol. 76, 2 adscripsit.

NEM. IV. Timasarcho Timocriti filio Aeginetae lucta victori fortasse Ol. 76, 4. Dissen et Mommsen circa Ol. 79, 4 carmen conditum esse suspicantur, Schmidt (p. 446) adolescenti Pindaro vindicat.

NEM. V. Pytheae Lamponis filio Aeginetae pancratio victori ante Isthm. VI (V) scriptum, quod carmen Pindarus ante Ol. 75, 1 condidit. Nemeaeum carmen L. Schmidt (p. 117) ad Ol. 79, 1 vel 4 refert. Mommsen (p. 47) ad Ol. 74, 2.

NEM. VI. Alcimidae Theonis filio Aeginetae lucta victori incerto tempore, sed ante Ol. 80.

NEM. VII. Sogeni Thearionis filio Aeginetae quinquertio victori, ut scholiasta dicit Nemeade 14, quod manifesto falsum; probabiliter Hermann ad Nemeadem 54 revocavit, νδ´ corrigens pro εν, quod vulgo legitur ιγ´. Quod si Nemeaeum certamen Ol. 51, 4 institutum est, hoc carmen revocandum fuerit ad Ol. 78, 1 vel 2.

NEM. VIII. Dinidi. Megae filio Aeginetae stadio bis victori incerto tempore: Dissen ad Ol. 80, 3 vel 4 refert, quod omnino est improbandum; L. Schmidt (p. 430 seqq.) a poeta adolescente carmen hoc conscriptum esse censet.

NEM. IX. Chromio Agesidami filio Aetnaeo curru victori Sicyone in Pythiis secundum Boeckhium Ol. 77. 1 scriptum, quod etiam Leutsch (Philol. XIV, 57) tuetur; L. Schmidt (p. 240) adscripsit Ol. 76, 2.

NEM. X. Theaeo Uliae filio Argivo Argis in Hecatombaeis lucta bis victori tempore incerto. Dissen intra Ol. 78. 1 et Ol. 80, 3 epinicium hoc scriptum esse contendit, argumentis satis infirmis usus.

NEM. XI. Non est epinicium, Aristagorae Arcesilai filio Tenedio, eum prytanis esset creatus, ad munus hoc auspicandum scriptum tempore incerto.

ISTHMIA.

ISTHM. I. Herodoto Asopodori filio Thebano curru victori. Dissenio videtur paulo ante proelium ad Tanagram (Ol. 80). 3 vel 4) scriptum, adversante L. Schmidtio, qui multo prius conditum esse carmen censet.

ISTHM. II. ad Thrasybulum Xenocratis filium Agrigentinum missum, ut interpretes existimant, ad memoriam Isthmiae victoriae currulis instaurandam, qua pater Xenocrates ante Ol. 76, 1 politus est, sed scriptum post Ol. 76, 1, quo anno Thero Xenocratis frater

obiit. Carmen magis encomii speciem refert, quo poeta post Xe-
nocratis mortem illius victorias et virtutes celebravit.

ISTHM. III. Melisso Thebano equestrem victoriam Nemeae adepto, ita-
que hoc carmen in Νεμεονικῶν numerum referendum erat: car-
men ipsum compositum post Isthm. IV.

ISTHM. IV. (III.) eidem Melisso Thebano pancratio victori. Boeckh
et Dissen, qui hoc carmen cum priore in unum coniungunt, ad
Ol. 75 vel 76 referunt, quod satis est incertum. L. Schmidt ab
adolescente poeta compositum esse censet.

ISTHM. V. (IV.) Phylacidae Lamponis filio Aeginetae pancratio iterum
victori scriptum; debebat igitur hoc carmen post proximum col-
locari, quod ad priorem victoriam spectat. Hoc carmen videtur
Ol. 75, 1 scriptum, quemadmodum etiam Mommsen p. 59 et L.
Schmidt p. 142 censent: Boeckh et Dissen ad Ol. 75, 3 referunt.
Non recte Rauchenstein p. 87 in carminum Nemeaeorum numerum
referre voluit.

ISTHM. VI. (V.) eidem Phylacidae Lamponis filio Aeginetae pancratio
victori; carmen ante Isthm. V (IV) compositum, ut L. Schmidtio
videtur, Ol. 71, 3, contra Mommsen p. 48 ad Ol. 72, 1 refert.

ISTHM. VII. (VI.) Strepsiadae Thebano pancratio victori; probabiliter
Ol. 81, 1 adscribunt.

ISTHM. VIII. (VII.) Cleandro Telesarchi filio Aeginetae pancratio
victori haud dubie Ol. 75, 3, cum paulo ante item pancratio Ne-
meae victoriam reportasset. Boeckh et Dissen Isthmiam victoriam
Ol. 75, 1 (quo anno secundum nostras rationes Phylacidas pan-
cratio iterum vicit), Nemeaeam Ol. 75, 2 adscribunt, et statim
post Nemeaeam victoriam carmen conditum censent. L. Schmidt
(p. 157) carmen ad Nemeaeam victoriam refert, qua Ol. 75, 1
potitus sit, ipsum autem carmen anno proximo Ol. 75, 2 adscribit.
Hartung ad Ol. 81, 1 descendit.

INDEX TEMPORUM.

Olympiadum initium anno a. Chr. n. 776 (cf. Fischer Graec.
annal. p. 59 seq.). Ludi Olympici continuati per dies quinque; de ipso
tempore certaminum vid. Krause Olymp. p. 61 seqq.

Pythiades quando exordium ceperint, non satis constat: nam
iam veteres inter se dissentiunt: auctor annalium Pariorum dicit ar-

eluute Athenis Simone Ol. 47, 3 (589 a. Chr. n.) vel Ol. 47, 2 (590) a. Chr. u.) ἀγῶνα χρηματίτην instanratum esse, postea archonte Damasia (Δαμασίου τοῦ δευτέρου) Ol. 49, 3 στεφανίτην ἀγῶνα institutum esse: ab utro certamine Pythiades computandae sint, non addit. Contra Pausanias (X 7, 3) dicit Ol. 48, 3 primum ἀγῶνα χρηματίτην, deinde quadriennio post στεφανίτην actum esse, et ab Ol. 49, 3 iam Pythiadas computat. Scholiastae denique Pindari quae de originibus solennitatis memoriae prodiderunt, fere consentiunt eum annalibus Pariis, nam χρηματίτην ἀγῶνα traduut archonte Simonide vel Simone, nes (vel etiam pluribus) annis post institutum esse στεφανίτην archonte Damasia:*) singulas autem Pythiadas quando cum Olympiadibus componunt, ordiuntur ab Ol. 49, 3, qui annus haud dubie est Damasiae archontis, quo anno primum στεφανίτης ἀγών actus est. Iam Boeckh uni Pausaniae fidem habendam esse censet, neque tamen numeros corrigendos esse in scholiis Pindaricis, sed errasse veteres interpretes in comparandis Olympiadibus et Pythiadibus; itaque Boeckh singula Pythia carmina Pindari quadriennio prius scripta esse statuit, quam veteres grammatici testificantur. At ipsa quidem carmina scholiastarum rationes potius confirmant, neque reprehendendi, qui Pythiadum computationem a ludo coronario ordiebantur, quemadmodum veteres Pindari interpretes, scum Pausanias initium fecerit a certamine acrario, quod illis praeter ordinem celebratum esse visum est: et Pindari quidem interpretes videntur Aristotelis auctoritatem sequi, unde etiam is, qui annales Parios composuit, pendet: Pausanias autem alium quem auctorem secutus est, siquidem alia praeterea memorat, quae in Aristotelis libro nondum poterant prodi. Omnes autem consentiunt coronarium ludum primum institutum esse Ol. 49, 3: recte an secus rationes subduxerint in medio relinquo, quando arcta necessitate cum hac re coniuncta est quaestio de solis defectu, quem Thales praedixit: nam Demetrius quidem Phalereus huic eidem Damasiae anno septem sapientes adscripsit, non alio opinor usus argumento, quam quod illo anno solis istum defectum archiisse censebat, Eudemi Rhodii ut videtur rationes secutus: sed alii aliter ea de re sentiebant, nec minus discrepant nostrorum hominum rationes; estique arduum opus Graecorum annales emendare. — Agebantur autem Pythia tertio quoque Olympiadis anno aestate vergente: cf. C. Fr. Hermann Ant. sacr. § 49, 12.**)

*) Damasias archon non est diversus a Damasia, quem Parii annales secundum appellant: nam prior haud dubie ad tempora antiquiora referendus est.

**) Mense Bucatio Pythia celebrata esse constat, sed qui mensium

Nemeadum initium ut videtur Ol. 51, 4 (cf. Fischer Annal. Graec. p. 127 et Duncker Hist. Antiq. IV 429.*) Et aestivae quidem quarto quoque anno Olympiadis ineunte celebrabantur, hibernae, quae hieme vergente agebantur, utrum primo an secundo Olympiadis anno adscribendae sint ambiguum homines docti (cf. C. Fr. Herm. Ant. sacr. §. 49, 17. 18. Droysen in Mus. Rh. IV p. 430, quibus addit L. Schmidt Ulnrichsium in Mützellii Diario IX 214, quod non licuit evolvere). Ceterum hibernae Nemeades minus illustres ac magis ἐπιχωρίου ἀγῶνος vicem obtinuerunt, itaque pleraque Pindari carmina ad Nemeades maiores hoc est aestivas videntur referenda esse.

Isthmia des Cypselidarum imperio abrogato (Ol. 49, 3) primum instauratae Ol. 49, 4 vel 50, 1;**) nam cum media aestate agerentur, haec trieterica certamina in confinio quarti et primi, ac rursus in confinio secundi et tertii Olympici anni celebrabantur. (cf. C. Fr. Herm. Ant. sacr. §. 49, 14. 15).

Olymp. 65, 3. Pindarus Thebis natus ipso Pythiorum tempore (sec. Boeckhium Ol. 64, 3).
Olymp. 70, 3. Pindarus viginti annos natus scripsit carm. Pyth. X.
Olymp. 72, 3. Pugna ad Marathonem commissa. Pindarus scripsit carm. Pyth. VI et fortasse Pyth. XII.
Olymp. 73, 3. Pindarus carm. Pyth. VII scripsit.
Olymp. 74, 1. Pindarus carm. Ol. X et XI condidit.
Olymp. 75, 1. Proelium ad Salamina commissum. Pindarus scripsit Isthm. V.
Olymp. 75, 2. Pugnatum ad Plataeas.
Olymp. 75, 3. Pindarus scripsit Isthm. VIII. — Hiero regnum Syracusarum auspicatur.

---

apud Delphos fuerit ordo, incertum erat: nunc tituli recens reperti docuerunt Bucatium secundum mensem anni Delphici fuisse, ut cum Atticorum Metagitnione sit componendus: id quod Roehnke (Forschungen I. 46 seq.) iam dudum suspicatus erat; cf. Kirchhoff Monatsber. d. Berl. Ac. 1864 p. 129 seqq.

*) C. Fr. Hermann Antiq. Gr. publ. §. 66, 4 ludos Nemeaeos post Cleosthenis Sicyoniorum principis mortem instauratos esse suspicatur; quae suspicio si satis firma esset, ludorum initia ad Ol. 53, 4 forent referenda: nam iste Olympiade videtur Cleosthenes obiisse, cf. Duncker Hist. Ant. IV p. 36.

**) Quamquam haec quoque incerta: Duncker Hist. Ant. IV 77 Isthmia a Periandro novissimo regni tempore instaurata esse consett.

OLYMP. 76, 1. Pindarus ab Hierone invitatus in Siciliam se confert ibique carm. Ol. I. III. II. componit. — Hiero Aetnam urbem condidit. *) — Aetna mons arsit. **)
OLYMP. 76, 2. Pindarus videtur dithyrambum Athenis docuisse et propter Atheuarum laudes a Thebanis mulatus esse.
OLYMP. 76, 3. Pindarus scripsit carm. Pyth. IX et fortasse III.
OLYMP. 76, 4. Carmina Nem. I et IV videntur composita esse.
OLYMP. 77, 1. Pindarus scripsit carm. Ol. XIV et fortasse VI.
OLYMP. 77, 3. Carmen Ol. XIII et Pyth. I huic anno adscribenda.
OLYMP. 78, 1. (78, 2) Carm. Nem. VII compositum.
OLYMP. 78, 3. Huic anno carm. Ol. IX adscribendum videtur.
OLYMP. 79, 1. Pindarus composuit carm. Ol. VII et VIII.
OLYMP. 79, 3. Pindarus scripsit carm. Pyth. IV et V, fortasse etiam Pyth. VIII.
OLYMP. 80, 1. Carm. Ol. VIII conditum.
OLYMP. 80, 3. Aegina insula obsideri coepta. — Pugnatum apud Tanagram et ad Oenophyta (cf. Krüger hist, phil. Stud. I p. 172 seq.). — Aegina insula per novem menses obsidione cincta ab Atheniensibus subacta. (cf. Krüger ib. p. 176. ***)
OLYMP. 81, 1. Pindarus scripsit carm. Isthm. VII. †)
OLYMP. 82, 1. Pindarus scripsit carm. Ol. IV (et V). — Eodem hoc anno poeta sexaginta sex annos natus decessit. ††)

---

*) Krüger (Hist. phil. Stud. I p. 44) contendit Diodorum XI 40 orrasse, archontibus Phaedono et Apsephione confusis, atque Aetnam urbem Ol. 77, 3 conditam esse censet, quod omnino improbandum est: potius apud Diodor. XIII 62 est in numeris erratum et pro LVIII restituendum LXVIII.

**) Thucydidis potius sequor auctoritatem (III 116), quam annalium Pariorum fidem; neque vero apud Thucydidem numeras corrigendus, id quod placuit Krügero.

***) Non est dissimulandum Graecorum res hoc tempore gestas vix satis certo ad annalium fidem revocari posse.

†) Quod nullum praeterea exstat Pindari carmen, quod probabili ratione ad hanc Olympiadem referri possit, videtur repetendum ex rerum Thebanarum miseriis perpetuis; nam post cladem apud Oenophyta acceptam respublica Thebanorum gravissimis dissidiis est agitata, cf. Aristotel. de republ. V 2, 6.

††) Secundum alios octogenarius obiit, h. e. Ol. 85, 3. Boeckh poetae mortem Ol. 84, 3 adscripsit. Mommsen (p. 20) Ol. 86, 4 mortuum esse statuit.

Editiones, antiquae, quarum lectiones adhibitae sunt, *Aldina* a.
1513 (A) et *Romana* a. 1515 (R) sunt. Codices autem collati sunt hi,
de quibus Boeckhius in praef. dixit. *Palatinus* A et B (signavi Pa Pb)
uterque Olympia continens, uterque interpolatus; *Palatinus* C (Pc)
Olympia et Pythia continens, integritate insignis, iterumque collatus est
a Kaysero (Lect. Pindar. Heidelberg 1840); *Bodleianus* a et β (Ba,
Bβ) uterque Olympia continens, uterque interpolatus; *Bodleianus* γ
(By) continens Olympia, Pythia, Nem. I—III, in Olympiis interpolatus,
in ceteris praestantior; *Bodleianus* C (Bc) in Olympiis interpolatus, in
Pythiis melior; *Bodleianus* quintus (Bd) Olympia interpolata continens;
Gottingensis, continens Ol. Pyth. Nem. I—III integritate praestans (G);
Cizensis (C) cum ed. Ald. fere consentiens; *Lipsiensis* (Lip.) Ol. cont.
interp.; *Cygneus* (Cy) Ol. X—XIV cont. interp.; *Guelpherbytanus* (Gu)
continens Olympia, ubi fere cum Romana ed. consentit, et Pythia, ubi
cum eadem et cod. Gott. congruit; *Hauniensis* (H) Ol. continens ut
videtur interpol.; *Moscoriensis* A et B (Ma, Mb) uterque Olympia con-
tinens interp.; *Vratislaviensis* A et B (W1, W2) Olympia continentes
interpolata; diligenter hos duos codd. contulit C. E. Chr. Schneider
(Apparatus Pindar. Suppl. Vratisl. 1814); *Leidensis* A Ol. interp. con-
tinens (La); *Leidensis* B (Lb) continens Ol. interpolata et Pythia usque
ad VI. v. 4, ubi praestantior; *Parisinus* A continens Ol. Pyth. et Ne-
meorum partem, praestantissimus (P1); *Parisinus* B (P2), continens
Pythia, partem Nem. Isthm., interpolatus quidem a metricis, ceteroquin
non malus; *Parisinus* C (P3) continet omnia carmina, in Isthmiis fere
cum Aldo consentiens; *Augustanus* A (Aa) continet Ol. interp.; *Augu-
stanus* B item Ol. sed integriora exhibet (Ab); *Augustanus* C (Ac) con-
tinet Nemea et Isth. 1 1—40, virtute praestans; *Augustanus* D
continens Pyth. I—III. Nem. I ex parte (Ad); *Augustanus* E (Ae)
continens Nem. 1 1—58. *Venetus* A (Va) continens Ol. et Pyth. I—III
est e deterioribus; *Venetus* B (Vb) continens Ol. et Pyth. est melior;
Venetus C (Vc) Ol. interp. exhibens; *Venetus* D (Vd) Pythia et part.
Nem. continet, eisque e melioribus; *Venetus* E Ol. interpol. continet
(Ve); *Venetus* F Ol. et Pythia, est praestantior (Vf); *Venetus* G (Vg)
Ol. et Pyth. I—IV interp. exhibet; *Mediceus* A (M1) interpolatus omnia
carmina continet; cum olim tantum ad Nemea et Isthmia collatus esset,
nunc etiam varietate scripturae ad Olympia et Pyth. I. II uti licuit; *Me-
diceus* B (M2) integritate praestans, item omnia carmina comprehendit,
olim ad Nemea et Isthmia, nunc etiam ad Olympia et Pyth. I. II colla-
tus; *Mediceus* C plut. 32, 33 (M3) Olympia et Pythia continet, colla-
tus ad Pyth. I. II; *Mediceus* D plut. 32, 44 continens Olympia et Pyth.
I. II, ad haec duo epinicia collatus (M4); *Vaticanus* A n. 925 (Va1)
Olympia continens; *Vaticanus* B n. 1312 (Va2) omnia carmina com-
plexus, virtute praestantissimus, de quo codice dixit T. Mommsen in An-
nalibus Antiq. 1847 n. 114, qui passim lectiones suppeditavit, pauca
quaedam Schneidewin et Friederichs protulerunt. *Ambrosianus* (Ambr.)
Olympia continens, integritate insignis, collatus ad carm. Ol. VI. VII. VIII;
alias lectiones Mommsen passim attulit. De aliis Pindari codicibus v.
quae disputavit Resler in Philologo T. IV p. 510 seq.

PINDARUS. 13

Ex iis, qui in Pindaro et emendando et explicando versati sunt, hic imprimis commemorandi *A. Hecker* in Philologi T. V p. 438 seq. *Heimsoeth* in Museo Rhen. V p. 1 seqq. *G. Hermann*, qui praeter eas commentationes, quae in Opusculis leguntur, scripsit de Pindari carm. Nem. VI. Lips. 1844, de Pindari ad solem deficientem vershus 1815, et emendationes quinque carminum Olymp. 1847. *Kayser* in Annalibus Vindobon. T. CV p. 97 seqq. et in Annal. Ienens. 1846. Nr. 287. *Tycho Mommsen* in Mus. Rhen. IV. p. 539 seqq. *Rud. Rauchenstein* Commentationes Pindaricae P. 1 et 2. Aroviae 1844—5. De aliis vid. *Schneidewin* in Philologo T. II p. 705 seqq.

Ad hos accesserunt annis novissimis praeter *Hartungum*, qui omnia Pindari carmina una cum perditorum poematum reliquiis quatuor voluminibus Lipsiae 1855—6 edidit, *C. Friedrichs*, qui cum iam ante de compluribus Pindari locis in Philologo Gottingensi passim disputavisset, haec retractavit et auxit in peculiari libello (qui inscriptus est: Pindarische Studien. Berol. 1863); *Tycho Mommsen*, qui Scholiis Germani in Olympia una cum epistolarum criticarum triade editis (Kiloniae 1861), deinde in epistola critica ad Friedrichsium (Oldenb. 1863) et in quaestionibus, quas de Pindari dialecto incboavit (in Jahnii Annal. Vol. LXXXIII p. 40 seq.), permulta subsidia ad Pindaricorum carminum emendationem suppeditavit; *Leop. Schmidt*, qui librum satis amplum de Pindari vita et scriptis (Bonnae 1862) edidit. Nec defuerunt alii, qui in diariis philologicis Pindari carminibus criticam operam navarent, velut *L. Ahrens* (Philol. XVI p. 52 seq.), *Gorum*, qui in commentatione de Pindari translationibus et imaginibus (in Philologo XIV) passim locos difficiles coniecturis tentavit; *Ernestus de Leutsch*, qui et in Philologo et in commentationibus academicis identidem de Pindaro disputavit; denique *R. Rauchenstein* non destitit haec poemata passim vel illustrare vel divinando in integrum restituere (vide imprimis Jahnii Annal. LXXVII p. 240 sq. p. 385 sqq. et Philol. XIII).

ΟΛΥΜΠΙΟΝΙΚΑΙ Α.

ΙΕΡΩΝΙ ΣΥΡΑΚΟΣΙΩ

ΚΕΛΗΤΙ.

Strophae.

Epodi.

Epodi v. 6 et 7 distinxi, quemadmodum etiam Mommsenus; coniunxit Boeckhius: numeros autem versuum non mutavi.

Στρ. α'.

Ἄριστον μὲν ὕδωρ, ὁ δὲ χρυσὸς αἰθόμενον πῦρ
ἅτε διαπρέπει νυκτὶ μεγάνορος ἔξοχα πλούτου·
εἰ δ' ἄεθλα γαρύεν 5
ἔλδεαι, φίλον ἦτορ,
5 μηκέτ' ἀελίου σκόπει
ἄλλο θαλπνότερον ἐν ἁμέρᾳ φαεννὸν ἄστρον ἐρήμας δι' αἰ-
θέρος, 10
μηδ' Ὀλυμπίας ἀγῶνα φέρτερον αὐδάσομεν·
ὅθεν ὁ πολύφατος ὕμνος ἀμφιβάλλεται
σοφῶν μητίεσσι, κελαδεῖν 15
10 Κρόνου παῖδ' ἐς ἀφνεὰν ἱκομένοις
μάκαιραν Ἱέρωνος ἑστίαν,

Ἀντ. α'.

θεμιστεῖον ὃς ἀμφέπει σκᾶπτον ἐν πολυμάλῳ
Σικελίᾳ, δρέπων μὲν κορυφὰς ἀρετᾶν ἄπο πασᾶν, 20
ἀγλαΐζεται δὲ καὶ
15 μουσικᾶς ἐν ἀώτῳ,
οἷα παίζομεν φίλαν
ἄνδρες ἀμφὶ θαμὰ τράπεζαν· ἀλλὰ Δωρίαν ἀπὸ φόρμιγγα
πασσάλου 25
λάμβαν', εἴ τί τοι Πίσας τε καὶ Φερενίκου χάρις
νόον ὑπὸ γλυκυτάταις ἔθηκε φροντίσιν, 30

V. 3. γαρύεν, Hartung contra librorum auctoritatem γαρύειν. — V. 5. μηκέτ' ἀελίου APcValsd(V1V1, μηκίδ' ἀελίου vulgo. — V. 6. φαεννὸν Vf, φαενὸν W1, vulgo φαεινόν. — V. 10. ἱκομένοις (ΓabIIaMb AabIIVa, ἱκομίνοις ΑltWlMa(Iulc (mpraescr.) Val Vabeg G1 in m. M2, ἱκόμενος Pl ceteri; omnes has lect. exhibent schol. recentiores, sed schol, vel tantum ἱκομίνοις agnoscunt, hoc autem nonnulli critici loco nominativi dictum esse opinabantur, Iungentes αὐδάσομεν, ὅθεν .... κελαδεῖν Κρόνου παῖδ', ἐς ἀφνεὰν ἱκομένους, videtur igitur ἱκόμενος tantam emendatio esse; ex melioribus libris, quos Mommsen contulit, plurimi ἱκομένους testantur, tamen servavi ἱκομίνοις, nam fort. Pindarus hic aeolica accusativi forma usus est, vid. ad OL V 6. — V. 12. πολυμάλῳ, Ahrens πολυμήλῳ. — V. 15. μουσικᾶς etiam Athen. I 3 B. Pindarus al ΜΟΣΙΚΑΣ scripsit, locus ambigua: poterat μουσικᾶς adhibere, quandoquidem μοῦσα Syracusanorum fuit, vid. Cram. An. Ox. 1278. Boeotii quam formam usurpaverint, ignoramus, nam quod apud illum grammaticum legitur τὸ Βοιωτικὸν μωσάων, ad clausulam tantum spectari quod ibidem Rheginis tribuitur μοῦσα et deinde ποιεῖν, non est μοῦσα ut ποιεῖν cum Ahrensio Dor. p. 106 scribendum, sequitur ad Argivos transferendum, sed videntur Rhegini Μοῦσα dixisse, antiquitatis ceteris tenaciores, nam descendit Musarum nomen a Lydorum voce μωῦς (Hesych. μωῦς, ἡ γῆ, Λυδοί, ubi πηγή scribendum) sive μῶ (Ηes. μῶ· τὸ ὕδωρ.) — V. 17. θαμά, ambigua utrum sit θαμάκις, saepe, an ὁμοῦ, simul, hinc enim potius θάμα scribendum, vid. ad OL VII 12.

20 ὅτε παρ' Ἀλφεῷ σύτο δέμας
ἀκέντητον ἐν δρόμοισι παρέχων,
κράτει δὲ προσέμιξε δεσπόταν,

Ἐπ. α'.

Συρακόσιον ἱπποχάρμαν βασιλῆα· λάμπει δέ οἱ κλέος   35
ἐν εὐάνορι Λυδοῦ Πέλοπος ἀποικίᾳ·
25 τοῦ μεγασθενὴς ἐράσσατο Γαιάοχος
Ποσειδᾶν, ἐπεί νιν καθαροῦ λέβητος ἔξελε Κλωθώ,   40
ἐλέφαντι φαίδιμον ὦμον κεκαδμένον.
ἦ θαυματὰ πολλά καί πού τι καὶ βροτῶν
φάτις ὑπὲρ τὸν ἀλαθῆ λόγον
δεδαιδαλμένοι ψεύδεσι ποικίλοις ἐξαπατῶντι μῦθοι.   45

V. 22. Hermann interpunctionem post δεσπόταν sustulit, non
recte. — V. 23. schol. memorat lect. Συρακοσσίαν ἱπποχαρμᾶν, et M²
l'e συρακοσίαν ἱππιοχάρμαν, W¹ Συρακοσσίαν ἱππιοχάρμαν, unde olim
Συρακόσιον ἱπποχαρμᾶν scripsi, Kayser ipsam illam lec. tuetur, ceteris
opodis mutatis. — V. 24. ἐν W¹V'b, om. Pel¹M²V'at schol., vulgo παρ'.
(Gramm. Harlej. post Hephaest. p. 330 (cd. I Gaisf.) ἀν'. — Ib.schol.ἐνά-
νορος (ctsic M²I¹ supra) et ἐποικία, hoc requiri Hecker. — V. 28. θαυματά
(i in m. W¹ corr. schol. et agnoscit Eustath. II. 400, 30. Od. 1796. 2. In.
Diac. ad Hes. Scut. 164. θαύματα I'¹ G in m. Ve, θαῦμα τὰ M¹² ceteri.
— φάτις APePIW¹M²V'ab Gramm. Harlej. 333 schol., qui addit (τινα δὲ
φατὶς ὑπὲρ τοὺς ἀνθρώπους ἀπαιδάινοι ψευδέις λόγοι, unde
φρέναςGV'² ceteri interpolati. Igitur sola lectio φάτις fidem habet, quae
lectio cum non iniuria displiceret veteribus criticis, φάτιν substituerunt,
quod cum more suo libere interpretati essent τὰς φρένας, hoc vel sunt
Byzantini, ut φρένας audacter substituerent; hoc invento rursus nixus
Hartung βροτῶν φρασὶν correxit. Friederichs φάτιν probat, Mommsen
φάτις, non ni vulgo nominativum singularis n., sed accusativum pluralis
(φάτιες) interpretatus; at non ostendit exemplis aut grammaticorum au-
ctoritate has formas unquam correptas esse: (nam nihil moror epigramma
Parmenionis Anth. Pal. IX 113, ubi et οἱ κόρις οἱ τοὺς σοφούς dactyli
vice fungitur, ubi Jacobs simillia ex Manethono, Orac. Sibyll., Gregor.
Nazianz. attulit: at nequeTheocritus ὅτς neque Nicander ἔρις cum cor-
ripiunt a lege recedunt, nam sunt nominativi singularis numeri.)
Itaque iam hoc nomine repudianda est illa interpretatio: omnino autem
nec Mommseni nec Friederichsii ratio, qui accusativum desideraul, ferri
potest: neque enim figmenta suavia hominum famam deciplunt, sed
ipsos homines vel hominum mentos. Neque tamen vitii immunis est
antiqua lectio: nam quod post φάτις infertur εὖος plane otiosum et lan-
guidum est, sufficiebat omni ex partu καί πού τι καὶ βροτῶν φάτις
ὑπὲρ τὸν ἀλαθῆ λόγον δεδαιδαλμένα ψεύδεσι ποικίλοις ἐξαπατᾷ, poeta
si quid voluisset addere, debebat nos, qui decipiantur, plane dicere. Ille
quoque antiquac scripturae ignorantia offecit: scribendum enim: καί
πού τι καὶ βροτῶν λόγον ὑπὲρ τὸν ἀλαθῆ φάτις δεδαιδαλμένῳ
ψεύδεσι ποικίλοις ἐξαπατῶντι μύθῳ. h. e. saepe etiam hominum fama
(sive fabulae) nermone speciose mendacibus supra veritatem exornato fallit:
poetas enim culpat, qui antiquam famam non ut populi ore fertur me-
moriae produnt, sed suapte ingenio figmentis exornant et amplificant.
Librarii antiqui, cum dativum δεδαιδαλμένῳ μύθῳ exhibere debuissent,
retinuerunt antiquam scripturam, quoniam illa φάτις videbatur singulari-

OLYMPIA I.

Στρ. β'.

30 χάρις δ', ἅπερ ἅπαντα τεύχει τὰ μείλιχα θνατοῖς,
ἐπιφέροισα τιμὰν καὶ ἄπιστον ἐμήσατο πιστόν   50
ἔμμεναι τὸ πολλάκις·
ἁμέραι δ' ἐπίλοιποι
μάρτυρες σοφώτατοι.
35 ἔστι δ' ἀνδρὶ φάμεν ἐοικὸς ἀμφὶ δαιμόνων καλά· μείων
                                          γὰρ αἰτία.   55
υἱὲ Ταντάλου, σὲ δ' ἀντία προτέρων φθέγξομαι,
ὁπότ' ἐκάλεσε πατὴρ τὸν εὐνομώτατον   60
ἐς ἔρανον φίλαν τε Σίπυλον,
ἀμοιβαῖα θεοῖσι δεῖπνα παρέχων,
40 τότ' Ἀγλαοτρίαιναν ἁρπάσαι

                                                          Ἀντ. β'.

δαμέντα φρένας ἱμέρῳ, χρυσέαισιν ἀν' ἵπποις   65
ὕπατον εὐρυτίμου ποτὶ δῶμα Διὸς μεταβᾶσαι·
ἔνθα δευτέρῳ χρόνῳ
ἦλθε καὶ Γανυμήδης   70
45 Ζηνὶ τωὔτ' ἐπὶ χρέος.
ὡς δ' ἄφαντος ἔπελες, οὐδὲ ματρὶ πολλὰ μαιόμενοι φῶτες
                                          ἄγαγον,
ἔννεπε κρυφᾷ τις αὐτίκα φθονερῶν γειτόνων,   75
ὕδατος ὅτι σε πυρὶ ζέοισαν ἀμφ' ἀκμάν

ter dictum esse: at est pluralis: contractionem nominativi improbare
videtur G. Curtius in Kuhnii diario I 258, ut testatur veteres gram-
maticl, velut Apoll. de pron. 380 B, schol. II, VI 10. Gregor. Cor. 476,
neque recte agunt, qui exempla huius contractionis Herodoto abiudicant.
Deinde autem ut solet corruptio latius serpere, ut hyperbaton removerent
verba traiecerunt in hunc modum βροτῶν φάτις ὑπὲρ τὸν ἀλαθῆ λόγον.
— ἀλαθῇ Boeckh, ν, ἀληθῆ. — V. 34. σοφώτατοι, Hecker σαφέστα-
τοι. — V. 37. τὸν εὐνομώτατον ἐς ἀΒΙ.abPʲGnVbklfglIcadMaWizLab,
et praeterea PcLVc nisi quod εἰς GVal om. ἐς, contra ἐς εὐνομώτατον
ἔρανον (ἔραννον) (!) in m. ceteri. Hermann ἐς εὐνομώτατον ἔρανον ἐς
vol τὸν ἔρανον. Potuls τὸν εὐνομώτατον ἔρανον ἐς φίλαν τε. Hartung
ἐπ' εὐνομώτατον ἔρανον ἐς φ. Respicit hoc Aristid. XV. T. I 57a ed.
Dind. οὗτος δ' ἡνίκ ἀρχῆς θεοφιλῆς, ἀστελέγχουσιν οἱ ποιηταὶ τοὺς θεοὺς
ἄρα τοῖς πρεσβι ἐπανέζειν εἰς αὐτῶν δεσμὶξ εὐωχουμένους. — V. 41.
χρυσέαισιν ἀν' ἵπποις affert Schol. II, X, 351. Ceterum PcMI2 χρυσέαισι
τὰν ἵπποις, Ε. Schmid χρυσέαισί τ' ἀν' ἵπποις, Hartung χρυσέαισιν
ἀν' ἵπποις δ', mihi vero pro μεταβᾶσαι potius μεταβάσαντε vel etiam
μεταβάσαις videtur scribendum esse, ut poeta anacoluthia usus nomi-
nativi casum post accusativum intulerit. — V. 43. δευτέρῳ, Hecker θευ-
τέρῳ. — V. 47. ἐρυφᾷ legebatur κρυφᾷ. — V. 48. σε scripsi, v. 14. cf.
Aristid. I 442: ὁίεσθ' ὅτι φασὶν οἱ ποιηταὶ τὸν Πέλοπα κατὰ μέλη τμη-
θέντα ἐψηθέντα ἐν Λιβηπι συντιθῆναι πάλιν ἐξ ἀρχῆς. contra Hermann
v. 40 τόδος κάτα μέλη. Emendationem meam recepit Hartung, frustra

μαχαίρᾳ τάμον κατὰ μέλη,
50 τραπέζαισί τ' ἀμφὶ δεύτατα κρεῶν 90
σέθεν διεδάσαντο καὶ φάγον.

Ἐπ. β'.

ἐμοὶ δ' ἄπορα γαστρίμαργον μακάρων τιν' εἰπεῖν· ἀφί-
σταμαι·
ἀκέρδεια λέλογχεν θαμινὰ κακαγόρους. 85
εἰ δὲ δή τιν' ἄνδρα θνατὸν Ὀλύμπου σκοποὶ
55 ἐτίμησαν, ἦν Τάνταλος οὗτος· ἀλλὰ γὰρ καταπέψαι
μέγαν ὄλβον οὐκ ἐδυνάσθη, κόρῳ δ' ἕλεν
ἄταν ὑπέροπλον, ἅν οἱ πατὴρ ὕπερ
κρέμασε καρτερὸν αὐτῷ λίθον, 90
τὸν αἰεὶ μενοινῶν κεφαλᾶς βαλεῖν εὐφροσύνας ἀλᾶται.

Στρ. γ'.

ἔχει δ' ἀπάλαμον βίον τοῦτον ἐμπεδόμοχθον, 95
60 μετὰ τριῶν τέταρτον πόνον, ἀθανάταν ὅτι κλέψαις
ἁλίκεσσι συμπόταις
νέκταρ ἀμβροσίαν τε 100
δῶκεν, οἷσιν ἄφθιτον
ἔθεσαν. εἰ δὲ θεὸν ἀνήρ τις ἔλπεταί τι λαθέμεν ἔρδων,
ἁμαρτάνει.

Impugnat Friederichs, — περὶ ξίοισαν, glossae cod. Vrat. περιξίοισαν videntur proclere, sed περὶ metrum lemma sch. Vrat. — ἀμφ', ἐν schol. APcGPIWtV'lalfg M2, hinc Mommsen εἰς conlecit, sed praepositio ἐν in Pindari libris haud raro in locum praep. ἀμφὶ substituta. Fortasse gravius vitium delitescit, quamquam εἰς per se commodum est, vid. Kuil Anal. Epigr. 30. — V. 50. τ', Athen. XIV 641 C δ', om. M2. — δεύτατα schol. A Pheffcy GMaW12 Veneti sex, ἀμφιδεύτατα BMbHaβd, ἀμφι-δεύτα Val, ἀμφιδεύματα PI, ἀμφὶ δεύματα Vg probante Boeckhio. Athenaei codd. ABP ἄφρα i. e. διύπερα, sed VL δεύτατα. Hartung ἀμφὶ δαιτρὰ scripsit. — V. 52. ἄπορα, ἄπορον APacGGnVbdfgW1M2P1Αs et Athen. (sed lbl BP ἄποροι α). — V. 53. κακαγόρους PaPIVf, κακα-γόρος APbW1 Schol., quod cum ex antiqua scriptura forte casui serva-tum (et servandum censet Boeckli, cf. Scbol. Theocr. V 84), οrtus inde error Pc ἀκέρδειαν λ. θ. κακάγορος. Contra MallGβγ κακαγόρως, alii κακηγόρως, κακηγόρους. — V. 57. ἂν Hermann, libri τάν. Hartung ma-luit scribere ἄτατ' ὑπέροπλὸν οἱ, τὰν πατήρ, exiscilmans ita facili negotio removeri offensionem, quam praebet proximo versu ἄτταί post οἱ Illatum, sed non cogitavit ista verborum traiectione versus numerum perturb-dari. — ὕπερ κρέμασι M1, vulgo ὑπεκρέμασε. — V. 58. καρτερὸν αὐτῷ, puto scribendum esse ἅ ἑε sive ἅ τε ὁ, livncker καρτερόν πιτον conicelt. — V. 60. κλέψαις unus cod. Ap. Moms., ceteri κλέψας. — V. 63. ἔθεσαν AM2Pc, θέσαν AIGMb Bodl. trea, θέσαν αὐτὸν W1M2, vulgo θίσοαν forma suspecta, sed ἔθεσαν quoque propter numerum incommodam; nam solutio, quamvis per se haud improbanda, abest a ceteris strophis; ne-que tamen placet quod ego olim et Ahrens proposuimus θῆσαν i. e. ἔθρε-ψαν, extirceruat, neque κέεσαν, quod Schneidewin commendat, pro-babiliter Hartung οἷσιν ἀφθίτοις θῆεεν, Mommsen ἀφθιτον θέν νιν

οὕνεκα προῆκαν υἱὸν ἀθάνατοί οἱ πάλιν 105
μετὰ τὸ ταχύποτμον αὖτις ἀνέρων ἔθνος.
πρὸς εὐάνθεμον δ' ὅτε φυὰν
λάχναι νιν μέλαν γένειον ἔρεφον, 110
ἕτοιμον ἀνεφρόντισεν γάμον

                                'Αντ. γ'.

70 Πισάτα παρὰ πατρὸς εὔδοξον Ἱπποδάμειαν
σχεθέμεν. ἐγγὺς ἐλθὼν πολιᾶς ἁλὸς οἶος ἐν ὄρφνᾳ 115
ἄπυεν βαρύκτυπον
Εὐτρίαιναν· ὁ δ' αὐτῷ
πὰρ ποδὶ σχεδὸν φάνη.

75 τῷ μὲν εἶπε· Φίλια δῶρα Κυπρίας ἄγ' εἴ τι, Ποσείδαον,
                                                        ἐς χάριν 120
τέλλεται, πέδασον ἔγχος Οἰνομάου χάλκεον,
ἐμὲ δ' ἐπὶ ταχυτάτων πόρευσον ἁρμάτων 125
ἐς Ἆλιν, κράτει δὲ πέλασον.
ἐπεὶ τρεῖς τε καὶ δέκ' ἄνδρας ὀλέσαις

satis invenuste: quod in plurimis antiquorum librorum αὐτόν reperit, manifestum est additamentum, non ut Mommsen putat interpretamentum: neque enim solent νιν vel μιν quod sexcenties legitur explicare, sed obiectum nhi decst sappient, atque glossam cod. Vrat. plane exhibent ἐκούρων δηλονότι αὐτόν. Accusativum qui desiderat, potest facile restituere, οἷς νιν pro οἶος scribens. — τι om. PcW'l et al Momms. refert omnes antiqui libri, nec agnoscunt glossas Vrat., in quibus κρᾶτυν τι supra ἔρδαν scriptum. — Διθέμεν GW1l'lPeAbMaVa1A, Δαιθέμεν ceteri, atque etiam gloss. Vrat. Δηθειν, quod fortasse praeferendum. M2 ut videtur Δηθέμεναι, Mommsen Διά θέμεν proponit; quod si Δίλα θέτν interpretatur, metro repugnat, sed voluit fortasse Διδοθέναι esse. — ἰσδων AbLaAaW'l. Hoc an ἔσδων in Pindaro praeferendum sit, difficile dijudices. — V. 65. οἱ Schol. ALal'lM2Va1 Veneti quinque collocant post τοὔνεκα, W1 utroque loco exhibet. — V. 68, αὖτις W1, vulgo αὖθις. — V. 71. ἐγγὺς scripsi, ἐγγύς δ' W1M2Pc Schol., vulgo ἐγγὺς δ'. — V. 73. Εὐτρίαιναν, ἰσευτρίαιναν PcW1M2, utramque glossam Vrat lal. — V. 74. παρ ποδὶ W1PlAbPeVbdfM2 et codd. Gregor. Cor. p. 308., παρὰ ποσὶ ceteri. — V. 75. εἶπε, M2Va1 Schol. [εἰπε], videtur antiquam corruptela fuisse τό μὲν εἶπε, unde in aliis τῷ δ' ἔειπε (εἶπε) legitur. — V. 76. ἔγχος Schol. Ἀμμώνιος ἔγχος Οἰνομάου τὸ ἀρμα ἤκουσεν, qui videtur ἵντος scripsisse, sed nihil novandum. — V. 79. τε Schol. IldAbWl2LabVcUa et Schol. Lyc. 156, Greg. Cor. 210, om. VatPe, vulgo γε. — ὀλέσαις cod. Vict. Va2 et Greg. Cor., vulgo ὁλέσας. Confer quae Mommsen dixit de bis formis in Jahnii Anual I.XXXIII 40 seqq. Existimat autem Mommsen, Pindarum cum Aeolicam formam consianter usurpaverit, tamen si liquida littera praecedat, vulgarem clausulam ας servavisse; exempla liquidae antecedentis admodum pauca sunt, quinque vel sex, neque instam video rationem: quod si Pindarus in verbis, quorum stirps liquida terminatur, participii novissimam syllabam correptam protulisset, hoc discrimen planum foret; nam etiam nomina, quae cadunt in σ (ν), fere solent corripi, ubi liquida praecedit; at etiam horum participiorum extrema vocalis aut longa aut inserta est,

2*

80 μναστῆρας ἀναβάλλεται γάμον
                                                    Ἐπ. γ'.
θυγατρός. ὁ μέγας δὲ κίνδυνος ἄναλκιν οὐ φῶτα λαμβάνει. 130
θανεῖν δ' οἷσιν ἀνάγκα, τί κέ τις ἀνώνυμον
γῆρας ἐν σκότῳ καθήμενος ἕψοι μάταν,
ἁπάντων καλῶν ἄμμορος; ἀλλ' ἐμοὶ μὲν οὗτος ἄεθλος 135
85 ὑποκείσεται· τὺ δὲ πρᾶξιν φίλαν δίδοι.
ὣς ἔννεπεν· οὐδ' ἀκράντοις ἐφάψατο
ἔπεσι. τὸν μὲν ἀγάλλων θεός
ἔδωκεν δίφρον τε χρύσεον πτεροῖσίν τ' ἀκάμαντας ἵππους. 140
                                                    Στρ. δ'.
ἕλεν δ' Οἰνομάου βίαν παρθένον τε σύνευνον·
τέκε τε λαγέτας ἓξ ἀρεταῖσι μεμαλότας υἱούς.   145
90 νῦν δ' ἐν αἱμακουρίαις
ἀγλααῖσι μέμικται,
Ἀλφεοῦ πόρῳ κλιθείς,
τύμβον ἀμφίπολον ἔχων πολυξενωτάτῳ παρὰ βωμῷ· τὸ δὲ
κλέος   150

---

nullus extat locus, qui brevem syllabam requirat. Neque inscriptiones
hos discrimen confirmant, siquidem in titulo Lesbio apud Consium
extat ἀπο(σω)λλαις, nam ἐπικρίναις incertum est. Fatendum tamen est
Aeolicam clausulam etiam abesse a participio βάς et iis quae inde de-
scendunt. — V. 80. μναστέρας W1Pl, μνηστῆρας PcPaAbVdfGMrValA
Gregor. Sch. Lyc., ἰρῶστας ceteri, quemadmodum etiam ap. Philostr.
Im. I 30 Ἱπποδαμείας ἐρῶντας ci μνηστῆρας variant libri. Producta
syllaba cum offendat, fort. leg. ματῆρας, non dissimile est Homericum
Il. IX 394 γυναῖκά γε μάσσεται. — V. 82. τί, Greg. p. 219 τά, quod εἰ vero
dicit, et sic W1 a pr. m. — V. 81. οὗτος ἄεθλος ACIlpAabGVbcdfgl'l
GalabW12BmlVal, vulgo οὑτοσὶ ἆθλός γ'. — V. 85. ὑποκείσεται,
Ilecker ἐπικείσεται, — V. 86. ἐφάψατο Pc et W1 a m. pr., vulgo ἐφά-
                                            ων
ψατ' ἄν. Μi ἀκράντων ἱερᾶυτ' ἔπεσι. Deleta igitur particula cum
Mommseno hunc versum in duos descripsi. — ἔπεσι AlbiaPabWrAbLla
GuVbcdg, vulgo ἔπεσσι. — V. 87. δίφρον τε χρύσεον PcW1PlVbf, vulgo
δίφρον χρύσεον ἐν, sed ἐν om. M2GlVdAb. — V. 88. τε. Ab δέ. — V. 89.
τέκε τε BcβyMbVc cod. Canteri, τέκε δέ, PabVcglfGuM156, ἢ τίκε Schol.
AIIPl1'cAbNaW1lly in m. ValdfM2Val. Fort. ἕλεν δ' ... ἔτεκε (vel
τέκε τε), Mommseno videtur illud ipsum ἢ τίκε commendare, ut Aeolensium
more ἀ corripiatur, cuius licentiae tenue vestigium mihi alibi reperisse
videor. — μεμαλότας MI ut vulgo, 312 μαιμώοτας, μεμμότας Schol.
W1PcPlVbdl19 in m, ValAb, μεμαστας GlVf. Vulgatam μεμαλότας ego
revocavi, quam etiam glossae cod. Vrat. exhibent ταῖς ἀνδρὶ προσηκούσαις,
ἤγουν φροντίδα ποιουμένοις (l. ποιουμένοις) τῶν ἀρετῶν· ἀνιαστρόφως
ἀντὶ τοῦ οἶς ἀνδραγαθίαι ἦσαν καὶ (del.) φροντίδες. cf. Epigr. in
Ephem. Archaeol. 3108: τᾶς μελέτας ἄνθημα διάκτορον ἐνθάδε μεδνοί
θίντο παλαιστέρων ἤθεοι φίλαισι ξ[ογμ]ασιν εὐτάκτοισι μεμαλότες
ἄπρον [φηβοι καὶ φιλ' ᾳ' Χαρίτων τ' ἄμμιγ' ὁμοφροσύνα. Hartung
scripsit τεθαλότας, quod Schneidewin dubitanter proposuit. —

OLYMPIA I. 21

τηλόθεν δέδορκε τᾶν Ὀλυμπιάδων ἐν δρόμοις,
95 Πέλοπος, ἵνα ταχυτὰς ποδῶν ἐρίζεται 155
ἀκμαί τ' ἰσχύος θρασύπονοι·
ὁ νικῶν δὲ λοιπὸν ἀμφὶ βίοτον
ἔχει μελιτόεσσαν εὐδίαν Ἀντ. δ'.
ἀέθλων γ' ἕνεκεν. τὸ δ' αἰεὶ παράμερον ἐσλόν 160
100 ὕπατον ἔρχεται παντὶ βροτῷ. ἐμὲ δὲ στεφανῶσαι
κεῖνον ἱππίῳ νόμῳ
Αἰοληΐδι μολπᾷ
χρή· πέποιθα δὲ ξένον 165
μή τιν' ἀμφότερα καλῶν τε ἴδριν ἅμμε καὶ δύναμιν κυ-
ριώτερον
105 τῶν γε νῦν κλυταῖσι δαιδαλωσέμεν ὕμνων πτυχαῖς. 170
θεὸς ἐπίτροπος ἐὼν τεαῖσι μήδεται
ἔχων τοῦτο κῦδος, Ἱέρων,
μερίμναισιν· εἰ δὲ μὴ ταχὺ λίποι,
ἔτι γλυκυτέραν κεν ἔλπομαι 175
Ἐπ. δ'.
σὺν ἅρματι θοῷ κλεΐξειν ἐπίκουρον εὑρὼν ὁδὸν λόγων,
παρ' εὐδείελον ἐλθὼν Κρόνιον. ἐμοὶ μὲν ὦν
Μοῖσα καρτερώτατον βέλος ἀλκᾷ τρέφει· 180

V. 99. αἰεὶ Hermann, v. ἀεί. — ἐσλόν Boeckh, v. ἐσθλόν. — V. 100. βροτῷ, βροτῶν W l a m.pr. W²M l. — V. 101. ἱππίῳ Hermann, ἱππείῳ PcW l AM aC T l AbG V a b d f M2, ἱππικῷ cetori. — V. 104. ἅμμε καὶ correxit Mommsen, qui in epistola ad Friederichium 16 accurate exposuit suorum librorum lectiones, quas repetere hic non opus est, ἄμα καὶ APcAbD¹W¹V a b d f6n in m. M2V a l G in m., ἅλλον καὶ HGYcMab, ἅλλον ἢ PabVcgHGfnM¹ et vulgo. In procoemi conieci κάλον τε μᾶλλον ἴδριν ἢ, cf. Ol. II 93, quod recepit Hartung, Hermann scripsit ἀλλὰ καί. Mommsenl emendationi favet Schol. 2: πεπίστευκα ... μηδένα με τῶν φίλων τῶν νῦν ἀνθρώπων ἐγνωρισθαι τοῖς ὕμνοις ἀμφότερα ἔχοντα, καὶ ἐπιστήμονα τὰ κατὰ ψυχὴν καὶ σώματος ἰσχὺν τούτου ἀνθρειότερον. nisi ille potius haec optavit et divinavit, quam in suo libro legit: idem videtur d' ἐν' ἴδριν legisse, sed Pindarus scripsit δὲ ξίδριν (ut est in titulo Bocoto C. Inscr. 1575 Ϝίδραω). Paraphrastes, qui hic quoque prorsus omnia pervertit, videtur ἄλλον repetiisse, schol. 3 fore consentit cum schol. 2, πεπίστευκα δὲ ὅτι οὐδένα ὕμνησα ἀμφότερα ἔχοντα, ἐμπειρίαν τε καὶ ἄλλων δύναμιν, ubi corrigas ἐμπ. τε καὶ ὦν καὶ δ. — V. 105. δαιδαλωσέμεν, Ambr. δαιδαλωσάμεν. At Parmenides quoque v. 81 δοκιμωσέμεναι ex mea emendatione pro δοκιμῶσαι dixit. — V. 106. τεαῖσι, Hartung ἑαῖσι. — V. 107. ἔχων, Hermann ἐκών. — κῦρος Hanchenstein scripsit, vulgo κῆδος (Boeckh κᾶδος), τοὐτὸ κᾶδος Οaram, quod Fachse suspicatus erat κῆδος in quatuor bonis libris reperit Mommsen. — V. 109. κεν om. M2. Hartung locum sic refinxit τίνων γλυκυτέραν ἔν' ἔλπομαι ... κλεΐξειν, ἐπεί. — V. 110. κλεΐζειν, Pl κλεΐ-ζειν, W l alii κλεΐξειν. — V. 111. ὦν Μοῖσα, Hartung ὦ Μοῖσα. — V. 112. ἀλκᾷ, Va2 et tres alii libri ap. Mommsen. ἀλκᾶν, quod Hartung coniecit:

ἐπ' ἄλλοισι δ' ἄλλοι μεγάλοι· τὸ δ' ἔσχατον κορυφοῦται
βασιλεῦσι. μηκέτι πάπταινε πόρσιον.
115 εἴη σέ τε τοῦτον ὑψοῦ χρόνον πατεῖν,
ἐμέ τε τοσσάδε νικαφόροις
ὁμιλεῖν πρόφαντον σοφίᾳ καθ' Ἕλλανας ἐόντα παντᾷ.

ego suspicatus sum ἄλκἄν i. e. ἀλκᾶεν legendum esse. — V. 115. ἐπ'
om. PcVbdW2M2 lemma Schol., n. s. m. additum in W1Va1, ἐν Pt atque ita legit schol. Vindob. cuius lemma est ἄλλα δ' ἄλλοισι μεγάλοι.
Mommsen censet ἐπ' delendum, ceteras quoque epodos ad hoc exemplum mutaturus: non recte; si quis longam syllabam non refugiat, possit
scribere ἀλλ' ἄλλοισιν ἄλλοι, quemadmodum est ap. Archil. 35: ἄλλ'
ἄλλος ἄλλῳ καρδίην ἰαίνεται. Interim acquiescendum est in Byzantinorum
supplemento. — V. 115, σί τε, PlVb σε, schol. fort. δί σε. — ὑψοῦ, M2
ὑψοῖς, fort. Pindarus ὕψος scripsit. — τοσσάδε etiam schol. vett.
agnoscunt, sed is qui scripsit γαίρω δὲ γράφων τοιάδε, καί fortas τοιαῦτα οἷα ἐπὶ σοῦ, videtur τοιάδε legisse, quorsum etiam spectat glossa
cod. Vrat. — V. 116, πρόφαντον, Sch, πρόφασον, W2a m. pr. πρόσφαντον.
— V. 117. παντᾷ Pe, vulgo παντᾶ. Trypho his adverbiis detraxit litteram
mutam, contra quem disputat Apollon. de Adv. p. 560, qui et analogiae
ope et parasioni usus (cf. etiam p.625) lotatur eius. Maiore tamen in nonnullis dialectis plane exrita est haec littera, et inde ab Augusti aetate
etiam in communia vitae consuetudine fere omitti solebat unm in his,
tum in aliis vocibus, cf. Strabo XIV 648. Artemdor. III 34. Franz Elem.
Epigr. 233. Dorienses tamen non solum antiquiore tempore firmiter tenuerunt, vid. Ahrens Dor. 269, sed etiam novissima saecula ceteris religiosiores in hac re fuerunt. ita in hymno in Isidem IV 13 scribitur
παντᾷ, ib. I 4 ὅπᾳ, IV 1 ὁμᾷ.

ΟΛΥΜΠΙΟΝΙΚΑΙ Β.
ΘΗΡΩΝΙ ΑΚΡΑΓΑΝΤΙΝΩ
ΑΡΜΑΤΙ.

Strophae.

Epodi.

Στρ. α'.

Ἀναξιφόρμιγγες ὕμνοι,

Str. v. 6. Boeckh in priore ed. in duos versus divisit, ut ultimae sex syllabae peculiarem versum efficerent, ⏑ ⏔ ⏑⏑ – ◡; recte, ut mihi videbatur, cf. ad v. 8 et 26, nisi quod ⏑ ⏔ ⏑ ⏑ ⏓ praestare arbitrabar. — Ep. v. 1 antea erat ⏔ ⏑⏑ ⏔ ⏑⏑⏑ ⏑⏓, sed syllaba ex libris revocata v. 55. 70. 95. creticum numerum restituendam esse vidit Tycho Mommsen.

PINDARI CARMINA.

τίνα θεόν, τίν' ἥρωα, τίνα δ' ἄνδρα κελαδήσομεν;
ἤτοι Πίσα μὲν Διός· Ὀλυμπιάδα δ' ἔστασεν Ἡρακλέης 5
ἀκρόθινα πολέμου·
5 Θήρωνα δὲ τετραορίας ἕνεκα νικαφόρου
γεγωνητέον, ὅτι δίκαιον ξένων, ἔρεισμ' Ἀκράγαντος, 10
εὐωνύμων τε πατέρων ἄωτον ὀρθόπολιν·

Ἀντ. α'.

καμόντες οἳ πολλὰ θυμῷ 15
ἱερὸν ἔσχον οἴκημα ποταμοῦ, Σικελίας τ' ἔσαν
10 ὀφθαλμός, αἰών τ' ἔφεπε μόρσιμος, πλοῦτόν τε καὶ χάριν
ἄγων 20
γνησίαις ἐπ' ἀρεταῖς.
ἀλλ' ὦ Κρόνιε παῖ Ῥέας, ἕδος Ὀλύμπου νέμων
ἀέθλων τε κορυφὰν πόρον τ' Ἀλφεοῦ, ἰανθεὶς ἀοιδαῖς 25
εὔφρων ἄρουραν ἔτι πατρίαν σφίσιν κόμισον

Ἐπ. α'.

15 λοιπῷ γένει. τῶν δὲ πεπραγμένων
ἐν δίκᾳ τε καὶ παρὰ δίκαν ἀποίητον οὐδ' ἄν 30
χρόνος ὁ πάντων πατὴρ δύναιτο θέμεν ἔργων τέλος·
λάθα δὲ πότμῳ σὺν εὐδαίμονι γένοιτ' ἄν.
ἐσλῶν γὰρ ὑπὸ χαρμάτων πῆμα θνᾴσκει 35
20 παλίγκοτον δαμασθέν,

Στρ. β'.

ὅταν θεοῦ Μοῖρα πέμπῃ
ἀνεκὰς ὄλβον ὑψηλόν. ἕπεται δ' ὁ λόγος εὐθρόνοις

V. 2. θεόν, P¹P⁶ θεῶν. Affert Gramm. Harl. post Hephaest. p. 331, ubi θεῶν et deindo ἡρώων. — τίνα δ', BbCILaMaAbAValM2 τίν'. — V. 4. ἀκρόθινα, Zenodotus ἀκροθίνια, lemma schol. ἀκροθόνια. — V. 6. γεγωνητέον, ὅτι δίκαιον ξένων id est ὅπιδι Hermann, cum ante ὅπις δίκαιον ξένον conieciasent, libri γεγωνητέον ὅπι, δίκαιον ξένον, nisi quod G n m. pr. ὅπι (ita etiam Vn3 alii ap. Momms.) et supra ὅπως, καθώς, unde oliciat γεγωνητέον, ὅπως δίκαιον, ξένων ἔρεισμ', Ἀκράγαντος εὐωνύμων τε πατέρων etc. Sed potius versu in duas partes diviso mihi olim videbatur scribendum γεγωνητέ | ἐυσπῇ δικαιόξενον | ἔρεισμ' Ἀκράγαντος. Kayser γεγωνητέον ἐν ὅπι, δίκαιον ξένων. Hartung ὅπιν δίκαιον ξένων, quod probat Mommsen, nisi quod δικαίαν requirit, et praeterea dubitanter ὅπιδα proponit. Hecker ὅπι δίκαιον ξένων. — V. 10. πλοῦτον, Hermann ὁ πλοῦτον, atque ita numero versus consulitur, ut iam congruat cum ceteris strophis, sed fort. ἐπ' ὄλβον scribendum, cf. schol. τὴν εὐδαιμονίαν ἐπιφέρων ἐπὶ ταῖς γνησίαις αὐτῶν ἀρεταῖς. — V. 11. σφίσιν, PcW123I2 Ambr. σφίσι, Pc etiam κόμησον. — V. 17. ὁ πάντων, Aa (a pr. m.) ἁπάντων. — V. 21. πέμπῃ, W1 πέμφῃ. — V. 22. ἀνεκάς, Pc ἀναβάς cum gl. ὑψωθεῖσα, similiter Leidensis a Mommseno collatus, eademque docent aliorum corruptelae. Ceterum Schneidewin ἀνακάς scribere mavult, Philol. VI 118. — δ' ὁ λόγος Hartung, atque ita ut videtur schol., vulgo δὲ λόγος.

Κάδμοιο κούραις, ἔπαθον αἳ μεγάλα, πένθος δ' ἐπίτνει
βαρύ 40
κρεσσόνων πρὸς ἀγαθῶν.
ζώει μὲν ἐν Ὀλυμπίοις, ἀποθανοῖσα βρόμῳ 45
κεραυνοῦ τανυέθειρα Σεμέλα, φιλεῖ δέ νιν Παλλὰς αἰεί,
καὶ Ζεὺς πατὴρ μάλα, φιλεῖ δὲ παῖς ὁ κισσοφόρος 50
Ἀντ. β'.

λέγοντι δ' ἐν καὶ θαλάσσᾳ
μετὰ κόραισι Νηρῆος ἁλίαις βίοτον ἄφθιτον
Ἰνοῖ τετάχθαι τὸν ὅλον ἀμφὶ χρόνον. ἤτοι βροτῶν γε
κέκριται 55
πείρας οὔ τι θανάτου,
οὐδ' ἁσύχιμον ἁμέραν ὁπότε παῖδ' ἀελίου
ἀτειρεῖ σὺν ἀγαθῷ τελευτάσομεν· ῥοαὶ δ' ἄλλοτ' ἄλλαι 60
εὐθυμιᾶν τε μετὰ καὶ πόνων ἐς ἄνδρας ἔβαν.
Ἐπ. β'.

οὕτω δὲ Μοῖρ', ἅ τε πατρώιον 65
τῶνδ' ἔχει τὸν εὔφρονα πότμον, θεόρτῳ σὺν ὄλβῳ
ἐπί τι καὶ πῆμ' ἄγει παλιντράπελον ἄλλῳ χρόνῳ·
ἐξ οὗπερ ἔκτεινε Λᾷον μόριμος υἱός 70
συναντόμενος, ἐν δὲ Πυθῶνι χρησθὲν

V. 23. δ' ἐπίτνει Boeckh et Mingarelli, v. δὲ πίτνει. Dissen ἐπίτνεν, quoniam aoristos requiri videtur, sed haec quoque imperfecti, non aoristi est forma. — V. 24. πρὸς, Schol. etiam πρό. — V. 26. νιν Paris. (M.), coteri μιν. — Post hunc versum A Pab et IMaH I(?)al.IpW1?LabP1Val Bodl. tres AabM1? exhibent φιλέοντι δὲ (Aab re) Μοῖσαι. Elecit Triclinius Itaque desunt in libris, qui illius recensionem sequuntur. Schol. ἐπὶ περισσόν τὸ κῶλον ὡς πρὸς τὴν ἀντίστροφον· οὔτε καὶ ὀβελὸς αὐτῷ παρέκειται, quae Ipsius Aristophanis nota esse videtur, vid. infra: τοῦτο τὸ κῶλον ἀθετεῖ Ἀριστοφάνης. Hinc olim existimabam locum antiquitus iam labem contraxisse; poeta scripsisse videbatur:
ζώει μὲν ἐν Ὀλυμπίοις ἀποθανοῖσαν βρόμῳ
κεραυνοῦ τανυέθειρα Σεμέλαν φάεις·
φιλέουσιν δὲ Μοῖσαι.
ut Archilochus χρυσόθριξ dixit, etiam Pindaro licuit heteroclita ταννέθειρα dicere, cuius ignoratio corruptioni ansam poterat dare. — V. 27. W1 distinguit πατήρ, μάλα φιλεῖ δὲ non male. — V. 30. τετάχθαι, Hecker τετεύχθαι — γε AHβγG3?abHP1W1Val AbP'e, om. R1?abLIp GuHaM1. Bad Schol. fort. βροτᾶν γε θανάτου πείρας οὔτι κέκριται. Hartung scripsit οὕτω βροτᾶν κέκριται πείρας. — V. 31. πείρας, πέρας PcW1 (a m. pr.) MXSch. — θανάτου, M. Schmidt καμάτου. — V. 32. αἰλίου GW1, παῖδα ἥλιου Pa, αλίου γ. — V. 33. δ', W1 τ' — V. 34. μετὰ, PcM1? μέτα, quod non sequar, vid. Nem. III 81. — V. 36. τῶνδ', K Hodl. tres τῶνδ', Schol. et hoc et fort. ταῦδ'. — V. 37. ἄλλῳ χρόνῳ. W1 ἄλλος χρόνος cum Sch. 2, qui dicit χρόνος ἀντὶ τοῦ χρόνου (χρόνῳ.) — V. 38. Λᾷον Hermann, v. Λάϊον — μόριμος, PcW1 Ambr. M1 supra μόρσιμος.

40 παλαίφατον τέλεσσεν,

Στρ. γ'.

ἰδοῖσα δ' ὀξεῖ' Ἐριννύς
ἔπεφνέ οἱ σὺν ἀλλαλοφονίᾳ γένος ἀρήϊον· 75
λείφθη δὲ Θέρσανδρος ἐριπέντι Πολυνείκει, νέοις ἐν ἀέθλοις
ἐν μάχαις τε πολέμου
45 τιμώμενος, Ἀδραστιδᾶν θάλος ἀρωγὸν δόμοις· 80
ὅθεν σπέρματος ἔχοντα ῥίζαν πρέπει τὸν Αἰνησιδάμου
ἐγκωμίων τε μελέων λύραν τε τυγχανέμεν. 85

Ἀντ. γ'.

Ὀλυμπίᾳ μὲν γὰρ αὐτός
γέρας ἔδεκτο, Πυθῶνι δ' ὁμόκλαρον ἐς ἀδελφεόν
50 Ἰσθμοῖ τε κοιναὶ Χάριτες ἄνθεα τεθρίππων δυωδεκαδρό-
μων 90
ἄγαγον· τὸ δὲ τυχεῖν
πειρώμενον ἀγωνίας, παραλύει δυσφρονᾶν. 95
ὁ μὰν πλοῦτος ἀρεταῖς δεδαιδαλμένος φέρει τῶν τε καὶ
τῶν
καιρόν, βαθεῖαν ὑπέχων μέριμναν ἀγροτέραν, 100

Ἐπ. γ'.

55 ἀστὴρ ἀρίζηλος, ἐτυμώτατον
ἀνδρὶ φέγγος· εἰ δέ νιν ἔχων τις, οἶδεν τὸ μέλλον,

V. 41. Schneidewin Ἐριννύς. — V. 42. ἔπεφνέ οἱ BcIBIbAa (a m, s.),
πέφνε οἱ GPIAbValM2, πέφνεν οἱ AMaCW1, quod defendi potest, sed
dubitaculum, πέφνεν fort W2Aa (a m. sec.) M1 nt vulgo. — V. 43. ἐρι-
πέντι PcW12AUM4PIAbValGa a m. pr., ἐριπόντι vulgo; Apollon. Synt.
280 utramque lectionem memorat, cf. Scholiast. Iliad. Π 312. — V. 46.
Ἀδραστιδᾶν, PcW1312 Ambr. ἀδραστειδᾶν vel ἀδραστείδᾶν, et sic vel
potius Ἀδραστείδᾶν Scholiast. legit, cf. Et M. 19, 47. Wt a m. s. Ἀδρα-
στίδων. — V. 46. ἔχοντα ῥίζαν πρέπει τὸν Αἰν. Aristarchus legit, nam
In sch. quamvis valde confuso apparet pro Ἀρίσταρχος δὲ οὕτως· ὅθεν
σπέρματος ἔχον ῥίζαν τὸν Αἰνησιδάμου· ὡς τῶν ἴσων εἶναι τῷ ἀφ' οὖ
ἔχοντι τὸ σπέρμα τῷ Αἰνησιδάμῳ τίς πρέπει λυρᾶν καὶ ἐγκωμίων τὴν
χάριν, scribendum ἔχοντα, non ἔχοντι, nam in paraphrasi demum sub-
stituit dativum. Et ἔχοντα Pc a m. s., sed Didymus; ὅθεν σπέρματος
ἔχοντι ῥίζαν· πρέπει τὸν κτλ. et sic codd., nisi quod W1 ἔχοντι, Pl
eí l.a in m. ἔχοντι. — V. 52. δυσφροσᾶν G. Dindorf, et sic legit Schol.2, qui
τᾶν δυσκόλων φροντίδων interpretatur, vulgo δυσφρόνων. Βγ δυσφροᾶν
Ab δυσφορᾶν, W2 δυσφρονᾶν, PcGGa (a m. s.) M2 δυσφροσύνας παρα-
λύει, Schol. veterera vel ἀφροσύνας (ita etiam sch. Vind.) vel ἀφροσύ-
ναν legisse videntur, schol. rec. δυσφρόνων. Hartung scripsit παραλύει
δυσφρόνων πόνων· πλοῦτος κτλ. — V. M. ἀγροτέραν, Hecker ἀγροτέ-
ρας. Hartung interpunxit ἀγροτέραν. Ἀστὴρ κτλ. — V. 55. ἐτυμώτατον
APcMaGAbPlVal2, ἐτήτυμον R in m., ἔτυμον Schol. in Mb, ἀλαθινόν
W12G in m. ceteri, οἱ ἀληθινόν et πάν, θιμώτατον Schol in paraphrasi.
— V. 56. εἰ δέ μιν ἔχων τις codd. integri nt PIValPc Schol. (nisi quod

ὅτι θανόντων μὲν ἐνθάδ' αὐτίκ' ἀπάλαμνοι φρένες 105
ποινὰς ἔτισαν, τὰ δ' ἐν τᾷδε Διὸς ἀρχᾷ
ἀλιτρὰ κατὰ γᾶς δικάζει τις ἐχθρᾷ
60 λόγον φράσαις ἀνάγκᾳ.

Στρ. δ'.

ἴσαις δὲ νύκτεσσιν αἰεί,
ἴσαις δ' ἁμέραις ἅλιον ἔχοντες, ἀπονέστερον 110
ἐσλοὶ δέκονται βίοτον, οὐ χθόνα ταράσσοντες ἐν χερὸς
ἀκμᾷ
οὐδὲ πόντιον ὕδωρ 115

lemma vv). Interpolati *ἔχεν*. Boeckh *εἴ γε μὶν ἔχον*, Schneidewin *ἐν δὶ
μὶν ἔχεν*, Tafel et Rauchenstein *τὸ δὲ μὶν ἔχον*. Ego in speciosa suspi-
catus sum *οἷδὶ μὶν ἔχον* τις, *οἶδέν τὸ μᾶλλον*. Mommsen *ἔχεν* loco
verbi finiti esse putat, Hermann apodosin decus existimat, ut poeta ana-
coluthia quadam ait usus, I. Schmidt postquam priorum interpretum
sententias non sine calamula recensuit, censet apodosin band desiderari,
sed post longissimam intercapedinem verborum v. 69 orationem continuari,
quod vix cuiquam probabit, quamquam etiam Oelschlaeger et Mommsen
suspicantur apodosin subsequi v. 61. Ego interpunctione post *τὶς* addita
puto impeditum hunc locum facillime illustrari: brachylogia utitur poeta,
verbum enim *οἶδεν*, quod iterandum fuit, semel adhibuit. Hoc enim dicit:
Si quis alius opibus simul et virtutibus clarus futurum tempus mente
tenet, hic est. Theronem enim dici, cuius laudes hic erant celebrandae,
facile unusquisque audientium intelligebat. — V. 57. *Θανόντων*, Har-
tung *φόνων τῶν*, Oelschlaeger *βροτῶν τῶν*.—*αὐτίκ'*, Rauchenstein pro-
babiliter *εὐθὺς*, quamquam quid Pindarus scripserit, certo indagari ne-
quit, poesis cum alia, tum *ἄ ν υ σ'* vel *ἐ ς τ ό ς* suspicari. — V. 58. *τᾷδε*,
Γο τᾷ. — V. 59. As (a m. pr.) *ἐχθρᾷς* ct *ἀνάγκας*, Γa *ἐχθρᾷ* ct *ἀνάγκᾳ*,
hinc Hartung scripsit *ἐχθρᾷ λόγον φράσαις Ἀνάγκᾳ*. — Ceterum *φρά-
σαις* Va², reliqui *φράσας*. — V. 61. 62. *ἴσαις δὲ ... ἴσαις δ' ἁμέραις*
scripsi, hoc enim opinor dixit poeta, illic noctibus semper pares suos
dies; est illic ver quasi perpetuum, non sicut nos in hoc terrarum orbo
hiemis saevitia laboramus, itaque etiam tollus sua sponte omnia fert. Ac-
cedit autem hacc lectio proxime ad bonorum librorum scripturam, nam
ΑΓεΓiPi lemma sch. cod. Wi *ἴσαις δὲ νύκτ.* (ΑV ut δ' ἐν) ... *ἴσαις δ' ἐν
ἁμ*., Ab *ἴσαις ... ἴσαις* (Ab ἀν' ἁμ.), MaVa¹ *ἴσον δ' ἐν νυκτ'* et Va¹ *ἴσαις
δ' ἐν ἁμ*. M² *ἴσαις δὲ ν ... ἴσαις δ' ἐν*, sed supraser. bis *ἴσον*. Vulgo
legitur *ἴσον δὲ νύκτ ... ἴσα δ' ἐν ἁμέραις*, quae lectio interpolatis libris
debetur. Doeckh *ἴσον δὲ ν ... ἴσον ἐν ἁμ*., Hartung *ἴσον δὲ ν. αἰεί ἀἐν
ἐν ἁμέραις*, ego in speciosi iam suspicatus eram *ἐν* delendum et scriben-
dum esse *ἴσα δὲ ν ... ἴσα δ' ἐν ἁμέραις*, quamquam sane haec metri
species ab reliquis strophis recedit, hinc Mommsen *ἴσαις δὲ ν ... ἴσαις
δ' ἁμ*., sed quomodo explicandam censeat locum, non significavit. —
ἅλιον, ex nullo libro *ἀέλιον* enotatum. — V. 63. *δέκονται βίοτον* Wilste-
mann, idque plane extat in Ambr. (ubi glossa *δέχονται* supraser.) atque
eodem ducit Pc ubi est δὶ *δέχονται βίοτον* (δὶ add. m. sec.), *δέχον-
ται βίοτον* ΟΡ¹ΑbVa¹(in supra M² a m. pr. (supra *νέμονται*, idem *βίον*
exhibet), vulgo *νέμονται βίοτον*, (Iscellus *δρέκονται*, Hermann *δεδόρ-
καντι βίον*, Doeckh conicit *δρέκονται*. — *ἐν χερὸς ἀκμᾷ* Noh. ΑΓεΓi
(supra *ἀλκᾷ*) CAbVa¹P¹, *ἀλκᾷ χερῶν* vulgo (Ga *ἀρχᾷ χερῶν* et in m.
ἀλκᾷ, Π *ἀρχᾷ χειρῶν ἀλκᾷ* et in m. *ἀκμᾷ*). Mommsen *ἐγχειρὸς* conicit,
quod idem sit atque *ἐγχειριδίον*, idque existimat scholiorum auctoritate

65 πεινᾶν παρὰ δίαιταν· ἀλλὰ παρὰ μὲν τιμίοις
    θεῶν, οἵτινες ἔχαιρον εὐορκίαις, ἄδακρυν νέμονται   120
    αἰῶνα· τοὶ δ' ἀπροσόρατον ὀκχέοντι πόνον.

              Ἀντ. δ'.

ὅσοι δ' ἐτόλμασαν ἐστρὶς
ἑκατέρωθι μείναντες ἀπὸ πάμπαν ἀδίκων ἔχειν   125
70 ψυχάν, ἔτειλαν Διὸς ὁδὸν παρὰ Κρόνου τύρσιν· ἔνθα μα-
  κάρων
νᾶσος ὠκεανίδες
αὖραι περιπνέοισιν· ἄνθεμα δὲ χρυσοῦ φλέγει,   130
τὰ μὲν χερσόθεν ἀπ' ἀγλαῶν δενδρέων, ὕδωρ δ' ἄλλα φέρβει,
ὅρμοισι τῶν χέρας ἀναπλέκοντι καὶ στεφάνοις,   135

              Ἐπ. δ'.

75 βουλαῖς ἐν ὀρθαῖσι Ῥαδαμάνθυος,

---

firmari (vid. Mus. Rhen. XVIII 303), ego non credo, sed teneo, quod dudum conieci *ἔγχος ἅπαξ*, scholiastae 1 et 2 vulgatam tuentur, sed sch. 3 qui dicit *τινὲς δὲ γράφει παρὰ τὸ ἄροτρον ἢ τὸ ἄρρεν* mean videtur coniecturam firmare. Quemadmodum Sophocles *ἐνεόν* vel pilam *ἔγχος* appellavit, poterat etiam hic poeta vomerem dicere. Ceterum facile aliquis coniiciet *παρέσσονται*, neque tamen iам praeoptaverim. — V. 66. *πεινᾶν*, Pc M2 *περιάν*, utrumque Schol.; *πινεόν περὶ* Sch. Arati 110. Poeta scripsit *πινεάν*. — *παρὰ μὲν τιμίοις*, Hartung *παρὰ τιμιόφροις*. — V. 66. *ἄδακρυν*, Ambr. *ἀδάκρυτον*. — V. 67. *ἀπροσόρατον*, Schol. Vrat. *ἀπροόρατον*. — V. 69. Hermias in Plat. Phaedr. 152 exhibet *ἑκατέρωθι ἀπὸ πάμπαν ἀδίκων ἔργμα τ᾽ ὀχεθέμεν ψυχὰν ἐστειλαν* etc. — V. 70. *ἔτειλαν*, PcM12 *ἔστειλαν*. — V. 71. *νᾶσος* RdcLipW1 (W2 a m. s.) AabMH, *νᾶσος* Poll (in m.), *νᾶσους* M12IIL ah, *νᾶσον* RVa1, *νᾶσον* A, *νᾶσον* Ma. — V. 72. *περιπνέοισιν* PcIIGn, *περιπνέουσα* vulgo. — V. 74. *χέρας, χεροὶ* HaAaW2 [am. s.], Hartung *πέρα*. — *στεφάνοις* vulgo, quod explicandum per ἓν διὰ δυοῖν, ut sit *ὅρμοις στεφάνων*, sed PaVa1M2 *στεφάνους*, Pc W3Aa utrumque, Hermann *στεφάνως*, Boeckh *κεφαλᾶς*, Kayser *προσώπους*, quae conieciura maxime verisimilis est, nisi forte *προσώπους* poeta aeolico more scripsit. Scholiastae iam non poterant locum expedire, sed quid legerint, ambigo. In praedolo conieci *ἀναπλέκοντ᾽ ἔσι στεφάνοις*. — V. 75. In om. WllicAaMbM2. — *ὀρθαῖσι* PeVa1Nch, *ὀρθαῖς* vulgo. — V. 76. (παῖς ὁ) Γῆς ἕταιρον [αὐτῷ] πάρεδρον, πόσις πάντων Ῥέας ὑπέρτατον ἐχοίσας θρόνον, ita locum graviter corruptum restitui, nam αὐτῷ manifestum glossema, contra *παῖς ὁ* (sive *παῖς ὁ mala*) et sententia et versus requirit, et sic fere Didymus constituit locum: ὁ δὲ *Διδύμος ἐπὶ τοῦ Κρόνου καθιστᾷ τὸν λόγον· ὅντινα Ῥαδάμανθον ὁ πατὴρ πάντων ὁ Κρόνος, ὁ τῆς Γῆς παῖς, ὁ ἀνὴρ τῆς ὕπατον ἐχοίσης θρόνον Ῥέας ἕταιρον καὶ ἀχώριστον ἔχει πάρεδρον,* sed non vidit πάντων corrigendam pro ὁ πάντων, quod hyperbatonon ferendo ad πατὴρ retulit, quo nomine simpliciter Saturnus appellari potuit, cf. Plato Cratyl. 401 a. Vulgo legitur: *Κρόνος ἕταιρον αὐτῷ πάρεδρον πόσις ὁ πάντων Ῥέας ὑπέρτατον ἐχοίσας θρόνον,* sed AHPcP1Va1M2 *γᾶς ἕταιρον* (Pc middi γε' αὐτῷ π. π. ὁ π. P. ὑπατον ἐχοίσας παῖς (vel etiam παῖς ἐχοίσας, ut videtur) θρόνον. Et Κρόνος antiquitus non lectum esse inde apparet, quod Aristarchus omnia ad Iovem retulit, Didymus demum Saturnum intelligendum esse vidit; ipsum nomen an intulerit, non liquet.

ὃν πατὴρ ἔχει (παῖς ὁ) Γᾶς ἑτοῖμον [αὐτῷ] πάρεδρον,
πόσις ἁπάντων Ῥέας ὑπέρτατον ἐχοίσας θρόνον.   140
Πηλεύς τε καὶ Κάδμος ἐν τοῖσιν ἀλέγονται·
Ἀχιλλέα τ' ἔνεικα', ἐπεὶ Ζηνὸς ἦτορ
140 λιταῖς ἔπεισε, μάτηρ·

Στρ. έ.

ὃς Ἕκτορ' ἔσφαλε, Τροίας   145
ἄμαχον ἀστραβῆ κίονα, Κύκνον τε θανάτῳ πόρεν,
Ἀοῦς τε παῖδ' Αἰθίοπα. πολλά μοι ὑπ' ἀγκῶνος ὠκέα
βέλη   150

ἔνδον ἐντὶ φαρέτρας
45 φωνάεντα συνετοῖσιν· ἐς δὲ τὸ πᾶν ἑρμηνέων
χατίζει. σοφὸς ὁ πολλὰ εἰδὼς φυᾷ· μαθόντες δὲ λάβροι 155
παγγλωσσίᾳ, κόρακες ὣς, ἄκραντα γαρύετον

Ἀντ. ί.

Διὸς πρὸς ὄρνιχα θεῖον.
ἔπεχε νῦν σκοπῷ τόξον, ἄγε θυμέ, τίνα βάλλομεν   160
150 ἐκ μαλθακᾶς αὖτε φρενὸς εὐκλέας ὀϊστοὺς ἱέντες; ἐπί τοι
Ἀκράγαντι τανύσαις   165
αὐδάσομαι ἐνόρκιον λόγον ἀλαθεῖ νόῳ,
τεκεῖν μή τιν' ἑκατόν γε ἐτέων πόλιν φίλοις ἄνδρα μᾶλ-
λον   170

---

quamquam fort. Κρόνος, ὁ Γᾶς legit. Aristarchus coniecit πόσις pro πόσις, ut Rhadamanthys competitor Iovis diceretur; quod al in quoque ὁ αὐτῶν servavit, ut videtur Schol. indicare, scripsimus censemus est ὃν πατὴρ ἔχει ..., πάρεδρον πόσις ὁ πάντων Ῥέας ὕπατον ἐχοίσας παῖς θρόνῳ καλῶ μάτερος, sed fortasse ὃν πατὴρ πάντων ἔχει ἑτοῖμον αὐτῷ πάρεδρον πόσιος, ut παῖς Ῥέας ὑπέρτατον ἐχοίσας θρόνον scripsit. — V. 81. Τροίας, Boeckh Τρῴας probabiliter, cf. Eustath. Procem. 13, sed vulgaris forma etiam Nem. II 14. Isthm. V 29, VII 52 legitur. — V. 85. φωνάεντα PboGPIVal, φωνήεντα Γa, φωνᾶντα ΑΜa (a pr. m.), φωνάντα Schol. et vulgo, φωνεύντα ΑaW2 Eustath. II.1237, 61. Procem. 2. Cramer. An. P.III 217, 27. — πᾶν Wz, πᾶν vulgo, nimirumque Aa, Boeckh τοπᾶν, Oelschlaeger ἐς δὲ μέσον coniecit, Hartung locum sic refinxit ἄσοφα μὲν ἑρμηνέων χατίζει. — V. 86. φυᾷ, φύσει Longin. Rhet. I p. 313 ed. Spengel. — λάβροι παγγλωσσίᾳ, fort. poeta scripsit λάβρῳ παγγλωσσίᾳ. — V. 87. γαρύετον, Dawesius γαρύεμεν, at γαρύεσον etiam Aristid. II 35. Theophyl. Ep. VII 12 et Greg. Cor. 218. Hartung pessime γαρύεται, quod novum substantivum esse credit, non repulam tunc ἄκραντα nullo modo ferri posse. - V. 91. Ἀκράγαντι, W12 PabHca LipIl MabLubMl Ἀκράγαντα. — τανύσαις, PcPIGu (a m. pr.) Ml τανύσσαις, ti τανύσσεις, Val τανύσας, et Schol. quoque per part. τείνας interpretatur et cum seq. iungit, quem praeeunte Hartungo secutus sum, vulgo enim post τανύσαις interpungi solet. — V. 92. αὐδάσομαι, Lip a pr. m. αὐδάσομεν. — ἐνόρκιον, Schol. in lem. μεθ' ὅρκιον. — V. 93. γε ἐτέων E. Schmid, codd. γ' ἐτέων, Schol. γ' om. Hartung αἰν ἐτέων. Pindarus ἑκατὸν scripsit.

εὐεργέταν προπίσιν ἀφθονέστερόν τε χέρα

Ἐπ. ς'.

95 Θήρωνος. ἀλλ' αἶνον ἐπέβα κόρος
οὐ δίκᾳ συναντόμενος, ἀλλὰ μάργων ὐπ' ἀνδρῶν, 175
τὸ λαλαγῆσαι θέλων κρύφον τε θέμεν ἐσλῶν καλοῖς
ἔργοις. ἐπεὶ ψάμμος ἀριθμὸν περιπέφευγεν·
ἐκεῖνος ὅσα χάρματ' ἄλλοις ἔθηκεν, 180
100 τίς ἂν φράσαι δύναιτο;

V. 95. *ἐπέβα* PcVa1ΣAMnP1Ab Sch., *ἔβα* vulgo, Hartung *llᾳ*. —
V. 97. *θέλων*, Boeckh *ἐθέλων*. — κρύφον Aristarchus, cum ante κρύφιον
legeretur. — *ἐσλῶν* aut *ἐσλὸν* PacUP1AbVa1, *ἐσθλὸν* LipAnl1Gu Mo-
scoviensis Leidd., *ἐσθλὸν* APbW2. sed Ambr. ut videtur *θέμεν' ἐσλῶν* et
deinde *κακοῖς*. Haec iam antiquitus labem contraxerunt; nam τὸ λαλα-
γῆσαι *θέλων* omnino non est graecum: neque tamen aliud quid legebant
veteres, qui pro arbitrio ut solent in locis corruptis et impeditis interpre-
tantur: ὁ γὰρ κόρος τῶν ἀνθρώπων τῶν ἀργῶν (scr. μάργων) τῶν θορυ-
βῆσαι θελόντων ἐπέβη τῷ τοῦ Θήρωνος ἐπαίνῳ, κρύφιν θέλων θεῖναι
τοῖς τῶν ἀγαθῶν ἔργοις. Conieci olim *καλαλαγῆσαι θέλων* l. e. κα-
ταλαλαγῆσαι. Hartung scripsit *συναπτόμενος· ἀλλὰ μάργων γάρ ἀνδρῶν
τὸ λαλαγῆσαι, ἐθέλειν κρύφον* τε κτλ. quae sane non improbabilis est
emendatio: ipse tentavi *ἀλλὰ μάργων ὐπ' ἀνδρῶν, λαλαγίς οἵ τ'
ἠθέλον κρύφον τιθέμεν ἐσλῶν καλοῖς ἔργοις ἐπι· ψάμμος κτλ*. *λαλα-
γις* secundum Hesychium sunt γλωσσαὶ βατράχων. — V. 99. *ἐκεῖνος*, κ
κεῖνος, Va1 GnA(l)MaM2 *κάκεῖνος* vel *κάκεῖνος*.

ΟΛΥΜΠΙΟΝΙΚΑΙ Γ.

ΘΗΡΩΝΙ ΑΚΡΑΓΑΝΤΙΝΩ

ΕΙΣ ΘΕΟΞΕΝΙΑ.

Strophae.

Epodi.

Στρ. α΄.

Τυνδαρίδαις τε φιλοξείνοις ἀδεῖν καλλιπλοκάμῳ θ᾽ Ἑλένᾳ
κλεινὰν Ἀκράγαντα γεραίρων εὔχομαι,

Ep. v. 4. Boeckh ante in duos versus diviserat, ut sani fierent versus, „De versuum distributione nihil est quod moneam, nisi quod dubium potest videri, utrum epodi v. 4 et 5 coniungendi sint an distinguendi. Coniunctionem suadet elisio per apostrophum epod. 2. 3, divisionem syllaba anceps epod. 1, interpunctio epod. 2 atque elegans roboris que plenus brevioris numeri ante clausulam usus. Sed syllaba anceps etiam v. 27 in medio reperitur versu: atque item apostrophus tam alibi tam v. 20 in fine versus. Quapropter fluctuante indicio malui vulgatam relinquere distinctionem quam utramque metrum coniungere." Boeckh. Idem in editione altera hos versus coniunxit.
V. 1. ἀδεῖν Sch. W! et ut videtur plures libri boul, v. ἀδεῖν.

Θήρωνος Ὀλυμπιονίκαν ὑμνονόρθώσαις, ἀκαμαντοπόδων 5
ἵππων ἄωτον. Μοῖσα δ' οὕτω ποι παρέστα μοι νεοσίγαλον
εὑρόντι τρόπον
5 Δωρίῳ φωνὰν ἐναρμόξαι πεδίλῳ
                                                    'Ἀντ. α'.
ἀγλαόκωμον· ἐπεὶ χαίταισι μὲν ζευχθέντες ἐπιστέφανοι 10
πράσσοντί με τοῦτο θεόδματον χρέος,
φόρμιγγά τε ποικιλόγαρυν καὶ βοὰν αὐλῶν ἐπέων τε θέσιν
Αἰνησιδάμου παιδὶ συμμίξαι πρεπόντως, ἅ τε Πίσα με γε-
                                γωνεῖν· τᾶς ἄπο   15
10 θεύμοροι νίσοντ' ἐπ' ἀνθρώπους ἀοιδαί,
                                                     'Επ. α'.
ᾧ τινι, κραίνων ἐφετμὰς Ἡρακλέος προτέρας   20
ἀτρεκὴς Ἑλλανοδίκας γλεφάρων Αἰτωλὸς ἀνὴρ ὑψόθεν
ἀμφὶ κόμαισι βάλῃ γλαυκόχροα κόσμον ἐλαίας, τάν ποτε
Ἴστρου ἀπὸ σκιαρᾶν παγᾶν ἔνεικεν Ἀμφιτρυωνιάδας,   25
15 μνᾶμα τῶν Οὐλυμπίᾳ κάλλιστον ἄέθλων,

V. 3. ὀρθώσαις lemma schol. Vn2, reliqui ὀρθώσας. — V. 4. ποι,
Pc επι, lemma schol. μοι, schol. 1 et 2 in interpretando prorsus ignorant,
sch. 3 ποι substituit, schol. 4 μέν. — παρέσσα, Gu παρέσσα. Schol.
tuentur παρέστα praeter 2, qui dicit: οὕτω μοι ἰαχείσθω ἡ Μοῦσα,
nec tamen satis certam est, hunc aliud quid legisse, nam ant ἰαχεῖται
scripsit, aut harlolatur tantum, ut commodam eliciat sententiam: nam
si totius loci necessitudinem consideramus, concentanenm est, poetam
Musae auxilium invocarisse, itaque forri nequit παρέστα, obscuratum
antem est ut videtur reconditum aliquod Musae nomen, velut Μοῖσα
Τίταινοι, παρέστα μοι νεοσίγαλον κτλ. h. e. quasi dicas, Musa
Aurora. Respicit poeta unam ex Musis, quas Siculus poeta Epicharmus
adhibuit, vid. Tzetz. ad Hes. Op, p. 23 ed. Gaisf. Ἐπίχαρμος δὲ ἐν τῷ
τῆς Ἥβης γάμῳ... Νειλοῦν, Τριτώνην, Ἀσωπὼν, Ἐπταπόρην ἰ Ἐπτα-
πόρην), Ἀχελωίδα, Τιτόπλουν, Ῥοδίαν, ubi Τιτωπουν legendum esse
iam alias significavi: ut hanc potissimum eligeret Pindarus, videtur
Castorum religione permotus esse. Παρέστα Doriensium more dixit poeta,
ceterum cf. Empedocl. ap. Hippol. adv. Haeret.264: νῦν αὖτε παρέσταοο
Καλλιόπεια Ἀμφὶ θεῶν μακάρων ἀγαθὸν λόγον ἐμφαίνοντι. Hartung
scripsit Μοῖσα δ' ἀντωπὸν παρέστα μοι, L. Schmidt tuetur librorum
scripturam et haec ad carmen Olympicum II spectare contendit, lis cre-
dit facillimo negotio omnes difficultates expediri; ego has argutias, ma-
ximeque quae p. 216 disputavit, non intelligo: fortasse qui minus obtuso
ingenio sunt, persentiscunt. — V. 7. Θεόδματον Sch. W1Pe. Θεάδματον
HCiuAalaHdM2. — V. 8. miro scholiasta bis dicit συμβαλεῖν τῇ λύρᾳ
καὶ τῷ αὐλῷ τὸν Αἰνησιδάμου παῖδα Θήρωνα, quasi inversam structu-
ram reperisset. — V. 9. μέ, Hartung ἴ. — γεγωνεῖν, Sch. etiam γεγώ-
νειν, Emperius γεγωνεῖ. — V. 10. Θεύμοροι, APcW1 Θεάμοροι, Sch. M2
Θεόμοιροι, Sch. II M 410 Θεάμοροι. — νίσοντ' GPlPc, V1 νήσοντ', Ab
νήσοντι', BdAallGuW3 Schol, II. νείσοντι', v. νίσσοντ'. — V. 12. γλε-
φάρων M12, at Bocckh scripsit, v. βλεφάρων. — V. 13. βάλῃ Sch. APc
W2lledULipMal1GuAalahiVal, v. βάλοι. — V. 15. ἀέθλων PcW1 cort.,
v. ἄθλων.

Στρ. β'.

δᾶμον Ὑπερβορέων πείσαις Ἀπόλλωνος θεράποντα λόγῳ·
πιστὰ φρονέων Διὸς αἴτει πανδόκῳ 30
ἄλσει σκιαρόν τε φύτευμα ξυνὸν ἀνθρώποις στέφανόν τ'
ἀρετᾶν.

ἤδη γὰρ αὐτῷ, πατρὶ μὲν βωμῶν ἁγισθέντων, διχόμηνις
ὅλον χρυσάρματος 35
20 ἑσπέρας ὀφθαλμὸν ἀντέφλεξε Μήνα,

Ἀντ. β'.

καὶ μεγάλων ἀέθλων ἁγνὰν κρίσιν καὶ πενταετηρίδ' ἁμᾷ
θῆκε ζαθέοις ἐπὶ κρημνοῖς Ἀλφεοῦ·
ἀλλ' οὐ καλὰ δένδρε' ἔθαλλεν χῶρος ἐν βάσσαις Κρονίου
Πέλοπος. 40
τούτων ἔδοξεν γυμνὸς αὐτῷ κᾶπος ὀξείαις ὑπακουέμεν αὐ-
γαῖς ἀελίου.

25 δὴ τότ' ἐς γαῖαν πορεύειν θυμὸς ὥρμαιν'· 45

Ἐπ. β'.

Ἰστρίαν νιν· ἔνθα Λατοῦς ἱπποσόα θυγάτηρ

V. 16. λόγῳ Bek. PeGGnP1Ab (in m.) Val, v. ὄγε. Iam veteres grammatici, quos etiam recentiores partim secuti sunt, v. 15 post αἴθλων stigmen ponendam censuerunt, ut v. 16 novum enuntiatum inchoetur; at nullo pacto πείσαις cum αἴτει sive αἴτει conciliari poterat, quod certe μείθειν dici debebat. Igitur aliquem v. 16 post λόγῳ collocavi, ut poeta dicat: πιστὰ γὰρ φρονέων Διὸς ἔξετει πανδόκῳ ἄλσει, hoc enim αἴτει, si integrum est, significare intelliget, qui quidem totius loci institutum sententiasn accuratius examinaverit, quamquam nullum simile novi exemplum: at vicissim ζητεῖν in locum verbi αἰτεῖν scriptores imprimis antiquiores solent. — Ceterum πείσαις VaXG, reliqui πείσας. — V. 17. αἴτει AGuValVa2 a m. pr. M2 corr., αἴτει RLa1'1CLip1tAabMabllW12 M1, ἴνει PeM2 (a m. pr.) Eustath. 881. 27: Λέγει δὲ καὶ Πίνδαρος ἐν Ὀλυμπιονίκαις καιρός αἴτος τὸ ἐνδιαίτημα, οἷον Διὸς αἴτει πανδόκῳ. cf. 907, 63 et Gregor. Cor. 210; cum his consentit schol. Vindob., recentiores schol. ᾔπος interpretantur; veteres grammatici quid secuti sint prorsus latet. Hartung αἴτων scripsit, ego aliquando conieci Διὸς αἵ ἐπὶ πανδόκῳ ἄλσει legendum esse, Koehlus Ἄλτει (cf. Ol. XI 45), quam coniecturam prius comprobavi existimabam autem huius vocis interpretationi ἄλσει in margine adscripta deinde aliud vocabulum excidisse, velut Διὸς Ἄλτει πανδόκῳ Ζοῦναι σκιαρὸν τεφύτευμα. — V. 19. σκιαρόν, σκιερὸν PeMa1'HlLip1'M2 — ἀρετᾶν G1'1ValGu, ἀρετᾶν Ab, ἀρεταῖς l1Ab, v. ἀρετᾶς, Fort. ἀνθρώποις τ' ἀρετᾶν στέφανον, ut ξυνόν quemadmodum ἀμφότερον adverbium sit. — V. 19. αὐτῷ Hebol. unus cum πατρὶ iungit, alius αὐτῶν legit. Bicker conieci αὐτῷ. — V. 21. ἁμᾷ scripsi, vulgo ἁμᾶ, AW2AnKd ἄρα. — V. 23. [θαλλεν, AMa fθαλλεν, ἐν om. Pe. — V. 24. ἀελίοο Val, αἰλίου M2, v. αἰλίου. — V. 25. ὥρμαιν', Bek. ὥρμαινεν, Ambros. ὥρμα, quod Boeckh et Hartung conicerunt. — V. 26. Ἰστρίαν νιν Petil'11.aAbVa1 Hodl. tres, Ἰστριανήν, quod etiam Neh. memorat, reliqui; Aristarchus legit: ὥρμαιν'' Ἰστρία νιν ἔνθα et reliqua, sed elisio in fine versus praesertim novissimi tam demum ferenda,

δέξατ' ἐλθόντ' Ἀρκαδίας ἀπὸ δειρᾶν καὶ πολυγνάμπτων
μυχῶν,
εὖτέ μιν ἀγγελίαις Εὐρυσθέος ἔντυ' ἀνάγκα πατρόθεν 50
χρυσόκερων ἔλαφον θήλειαν ἄξονθ', ἄν ποτε Ταϋγέτα
30 ἀντιθεῖσ' Ὀρθωσίᾳ ἔγραψεν ἱράν.

Στρ. γ'.

τὰν μεθέπων ἴδε καὶ κείναν χθόνα πνοιαῖς ὄπιθεν Βορέα 55
ψυχροῦ· τόθι δένδρεα θάμβαινε σταθείς.
τῶν νιν γλυκὺς ἵμερος ἔσχεν δωδεκάγναμπτον περὶ τέρμα
δρόμου
ἵππων φυτεῦσαι. καὶ νῦν ἐς ταύταν ἑορτὰν ἵλαος ἀντιθέοι-
σιν νίσεται (60)
35 σὺν βαθυζώνου διδύμοις παισὶ Λήδας.

Ἀντ. γ'.

τοῖς γὰρ ἐπέτραπεν Οὔλυμπόνδ' ἰὼν θαητὸν ἀγῶνα
νέμειν 65
ἀνδρῶν τ' ἀρετᾶς πέρι καὶ ῥιμφαρμάτου
διφρηλασίας. ἐμὲ δ' ὦν πᾳ θυμὸς ὀτρύνει φάμεν, Ἐμμε-
νίδαις
Θήρωνί τ' ἐλθεῖν κῦδος εὐίππων διδόντων Τυνδαριδᾶν,
ὅτι πλείσταισι βροτῶν 70

*si oratio contiguatur; vitavit hanc offensionem Hartung, qui scripsit
ἐς γαῖαν βορέου θυμὸς ὥρμα, Ἰστρία νιν ἔνθα κτλ. Ego ἄρμαιν
teneo, nul puto poetam scripsisse ἐς γαῖαν κορεῦσιν (h. e. πορεύεσθαι)
θυμὸς ὥρμαεν Ἰστρίαν· καί ν ἔνθα Λατοῦς, atque ita etiam enuntia-
tum quod sequitur magis illustratur. Grashoff Ἰστρίαν ἐν conicit. —
V. 30. Ὀρθωσία, hiatum ut removeret Hartung εὔγραψεν suspicatus est,
ego et Ahrens Ὀρθωσίας coniecimus, sed dativus requiritur, qui ad ver-
bum ἀντιθεῖσα est referendus. Atque hiatus in dativo primae et secundae
declinationis, ut est apud Homerum frequentissimus, ita etiam a Pindaro
non est alienus; velut Ol. VI 82 γλώσσα ἀκόνας, Nem. VI 23 Ἀγησιμάχῳ
υἱῶν. Isth. I 16 Καστορείῳ ἢ, Ib. 61 Ἡροδότῳ ἔλοφον, videturque
ipsa pronuntiatio mitigavisse asperitatem. — ἰρὰν AHMahCLipW2,
v. ἱράν. — V. 31. καὶ κείναν Boeckh, libri κρείναν vel κάεινῳν. —
προιαῖς Sch. A AhbGLipW12CMahHVatDn Greg. Cor. 220, vulgo πνοαῖς.
— V. 32. θάμβαινε, quod conieci, Ambr., vulgo θαύμανε, l'e θαμαινε.
Boeckh θαυμαίνει, Kayser θαύμασε. — V. 33. libri accuratius si collati
essent, haud dubie etiam hic δωδεκάγν. praeberent. — περὶ, l'c ὅτι. —
V. 34. καὶ νῦν scripsi, v. καί νυν. — νίσσεται PlClPc Schol. anus, qui ἥξει
interpretatur, νῄειται AbVul, νίσσεται W12AhdlGuM1, v. νίσσεται. —
V. 35. διδύμοισι Hermann, LaLipW2 διδύμοις (quam formam Λω-
νίδμη ex Λευκίρη i. e. Λευνίμη ortum tuetur), διδύμαισι PeAGVat
CPlMaAbM2, vulgo διδύμοις (31 παισὶ διδύμοις). Olim etiam conieci
δισσοῖσι παίδεσσι. — V. 36. ἐπέτραπεν AMaGPlllVatPcM2 ἐπι-
τρέπειν. — V. 52. πᾳ W2. πα Sch. et codd. (W1PcM2 πᾷ), nisi quod
La et fort. ti mag ex interpolatione. Hartung ἐμὲ δ' ἔρως, ego olim
πᾶς scripsi, latet aliud quid, fort. ἐμὲ δ' ἄρ φα θυμὸς ὀτρύνει.

40 ξενίαις αυτούς εποίχονται τραπέζαις,
                                                    'Επ. γ'.
   εύσεβεί γνώμα φυλάσσοντες μακάρων τελετάς.
   εί δ' αριστεύει μεν ύδωρ, κτεάνων δέ χρυσός αίδοιέ-
                           στατον,   75
   νύν γε προς έσχατιάν Θήρων άρεταίσιν Ικάνων άπτεται
   οίκοθεν Ηρακλέος σταλάν, το πόρσω δ' έστι σοφοίς άβατον
45 κάσόφοις. ού μιν διώξω· κεινός είην.

   V. 40. ξεινίαις, Bch. PcM² ξενίαις. — V. 42. δέ χρυσός, W1 ό δέ
χρ. deinde ligy αίδοιέστατος. -- V. 43. γε Sch. etiam δέ, et sic M1².
V. 44. σταλάν PcUVatP¹, v. στηλάν. — V. 45. μιν Bch. All (in m.) OMa,
vulgo μήν, solus Paris. ap. Momm. νιν, sed videtur scribendum ού μή
διώξω. — κεινός, Schol. etiam κείνος. Hartung recinuit ού μιν διώξω
κείσ´ ός είη.

ΟΛΥΜΠΙΟΝΙΚΑΙ Δ.

ΨΑΥΜΙΔΙ ΚΑΜΑΡΙΝΑΙΩ

ΑΠΗΝΗ.

Stropha.

Epodus.

Str. v. 4. divisual in duos, quemadmodum Boeckh prius, post copu-
lavit hoc modo

Στρ.
Ἐλατὴρ ὑπέρτατε βροντᾶς ἀκαμαντόποδος Ζεῦ· τεαὶ γὰρ
            ὧραι
ὑπὸ ποικιλοφόρμιγγος ἀοιδᾶς ἑλισσόμεναί μ' ἔπεμ-
        ψαν   5
ὑψηλοτάτων μάρτυρ' ἀέθλων.
ξείνων δ' εὖ πρασσόντων
5 ἔσαναν αὐτίκ' ἀγγελίαν
ποτὶ γλυκεῖαν ἐσλοί.
ἀλλ', ὦ Κρόνου παῖ, ὃς Αἴτναν ἔχεις   10
ἶπον ἀνεμόεσσαν ἑκατογκεφάλα Τυφῶνος ὀβρίμου,
Οὐλυμπιονίκαν δέκευ
10 Χαρίτων ἕκατι τόνδε κῶμον,   15
            Ἀντ.
χρονιώτατον φάος εὐρυσθενέων ἀρετᾶν. Ψαύμιος γὰρ ἵκει
ὀχέων, ὃς ἐλαίᾳ στεφανωθεὶς Πισάτιδι, κῦδος ὄρσαι 20
σπεύδει Καμαρίνᾳ. θεὸς εὔφρων
εἴη λοιπαῖς εὐχαῖς·
15 ἐπεί νιν αἰνέω, μάλα μέν

Item in Epodi v. 8 et 9 dissensi a Boeckhio, qui versus sic descripsit:

Ceterum in inscriptione Boeckii ex coniectura ut videtur ἀπόρῳ dedit.
In Pc inscribitur φαύμιδι καμαρηναῖν ἵπποις νικήσαντι τὴν πβ' ὀλυμ-
πιάδα τεθρίππῳ παιδὶ ἄπφωνος. W3 om. In scholiis partim τεθρίππῳ
partim ἵπποις legitur.

V. 1. ὥραι, Silvern Ὥραι. — V. 7. ὃ om. Al[bi](GMaGnAbl.abVa]l'o
W2M12. — Κρόνον, lemina sch. rec. Κρόνου. — V.8. ἶπον, P1 ἵππον — ἀνε-
μόεσσαν Sch. Al[ti]Ma[l']I'r'AbVal, v. ἠνεμόεσσαν. — ὀβρίμου M12 ut vulgo,
cf. C. W. Kayser in Philol. XVIII 655, ὀμβρίμου A[bi]aLbAabl'l a m. pr.
Val l'c. — V. 9. Pe[M2 Ὀλεμπιονίκαν, Affort(Gramm. Harl. post Hephaesti.
p. 331. — δέκευ, Sch. Al'c(i)Ab[l']'Va]M2 δέξαι, sed G i. m. δέκευ ut
Ma. Si retuleris hoc ad v. 10, ferri potest δέξαι, sed numeris minus
commoda. — V. 10. Χαρίτων Boeckh, Χαρίτων θ' APeG[A]bl'1Val.
Fuerat ἕκατι. Fortasse alii ut incommodae particulae moderentur
εὐρυσθενέων τ' ἀρετᾶν legebant, ut schol. sic altsuppleudum: τὸ δ' ἑξῆς
Χαρίτων τ' (ἀρετᾶν τ').εὐρυσθενέων ἕκατι. Hartung servata particula
locum sic reflugit Χαρίτων θ' ἕκατι τόνδε κῶμον, χρ. φ. ἀρετᾶν
Ψαύμιός τε τίνος ὀχέων, ὃς κτλ. — κῶμον, schol. Vind. κόμπον. —
V. 11. mihi videbatur sic emendandus: τόνδε κῶμον, χρονιώτατον
φάος εὐρυσθενέων ἀρετᾶν Ψαύμιος παρ' ἕκει ὀχέων κτλ. Ceteram
Ψαύμιος Al'abel[la]PγG]l'l.AabL.abMaGnValW2, v. Ψαύμιδος. — Ἱκει
Sch. Al'cGl'l a m. pr. AbMaVal(in in m., v. ἥκει — V. 15. ἐπεί νιν
Boeckh, et sic duo libri ap. Momma., vulgo ἐπεί μιν. Omnino cf. quae
de formis μιν et νιν apud Pindarum dixit Mommsen in Jahnii Annal.
LXXXIII 41.

τροφαῖς ἑτοῖμον ἵππων,
χαίροντά τε ξενίαις πανδόκοις, 25
καὶ πρὸς Ἀσυχίαν φιλόπολιν καθαρᾷ γνώμᾳ τετραμμένον.
σὺ ψεύδει γλυκεῖ λόγον·
30 διάπειρά τοι βροτῶν ἔλεγχος· 30
Ἐκ.
ἅπερ Κλυμένοιο παῖδα
Λαμνιάδων γυναικῶν
ἔλυσεν ἐξ ἀτιμίας.
χαλκέοισι δ' ἐν ἔντεσι νικῶν δρόμον 35
25 ἔειπεν Ὑψιπυλείᾳ, μετὰ στέφανον ἰών·
οὗτος ἐγὼ ταχυτᾶτι·
χεῖρες δὲ καὶ ἧτορ ἴσον.
φύονται δὲ καὶ νέοις ἐν ἀνδράσι πολιαὶ 40
θαμάκι παρὰ τὸν ἁλικίας
30 ἐοικότα χρόνον.

V. 17. ξενίαις PcGP1Val, v. ξενίαις, quod ferri potest, ai καὶ v. 7 producatur. — V. 18. ἀσυχίαν Ilgync, v. ἡσυχίαν. — V. 21. ἅπερ, ἅπερ καὶ AGPcP1 MaVal2M2 Reb, in interpr. Est sane particula καὶ satis conveniens, sed ἅπερ καὶ minus commodum reddit numerum, itaque uascio an ἅ καὶ scribendum sit. — V. 24. χαλκέοισι GP1Val1Ab(in corr., χαλκεοίσι AMa, χαλκέοις Bch., χαλκοῖσι vulgo. χαλκέοισι δ' ἐν ἔντεσι Pc. — V. 26. ταχυτᾶτι cum praegressis iungit W1 Apollon. de Pron. 332 C. cum seqq. Pc Schol. — V. 27. χεῖρες. PcMhAa corr. χέρες. — V. 28. 31 om. Bch. — ἐν ἀνδράσι πολιαὶ θαμάκι, quod in prima editione scripsi, confirmavit Ambr. qui θαμάκι praebet; legebatur ἐν ἀνδράσιν || πολιαὶ θαμά πες. — V. 30. παρά, πάρ LipAaLaMbW12, παρὰ τὸν τῆς Pc.

ΟΛΥΜΠΙΟΝΙΚΑΙ Ε.

ΨΑΥΜΙΔΙ ΚΑΜΑΡΙΝΑΙΩ

ΑΠΗΝΗι.

Strophae.

Epodi.

„Inscriptio carminis vulgo erat haec: *Ψαύμιδι, ἀπήνῃ καὶ κέλητι* sed *κέλητι καὶ* recte omittunt Vaticanus et aliique cum Aldo: (*ἀπήνῃ* om. V3) deinde Heynium secutus sum, qui etiam ultima *καὶ κέλητι* haud sine ratione abiecit. Sunt qui dubitent, an haec oda sit germana Pindari: certe textu Scholiasta non ea legebatur in *Ἰσθμίοις* nescio quibus, agnovit tamen Didymus." *Boeckh*. Et abiudicavit Pindaro E. L. de Leutsch in Philologo I 116 seqq., tutatus est Hermann in Actis Soc. Lips. IX 321 seqq. Numeri huius carminis quantopere recedant a Pindari more, exposuerunt Rossbach et Westphal de arte metr. III 362 seqq. Etiam L. Schmidt de vita Pindari p. 388 seq. negat hoc carmen a Pindaro compositum esse. Mihi quoque opinio hoc non recte ab antiquis criticis in ordinem Pindaricorum carminum receptam esse videtur: qui Pindaro vindicant, consent prius carmen (Ol. IV) statim, postquam victoriam Psaumis consecutus erat, a Pindaro conditum esse, aliquanto post hoc alterum carmen Camarinam missum: sed hoc vel propterea valde improbabile, quoniam hoc ipso anno (Ol. 82, 1) poeta diem supremum obiit.

Στρ. α'.

Τψηλᾶν ἀρετᾶν καὶ στεφάνων ἄωτον γλυκὺν
τῶν Οὐλυμπία, Ὠκεανοῦ θύγατερ, καρδίᾳ γελανεῖ   5
ἀκαμαντόποδός τ' ἀπήνας δέκευ Ψαύμιός τε δῶρα·

Ἀντ. α'.

ὃς τὰν σὰν πόλιν αὔξων, Καμάρινα, λαοτρόφον,
βωμοὺς ἓξ διδύμους ἐγέραρεν ἑορταῖς θεῶν μεγίσταις   10
ὑπὸ βουθυσίαις, ἀέθλων τε πεμπαμέροις ἁμίλλαις

Ἐπ. α'.

ἵπποις ἡμιόνοις τε μονμπυκίᾳ τε. τὶν δὲ κῦδος ἁβρὸν   15
νικάσας ἀνέθηκε, καὶ ὃν πατέρ' Ἄκρων' ἐκάρυξε καὶ τὰν
νέοικον ἕδραν.

Στρ. β'.

Ἴκων δ' Οἰνομάου καὶ Πέλοπος παρ' εὐηράτων   20

V. 1. ἄωτον γλυκὺν, Hartung ut solet γλυκὺ requirit. — V. 2. Οὐλυμπία. Pe Ὀλυμπία. — V. 3. Ψαύμιος. W1 Sch. Ψαυμίδος. — V. 4. Καμάρινα Lipsin a m. pr. sed a ser. m. Καμαρίνα, W2Pe M2 Καμαρίναν, vulgo Καμαρίνα. — V. 6. ὑπὸ, Kayser Ind. Schol. unus ad ἑορταῖς retulisse videtur. — πεμπαμέροις W1, vulgo πεμπταμέροις. Si iungantur haec cum verbis ὑπὸ βουθυσίαις, quibus sacrificia a l'aumide oblata significantur, dicendum certo fuit ἀέθλων τε πεμπαμέρων ἁμίλλαις, nam cum ipsa tum describitur Olympiorum solemnitas, sed quae partes l'aumidis fuerint, qui tria certamina subiit, ut poeta v. 7 indicet. Neque tamen ita credo Pindarum scripsisse: nam recte quidem l'aumidis dicitur cum amplissima agerotur Olympicorum deorum solennitas aras sacrificiis honoravisse, at quod ipse l'aumis in certamen ter descendit, non ad honores arurum, sed ipsius certaminis referendum est. Itaque iam in speciosi commondavi haec emendationem ὑπὸ βουθυσίαις, ἀέθλων τε πεμπαμέροις ἁμίλλαις (ἐγέραρεν) ἵπποις ἡμιόνοις τε μονπυκίᾳ τε. Atque hoc etiam nunc firmiter teneo, sed nihil novacilum cenaco, cum πεμπαμέροις ἁμίλλαις non sunt dativi qui videntur, sed poeta Aeolensium sermonem secutus etiam in accusativo αἰς et ως adscivit. Neque est haec peculiaris consuetudo poetae, qui hoc opinionem condidit, sed etiam Pindarus his Aeolicis clausulis pariter usus est: vorum hae formae iam antiquitus librariorum vel negligentia vel audacia obliteratae sunt, ita ut veterum criticorum animadversionem plane effugerent: servatae sunt paucis tantum locis, ubi accusativi qui revera sunt videbantur dativi esse: atque his omnibus locis critici aut incredibilia commenti sunt, ut dativi usum explanarent, aut accusativos restituere maluerunt. Neque tamen credo Pindarum ubique his Aeolicis formis usum esse, sed tantum in certo carminum genere, cum in aliis carminibus vulgares formas usurparet: atque fortasse etiam in illo carminum genere Aeolicas clausulas non perpetuo, sed promiscue adhibuit: nam aurium pulchinum indicio haec temperaverunt graeci poetae. Coterum L. Schmidt quo pacto tueri studuerit πεμπαμέροις ἁμίλλαις, qui volent perlustrent. Friderichs πεμπαμέροις probat, sed prorsus incredibilia de hoc loco disputat. Hartung denique plane depravavit poetae verba refingens ἑορταῖς θεῶν μεγίστων ὑπὸ βουθυσίαις, ἀέθλων ἐν πεμπαμέροις ἁμίλλαις κτλ. — V. 8. νικάσαις Boeckh, vindex HP1MaGnVal M2, τ. νικήσας — V. 9. ἴκων, Sch. W2 A M a P1d1 R M2 ἱκὼν, Val ἐκών,

ΟLYMPIA V.

10 σταθμῶν, ὦ πολιᾶοχε Παλλάς, ἀείδει μὲν ἄλσος ἁγνόν
τὸ τεόν, ποταμόν τε Ὤανιν, ἐγχωρίαν τε λίμναν, 25

Ἀντ. β'.

καὶ σεμνοὺς ὀχετούς, Ἵππαρις οἷσιν ἄρδει στρατόν,
κολλᾷ δὲ σταδίων θαλάμων ταχέως ὑψίγυιον ἄλσος, 30
ἐκ' ἀμαχανίας ἄγων ἐς φάος τόνδε δᾶμον ἀστῶν·

Ἐπ. β'.

15 αἰεὶ δ' ἀμφ' ἀρεταῖσι πόνος δαπάνα τε μάρναται πρὸς
ἔργον 35
κινδύνῳ κεκαλυμμένον· εὖ δ' ἔχοντες σοφοὶ καὶ πολίταις
ἔδοξαν ἔμμεν.

Στρ. γ'.

Σωτὴρ ὑψινεφὲς Ζεῦ, Κρόνιόν τε ναίων λόφον 40
τιμῶν τ' Ἀλφεὸν εὐρὺ ῥέοντ' Ἰδαῖόν τε σεμνὸν ἄντρον,
ἱκέτας σέθεν ἔρχομαι Λυδίοις ἀπύων ἐν αὐλοῖς, 45

Ἀντ. γ'.

20 αἰτήσων πόλιν εὐανορίαισι τάνδε κλυταῖς
δαιδάλλειν, σέ τ', Ὀλυμπιόνικε, Ποσειδανίαισιν ἵπποις 50

ἐπιτερπόμενον φέρειν γῆρας εὔθυμον ἐς τελευτάν,
Ἐπ. γ΄.
υἱῶν. Ψαῦμι, καφισταμέναν. ὑγίεντα δ' εἴ τις ὄλβον
ἄρδει, 55
ἐξαρκέων κτεάτεσσι καὶ εὐλογίαν προστιθείς, μὴ ματεύσῃ
θεὸς γενέσθαι.

V. 22. ἐς, Pr εἰς. — V. 23. παριστάμενων, malim περισταμένων.
— ὑγίεντα, Aristarchus ὑγίεντα, sed poeta fortasse ὑγιῆντα usurpa-
vit. — ἄρδει, Brhul. ἄρδοι. Hartang ita distinguit verba ἄρδει ἐξαρ-
κέων, κτεάτεσσι καὶ ἐπλ. πρ.

ΟΛΥΜΠΙΟΝΙΚΑΙ ϛ.

ΑΓΗΣΙΑι ΣΥΡΑΚΟΣΙΩι

ΑΠΗΝΗι

Strophae.

⏑⏑–⏑, ⏑–⏑⏑–⏑⏑–⏑⏑⌒
⏑⏑⏑–⏑⏑–⏑⏑⌒
⏑⏑⏑–⏑⏑– –⏑–⎵
⏑⏑–⏑⏑–⏑⏑–⏑⏑–⏑⏑ ⏗
5 –⏑⏑––⏑⏑–⏑⏑–⏑⌒
⏑–⏑–⏑⏑–⏑⏑–⏑⏑ ⏑⏑ ⏗
⏑⏑⏑–⏑⏑–⏑⏑––⏑⏑–⏑⏑–⏑⏑⎔

Epodi.

⏑⏑⏑ ⏑⏑ , ⏑⏑ –⏑⏑–⏑⏑⌒
⏑⏑–⏑⏑– ⏑⏑–⏑⏑ ⏑⏑–⏑⏑–⏑⌐
⏑⏑⏑– ⏑⏑⏑–⏑⏑ – –⏑⏑⌒
⏑⏑ –⏑⏑ ⎔⏑⏑⏑ –⏑⏑⌒
5 ⎔⏑⏑⏑⏑ ⏑⏑ ⏑⏑ ⏑⏑⏑⌐
⎔⏑⏑⏑ ⏑⏑ ⏑⏑⏑ ⏑⏑⌒
⏑⏑–⏑⏑– –⏑⏑– ⏑⏑ ⎯

Στρ. α΄.

Χρυσέας ὑποστάσαντες εὐτειχεῖ προθύρῳ θαλάμου
κίονας, ὡς ὅτε θαητὸν μέγαρον,

Epod. v. 2 Hermann Epit. Doctr. Metr. p. 256 in duos dividere malult: *εἶπεν ἐν Θήβαισι τοιοῦτόν τι ἔπος* | Ποθέω κτλ.

V. 1. εὐτειχεῖ, Hecker coniecit εὐτεύχου.

44 PINDARI CARMINA.

πάξομεν· ἀρχομένου δ' ἔργου πρόσωπον
χρὴ θέμεν τηλαυγές. εἰ δ' εἴη μὲν Ὀλυμπιονίκας,   5
5 βωμῷ τε μαντείῳ ταμίας Διὸς ἐν Πίσᾳ,
συνοικιστήρ τε τᾶν κλεινᾶν Συρακοσσᾶν· τίνα κεν φύγοι
ὕμνον
κεῖνος ἀνήρ, ἐπικύρσαις ἀφθόνων ἀστῶν ἐν ἱμερταῖς
ἀοιδαῖς;   10
Ἀντ. α΄.
ἴστω γὰρ ἐν τούτῳ πεδίλῳ δαιμόνιον πόδ' ἔχων
Σωστράτου υἱός. ἀκίνδυνοι δ' ἀρεταί
10 οὔτε παρ' ἀνδράσιν οὔτ' ἐν ναυσὶ κοίλαις   15
τίμιαι· πολλοὶ δὲ μέμνανται, καλὸν εἴ τι ποναθῇ.
Ἀγησία, τὶν δ' αἶνος ἕτοιμος, ὃν ἐν δίκᾳ
ἀπὸ γλώσσας Ἄδραστος μάντιν Οἰκλείδαν ποτ' ἐς Ἀμ
φιάρηον   20
φθέγξατ', ἐπεὶ κατὰ γαῖ' αὐτόν τέ νιν καὶ φαιδίμας ἵπ-
ποις ἐμαρψεν.
Ἐπ. α΄.
15 ἑπτὰ δ' ἔπειτα πυρᾶν νεκρῶν τ' ἰδεσθέντων Ταλαϊονίδας
εἶπεν ἐν Θήβαισι τοιοῦτόν τι ἔπος· Ποθέω στρατιᾶς ὀ-
φθαλμὸν ἐμᾶς   25
ἀμφότερον μάντιν τ' ἀγαθὸν καὶ δουρὶ μάρνασθαι. τὸ καὶ
ἀνδρὶ κώμου δεσπότᾳ πάρεστι Συρακοσίῳ.   30
οὔτε δύσηρις ἐὼν οὔτ' ὦν φιλόνεικος ἄγαν,

V. 3. ἀρχομένου, Lucian Hipp. c. 7 ἀρχόμενος (sed ibi quoque ἀρχομένου BNa). V. 6. συνοικιστήρ, Sch. συνοικίστης. — Συρακοσσᾶν Pell., Συρακοσᾶν AMa, Συρακοσσᾶν vulgo, - φύγοι, PcGPVaIAG φύγῃ. — V. 7. ἐπικύρσαις Paris. (M), reliqui ἐπικύρσας. V. 10. ααρ', Ambr. ἐν, ι΄. — ἐν, om. Pc. — V. 11. ποναθῇ, cod. Par. ap. Mommson πονηθῇ. — V. 12. ἕτοιμος W1 Ambr., vulgo ἕτοιμος. — V. 18. γλώσσας, Beeker γνώμας. Mihi poeta scripsisse videtur ἐν δίκᾳ ἀπὸ γλώσσας τ' Ἄδραστος. — Ἀμφιάρηον W12RPabcBbcdaMbAnbPIVaIIa m. pr., vulgo Ἀμφιάραον. — V. 14. κατὰ γαῖ', Sobol., κατάγει. — V. 15. πυρᾶν νεκρῶν τ' ἰδεσθέντων scripsi, legebatur τελεσθέντων Hartung τελεσθεισᾶν, Bernhardy πυρᾷ νεκρῶν τελεσθέντων, Furtwaengler πελασθέντων, Rauchenstein ἀπωλέντων. — V. 16. Θήβαισι, PIAbVaI Θήβαις, G Θήβαις τε, Pc Θήβαις γε, Ambr. Θήβησι. — V. 17. μάντιν τ', Ambr. μάντιν. — V. 18. πάρεστι AMabRodI. places AbPeFPWW2VaI, τόν πάρεστι vetori. — V. 19. οὔτε δύσηρις ἰὼν οὔτ' ὦν φιλόνεικος AMaPR.b in w., eadem, sed δύστρις, lemma vet. Sch. AbliValPe a m. pr. (soc. addidit eg) Ambrov., hinc interpolati οὔ δύστρις τις ἰὼν οὔτ' ὦν φιλόνεικος W1Hbpc MLIAn (a m. s.), οὐ φιλόνεικος ἰὼν οὔτ' ὦν δύστρις ας W2RPabGul'2 LabM12 Bodleiani aliquot, ut hoc exemplo discas, per quos gradus interpolatio progressa sit. Scholia vetera lustum ordinem tueri docuit Mommsen. De forma cf. Moeris 116. Δυσήριδος καὶ Δύσηρις Ἀττικός, καὶ

ΟΛΥΜΠΙΑ VI. 45

20 καὶ μέγαν ὅρκον ὀμόσσαις τοῦτό γέ οἱ σαφέως 25
μαρτυρήσω· μελίφθογγοι δ' ἐπιτρέψοντι Μοῖσαι.
                                            Στρ. β'.

ὦ Φίντις, ἀλλὰ ζεῦξον ἤδη μοι σθένος ἡμιόνων,
ᾇ τάχος, ὄφρα κελεύθῳ τ' ἐν καθαρᾷ
βάσομεν ὄκχον, ἵκωμαι δὲ πρὸς ἀνδρῶν 40
25 καὶ γένος· κεῖναι γὰρ ἐξ ἀλλᾶν ὁδὸν ἁγεμονεῦσαι
ταύταν ἐπίστανται, στεφάνους ἐν Ὀλυμπίᾳ
ἐπεὶ δέξαντο· χρὴ τοίνυν πύλας ὕμνων ἀναπιτνάμεν
                                          αὐταῖς· 45
πρὸς Πιτάναν δὲ παρ' Εὐρώτα πόρον δεῖ σάμερόν μ'
                                    ἐλθεῖν ἐν ὥρᾳ·
                                            Ἀντ. β'.

ἅ τοι Ποσειδάωνι μιχθεῖσα Κρονίῳ λέγεται
30 παῖδα ἰόπλοκον Εὐάδναν τεκέμεν· 50
κρύψε δὲ παρθενίαν ὠδῖνα κόλποις·
κυρίῳ δ' ἐν μηνὶ πέμποισ' ἀμφιπόλους ἐκέλευσεν
ἥρωι πορσαίνειν δόμεν Εἰλατίδᾳ βρέφος, 55
ὃς ἀνδρῶν Ἀρκάδων ἄνασσε Φαισάνᾳ, λάχε τ' Ἀλφεὸν
                                          οἰκεῖν·
35 ἔνθα τραφεῖσ' ὑπ' Ἀπόλλωνι γλυκείας πρῶτον ἔψαυσ'
                                        Ἀφροδίτας.
                                            Ἐπ. β'.

οὐδ' ἔλαθ' Αἴπυτον ἐν παντὶ χρόνῳ κλέπτοισα θεοῖο
                                          γόνον· 60
ἀλλ' ὁ μὲν Πυθῶνάδ', ἐν θυμῷ πιέσαις χόλον οὐ φατὸν
                                      ὀξείᾳ μελέτᾳ,

Πλάτων νόμων θ' (tamen IX p. 863 B et 864 A δύστερο οἱ δύστεροι scribitur.) δύστερος Ἐλληνικῶς, non tamen probatur hoc Hartungo, qui scripsit οὗ δύστεροις πιφ' ἐὰν κτλ. — V. 20. ὁμόσσαις Pc, ὁμόσσας ceteri. — V. 21. Pl ἐπιτρέψουσι, Ml ἐπιτρέψαντι. — V. 24. ἵκωμαι δὲ scripsi, ingeniatur ἵκωμαί τε, Hartung ἵκωμαί τ' ἰθέος ἀνδρῶν καὶ γένος mavult. — V. 26. ἄλλαν Pc, ἀλᾶν Val, ἀλλᾶν G, vulgo ἄλλαν. — V. 27. δέξαντο, schol. videtur δέξαντο reparisse. — ἀναπιτνάμεν, Ambr. ἀναπιτνάμεν errore manifesto. — V. 28. σάμερόν μ' Boeckh, σάμερον A Nchol, Ma PabcGGuValLipCLabAbW2M12 Ambr., vulgo σάμερόν γ', Secutus sum Boeckhium, quamquam in hac sede ferri poterat simplex σάμερον, vid. ad Pyth. III 6. — V. 30. ἰόπλοκον scripsi, ἰοπλόκαμον APcP1G3jaAb ValM2 Ambr., ἰοδόκτερον HPabMa (supra) bl,abGuP2AaM1. — τεκέμεν, Ambr. a pr. m. τεκίσθαι. — V. 32. ἐκέλευσεν, Ambr. ut videtur ἐκέλευσε. — V. 33. βρέφος AMatinPabollantValClipl.abP1Ab Ambr., vulgo βρέφος γ'. — V. 34. λάχε, flaxe vel flaxes APlValMaGAbM2. — V. 31 Πυθῶνάδ', PcW12Ml Ambr. Πυθῶνάδ', Boeckh Πυθῶνάδ'. - πιέσαις Paris. (M), reliqui πιέσας.

ᾤχετ' ἰὼν μαντευσόμενος ταύτας περ' ἀτλάτου πάθας. οἳ
ἃ δὲ φοινικόκροκον ζώναν καταθηκαμένα
40 κάλπιδά τ' ἀργυρέαν λόχμας ὑπὸ κυανέας
τίκτε θεόφρονα κοῦρον. τᾷ μὲν ὁ Χρυσοκόμας 70
πραϋμητίν τ' Ἐλείθυιαν παρέστασέν τε Μοίρας·

Στρ. γ'.

ἦλθεν δ' ὑπὸ σπλάγχνων ὑπ' ὠδῖνός τ' ἐρατᾶς Ἴαμος
ἐς φάος αὐτίκα. τὸν μὲν κνιζομένα 75
45 λεῖπε χαμαί· δύο δὲ γλαυκῶπες αὐτὸν
δαιμόνων βουλαῖσιν ἐθρέψαντο δράκοντες ἀμεμφεῖ
ἰῷ μελισσᾶν, καδόμενοι. βασιλεὺς δ' ἐπεὶ 80
πετραέσσας ἐλαύνων ἵκετ' ἐκ Πυθῶνος, ἅπαντας ἐν οἴκῳ
εἴρετο παῖδα, τὸν Εὐάδνα τέκοι· Φοίβου γὰρ αὐτὸν φᾶ
γεγάκειν

Ἀντ. γ'.

50 πατρός, πέρι θνατῶν δ' ἔσεσθαι μάντιν ἐπιχθονίοις 85
ἔξοχον, οὐδέ ποτ' ἐκλείψειν γενεάν.
ὣς ἄρα μάνυε. τοὶ δ' οὔτ' ὦν ἀκοῦσαι
οὔτ' ἰδεῖν εὔχοντο πεμπταῖον γεγεναμένον. ἀλλὰ
κέκρυπτο γὰρ σχοίνῳ βατιᾷ τ' ἐν ἀπειράτῳ, 90
55 ἴων ξανθαῖσι καὶ παμπορφύροις ἀκτῖσι βεβρεγμένος
ἁβρὸν
σῶμα· τὸ καὶ κατεφάμιξεν καλεῖσθαί νιν χρόνῳ σύμπαντι
μάτηρ

V. 38. περ' W12, Pc alii πέρ', vulgo περ. — V. 40. λόχμας ὑπὸ κυανέας, Ambr. λόχμαις ὑπὸ κυανέαις. — V, 42. Ἐλείθυιαν παρέστασέν τε AliMaVaiPiAbM2 Schol. vet., Ἐλεύθω συμπαρίστασέν τε ceteri. — V. 43. ὠδῖνός τ', Ambr. ὠδῖνος. — V. 49. εἴρετο, PcVaiAb ᾖρετο. — V.50. πατρός, Ambr. πατρὸς γε. — πέρι Pc Ambr. Schol., vulgo περί. — V. 51. Ambr. ut videtur οὐδέ ποτ' ἐκλείψειν, quod ex dittographia ἐκλείψειν pro ἐκλείψειν ortum. — V. 53. γεγεναμένον, Ahrens γεγενημένον. — ἀλλὰ κέκρυπτο Hermann, ἀλλ' ἐν κέκρυπτο Boeckh, ἀλλ' ἐκέκρυπτο Ambr., ἀλλ' ἐγκέκρυπτο Pc (PiPiVai, ἀλλ' ἐγκέκρυπτο ceteri. — V. 54. σχοίνῳ, Schol. rec. σχίνῳ. — ἀπειράτῳ, ἀπειράντῳ Pi, ἀπειράντῳ AGAbVaiMa (a m. pr.) M2 Ambr. Ceterum admodum dubito an ἀπειράτῳ paenultima correpta unquam Graeci pronuntiaverint; sane reliquarum stropharum hic brevem syllabam flagitare videtur: sed tamen colon logaoedicum ab huius carminis indole mihi prorsus alienum videtur: non μεταβολῇ hic usus est Pindarus, neque dicolon adhibuit verum, sed tricolon:

$$- \cup - \cup \cup - - \cup \cup - \cup \cup - \cup - \land$$

tertii coli qua est syllaba, sed iusti numeri tam adiectione quam silentio complentur. — V. 55. ξανθαῖσι, Ambr. ξανθαῖσί τε. — βεβρεγμένος, VaiAb βεβραγμένοι (sos?) et sic Zenodotus, ut videtur. — V. 56. νιν Ambr., vulgo μιν.

Ἐπ. γ'.
τοῦτ' ὄνυμ' ἀθάνατον. τερπνὰς δ' ἐπεὶ χρυσοστεφάνοιο
 λάβεν. ω3
καρπὸν Ἥβας, Ἀλφειῷ μέσσῳ καταβὰς ἐκάλεσσε Ποσειδᾶν'
 εὐρυβίαν,
ὃν πρόγονον, καὶ τοξοφόρον Δάλου θεοδμάτας σκοπόν, 100
60 αἰτέων λαοτρόφον τιμάν τιν' ἑᾷ κεφαλᾷ,
νυκτὸς ὑπαίθριος. ἀντεφθέγξατο δ' ἀρτιεπής 105
πατρία ὄσσα, μετάλλασέν τέ νιν. Ὄρσο, τέκος,
δεῦρο πάγκοινον ἐς χώραν ἴμεν φάμας ὄπισθεν.

Στρ. δ'.
Ἵκοντο δ' ὑψηλοῖο πέτραν ἀλίβατον Κρονίου· 110
65 ἔνθα οἱ ὤπασε θησαυρὸν δίδυμον
μαντοσύνας, τόκα μὲν φωνὰν ἀκούειν
ψευδέων ἄγνωστον, εὖτ' ἂν δὲ θρασυμάχανος ἐλθὼν
Ἡρακλέης, σεμνὸν θάλος Ἀλκαϊδᾶν, πατρὶ 115
ἑορτάν τε κτίσῃ πλειστόμβροτον τεθμόν τε μέγιστον
 ἀέθλων,
70 Ζηνὸς ἐπ' ἀκροτάτῳ βωμῷ τότ' αὖ χρηστήριον θέσθαι
 κέλευσεν.

Ἀντ. δ'.
Ἐξ οὗ πολύκλειτον καθ' Ἕλλανας γένος Ἰαμιδᾶν· 120
ὄλβος ἅμ' ἔσπετο· τιμῶντες δ' ἀρετὰς
ἐς φανερὰν ὁδὸν ἔρχονται· τεκμαίρει
χρῆμ' ἕκαστον· μῶμος ἐξ ἄλλων κρέμαται φθονεόντων 125

V. 57. ὄνυμ', Pt0u ὄνομ'. — V. 50. θεοδμάτας, Ambr. θεοδμάτον.
— V. 60. λαοτρόφον Boeckh et alc M². Ambr. Sch. rec., λαότροφον v. —
V. 62. μετάλλασέν τέ νιν om. La, siv restituit ex Ambr., vulgo μιν. Verba
inanifesto corrupta, neque enim possunt significare, quod Thiersch putat,
μεταφέρειν αὐτόν. Hermann μεταλλάσσοντί fe omnicell, Rauchenstein
μεταλλάσοντί νιν, ego μεταλλήξαντί οἱ, plai forte potius scribendum
και πατρία ὄσσα· μετάλλιξέ ἐστί νο μ'; Hartung μεταλλάσσοντε·
ἄνορσε scripsit. — τέκος Vul, legebatur τέκνον. — V. 67. ἄγνωστον,
Ambr. ἄγνωτον. — V. 68. Ἀλκαϊδᾶν, ϐ(dQu)b Ἀλκιδᾶν, Hermann Ἀλκεϊ-
δᾶν. — πατρί Hermann ot Boeckh, πατρία Ambr., πατρὶ δ' A(MaP1
AbValPa. πατρὸς θ' ceteri. Videtur πατρὶ ἑορτάν fuisse, unde per
errorem saepius is ortum, ut Ol. IV 9: Χαρίτων ἕκατι. Incertum sane
ἑορτή ulterius degeneraverit ex f εϝἑορτή an ex f ϝϝeορτή, sed f ϝοεπιπτωπαεπ
spirilum asperi vice faugitur. — V. 70. αὖ, αὐτὰ Pch a m, pr. Pt0uVal
M², αὖ τοι AMa, om. M1. — κέλευσεν, Ambr. κέλευσέ νιν. — V. 73. ὄλ-
βος κτλ. Hermann cum prioribus iungit, et sic Schol., sed in lemm. ὄλ-
βος δ' at cst in AGP1PcLaWIM². — V. 74. μῶμος ἐξ Boeckh, μῶμος
ἐν δ' Schmid, μῶμος δ' ἐξ libri. Hartung scripsit τεκμαίρει χρῆμ' ἕκα-
στον Μῶμος, ἐκ δ' ἄλλων κτλ.

75 τοῖς οἷς ποτὲ πρώτοις περὶ δωδέκατον δρόμον
ἐλαυνόντεσσιν αἰδοία ποτιστάξῃ Χάρις εὐκλέα μορφάν.
εἰ δ' ἐτύμως ὑπὸ Κυλλάνας ὄρος, Ἀγησία, μάτρωες
ἄνδρες 130

Ἐπ. δ'.

ναιετάοντες ἐδώρησαν θεῶν κάρυκα λιταῖς θυσίαις
πολλὰ δὴ πολλαῖσιν Ἑρμᾶν εὐσεβέως, ὃς ἀγῶνας ἔχει
μοῖράν τ' ἀέθλων, 135
*ι Ἀρκαδίαν τ' εὐάνορα τιμᾷ· κεῖνος, ὦ παῖ Σωστράτου,
σὺν βαρυγδούπῳ πατρὶ κραίνει σέθεν εὐτυχίαν.
δόξαν ἔχω τιν' ἐπὶ γλώσσᾳ ἀκόνας λιγυρᾶς, 140
ἅ μ' ἐθέλοντα προσέλκει καλλιρόοισι πνοαῖς·

V. 75. πρώτοις AGMaPIVa1, πρῶτον Sch. PcW12M1. — δρόμον MnGnBoKIP1Va1CAnb1.abW2, δρόμον γ' vulgo. — V. 76. ποτιστάξῃ κτίραι, ποτιστάξει APcGlP1La lemma schol., vulgo ποτιστάξει. — μορφάν, Hecker μοίραν. — V. 77. ὄρος vel ὄρος APabcMaBcayGlVn1Aab LabEInCP1W12M12 Ambr., vulgo ὄρος, Schol. utrumque. Hecker conl. σφυροῖς, ego βάθροις suspicatus sum, nam ὀδοῖς i. e. οὐδοῖς propins sane accedit, sed non solet pluraliter dici. — V. 78. ἐδώρησαν, Ambr. ex corr. ἐδωρήσαντο. — V. 80. τιμᾷ, Kust. Procem. II legit fort. τιμᾷ, Ambr. τιμᾷ. — V. 82. Illo loco iam veteres interpretes valde exercuit, in scholiis plurimae proponuntur explicationes, quae non magis probabiles sunt, quam quas nostri homines commendant. Ferri nequit δόξαν ἔχω τινά, sed recte dici poterat τινὸς ἀκόνας. Libri nihil admodum variant, nisi quod Cod. Paris. et Leid. a Mommseno coll. et schol. Vindob. ἔχων exhibent (idem schol. postea ἔχω) et conl. Ambros. τίν'. Mihi videtur scribendum casu δόξαν ἔχω τὶν ἐπὶ γλώσσᾳ ἀκόνας λιγυρᾶς, quod eodem modo dictum est, quo est apud Theogn. 572 Πολλοὶ ἀπίστα δόξαν ἔχουσ' ἀγαθῶν. Hoc igitur dicit poeta: putas mihi acutam cotem in lingua esse. Illatum qui velit evitare, poterit vel ἐπὶ γλώσσας scribere, quod fortasse scholiastae legebant, sed propter sibilantes litteras displicet, vel traiicere verba λιγυρᾶς ἀκόνας, quod etiam Hartung fecit, sed uenim opus est mutatione, vide ad Ol. III:30. — V. 83. προσέλκει libri interpolati RaBbLb (Ilea) et in m. GMaGnLaW2, προσέρπει APabc BaβγGlMaVa1GnLoAabP1W2M11 (M2 προσέρπου) Ambr., Schol. videntur duplicem lectionem habuisse ἅ μ' ἐθέλοντι προσέρπει et ἅ μ' ἐθέλοντα προσέλκει. Novissima verba aliter exhibet schol. ad v. 143: προσάγει. παροξύνει καὶ αὐτόν με θέλοντα ταῖς καλλιρρόοις ῥοαῖς, καλλίρροοι δὲ ῥοαί, αἱ ἀπὸ τῶν ὀργάνων διαπνεόμεναι. sed hoc quidem ferri nequit, Pindarus ait καλλιρρόοισι πνοαῖς aut καλλιπνόοισι ῥοαῖς dicere poterat; sed huic quidem loco prius tantum convenit, neque aliud quid legit ille scholiasta, itaque ibi cum Boeckhio πνοαῖς et πνοαί corrigendum est. Ceterum haec verba medius interpretatur recentior schol.: ἅπερ ἐθέλοντα ἐπὶ πνοῆς καλλιρρόους. Hartung interpunctione in fine huius versus deleta scripsit: καί μ' ἐθέλοντα προσέλκει καλλιρόοισι ῥοαῖς μαιρομένῳ κτλ. et ad eundem modum L. Schmidt ἅ μ' ἰθέλ. προσέλκει καλλιρόοισι πνοαῖς μαιρομ. — Ea quae sequuntur sch. ad v. 140 putat explicandi gratia subiuncta esse prioribus, ut Metopa ipsa poetam excitare et mulcere dicatur, sed schol. ad v. 147 existimasse his verbis iuvenem Metopam: hoc omnino verum esse censeo, quamquam veteres totius loci sententiam non sunt asscuti, nam quae de Aenen chorodi-

ματρομάτωρ ἐμὰ Στυμφαλίς, εὐανθὴς Μετώπα,
Στρ. γ'.
ΚΓ πλάξιππον ἃ Θήβαν ἔτικτεν, τᾶς ἐρατεινὸν ὕδωρ 145
πίομαι, ἀνδράσιν αἰχματαῖσι πλέκων
ποικίλον ὕμνον. ὄτρυνον νῦν ἑταίρους,
Αἰνέα, πρῶτον μὲν Ἥραν Παρθενίαν κελαδῆσαι, 150
γνῶναί τ' ἔπειτ', ἀρχαῖον ὄνειδος ἀλαθέσιν
90 λόγοις εἰ φεύγομεν, Βοιωτίαν ὗν· ἐσσὶ γὰρ ἄγγελος ὀρθός,
ἠϋκόμων σκυτάλα Μοισᾶν, γλυκὺς κρατὴρ ἀγαφθέγκτων
ἀοιδᾶν· 155
Ἀντ. γ'.
εἰπὸν δὲ μεμνᾶσθαι Συρακοσσᾶν τε καὶ Ὀρτυγίας·
τὰν Ἱέρων καθαρῷ σκάπτῳ διέπων,
ἄρτια μηδόμενος, φοινικόπεζαν
95 ἀμφέπει Δάματρα, λευκίππου τε θυγατρὸς ἑορτάν, 160
καὶ Ζηνὸς Αἰτναίου κράτος. ἀδύλογοι δέ νιν
λύραι μολπαί· τε γινώσκοντι. μὴ θραύσοι χρόνος ὄλβον
ἐφέρπων.
σὺν δὲ φιλοφροσύναις εὐηράτοις Ἀγησία δέξαιτο κῶμον 165

de scalo commenti sunt, omnino improbanda. Mihi una tantum littera immutata et distinctione loco correcta totus locus ita videtur refingendus: Ματρομάτωρ ἐμὰ Στυμφαλίς, εὐανθὴς Μετώπα, πλάξιππον ἃ Θήβαν ἔτικτες, τᾶς . . . . ὕμνον, ὄτρυνον νῦν ἑταίρους Αἰνέα, πρῶτον μὲν κτλ. Non Aeneam alloquitur, sed ad Metopam omnia sunt referenda. Aeneas hospes et haud dubio cognatus est Agesiae, in Aeneae aedibus comissatio peragebatur (recto tamen v. 18 ipse Agesias κώμου δεσπότας dicitur), Aeneae familiares choreutarum munus in se receperant: celebrata est autem haec comissatio eo die, qui Iunoni festus erat; quare l'indarus iubet Aeneas sodales, postquam hymno Iunoni Iunonem placaverint, hoc epinicium carmen canere; igitur ad Metopam, cui omnia haec mandat poeta, spectant laudes ἐσσὶ γὰρ ἄγγελος ὀρθός, ἠϋκόμων σκυτάλα Μοισᾶν, γλυκὺς κρατὴρ ἀγαφθέγκτων ἀοιδᾶν: est autem hoc praeconium aptissimum, nam artis musicae laude imprimis florebat Arcadia. Quod poeta Metopam alloquitur, ἄγγελος ὀρθός dixit, non erit offensioni: nam multo hoc est nervosius, quam si ὀρθά scripsisset. Ceterum etiam L. Schmidt auspicatus est Αἰνέα casu genitivum, sed tenet in traditam distinctionem, putatque verbo ὄτρυνον Pindarum compellare suum carmen, Aeneam autem poetam aemulum fuisse; quae eur sint improbanda longum est dicere. — V. 86. πίομαι, Meineke πίνομαι. — αἰχματαῖσι (ΑΓΜ)ΜΑΡc, v. αἰχμηταῖσι. — V. 90. Galen. Protr. 7 ἐκφεύγομεν et οὖν. — V. 91. κρατὴρ Α(ΠΡΙV)ΜΑCPc Apostol. V ΔΙ α, v. κρατήρ. — V. 92. εἰπὸν Boeckh, v. εἶπον. — Συρακοσσᾶν PcΠ'ΙVΑΙ, Συρακωσᾶν AMa, Συρακοσσᾶν WIR, Συρακουσᾶν vulgo. — V. 92—93 leguntur in laterculo Syracusio reporto (Zeitschrift f. Alterth. 1846. p. 616) ubi Συρακουσᾶν . . . καθαρῷ . . . λευχίππου scriptum. — V. 95. ἑορτάν, Ambr. ἑορτᾶς. V. 96. νιν Ab ci duo libri ap. Momms., ceteri μιν. — V. 97. γινώσκοντι Pc (at non sine vitiis ΜΙΣ.), v. γιγνώσκοντι. — θραύσοι, Hermann θραύσαι, Boeckh conl. θράσσοι, et schol. nunc interpr. μὴ ταράσσοι.

'Επ. ε'.
οἴκοθεν οἴκαδ' ἀπὸ Στυμφαλίων τειχέων ποτινισόμενον,
100 ματέρ' εὐμήλοιο λείπων' Ἀρκαδίας. ἀγαθαὶ δὲ πέλοντ'
   ἐν χειμερίᾳ 170
νυκτὶ θοᾶς ἐκ ναὸς ἀπεσκίμφθαι δύ' ἄγκυραι. θεὸς
τῶνδε κείνων τε κλυτὰν αἶσαν παρέχοι φιλέων. 175
δεύποτα ποντόμεδον, εὐθὺν δὲ πλόον καμάτων
ἐκτὸς ἐόντα δίδοι, χρυσαλακάτοιο πόσις
105 Ἀμφιτρίτας, ἐμῶν δ' ὕμνων ἄεξ' εὐτερπὲς ἄνθος.

V. 99. ποτινισόμενον Ambr. Pc. ποτινισσόμενον W12RdAnMbLab M1, ποτὶ νισσόμενον An, v. πποτινισσόμενον. — V. 100. εὐμήλοιο, Heyne εὐμάλοιο. — λείποντ', Ambr. M2 λιπόντ'. Haec haud dubie depravata: nam Stymphalum metropolim Arcadiae dici vix est credibile, nec ferri potest λείποντα, quod vitium una sustulit Hartung, qui ματέρ' εὐαηλόν τε λείποντ' Ἀρκαδίαν scripsit. Mihi Pindarus divisse videtur μα τερὸς εὐμαλοιό τ' αἴπέων Ἀρκαδίας. — V. 101. ἀπεσπίφφθαι AllGnAn Eust. 926, 33., ἀπεσκίμφθαι Pc, ἀπεσκίφθαι WIMb (Ambr. ἀπε σκήφθαι), ἀπεσκίμφαι W2V3AbG. — V. 102. τῶνδε κείνων τε Pc, τῶν τ' ἐκείνων τε Gu, v. τῶνδ' ἐκείνων τε. — V. 103. In procedosi scripsi ποντομέδων, quod Roeckh quoque coniecerat. — τόθ'ὸν ἀδ. Ambr. εὐ Θυνε. — V. 105. Ambr. ἐμῶν ὕμνων ἀεξ'. — εὐτερπὲς, M2 εὐτερπές.

ΟΛΥΜΠΙΟΝΙΚΑΙ Ζ.
ΔΙΑΓΟΡΑ, ΡΟΔΙΩ
ΠΥΚΤΗ.

Strophae.

[metrical scansion marks]

Epodi.

[metrical scansion marks]

Epodi v. 2 et 3 descripsit Boeckh in hunc modum:

[metrical scansion marks]

Ego nunc Dissenium secutus sum. Poeta v. 8 inter dipodiam et tripodiam dactylorum utramque gravius interposuit tetrapodiam dactylicam aeolicam, unus numerorum παραβολή, quam in hoc quidem stropharum genere raro admodum videatur admisisse. Olim Boeckhii descriptionem secutus existimabam hunc versum vitium contraxisse, et revera ex

Στρ. α'.

Φιάλαν ὡς εἴ τις ἀφνειᾶς ἀπὸ χειρὸς ἑλὼν
ἔνδον ἀμπέλου καχλάζοισαν δρόσῳ
δωρήσεται
νεανίᾳ γαμβρῷ προπίνων οἴκοθεν οἴκαδε, πάγχρυσον,
κορυφὰν κτεάνων,   b
5 συμποσίου τε χάριν κᾶδός τε τιμάσαις ἑόν, ἐν δὲ φίλων
παρεόντων θῆκέ νιν ζαλωτὸν ὁμόφρονος εὐνᾶς·   10

Ἀντ. α'.

καὶ ἐγὼ νέκταρ χυτόν, Μοισᾶν δόσιν, ἀεθλοφόροις
ἀνδράσιν πέμπων, γλυκὺν καρπὸν φρενός,   15
ἱλάσκομαι,
10 Οὐλυμπίᾳ Πυθοῖ τε νικώντεσσιν· ὁ δ' ὄλβιος, ὃν φᾶμαι
κατέχοντ' ἀγαθαί.
ἄλλοτε δ' ἄλλον ἐποπτεύει Χάρις ζωθάλμιος ἀδυμελεῖ 20
θάμα μὲν φόρμιγγι παμφώνοισί τ' ἐν ἔντεσιν αὐλῶν.

pentapodia et tripodia constare, fere ut Pyth. III 4. Nulla mutatione opus erat v. 51 ubi θεῶν, v. 55 et 91 ubi δαέντι et δαείς, v. 73 ubi νοήματα (nisi praestat νωήματα) contractionem admittere videbantur, etiam v. 16 facile corrigi poterat ἐυθυμάχαν τε πτιλάριον ἄνδρα παρ' Ἀλφιῷ στεφανωσάμενον αἴετόν, idque ipsum fort. Pelui. legit, sed haec iam dudum abieci. — Quae Aeschines Epist. IV (cf. Tzetz. Chil. I 919) perhibet Pindarum in hoc carmine dixisse de Diagorae filiis, neque extant in hoc epinicio neque poterant a Pindaro commemorari; reperit haec rhetor iste Aeschinis personam ementitus in Pindaricis commentariis, quamquam,quae in nostris scholiis leguntur discrepant; cf. etiam Philostr. de gymn. c. 17.

V. 1. ἀφνειᾶς, Ambr. ἀφνεᾶς. — ἀπὸ χειρός, conieci aliquando ὑπὸ χηλοῦ. — V. 2. ἔνδον ἀμπέλου etiam Athen. XI 504 A, ἀμπέλου ἔνδον WiMbBc. — δρόσῳ, Schol. Hermog. T. V 187 δρόσον, idque ad φιάλαν refert, om. Ath. — V. 3. συμποσίου, Ambr. συμποσία. — τιμάσαις duo codd. ap. Mommsen, ceteri τιμάσας. — ἑόν, fort. ἑόν scribendum. Hartung edidit κᾶδός τε τιμάσαις, ἀνέραν δὲ φίλων. — V. 6. νιν Ambr. et duo alii ap. Momms., vulgo μιν. — V. 7. ἀεθλοφόροις Ambr., vulgo ἀθλοφόροις. — V. 8. φρενός ABcByCMoAabGitfLbPtWt ValPc. vulgo φρενος γ'. — V. 10. Οὐλυμπία PabItuA a m. sec. AbGVal W2. Ὀλυμπίᾳ PiM2PcWiM1 Ambr. — V. 12. θάμα, legebatur vulgo δ' ἅμα, AbVaIPc θαμά, O Ambr. θαμά. Hartung ὅσα τ' ἐν, Rauchenstein ἅμα μέν, ego scripsi θάμα retracto accentu; neque enim idem est atque θαμά l. e. frequenter, sed servata hic est antiqua forma particulae ἅμα, quae etiam Graecis olim erat σάμα: hanc antiquam formam inprimis diu tenuisse videntur locuti, ita tamen ut in locum sibilantis litterae succederet θ, ut alias quoque variari solet. Hinc etiam Pindarus usus est ea forma, quam praeterea restituit Pyth. XII 26. Nem. I 22 (at Nem. I 16 recte se habet θαμά i. e. saepe). Nem. II 9. Isthm. II 11, semel autem Nem. VII 20 ipsum illud σάμα librarum auctoritate satis est firmatum. Apud Homerum nullum huius formae vestigium extat, sed usus est ea Solon IV 31, apud Theogn. v. 261 lectio nimis incerta: denique Hesychii glossa θαματογεῖ huc pertinet, quamquam

OLYMPIA VII. 53

Ἐπ. α'.
καὶ νῦν ὑπ' ἀμφοτέρων σὺν Διαγόρᾳ κατέβαν, τὰν
ποντίαν
ὑμνέων παῖδ' Ἀφροδίτας, Ἀελίοιό τε νύμφαν, Ῥόδον, 25
15 εὐθυμάχαν ὄφρα πελώριον ἄνδρα παρ' Ἀλφειῷ στεφα-
νωσάμενον
αἰνέσω πυγμᾶς ἄποινα   30
καὶ παρὰ Κασταλίᾳ, πατέρα τε Δαμάγητον ἁδόντα Δίκᾳ,
Ἀσίας εὐρυχόρου τρίπολιν νᾶσον πέλας
ἐμβόλῳ ναίοντας Ἀργείᾳ σὺν αἰχμᾷ.   35
Στρ. β'.
20 ἐθελήσω τοῖσιν ἐξ ἀρχᾶς ἀπὸ Τλαπολέμου
ξυνὸν ἀγγέλλων διορθῶσαι λόγον,
Ἡρακλέος
εὐρυσθενεῖ γέννᾳ. τὸ μὲν γὰρ πατρόθεν ἐκ Διὸς εὔχονται·
τὸ δ' Ἀμυντορίδαι 40
ματρόθεν Ἀστυδαμείας. ἀμφὶ δ' ἀνθρώπων φρασὶν ἀμ-
πλακίαι
25 ἀναρίθμητοι κρέμανται· τοῦτο δ' ἀμάχανον εὑρεῖν, 45
Ἀντ. β'.
ὅ,τι νῦν ἐν καὶ τελευτᾷ φέρτατον ἀνδρὶ τυχεῖν.
καὶ γὰρ Ἀλκμήνας κασίγνητον νόθον 50
σκάπτῳ θενὼν

grammaticus perperam interpretatur οὐχ ἡσυχάζει, est enim nibil
aliud quam ἀμαιροχεῖ, atque pertinere huc aliquando existimabam
ad Simonid. Amorg. 5. — ἐν om. PcM12. — V. 13. καὶ νῦν scripsi,
vulgo καί νυν. — V. 14. Ἀφροδίτας, alii sec. Schol. Ἀμφιτρίτας,
quo recepto ποντίας corrigendum esse censuit: et Ἀμφιτρίτας
sane satis commendabilis lectio, altera correctio non necessaria, sed
fortasse poeta ποντίας ... Ἀφροδίτας scripsit. — Ἀελίοιό τε nebol,
pariter atque libri, quamquam in interpretatione δι substituunt, quod
recepit Hartung. — V. 15, εὐθυμάχαν, Ambr. εὐθυμαχον, idem Ἀλφιω. —
V. 17. πατέρα τε, duo codd. ap. Mommo, δὲ. — V. 18. εὐρυχόρου, Pc
εὐρυχόραιο, Sch. εὐρυχόραιο et τρυχόραιο (hoc Ambr.). — V. 19. ἐμβόλῳ
BalupVa12, ἐμβολαν MabAa, ἐμβόλου Ab m. sec., plerique ἐμβόλα·.
Ea schol. intelligitur fuisse qui Ἐμβόλου scriberent, quod nomen sit pro-
prium promontorii, aliis placuit ἐμβόλου, alii denique videntur ἐμβόλα
legisse. vid. Enst. 1405, 47, male. — Ἀργείᾳ, Pc Ἀργεία. — V. 20. τοῖσιν,
R marg. AaM2 a m. pr. et complures libri a Momms. collati τοίνυν. —
V. 24. φρασὶν Borckh. v. φρασὶν. — V. 25. ἀναρίθμητοι, VaIAa m. sec.
ἀναρίθματοι. — V. 26. νῦν ἐν καὶ PcW12AlBcgGAblimMabULabLipP1,
et agnoscit hyperbaton Eustath. Procem. 5, νῦν ἐν Val Ambr., vulgo
νῦν καὶ ἐν, Hermann δ,τι νῦν, εἰ καν. — φέρτατον, Ambr. φέρτερον. —
V. 28. θενών scripsi, praeeunte Hartungo, legebatur θένων; sed omnes
has fortasse scrilsti esse argumento est Hhesi v. 670: ὁ φίλιον ἄνδρα μὴ
θένῃς.

σκληρᾶς ἐλαίας ἔκτανεν Τίρυνθι Λικύμνιον ἐλθόντ' ἐκ
θαλάμων Μιδέας
50 ταυδέ ποτε χθονὸς οἰκιστὴρ χολωθείς. αἱ δὲ φρενῶν
ταραχαὶ 55
παρέπλαγξαν καὶ σοφόν. μαντεύσατο δ' ἐς θεὸν ἐλθών·

Ἐπ. β'.

τῷ μὲν ὁ Χρυσοκόμας εὐώδεος ἐξ ἀδύτου ναῶν πλόον
εἶπε Λερναίας ἀπ' ἀκτᾶς εὐθὺν ἐς ἀμφιθάλασσον
νομόν, 60
ἔνθα ποτὲ βρέχε θεῶν βασιλεὺς ὁ μέγας χρυσέαις νιφά-
δεσσι πόλιν,
55 ἁνίχ' Ἀφαίστου τέχναισιν 65
χαλκελάτῳ πελέκει πατέρος Ἀθαναία κορυφὰν κατ' ἄκραν
ἀνοροὺσαισ' ἀλάλαξεν ὑπερμάκει βοᾷ.
Οὐρανὸς δ' ἔφριξέ νιν καὶ Γαῖα μάτηρ. 70

Στρ. γ'.

τότε καὶ φαυσίμβροτος δαίμων Ὑπεριονίδας
40 μέλλον ἔντειλεν φυλάξασθαι χρέος
παισὶν φίλοις,
ὡς ἂν θεᾷ πρῶτοι κτίσαιεν βωμὸν ἐναργέα, καὶ σεμνὰν
θυσίαν θέμενοι 75
πατρί τε θυμὸν ἱάναιεν κόρᾳ τ' ἐγχειβρόμῳ. ἐν δ' ἀρετὰν
ἔβαλεν καὶ χάρματ' ἀνθρώποισι προμαθέος αἰδώς· 80

V. 29. ἔκτανεν AP1GnAabMabPbW2, ἔκτανε Pe, ἔκτον' ἐν Ambr.
et vulgo. — V. 31. παρέκλαγξαν, παρέκλαξαν Nehol, W12. — V. 33.
εὐθὺν Vn1 et Nchol, rec, agnoscit, οὐ χρὴ γράφειν εὐθὺν πρὸς τὸ
πλόον..., ἀλλὰ στέλλε ἢ στείλον, et στέλλε HedLipMbGu (a pr. m.)
LbMa supra (in textu στρέφ) W12M1, στέλλ' G, στέλε Aa, sed supra
στέλλον ut in Mb, στέλλεν R. Contra Pe στέθεν' et supra ας, G1?1Ab et
intra liu. Gu στόδυν', AR in m. στοῦν'. Ambr. στόθεν εἰς. Schol. cum
dicit: οἱ μὲν ἀντὶ τοῦ εὐθῖναι, οἱ δὲ ἀντὶ τοῦ εὐθέως fort. εὐθὺς alios
legisse indicat. Paraphrastes εὐθῦναι testatur, et anno verbum omnino
requiritur; locus iam antiquitus vitium contraxit, sed potest probabiliter
in integrum restitui: τῷ μὲν ὁ Χρυσοκόμας ἐπώθεος ἐξ ἀδύτου ναῶν
πλόον εἶπεν Λερναίας ἐκ ἀκτᾶς εὐθὺς ἐς ἀμφιθάλασσον νομόν. — νο-
μόν, M2 νομὸν. — V. 34. χρυσίαις W1, χρυσαῖοι M2 Ambr. Pe, χρυσαῖς
vulgo. — V. 37. ἀνοροὺσαισ' duo codd, ap. Momms., cet.rl ἀνοροὺσασ'.
— V. 39. φαυσίμβροτος ABdeltCP1Vu1MabLabAa(m. sec.)bLipGnW12
Pe, φαυσίβροτος vulgo. — V. 42. θεᾷ, Pe ot fort. Nchol. θεῷ, unde Kay-
ser ως τᾷ θεᾷ. — πρῶτοι, Hecker πρώτα. — V. 43. ἱάναιεν, ἱάναι M2
Va1 schol. Vindob. et complures libri a Momms. collati. — V. 44. προμα-
θέος, corrigunt Προμηθέος. Schollastae in interpretando hoc verau
prorsus consentiunt cum libris, et communem sententiam agnoscunt,
iidem addunt alios legisse genitivo casu αἰδώς. Hartung ἐν δ' ἀρετὰ
.... προμαθέος αἰδώς.

'Αντ. γ'.

15 ἐπὶ μὰν βαίνει τι καὶ λάθας ἀτέκμαρτα νέφος,
καὶ παρέλκει πραγμάτων ὀρθὰν ὁδὸν   95
ἔξω φρενῶν
καὶ τοὶ γὰρ αἰθοίσας ἔχοντες σπέρμ' ἀνέβαν φλογὸς οὔ.
                τεῦξαν δ' ἀπύροις ἱεροῖς
ἄλσος ἐν ἀκροπόλει. κείνοις ὁ μὲν ξανθὰν ἀγαγὼν
                νεφέλαν   100
50. πολὺν ὗσε χρυσόν· αὐτὰ δέ σφισιν ὤπασε τέχναν

'Επ. γ'.
πάσαν ἐπιχθονίων Γλαυκώπις ἀριστοπόνοις χερσὶ κρα-
                τεῖν.
ἔργα δὲ ζωοῖσιν ἑρπόντεσσί θ' ὁμοῖα κέλευθοι φέρον· 115
ἦν δὲ κλέος βαθύ. δαέντι δὲ καὶ σοφία μείζων ἄδολος
                τελέθει.
φαντὶ δ' ἀνθρώπων παλαιαὶ   100
55 ῥήσιες, σύπω ὅτε χθόνα' δατέοντο Ζεύς τε καὶ ἀθά-
                νατοι,
φανερὰν ἐν πελάγει 'Ρόδον ἔμμεν ποντίῳ,
ἁλμυροῖς δ' ἐν βένθεσιν νᾶσον κεκρύφθαι.   105
                Στρ. δ'.

ἀπεόντος δ' οὔτις ἔνδειξεν λάχος 'Αελίου·
καὶ ῥά μιν χώρας ἀκλάρωτον λίπον,
60 ἁγνὸν θεόν.
μνασθέντι δὲ Ζεύς ἄμπαλον μέλλεν θέμεν. ἀλλά νιν οὐκ
                εἴασεν· ἐπεὶ πολιᾶς 110

V. 46. ὁδὸν AUCBaclMabAahI.abl¹¹GnVa1PcW2, vulgo ὁδόν γ'. Ceterum exspectes cram καὶ παρέλκει πραγμάτων ὁρθᾶν ὁδόν ἔξω φρένας. — V. 48. καὶ τοὶ PcW12AAaVa1, vulgo καί τοι. — αἰθοίσας Bocckh, v. αἰθούσας. — V. 49. κείνοις ὁ Mingarelli, κείνοις W¹Aa1¹a (a m. pr.) Lab Boßl. quatuor M1, vulgo κείνοισι, sed post σιφέλαν addunt Ζεὺς Al¹ol¹¹Va1Mal¹¹Abl¹a (a m. sec.) M12 Ambr. — V.53. ἄδολος, Hartung conicerit ἀδολον; sed vitii humunis est librorum scriptura; hoc dicit poeta: in prudente homine etiam maior sapientia ifrauliis est expers. — V. 57. ἀλμυρᾶς, Sch. P¹Va1AbM12 ἀλμυροῖσι, La αἱμυρόν. — V. 58. ἰνδείξεν de vitio suspectum, obscuratum est aliud vorbum. quod sortitioni illustrandae inserviebat: conieci aliquando ἐνθῦξες, i. c. ἰσέδυξεν, Immisit in urnam. — V. 59. καί ῥα, Ambr. ut videtur καίρα. — χώρας, Ambr. χλωράν. — λίπον Al¹abcGl¹¹Va1MalinAbl¹a LipLahW², λεῖπον Ambr., λίπον θ' AaW¹ ut vulgo. — V. 61. ἄμπαλον, MaW1 (a m. pr.) ἄμπελον, Bocckh ἄρ πάλον, Keil vulg. tuetur Enaxib. II.84. 12. Oil. 1434, 20. Legitus hoc vocabulum etiam in titulo ap. Uasing Iuser. ined. x. 15 τὰν δὲ δαρασίαν χώραν . . . . μὴ ἐπαμόσθαι Μελιτεύς, ὅστε πατρώαν ἔχεν τὸν πριάμενον, . . . ἀλλὰ κατ' ἄνπαλον μεθοῦντα, καθὼς καὶ πρότερον. quamquam notio ibi dispar, nam nihil aliud esse

εἶπέ τιν' αὐτὸς ὁρᾶν ἔνδον θαλάσσας αὐξομέναν πε-
                   δόθεν
πολύβοσκον γαῖαν ἀνθρώποισι καὶ εὔφρονα μήλοις. 115
                                              Ἀντ. δ'.
ἐκέλευσεν δ' αὐτίκα χρυσάμπυκα μὲν Λάχεσιν
65 χεῖρας ἀντεῖναι, θεῶν δ' ὅρκον μέγαν   120
μὴ παρφάμεν,
ἀλλὰ Κρόνου σὺν παιδὶ νεῦσαι, φαεννὸν ἐς αἰθέρα νιν
                   πεμφθεῖσαν ἑᾷ κεφαλᾷ
ἐξοπίσω γέρας ἔσσεσθαι. τελεύταθεν δὲ λόγων κο-
                   ρυφαὶ   125
ἐν ἀλαθείᾳ πετοῖσαι· βλάστε μὲν ἐξ ἁλὸς ὑγρᾶς
                                              Ἐπ. δ'.
70 νᾶσος, ἔχει τέ μιν ὀξειᾶν ὁ γενέθλιος ἀκτίνων πατήρ,
πῦρ πνεόντων ἀρχὸς ἵππων· ἔνθα Ῥόδῳ ποτὲ μιχθεὶς
                   τέκεν   130
ἑπτὰ σοφώτατα νοήματ' ἐπὶ προτέρων ἀνδρῶν παρα-
                   δεξαμένους
παῖδας, ὧν εἷς μὲν Κάμειρον   135
πρεσβύτατόν τε Ἰάλυσον ἔτεκεν Λίνδον τ'· ἀπάτερθε δ'
                   ἔχον,
75 διὰ γαῖαν τρίχα δασσάμενοι πατρωΐαν,
ἀστέων μοῖραν, κέκληνται δέ σφιν ἕδραι.   140
                                              Στρ. ε'.
τόθι λύτρον συμφορᾶς οἰκτρᾶς γλυκὺ Τλαπολέμῳ

videtur, quam agri partitio sive divisio: iubentur enim territorium,
postquam limitibus actis diviserunt, fruendum locare. — *τιν* Ambr.
et schol., vulgo *μιν*. — V. 63. *εὔφρονα*, Pl *ἔμφρονι*. — *μήλοις* Sch. AHVal
Mab(HGuilcyAabPeW)2, vulgo *μάλοις*. — V. 65. *ἀντεῖναι*, Pc *ἀνετεῖναι*. —
θεῶν δ' ὅρκον μέγαν μὴ παρφάμεν haud dubie iam antiquitius depravata:
scholiastae quid legerint non liquet: in promin est correctio *θεοὺς
δ' ὅρκον μ. μὴ παρφάμεν*, sed non satis illa quidem verisimilis. Har-
tung scripsit *γέρας ἀντεῖναι θεῶν θ' ὅρκον μέγαν, μὴ παρφάμεν ἀλλά*,
quae quid sibi velint, nondum assequor, quamquam dicit *ὅρκον* a verbo
παλίνετεν suspensum esse. — V. 67. *Κρόνου*, Ambr. *Κρόνον*. — *φαεινὸν*
OPlPcAbGu(am.sec.)Schol., *φαεινότ* W1, *φαείνοι* vulgo. Hermann *φανὸν*
requirit. — *νιν* Paris. M), ceteri *μιν*. — V. 68. *γέρας*, *μέρος* Ambr. et cod.
Paris. ap. Momms., item Va2 tanquam variam scripturam exhibet. — *τε-
λεύταθεν* varia script. in Va2, item lemma Va2 et cod. Paris., vulgo *τε-
λεύτασαν*. — V. 70 *μιν* libri si videtur omnes. — V. 73. *Κάμειρον*, Schnei-
dewin praefert *Κάμιρον*. — V. 74. *πρεσβύτατον*, alios *πρεσβύτατος* legisse
testatur schol.; Mommsen putat veteres criticos legisse *ὧν εἷς μὲν Κά-
μειρος πρεσβύτατος δὲ* κτλ., locus est satis impeditus. — *ἔτεκεν*, *τίκεν*
PcM14 Ambr. — *ἔχον*, *ἔχοντι* M12. — V. 75. *γαῖαν τρίχα*, Ambr. *γᾶν
τριχθά*.

ΐσταται Τιρννθίων άρχαγίτα,
ώσπιρ θιφ,
60 μήλων τι κνισάισσα πομπά και κρίσις άμφ' άίθλοις. των
ἄνθισι Διαγόρας 145
ίσιιφανώσατο δίς, κλιινφ τ' ἐν Ἰσθμῷ τετράκις εὐ-
τυχίων,
Νεμέᾳ τ' ἄλλαν ἐπ' ἄλλᾳ, και κρανααῖς ἐν Ἀθά-
ναις. 150

Ἀντ. δ'.
ὅ τ' ἐν Ἄργει χαλκός ἔγνω νιν, τά τ' ἐν Ἀρκαδίᾳ
ἔργα και Θήβαις, ἀγῶνές τ' ἔννομοι 155
65 Βοιωτίων,
Πέλλανά τ', Αἴγινά τε νικώνθ' ἑξάκις· ἐν Μεγάροισίν τ'
οὐχ ἕτερον λιθίνα
ψάφος ἔχει λόγον. ἀλλ' ὦ Ζεῦ πάτερ, νώτοισιν Ἀτα-
βυρίου 160
μεδέων, τίμα μὲν ὕμνου τεθμόν Ὀλυμπιονίκαν,

Ἐπ. δ'.
ἄνδρα τε πὺξ ἀρετάν εὑρόντα, δίδοι τέ οἱ αἰδοίαν
χάριν
90 καὶ ποτ' ἀστῶν καὶ ποτὶ ξείνων. ἐπεὶ ὕβριος ἐχθράν
ὁδὸν 165

V. 79. θιῷ. Ambr. θιοῖς. — V. 80. μήλων RaycOGnValAabW12, vulgo
μάλων. — κνισάισσα GlPlValPc, vulgo κνισσάισσα. — V. 81. ἰστιφανώσατο,
Pl ἰστιφάνωτο. G ἰστιφα στιφάνωτα, ValAb12 καὶ στιφάνω, Ml καὶ στι-
φανώσατο. — κλιινᾷ, Ambr. κλιινω. — V. 83. νιν Ambr. legebatur μιν. — τά
τ', Val τάδ'. — V. 85. Βοιωτίων Ambr., quod iam antea coniectura eram
assecutus, Βοιωτῶν M12PcW1, Βοιωτίας Parisinus ap. Momma., vulgo
Βοιωτίοις. — V. 84. Πέλλανά τ', Αἴγινα τε, boni libri et Schol. Πέλ-
λανα τ'· Αἰγινᾶ τε. nisi quod ValAb Πέλανα, PcUC Αἰγινα, interpolati
Αἴγινα Πέλλανα τε, ut W2 Schol. rec. Boeckh, quoniam Αἴγινα ubique
correpta ultima syllaba, Πέλλανα certe apud Pindarum dicitur, Πέλλανα
τ'· Αἴγινα τε scripsit. Et dubium sane exemplum Ilem. In Apoll. 31.
Νισοῦς τ' Αἰγίνη ναυσικλειτῇ τ' Εὔβοια, ubi νήσῲς κ' Αἰγίνης omnino
scribendum est. Pindarus videtur Πέλλανά τ', Οἰνώνα τε (vel com-
modius etiam Πέλλανά τ'· Οἰνώνα δέ) scripsisse. Kayser Αἴγινα τε
νικῶν ἑξάκις ἐν M. — Μεγάροισίν τ' οὐχ ἕτερον, Ambr. Μεγάροισι δ'
οὐχ ἕτερον, atque ita legit schol. 1: και ἐν τοῖς Μεγάροις ἢ λιθίνη ψή-
φος οὔχ ἕτερου τινός οὔσας ἐγκεκαλυμμένον φέρει τὸ ὄνομα ὡς τὸ τοῦ
Διαγόρου, sed scb. 2 tantum ἕτερον, recte opinor: nam etiam Megaris
videtur scalae victores: ἕτερον si legas, sententia erit: lapis unius Dia-
gorae memoriam servat sive nomen exhibet, quod nec poterat poeta
dicere: nam plurimorum victorum nomina in publicis monumentis in-
scripta. — V. 88. τεθμὸν Ὀλυμπιονίκαν lunxit Heyne et sic Pc Ambr.,
vulgo τεθμόν, Ὀλυμπιονίκαν ἄνδρα.

εὐθυπορεῖ, σάφα δαεὶς ἅ,τι οἱ πατέρων ὀρθαὶ φρένες
ἐξ ἀγαθῶν
ἔχρασν. μὴ κρύπτε κοινόν 170
σπέρμ' ἀπὸ Καλλιάνακτος·. Ἐρατιδᾶν τοι σὺν χαρίτεσσιν
ἔχει
θαλίας καὶ πόλις· ἐν δὲ μιᾷ μοίρᾳ χρόνου
25 ἄλλοτ' ἀλλοῖαι διαιθύσσοισιν αὖραι. 175

V. 92. ἔχρασν, Ambr. ἔχρεσν. — V. 93. Ἐρατιδᾶν, Schol. Wil's MS
Ambr. ἐρασειιδᾶν. — τοι, Ambr. τε. — V. 95. διαιθύσσοισιν Boeckh, v.
διαιθύσσουσιν.

ΟΛΥΜΠΙΟΝΙΚΑΙ ΙΙ.
ΑΛΚΙΜΕΔΟΝΤΙ ΑΙΓΙΝΗΤΗ,
ΠΑΙΔΙ ΠΑΛΑΙΣΤΗ.

Strophae.

- ⏑ – – – ⏑ ⏑ – ⏑ ⏑ – – ⏑ ⏑ 𝕄
– – ⏑ – – ⏑ ⏑ – ⏑ ⏑ – ○
⏑ ⏑ – ○ ⏑ ⏑ – ⏑ ⏑ – ⏑ ⏑ – , – ⏑ ⏑ – – ⏑ ⏑ . ○
– ⏑ ⏑ . ⏑ ⏑ – – – ⏑ ⏑ 𝕄
5 ᛞ – ⏑ ⏑ – ⏑ ⏑ ⏑ 𝕄
⏑ ⏑ – , – ⏑ 𝕄
– ⏑ ⏑ – – – ⏑ 𝕄

Epodi.

⏑ ⏑ ⏑ , ⏑ ⏑ ⏑ . – – ⏑ 𝕄
– ⏑ ⏑ . ⏑ ⏑ . 𝕄 ⏑ ⏑ ⏑ ⏑ . ⏑ ⏑ ⏑
⏑ ⏑ ⏑ . ⏑ ⏑ – ○ ⏑ ⏑ 𝕄
– ⏑ ⏑ – ⏑ ⏑ – ○
5 ᛞ ⏑ ⏑ ⏑ – ⏑ ⏑ ⏑ – – ⏑ ⏑ ⏑ – ⏑ ⏑ – ⏑ ⏑ :
– ⏑ ⏑ – ⏑ ⏑ ⏑ – ○ ⏑ ⏑ ⏑ . ⏑ ⏑ – ⏑ ⏑ –
⏑ ⏑ – ⏑ ⏑ ⏑ – ⏑ ⏑ 𝕄
○ ⏑ ⏑ – – ⏑ ⏑ 𝕄

„Inscriptionem carminis in libris tam scriptis quam excusis inepto et variatam et Amplificatam ex correctione Heyrii constitui, addito praeterea nomine *Αἰγινήτῃ*." *Boeckh*. Titulus in '*Ἀλκιμέδοντι παιδὶ παλαιστῇ καὶ προσθίνει παλαιστῇ καὶ Μιλησία ἀλείπτη.* W1 Ambr. *Ἀλκιμέδοντι παλαιστῇ καὶ προσθίνει παλαιστῇ καὶ μιλησία παγκρατιαστῇ νίκεα· αἰγινήταις νικήσασιν ὀλυμπιάδα.*

60 PINDARI CARMINA.

Στρ. α'.

Μᾶτερ ὦ χρυσοστεφάνων ἀέθλων, Οὐλυμπία,
δέσποιν' ἀλαθείας, ἵνα μάντιες ἄνδρες
ἐμπύροις τεκμαιρόμενοι παραπειρῶνται Διὸς ἀργικε-
ραύνου,   5
εἴ τιν' ἔχει λόγον ἀνθρώπων πέρι
5 μαιομένων μεγάλαν
ἀρετὰν θυμῷ λαβεῖν,
τῶν δὲ μόχθων ἀμπνοάν·

Ἀντ. α'.

ἄνεται δὲ πρὸς χάριν εὐσεβίας ἀνδρῶν λιταῖς.   10
ἀλλ' ὦ Πίσας εὔδενδρον ἐπ' Ἀλφεῷ ἄλσος,
10 τόνδε κῶμον καὶ στεφαναφορίαν δέξαι. μέγα τοι κλέος
αἰεί,
ᾧτινι σὸν γέρας ἕσπητ' ἀγλαόν.   15
ἄλλα δ' ἐπ' ἄλλον ἔβαν
ἀγαθῶν, πολλαὶ δ' ὁδοὶ
σὺν θεοῖς εὐπραγίας.

Ἐπ. α'.

15 Τιμόσθενες, ὔμμε δ' ἐκλάρωσεν πότμος
Ζηνὶ γενεθλίῳ· ὅς σε μὲν Νεμέᾳ πρόφατον,   20

V. 1. Οὐλυμπία PabGMab(GuAnbVa1, vulgo Ὀλυμπία. — V. 3. Ab παραπειρῶνται. — V. 7. τῶν δὲ, in procedosi scripsi τῶνδε (ita M2, τῶν δι Ambr.), Hermann ἓν δὲ, fort. ἂν δὲ. — V. 8. ἄνεται AGVa1l'1Ma AbGu (in m.) PcW2 supra, vulgo ἄνεται, sed codd. interpolati totum versum audacissime mutatum exhibent W12 Bodleiani PabAaLabGuLip MbM1 πληρέουσται πρὸς χάριν εὐσεβέων δ' ἀνδρῶν λιταί, ubi λιταί ex Asclepiadis coniectura scitum. — εὐσεβίας Barckh (cf. Sopb, Antig. 943, Oed. Col. 179. Theognis 1138, poeta ap. Apoll. de Synt. 341 εὐσεβίη εὐθυμεῖ), εὐσεβίας Schol. AGVa1Ma1'etlu in m. W2 supra 312 Ambr., εὐσεβέων P1G in m., εὐσεβέων Ab. — V.9. ἄλσος, Ambr. ἄλσος ἔχων, parepigraphe recepta in ordinem, ut poeta non Olympiam, sed ipsum Iovem invocet: scholiastae dissentiunt, sed probandam puto illam interpretationem: talis brachylogia lyricum poetam haud dedecet, cf. Aristoph. Ran. 340: ἔγειρε φλογέας λαμπάδας ἐν χερσὶ (τινάσσων) γὰρ ἥκει, quemadmodum correxi, num ibi quoque parepigraphe se insinuavit. — V. 10. Mommsen ex schol. Vindob. omisit lectionem μέγα τοι γέρας αἰεί, ᾧ τινι σὸν κλέος, sed non commendat vet. schol., eatque omnino relicienda. — τοι AlPabelBodGiGuMa κ m. s.) AnhVa1Lab Ambr., vulgo τι. — V. 11. ἔσπηι', Val Pκοιε', M2 ἕσποιε', Ambr, et P1 ἕσπιε', quod olim recepi, cum formn ἕσπηται et simili ab annalogia recedere videau· tur, sed nihil novandum. — V. 14. εὐπραγίας Schol. AltMa(GPeVa1P1 ByW12 (a m. sec.), vulgo εὐπραξίας. — V. 15. δ' ἐκλάρωσεν AMalPe, vulgo δὲ κλάρωσεν, Schol. utrumque. — V. 16. ὅς σε μὲν Νεμέα πρό· φατον Dissen, ubi numerus exilis admodum displicet, ὅς σ' ἐν μὲν Νε· μέα κε Boeckh, ὅς μέν σ' ἐν N. κ. Rothe, ὅν μὲν ἐν Ν. πρ. vulgo, et sic M1W2 a m. pr. PabLabAaGu a m. pr., sed AAbMaVa1tin a m. s. W2

OLYMPIA VIII.   61

Ἀλκιμέδοντα δὲ παρ Κρόνου λόφῳ
θῆκεν Ὀλυμπιονίκαν.

ἣν δ᾽ ἐσορᾶν καλός, ἔργῳ τ᾽ οὐ κατὰ εἶδος ἐλέγχων   25
20 ἐξένεπι κρατέων πάλᾳ δολιχήρετμον Αἴγιναν πάτραν·
ἔνθα Σώτειρα Διὸς ξενίου
πάρεδρος ἀσκεῖται Θέμις

                              Στρ. β'.

ἔξοχ᾽ ἀνθρώπων. ὅ,τι γὰρ πολὺ καὶ πολλᾷ ῥέπῃ,   30
ὀρθᾷ διακρῖναι φρενὶ μὴ παρὰ καιρόν,
25 δυσπαλές· τεθμός δέ τις ἀθανάτων καὶ τάνδ᾽ ἁλιερκέα
χώραν
παντοδαποῖσιν ὑπέστασε ξένοις   35
κίονα δαιμονίαν,
ὁ δ᾽ ἐπαντέλλων χρόνος
τοῦτο πράσσων μὴ κάμοι,

                              Ἀντ. β'.

30 Δωριεῖ λαῷ ταμιευομέναν ἐξ Αἰακοῦ·   40
τὸν παῖς ὁ Λατοῦς εὐρυμέδων τε Ποσειδᾶν,
Ἰλίῳ μέλλοντες ἐπὶ στέφανον τεῦξαι, καλέσαντο συνεργὸν
τεῖχεος, ἦν ὅτι νιν πεπρωμένον
ὀρνυμέναν πολέμων   45
35 πτολιπόρθοις ἐν μάχαις

a m. s. M2 et duo codd. a Mommis. coll. ὃς ob μὲν ἐν N. a., melioree libri
I'iltW'l Hekol. al μὲν ἐν N. a., (i al μὲν at supra ὅν, Po ol μὲν et supra
ὅς Ζεὺς, Ambr. al μὲν ἐν (supra a m. s. ὅς), at locum gravius vitium
contraxisse apparent. Deinde πρόφαντον exhibent Ambros. PcW12
(a m. a.) Schol. Kayser improbans formam πρόφαντον, coniecit ἔκφαντον
al μὲν ἐν Νεμέᾳ, sed mihi potius πρόφατον vel πρόφαντον antiqua ad-
notatio esse visa est, petita ex Ol. I 116, cum scagma, quod incat in
Ὀλυμπιονίκαν, si ad Nemeacam simul victoriam referatur, displicerat,
exque parepigraphe recepta crediebam excidisse aliud germanum voca-
bulum, velut εὐφύλλῳ οἱ μὲν ἐν Νεμέᾳ, Ἀλκιμέδοντα δὲ παρ Κρόνου
λόφῳ Θῆκεν Ὀλυμπιονίκαν, magis tamen placebat ὕπαρ δ᾽ ἐιλάφεσιν
πόνος Ζηνὶ γενέθλιος ἅπαξ αἰθλιος· οἱ μὲν ἐν Νεμέᾳ. Et γε-
νέθλιος legit schol. 2, sed schol. 1 vulgatam scripturam tuetur, Abrens
Z. γενεθλιδίῳ al μὲν Νεμέᾳ. — V. 21, Hermann κρατέων πάτραν δο-
λιχήρετμον Αἴγιναν πάλᾳ. — V. 23. ὅ τι hanc librorum scripturam lemma
quoque et ipse schol., cum poetae verba iterat. confirmat, nec aliud quid-
quam legisse arguunt rariae interpretationes, quamquam Mommsen
o δι scholiastae legisse dicit. — πολλᾷ, πολλὰ ΑΚΜαΒβγUPlAal᾽eWlGu
a m. a. LipVal3l2 Ambr. — ῥέπῃ scripsi, libri ῥέπει, schol. et M2 Ambr.
ῥέποι, quod probat Mommsen, qui etiam ῥέπον commendat, at hoc
scholiasta non legit, sed interpretandi gratia substituit. — V. 24. διακρῖ-
ναι Ambr., διακρίνει Ι'c, διακρίνεῖν ceteri, Scholiastae quid legerint,
ambiguum, fort utrumque. — V. 26. παντοδαποῖσιν, παντοδαποῖς ΓaW12
ΑΜaUPlValAbM12. — V. 32. τεῦξαι, τεύξειν ΒaβγΩαLipLabAaM1
Schol. rec.

λάβρον ἀμπνεῦσαι καπνόν.

Ἐπ. β'.

γλαυκοὶ δὲ δράκοντες, ἐπεὶ κτίσθη νέον,
πύργον ἐσαλλόμενοι τρεῖς, οἱ δύο μὲν κάπετον, 50
αὖθι δ' ἀτυζομένω ψυχὰς βάλον,
40 εἷς δ' ἐσόρουσε βοάσαις.

ἔννεπε δ' ἀντίον ὁρμαίνων τέρας εὐθὺς Ἀπόλλων·
Πέργαμος ἀμφὶ τεαῖς, ἥρως, χερὸς ἐργασίαις ἁλίσκεται· 55
ὥς ἐμοὶ φάσμα λέγει Κρονίδα
πεμφθὲν βαρυγδούπου Διός·

Στρ. γ'.
45 οὐκ ἄτερ παίδων σέθεν, ἀλλ' ἅμα πρώτοις ἄρξεται 60
καὶ τετράτοις. ὣς ἄρα θεὸς σάφα εἴπαις
Ξάνθον ἤπειγ' ἢ καὶ Ἀμαζόνας εὐΐππους καὶ ἐς Ἴστρον
ἐλαύνων.
Ὀρσοτρίαινα δ' ἐπ' Ἰσθμῷ ποντίᾳ
ἅρμα θοὸν τάνυεν, 65
50 ἀποπέμπων Αἰακόν
δεῦρ' ἀν' ἵπποις χρυσέαις.

V. 38. ἰσαλλόμενοι, Hecker ἐφαλλόμενοι, recte ut videtur, quoniam v. 40 ἐσόρουσε requiritur. Ceterum M2 ἀσαλλόμενοι. — τρεῖς. Ambr. Schol. γε τρεῖς. — κάπετον AllValAa (a m. pr.) W2, κάπετον PcΠAbW1M2. — V. 39. αὖθι δ', fort. αὐθίς'. — ἀτυζομένω PcWIRPIVal, et a m. pr. GAaBc, ubi supra οι, quemadmodum ἀτυζόμενοι Schol. LbGαHaβγLlp CW2M1 Ambr., ἀτιζόμενοι AAaMaIα, ἀτιζόμενω M2. — ψυχὰς PcW1 a pr. m. AGMaPICVal, ψυχαὶ Ab, πυχὰς reliqui Interpolati. — βάλον, coniect λίπον, Ahrens βλάβεν. Hartung locum ita refinxit οἱ δύο μὲν κάπετον (fossam), ἀτεῖα' ἀντζομένω ψυχὰς, βάλον. — V. 40. ἰσόρουσε, Ambr. ὀρούσει, Leidensis a Mommsen coll. ἰκόρουσε, VaI ἀνόρουσε, atque ita videtur unus schol. legisse, ceteri ἰσόρουσε tuentur. — βοάσαις Paris. (M), βοάσας Π, VaI βοάξας, Pc βοωσας. — V. 41. ἀντίον, conieci ἀντίον paenultima correpta, Hartung ἀντίον εἴασεῶν scripsit. — V. 43. Κρονίδα, Pc Κρονίου. — βαρυγδούπου, Ambr. βαρυκτύπου. — V. 45. ἀλλ' ἅμα πρώταις ἄρξεται καὶ τετράτοις, conicio ῥήξεται καὶ τετράτοις i. e. Aeoleusium more τεσσάρταις, cf. ad Pyth. III 13. Atque Ahrens similiter ἄρξεται καὶ τετράτοις. Hartung ἀλλ' ἅμα πρώταις ἄρξεται καὶ τέτρα σύν γ'. — V. 46. ἄρα W2, vulgo ἆρα. Quod exemplum Schneidewin ex Cratini Pellaei fr. 14 profert. Alienum. scribendum enim ex cod. Vinb.: ἦν σφ' ἀληθὴς Ὁ λόγος δὶς παῖς ὣς ἐσθ' ὁ γέρων. — εἴπαις Paris. ap. Momms., εἴπας ΩI, reliqui εἴπας. — V. 47. ἤπειγ' ἢ scripsi, legebatur ἤπειγεν, nisi quod Ambr. τε ἤπειγε, M2 δ' ἤπειγε. Scholiastae, qui difficultatem perspexerunt, solenni artificio utuntur, lubentes verbum quod praecessit repeti, h. e. καὶ ἤπειγεν Ἀμαζόνας etc. Hartung scripsit εἴπαις ἐπυθθῶς, ἤπειγεν καὶ. — V. 48. ἐπ' Ἰσθμῷ ποντίᾳ Schol. PcAGMaPIValM2 Ambr. et fort. LbAb, cf. Naegelsbach Exc. XVI ad Iliad. Libri Interpolati ἐπ' Ἰσθμὸν ποντίαν, paraphrasta ἐπ' Ἰσθμοῦ ποντίας, ut videtur.

'Ἀντ. γ'.

καὶ Κορίνθου δειράδ' ἐποψόμενος δαιτικλυτάν.
τερπνὸν δ' ἐν ἀνθρώποις ἴσον ἔσσεται οὐδέν. 70
εἰ δ' ἐγὼ Μελησία ἐξ ἀγενείων κῦδος ἀνέδραμον ὕμνῳ,
55 μὴ βαλέτω με λίθῳ τραχεῖ φθόνος·
καὶ Νεμέᾳ γὰρ ὁμῶς
ἐρέω ταύταν χάριν, 75
τὰν δ' ἔπειτ' ἀνδρῶν μάχαν,

'Ἐπ. γ'.

ἐκ παγκρατίου. τὸ διδάξασθαι δέ τοι
60 εἰδότι ῥᾴτερον· ἄγνωμον δὲ τὸ μὴ προμαθεῖν·
κουφότεραι γὰρ ἀπειράτων φρένες. 80
κεῖνα δὲ κεῖνος ἂν εἴποι
ἔργα περαίτερον ἄλλων, τίς τρόπος ἄνδρα προβάσει
ἐξ ἱερῶν ἀέθλων μέλλοντα ποθεινοτάταν δόξαν φέρειν. 85
65 νῦν μὲν αὐτῷ γέρας Ἀλκιμέδων
νίκαν τριακοστὰν ἑλών·

V. 52. καὶ Κορίνθου δειράδ' ἐποψόμενος δαιτικλυτάν scripsi,
ita enim legit paraphr. ὁ δὲ ὀρεοτρεαίνης Ποσειδῶν ἐπὶ τοῦ Ἰσθμοῦ
τοῦ παραθαλασσίου, ὅς ἐστι πλησίον τῆς Κορίνθου, ἡμείγετο θεάσεσθαι
(ἐθέλων τὴν Κόρινθον) τὴν τὰς θυσίας αὐτῷ καὶ τὴν τὰς τιμὰς ἐνδό-
ξως τελοῦσαν. Legitur vulgo καὶ Κορίνθου δειράδ', ἐποψόμενος δαῖτα
κλυτάν, atque schol. δειράδ' dativum interpretantur. — V. 54. Μελη-
σία Al'abr.AhGCPlMa, Μελησία LipVatLabW2, et utramque casum
agnoscit Schol., vulgo Μελησία. Genitivus melius convenit cum verbo
ἀνέδραμον, cf. Simon. Amorg. 10: τί ταῦτα τῶν μακρῶν λόγων ἀνέδραμον,
quamquam id ipsum suspectum Hartungo, qui ἀνέδραμον scripsit, Ahrens
ἀνέδραμεν, quod ipse quoque coniecit. — ὕμνῳ, Ambr. a m. s. ὕμνων, ut
requirit Ahrens ὕμνων. — V. 58. μάχαν, in v. distinxi ut in παγκρατίου
potius a χάρις quam a μάχῃ suspensum sit. Dissen μάχα, Kayser μέτα,
Kanehenstein ἔχειν, Schneidewin ἰαχάν, Ahrens μάλα, Hartung scripsit
τὰν Νεμέᾳ γὰρ ὁμῶς ἐρέω κλυτὰν χάριν, τάν τ' ἔπειτ' ἀνδρῶν μέτα ἐν
παγκρατίῳ. Friderichs in meam concedit sententiam, sed distinguendum
censuit χάριν, τὰν δ' ἔπειτ', ἀνδρῶν μάχαν, ἐν παγκρατίῳ: at ita
magis obscuratur quam illustratur poetae sententia, quam non satis assu-
cuti sunt interpretes. Melesias invidia laborabat; videntur acmuli uetia
el opprobrio dedisse, quod pueri quidem ex Melesiae disciplina profecti
complures victorias reportaverint, non item viri. Hoc crimen ut diluerct
poeta dicit: ego mox Nemeaeam victorem celebrabo, qui olim puer a
Melesia institutus vicit pancratio, nnne eundem honorem in virorum cer-
tamine consecratus est: meditabatur igitur tunc Pindarus carmen in ho-
norem Aegincteo alicuius, quod iam non exstat inter Nemea carmina.
Melesiae ter fit mentio apud Pindarum, ad eundem autem omnes loci
sunt referendi; quae Lentsch in Mus. Rh. disputavit (XVII 370) mihi
probari non possunt. — V. 59. ἐν παγκρατίου APGP1AhR in m. Schol.
vat., vulgo ἐν παγκρατίῳ. — V. 60. ῥᾴτερον Boeckh. codd. ῥᾴτερον vel
ῥαίτερον. — V. 62. δὲ κεῖνος Schol. vet. AGMaAabCla, vulgo δ' ἐκεῖνος.
— V. 65. μὲν, W1 Ambr. μὲν γάρ, unde Boeckh dubitanter γάρ. — V. 66.
ἑλών, Hartung ἔλεν.

Στρ. δ'.

ὃς τύχᾳ μὲν δαίμονος, ἀνορέας δ' οὐκ ἀμπλακών
ἐν τέτρασιν παίδων ἀπεθήκατο γυίοις 90
νόστον ἔχθιστον καὶ ἀτιμοτέραν γλῶσσαν καὶ ἐπίκρυφον
οἶμον,
70 πατρὶ δὲ πατρὸς ἐνέπνευσεν μένος
γήραος ἀντίπαλον·
Ἀΐδα τοι λάθεται 95
ἄρμενα πράξαις ἀνήρ.

Ἀντ. δ'.

ἀλλ' ἐμὲ χρὴ μναμοσύναν ἀνεγείροντα φράσαι
75 χειρῶν ἄωτον Βλεψιάδαις ἐπίνικον,
ἕκτος οἷς ἤδη στέφανος περίκειται φυλλοφόρων ἀπ'
ἀγώνων. 100
ἔστι δὲ καί τι θανόντεσσιν μέρος
κὰν νόμον ἐρδόμενον·
κατακρύπτει δ' οὐ κόνις
80 συγγόνων κεδνὰν χάριν. 105

Ἐπ. δ'.

Ἑρμᾶ δὲ θυγατρὸς ἀκούσαις Ἰφίων
Ἀγγελίας, ἐνέποι κεν Καλλιμάχῳ λιπαρόν
κόσμον Ὀλυμπίᾳ, ὅν σφι Ζεὺς γένει
ὤπασεν. ἐσλὰ δ' ἐπ' ἐσλοῖς 110
85 ἔργα θέλοι δόμεν, ὀξείας δὲ νόσους ἀπαλάλκοι.
εὔχομαι ἀμφὶ καλῶν μοίρᾳ νέμεσιν διχόβουλον μὴ θέμεν·
ἀλλ' ἀπήμαντον ἄγων βίοτον 115
αὐτούς τ' ἀέξοι καὶ πόλιν.

V. 67. τύχᾳ, schol. videntur τύχας legisse. — ἀνορέας δ', Hartung ἀνορέας deleta particula δί. — V. 69. γλῶσσαν OP1Val LbHaBydAal, γλῶτταν WIZHMz. — V. 72. πράξαις Paris. (M), v. πράξας. — V. 74. ἀνεγείροντα, P1 κ' ἀντεγείροντα, Ap ἀνεγείραντα. — V. 75. ἐπίνικον, Hartung ἐπὶ νίκῳ. — V. 76. κὰν νόμον, κὰν νόμον divisim Val WlGu LApMbIdPc M1, vulgo καννόμον (sic Ambr.), P1 καννόμενον a m. pr., W2AHPabMaAaCM2 κὰν νόμον. — ἐρδόμενον, E. Schmidt ἐρδομένων. — V. 81. ἀκούσαις. O ἀκούσας, ceteri ἀκούσης. — Ἰφίων, P1 ὀφίων. — V. 83. ὅν σφι Ζεὺς γένει ὤπασεν Pc, et similiter, nisi quod σφιν exhibent AMaGP1Val AbC (qui Zτῦ) Ambr. a m. pr., interpolati ὅν σφιν ἅπασιν Ζεὺς γένει. — V. 85. ἔργα θέλοι, Boeckh ἔργ' ἐθέλοι. — ἀπαλάλκοι, Pc ἀπαλάλκει. — V. 80. μοίρᾳ νέμεσιν, M2 μοίραν νεμέσειν. — V. 87. ἄγων, Ambr. ἔχων. — V. 88. ἀέξοι, M1 ἄεξον, M2 τὸ ἔξοι.

ΟΛΥΜΠΙΟΝΙΚΑΙ Θ.
ΕΦΑΡΜΟΣΤΩ ΟΠΟΥΝΤΙΩ.
ΠΑΛΑΙΣΤΗι.

Strophae.

```
   ∪ ∪ ‒ ∪ ‒ ‒ ∪ ⏑
   ‒ ∪ ∪ ‒ ∪ ‒ ‒ ∪ ∪ ‒ ∪ ‒ ‒ ∪ ‒ ⏓
   ‒ ‒ ∪ ‒ ∪ ‒ ‒ ∪ ‒ ⏓
   ‒ ‒ ∪ ‒ ‒ ∪ ‒ ∪ ‒ ⏓
 5 ‒ ‒ ∪ ‒ ∪ ‒ ‒ ∪ ‒ ⏓
   ‒ ∪ ‒ ‒ ∪ ‒ ‒ ∪ ‒ ⏓
   ‒ ‒ ∪ ‒ ‒ ⏑
   ‒ ∪ ‒ ⏓
   ∪ ‒ ∪ ‒ ∪ ‒ ∪ ⏑
10 ‒ ∪ ‒ ‒ ∪ ‒ ‒ ∪ ‒ ⏓
```

Epodi.

```
   ∪ ‒ ‒ ∪ ‒ ∪ ‒
   ∪ ∪ ‒ ‒ ∪ ‒ ∪ ‒ ⏓
   ∪ ∪ ‒ ∪ ‒ ⏑
   ‒ ‒ ∪ ‒ ‒ ∪ ‒ ⏓
 5 ‒ ∪ ‒ ‒ ‒ ‒
   ‒ ∪ ‒ ‒ ∪ ∪ ‒ ⏑
   ‒ ‒ ∪ ‒ ∪ ∪ ‒ ‒
   ‒ ∪ ‒ ⏓ ‒ ∪ ‒ ⏓ ‒ ∪ ‒ ‒ ‒ ⏓
```

Str. v. 6 antea Boeckh in duos divisit ⏓ ∪ ‒ ‒ ∪ ‒ | ‒ ∪ ‒ ‒ ⏓

Στρ. α'.

Τὸ μὲν Ἀρχιλόχου μέλος
φωνᾶεν Ὀλυμπία, καλλίνικος ὁ τριπλόος κεχλαδώς,
ἄρκεσε Κρόνιον παρ' ὄχθον ἁγεμονεῦσαι 5
κωμάζοντι φίλοις Ἐφαρμόστῳ σὺν ἑταίροις·
5 ἀλλὰ νῦν ἑκαταβόλων Μοισᾶν ἀπὸ τόξων
Δία τε φοινικοστερόπαν σεμνόν τ' ἐπίνειμαι 10
ἀκρωτήριον Ἄλιδος
τοιοῖσδε βέλεσσιν,
τὸ δή ποτε Λυδὸς ἥρως Πέλοψ 15
10 ἐξάρατο κάλλιστον ἕδνον Ἱπποδαμείας·

Ἀντ. α'.

πτερόεντα δ' ἵει γλυκύν
Πυθῶνάδ' ὀϊστόν· οὔτοι χαμαιπετέων λόγων ἐφάψεαι,
ἀνδρὸς ἀμφὶ παλαίσμασιν φόρμιγγ' ἐλελίζων 20
κλεινᾶς ἐξ Ὀποέντος, αἰνήσαις ἓ καὶ υἱόν,
15 ἃν Θέμις θυγάτηρ τέ οἱ σώτειρα λέλογχεν 25
μεγαλόδοξος Εὐνομία. Θάλλει δ' ἀρεταῖσιν
σόν τε, Κασταλία, πάρα
Ἀλφειοῦ τε ῥέεθρον·
ὅθεν στεφάνων ἄωτοι κλυτάν 30
20 Λοκρῶν ἐπαείροντι ματέρ' ἀγλαόδενδρον.

V. 2. φωνᾶεν, PBa(GnAa φωνᾷ ἐν, quod etiam schol. vet. memorat.
— V. 8. βέλεσσιν PeWiGPl, μέλεσσι ceteri, schol. utrumque. — V. 12.
ἐφάψεαι Ο, ἐφάψει ValPlAb, ἐφάψῃ AMa, ἐφάψα C. ἐφάψῃ vulgo. —
V. 14. Ὀποέντος, αἰνήσαις ἓ καὶ υἱόν, ἃν Πεγκε distinxit, ni αἰνήσαις sit
participium; vulgo Ὀπόεντος· αἰ. ἓ καὶ υἱόν· ἄν. Ceterum pro αἰνήσαις
ἂν
Val αἰνήσαις, Pe αἰνήσεις. — V. 16. μεγαλόδοξος, μεγαλόδωρος ValAb.
— Θάλλει δ' ἀρεταῖσιν σόν τε, Κασταλίᾳ, παρὰ Ἀλφειοῦ τε ῥέεθρον
scripsi, nisi quis praeterea σάν τ', ὦ Κασταλία malit, legebatur: Θάλλει
δ' ἀρεταῖς ἴσον τε Κασταλίᾳ παρ' Ἀλφειοῦ τε ῥέεθρον, et sic codd., nisi
quod WilzeMl ἴσον, interpolati ἴσσον, GiPlAbVal Ἀλφειοῦ. Schol. 2 et 3
Καστάλίας legunt, sed de constructione dissentiunt, schol. 3 ἴσον testa-
tur. Boeckh Θάλλει δ' ἀρεταῖσιν σόν τε, Καστάλίᾳ παρά κτλ, similiter
Hermann, nisi quod versum asynartetum esse statuit et παρ' Ἀλφειοῦ
scribit. Rauchenstein Θ. δ' ἀρ. αἰεὶ Καστάλίας πάρα. Kayser Θ. δ' ἀρ.
εράναν Καστάλίας κτλ. Ahrens ἴσον Καστάλίας τε παρ' Ἀλφειοῦ τε ῥεί-
θρων, Hartung ἴσον Καστάλίᾳ παρ' Ἀλφειοῦ τε ῥ. Iam Ambros. codex
plane exhibet, quod Boeckh coniectura assecutus erat, ἀρεταῖσιν ἔν τε,
vel sic tamen meam emendationem ineor, quae a litterarum vestigiis,
quae reliquorum codicum consensus firmat, plane una discedit, atque
scholion cod. Ambros. meam coniecturam videtur commendare, sed
Mommsen illud scholion non addidit. — V. 19. ἄωτοι, Hartung ἄωτα. —
κλυτάν, M2 κλυτάν, Pe κλειτάν.

OLYMPIA IX.

ἐγὼ δέ τοι φίλαν πόλιν   'Επ. α'.
μαλεραῖς ἐπιφλέγων ἀοιδαῖς,
καὶ ἀγάνορος ἵππου   35
θᾶσσον καὶ ναὸς ὑποπτέρου παντᾷ
25 ἀγγελίαν πέμψω ταύταν,
εἰ σύν τινι μοιριδίῳ παλάμᾳ
ἐξαίρετον Χαρίτων νέμομαι κᾶπον·   40
κεῖναι γὰρ ὤπασαν τὰ τέρπν'· ἀγαθοὶ δὲ καὶ σοφοὶ κατὰ
        δαίμον' ἄνδρες
                                               Στρ. β'.
ἐγένοντ'. ἐπεὶ ἀντίον
30 πῶς ἂν τριόδοντος Ἡρακλέης σκύταλον τίναξε χερσίν, 45
ἀνίκ' ἀμφὶ Πύλον σταθεὶς ἤρειδε Ποσειδᾶν,
ἤρειδεν δέ μιν ἀργυρέῳ τόξῳ πολεμίζων
Φοῖβος, οὐδ' Ἀίδας ἀκινήταν ἔχε ῥάβδον,   50
βρότεα σώμαθ' ᾇ κατάγει κοίλαν πρὸς ἀγυιὰν
35 θνασκόντων; ἀπό μοι λόγον
τοῦτον, στόμα, ῥῖψον·   55
ἐπεὶ τό γε λοιδορῆσαι θεούς
ἐχθρὰ σοφία, καὶ τὸ καυχᾶσθαι παρὰ καιρὸν
                                               'Αντ. β'.
μανίαισιν ὑποκρέκει.
40 μὴ νῦν λαλάγει τὰ τοιαῦτ'· ἔα πόλεμον μάχαν τε
        πᾶσαν   60
χωρὶς ἀθανάτων· φέροις δὲ Πρωτογενείας
ἄστει γλῶσσαν, ἵν' αἰολοβρόντα Διὸς αἴσᾳ   65
Πύρρα Δευκαλίων τε Παρνασοῦ καταβάντε
δόμον ἔθεντο πρῶτον, ἄτερ δ' εὐνᾶς ὁμόδαμον
45 κτησάσθαν λίθινον γόνον·   70

V. 24. παντᾷ, v. παντᾷ, W1M12 πάντα, W2 πάντᾳ. — V. 25. πέμψω,
Sch. in paraphr. ἐκπέμψω et πέμψω. — V. 28. ὤπασαν, Pc ὤπασαν. —
Deinde Aristid. II 85 sic laudat ἀγαθοὶ δὲ φύσει καὶ σοφοὶ κτλ. —
V. 29. ἐγένοντ'. ἐπεὶ ἀντίον πῶς ἂν PV1AbI'1GPc cod. Victor. (nisi
quod codd. ἐγένοντο) Schol., qui praeteren etiam ἀντία, vulgo ἐγένοντο·
ἐπεὶ ἔναντ' ἂν, AMaG ἐγένοντο· ἐπεὶ ἔναντ' ἂν πῶς ἂν. — V. 30. σκύ-
ταλον A Bodleiani Ma (a m. pr.) PI ValtinI.abAbW2, σκυτάλην HMbAa
W1. — V. 32. ἤρειδεν δέ Hermann, v. ῥρειδίν τε, Pc ἤρεισέ τε. — πο-
λεμίζων scripsi, legebatur πολίμίζων. — V. 34. πρός, ἐς M2 lemma
schol. Vratisl, alique codd. a Mommseno collati, quod praefert Momm-
sen, ac fort. etiam schol. v. 50 ita legit. — V. 42. ἄστει, La ἄστυ. —
γλῶσσαν, Heckes ῥεῖσαν. — V. 43. Παρνασσοῦ A MaVaI (De Παρνάσσους),
v. Παρνασσοῦ. — V. 45. κτησάσθαν, scholiasta cum ἐποιήσαντο inter-
pretatur, fortasse κτιαάσθαν legit.

5*

λαοὶ δ᾽ ὀνόμασθεν.
ἐγείρ᾽ ἐπέων σφιν οἶμον λιγύν,
αἴνει δὲ παλαιὸν μὲν οἶνον, ἄνθεα δ᾽ ὕμνων

Επ. β'.

νεωτέρων. λέγοντι μὰν 75
50 χθόνα μὲν κατακλύσαι μέλαιναν
ὕδατος σθένος, ἀλλὰ
Ζηνὸς τέχναις ἀνάπωτιν ἐξαίφνας
ἄντλον ἑλεῖν. κείνων δ᾽ ἔσσαν
χαλκάσπιδες ὑμέτεροι πρόγονοι, 80
55 ἀρχᾶθεν Ἰαπετιονίδος φύτλας
κοῦροι κορᾶν καὶ φερτάτων Κρονιδᾶν, ἐγχώριοι βασι-
λῆες αἰεί,

Στρ. γ'.

πρὶν Ὀλύμπιος ἁγεμὼν 85
θύγατρ᾽ ἀπὸ γᾶς Ἐπειῶν Ὀπόεντος ἀναρπάσαις, ἕκαλος

V. 46. λαοί, Schneidewin *Λαοί*. — *ὀνόμασθεν*, expectaveram ὀνό-
μασθεν. — V. 47. οἶμον libri omnes; Schol. vet. οἶμον et ὄρμον, schol.
rec. οἶμον et fort. ὕμνον, id quod coniecit Hecker. Eleganter Godike
coni. οὖρον. — V. 52. ἀνάπωτιν WIAaMb, ἀνάπωσιν HPabMIWrLip
GoLab alii, ἄμπωτιν AGPiPeMaCVslAbR(in m.)M2Seb. vet. —, V. 53.
δ᾽ fort. del. — ἔσσαν, M2Pe et lemma sch. vet. ἔσαν, WI αἴεσαν. —
V. 54. πρόγονοι, comma ut hic ponal (ubi vulgo nulla interpunctio) et
v. 56 post αἰεί, ubi vulgo plene interpungitur, et hoc Hermann quoque
suasit. — V. 56. κοράν καὶ AMaCPiVatGAb, κορᾶν καί Pc, κοράν τε
interpolati plerique ut vulgo, nisi quod κορᾶν τε φερτάτων τε M1W2Gu
LabLip. Locus gravissimis difficultatibus laborat, quas expedire nuper
conatus est Rossler (Philol. XX 202 seq.) Friederichsius tamen omnia
plana et expedita sunt, Hartung scripsit πρόγονοι ἀρχᾶθεν, Ἰαπετιονί-
δος φύτλας· κοῦροι κουρᾶν τε φερτάτων Κρονιδᾶν ἐγχώριοι βασιλῆες
αἰεί, πρίν. Ego in his tenebris nihil dispicio, in epecdosi haec adnotavi:
Κρονιδᾶν, antiquas, sed ramificatus error subest, quem non mutauit Her-
mann Aelέγων corrigens (quamquam probavit Schneidewin, qui prae-
terea παρφερτάτων coniecit), postea Hermann κοῦροι κοραὶ τε φερ-
τάτων Aelέγων scripsit. Videtur nomen gentis delitescere, ad quam
Epharmostus quoque stirpem referebat. Gentis alienas auctor in ma-
trimonium duxerat Protogeniam, Deucalionis et Pyrrhae filiam (haec
est Ἰαπετιονὶς φύτλα, errant interpretes, qui Protogeniam Opuntis filiam
fingunt, cuius nomen Pind. fortasse ipse ignoravit. Protogeniae igitur
eiusque mariti posteri sive nepotes dicuntur Locris imperasse, usque
dum Opuntis filia ascita alienae sanguis genti admista est. Iam cum
κοῦροι κουρᾶν φερτάτων eius, cui Protogenia nupsit dicendum esset,
substitui patronymicum, quod qualo fuerit, via probabiliter indagari
potest. Conlicit aliquis Λοκρίδᾶν, quod tamen non unam ob causam
displicet. Tentavi Θρονίδᾶν, nota est Locrorum urbs Θρόνιον, nec
obstat quod Schol. Homer. Il. B 532 a nympha Thronia nomen traxisse
tradidit. Ἀντιδᾶν et ipsum aptum foret, cum Deucalion Cyni domici-
lium collocasse feratur. vid. Sch. Theocrit. XV 141, sed prosodia sancta
adversatur. — V. 58. θύγατρ᾽ AMaPiAbVsl, τάν παῖδ᾽ cx interp. reli.

μίχθη Μαιναλίαισιν ἐν ὄρεσιν, καὶ ἔνεικεν
60 Λοκρῷ, μὴ καθέλοι νιν αἰὼν πότμον ἐφάψαις 90
ὀρφανὸν γενεᾶς. ἔχεν δὲ σπέρμα μέγιστον
ἄλοχος, εὐφράνθη τε ἰδὼν ἥρως θετὸν υἱόν, 95
μάτρωος δ' ἐκάλεσσέ νιν
ἰσώνυμον ἔμμεν,
65 ὑπέρφατον ἄνδρα μορφᾷ τε καὶ
ἔργοισι. πόλιν δ' ὤπασεν λαόν τε διαιτᾶν. 100

'Αντ. γ'.

ἀφίκοντο δέ οἱ ξένοι
ἔκ τ' Ἄργεος ἔκ τε Θηβᾶν, οἱ δ' Ἀρκάδες, οἱ δὲ καὶ
Πισάται·
υἱὸν δ' Ἄκτορος ἐξόχως τίμασεν ἐποίκων 105
70 Αἰγίνας τε Μενοίτιον. τοῦ παῖς ἅμ' Ἀτρείδαις
Τεύθραντος πεδίον μολὼν ἔστα σὺν Ἀχιλλεῖ
μόνος, ὅτ' ἀλκάεντας Δαναοὺς τρέψαις ἁλίαισιν 110
πρύμναις Τήλεφος ἔμβαλεν·
ὥστ' ἔμφρονι δεῖξαι
75 μαθεῖν Πατρόκλου βιατὰν νόον· 115
ἐξ οὗ Θέτιός γ' ὄζος οὐλίῳ νιν ἐν Ἄρει

'Επ. γ'.

παραγορεῖτο μή ποτε

qui ni videtur. — Ὀπόεντος AGMaAbValGu (a m. s.) Γ1, vulgo Ὀποῦν-
τος. — ἐναρπάσαις Va2, veteri ἐναρπάσας. — V. 60. μή καθέλοι, Har-
tung μή 'πολίπω, ego dubitanter conicei μή καθέλοι νιν αἰῶ (i.e. αἰῶνα)
πότιμος ἐφάψαις ὀρφανὸν γενέᾶς. — νιν Paris. (M), v. μιν. — V. 61.
ἔχεν AilCUuMahLahW12, ἴσχεν MllicAs, vulgo ἴχε. — V. 63. νιν Paris.
(M), v. μιν. — V. 64. ἰσώνυμον, Hartung συνώνυμον. — V. 65. ὑπέρφα-
τον, Val ὑπέρτατον, Ambr. ὑμέρφατον. — V.66. λαόν GValGu (a m. s.)
λαῶ AC, vulgo λιαόν. (ioram λαῶν τε διαιτᾶν requirit. — V. 68. οἱ δ'
Sch. vet. AUCPI (a m. pr.) AbW2, ἠδ' Val, vulgo ἰδ' Ἀρκάδες. — οἱ δὲ
καὶ, Pc oi καί, M2 οἱ δί. — V.59. υἱόν AMaGCP1AbVal sch. vet., vulgo
οἵα. — ἐξόχως in M2 deletum, sed videtur aliud quid scriptum fuisse. —
V. 71. Τευθράντος libri, Schmid male Τευθρᾶντος. — V. 72. ἀλκάεντας,
contractam formam ομnes libri videntur exhibere. — τρέψαις Va3, ce-
teri τρέψας. — V. 74. ὥστ' ἔμφρονι δεῖξαι μαθεῖν, inre Hartung in mira
hoc genere dicendi offensus est, sed quod suspicatur legendum esse
ἰαβαί', ὥς τιν' ἔμφρον' ἰδόντ' ἂν μαθεῖν vix cuiquam probabit. Credo
Pindarum scripsisse ὥστ' ἔμφρονα δεῖξαι μαθεῖν: prudens enim
atque cantus verebatur Patrocli impetum experiri. — V. 75. νόον ΑΒιc
PahGCUuMaAbLahValW2, vulgo νέον γ', l'c καὶ νόον, unde noll βίαν
καὶ νόον conlicere. — V. 76. Θέτιός γ' ὄζος οὐλίῳ scripsi, libri Θέτιός
γένος οὐλίῳ, Bothe Θέτιός γ' ἶνις οὐλίῳ, Hermann olim Θέτιός γ' οὐλίῳ
γόνος, nunc Θέτιος βλαστὸς οὐλίῳ, Schneidewin Θετιόγνητος οὐλίῳ,
Hartung Θέτιός γ' υἱός, Ahrens Θέτιος γίννος, quod a Pindaricae
poesis gravitate longissime abhorret. — νιν APcUMaP1AbVal alii ap.
Momm., vulgo μιν.

σφετέρας ἄτερθε ταξιοῦσθαι
θαμασιμβρότου αἰχμᾶς.
εἴην εὑρησιεπὴς ἀναγεῖσθαι   120
πρόσφορος ἐν Μοισᾶν δίφρῳ·
τόλμα δὲ καὶ ἀμφιλαφὴς δύναμις
ἕσποιτο. προξενίᾳ δ' ἀρετᾷ τ' ἦλθον
τιμάορος Ἰσθμίαισι Λαμπρομάχου μίτραις, ὅτ' ἀμφότεροι
                                    κράτησαν   125

Στρ. δ'.

μίαν ἔργον ἀν' ἁμέραν.
ἄλλαι δὲ δύ' ἐν Κορίνθου πύλαις ἐγένοντ' ἔπειτα
                                    χάρμαι,
ταὶ δὲ καὶ Νεμέας Ἐφαρμόστῳ κατὰ κόλπον·   130
Ἄργει τ' ἔσχεθε κῦδος ἀνδρῶν, παῖς δ' ἐν Ἀθάναις.
οἷον δ' ἐν Μαραθῶνι συλαθεὶς ἀγενείων   135
μένεν ἀγῶνα πρεσβυτέρων ἀμφ' ἀργυρίδεσσιν·
φῶτας δ' ὀξυρεπεῖ δόλῳ
ἀπτωτὶ δαμάσσαις
διήρχετο κύκλον ὅσσᾳ βοᾷ,   140
ὡραῖος ἐὼν καὶ καλὸς κάλλιστά τε ῥέξαις.

Ἀντ. δ'.

τὰ δὲ Παρρασίῳ στρατῷ
θαυμαστὸς ἐὼν φάνη Ζηνὸς ἀμφὶ πανάγυριν Λυ-
                                    καίου,   145

καὶ ψυχρὰν ὁπότ' εὐδιανὸν φάρμακον αὐρᾶν
Πελλάνᾳ φέρε· σύνδικος δ' αὐτῷ Ἰολάου 150
τύμβος εἰναλία τ' Ἐλευσὶς ἀγλαΐαισιν.
100 τὸ δὲ φυᾷ κράτιστον ἅπαν· πολλοὶ δὲ διδακταῖς
ἀνθρώπων ἀρεταῖς κλέος
ὤρουσαν ἀρέσθαι.
ἄνευ δὲ θεοῦ σεσιγαμένον 155
οὐ σκαιότερον χρῆμ' ἕκαστον· ἐντὶ γὰρ ἄλλαι
      'Ex. δ'.
105 ὁδῶν ὁδοὶ περαίτεραι,
μία δ' οὐχ ἅπαντας ἄμμε θρέψει 160
μελέτα· σοφίαι μὲν
αἰπειναί· τοῦτο δὲ προσφέρων ἄεθλον,
ὄρθιον ὤρυσαι θαρσέων,
110 τόνδ' ἀνέρα δαιμονίᾳ γεγάμεν
εὔχειρα, δεξιόγυιον, ὁρῶντ' ἀλκάν· 165
Αἰάντειόν τ' ἐν δαιτὶ Ἰλιάδα νικῶν ἐπεστεφάνωσε
βωμόν.

V. 98. Πελλάνη, Πελλάνα Μ12W(1)2, Πέλλανα Γc, Πελλάνα παρέχει
Sch. Nem. X 82. — V. 99. αγλαΐαισιν, αγλαΐαισι μέμνυται ΑΜαΑh,
αλίσισι μέμνυται Val (ex Ol. I 90.) — V. 100. πολλοὶ δὲ διδακταῖς ἀν-
θρώπων ἀρεταῖς κλέος ὤρουσαν ἀρέσθαι, Hartung διδακτοῖς ἀν. ἀρε-
ταῖς κλέος τ' ἀρ. ἐλέσθαι, hic at alias insigni Pindari urbanitate non
perspecta. — V. 102. ἀρέσθαι Amhr., quod ipse Iam in epecdosi proposui,
unus Aristidis testimonio II 36 nhl αἰρεῖσθαι legitur. Ceteri Pindari
libri ἑλέσθαι, nisi quod PcM2 ἀτελέσθαι. — V. 103. ἄνευ δὲ, ἄνευθε δὲ
AMaLaGnBd, unde Boeckh ἄνευθε θεοῦ. — σεσιγαμένον ΑΜα Mediolani
GCLipValGulPlAhLabW2Pc, vulgo σεσιγαμένον γ'. — V. 107. σοφίαι,
σοφίας Mb a m. pr. — μέν, Schmid μάν. — V. 108. ἄεθλον lemma sch.,
v. ἄθλον. — V. 109. ὤρυσαι indignum Pindari venustate vocabulum,
Abrens ὤρυσαι coniecit, sed si quid video id corrupta primore vocali dici
solebat, vid. Et. M. 134, 12. Ego suspicor legendum esse φρίξαι i. e.
ὁρέξαι, quamvis mediae formae exemplum non novi; sed contractio-
nem tuetur Homeri hymnus in Merc. v. 58. Praeterea Abrens ὄρθια
γάρυσαι vindcl. — θαρσέων, θαρσῶν W2PabHedGuLbM1, θαρρῶν La. —
V. 110. δαιμονία ΑΜαCUValPlAb sch. vet. et Schol. Π. B 807, vulgo
δαιμονίως. — V. 111. ὁρῶντ' ἀλκάν, Hermann cum prius δεξιόγυιον
ὁρῶν τ' ἀλκάν coniecisset, ut id ad seqq. referatur, nunc ὁρῶντ' servat,
sed interpunct. post δεξ. delois. — V. 112. Αἰάντειόν τε δαιτὶ ὅς Ἰλιά-
δα scripsi, vulgo ut in libris interpolatis Αἰάντειόν τε (vel γε) δαιτὶ ὅς
Οἰλιάδα, lemma sch. Αἰάντειον (Αἰάντειόν) τ' ἐν δαιτὶ Ἰλιάδα, et Αἰάν-
τειον ARleP1GMaAbVal alii, τ' ἐν δαιτὶ AMaUCAbl'1ValPc, iv schol. 1
non legit, sed reperit schol. 2 qui pessimo ἐν δαιτὶ iungit cum τωῶν et
ἐν τῷ ἀγῶνι interpretatur. Οἰλιάδα AbPlLb, Οἰλιάδα Μ2Val, Οἰλιά-
δαο La. Oἰολίδα G corr., Ἰλιάδα recte AKMab(Gu Ἰλιάαα)M1 Schol.
vet. Denique pro ὅς exhibent ὅσ W12AbMaGLaM1, plane omittunt
AblValPc. Boeckh odidit Αἰάντειόν τ' ἐν δαιτὶ ὅς Ἰλιάδα, Hermann
coni. prius Αἰαντεῖον ἐν δαιτὶ Ἰλιάδα, nunc vero Αἴαν, τεὸν τε δαιτί,

Ἰλιάδα, νισῶν ἐν. β. quae coniectura sane perquam elegans est, neque tamen satis facit. Coram Αἰάντειόν τ' ἔλαϊς Ἰλιάδα νισῶν τ' ἐπιστρε-φέσαι βωμόν metro vitiato, Hartung Αἰάντειόν θ' ὃς ἀειτ' Οὐλιάδα. Fuisse apud Locros solemnitatem in Aiacis honorem institutam et eam ea gymnica certamina coniuncta sane est veri simile, quamquam scho-liastae fortasse ex hoc ipso loco coniectura assecuti sunt: sed recte monet Boeckh, frustra adversante Schneidewino, non esse commodum, post enumeratas Epharmosti victorias hic domesticam laudem commemo-rari, quam semel sit consecutus: sin plurimas domi nactus erat victorias, id plane dicendum: sed neque hoc satis conveniens: nam hic, ubi poeta paucis laudem victoris comprehendit, debebat in novissimo praesertim car-mine gravissima tantum commemorare. Eo igitur nomine etiam Hermanni interpretatio reprobranda, quam Boeckh alii sequuntur, victorem Olym-pia reducem sacra fecisse Aiaci et coronam huic heroi consecravisse. Poetam, cum virtutes et mores Epharmosti illustrare velit, non quod semel, sed quod saepissime fecit, hic significare oportebat. Itaque vitium inveteratum lenissima mutatione procuravi: poeta insignem Epharmosti liberalitatem laudat, qui solebat, cum victoriam consecutus esset, non solum sacra facere Aiaci, sed etiam solemnibus his apoliis adhibere cogna-tos ac familiares: atque cum hoc ipsum carmen tali solemnitati destina-tum fuerit, facile apparet, quam lepida ac festiva carminis clausula usus sit. Ceterum possis etiam scribere Αἰάντειον δὲ ἀειτ' Ἰλιάδα νισῶν ὅσ' ἐπιστρέφουσι βωμόν, nam Ἰλιεὺς olim Aeolica littera haud caruisse auctior forma Οὐλιεὺς idem facit.

ΟΛΥΜΠΙΟΝΙΚΑΙ Ι. (ΙΑ.)
ΑΓΗΣΙΔΑΜΩι ΛΟΚΡΩι ΕΠΙΖΕΦΥΡΙΩι
ΠΑΙΔΙ ΠΥΚΤΗι.

Strophae.

Epodi.

„In carminis inscriptione vulgo aberat παιδί, sed scripsi παιδί πύκτη ex B(?)Pi(PoW 12) ut Ol. VIII παιδὶ παλαιστῇ. Idem παιδί comparet in AliβγMab aliis, sed contra usum inscriptionum in Pindaricis carminibus genitivo Ἀγησιδάμου partim praemisso partim subiecto. In Mb titulus a recentiore manu scriptus est eadem, quae quinque priores versus ante deperditos supplevit. Fuerant autem vicinus Agesidamum ex commemoratione Ilae magistri (διδάσκων) v. 18 recte collegit Heynius; sicut Ol. VIII Alcimedontis pueri magister Melesias v. 54 memo-

Στρ. α'.

Τὸν Ὀλυμπιονίκαν ἀνάγνωτέ μοι
Ἀρχεστράτου παῖδα, πόθι φρενὸς
ἐμᾶς γέγραπται· γλυκὺ γὰρ αὐτῷ μέλος ὀφείλων ἐπιλέ-
    λαθ'· ὦ Μοῖσ', ἀλλὰ σὺ καὶ
    θυγάτηρ   5
Ἀλάθεια Διός, ὀρθᾷ χερὶ
ἐρύκετον ψευδέων
ἐνιπὰν ἀλιτόξενον.

            Ἀντ. α'.

ἕκαθεν γὰρ ἐπελθὼν ὁ μέλλων χρόνος
ἐμὸν καταίσχυνε βαθὺ χρέος.   10
ὅμως δὲ λῦσαι δυνατὸς ὀξεῖαν ἐπιμομφὰν τόκος ὀνάτωρ·
    νῦν ψᾶφον ἑλισσομέναν

ratur. Confer etiam extremos huius carminis versus." *Boeckh.* In constituendis numeris ad Boeckbii descriptionem redii, nisi quod diagramma v. 3 apodi paulo aliter descripsi; Boeckh hunc versum sic digessit:

$$-\smile-\smile\vert-\smile\smile-\smile\vert-\smile\,\boldsymbol{\times}$$

Consociata sunt hoc versu trimeter croticus sive paeonicus et tetrapodia logaoedica; primo autem cretico mediam syllabam brevem subtraxit poeta, ut hic pes iam spondei speciem referat; semel tamen v. 57 integer creticus est servatus. Creticos dixi ternos bos pedes, quoniam formam sescupli generis prae se ferunt; igitur si quinorum temporum sunt pedes, Pindarus his numerorum μεταβολῇ usus est, sed possunt etiam ad trochaicum numerum revocari, quemadmodum simillimus versus manifesto trochaeis constans legitur Isthm. VIII 8 item in stropha logaoedici generis. Errat Rossbach (Metr. III 580), qui huius versus priorem partem ad iambicum numerum revocavit: nam dactylus, quocum iambi vice fungi Rossbach censet, a Pindari arte abhorret; recensuis tamen est L. Schmidt de vita Pindari p. 113, qui cum dicit meam rationem artis metricae legibus adversari, hic quoque quemadmodum aliis locis ostendit ac postprincipia artis non attigisse. — Ceterum notabile est hoc carmen brevibus plerumque syllabis in versu novissimo adhibitis, quod videtur non casu factum, sed artis esse: cf. Mar. Vict. I 17, 24: „Nam Aristoxenus musicus dicit breves finales in metris, si collectiores sint, eo aptiores separationi versus a sequente versu fieri; idcircoque in sexta sede (*trimetri*) trisyllabos figura non ponitur, quia moram habet; at contra disyllabos familiaris est, quia celerius desinit, et eo magis, si posteriorem syllabam brevem habuerint (scr. *habuerit*)."

V. 3. ἐμᾶς, AI.ip ἡμᾶς. — σὺ καὶ, Ρc σύ. — V. 7. ἐπελθὼν, As ἀπελθών. — V. 8. ἐμὸν PcAGMaVaI'P¹Ab Schol. vet. Aa (a m. pr.) Wi, vulgo ἀρόν; MI ἀρόν. — κατα/σχυνε Val ut videtur, κατασχύνει AMa G¹P¹ABD¹² Scb. vet., κατε/σχυνε Wi, vulgo κατήσχυνε. — V. 9. ὅμως δὲ, lemma sch. ὅμως δέ γε. - ἐπιμομφάν, quod sch. vet. habet ἔτι μορφήν, librariorum error videtur. — τόκος ὀνάτωρ Hermann. τόκος θνατῶν AGP¹VaIsUMaALMΣ(in a m. s.) Schol., γε τόκος θνατῶν Ρc et Paris. gp. Mommsen, ὁ τόκος ἀνδρῶν libri interpolati. Rauchensteinⁱⁱ γε τόκος ἄθεσι, Kayser τόκος ἄθηρσον. Schneidewin τόκος ὀρᾷν ἂν τὸν καί, Mommsen γε τόκος ἀνδρῶν, quod probant Friederichs et L. Schmidt.

OLYMPIA X. (XI.) 75

10 ὁπᾷ κῦμα κατακλύσσει ῥέον,   15
ὁπᾷ τε κοινὸν λόγον
φίλαν τίσομεν ἐς χάριν.

'Επ. α'.

νέμει γὰρ Ἀτρέκεια πόλιν Λοκρῶν Ζεφυρίων,
μέλει τέ σφισι Καλλιόπα
15 καὶ χάλκεος Ἄρης. τράπε δὲ Κύκνεια μάχα καὶ ὑπέρ-
                                                    βιον   20
Ἡρακλέα· πύκτας δ' ἐν Ὀλυμπιάδι νικῶν
Ἴλᾳ φερέτω χάριν
Ἀγησίδαμος ὡς
Ἀχιλεῖ Πάτροκλος.
20 θήξαις δέ κε φύντ' ἀρετᾷ ποτὶ
πελώριον ὁρμάσαι κλέος ἀνὴρ θεοῦ σὺν παλάμαις.   25

Στρ. β'.

ἄπονον δ' ἔλαβον χάρμα παῦροί τινες,
ἔργων πρὸ πάντων βιότῳ φάος.

Tentari possunt alia, quemadmodum ego aliquando conieci τόκος ἴσφ᾽
τᾶ νῶν φάφος ἱλισσοφίνα etc. ut sensus sit: quaro age nunc cura
ni calculus per abacum volutus aeris alieni acervum destruat, sed Her-
manni conicctura, quamvis non satis certa sit, tamen probabilitate fa-
cile reliquas superat. — V. 10 et 11 ὁπᾷ scripsi, vulgo ὅπα utroque loco.
— κατακλύσσει, κατακλύσει P abc Mab W 12 Lid P i Vat An M12. — Hartung
scripsit τὸν φάφον ἐλισσομίναν ὅταν κῦμα κατακλύσῃ ῥέον, ὅταν τε
καί. — V. 13. Ἀτρέκεια πόλιν libri, idque agnoscit schol. 4, sed sch. 1
ἀτρέκειαν πόλις (quod etiam in uno Vaticano reperit Mommsen), schol. 2
fortasse ἀτρεκεῖα πόλις, quae lectiones non minus metro adversantur,
quam tertia scriptura, quam sequitur schol. 3 νέμει γὰρ ἁ τραχεῖα πόλις
Λοκρῶν, quam Didymus quoque probavit. Mommsen Ἀτρέκεια πόλις
probat l. c. πόλιας, quod codex Leidensis a m. pr. exhibet. — Ζεφυρίων,
plerique antiqui libri ap. Momms. videntur Ἐπιζεφυρίων habere. — Ce-
terum Schneider ἀτρέχεια doricam formam restituendam conicit. —
V. 15. Κύπρεια Hermann olim (nunc Κυπρεία metro aliter descripto), v.
Κυπρεία, P c M 2 alii κυπρεία. — V. 16. Ὀλυμπιάδι, P c ὀλυμπία. — V. 17.
Ἴλα, Ἴσλα Al c Abl'l, Schol. ret. utrumque, rec. Ἴλᾳ. — V. 20. θήξαις
cod. Vict. Va2 et duo alii ap. Momms., v. Θήξας. — κε, καὶ P c Val GAb
Pl (a m. pr., sed ye corr.). — φύντ' Nebel, vet. AbG (a m. pr.) Vat cod.
Vict., vulgo φῶντ, unde conieci φῶντ', cf. Hesych. φῶντα· λάμποντα.
Kayser θήξαις δὲ φυῷ κραιτερὸν κ. π. ὁρμάσαι κλέος. Hauchenstein
θήξαις δὲ φυαν ἄποτα vel θήξαις δέ μιν ἀπ' ἀκοπε, Hartung θήξαι δέ
κε ..., ὁρμάσαι. — V. 21. ὁρμάσαι G Val et sic sch. vet. legit, ὁρμάσαι
Ab, ὁρμᾶσαι A Mal'l, vulgo ὁρμᾶσαι (P c ὁρμήσει). — παλάμαις Va2 et
Leidensis ap. Mommsenum, vulgo παλάμα, quod scholiasta quoque
agnoscit. — V. 22. χάρμα, Hartung χάρμαν. — V. 23. ἔργων HPI Val
P c W 12 alii, ἔργα Br, vulgo ἔργον, et sic AC'Ab. Quod dicit schol. τὸ
χάρμα τὸ ἀπὸ τῆς νίκης ἁπάντων ἑωρῶν τοῦ βίου φαος εἴρηκεν, nisi li-
brarii error subest, legit: ἱερὰν πρὸ ἁπάντων, cf. Hesych. ἱερά, ἀγα-
θά, ἀληθῆ.

ἀγῶνα δ' ἐξαίρετον ἀεῖσαι θέμιτες ὦρσαν Διός, ὃν ἀρχαίῳ
σάματι παρ Πέλοπος
25 βωμῶν ἰσάριθμον [Ἡρακλέης] ἐπίσσατο,
ἐπεὶ Ποσειδάνιον
πέφνε Κτίατον ἀμύμονα,

Ἀντ. β'.

πέφνε δ' Εὔρυτον, ὡς Αὐγέαν λάτριον
ἀέκονθ' ἑκὼν μισθὸν ὑπέρβιον
30 πράσσοιτο, λόχμαισι δὲ δοκεύσαις ὑπὸ Κλεωνᾶν δάμασε
καὶ κείνους Ἡρακλέης ἐφ' ὁδῷ,
ὅτι πρόσθε ποτὲ Τιρύνθιον
ἔπερσαν αὐτῷ στρατόν
μυχοῖς ἥμενον Ἄλιδος

Ἐπ. β'.

Μολίονες ὑπερφίαλοι. καὶ μὰν ξεναπάτας

V. 24. *ἐξαίρετον*, Hermann *ἐξήρετον* coniecit, cuius glossa sit *ἐξάριθμον*, quod vulgo v. 25 legitur, sed *ἐξήρετον* an graecum sit satis incertum. — V. 25. *βωμῶν ἰσάριθμον* [Ἡρακλέης] *ἐπίσσατο* scripsi, legebatur *βωμὸν* (HVa?M2 *βωμῶ, βωμῶν* unus Medic. ap. Momms. et sic lemma schol.) *ἐξάριθμον* (Val *ἐξάριθμον*) Ἡρακλέης *ἐκτίσατο* (APbG P1 *ἐκτίσατο*, Mb *ἐκτήσατο*), unde Triclinium *βίη Ἡρακλέος ἐκτίσατο* probante Hermanno. Unus Ambros. *βωμῶν ἐξάριθμον ἐκτίσατο* omisso vocabulo Ἡρακλέης, quod explicandi gratia antiquitus fuit adscriptum. Id quod iam in prima editione perspexi, ubi etiam *βωμὸν* sive *βωμῷ* parepigraphen esse ratus *πατήρ ἐξάριθμον ἐκτίσατο* scripsi. Scholiastae partim *βωμῷ* (vel potius *βωμῷ θ'*) *ἐξάριθμον ἐκτίσατο* legebant, b. c. ad antiquum tumulum et aram Pelopis certamina sena condidit, partim *βωμῶν ἐξάριθμον*, ut est in Ambros., b. c. certamen eum senis aris condidit; probavit hoc Mommsen: at durum et insolens genus dicendi, neque credibile Pindarum *over ἐξάριθμον* usum esse; itaque nostra lectio ferenda. Poterat dici *βωμῶν θ' ἐξάριθμον ἐκτ.*, b. c. certamen et sex ararum seriem alvo ordinem condidit: sed praestat *βωμῶν ἰσάριθμον (ἀγῶνα) ἐκτίσατο*, h. c. Hercules sicut senas aras ita etiam totidem certaminum genera instauravit: quoniam litera I producitur, scriptum erat *εἰσάριθμον*, inde erroris origo repetenda. (ionitivum asciscit *ἰσάριθμον*, quemadmodum *ἰσοδρόμος, ἰσόνομος*, alia, sed apud Soph. Electr. 120 scribendum *λύπης ἀντίρροπον ἄχθος*, ut omnis ambiguitas evitetur. Ceterum ipso in epaeodoi audacter novavi *παρ Πέλοπος σταθμῶν* Ἡρακλέης *ἐκτίσατο*, ratus eum substituta esse vulgaris forma *σταθμὸν* et explicandi gratia *βωμὸν* adscriptum, inde ortum esse *βωμὸν ἐξάριθμον*. Kayser scripsit *ου... ἴθης ἐξάριθμον* Ἡρακλέης, Hanchenstein τὰ πρῶθ' *ἐξάριθμον ἐκτίσατο*, Hinrichs *ἱαγὲς Ἡρακλέος ἐκτίσατο*. — V. 28. *Αὐγέαν*. Val *Αὐγία*, O a m. pr. *Αὐγὲα*. — V. 29. *αἴκονθ'* AP1PcMaGCAbYa1. v. *ἴκονθ'*. — V. 30. *δοκεύσαις* Va?, v. *δοκεύσας*. — *καὶ κείνους* Boeckh. v. *κἀκείνους*. — *ἐφ' ὁδῷ*, schol. etiam *ἐφόδῳ*. — V. 32. *αὐτῷ*, Val *αὐτοῖ*. — V. 63. *ἥμενον* quod etiam schol. tuetur PcGAbP1M2Va1, *ἄμενον* APbMdaβγAa1.abLipCW12 Mab(a m. pr.)MlGn. *ἀμμενον* B, Heyne *ἤμενοι*, Thiersch *ἠμένε*.

35 Ἐπειῶν βασιλεὺς ὄπιθεν
οὐ πολλὸν ἴδε πατρίδα πολυκτέανον ὑπὸ στερεῷ πυρὶ 45
πλαγαῖς τε σιδάρου βαθὺν εἰς ὀχετὸν ἄτας
ἵζοισαν ἑὰν πόλιν.
νεῖκος δὲ κρεσσόνων
40 ἀποθέσθ' ἄπορον.
καὶ κεῖνος ἀβουλίᾳ ὕστατος
ἀλώσιος ἀντάσαις θάνατον αἰπὺν οὐκ ἐξέφυγεν. 50
Στρ. γ'.

ὁ δ' ἄρ' ἐν Πίσᾳ ἔλσαις ὅλον τε στρατόν
λαίαν τε πᾶσαν Διὸς ἄλκιμος
45 υἱὸς σταθμᾶτο ζάθεον ἄλσος πατρὶ μεγίστῳ· περὶ δὲ
πάξαις Ἄλτιν μὲν ὅγ' ἐν κα-
θαρῷ 55
διέκρινε, τὸ δὲ κύκλῳ πέδον
ἔθηκε δόρπου λύσιν,
τιμάσαις πόρον Ἀλφεοῦ
Ἀντ. γ'.

μετὰ δώδεκ' ἀνάκτων θεῶν· καὶ πάγον
50 Κρόνου προσεφθέγξατο· πρόσθε γάρ β)
νώνυμνος, ἇς Οἰνόμαος ἆρχε, βρέχετο πολλᾷ νιφάδι.
ταύτᾳ δ' ἐν πρωτογόνῳ τελετᾷ
παρέσταν μὲν ἄρα Μοῖραι σχεδόν 60
ὅ τ' ἐξελέγχων μόνος
ἀλάθειαν ἐτήτυμον
Ἐπ. γ'.

55 χρόνος τόδε σαφανὲς ἰὼν πόρσω κατέφρασεν,

V. 35, Ἐπειῶν βασιλεύς, M2 βασιλεὺς Ἐπειῶν, et sic ut videtur plerique libri antiqui, sed duo codd. ap. Momms en. firmant vulg. lectionem. — V. 41. καὶ κεῖνος Boeckh, v. κεν/νος. — ἀβουλίᾳ, PcM2 lemma sch. ἀβουλίας. — V. 42. ἀντάσαις Boeckh, ἀντιάσας AMa A b G C P 1 O u (a. m. s.) M2PcVa1, v. ἀντήσας. — V. 43. ἔλσαις Va2, ceteri ἔλσας. — V. 41. λαίαν P1Po (supra λαῖαν), λαῖαν M2AbValO (supra λαῖαν), vulge λεῖαν. Hesych. λαιάν· ἐυκληρίαν, κτῆσιν. Δωριεῖς δὲ τῆς λείας. Ahrens λαίαν praeferre videtur. — V. 45. πάξαις Va2, ceteri πάξας. — Ἄλτιν libri ut videtur omnes (solus Pb Ἄλιν, M1W2 Ἄλτιγ) quemadmodum Leptines, Aristodemus, Dionysius emendarunt, cum Ἄλιν reperissent, cf. Pausan. V 10, 1. — ὅγ', UaM1 ὅδ'. — V. 46. πέδον ἔθηκε, PoM2 δάπεδον θῆκε. — V. 48. τιμάσαις Va2 Paris, celeri τιμάσας, Hermann ἀγάλλων. — V. 51. νώνυμνος, PcM2 alli νώνυμος. AP1Va1Ab νώνημον, Sch. rec. νώνυμον. — V. 52. ὅ τ' ἐξελέγχων, Hartung ὅ δ' ἐξ ἴσ. — V. 55. χρόνος τόδε σαφανὲς ἰὼν πόρσω κατέφρασεν emendavit Hartung, legebatur χρόνος· τὸ δὲ σαφανὲς ἰ. π. κ., scholinstae haud dubie post χρόνος interpunxerunt, nam iungunt χρόνος cum παρέσταν, praeter

ὁπᾷ τὰν πολέμοιο δόσιν
ἀκρόθινα διελὼν ἔθυε καὶ πενταετηρίδ᾽ ὅπως ἆρα   70
ἔστασεν ἑορτὰν σὺν Ὀλυμπιάδι πρώτᾳ
νικαφορίαισί τε.
(π) τίς δὴ ποταίνιον
ἔλαχε στέφανον
χείρεσσι ποσίν τε καὶ ἅρματι,
ἀγώνιον ἐν δόξᾳ θέμενος εὖχος, ἔργῳ καθελών;   75

Στρ. δ´.

στάδιον μὲν ἀρίστευσεν, εὐθὺν τόνον
(ω) ποσσὶ τρέχων, παῖς ὁ Λικυμνίου
Οἰωνός· ἷκεν δὲ Μιδέαθεν στρατὸν ἐλαύνων· ὁ δὲ πάλᾳ
κυδαίνων Ἔχεμος Τεγέαν· 80
Δόρυκλος δ᾽ ἔφερε πυγμᾶς τέλος,
Τίρυνθα ναίων πόλιν·
ἀν᾽ ἵπποισι δὲ τέτρασιν

schol. 3. quidicit ἕτεροι δὲ οὐτω σαφανὲς, ἦν ἦ τὸ σαφὲς, ὑφ᾽ ἓν ἀναγινώσκουσιν, ὡς τὴν ἄνω διάνοιαν. Legebant enim proxime veteres τὸ δ᾽ ἐς ἀφανὲς ἕων (ita etiam M2 et alii codd. Mommsenī, Med2 praeterea καθιεῖ), quae verba fuerunt qui sic ordinarent τὸ δ᾽ ἀφανὲς ἕων ἐς πόρον καταφράσειν, alii autem recto iudicio vel ἀσαφανὲς restituerunt. Verba satis corrupta leguntur in Append. Stob. 77: οὐτ᾽ ἐξελ. μ. δ. ζητέοντος χ. τὸ τ᾽ εἰς ἀφανὲς τῶν πρόσω καταφρόνησιν. — V. 58. πολέμοιο, W1 Sch. πολέμου, W2M1 πολέμου δ). — ὀπᾷ, legebatur ὅπα. — V. 57. ἀκρόθινα, spondeum in principio versus — ⏑ — eum in hoc carmine idem valeat quod ⏑ — ⏑ — (vide quae supra p. 71 de huius versus numero monui), substituti semel creticum: quod si cui insolens videatur, meminerit solutionem, quam statuunt, — ⏔ vel ⏕ — magis etiam offensioni esse. Hermann ἀκροθίνα ἀκρόθινα διελὼν ἴθνεί τι πεντεπτηρίδα τ᾽ ἕστασεν ἑορτάν. — V. 58. σὺν PcGPIValAb, vulgo ἐν. Hartung scripsit ἐν Ὀλυμπιάδι πρώτᾳ. Νικαφορίαισι δὲ τίς δὴ κτλ. sed nequaquam erat σὺν mutandum, Ὀλυμπιὰς est ipsum certamen, ἀγών, νικαφορίας autem poeta paulo insolentius praemia victorum dixit. — V. 60. ποταίνιον, cod. Vindob. κρωταίνιον. — V. 61. ἔλαχε AMaGPIValCAb cod. Vict. Schol., ἔλαβε Pc, γε λάχε vulgo. — V. 62. ἅρμασι schol. Al'c (IPIVal cod. Vict., vulgo ἅρμασιν ut ΠΑΙ;ΜΙ;ΜΙ, quod fort. aliquis praeferat. — V. 63. ἀγώνιον ἐν δόξᾳ θέμενος, εὖχος ἔργῳ καθελὼν distinxi, legebatur ἀγ. ἐν δόξᾳ θέμενος εὖχος, ἔργῳ καθελών. Poeta victorem dicit, qui virtutis famam periclitatus laude potitur, translatione ascita a sortibus, quas certaturi urnae imponebant. Hartung scripsit ἀγῶνα μὲν ἐν δόξᾳ θέμενος, εὖχος δ᾽ ἔργῳ καθελών. Ceterum ἐν δόξαν PcP1 (a m. a.), ἐνδόξαν ALb3IoM2, ἐν δόξαν Val, ἐνδοξα lemma sch., ἐν δόξᾳ vulgo. — V. 64. στάδιον μὲν ἀρίστευσεν, εὐθὺν τόνον scripsi, libri στάδιον μὲν ἀρίστευσεν εὐθυτονον (Ua εὐθύτονον), Schmid εὐθύδρομον, Hermann στάδιον . . . εὐθὺν τόνον, Thiersch στάδιον . . . εὐθὺν τόνον. — V. 65. sossl. wool M2ValW2. — V. 66. ἵκεν Boeckh, ἵκε AGPc cod. Vict.; ἵκε Val, vulgo ᾖκεν. — Τεγέαν Boeckh, v. Τεγέαν. — V. 67. δ᾽ ἔφερε, δὲ φέρε GAbP1PcCVa1M2, δὲ φέρεν ΛΝα. Porro libri interpol. δόρυκλος δὲ τέλος πυγμᾶς φέρει.

'Αντ. δ'.

70 ἀπὸ Μαντινίας Σᾶμος ὠλιροθίου·
ἄκοντι Φράστωρ ἔλασε σκοπόν·
μᾶκος δὲ Νικεὺς ἔδικε πέτρῳ χέρα κυκλώσαις ὑπὲρ ἁπάν-
των, καὶ συμμαχία θόρυβον
παραίθυξε μέγαν· ἐν δ' ἕσπερον
ἐφλέξεν εὐώπιδος
75 σελάνας ἐρατὸν φάος.

'Επ. δ'.

ἀείδετο δὲ πᾶν τέμενος τερπναῖσι θαλίαις
τὸν ἐγκώμιον ἀμφὶ τρόπον.
ἀρχαῖς δὲ προτέραις ἑπόμενοι καὶ νῦν ἐπωνυμίαν
χάριν
νίκας ἀγερώχου, κελαδησόμεθα βροντὰν
80 καὶ πυρπάλαμον βέλος
ὀρσικτύπου Διός,
ἐν ἅπαντι κράτει
αἴθωνα κεραυνὸν ἀραρότα·
χλιδῶσα δὲ μολπὰ πρὸς κάλαμον ἀντιάξει μελέων, 100

Στρ. ε'.

85 τὰ παρ' εὐκλέι Δίρκᾳ χρόνῳ μὲν φάνεν·

V. 70. Σᾶμος ὠλιροθίου Boeckh. Schol. legit σᾶμ' Ἀλιρροθίου ut esset periphrasis pro simplici Ἀλιρρόθιος, itaque Didymus legit, quamquam aliter interpretatur; sed schol. ciiam aliam lectionem commemorat Σᾶμος ὁ Ἀλιρροθίου, idque Aristolemus probavit vel coniectura assentius est, alii deniquo Σῖρος Ἀλιρροθίου. Ex libris AOPIPcGu(in m.) M2 σᾶμ' Ἀλιρροθίου, AbVal σᾶμ' Ἀλλιρροθίου, scd Interpolati l'nhMab LipAalabGu Boeckeni W12M1 Σᾶρος (Σῖρος) ᾐείδετο, Mommsen commendat suam coniecturam σᾶμ' Ἀλιρροθίου sive Ἁλιρροθίου, quae Interpretatur signum Neptuni, i. v. tridens sive heros Manlinensis. — V. 71. ἄκοντι Φράστωρ schol. ad v. 83 LaLipW2(Ab), ἄκοντι δὲ Φράστωρ Al'c MaGVal Gu(s m. s.)M2 lemma sch., ἄκοντι Φράστωρ δ' RWIMb, vulgo ut in multis interpolatis κάκοντι Φράστωρ. — V. 72. δὲ Νικεὺς cod. Ambros., quod Meineke coniecerat, qui praeterea δ' Ἐπικεὺς proposuit, legebatur δ' Ἐνικεὺς. — κυκλώσαις Va2, reliqui κυκλώσας. — ὑπὲρ ἁπάντων APol'IVaIGAbO sub. vet, ὑπὲρ ἁπαντας Interpolati. — V. 73. παραίθυξι, l'c παρίθυξι. — ἐν δ', Hartung ἂν δ', non recte, neque schullastas veteres istam coniecturam tuentur. — V. 76. ἀείδετο δὲ πᾶν, Ornhoff ἀείδετό δὲ τὸ πᾶν. — V. 76. καὶ νῦν scripsi, καί νυν Hermann, v. καὶ νύν. Idem nunc coni. ἀρχαῖς ἑπόμενοι δὲ προτέραις ἔτι τὸν ἐπωνυμίαν χάριν ἀλκᾶς ἀγερώχου. — ἐπωνυμίαν, conilcio εὐωνυμίαν, prima syllaba correpta, h. e. εὐώνυμον χάριν νίκας, honi ominis causa, cum laudem victoris praedicaturus est, orditur poeta a Iove, Hartung scripsit καί νυν, ἐπωνυμίας χάριν γ. ἀγερώχου, κτλ. — V. 81. Διὸς AW2GMaG'l'IAbVaILipGuLab, v. Διός γ'. — V. 81. ἀντιάξει, lemma Sch. ἀντιάξει — V. 85. φάνεν, Ab φανῇ, M2 φάνη.

ἀλλ' ὅτε παῖς ἐξ ἀλόχου πατρὶ
ποθεινὸς ἵκοντι νεότατος τὸ πάλιν ἤδη, μάλα δή οἱ θερ-
            μαίνει φιλότατι νόον·   105
ἐπεὶ πλοῦτος ὁ λαχὼν ποιμένα
ἐπακτὸν ἀλλότριον,
90 θνάσκοντι στυγερώτατος·

                                          'Αντ. ε'.

καὶ ὅταν καλὰ ἔρξαις ἀοιδᾶς ἄτερ,
'Αγησίδαμ', εἰς Ἀΐδα σταθμὸν   110
ἀνὴρ ἵκηται, κενεὰ πνεύσαις ἔπορε μόχθῳ βραχύ τι τερ-
            πνόν. τὶν δ' ἁδυεπής τε λύρα
γλυκύς τ' αὐλὸς ἀναπάσσει χάριν·   115
95 τρέφοντι δ' εὐρὺ κλέος
κόραι Πιερίδες Διός.

                                          'Επ. ε'.

ἐγὼ δὲ συνεφαπτόμενος σπουδᾷ, κλυτὸν ἔθνος
Λοκρῶν ἀμφέπεσον μέλιτι
εὐάνορα πόλιν καταβρέχων· παῖδ' ἐρατὸν δ' 'Αρχεστρά-
                            του   120
100 αἴνησα, τὸν εἶδον κρατέοντα χερὸς ἀλκᾷ
βωμὸν παρ' Ὀλύμπιον.

V. 86. ὅτε Mb, vulgo ὥστε. — V. 87. ἵκοντι AGMaAbP1Va1, v.
ἥκοντι. — νεότατος Hermann, et sic Sch. vet. legit, vulgo νεότατι. — τὸ
πάλιν, AGP1AbVa1MaPcM2 τὸ ἔμπαλιν. — οἱ Boeckh, vulgo τοι. —
νόον, Pc νέον. — V. 88. ἐπεὶ, ἐπεὶ ὁ AGP1AbVa1MaPc. — V. 90. θνά-
σκοντι, Hermann θανόντι. — V. 91. καλά, PcM2 καλὰ μὲν. — ἔρξαις,
ἔρξαις Va2, ceteri ἔρξας, W1 ἔρξαι. — V. 93. πνεύσαις Va2, ceteri
πνεύσας. — τε λύρα, Pc λύρα. — V. 94. ἀναπάσσει, ἀναπλάσσει AVa1P1
PcU (in m. ἀναπάσσει) AbGu(a m. s.)M2. Mommsen contendit duas
tantum lectiones vetustas esse, ἀναπάσσει et ἀναπτάσσει, ex alterius
corruptione ortum esse ἀναπλάσσει: at tam veteres scholiastae, quam
recentiores unam tantum lectionem ἀναπάσσει interpretantur: neque
omnino video, quid sit ἀναπτάσσει: conveniret huius loci sententiae, at
non numero ἀναπτάσσοι, vid. Hesych. ἀναπεπλάχθαι, ἀναπεφύσσθαι
φῆμα. Ceterum ἀναπάσσει verbum solitarium cum a Pindaro profectum
sit ambigi potest: conieci aliquando ἀναθύσσει, i. e. ἀναιθύσσει,
vid. Hesych. θύσσαι et θυσσόμεναι. Quae de lectionis varietate ex
suis copiis protulit Mommsen, vide apud ipsum. — V. 95. τρέφοντι
AMaCGVa1P1AbPcGu(in m.)Va2 aliique codd. Mommsen et sch. vet.,
vulgo ex interp. ἄγοντι. — V. 98. ἀμφέπεσον non credo a Pindaro pro-
fectum esse, sed ἀμφέπεσον. Expectaveris aliquis aoristum, sed ἀμφ-
έπεσον insolentia numeri offendit, ἀμφέπεσον, quae sane antiquissima
fuit forma, magis etiam insolens, quamquam Boeotii antiquitatis verbo-
rum tenaces fuerunt. Haring scripsit ἀμφιπεσὼν ... καταβρέχων. —
μέλιτι AP1MaCP1GAbVa1LipLabW2, vulgo μέλιτι δ'. — V. 99. παῖδ',
Hermann παῖδ' — ἐρατὸν δ' LipGuLab, Dissen ἐρατόν τ', vulgo
ἐρατόν.

κεῖνον κατὰ χρόνον
ἰδέᾳ τε καλόν
ὥρᾳ τε κεκραμένον, ἅ ποτε
105 ἀναιδέα Γανυμήδει πότμον ἄλαλκε σὺν Κυπρογενεῖ. 125

V. 102. χρόνον APeΩCVniAbMaPILipGαLabCy, vulgo χρόνῳ γ'.
— V. 104. ἅ ποτε ἀναιδέα Γανυμήδει πότμον Boeckh, codices longe
aliter ἅ ποτ' (sic Sch. vel. AVaJAbP1PcMa et Gn a m. s. M2. ἅ τ' RMb
LipGu a m. pr. M1CyW12Aa sch. rec.) ἀναιδέα Γανυμήδει (Γανυμήδει
PcP1Va1Cy M2) θάνατον (sed πότμον Val et Ma supra). Mihi olim
videbatur θάνατον antiqua esse parepigraphe ad explicandum voca-
bulum πότμον, quae cum esset in ordinem recepta, et alterutrum tan-
tum ferri posset, πότμον in ποτ' mutatum esse existimabam, itaque ver-
sibus his aliter descriptis in epeodoni correxi ἅ πότμον ἀναιδέα | Γα-
νυμήδει ἄλαλκε σὺν Κυπρογενεῖ. Nunc Boeckhii emendationem
revocavi, quamquam nescio an Pindarus scripserit ἅ πότμον ἀναιδέα
Γανυμήδει ποτ' ἀπάλαλκε σὺν Κυπρογενεῖ. Schmid ἅ ποτ' ἀναιδέα
Γανυμήδει τὸν πότμον. Hermann ἅ τε Γανυμήδει ἀναίδητον | πότμον.

ΟΛΥΜΠΙΟΝΙΚΑΙ ΙΑ. (I.)

ΑΓΗΣΙΔΑΜΩ, ΛΟΚΡΩ, ΕΠΙΖΕΦΥΡΙΩ,

ΠΑΙΔΙ ΠΥΚΤΗ.

Strophae.

Epodus.

„Carmen hoc Olympiae sub ipsam Agesidami victoriam festinatum est, quo promitteretur maius et praeclarius in patriam reverso offerendum. Hinc v. 4: εἰ δὲ σὺν πόνῳ τις εὖ πράσσοι, μελιγάρυες ὕμνοι ὑστέρων ἀρχαὶ λόγων τέλλεται, καὶ πιστὸν ὅρκιον μεγάλαις ἀρεταῖς. Illud vero canticum, quod nunc promittit, apud Locros cantatum iri, ipse significat poeta vs. 11 sqq. ἴσθι νῦν... υἱὸς Ἀρχεστράτου, πυγμαχίας ἕνεκεν, Κάμπον... ἀδυμελῆ κελαδήσω Τὰν Ἐπιζεφυρίων Λοκρῶν

Στρ.

Ἔστιν ἀνθρώποις ἀνέμων ὅτε πλείστα
χρῆσις· ἔστιν δ' οὐρανίων ὑδάτων
ὀμβρίων, παίδων νεφέλας.
εἰ δὲ σὺν πόνῳ τις εὖ πράσσῃ, μελιγάρυες ὕμνοι
5 ὑστέρων ἀρχὰ λόγων 5
τέλλεται καὶ πιστὸν ὅρκιον μεγάλαις ἀρεταῖς.

Ἀντ.

ἀφθόνητος δ' αἶνος Ὀλυμπιονίκαις
οὗτος ἄγκειται. τὰ μὲν ἁμετέρα
γλῶσσα ποιμαίνειν ἐθέλει·
10 ἐκ θεοῦ δ' ἀνὴρ σοφαῖς ἀνθεῖ τίς ὁμῶς πραπίδεσσιν; 10

γενεὰν ἀλίγων· ἵνα θα συγκομάζατ', ἐγγυήσομαι κτλ. nequc est aliud,
quam Ol. XI ubi Agesidamum eiusque patriam celebrat. Haud dubie
igitur brevc hoc carmen prius scriptum, quam Insequens, ut iudicant
etiam Mingarellus et Gurliltus, ideoque priori obscurius ordine mutato
brevius longiori praemisi. Quod vero hoc loco descivi a grammaticorum
dispositione, atque idem Isthm. IV ante Isthm. V reliquerim, licet illud
post hoc editum constet (vid. Scholiast. ad Isthm. priorls), non inconstantia factum est, sed ea de causa, quod in Isthmiis illis carminibus
nihil refert, utrum alri praemittatur, hic vero necesse est ut brevius
legms ante longius, si utriusque sensum recte volis perspicere." *Hoeckh*.
Ego ad librorum ordinem redii. Ceterum in codd. malo inscriptum est
hoc procemium: τῷ αὐτῷ (Ἀγησιδάμῳ) τόπος, nisi quod I'1 ἀρχὴ τόπου,
W'2 plane omisit.

V. 4. πόνῳ, Hermann μόχθῳ. — πράσσῃ Hartung, vulgo πράσσοι,
Ab πράττει, Cy πράσσοιτο, cod. Paris, ap. Momm. πράσσων. — V. 5.
ἀρχὰ scripsi, sique ita praeter cod. Ambros. schol. 1 et 3 logit, vulgo
ἀρχαί, et sic schol. 2. Hartung haec sic immutavit μελιγάρυς ἐξ ὕμνου,
ὑστέρων ἀρχὰν λόγων, τέλλεται κτλ. — V. 7. ἀφθόνητος libri, ἀφθόνατος Heyne. — V. 8. οὗτος mirum in modum languet, facillius ferrem
ἀφθόνητος δ' οὗτος Ὀλυμπιονίκαις Αἶνος ἄγκειται, sed puto poetam
scripsisse θεσμὸς ἄγκειται, i. e. θησαυρός, vid. Auxer. fr. 591 ἀπὸ δ'
ἐξείλετο θεσμόν, et Iiabrius nov. coll. 23. 11 νεθμὸς ἀνθρώπων. Et fortasse hoc ipsum repperit scholiasta, qui dicit ὕμνος ἀφθόνητός ἐστιν
ἕκαστος καὶ ἀνώλεκται τοῖς Ὀλυμπιονίκαις, perperam illa quidem θεσμόν
interpretatus ὕμνον. — ἄγκειται schol. Rl.ipMbCyGu(a m. 1.)W12, ἔγκειται PcACGHaAbVa1PfGu(a m. pr.)M2. — V. 9. ποιμαίνειν, Hecker
πορσαίνειν. — V. 10. ἐκ θεοῦ δ' ἀεὶ σοφαῖς ἀνθεῖ τίς ὁμῶς πραπίδεσσιν; scripsi, legebatur ἐκ θεοῦ δ' ἀνὴρ σ. ἀνθεῖ ἐασὶ πραπίδεσσιν,
aud ἀνθεῖ πραπίδεσσιν omisso ἐασὶ AG1AbPIPcVa1La0n(a m. pr.)M12.
ἐασὶ ἀνθεῖ πραπίδεσσιν Cy: ego ut hiatum lugralum removerem olim
scripsi ἀνθεῖ σ'παπίδεσσιν ἔασι, Hartung ἀνθοῦσιν ὁμῶς πραπίδεσσιν, ubi
scholiasta duce recte ὁμῶς restituit. idque plane firmani duo codices x
Mommseno collati, Leidensis ἀνθεῖ πραπίδεσσιν ὁμῶς ἂν ἴσθι νῦν
et Parisinus ἀνθεῖ πραπίσιν. ὁμῶς ἂν ἴσθι νῦν, et ὁμῶς ἂν etiam
Ambros., unde Mommsen ἀνθεῖ πραπίδεσσιν. ὁμῶς ἂν ἴσθι νῦν
scripsit, quod nullo pacto convenit, neque scholiastae interpretatione firmatur, qni ἀεὶ reperit, sed ἀνὴρ ignorat, videtur autem
legisse ἐκ θεοῦ δ' ἀεὶ σοφὸς ἀνθεῖ πραπίδεσσιν ὁμοίως vel ἀνθεῖ
τις ὁμῶς πραπίδεσσιν. Sed nc haec quidem satis apta sentenia,
quam recuperabimus interrogatione restituta: hoc enim poeta dicit: no

ἴσθι νῦν, Ἀρχεστράτου
παῖ, τεᾶς, Ἁγησίδαμε, πυγμαχίας ἕνεκεν

'Επ.

κόμπον ἐπὶ στεφάνῳ χρυσέας ἐλαίας
ἁδυμελῆ κελαδήσω,
15 τῶν Ἐπιζεφυρίων Λοκρῶν γενεὰν ἀλέγων.   15
ἔνθα συγκωμάξατ', ἐγγυάσομαι
ὔμμιν, ὦ Μοῖσαι, φυγόξενον στρατόν
μήτ' ἀπείρατον καλῶν,
ἀκρόσοφον δὲ καὶ αἰχματὰν ἀφίξεσθαι. τὸ γὰρ
20 ἐμφυὲς οὔτ' αἴθων ἀλώπηξ   20
οὔτ' ἐρίβρομοι λέοντες διαλλάξαιντο ἦθος.

poetae quidem, in quo divinitus insita est sapientia, semper adest ingenii copia; veniam enim petit, quod nunc brevissimo carmine defungitur, mox ampliter victoris laudes celebraturus. Lentsch conicit *ἐν Θ. δ' ὁ. s. ἀνθεῖ πραπίδεσσιν ὁρφίας.* Helmsoeth *ἐν Θεοῦ δ' ἀεὶ σοφὸς λάμπει πραπίδεσσιν ὁρφίας.* — V. 13. *κόμπον* scripsi, legebatur *κόσμον*, quod iam veteribus interpretibus negotia facessivit, qui *δεξάμενον* suppleant. — *ἐπὶ*, cod. Ambr. *ἀμφὶ*, quae hand insolens est permutatio, non debebat igitur hoc, quod numerum corrumpit, Mommsen probare. — V. 17. *ὔμμιν* scripsi, legebatur *μή μιν*, ac fortasse scholiastae id ipsum, quod restitui, legerunt. Hartung *μή μὲν* l. e. *μή μήν* scripsit. — *φυγόξενον* Val *φυγόξεινον*. — V. 18. *μήτ'* scripsi, legebatur *μηδ'*. — V. 19. *ἀκρόσοφον δὲ*, Val *M2 ἀκρόσοφόν τε*. — V. 21. *διαλλάξαιντο*, Hartung *διαλλάξαιντ' ἄν*.

ΟΛΥΜΠΙΟΝΙΚΑΙ ΙΒ.
ΕΡΓΟΤΕΛΕΙ ΙΜΕΡΑΙΩ
ΔΟΛΙΧΟΔΡΟΜΩ.*)

Strophae.

```
  ≟∪⏤⏤≟∪∪·∪∪⏛
  ≟∪⏤⏤≟∪∪⏤∪∪⏤⏤≟∪∪⏤
  ≟∪⏤⏤≟∪⏤≟∪⏤
  ≟∪⏤⏤≟∪⏤⏤≟∪∪⏛
5 ≟∪⏤⏤≟∪∪⏤∪∪⏤⏤
  ≟∪⏤○≟∪⏤..≟∪∪⏤∪∪⏤⏤≟∪⏤⏤≟∪⏛
```

Epodus.

```
  ≟∪∪⏤∪⏤⏤≟∪⏤∪·
  ≟∪∪⏤∪∪⏤⏤≟∪⏤∪≟∪⏛
  ≟∪∪⏤≟∪∪⏤∪∪⏤≟∪⏤
  ..≟∪∪⏤∪∪⏤⏤≟∪⏤·≟∪⏤
5 ≟∪⏤∫∪≟∪∪⏤∪∪⏤
  ≟∪⏤⏤≟∪∪⏤·≟∪∪⏤
  ≟∪⏤⏤≟∪⏤·⏤≟∪⏤·≟∪⏤⏤≟∪∪⏤⏤
```

„Huius odae versuum descriptio ob brevitatem carminis in nonnullis dubitationem admittit, cuius causa in ipsa re sita est. Igitur non opus mihi videtur, ut de singulis dicam, excepto ultimo epodi versu. Qui quum vulgo distraheretur in binos,

```
  ≟∪⏤⏤≟∪⏤⏤
  ≟∪⏤∪≟∪⏤≟∪⏤⏤
```

ob vocabuli divisionem certe unus debebat esse pentameter trochaicus acatalecticus:

```
  ≟∪⏤⏤≟∪⏤⏤≟∪⏤∪≟∪⏤⏤≟∪⏤⏤
```

*) In editione secunda nescio quo errore ΑΠΗΝΗι legitur.

Στρ.

Λίσσομαι, παῖ Ζηνὸς Ἐλευθερίου,
Ἱμέραν εὐρυσθενέ' ἀμφιπόλει, Σώτειρα Τύχα·
τὶν γὰρ ἐν πόντῳ κυβερνῶνται θοαί
νᾶες, ἐν χέρσῳ τε λαιψηροὶ πόλεμοι   5
5 κἀγοραὶ βουλαφόροι. αἵ γε μὲν ἀνδρῶν
πόλλ' ἄνω, τὰ δ' αὖ κάτω ψεύδη μεταμώνια τάμνοισαι
κυλίνδοντ' ἐλπίδες·

Ἀντ.

σύμβολον δ' οὔ πώ τις ἐπιχθονίων   10
πιστὸν ἀμφὶ πράξιος ἑσσομένας εὗρεν θεόθεν·
τῶν δὲ μελλόντων τετύφλωνται φραδαί.
10 πολλὰ δ' ἀνθρώποις παρὰ γνώμαν ἔπεσεν,
ἔμπαλιν μὲν τέρψιος, οἱ δ' ἀνιαραῖς   15
ἀντικύρσαντες ζάλαις ἐσλὸν βαθὺ πήματος ἐν μικρῷ πεδ-
άμειψαν χρόνῳ.

Ἐπ.

υἱὲ Φιλάνορος, ἤτοι καὶ τεά κεν
ἐνδομάχας ἅτ' ἀλέκτωρ συγγόνῳ παρ' ἑστίᾳ   20
15 ἀκλεὴς τιμὰ κατεφυλλορόησεν ποδῶν,

culus exemplum extat nullum. Catalecticus in fine epodi positus Nem. VIII et Isthm. II non tuetur acatalecticum. Quam vero ingratus est pentameter acatalecticus, tantam gratiam habet trimeter catalecticus cum dimetro acatalectico:

⏑ — ⏑ — ⏑ — ⏑ — | ⏑ — ⏑ — ⏑ —

qui existet contractis ex more ultimis duabus syllabis participii *ἀπ- λίων*." *Boeckh*. Idem op. v. 2 et 4 autem in binos versus diviserat; a Boeckhio praeterea discessi op. v. 3.

V. 1. *λίσσομαι*, Pc φ1 *λίσσομαι*, unde olim conieci *λίσσομαί σε Ζη- νὸς* El. l. c. per Iovem. — V. 2. *Ἱμέραν εὐρυσθενέ'* ἀμφιπόλει Hermann ex schol. restituit, vulgo *Ἱμέρας εὐρυσθενεῖ* ἀμφὶ πόλει, nisi quod *Ἱμέραν* corr. Va2 et W2, *Ἱμέρ*' RCγAbl'l'1, ἀμφιπολεῖ Va2, ἀμφιπόλει Val. Etiam Schol. Vindob. duplicem lectionem ἀμφιπόλει et ἀμφὶ πόλει agnoscit: ac paraphrastes quoque vulgatam istam scripturam sequitur. Ceterum poterat etiam scribi *Ἱμέρας σ' εὐρυσθενεῖ* ἀμφιπολεῖν, sed tum ambiguum est, quorsum *εὐρυσθενεῖ* sit referendum: mihi quidem poeta videtur *εὐρυσθενέι* scripsisse. — V. 4. τε λαιψηροί, lemma sch. λαιψηροί τε, d) Gramm. Harlej. post Hephaest. 3:9. — V. 6. τά δ', Nehmi1 tal δ'. — φεύδη, ψευδῆ W12N12. Schol. legit ψεύδη, quamvis ψευδῆ scriptum sit. — τάμνεσαι AGAblΠVa1 ScholiaaL, v, τάμνοισαι. V. 12. πεδαμείψαν, E1 μετήμειψαν, Pc προσάμειψαν. — V. 13. κεν om. Val. — V. 14. συγγόνω, Abiln συγγόνων, Hartung συγγενεῖ. — V. 15. κατεφυλλορόησεν Hermann, v. κατεφυλλορόησε. In procelisai κατεφυλ- λορόησε conieci coll. Phrynicho Bekk. Au. I 71, 11,

εἰ μὴ στάσις ἀντιάνειρα Κνωσίας σ' ἄμερσε πάτρας.
νῦν δ' Ὀλυμπίᾳ στεφανωσάμενος 25
καὶ δὶς ἐκ Πυθῶνος Ἰσθμοῖ τ', Ἐργότελες,
θερμὰ Νυμφᾶν λουτρὰ βαστάζεις, ὁμιλέων παρ' οἰκείαις
ἀρούραις.

V. 16. εἰ μή, Lip. εἴ πε μή. — σ' ἄμερσε Ambr., ut coniecerat Jacobs, et sic videtur Sch. legisse, v. ἄμερσε. — V. 18. ἐκ Πυθῶνος APcGiAbVa1, v. ἐν Πυθῶνι, quemadmodum etiam Gr. Harl. p. Heph. 329 (qui deinde mire παρ' οἰκείαις τροφαῖς). Pindarus consulto scripsit ἐκ Πυθῶνος, ut dilucide binas Pythias victorias significaret.

ΟΛΥΜΠΙΟΝΙΚΑΙ ΙΓ'.
ΞΕΝΟΦΩΝΤΙ ΚΟΡΙΝΘΙΩ.
ΣΤΑΔΙΟΔΡΟΜΩ ΚΑΙ ΠΕΝΤΑΘΛΩ.

Strophae.

⏑ ⏑ ⏒ ⏑ ⏑ — ◯
◯ ⏒ — — ⏒ ⏑ ⏑ — ◯
⏑ ⏒ ⏑ ⏓ ⏑ — ⏑ ⏑ ⏓
— ⏒ ⏑ ⏓ ⏑ — ⏑ — ⏓
5 ⏑ ⏑ ⏒ — — ⏒ ⏑ ⏑ — ◯
◯ ⏒ ⏑ ⏓ ⏑ ⏑ — — ⏒ ⏑ — ⏑ ⏑ ⏑ — ⏑ ⏓
◯ ⏒ ⏑ ⏑ — ⏑ ⏑ — ⏑ ⏑ ⏑ ⏑ ⏑ — ◯
⏒ ⏑ — ⏒ ⏑ — ⏒ ⏑ ⏑ ⏓

Epodi.

⏒ ⏑ . ⏑ ⏓ ⏑ — ⏒ ⏑ ⏑ — — ⏒ ⏑
⏒ ⏑ — — ⏒ ⏑ ⏑ — ⏑ ⏑ ⏑
⏒ ⏑ — ◯ ⏒ ⏑ ⏑ — ⏒ ⏑ — ⏓
⏓ ⏑ — — ⏒ ⏑ — — ⏒ ⏑ ⏓
5 ⏒ ⏑ — — ⏒ ⏑ — — ⏒ ⏑ ⏑ ⏑ ⏑ ⏓
⏑ ⏑ ⏒ ⏑ ⏑ — ⏓ ⏑ ⏓
⏒ ⏑ — — ⏒ ⏑ — ⏒ ⏑ ⏑ — ◯

„Inscriptionem carminis simplicem σταδιοδρόμῳ καὶ πεντάθλῳ ex
A et Ω ductam agnoscit etiam Mb omittens additamentum νικήσαντι
ἐπὶ οθ' Ὀλυμπιάδα praeter morem adiectum in aliis libris (at Μ³Γ°
Wχ)". *Boeckh.* Idem in priore ed. ep. v. 5 et 6 in unum coniunxit hoc modo:

⏒ ⏑ — — ⏒ ⏑ — — ⏒ ⏑ ⏑ ⏑ ⏑ — ⏑ ⏑ — ⏒ ⏑ — — ⏓ ⏑ ⏓

Στρ. α'.

Τρισολυμπιονίχαν
ἐπαινέων οἶκον ἄμερον ἀστοῖς,
ξένοισι δὲ θεράποντα, γνώσομαι
τὰν ὀλβίαν Κόρινθον, Ἰσθμίων
5 πρόθυρον Ποτιδᾶνος, ἀγλαύκουρον.   5
ἐν τᾷ γὰρ Εὐνομία ναίει, κασιγνήτα τε, βάθρον πολίων
ἀσφαλές,
Δίκα καὶ ὁμότροπος Εἰράνα, ταμίαι ἀνδράσι πλού-
του,   10
χρύσεαι παῖδες εὐβούλου Θέμιτος·

Ἀντ. α'.

ἐθέλοντι δ' ἀλέξειν
10 Ὕβριν, Κόρου ματέρα θρασύμυθον.
ἔχω καλά τε φράσαι, τόλμα τέ μοι
εὐθεῖα γλῶσσαν ὀρνύει λέγειν.   15
ἄμαχον δὲ κρύψαι τὸ συγγενὲς ἦθος.
ὔμμιν δέ, παῖδες Ἀλάτα, πολλὰ μὲν νικαφόρον ἀγλαΐαν
ὤπασεν
15 ἄκραις ἀρεταῖς ὑπερελθόντων ἱεροῖς ἐν ἀέθλοις,   20
πολλὰ δ' ἐν καρδίαις ἀνδρῶν ἔβαλον

rectius in altera ed. separavit. Ceterum Boeckhium ferr secutus sum
in numeris conformandis huius carminis, quod satis pro arbitrio gram-
matici interpolaverunt. Quibus interpolationibus fidem habens Her-
mann multa aliter constituit, praeterea cp. v. 7 in binos versiculos
divisit.

V. 5. ξίνοισι, ξείνοισι VaIAbGPI¹cM2. — V. 5. Ποτιδᾶνος PIG,
quam scripturam Potidaeae, Corinthiorum coloniae, nomen commendat,
ΑΗΜbI.bW¹ Ποτειδᾶνος, MaVaIAb Ποσειδᾶνος, W2CyGuMI Bodleisui
Ποσειδάνος. — V. 6. ἐν τᾷ γὰρ APabeMaVaILabGu (a m. pr.), ἐν τᾷδε
γὰρ lemma sch. M2 corr. GAb, ἐν τᾷδε δ' PIRMbAeW1. — κασιγνήτα
M2 corr. GAbI'c (a m. pr.) et fort. sch. vel., κασιγνήτη VaIPc (a m. s.),
κασιγνήτα PI, vulgo κασίγνηται at sic sch. rec. — Deinde Schmid et
Hermann traliciunt verba Δίκα, πολίαν ἀσφ. βάθρον. — ἀσφαλές
Schmid, libri et sch. rec. ἀσφαλέες. — V. 7. ὁμότροπος, sch. ὁμότροφος. —
Εἰράνα, l'cW12 εἰρήνα. — V. 9. ἀλέξειν, lioeckb ἀλέξειν. — V. 10.
Ὕβριν, Κόρου ματέρα θρασύμυθον, Hartung scripsit θυγατέρα, eodem
tendit interpunctio, quam Mommsen in GI et aliis compluribus libris
reperit Ὕβριν κόρου, ματέρα θρασύμυθον. hinc (Iermanus interpretatur
ἰσφιγγέιν τὴν ὔβριν τὴν θυγατέρα τοῦ κόρου, τὴν μητέρα τὴν θρασύ-
μυθον. Ceterum M2 θρασύθυμον exhibet, quae lectio si aliorum libro-
rum fide firmaretur, haud spernenda foret. — V. 14. ὔμμιν, W1M12 ὔμων,
l'c ὔμι. — ὤπασεν AGVaIPIMaIIbxCIJpLabGu¹cyW2, ὤπασεν τ' E,
ὤπασαν γ' vulgo. — V. 15. ὑπερελθόντων, W2PabBaβγLaCγGu (a m.
pr.) MI ὑπερελθοῦσιν. — ἐν ἀέθλοις Heb. VaI, ἐν ἀέθλοισι AGPIAb
BγPcM12, vulgo εἐν ἀέθλοισιν.

Ἐπ. α'.
ἱεραὶ πολυάνθεμοι ἀρχαῖα σοφίσμαθ'· ἅπαν δ' εὑρόντος
 ἔργον.
ταὶ Διωνύσου πόθεν ἐξέφανεν 25
σὺν βοηλάτα Χάριτες Διθυράμβῳ;
20 τίς γὰρ ἱππείοις ἐν ἔντεσσιν μέτρα,
ἢ θεῶν ναοῖσιν οἰωνῶν βασιλέα δίδυμον
ἐπέθηκ'; ἐν δὲ Μοῖσ' ἁδύπνοος, 30
ἐν δ' Ἄρης ἀνθεῖ νέων οὐλίαις αἰχμαῖσιν ἀνδρῶν.

Στρ. β'.
ὕπατ' εὐρυανάσσων
25 Ὀλυμπίας, ἀφθόνητος ἔπεσσιν 35
γένοιο χρόνον ἅπαντα, Ζεῦ πάτερ,
καὶ τόνδε λαὸν ἀβλαβῆ νέμων
Ξενοφῶντος εὔθυνε δαίμονος οὖρον·
δέξαι δέ οἱ στεφάνων ἐγκώμιον τεθμόν, τὸν ἄγει πεδίων
 ἐκ Πίσας, 40
30 πενταέθλῳ ἅμα σταδίου νικῶν δρόμον· ἀντεβόλησεν
τῶν ἀνὴρ θνατὸς οὔπω τις πρότερον.

Ἀντ. β'.
δύο δ' αὐτὸν ἔρεψαν
πλόκοι σελίνων ἐν Ἰσθμιάδεσσιν 45
φανέντα· Νέμεά τ' οὐκ ἀντιξοεῖ·
35 πατρὸς δὲ Θεσσαλοῖ' ἐπ' Ἀλφεοῦ
ῥεέθροισιν αἴγλα ποδῶν ἀνάκειται,

V. 17. σοφίσμαθ'. ἅπαν, Pc σοφίσματα· πᾶν. Sch. utrumque. —
V. 18. ταὶ, Hartung καὶ conieclt. — πόθεν, P1 ποθέν. — ἐξέφανεν,
Gramm. Harlej. post Hephaest. p. 329 ἐξέφαναν. — V. 19. βοηλάτᾳ, V ut
βοηλάται, sed supra α. — Χάριτες Διθυράμβῳ, vulgo χάριτες διθυ-
ράμβῳ, cf. Welcker Annal. Instit. Archaeol. 1 400. — V. 20. τίς γὰρ A
sch. vet. I'c et libri non interpolati, τίς δὲ M1W12 vol., Hermann τίς δ'
ἄρ'. — ἔντεσσιν, Pc ἔντεσι. — V. 21. βασιλέα Boeckh (cum ante βασι-
λέα δίδυμον ἔθηκ' scripsisset), libri βασιλῆα, nisi mallis βασιλῆ.
Hermann, qui op. γ. 6 et 7 coniungit, numero aliter constituto: βασιλῆα
δίδυμον ἐπέθηκ'. — Ceterum ἐπέθηκ' Sch. AGMal'cP1Val. ἔθηκ
vulgo. — V. 24. εὐρυανάσσων scripsi, legebatur εὐρὺ ἀνάσσων, Hartung
εὖ κατ' εὐρὺν ἀνάσσων Ὄλυμπον, ὡς ἀφθόνητος ὁπίσσω γ. — V. 25.
ἀφθόνητος W12PcAabMbCyGuVal Bodleiani, ἀφθόνατος vulgo. —
V. 30. πενταέθλῳ P1GAb, vulgo πεντάεθλῳ. — ἀντεβόλησεν AGPcP1Ma
AbValGu (a m. pr.) et fort. Schol. vet., cf. Etym. M. 112, 50; vulgo ex
manifesta interpolatione οὐκ ἀντεβόλησεν, quam nunc tuetur Hermann,
cum ante οὐκ ἀβλῆσεν coniecisset. — V. 31. Νέμεά τ' codd. ut videtur
plerique, Νεμεα τ' vulgo. — V. 35. Θεσσαλοῖ, Θεσσαλοῖο P1GV1AbGu
PcM2, vulgo Θεσσαλοῦ.

OLYMPIA XIII. 91

Πυθοῖ τ' ἔχει σταδίου τιμὰν διαύλου τ' ἀελίῳ ἀμφ' ἑνί,
μηνός τέ οἱ 50
τωὐτοῦ κρανααῖς ἐν Ἀθάναισι τρία ἔργα ποδαρκής
ἅμέρα θῆκε κάλλιστ' ἀμφὶ κόμαις, 55

Ἐπ. β'.

40 Ἑλλώτια δ' ἑπτάκις· ἐν δ' ἀμφιάλοισι Ποτιδᾶνος τεθ-
μοῖσιν
Πτεροδώρῳ σὺν πατρὶ μακρότεραι
Τερψίᾳ δ' ἕψοντ' Ἐριτίμῳ τ' ἀοιδαί. 60
ὅσσα τ' ἐν Δελφοῖσιν ἀριστεύσατε,
ἠδὲ χόρτοις ἐν λέοντος, δηρίομαι πολέσιν
45 περὶ πλήθει καλῶν· ὡς μὰν σαφές
οὐκ ἂν εἰδείην λέγειν ποντιᾶν ψάφων ἀριθμόν. 65

Στρ. γ'.

ἕπεται δ' ἐν ἑκάστῳ
μέτρον· νοῆσαι δὲ καιρὸς ἄριστος.
ἐγὼ δὲ ἴδιος ἐν κοινῷ σταλείς
50 μῆτίν τε γαρύων παλαιγόνων 70
πόλεμόν τ' ἐν ἡρωίαις ἀρεταῖσιν
οὐ ψεύσομ' ἀμφὶ Κορίνθῳ, Σίσυφον μὲν πυκνότατον πα-
λάμαις ὡς θεόν,

V. 37. τ' ἀελίῳ, τ' ἀλίῳ Pc, τελίου Va2, θ' ἀλίῳ vulgo. — V. 38.
τωὐτοῦ, Pc ταὐτοῦ. — τρία GALP1Va1, τρία μὲν K3lbAaW1M1 a m. pr.,
τρία μὴν By, τρία μάν Ml a m. s. vulgo. — V. 40. Ἑλλώτια, forte
rectius Ἑλλωτία scribas, nam dea Ἑλλωτίς videtur vocata quod ἐν λωτῷ
colebatur, atque Ἑλλώτια MlGVa2 aliique codices a Mommsen collati.
— Ποτιδᾶνος Pc1'10, ceteri variant at v. 5. — V. 41. Πτεροδώρῳ
scripsi, legebatur Πτοιοδώρῳ: nomen hoc revocandum est ad Apollinis
cognomen Πτῷος, unde etiam Boeotiae mons Πτῷον dictus est. In
titulis Thebanis est ΠΤΩΙΟΣ, et solemnitas Apollini dicata ΠΤΩΙΑ
vid. Keil Syll. Inscr. Boeot. 70, 133, 142, hinc hominum nomina Πτῷων
et Πτωίς, igitur etiam hic Πτερόδωρος scribendum; nam verisimilius per
insolitiam servatum esse antiquam scripturam, quam eam et consuetudine
firmatam hic diphthongum οι, item corrigendus Thucyd. IV 76. Sed Me-
garenses videntur Πτοιοδωρος dixisse, vid. Demosth. de cor. 295 de f. leg.
293, Philodem. de vitiis p. 19 ed. Sauppe. Plat. vit. Dion. 17. Lucian.
dial. mort. 7 (saepius), Valer. Max. IV. 1. 3 (ex Sanpii correctione). —
V. 42. Τερψίᾳ δ' ἕψοντ' Ἐριτίμῳ τ' ἀοιδαί, libri τέρψιάς θ' ἕψοντ'
ἐρίτιμοί τ' ἀοιδαί, alii quod τερψίας Va2 corr., θ' om. GValAb, γ' ex-
hibet Pc, deinde ἕψοντ' Pl, atque ita Schol. (om. θ') legit, sed ipse
aliam simul lectionem memorat: καὶ ἠδὲ μὲν ἡ ἐξήγησις οὕτως, εἰ τὰ
τῆς γραφῆς, ὡς ἐν τισιν, ἔχει τὸν τρόπον τοῦτον . . . εἰ δὲ ὀνόματα
λαμβάνομεν τὸ Τερψίας (Τερψίας G et duo codd. Vatic.) καὶ Ἐρίτιμος,
ἔσται τῆς διανοίας, ὡς εἴπομεν, unde emendavit Schmid. Praeterea
Boehe ἕψοντι conl. — V. 41. πολέσιν HCγGUaMbW1, πολέεσσι M2,
v. πολέσι, Fort. πολέεσιν. Hermann πολέεσι. — V. 45. μάν, μὲν Bd
GValAbM2 a m. s. — V. 49. δὲ, PcM2 δ', Hermann δ' ἄν', Heyne ῥᾶ,
Pindarus scripserat ῥίδιος. — V. 52. Κορίνθῳ, GPlPc Κορίνθῳ σύ,

καὶ τὰν πατρὸς ἀντία Μήδειαν θεμέναν γάμον αὐτᾷ, 75
ναῒ σώτειραν Ἀργοῖ καὶ προπόλοις.

Ἀντ. γ'.

55 τὰ δὲ καί ποτ' ἐν ἀλκᾷ
πρὸ Δαρδάνου τειχέων ἐδόκησαν
ἐπ' ἀμφότερα μαχᾶν τέμνειν τέλος,   80
τοὶ μὲν γένει φίλῳ σὺν Ἀτρέος
Ἑλέναν κομίζοντες, οἱ δ' ἀπὸ πάμπαν
60 εἴργοντες· ἐκ Λυκίας δὲ Γλαῦκον ἐλθόντα τρόμεον Δα-
                                ναοί. τοῖσι μὲν   85
ἐξεύχετ' ἐν ἄστει Πειράνας σφετέρου πατρὸς ἀρχὰν
καὶ βαθὺν κλᾶρον ἔμμεν καὶ μέγαρον·

Ἐπ. γ'.

ὃς τᾶς ὀφιώδεος υἱόν ποτε Γοργόνος ἦ πόλλ' ἀμφὶ κρου-
                                νοῖς   90
Πάγασον ζεῦξαι ποθέων ἔπαθεν,
65 πρίν γέ οἱ χρυσάμπυκα κούρα χαλινόν
Παλλὰς ἤνεγκ', ἐξ ὀνείρου δ' αὐτίκα
ἦν ὕπαρ, φώνασε δ'· Εὕδεις, Αἰολίδα βασιλεῦ;
ἄγε φίλτρον τόδ' ἵππειον δέκευ,   95
καὶ Δαμαίῳ νιν θύων ταῦρον ἀργᾶν πατρὶ δεῖξον.

Στρ. δ'.

70 κυάναιγις ἐν ὄρφνᾳ   100

V. 53. γάμον G.AbVa1, vulgo τὸν γάμον, Hermann οἱ γάμον, — αὐτᾷ Pc, vulgo αὐτᾷ. — V. 56. πρό, Gu a m. s. πρός. — ἐδόκησαν, Cramer Au. Par. I 285 ἐδόκασαν. — V. 57. τέρνειν, Mommsen in sulla libris τάρνειν reperit. — V. 58. γένει φίλῳ, Pc φίλῳ γένει, — Ἀτρέος G.VatGu (a m. s.), Ἀτρέως vulgo. — V. 59. κομίζοντες, Boeckh κομίζοντες. — V. 60. μὲν libri, μὰν Schmid. — V. 61. πατρὸς G.AbVa1 Cram. Au., vulgo μὲν πατρός, lemma sch. δὲ πατρός, sed δὲ om. W4. — V. 68. ἄγε, Hermann σὺ δ' ἄγε. — δίκευ, AlbdG.AbP1LbCyPcW2M13 δέχευ. — V. 69. νιν Va1 tres libri ap. Mommas., μιν. — ἀργᾶν Hermann, ἀργᾶντα vel ἀργᾶντα A·PcGC.AbPlVa1Gu (a m. pr.) M3 codd. Vict., ἀργᾶν M1Ma. Et Enstath. Il. 1286, 3. Od. 1430, 52. 1451, 7 ex Pindaro ἀργᾶντες ταύροι affert. Pindarus ἀργᾶν pro ἀργᾶντα dixit, quemadmodum Hesiodus Ἡ δὲ θέαν ἐνιπε νίον et Alcaeus, si fides est Choerobosco Epim. I 95 (Bekk. An. III 1183) Αἴαν (Fr. 48) metri necessitate coactus. at grammaticus ille dicit: οἱ γὰρ ποιηταὶ μέτρῳ δουλεύοντες πολλάκις διὰ τὴν ἀνάγκην τοῦ μέτρου παραβαίνουσι τὸν κανόνα, aeque tamen linguae legibus aut consuetudino neglectis: multo maiore audacia usus Nicander ἀργῆεις κόλιπες et similia dixit, de quibus vide Melncko Exerc. in Athen. I p. 16, Lobeck. Pathol. I 4. — V. 70. κυάναιγις scripsi, v. κυαναιγίς, sed μελάναιγις proparoxytonon esse docet Herodian Schol. Il. B 175. cf. Lobeck Prol. Pathol. 455. Parallp. 211.

κνώσσοντί οἱ παρθένος τόσα εἰπεῖν
ἔδοξεν· ἀνὰ δ' ἷπαλτ' ὀρθῷ ποδί.
παρκείμενον δὲ συλλαβὼν τέρας,
ἐπιχώριον μάντιν ἄσμενος εὗρεν,
75 δεῖξέν τε Κοιρανίδᾳ πᾶσαν τελευτὰν πράγματος, ὥς τ'
   ἀνὰ βωμῷ θεᾶς   105
κοιτάξατο νύκτ' ἀπ' ἐκείνου χρήσιος, ὥς τέ οἱ αὐτά
Ζηνὸς ἐγχεικεραύνου παῖς ἔπορεν   110

   Ἀντ. δ'.

δαμασίφρονα χρυσόν.
ἐννυκνίῳ δ' ᾇ τάχιστα πιθέσθαι
80 κελήσατό νιν, ὕταν δ' εὐρυσθενεῖ
καρταίποδ' αὐερύῃ Γαιόχῳ,
θέμεν Ἱππίᾳ βωμὸν εὐθὺς Ἀθάνᾳ.   115
τελεῖ θεῶν δύναμις καὶ τὰν παρ' ὅρκον καὶ παρὰ ἐλπίδα
   κούφαν κτίσιν.
ἤτοι καὶ ὁ καρτερὸς ὁρμαίνων ἕλε Βελλεροφόντας, 120
85 φάρμακον πραΰ τείνων ἀμφὶ γένυι,

   Ἐπ. δ'.

Ἵππον πτερόεντ'· ἀναβὰς δ' εὐθὺς ἐνόπλια χαλκωθείς
   ἔπαιζεν.

σὺν δὲ κείνῳ καί ποτ' Ἀμαζονίδων
αἰθέρος ψυχρᾶς ἀπὸ κόλπων ἐρήμων
τοξόταν βάλλων γυναικεῖον στρατόν,   125
100 καὶ Χίμαιραν πῦρ πνέοισαν καὶ Σολύμους ἔπεφνεν.
διασωπάσομαί οἱ μόρον ἐγώ·   130
τὸν δ' ἐν Οὐλύμπῳ φάτναι Ζηνὸς ἀρχαῖαι δέκονται.
                                    Στρ. ε'.
ἐμὲ δ' εὐθὺν ἀκόντων
ἰέντα ῥόμβον παρὰ σκοπὸν οὐ χρὴ
105 τὰ πολλὰ βέλεα καρτύνειν χεροῖν.   135
Μοίσαις γὰρ ἀγλαοθρόνοις ἑκών
Ὀλιγαιθίδαισίν τ' ἔβαν ἐπίκουρος.
Ἰσθμοῖ τά τ' ἐν Νεμέᾳ παύρῳ γ' ἔπει θήσω φανέρ'
         ἀθρό', ἀλαθής τ' ἐμεῦ   140
ἐξ ὅρκος ἐπέσσεται ἐξηκοντάκι δὴ ἀμφοτέρωθεν
110 ἁδύγλωσσος βοὰ κάρυκος ἐσλοῦ.
                                    Ἀντ. ε'.
τὰ δ' Ὀλυμπίᾳ αὐτῶν

V. 87. δὲ κείνῳ Boeckh, v. δ' ἐκείνῳ. — Ἀμαζονίδων, Val. Ἀμάζον'
ἰδών. — V. 88. ἐρήμων Hermann, vulgo ἐρῆμον, Bocker ἐρήμας. —
V. 89. βάλλων, l'e βάλων, Pl et complures libri a Mommseno collati
βάλεν. — V. 91. διασωπάσομαί οἱ μόρον ἐγώ AMaVaIPlAbGGGo (a m.
s.) lemma sch. vel., διασωπάσομαι αὐτῶ μόρον MlWRLabPabc (?) Bod-
leiani et Lip (nisi quod hic διασιωπ.), διασιγάσομαι αὐτῶ μόρον it sch.
rec. et libri aliquot interpol. Hermann, qui iniuria suspectam reddit for-
mam σωπᾶν, διασιωπάσομαι μέν οἱ μόρον. Hartung διασιγάσομαί οἱ.
Verbum σιωπάω haud dubie reduplicatione auctum olim dicebatur σια-
πάω, unde geminationes abiecta orta est σαπάω, quemadmodum alia
plurima vocabula ad istum modum decurtata sunt; cf. etiam Hesych.
Εὐσαπία' ἡσυχία. Empedocles v. 80 Σαπή, quemadmodum olim correal.
— V. 92. ἀρχαῖαι PeAGPlValAbCUuLipLab(Ma), ἀρχαῖα W2, ἀρχιαῖαι
W1, ἀρχαῖαι vulgo. — δέκονται Boeckh et sic Va2, v. δέχονται. — V. 93.
εὐθὺν, La εὐθύς. — V. 96. ἑκών, PeW2 (a m. s.) Ml εἰκών, W12 (a m.
pr.) Ml lemma sch. ἑκων. ἑκων scholiasta non videtur legisse cuique plane
ollosum, idem vero, cum his ambagibus orationis utitur, ut Pindari sen-
tentiam explanet: οὐ γάρ ἤθον, φησίν, ἐπ' ἄλλο τι, ἀλλὰ ταῖς Μούσαις
ἐπίκουρος καὶ ὑπηρέτης. negglo an legerit Μοίσαις γὰρ οὐ ποθ' ἀγλαο-
θρόνοις Ὀλιγ. κτλ., id est: neque enim propterea veni, Musis pariter at-
que Oligaethidis fidus minister: quamquam fuit, cum conligerem Μοί-
σαισι γὰρ νῦν ἀγλαοθρόνους: nam ἑκων haud dubie insiticium est.
Deinde scripsi ἐπίκουρος. Ἰσθμοῖ τά τ' ἐν Νεμέᾳ παύρῳ γ' ἔπει κτλ.,
legebatur ἐπίκουρος Ἰσθμοῖ τά τ' ἐν Νεμέᾳ· παύρῳ δ' ἔπει κτλ., atque
ita etiam schol., at incommodum cum generali sententia singularum
victoriarum recensum coniungere. nec structura verborum expediti.
Ceterum fortasse παύρῳ ἔπει sive ἔπει praestat. — V. 99. ἀλαθής τ'
ἐμεῦ ἐξ ὅρκος ἐπέσσεται scripsi, legebatur ἀλαθής τέ μοι ἔξορκος ἐπέσ-
σεται. Hartung scripsit ἀλ. τέ μοι ἀνθόρκιος ἔσσεται — V. 99. δὴ ἀμ-
φοτέρωθεν Boeckh, δ' ἀμφοτέρωθεν AGPePlMaAbValCM2, vulgo et
interp. γὰρ ἀμφοτέρωθεν γ', and γ' om. BdatPyGuLabW2.

ἔοικεν ἤδη πάροιθε λελέχθαι· 145
τά τ' ἐσσόμενα τότ' ἂν φαίην σαφές·
νῦν δ' ἔλπομαι μέν, ἐν θεῷ γε μάν
105 τέλος· εἰ δὲ δαίμων γενέθλιος ἕρποι,
Διὶ τοῦτ' Ἐνυαλίῳ τ' ἐκδώσομεν πράσσειν. τὰ δ' ὑπ'
ὀφρύϊ Παρνασσίᾳ 150
ἐν Ἄργει δ' ὅσσα καὶ ἐν Θήβαις· ὅσα τ' Ἀρκάσιν
[ἀνάσσων] . .
μαρτυρήσει Λυκαίου βωμὸς ἄναξ·

Ἐπ. ε'.

Πελλανά τε καὶ Σικυὼν καὶ Μέγαρ' Αἰακιδᾶν τ' εὐερκὲς
ἄλσος,
110 ἅ τ' Ἐλευσίς, καὶ λιπαρὰ Μαραθών 155
ταί θ' ὑπ' Αἴτνας ὑψιλόφου καλλίπλουτοι
πόλιες, ἅ τ' Εὔβοια. καὶ πᾶσαν κατὰ 160
Ἑλλάδ' εὑρήσεις ἐρευνῶν μάσσον' ἢ ὡς ἰδέμεν.

V. 103. τά τ', τά δ' Cy(Val) et fort. sch., probante Boeckhio. — φαίην, Pl φαίη. — V. 106. δὴ om. Pe. — δαίμων, δαίμων ὁ AUNaPl Pc Vallin (a m. s.) M2 lemma sch. vet., coniecit δαίμων ὁ πάγγυιος. — V. 106. Διὶ, v. Διΐ, Boeckh Δί. — τοῦτ', Pc τοῦτ' cum gl. τινί. — Gotam in δαίμων πράσσειν desiderat. — ὑπ scripsi, legalentur ἱπ'. Practerea post Θήβαις plene interpunxi, neque enim haec ad verbum μαρτυρήσει referenda sunt, sed hoc dicit: Delphis autem et Argis et Thebis quot victorias reportaverunt. — Ἀρκάσιν AMaValCy sch. vet., v. Παρνασσίᾳ. — V. 107. ἐν sch. vel. AAbValMaG (a m. pr.) Pc, vulgo ἀπ'. — θ', δ' M2ValP1Ab, τε W1. — ὅσα τ' AAbMa, ὅσσα τ' M2Pl ValGPc, vulgo ὅσα τε. — Ἀρκάσιν [ἀνάσσων] . . scripsi, nam ἀνάσσων nihil est nisi antiqua pareplgraphe voci ἄναξ suprascripta, quae expulit germanum aliquod vocabulum, coniici aliquando πρᾶξῃ ἢ, vel Ἀρκαδίδεσσιν, Kayser Ἀρκάσιν ἔθλεις, Rauchenstein Ἀρκάδων ἔργα, Libri non interpolati, ut Pc ἀρκάσιν ἀνάσσων, correcti, ut M1W12 ἀρκάσι ἀνάσσων. Hermann olim Ἀρκὰς ἀνάσσων, nunc ὅσα δὲ Ἀρκάσι μάσσω. Hartung τά τ' ἐν Ἀρκαδίᾳ ἔργα μαρτυρήσει Λυκαίου βωμὸς ἂν ἦξ. Loci omen dulo prorsus incerta; scholiastam non legisse ἀνάσσων manifestum est, nam dicit: καὶ ἐν Ἀρκαδίᾳ δὲ ὅπως διεκόπης γέγονε τοῦ στεφάνου, ὁ βωμός ἐστι μάρτυς ὁ τοῦ Λυκαίου Διός καὶ ἡ ἐκεῖ ἀγομένη πανήγυρις· ἐκεῖ γὰρ νικήσας ἐκέλρθη. Igitur illo ἄναξ ad victorem retulit, et coronae mentionem in sola reperit libris, valut Ἀρκάσι Θαλλῶν ἄναξ; neque tamen hoc probari potest: nam Lycaea non erat coronarium certamen, sed χαλκὸς erat praemii loco. vid. Nem. X 43. Sententiae convenirct τά δ' ἐν Ἀρκάσιν ἔργα μαρτυρεῖ σφιν Λυκαίου βωμός ἄναξ: scribal μαρτυρεῖ σφιν, quandoquidem debebat poeta aliquo certo loco iudicare haec ad Oligaethidarum gentem universam pertinere; alioquin facile potorat aliquis de Xenophonte cogitare, in quem errorem scholiasta practer alia incidit. — V. 108. βωμός, W1 βωμοῖς. — V. 109. Πελλανά Hermann, v. Πελλάνα. — V. 113. μάσσον', μᾶσσον AbValM2, μάσσον W1. — ἰδέμεν haud dubie corruptum, Hartung ἀρίθμειν scripsit, ego coniecí τίθεμεν, ut idem sit quod ψῆφον τιθέναι, rationem subducere.

ἄνα, κούφοισιν ἰχνεύσαι ποσίν·
115 Ζεῦ τέλει᾽, αἰδῶ δίδοι καὶ τύχαν τερπνῶν γλυκεῖαν.

V. 114. ἄνα Pauw et Boeckh, cum codd. alla exhibeant, sed pro vocativo vocis ἄναξ habent et iungunt haec cum sequentibus, αἱ ἄνα est exhortantis estque post ποσίν distinguendum, quemadmodum Sch. 1 et 2 et Kayser. Hartung item post ποσίν distinguit, sed ἄνα quemadmodum Boeckh interpretatur, Schneidewin ἄνα, κούφαισί μ᾽. Goram ἴδμεν ἀλλὰ κούφοισιν ἴχν. π. Hermann, cum olim ἄνα coniecisset, nunc scripsit: σὺ δ᾽, ἄνα, κούφαισιν ἰχνεῦσαι ποσίν, Ζεῦ τέλει᾽, αἰδῶ τε δὸς κτλ. — V. 115. τέλει᾽ Boeckh, τέλειι PoGMaAbPIWZA C)GnM2 schol. Vindob., τελείαι Val, τελείαν fort. sch. 2, nam interpretatur ὦ Ζεῦ, τελειοτάτης τὴν παρὰ σοῦ αἰδῶ τε καὶ εὐτυχίαν, liique confirmant libri a Mommseno collati, τέλει M2 ut vulgo. — αἰδῶ, AC αἰδώ. deinde addunt τε M2PoGMaAbPIAC. — δίδοι GPcBlaAbPIACW2 Sch. vel., δίδου On a m. s., διδούς vulgo et interpolati.

ΟΛΥΜΠΙΟΝΙΚΑΙ ΙΔ.
ΑΣΩΠΙΧΩ ΟΡΧΟΜΕΝΙΩ
ΠΑΙΔΙ ΣΤΑΔΙΕΙ.

Στρ. α'.

Καφισίων ὑδάτων λαχοῖσαι, ταίτε ναίετε καλλίπωλον
    ἕδραν,
ὦ λιπαρᾶς ἀοίδιμοι βασίλειαι
Χάριτες Ὀρχομενοῦ, παλαιγόνων Μινυᾶν ἐπίσκοποι,   5

Carmen graviter corruptum ex parte aliter constitui, quam Boeckh et Hermann, qui nuper retractavit: multa hic semper erunt incerta. L. Schmidt existimat novissimam partem carminis intercidisse, quod sane in libro extremo facile potuit accidere: sed argumenta, quibus utitur, infirma sunt.

V. 1. λαχοῖσαι, ταίτε scripsi, λαχοῖσαι αἵτε libri, Boeckh λαχοῖσαν αἵτε, quod fort. Wl exhibet, Hartung Θύλλοισαν, αἵτε. — καλλίπωλον, Paraphr. καλλίσφυρον. — V. 3. Ὀρχομενοῦ, Wl Ἐρχομενοῦ.

κλῦτ', ἐπεὶ εὔχομαι· σὺν γὰρ ὔμμιν τά τε τερπνὰ καὶ
5 τὰ γλυκέ' ἄνεται πάντα βροτοῖς,
καὶ σοφός, εἰ καλός, εἴ τις ἀγλαὸς ἀνήρ. 10
οὐδὲ γὰρ θεοὶ σεμνᾶν Χαρίτων ἄτερ
κοιρανέοντι χοροὺς οὔτε δαῖτας· ἀλλὰ πάντων ταμίαι
ἔργων ἐν οὐρανῷ, χρυσότοξον θέμεναι παρά 15
10 Πύθιον Ἀπόλλωνα θρόνους,
ἀέναον σέβοντι πατρὸς Ὀλυμπίοιο τιμάν.

Στρ. β'.

ὦ πότνι' Ἀγλαΐα φιλησίμολπέ τ' Εὐφροσύνα, θεῶν κρα-
τίστου 20
παῖδες, ἐπακοοῖτέ νυν, Θαλία τε
ἐρασίμολπε, ἰδοῖσα τόνδε κῶμον ἐπ' εὐμενεῖ τύχα
15 κοῦφα βιβῶντα· Λυδῷ γὰρ Ἀσώπιχον ἐν τρόπῳ 25
ἐν μελέταις τ' ἀείδων ἔμολον,
οὔνεκ' Ὀλυμπιόνικος ἁ Μινύεια
σεῦ ἕκατι· μελανπειχέα νῦν δόμον

V. 4. εὔχομαι, Hermann ἐπεύχομαι. — σὺν γὰρ ὔμμιν, libri σὺν γὰρ (La om. γὰρ) ὕμιν (Pc ὑμῖ), Boeckh σὺν ὕμμιν γάρ. — τά τε τερπνὰ Hermann, ValPc τὰ τερπνά τε, v. τὰ τερπνά. — V. 5. τὰ γλυκέ' ἄνεται Kayser, libri τὰ γλυκέα γίγνεται (γίνεται), conieci οἴγνυται. — V. 6. καί scripsi, vulgo εἰ, sed recte sch. τὰ ἐπιτερπῆ καὶ ἡδέα γίνεται ... καὶ εἴ τε σοφός, ὡς Ὅμηρος, δι' ὑμᾶς, κτλ. Ahrens οἷς conieciL Deinde possis ἡ καλός ἤ τις ἀγλ. coniicere, quod Hermann quoque coni. — V. 7. οὐδὲ γὰρ θεοὶ cum Schneidewino scripsi, libri οὔτε γὰρ θεοί, nisi quod M2 οὔτε γὰρ οἱ θεοί. In apodosei οὐδὲ θεοὶ γὰρ scripsi, οὔτε γὰρ θεοὶ ἀγναῖν Kayser, οὐδὲ σεμνᾶν ἄτερθεν Χαρίτων θεοὶ κοιρανέοντι χοροὺς, οὐδὲ δαῖτας Hermann, οὐδὲ θεοί ποτε σεμνᾶν Χαρίτων ἄτερ Rauchenstein. — V. 8. κοιρανέοντι, Diusen κοιρανέουσιν. — ταμίαι, Pc τίμιαι. — V. 9. Hermann legit: ἔργων ἐνουρανίων χρυσότοξον θέμεναι ἐχεδόν l μᾶς Πυθίον κτλ. Ahrens Πυθάον et v. 21 κάλποισι. — V. 12. ὦ πότνι Pc et fort. Val, πότνια reliqui. — κρατίστου, Sch. videtur κρατίσταις legisse. — V. 13. ἐπακοοῖτέ νυν scripsi, libri ἐπάκοοι (ἐπήκοοι) νῦν, Hermann ἐπάκοοος γίνευ, postea ἐπάκοοι τὸ νῦν, Hartung ἐπαίοιτε, νῦν, Ahrens ἐπακροᾶσθέ νυν, Rauchenstein ἀπηκόατέ μεν. — τε om. Pc. — V. 14. ἐρασίμολπε, olim suspicatus sum ἐρασίμολπον ἰδοῖσα. — ἰδμενεί, PcW2 εὐγενεῖ. — V. 15. Λυδῷ γάρ scripsi, libri Λυδίω γάρ, Hermann olim Λυδίῳ δ'. — V. 16. ἐν μελέταις τ' PcVal. ἐν μελέταισί τ' lemma Sch., ἐν μελέταις τε vulgo, τε om. Va2. Boeckh et Hermann ἔν τε μελέταις. — ἔμολον PcAVa1GP1AbMaCBilLipGuLabCγ, vulgo μόλον. — V. 17. Μινύεια, quod vulgo legitur, revocavi, Boeckh Μινυεία: sed videtur poeta Aeolicam formam practulisse. Ceterum (i et complures codices a Mommseno collati ἅ pro ἁ exhibent. Hartung scripsit οὔνεκ' Ὀλυμπιόνικος, ἁ Μινυεία, σευ θ' ἕκατι. — V. 18. σεῦ ἕκατι, olim σεῦ ἕκατι scripsi. — μελαντειχέα libri, μελανοτειχέα Boeckh. — νῦν om. Lb.

Φερσεφόνας ἐλθ᾽, Ἀχοῖ, πατρὶ κλυτὰν φέροισ᾽ ἀγγε-
                    λίαν,   30
ὄφρ᾽ Κλεόδαμον ὄφρ᾽ ἰδοῖσ᾽, υἱὸν εἴπῃς, ὅτι οἱ νέαν
κόλποις παρ᾽ εὐδόξου Πίσας
ἐστεφάνωσε κυδίμων ἄέθλων πτεροῖσι χαίταν.   35

V. 19. ἐλθ᾽ W1. ἐλθὶ APcMRGMaP1CLip M2Va9. ἐλθὶ ᾗ
Ab, Γθι M1 et vulgo. Hermann Φερσεφόνειον ἰώ᾽, Ahrens ἐλυθ᾽.
— V. 20. Κλεόδαμον Boeckh, v. Κλεόδαμον. — ὄφρ᾽ libri, v. ὄφρα. —
εἴπῃς, Pc εἴπεις, om. Ln. — νέαν, Bdt'yliu(a m, pr.)M1 (a m. pr.) νέον,
sed νέαν etiam Schol. tuetur. — V. 21. κόλποις LipLb, κόλποισι rel.
(κόλποισιν La). — εὐδόξου Boeckh, v. εὐδόξοιο.

ΠΥΘΙΟΝΙΚΑΙ Α.

ΙΕΡΩΝΙ ΑΙΤΝΑΙΩ

ΑΡΜΑΤΙ.

Strophae.

Epodi.

„Strophae versus quartus et quintus, et epodi quintus, sextus ac septimus neque hiatu neque syllaba ancipiti separantur, sed interpunctiones crebrae: temerarium igitur foret coniungere, qui seiuncti sunt optimi. Epodi versus ultimus dividi in duos poterat:

sed analogia strophae v. 2 et longiorum versuum in fine stropharum fre-

PYTHIA I. 101

Στρ. α'.

Χρυσέα φόρμιγξ, Ἀπόλλωνος καὶ ἰοπλοκάμων
σύνδικον Μοισᾶν κτέανον· τᾶς ἀκούει μὲν βάσις ἀγλαΐας
ἀρχά,
πείθονται δ' ἀοιδοὶ σάμασιν, 5
ἀγησιχόρων ὁπόταν προοιμίων ἀμβολὰς τεύχῃς ἐλελιζο-
μένα.
5 καὶ τὸν αἰχματὰν κεραυνὸν σβεννύεις
ἀενάου πυρός. εὕδει δ' ἀνὰ σκάπτῳ Διὸς αἰετός, ὠκεῖαν
πτέρυγ' ἀμφοτέρωθεν χα-
λάξαις, 10

'Ἀντ. α'.

ἀρχὸς οἰωνῶν, κελαινῶπιν δ' ἐπί οἱ νεφέλαν
ἀγκύλῳ κρατί, γλεφάρων ἁδὺ κλάϊστρον, κατέχευας· ὁ δὲ
κνώσσων 15
ὑγρὸν νῶτον αἰωρεῖ, τεαῖς
10 ῥιπαῖσι κατασχόμενος. καὶ γὰρ βιατὰς Ἄρης, τραχεῖαν
ἄνευθε λιπὼν
ἐγχέων ἀκμάν, ἰαίνει καρδίαν 20
κώματι, κῆλα δὲ καὶ δαιμόνων θέλγει φρένας, ἀμφί τε
Λατοΐδα σοφίᾳ βαθυκόλπων
τε Μοισᾶν.

'Ἐπ. α'.

ὅσσα δὲ μὴ πεφίληκε Ζεύς, ἀτύζονται βοάν 25
Πιερίδαν ἀΐοντα, γᾶν τε καὶ πόντον κατ' ἀμαιμάκετον,·
15 ὅς τ' ἐν αἰνᾷ Ταρτάρῳ κεῖται, θεῶν πολέμιος, 30
Τυφὼς ἑκατοντακάρανος· τόν ποτε
Κιλίκιον θρέψεν πολυώνυμον ἄντρον· νῦν γε μάν
ταί θ' ὑπὲρ Κύμας ἁλιερκέες ὄχθαι
Σικελία τ' αὐτοῦ πιέζει στέρνα λαχνάεντα· κίων δ' οὐ-
ρανία συνέχει, 35

quaelia movit at continuarem, licet distinguenda nullum divideretur vo-
cabulum: cuius rei causa haec, quod post choriambum legitima est luci-
sio, ut str. 2 a'. ant. β'. str. β'. ant. γ'. str. δ'. ε'. ant. ε'.⁴⁰ Boeckh.

V. 4. ἀγησιχόρων, in procedual ἄγης. scripsi. — V. 6. χαλάξαις, χα-
λάξας AHc(laLbl'cVbd(M1234, χαράξας Hβγ. — V. 8. γλεφάρων AGLb
Pl2lβγcVIVb(a pr. m.)M134, v. βλεφάρων. — κλάϊστρον, v. κλαΐστρον,
sed est proparoxytonon, ut ἀμφίβληστρον, ποδόψηστρον, alia. — V. 12
κώματι, κῆλα δὲ καὶ om. I'c. — V. 13. ἀτύζονται, Pl'cVd(G)Ml3(a m. pr.)4
ἀτύζεται, sed plur. lactat Sch. Piel. Quaest. Symp. IX 14, 8. adv. Epic.
13. de superst. c. 6. — V. 14. ἀΐοντα, Ad δ' ἀΐοντας.

20 νιφόεσσ' Αἴτνα, πάνετες χιόνος ὀξείας τιϑήνα·

Στρ. β'.

τᾶς ἐρεύγονται μὲν ἀπλάτου πυρὸς ἁγνόταται 40
ἐκ μυχῶν παγαί· ποταμοὶ δ' ἀμέραισιν μὲν προχέοντι
ῥόον καπνοῦ
αἴϑων'· ἀλλ' ἐν ὄρφναισιν πέτρας
φοίνισσα κυλινδομένα φλὸξ ἐς βαϑεῖαν φέρει πόντου
πλάκα σὺν πατάγῳ 45
25 κεῖνο δ' Ἀφαίστοιο κρουνοὺς ἑρπετόν
δεινοτάτους ἀναπέμπει· τέρας μὲν ϑαυμάσιον προσιδέ-
σϑαι, ϑαῦμα δὲ καὶ παρεόν-
των ἀκοῦσαι, 50

Ἀντ. β'.

οἷον Αἴτνας ἐν μελαμφύλλοις δέδεται κορυφαῖς
καὶ πέδῳ, στρωμνὰ δὲ χαράσσοισ' ἅπαν νῶτον ποτικεκλι-
μένον κεντεῖ. 55
εἴη, Ζεῦ, τὶν εἴη ἀνδάνειν,
30 ὃς τοῦτ' ἐφέπεις ὄρος, εὐκάρποιο γαίας μέτωπον, τοῦ μὲν
ἐπωνυμίαν
κλεινὸς οἰκιστὴρ ἐκύδανεν πόλιν
γείτονα, Πυϑιάδος δ' ἐν δρόμῳ κάρυξ ἀνέειπέ νιν ἀγ-
γέλλων Ἱέρωνος ὑπὲρ καλ-
λινίκου 60

Ἐπ. β'.

ἅρμασι. ναυσιφορήτοις δ' ἀνδράσι πρώτα χάρις 65
ἐς πλόον ἀρχομένοις πομπαῖον ἐλϑεῖν οὖρον· ἐοικότα γάρ
35 καὶ τελευτᾷ φερτέρου νόστου τυχεῖν. ὁ δὲ λόγος
ταύταις ἐπὶ συντυχίαις δόξαν φέρει . 70

V. 20. τιϑήνα, AdM a m. s. τιϑύσα. — V. 26. προσιδέσϑαι K et
sic Gell. XVII 10. Macrob. V 17, ἰδέσϑαι AdPIVfti (in m.), ποϑέσϑαι
PeGuYbdG a m. pr.), τι πυϑέσϑαι M1234 (sed M3 supra ιϑέσϑαι) P2
Beti (corr.). Hartung τέρας τᾶς ϑανάσιον μὲν ἰδέσϑαι. — παριόντων
Macrobii codices, firmantique Gellii libri, in quibus est παρέντων, Pindari
codices et Schol. παριόντων, Hecker προσιδόντων, Coboi παρ' ἰδόντων.
— V. 28. καὶ πέδῳ, στρωμνὰ δὲ, Hecker ὰ πέδον στρωμνὰ δὲ. —
V. 32. ἀγγέλλων, PeM34 ἀγγέλων. — V. 83. πρῶτα, BβyLb πρῶτον.
— V. 34. ἀρχομένοις, ἐρχομέναις Ad Sch. ad Nem. I 52. — V. 35. καὶ
τελευτᾷ PeP2, ἐν καὶ τελευτᾷ M1234VbdfAdGfiu, ubi ἐν glossema
esse apparet, P1 (a m. pr.) ἐν καὶ τελευτᾶν, vulgo κἀν τελευτᾷ, lir-
maun ἐοικότα δ' ἐν καὶ τελευτᾷ. — φερτέρου PeK et fort. alii, φερ-
τέρα ABβyLbP1RVbdfM1234. φερτέρῳ G, Boeckh καὶ τελευτᾶν φερτέ-
ρας, Ahrens φέρτερ' ἂν νόστου.

ΠΥΤΗΙΑ Ι. 103

λοιπὸν ἔσσεσθαι στεφάνοισί νιν ἵπποις τε κλυτάν
καὶ σὺν εὐφώνοις θαλίαις ὀνυμαστάν.
Λύκιε καὶ Δάλοι' ἀνάσσων Φοῖβε, Παρνασοῦ τε κράναν
      Κασταλίαν φιλέων, 75
40 ἐθελήσαις ταῦτα νόῳ τιθέμεν εὔανδρόν τε χώραν.

                                        Στρ. γ'.
ἐκ θεῶν γὰρ μαχαναὶ πᾶσαι βροτέαις ἀρεταῖς, 80
καὶ σοφοὶ καὶ χερσὶ βιαταὶ περίγλωσσοί τ' ἔφυν. ἄνδρα
      δ' ἐγὼ κεῖνον
αἰνῆσαι μενοινῶν ἔλπομαι
μὴ χαλκοπάραον ἄκονθ' ὡσείτ' ἀγῶνος βαλεῖν ἔξω πα-
      λάμᾳ δονέων, 85
45 μακρὰ δὲ ῥίψαις ἀμεύσασθ' ἀντίους.
εἰ γὰρ ὁ πᾶς χρόνος ὄλβον μὲν οὕτω καὶ κτεάνων δόσιν
      εὐθύνοι, καμάτων δ' ἐπί-
      λασιν παράσχοι. 90

                                        Ἀντ. γ'.
ἦ κεν ἀμνάσειεν, οἵαις ἐν πολέμοιο μάχαις
τλάμονι ψυχᾷ παρέμειν', ἁνίχ' εὑρίσκοντο θεῶν παλάμαις
      τιμάν,
οἵαν οὔτις Ἑλλάνων δρέπει, 95
50 πλούτου στεφάνωμ' ἀγέρωχον. νῦν γε μὰν τὰν Φιλοκτή-
      ταο δίκαν ἐφέπων
ἐστρατεύθη· σὺν δ' ἀνάγκᾳ μὴ φίλον

V. 37. ἔσεσθαι. ἔσεσθαι Γο LbA alii. — στεφάνοισί νιν Πσγηο, στε-
φάνοισιν PcGGiaAdM231, στεφάνοισιν Vbd, στεφάνοισί τε DcΓ2, at R
στεφάνοισιν ἵπποισί τε, M1 ἐν στεφάνοισί τε, ALb νιν στεφάνοισιν ἵπ-
ποισίν τε, P1V1 στεφάνοισιν (τοῦ συν) ἱππείᾳ τε. — V. 38. ὀνομασγᾶν
M234, ὀρυμασεάν M1, vulgo ὀνομασεάν. — V. 89. Δάλοι M1P2, Δάλι
Ad, Δαλίσο Dc, Δάλοιο Ncb. ARGuGVbdfM234P1Γc, Δάλοτ BβγΓ.b. —
Παρνασσῦ Yb corr., reliqui Παρνασᾶ, Παρνασσᾶ, Παρνασσῦ. — V. 40.
εὐανδρόν, Hermann εὐανδροῦν. — V. 44. χαλκοπάραον, lota vulgo om.
— ἔξω om. HAd. — V. 45. ῥίψαις, ῥίψας AGLbVbdfGuPcM34, ἐκρίψας
M1P2, ἐκρίψαις Dc. — ἀμεύσασθ' PcRGiLb, v. ἀμεύσεσθ'. — V. 47.
ἀμνάσειεν Schmidl, nisi quod ἀμμνάσειεν scripsit, et sic ni videtur unus
schol., legebatur ἂν μνάσειεν, Γc ἂν μνάσειν. — πολέμοιο scripsi, lege-
batur πολέμοισι, Ahrens mire ἐμπολέμοισι, Hecker οἵαισιν πολέμοιο μά-
χαις. — V. 48. εὑρίσκοντο, M1P2 εὑρίσκοιντο. — παλάμαις, παλάμαισι
AdP1GVbdf Gu(a m. pr.)M1,11. — V. 49. δρέπει, Γiu δρέπων. — V. 51.
σὺν δ' ἀνάγκᾳ μὴ Hanckenstein emendavit, libri σὺν δ' ἀνάγκᾳ μιν,
lemma schol. σὺν δ' ἀνάγκαις exhibet (ex coniectura, ut videtur, nam
Mommseni libri ἀνάγκᾳ), id quod commendavit Hermann. Librorum
scripturam defendit Heimsoeth, qui de hoc carmine peculiari libello
commentatus est (Bonnae 1860). — φίλον, Gu φίλων.

καί τις ἐὼν μεγαλάνωρ ἔσανεν. φαντὶ δὲ Λαμνόθεν ἕλκει
τειρόμενον μεταναξοντας ἐλ-
θεῖν   100

Ἐπ. γ'.
ἥρωας ἀντιθέους Ποίαντος υἱὸν τοξόταν·
ὃς Πριάμοιο πόλιν πέρσεν, τελεύτασέν τε πόνους Δα-
ναοῖς,   105
55 ἀσθενεῖ μὲν χρωτὶ βαίνων, ἀλλὰ μοιρίδιον ἦν.
οὕτω δ' Ἱέρωνι θεὸς ὀρθωτὴρ πέλοι
τὸν προσέρποντα χρόνον, ὧν ἔραται, καιρὸν διδούς.   110
Μοῖσα, καὶ παρ Δεινομένει πελαθῆσαι
πίθεό μοι ποινὰν τεθρίππων· χάρμα δ' οὐκ ἀλλότριον
νικαφορία πατέρος   115
60 ἄγ' ἔπειτ' Αἴτνας βασιλεῖ φίλιον ἐξεύρωμεν ὕμνον·

Στρ. δ'.
τῷ πόλιν κείναν θεοδμάτῳ σὺν ἐλευθερίᾳ
Ὑλλίδος στάθμας Ἱέρων ἐν νόμοις ἔκτισσε· θέλοντι δὲ
Παμφύλου   120
καὶ μὰν Ἡρακλειδᾶν ἔκγονοι
ὄχθαις ὕπο Ταϋγέτου ναίοντες αἰεὶ μένειν τεθμοῖσιν ἐν
Αἰγιμιοῦ
65 Δωριεῖς. ἔσχον δ' Ἀμύκλας ὄλβιοι   125

V. 52. μετανάσσοντας scripsi, libri μεταλλάξοντας; sane hoc compositum alibi quod sciam non legitur, sed est huic loco aptissimum. Ahrens conicelt μετ' ἀλύσσοντας, Boeckh μεταμείβοντας (posals etiam μεταμείψοντας), Wakefield μετανάσσοντας, Hermann μέτα λύσοντας vel λύσοντας, Kayser μεταβάσοντας. — V. 54 πάνους, πόνους Μ1, πολλοὺς Pe, πόνον MdUnVb. — V. 56. θεὸς monosyllabum corripitur, quod ni removerot Bingarelli οὕτω δ', Ἱέρων, θεὸς ... ἔρασαι, Hermann Ἱέρων' εἰς ὀρθ., ego olim πέλοι ὀρθωτὴρ θεὸς conieci, Schneidewin et Hartung θεὸς ἐστω. Ceterum tenendum est in hoc vocabulo θεὸς priorem, non secundam vocalem extritam esse; argumento sunt praeter διέφατον et Θιομπορτά nomina propria in titulis Boeotis et Megaricis obvia Θίτοτας, Θίδωρος. Θέτιμος. Θίμναστος, item in titulo Boeotico ap. Boeckh C. In. I 1593 θωρακίοντος potius quam Θιπαρακίοντος legendum est voc. apogr. ap. Kell Syll. inscr. Boeot. 102. Similiter in titulis Laconicis (Annal. Inst. Arch. XXXIII p. 42. 43) legitur νὼν οἷν φίρον. — V. 57. προσέρποντα, Hel'2 γε προσέρποντα, M1 τε προσ., ALb τοτίερποντα. — V. 58. παρ, Pe περί. — V. 59. πίθεο l'2, παίθεο rel. — V. 61. κείναν, Ad κλείναν. — V. 62. ἔκτισσε, Pe alii ἔκτισι. Boeckh ἔκτισε· θέλοντες, solus Ad ἔκτισσε· θέλοντι. — V. 63. Hartung scripsit κάλπας Ἡρακλείας ἔκγονοι. — V. 64. ναίοντες, Vd ναίοντος. — V. 65. Δωριεῖς Gul'c(corr.)M3 a m. pr., Δωμῆς vel Δωριῆς ceteri et sebol., Hermann Δωρίοις.

PYTHIA I.

Πινδόθεν ὀρνύμενοι, λευκοπώλων Τυνδαριδᾶν βαθύδο-
    ξοι γείτονες, ὧν κλέος ἄν-
    θησεν αἰχμᾶς.
                                                'Αντ. δ'.
Ζεῦ τέλει', αἰεὶ δὲ τοιαύταν Ἀμένα παρ' ὕδωρ   130
αἶσαν ἀστοῖς καὶ βασιλεῦσιν διακρίνειν ἔτυμον λόγον
    ἀνθρώπων.
σύν τοι τίν κεν ἁγητὴρ ἀνήρ,
10 υἱῷ τ' ἐπιτελλόμενος, δᾶμον γεραίρων τράποι σύμφωνον
    ἐς ἀσυχίαν.   135
Λίσσομαι νεῦσον Κρονίων, ἄμερον
ὄφρα κατ' οἶκον ὁ Φοίνιξ ὁ Τυρσανῶν τ' ἀλαλατὸς ἔχῃ,
    ναυσίστονον ὕβριν ἰδὼν τὰν
    πρὸ Κύμας·   140
                                                'Επ. δ'.
οἷα Συρακοσίων ἀρχῷ δαμασθέντες πάθον,
ὠκυπόρων ἀπὸ ναῶν ὅς σφιν ἐν πόντῳ βάλεθ' ἁλι-
    κίαν,   145
τὸ Ἑλλάδ' ἐξέλκων βαρείας δουλίας. ἀρέομαι
παρ μὲν Σαλαμῖνος Ἀθαναίων χάριν
μισθόν, ἐν Σπάρτα δ' ἐρέω πρὸ Κιθαιρῶνος μάχαν,   150
    ταῖσι Μήδειοι κάμον ἀγκυλότοξοι.
παρὰ δὲ τὰν εὔυδρον ἀκτὰν Ἰμέρα παίδεσσιν ὕμνον Δει-
    νομένεος τελέσαις,

V. 66. ὀρνύμενοι, Μ12 ὀρνύμενον.— V. 67. 68. τέλει· Sch. oi codd.
    οἷς
(niai quod Vb Ζεῦ, δὲ τέλει, Μ2 Ζεῦ τέλει, Ad Ζεῦ τελείαις αἰέν),
Schmid τέλει. Ceterum bi duo versus vix satis integri, sed intempestivam
adhibuit medicinam Hartung Ζεῦ τέλει, αἰεὶ πόροις τοίαν...βασι-
λεῦσιν, διακρίνειν κτλ. ac sententia quoque, quam inesse putat, ab
hoc loco plane aliena. Emendatio incerta, suspicatus enim pro διακρίνειν
scribendum esse δίδοι, κραίνειν τ' ἔτυμον λόγον ἀνθρώπων, vel
δίδοι, κραίνων. — V. 69. ἁγητὴρ, Pc ἁγιστήρ. — V. 70. υἱῶ τ',
Botho υἱῷ γ', nec videtur Sch. re legisse. — γεραίρων BeyP2LbVbifGn
(a m. s.), τε γεραίρων AHGAdPIGu(a m. pr.)M2341Pc, vulgo τι γέρων.
Hartung scripsit δᾶμόν τ' ἀγείρων. — ἐς AdP2 et fort. Sch., ἐφ' vulgo,
om. HtiP1Gu VbdfM234Pc. — V. 71. ἄμερον. Hartung ἅμερος. — V. 72.
Φοίνιξ, PcG Φοῖνιξ. — V. 74. ὃς σφιν, M123Pc (ut videtur) ὅ σφιν. —
βάλεθ', Hecker βάλεν. — V. 75. δουλίας, HGuP12PcM1234 δουλείας.—
ἀρέομαι ALb, ceteri αἴρομαι, Mldin a m. s. ἰρέομαι, deinde A add. τὰν
— V. 76. Ἀθαναίων P1GnVbif, v. Ἀθηναίων.— V. 77. ἰρέω. Pc αἱρέω.
et sic videtur Sch. legisse, Bonck ἐρίων.— V. 78. Μήδειοι ARLb, Μή-
διοι 313. Μήδοι PcAdGP1GinVbdfM124, Μήδοι μέν BeP2. — V. 79.
παρὰ, παρ HGAdP1GnM1234 Sch., παρ VI. — εὔυδρον, Mommsen in
nonnullis libris εὔανδρον reperit. — Δεινομένεος P1PcRVbdfM1234
Scholiast., vulgo Δεινομένευς. — τελέσαις RAd, τελέσσαις M4GP1Vd

80 τὸν ἰδέξαντ' ἀμφ' ἀρετᾷ, πολεμίων ἀνδρῶν καμόν-
των. 155

Στρ. ε'.

καιρὸν εἰ φθέγξαιο, πολλῶν πείρατα συντανύσαις
ἐν βραχεῖ, μείων ἕπεται μῶμος ἀνθρώπων, ἀπὸ γὰρ
κόρος ἀμβλύνει 160
αἰανὴς ταχείας ἐλπίδας·
ἀστῶν δ' ἀκοὰ κρύφιον θυμὸν βαρύνει μάλιστ' ἐσλοῖσιν
ἐπ' ἀλλοτρίοις.

85 ἀλλ' ὅμως, κρέσσων γὰρ οἰκτιρμοῦ φθόνος,
μὴ παρίει καλά. νώμα δικαίῳ πηδαλίῳ στρατόν· ἀψευδεῖ
δὲ πρὸς ἄκμονι χάλκευε
γλῶσσαν. 165

Ἀντ. ε'.

εἴ τι καὶ φλαῦρον παραιθύσσει, μέγα τοι φέρεται 170
παρ σέθεν. πολλῶν ταμίας ἐσσί· πολλοὶ μάρτυρες ἀμφο-
τέροις πιστοί.
εὐανθεῖ δ' ἐν ὀργᾷ παρμένων,
90 εἴπερ τι φιλεῖς ἀκοὰν ἀδεῖαν αἰεὶ κλύειν, μὴ κάμνε λίαν
δαπάναις· 175
ἐξίει δ' ὥσπερ κυβερνάτας ἀνὴρ
ἱστίον ἀνεμόεν. μὴ δολωθῇς, ὦ φίλ', εὐτραπέλοις κέρ-
δεσσ'· ὀπιθόμβροτον αὔχημα
δόξας 180

Ἐπ. ε'.

οἷον ἀποιχομένων ἀνδρῶν δίαιταν μανύει
καὶ λογίοις καὶ ἀοιδοῖς. οὐ φθίνει Κροίσου φιλόφρων
ἀρετά.

95 τὸν δὲ ταύρῳ χαλκέῳ καυτῆρα νηλέα νόον 185
ἐχθρὰ Φάλαριν κατέχει παντᾷ φάτις.
οὐδέ μιν φόρμιγγες ὑπωρόφιαι κοινωνίαν
μαλθακὰν παίδων ὀάροισι δέκονται. 190
τὸ δὲ παθεῖν εὖ πρῶτον ἄεθλων· εὖ δ' ἀκούειν δευτέρα
μοῖρ'· ἀμφοτέροισι δ' ἀνήρ
195 ὃς ἂν ἐγκύρσῃ καὶ ἔλῃ, στέφανον ὕψιστον δέδεκται. 195

V. 95. καυτῆρα, Γc κατστῆρα. — V. 96. παντᾷ, legebatur παντᾶ. —
V. 98. δέκονται Boeckh, v. δίζονται. — V. 99. αἔθλων ARGiInPcl'lAd
VbdfЗШ234 Sch., Boeckh ἄθλων.

ΠΥΘΙΟΝΙΚΑΙ Β.
ΙΕΡΩΝΙ ΣΥΡΑΚΟΣΙΩ
ΑΡΜΑΤΙ.

Strophae.

⏑⏔⏔⏑–⏑–⏑⏑–⌒–×
⏔⏑⏑⏑⏑–⏑⏔⏑⏑⏑–⏑–⏑⏑–×
–⏑⏑⏑⏑–⏑⏑–⏑⏑–⏑×
⏑⏑⏑⏑⏑⏑–⏑⏑–⏑⏑⏑–⏑⏑–×
ὁ–⏑⏑⏔⏑⏑–⏑⏑⏑×
–⏑⏑⏔⏑⏑–⏑⏑⏑–⏑⏑×
⏔⏑⏑⏑⏑–⏔⏑–⏑⏑×
–⏑⏑⏑·⏑⏑⏑⏑⏑⏑⏑–⏑⏑⏑–⏑–○

Epodi.

⏔⏑⏑⏑⏑⏑––. ⏔⏑⏑⏑⏑⏑–⏑⏑⏑⏑⏑–.⌒⏑⏑⏑⏑×
⏑⏑⏑⏑⏑⏑–. ⏔⏑⏑⏑⏑×
⏑⏑⏑⏑⏑⏑⏑–⏔⏑⏑⏑⏑⏑–⏑⏑×
⏔⏑⏑⏑⏑⏑–⏑⏑×
ὁ⏑⏑⏑⏑–⏔⏑⏑⏑⏑⏑⏑–⏑×
⏑⏑⏑⏑⏑⏑––
–⏑⏑⏑⏑×
⏑⏑⌒⏑⏑⏑⏑⏑⏑–⏔⏑⏑⏑⏑⏑–⏑–○

„Versuum divisio certa, nisi quod ep. 3. 4 neque hiatu neque anci-
piti separantur, interpunctione tamen op. β′. δ′. ei ipso numero disiunc-
tionem suadentibus; quodque ep. 6. 7 coniungi possunt.

⏑⏑⏑⏑⏑⏑–⏑⏑––⏔⏑⏑⏑⏑×

PYTHIA II.

Στρ. α'.

Μεγαλοπόλιες ὦ Συράκοσαι, βαθυπολέμου
τέμενος Ἄρεος, ἀνδρῶν ἵππων τε σιδαροχαρμᾶν δαιμόνιαι
  τροφοί,   5
ὕμμιν τόδε τᾶν λιπαρᾶν ἀπὸ Θηβᾶν φέρων
μέλος ἔρχομαι ἀγγελίαν τετραορίας ἐλελίχθονος,
5 εὐάρματος Ἱέρων ἐν ᾇ κρατέων
τηλαυγέσιν ἀνέδησεν Ὀρτυγίαν στεφάνοις,   10
ποταμίας ἕδος Ἀρτέμιδος, ἇς οὐκ ἄτερ
κείνας ἀγαναῖσιν ἐν χερσὶ ποικιλανίους ἐδάμασσε πώ-
  λους.   15

Ἀντ. α'.

ἐπὶ γὰρ ἰοχέαιρα παρθένος χερὶ διδύμᾳ
10 ὅ τ' ἐναγώνιος Ἑρμᾶς αἰγλᾶεντα τίθησι κόσμον, ξεστὸν
      ὅταν δίφρον   20
ἔν θ' ἅρματα πεισιχάλινα καταζευγνύῃ
σθένος ἵππιον, ὀρσοτρίαιναν εὐρυβίαν καλέων θεόν.
ἄλλοις δέ τις ἐτέλεσσεν ἄλλος ἀνὴρ
'εὐαχέα βασιλεῦσιν ὕμνον, ἄποιν' ἀρετᾶς.   25
15 κελαδέοντι μὲν ἀμφὶ Κινύραν πολλάκις
φᾶμαι Κυπρίων, τὸν ὁ χρυσοχαῖτα προφρόνως ἐφίλασ'
      Ἀπόλλων,   30

Ἐπ. α'.

ἱερέα κτίλον Ἀφροδίτας· ἄγει δὲ χάρις φίλων ποί τινος
ἀντὶ ἔργων ὀπιζομένα·

dissuadente genere numeri inde nascentis, dipodiae praesertim trochaicae
thesi secunda irrationali mensuram non variante, quam in hoc genere
carminis putaverim aut brevem aut ancipitem factam fuisse, si numerum
continuum esse poeta voluisset." *Boeckh*. In ipsis tamen versuum nu-
meris mutandis plura incerta, sed nolui quidquam novare.

V. 1. βαθυπολέμου. (Codd M124 βαθυπτολέμου, Heeker βαρυπολέμου.
 — V. 7. de Hermann, libri τάς. — V. 10. αἰγλᾶεντα Vb. αἰγλᾶντα Pc.
αἰγλᾶντα vulgo. — V. 11. ἐν θ', M1234 ἔν τ. — Deinde Hartung inter-
pungit καταζευγνύῃ, σθένος wrk. — V. 12. Ἵππιον, Pc Sch. Ἵππειον. —
V. 13. ἐτέλεσσεν. PcM1234 Sch. ἐτέλεσεν. — V. 14. εὐαχέα, εὐαχχέα M12
PcOUoVIPb, unde Boeckh conlecit olim scriptum fulsse εὐαχέα.
Utramque auh. et MS. — V. 16. χρυσοχαῖτα. χρυσοχαίτας PcM1234. —
ἐφίλασ'. HePeti(Jn Vbd(M1234 ἐφίλησ'. — V. 17. ποί τινος vel καί τινος
libri, priorem lectionem revocavi, ut uit ἄγει δὲ πού χάρις ὀπιζομένη
τινός ἀντὶ φίλων ἔργων. Antea conieci ποί τινος, nam Pindarum poi
pro πώς dixisse, quod composita vocabula ποιτρόπιος, ποίδικος testan-
tur, non est probabile. Spiegel ποίσιμος conieclt, et sch., cum κοίτινος
ἀραιατικὴ interpretatur (Idem suprávoc. In M2), idem videtur legisse.
Sebol., qui interpretatur: ἄγει δὲ ἑαυτὴν ἡ χάρις πρὸς ἀμοιβὴν τινος

σὲ δ', ὦ Δεινομένεις παῖ, Ζεφυρία πρὸ δόμων 55
Λοκρὶς παρθένος ἀπύει, πολεμίων καμάτων ἐξ ἀμηχάνων
20 διὰ τεὰν δύναμιν δρακεῖσ' ἀσφαλές.
θεῶν δ' ἐφετμαῖς Ἰξίονα φαντὶ ταῦτα βροτοῖς 40
λέγειν ἐν πτερόεντι τροχῷ
παντᾷ κυλινδόμενον·
τὸν εὐεργέταν ἀγαναῖς ἀμοιβαῖς ἐποιχομένους τίνεσθαι.

Στρ. β'.

25 ἔμαθε δὲ σαφές. εὐμενέσσι γὰρ παρὰ Κρονίδαις 45
γλυκὺν ἑλὼν βίοτον, μακρὸν οὐχ ὑπέμεινεν ὄλβον, μαινο-
μέναις φρασίν
Ἥρας ὅτ' ἐράσσατο, τὰν Διὸς εὐναὶ λάχον 50
πολυγαθέες· ἀλλά νιν ὕβρις εἰς αὐάταν ὑπεράφανον
ὦρσεν· τάχα δὲ παθὼν ἐοικότ' ἀνήρ
30 ἐξαίρετον ἕλε μόχθον. αἱ δύο δ' ἀμπλακίαι 55
φερέπονοι τελέθοντι· τὸ μὲν ἥρως ὅτι
ἐμφύλιον αἷμα πρώτιστος οὐκ ἄτερ τέχνας ἐπέμιξε
θνατοῖς,

Ἀντ. β'.

ὅτι τε μεγαλοκευθέεσσιν ἔν ποτε θαλάμοις 60
Διὸς ἄκοιτιν ἐπειρᾶτο. χρὴ δὲ κατ' αὐτὸν αἰεὶ παντὸς
ὁρᾶν μέτρον.
35 εὐναὶ δὲ παράτροποι ἐς κακότατ' ἀθρόαν 65
ἔβαλον· ποτὶ καὶ τὸν ἵκοντ'· ἐπεὶ νεφέλᾳ παρελέξατο,

ψεύδος γλυκύ μεθέπων, άϊδρις άνήρ
είδος γάρ ύπεροχώτατα πρέπεν ούρανιάν 70
θυγατέρι Κρόνου· άντι δόλον αύτω θέσαν
40 Ζηνός παλάμαι, καλόν πήμα. τον δε τετράκναμον έπραξε
δεσμόν,

Έπ. β'.

ίον ολεθρον ώ γ'· έν δ' άφύκτοισι γυιοπέδαις πεσών τάν
πολύκοινον άνδέξατ' άγγε-
λίαν. 75
άνευ οί Χαρίτων τέκεν γόνον ύπερφίαλον,
μόνα και μόνον, ούτ' έν άνδράσι γερασφόρον ούτ' έν
θεών νόμοις· 80
τον όνύμαξε τράφοισα Κένταυρον, ός
45 ίπποισι Μαγνητίδεσσιν έμίγνυτ' έν Παλίου 85
σφυροΐς, εκ δ' έγένοντο στρατός
θαυμαστός, άμφοτέροις
όμοιοι τοκεύσι, τά ματρόθεν μέν κάτω, τά δ' ύπερθε
πατρός.

Στρ. γ'.

Θεός άπαν έπί έλπίδεσσι τέκμαρ άνύεται, 90
50 θεός, ό καί πτερόεντ' αίετόν κίχε, καί θαλασσαΐον παρ-
αμείβεται
δελφίνα, καί ύψιφρόνων τιν' έκαμψε βροτών, 95
έτέροισι δε κΰδος άγήραον παρέδωκ'. έμέ δε χρεών
φεύγειν δάκος άδινόν κακαγοριάν.
είδον γάρ έκάς έών τά πόλλ' έν άμαχανία
55 ψογερόν Άρχίλοχον βαρυλόγοις έχθεσιν 100

Boeckhio soul. ἔβαλόν ποτε καί τόν ἰαντε', Schneidewin rursus ἔλόντ'
substituit, A. Mommsen et Hartung τόν ἰδόντ'. Ego olim tentavi scrui
dè, παρέτροποι ές κακότατ' ἀθρόαν, ἔβαλον ποτε καί τόν ἀποντ': amor
improbus etiam in illum torsit hastam. Postea suspicatus sum ἔβαλόν ποτε
καί τόν ἔαντε'. — V. 38. ούρανίαν FeliceAdGPIgfiul.bVbdf, vulgo
ούρανία. Schol. Ούρανίδα legit, sed fort. Pindarum ούρανιάδα scripsit.
— V. 39. ἀντε, M14 ἀντοτε. — V. 41. ἀνδέξατ' Byl.b, vulgo άνεδίξατ',
Mitscherlich άνδείξατ'. — V. 42. ἀνευ οί GPIFMuVo, ἀνευ δ' οί Ve
lemma schol. et vulgo, ἀνευ δέ οί AAdI.bVbd. — τέκεν Α, vulgo τέκε.
V. 43. ἀνδράσι, ἀνθρώποισι AdPIVdf. — νόμοις libri et schol., vulgo
τομαῖς. — V. 44. τράφοισα, τραφοῖσα Α, in Vb supra τρέφοισα. — V. 49.
ἀπαν ἐπί ἐλπίδεσσι, Hartung ἀπαν ἐκ ἐλπίδεσσι numero corrupto. —
V. 50. αἰετόν, Vbdf αἰετόν, Α αἰητόν. — V. 51. ἐκαμψε, Gu Γκαμψε.
— V. 52. ἐτέροισι, Pl ἐτάροισι. — V. 53. κακαγοριάν Ve, κακηγοριάν M124
MOuPIZI'c, κακηγοριάν Vb, κακοργιάν Vd, δάκος άδινόν, κακαγορίαν
vulgo. — V. 55. βαρυλόγοις, Po βαρυλογείσιν.

πιαινόμενον· τὸ πλουτεῖν δὲ σὺν τύχᾳ πότμου σοφίας
ἄριστον.

'Ἀντ. γ'.

τὺ δὲ σάφα νιν ἔχεις, ἐλευθέρᾳ φρενὶ πεπαρεῖν, 105
πρύτανι κύριε πολλᾶν μὲν εὐστεφάνων ἀγυιᾶν καὶ στρα-
τοῦ. εἰ δέ τις
ἤδη κτεάτεσσί τε καὶ περὶ τιμᾷ λέγει 110
60 ἕτερόν τιν' ἄν' Ἑλλάδα τῶν πάροιθε γενέσθαι ὑπέρτερον,
χαύνᾳ πραπίδι παλαιμονεῖ κενεά.
εὐανθέα δ' ἀναβάσομαι στόλον ἀμφ' ἀρετᾷ
κελαδέων. νεότατι μὲν ἀρήγει θράσος 115
δεινῶν πολέμων· ὅθεν φαμὶ καὶ σὲ τὰν ἀπείρονα δόξαν
εὑρεῖν,

'Ἐπ. γ'.

65 τὰ μὲν ἐν ἱπποσόαισιν ἄνδρεσσι μαρνάμενον, τὰ δ'
ἐν πεζομάχαισι· βουλαὶ δὲ
πρεσβύτεραι 120
ἀκίνδυνον ἐμοὶ ἔπος σὲ ποτὶ πάντα λόγον
ἐπαινεῖν παρέχοντι. χαῖρε· τόδε μὲν κατὰ Φοίνισσαν
ἐμπολάν 125
μέλος ὑπὲρ πολιᾶς ἁλὸς πέμπεται·
τὸ Καστόρειον δ' ἐν Αἰολίδεσσι χορδαῖς θέλων
70 ἄθρησον χάριν ἑπτακτύπου
φόρμιγγος ἀντόμενος. 130
γένοι', οἷος ἐσσί· μαθὼν καλός τοι πίθων, παρὰ παισὶν
αἰεί

V. 56. πότμου σοφίας ἄριστον. Hartung πότμος σοφίας ἄριστος. Quid sententia institutae requirat, planum est: dicit poeta optimum esse, si quis sapientiam cum opibus coniungat: vorum ex verbis, quemadmodum nunc leguntur, aegerrime hoc efficias: sed emendatio incerta. — V. 57. πεπαρεῖν. LbVdM2 πεπορεῖν, idque supra GPlAd, fortasse recte. Sch. utrumque. — V. 58. μὲν RGGuVbdl'2, vulgo μάν. — V. 59. κτεάτεσσι, κτεάντεσσι A, κτεάνοισι AdLbPlVdf. — V. 60. τῶν, Vf τὰν. — V. 61. κενεά Gu, ut Pauwius coniecerat, κενεᾷ reliqui libri et Sch. — V. 65. ἄνδρεσσι Hermann, ἀνδράσι libri. — πεζομάχαισι, πεζομάχοισι AdPl LbllyVb(a m. s.)df. — V. 66. σὲ ποτὶ πάντα λόγον scripsi, libri ποτὶ πάντα λόγον, nisi quod Pt ποτὶ ἅπαντα, ALb ποτὶ δ' ἅπαντα, Py ποτὶ δὰ πάντα, ut vulgo. Boeckh ποτὶ σὲ πάντα λόγον. Et si videtur sch. reperisse. — V. 69. θέλων, Boeckh coni. ἑκών. Hartung totum locum ita constituit πέμπεται τὸ Καστόρειον, σὺν δ' Αἰολίδεσσι χορδαῖς ἑκὼν ἄθρησον χάριν, Ἐπτ. φ. ἀντόμενος. Ego nihil expedio. — V. 72. γένοι', οἷος ἐσσί· μαθὼν καλός τοι πίθων, παρὰ παισὶν αἰεὶ καλός. Ita distinxi, legebatur γένοι', οἷος ἐσσὶ μαθών· καλός του πίθων παρὰ παισίν, αἰεὶ καλός. At Pindarus eum Hieronem admonet, ut talem se exprimat,

Στρ. δ'.

καλός, ὁ δὲ Ῥαδάμανθυς εὖ πέπραγεν, ὅτι φρενῶν
ἔλαχε καρπὸν ἀμώμητον, οὐδ' ἀπάταισι θυμὸν τέρπεται
ἔνδοθεν, 135
75 οἷα ψιθύρων παλάμαις ἕπετ' αἰεὶ βροτῶν.
ἄμαχον κακὸν ἀμφοτέροις διαβολιᾶν ὑποφάτιες, 140
ὀργαῖς ἀτενὲς ἀλωπέκων ἵκελοι.
κερδοῖ δὲ τί μάλα τοῦτο κερδαλέον τελέθει;
ἅτε γὰρ εἰνάλιον πόνον ἐχοίσας βαθύ 145
80 σκευᾶς ἑτέρας, ἀβάπτιστός εἰμι, φελλὸς ὣς ὑπὲρ ἕρκος,
ἅλμας,

Ἀντ. δ'.

ἀδύνατα δ' ἔπος ἐκβαλεῖν κραταιὸν ἐν ἀγαθοῖς

qualis natus sit, simul eximio praeconio ornat, significans illum insita virtute plurimum valere: tum vero ni solet eos carpit, qui artibus aliunde ascitis ingenii imbecillitatem callide occultant: dicit enim: simia si artes didicit placet, puerorum admiratione semper gaudet. cf. Aelian Hist. An. V 26: καὶ ὀρχεῖται γοῦν (ὁ πίθηκος) ἐὰν μάθῃ, καὶ αὐλεῖται ἐὰν διδάξῃς. Respexit autem, ut videtur, hunc locum Eustath. Opusc. p. 125 ed. Tafel: καὶ γὰρ μὲν ἐτέρομαι τὸ ἐς μνήμην τοῦ καπνοῦ τοιοῦτος εἶναι διὰ βίου, οἷός εἰμι, παραξέσαι τὸ τοῦ Ἰαρικοῦ. Suspicatus autem olim sum, hic carmen subsistisse, et triada novissimam postea esse adiectam; idem Mommsen (vita P. p. 80) videtur coniicere. Hartung scripsit γένος, οἷος ἐπὶ μαθών, καλός· καὶ πίθων παρὰ παισὶν αἰεὶ καλός. Ceterum γένος Vally, γένοιο δ' ABhcGPJlGaLbVbdfAdM 1234 lemma sch. — τοι, Bc τις, hinc Heyne οἷος ἐπὶ μαθών, καλός τις. πίθων ἄτι. — αἰεί, Pc def. — V. 74. ἀμώμητον, Iacobs ἀμεμφῆτων. — V. 76. βροτῶν, Heindorf coni. βροτῷ. — V. 76. διαβολιᾶν scripsi cf. Theogn. v. 324, libri διαβολιᾶν, sed fortasse Pindarus scripserat διαιβολίαν, vide quae dixi Fr. 283. — ὑποφάτιες, Bothe ὑποφάτορες, Hoeckh ὑποφάντιες. Coniici possunt multa. — V. 78. κερδοῖ Hoschke, libri κέρδει, quod tuentur L. Schmidt et Friederichs. Et schol. quidem sic videtur interpunxisse: κέρδει δί. τί μάλα τ. κ. τελέθει; contra Pc κέρδει δέ; τί μ. τ. κ. τελέθει. V. 2 κέρδει δὲ τί μέρ. τ. κερδαλέον; τί δή οἱ πρὸ τελέθει. Denique pro μᾶλα τοῦτο l'IVdf inverso ordine τοῦτο μᾶλα. — V. 79. ἐχοίσας APcAdIlyGPl2VhdfGaLb Sch., v. ὀχοῖσας. — βαθύ, Oa s. m. pr. fort. βαθύν, Hartung βάθει scripsit. — V. 80. ἕρκος, Έρκεος ΠyAdVdfLb. Ἕρκος Vb. Hermann conicit στέρος, Hartung scripsit φελλὸς ὥς, ὑπὸ ἕρκος ἅλμας. Locum haud dubie corruptum: offendit me post comparandi particulam ὥς repetitum, nec minus ἕρκος, quod hoc quidem loco nihil aliud quam rete significare potest, denuo commemoratum, cum iam antea retium facta esset mentio, neque ὑπὲρ ἕρκος dici poterat, sed ἕρκος, verum hoc versu infragantur: cuiicci εἰ γὰρ εἰναλίων πόνων ἐχοίσας βαθὺν σκευὰς ἑτέρας, ἀβάπτιστος εἰμι φελλὸς ὡς ὑπὲρ ἕρκος ἅλμας, i. e. dum isti in maris fundo laborant, ego non mergor audio, sed superis instar feror supra rates. ab hinc loco convenientissimum, quamvis Pindarus alias hac forma non videatur usus esse, vide Pyth. IX 88. εἶμι autem scripsi, quoniam sic demum ὑπὲρ ἕρκος commodum est: futuri autem temporis notio ut omnino non abhorret ab huius loci sententia, ita vel maxime comparatione adhibita commendatur. — V. 81. ἀδύνατα δ' Add PlxduVdf, sed ARMI2 et a see. m. M3 Reh. ἀδύνατον δ', unde ἀδύνα-

δόλων ἀστόν· ὅμως μὰν σαίνων ποτὶ πάντας, ἀγὰν πάγχυ
διαπλέκει.   150
οὐ οἱ μετέχω θράσεος. φίλον εἴη φιλεῖν·
ποτὶ δ' ἐχθρὸν ἅτ' ἐχθρὸς ἐὼν λύκοιο δίκαν ὑποθεύ-
σομαι,   155
ἄλλ' ἄλλοτε πατέων ὁδοῖς σκολιαῖς.
ἐν πάντα δὲ νόμον εὐθύγλωσσος ἀνὴρ προφέρει,
παρὰ τυραννίδι, χὠπόταν ὁ λάβρος στρατός,   160
χὤταν πόλιν οἱ σοφοὶ τηρέωντι. χρὴ δὲ πρὸς θεὸν οὐκ
ἐρίζειν,

Ἐπ. δ'.

ὃς ἀνέχει ποτὲ μὲν τὰ κείνων, τότ' αὖθ' ἑτέροις ἔδωκεν
μέγα κῦδος. ἀλλ' οὐδὲ ταῦ-
τα νόον   165
ἰαίνει φθονερῶν· στάθμας δέ τινος ἑλκόμενοι
περισσᾶς ἐνέπαξαν ἕλκος ὀδυναρὸν ἑᾷ πρόσθε καρδίᾳ,
πρὶν ὅσα φροντίδι μητίονται τυχεῖν.   170
φέρειν δ' ἐλαφρῶς ἐπαυχένιον λαβόντα ζυγόν
ἀρήγει· ποτὶ κέντρον δέ τοι
λακτισέμεν τελέθει
ὀλισθηρὸς οἶμος. ἁδόντα δ' εἴη με τοῖς ἀγαθοῖς ὁμι-
λεῖν.   175

ΠΥΘΙΟΝΙΚΑΙ Γ.
ΙΕΡΩΝΙ ΣΥΡΑΚΟΣΙΩ.
ΚΕΛΗΤΙ.

Strophae.

⏕ — ⏕ — ⏑ ⏑ — ⏑ ⏑ — ⏑ ⏑ ⎯

⏕ ⏑ — — ⏑ ⏑ — ⏑ ⏑ — — ⏑ ⏑ — ⏑ ⏑ ⎯

— ⏑ ⏑ — ⏑ ⏑ — ⎯

⏕ ⏑ ⏑ — ⏑ ⏑ ⏑ ⏑ — ⏑ ⏑ — — ⏑ ⏑ — — ⏑ ⏑ — ⏑ ⏑ ⎯

5 ⏕ ⏑ — — ⏑ ⏑ ⏑ — ⏑ ⏑ — ⏑ ⎯

⏕ ⏑ ⏑ — ⏑ ⏑ — ⏑ ⏑ — — ⏑ ⏑ — ⏑ ⏑ ⎯

⏕ ⏑ ⏑ — ⏑ ⏑ — ⏑ ⏑ — ○

Epodi.

⏕ ⏑ — — ⏑ ⏑ ⏑ ⏑ ⎯

⏕ ⏑ — — ⏑ ⏑ — ⏑ ⏑ ⎯

⏕ ⏑ — ⏑ ⏑ ⏑ ⏑ — — ⏑ ⏑ ⎯

⏑ ⏑ — ○ ⏑ ⏑ ⏑ ⏑ — ○

5 ⏕ ⏑ ⏑ — ⏑ ⏑ — — ⏑ ⏑ — — ⏑ ⏑ ⎯

⏕ ⏑ ⏑ — ⏑ ⏑ — ○ ⏑ ⏑ — — ⏑ ⏑ ⎯

⏕ ⏑ ⏑ — ⏑ ⏑ — — ⏑ ⏑ ⏑ — ⏑ ⏑ ⎯

⏕ ⏑ — — ⏑ ⏑ — ⏑ ⏑ ⏑ — ⏑ ⏑ — ○

⏑ ⏑ ⏕ ⏑ ⏑ — — ⏑ ⏑ — ⏑ ⏑ ⎯

Στρ. α'.

Ἤθελον Χείρωνά κε Φιλυρίδαν,
εἰ χρεὼν τοῦθ᾽ ἁμετέρας ἀπὸ γλώσσας κοινὸν εὔξασθαι
ἔπος,

V. 1. Φιλυρίδαν scripsi, libri ut videtur omnes et schol. (etiam Pyth. IV arg. metr.) Φιλλυρίδαν, at Φιλύρα Chironis mater fuit, vid.

8*

ζώειν τὸν ἀποιχόμενον,
Οὐρανίδα γόνον εὐρυμέδοντα Κρόνου, βάσσαισί τ᾽ ἄρ-
   χειν Παλίου Φῆρ᾽ ἀγρό-
      τερον   5
5 νόον ἔχοντ᾽ ἀνδρῶν φίλον· οἷος ἰὼν θρέψεν ποτί   10
τέκτονα νωδυνίας ἄμερον γυιαρκέος Ἀσκλαπιόν,
ἥρωα παντοδαπᾶν ἀλκτῆρα νούσων.
                                          Ἀντ. α᾽.
τὸν μὲν εὔιππου Φλεγύα θυγάτηρ,
πρὶν τελέσσαι ματροπόλῳ σὺν Ἐλειθυίᾳ, δαμεῖσα χρυ-
   σέοις   15
10 τόξοισιν ὕπ᾽ Ἀρτέμιδος,
εἰς Ἀίδα δόμον ἐν θαλάμῳ κατέβα, τέχναις Ἀπόλλωνος.
   χόλος δ᾽ οὐκ ἀλίθιος   20
γίνεται παίδων Διός. ἁ δ᾽ ἀποφλαυρίξαισά νιν
ἀμπλακίαισι φρενῶν, ἄλλον αἴνησεν γάμον, κρύβδαν
   πατρός·   25
πρόσθεν ἀκερσεκόμᾳ μιχθεῖσα Φοίβῳ·

Pyth. IV 103, VI 92, Nem. III 43. — V. 4. εὐρυμέδοντα, Vb supra ευρυ-
μέδοντος. — Φῆρ᾽, Pc a m. pr. φάρ᾽. — V. 5. νόον, πρὸν Ηey probante
Boeckhio, Hermann γνώμ᾽, Kayser λῆμ᾽, Hartung τοὺς δ᾽ ἔχοντ᾽ ἀν-
δρῶν, φύσιν οἷος. — V. 6. τέκτονα νωδυνίας tilln Sch., τέκτονα ἀνωδυ-
νίας l'c corr. lly, τέκτον᾽ ἀνωδυνίας VbdfLl)'12, τίκτεν ἀνωδυνίας Pc
(a m. pr.) ABAd((l)e). Denique Sch. Hom. II. Δ 110, τέκτονόν ὀδύνας.
— Offensus brevi quae videtur syllaba ease in γυιαρκέος Hormann ἀνω-
δυνιῶν γυιαρκέως olim conleclt, postea voce γυιαρκέος versum terminat,
ut Asκlapiov novum offlclat versum et ob id ipsum v. 52 et 100 corrigit.
Item Hartung scripsit νωδυνίας ἄμερον γυιαρκέας. Sed extant alia
quoque exempla et in dactylicis et in opisthii, et vero etiam nbi divers!
numeri conociantur, vid. Ol. VI 103. Pyth. IX 114. IV 181. XI 38.
Nem. I 69.
Δίκτοια ποντόπεδον, τοθύν δὴ πλόον καμάτων.
Ἀκύτατον γάμον᾽ ἴστασεν γὰρ ἅπαντα χορὸν ἐν τέρμασιν αὐτίκ᾽
                        ἀγώνος.
Τὸν δὲ παμπιθῆ γλυκὺν ἡμιθέοισιν πόθον ἔνδαιεν Ἥρα.
Ἦ δ᾽ ω φίλοι κατ᾽ ἀμευσαίπορον τρίοδον ἐδινάθην.
Ἔνευεν᾽ αὐτὸν μὲν ἐν εἰσαντα τὸν ἅπαντα χρόνον ἐν ἀγρῷ.
— Ἀσκλαπίον. lly Ἀσκληπιόν, Boeckh Ἀσκλήπιον. — V. 11. Ἀίδα Bcl'2,
Ἀίδαο ceteri et sch. Quod sequitur ἐν θαλάμῳ veteres criticos offendit,
et sano magis placeret ἐν θαλάμων, quod nunc recepit Hartung. Mihi
locus interpolatus videtur, cum in antiquis exemplaribus legeretur εἰς
Ἀίδαο θάλαμον κατέβα. Poeta fort. scripserat εἰς Ἀίδαο θοόν θάλα-
μον, cf. Scholiast. (γραμμευτίσατο δὲ εἶπεν θάλαμον τὸν Ἀίδην. Simi-
liter Antimachus dixit Fr. Ἀίθος ἐκρηπίνωσαν θοόν δόμον. Uelschlae-
ger tralecit verba τόξοισιν ὕπ᾽ Ἀρτέμιδος ἐν θαλάμῳ, δόμον εἰς
Ἀίδα κατέβα. — V. 12. γίνεται l'c, v. γίγνεται. — ἀποφλαυρίξαισα
Boeckh, v. ἀποφλατρίξασα. — νιν PILb et alli ap. Momm., v. μιν. —
V. 13. αἴνησεν Pcl'2, v. αἴνησε. — κρύβδαν πατρός cum sequentibus
Iunxi, vulgo additur progressus. Ambigunt schol. — V. 14. ἀκερσεκόμα,

'Επ. α'.

15 καὶ φέροισα σπέρμα θεοῦ καθαρόν,
οὐκ ἔμεινʼ ἐλθεῖν τράπεζαν νυμφίαν,
οὐδὲ παμφώνων ἰαχὰν ὑμεναίων, ἅλικες   30
οἷα παρθένοι φιλέοισιν ἑταῖραι
ἑσπερίαις ὑποκουρίζεσθʼ ἀοιδαῖς· ἀλλά τοι
20 ἤρατο τῶν ἀπεόντων· οἷα καὶ πολλοὶ πάθον.   35
ἔστι δὲ φῦλον ἐν ἀνθρώποισι ματαιότατον,
ὅστις αἰσχύνων ἐπιχώρια παπταίνει τὰ πόρσω,
μεταμώνια θηρεύων ἀκράντοις ἐλπίσιν.   40

Στρ. β'.

ἔσχε τοιαύταν μεγάλαν αὐάταν
25 καλλιπέπλου λῆμα Κορωνίδος. ἐλθόντος γὰρ εὐνάσθη
   ξένου
λέκτροισιν ἀπʼ Ἀρκαδίας.   45
οὐδʼ ἔλαθε σκοπόν· ἐν δʼ ἄρα μηλοδόκῳ Πυθῶνι τόσσαις
   ἄϊεν ναοῦ βασιλεύς
Λοξίας κοινᾶνι παρʼ εὐθυτάτῳ γνώμαν πιθών,   50
πάντα ἴσαντι νόῳ· ψευδέων δʼ οὐχ ἅπτεται, κλέπτει
   τέ νιν
30 οὐ θεὸς οὐ βροτὸς ἔργοις οὔτε βουλαῖς.

Ἀντ. β'.

καὶ τότε γνοὺς Ἴσχυος Ἐλλατίδα   55

ἀπειρομόρα AdBγP1LhVd. — μιχθεῖσα, Pc μιγεῖσα. — Φοίβῳ, hic pleno interpunxi, non ut vulgo fit v. 16 post καθαρόν, itaque etiam v. 16 servavi librorum lectionem οὐκ, ubi Boeckh alii οὐδʼ ex A ediderunt. Schol. de distinctione ambiguit. — V. 16. νυμφίαν, Pc et f. sch. συμφιδίαν. — V. 18. φιλέουσιν, φιλέουσιν APc. — V. 19. ὑποκουρίζεσθʼ, Hoyne ὑπὸ κουρίζεσθ'. — V. 24. τοιαύταν, τοι ταύταν ALbP12Vhf. — αὐάταν scripsi, non ἀυάταν, Α ἀβάταν, AdVf ἀνάταν, Lh ἀάταν. — V. 27. μηλοδόκῳ, Po a m. pr. et fort. alli libri μηδοδόκῳ, Hoyne μαλοδόκῳ. — τόσσαις ἄϊεν Boeckh, τόσσαις ἄϊε (ἄϊεν) PcGGaVhdfAAdP2Lb Bch. τόσσʼ ἄϊε P1, sed corr. τόσσας, τόσσʼ ἔσαϊε Η. τόσσαις vel τόσαις duo libri ap. Momms., vulgo τόσσʼ εἴσαϊε ex Schmidli coni. — V. 28. κοινᾶνι GGaP2VbfBch., vulgo κοινᾶνι. — γνώμαν πιθών Schmid, γνώμαν lemma sch. et nonnulli codd., γνώμα AAdBγP1LhVdf, γνώμᾳ Pc. πεπιθών libri omnes praeter P2 πιθών, Boeckh γνώμᾳ πιθών. Locus iam antiquitus corruptus, nam veteres critici eandem, quam nostri libri praebent, scripturam secuti sunt; nam expellivit Hartung qui scripsit εὐθυτάτῳ, γνᾷ δʼ αὐτόθεν πάντα ἴσαντι νόῳ, nam neque ἄϊεν κοινᾶνι παρʼ εὐθυτάτῳ recte dicitur, neque κοινᾶνι π. τόῳ potest dissociari a verbis πάντα ἴσ. νόῳ, quae explicando inserviunt, vidit tamen aliquid, cum verbum γνᾷ restituit, nam γιγνώσκειν παρʼ ἴσανιᾷ dicitur, qui videt aliquid animo vel apud eo constituit; Pindarus videtur scripsisse: Λοξίας κοινᾶνι παρʼ εὐθυτάτῳ γνᾷ ὂν πάθεν πάντα ἴσαντι νόῳ. Oelschlaeger γνώμᾳ ἰδών· πάντα δʼ ἴσαντι νόῳ. — V. 29. νιν Boeckh, v. μιν.

ξεινίαν κοίταν ἄθεμίν τε δόλον, πέμψεν κασιγνήταν
   μένει
θύϊσαν ἀμαιμακέτῳ
ἐς Λαμέριαν, ἐπεὶ παρὰ Βοιβιάδος κρημνοῖσιν ᾤκει παρ-
         θένος· δαίμων δ' ἕτερος (65)
35 ἐς κακὸν τρέψαις ἐδαμάσσατό νιν, καὶ γειτόνων
πολλοὶ ἐπαῦρον, ἁμᾷ δ' ἔφθαρεν· πολλὰν ὄρει πῦρ ἐξ
         ἑνός   65
σπέρματος ἐνθορὸν ἄϊστωσεν ὕλαν.

                                                     Ἐπ. β'.
ἀλλ' ἐπεὶ τείχει θέσαν ἐν ξυλίνῳ
σύγγονοι κούραν, σέλας δ' ἀμφέδραμεν
40 λάβρον Ἀφαίστου, τότ' ἔειπεν Ἀπόλλων· Οὐκέτι   70
τλάσομαι ψυχᾷ γένος ἁμὸν ὀλέσσαι
οἰκτροτάτῳ θανάτῳ, ματρὸς βαρείᾳ σὺν πάθᾳ.
ὣς φάτο· βάματι δ' ἐν τρίτῳ κιχὼν παῖδ' ἐκ νεκροῦ 75
ἅρπασε· καιομένα δ' αὐτῷ διέφανε πυρά.
45 καὶ ῥά μιν Μάγνητι φέρων πόρε Κενταύρῳ διδάξαι   80
πολυπήμονας ἀνθρώποισιν ἰᾶσθα νόσους.

                                                     Στρ. γ'.
τοὺς μὲν ὦν, ὅσσοι μόλον αὐτοφύτων
ἑλκέων ξυνάονες, ἢ πολιῷ χαλκῷ μέλη τετρωμένοι   85
ἢ χερμάδι τηλεβόλῳ,
50 ἢ θερινῷ πυρὶ περθόμενοι δέμας ἢ χειμῶνι, λύσαις ἄλλον
         ἀλλοίων ἀχέων   90

V. 32. ξεινίαν, ξενίαν Pc Sch. — V. 35. τρέψαις, τρέψας AVbdfGGu.
— ἐδαμάσσατο AGul'1Pc, v. ἰδαμάσατο. — V. 36. ἁμᾷ, v. ἁμᾶ. — πολ-
λὰν scripsi, πολλὰν δ' AGAdDaVbdfl'12, πολλὰν δ' ἐν Pc, πολλὰν τ'
vulgo et sch. — V. 40. τὸτ' ἔειπεν, τότε εἶπεν GaPc. — V. 43. τρίτῳ
Hartungum secutus scripsi, neque aliter legisse videtur Aristarchus,
quem τριτάτῳ scripsisse dicit scholiasta: sed non fuit adeo numeri
ignarus, ut alieno loco dactylum inferret: scholiasta tactus lectionem
προτέρῳ, quam etiam libri omnes exhibent, quoniam noluit brevem sylla-
bam in locum longae succedere, quae in ceteris epodis est (ἔστι δὲ καὶ
πρὸς τὴν ἀντίστροφον σύμφωνον); sed Pindarus fortasse Aeolica forma
usus scripsit βάματι δ' ἐν τρίτῳ κιχών, cuius formae ignorantia cor-
ruptelae ansam dedit. Ceterum huc respicit Aristid. or. XV p. 872 cd.
Dind.: τρίτῳ δέ, ὡς οἱ ποιηταὶ καλοῦσι, βήματι κινηθείσα ἡ πόλις εἰς
ἓν τόδε κατέστη τὸ σχῆμα. — νεκροῦ, Vl νεκροῦ σώματος. — V. 44. διέ-
φανε Pcl'2, διέφηνε sch., διέφαινε vulgo. Hartung διέγαινε, quod non
satis facit, emendatio incerta, conieci aliquando διεχεῖτο cf. Anon.
περὶ τρόπων du Spengelii Rhett. Gr. III 206, 14. — V. 50. λύσαις llGu.
λύσας AVbdf.

ἔξαγεν· τοὺς μὲν μαλακαῖς ἐπαοιδαῖς ἀμφέπων,
τοὺς δὲ προσανέα πίνοντας, ἢ γυίοις περάπτων πάντοθεν
φάρμακα, τοὺς δὲ τομαῖς ἔστασεν ὀρθούς·

'Αντ. γ'.
ἀλλὰ κέρδει καὶ σοφία δέδεται.   95
55 ἔτραπεν καὶ κεῖνον ἀγάνορι μισθῷ χρυσὸς ἐν χερσὶν
φανεὶς
ἄνδρ' ἐκ θανάτου κομίσαι
ἤδη ἁλωκότα· χερσὶ δ' ἄρα Κρονίων ῥίψαις δι' ἀμ-
φοῖν ἀμπνοὰν στέρνων καθ-
ελὼν   100
ὠκέως, αἴθων δὲ κεραυνὸς ἐνέσκιμψεν μόρον.   105
χρὴ τὰ ἐοικότα παρ δαιμόνων μαστευέμεν θναταῖς
φρασίν,
60 γνόντα τὸ παρ ποδός, οἴας εἰμὲν αἴσας.

'Επ. γ'.
μή, φίλα ψυχά, βίον ἀθάνατον
σπεῦδε, τὰν δ' ἔμπρακτον ἄντλει μαχανάν.   110
εἰ δὲ σώφρων ἄντρον ἔναι' ἔτι Χείρων, καὶ τί οἱ
φίλτρον ἐν θυμῷ μελιγάρυες ὕμνοι
65 ἁμέτεροι τίθεν· ἰατῆρά τοί κέν νιν πίθον   115
καὶ νῦν ἐσλοῖσι παρασχεῖν ἀνδράσιν θερμᾶν νόσων
ἤ τινα Λατοΐδα κεκλημένον ἢ πατέρος.
καί κεν ἐν ναυσὶν μόλον Ἰονίαν τέμνων θάλασσαν 120
'Αρέθουσαν ἐπὶ κράναν παρ' Αἰτναῖον ξένον,

Στρ. δ'.
70 ὃς Συρακόσσαισι νέμει βασιλεύς
πραΰς ἀστοῖς, οὐ φθονέων ἀγαθοῖς, ξείνοις δὲ θαυ-
μαστὸς πατήρ.   125

V. 52. περάπτων Pc(a m. pr.)GuVb, vulgo περιάπτων. Hermann vult
γυίοις πέρι | ἅπτων ἐπὶ | πάντοθι vel γυίοις πέρι | ἅπτων ἄπη | πάν-
τοθι. — V. 55. καὶ κεῖνον Boeckh, v. κπαεῖνον. — V. 57. ῥίψαις scb.,
ῥίψας lemma sch. APcLdVbdf. — V. 58. ἐνέσκιμψεν AdGP12Lb, ἐνέ-
σκιψε A, ἐνέσηψεν Pc ut vulgo et Euseb. Praep. Ev. III 121. — V. 59.
φρασίν Boeckh, v. φρεσίν. — V.60. ποδός, Sch. fort. ποδας. — V.65. νιν
Boeckh, v. μιν. — V. 66. καὶ νῦν scripsi, καί νυν Schmid, libri καὶ νῦν, V 2
νῦν τε. — V. 69. Ἀρέθουσαν libri, antea Ἀρέθοισαν scripsi, nunc satius
duxi sibilizovare; Pindarus enim haud dubie eam formam adhibuit, quae
Syracusis fait in usu: in quamvis autem Syracusanorum passim legitur
ΑΡΕΘΟΣΑ, quemadmodum etiam Pindarus scripsit. — V. 70. Συρακόσ-
σαισι νέμει, Hartung Συρακόσσας ἔνεμεν, ego conieci μέδει. — V. 71.
οὐ φθονέων, Hecker τυφρονέων. — ξείνοις, PcVb ξένοις. — δὶ, Vb
Pc τε.

τῷ μὲν διδύμας χάριτας,
εἰ κατέβαν ὑγίειαν ἄγων χρυσέαν κῶμόν τ' ἀέθλων Πυ-
          θίων αἴγλαν στεφάνοις, ι:ω
τοὺς ἀριστεύων Φερένικος ἕλεν Κίρρᾳ ποτέ·
75 ἀστέρος οὐρανίου φαμὶ τηλαυγέστερον κείνῳ φάος 135
ἐξικόμαν κε βαθὺν πόντον περάσαις.

                                   'Ἀντ. δ'.
ἀλλ' ἐπεύξασθαι μὲν ἐγὼν ἐθέλω
Ματρί, τὰν κοῦραι παρ' ἐμὸν πρόθυρον σὺν Πανὶ μέλ-
          πονται θαμά,
σεμνὰν θεὸν ἐννύχιαι. 140
81 εἰ δὲ λόγων συνέμεν κορυφάν, Ἱέρων, ὀρθὰν ἐπίστα,
          μανθάνων οἶσθα προτέρων·
ἓν παρ' ἐσλὸν πήματα σύνδυο δαίονται βροτοῖς 145
ἀθάνατοι. τὰ μὲν ὦν οὐ δύνανται νήπιοι κόσμῳ φέρειν,
ἀλλ' ἀγαθοί, τὰ καλὰ τρέψαντες ἔξω.

                                   , Ἐπ. δ'.
τὶν δὲ μοῖρ' εὐδαιμονίας ἕπεται. 150
85 λαγέταν γάρ τοι τύραννον δέρκεται,
εἴ τιν' ἀνθρώπων, σ' ὁ μέγας πότμος. αἰὼν δ' ἀσφαλής
οὐκ ἔγεντ' οὔτ' Αἰακίδᾳ παρὰ Πηλεῖ
οὔτε παρ' ἀντιθέῳ Κάδμῳ· λέγονται μὰν βροτῶν 155
ὄλβον ὑπέρτατον οἳ σχεῖν, οἵτε καὶ χρυσαμπύκων
90 μελπομενᾶν ἐν ὄρει Μοισᾶν καὶ ἐν ἑπταπύλοις 160
ἄϊον Θήβαις, ὁπόθ' Ἁρμονίαν γᾶμεν βοῶπιν,
ὁ δὲ Νηρέος εὐβούλου Θέτιν παῖδα κλυτάν.

V. 73. αἴγλαν στεφάνοις, Hartung αἰγλοστεφάνων. Ego coniecl
κόμον τ' εἰδέων Πυθίων, αἰγλᾶν στεφάνοις (sive scolicc στεφά-
νοις) l. e. coronas victoriarum dantum, quas Phoenicus reportavit: noc
tamen satis placet hoc genus dicendi, quare nescio an poeta scripscrit
δ αυχνᾶν στεφάνοις, thessalica forma naus, alsi forte peculiaris aliquas
lauri appellatio latet (vid. Hesych. v. δελέα et θυορία). Pyth. VIII
21 πόαν Παρνασίδα dixit. Atqne cjiam sch. ad v. 1: τῆς ἀμφοτέρας τὰς
νίκας τὸν ἐπίνικον συνιάντες, δι' ὧν ἀνάραξεν στεφάνοις δὲ θαλὼν καὶ
κόμοις εἶδον, aliud quid legit, fort. θαλλὰν στεφάνοις. — V. 74. ἕλεν
GGaP'12, ἕλε Pc at vulgo, ἕλ' ἐν Boeckh. — V. 76. κόντον, φόρον AdP'l
Vbdf. — περάσαις It, περάσσαις Vbdf. περάσας AGGn, περήσας Bc, πε-
ρόσσας P'P'c. — V. 79. σεμνὰν, Vd σεμνὸν. — V. 81. σύνδυο, σὺν δυο
GnVf. — δαίονται, Sch. Pyth. V 74. διδονται, sed δαίονται Sch. Ol. I
93, Plut. cons. ad Apoll. 12 δαίνυνται (Döbner δαίονται). — V. 85. τοι
om. lemma sch., vou exhibot A. — V. 86. ὁ' ὁ μέγας scripsi, vulgo ὁ μέ-
γας, nam λαγέταν γάρ τοι τύραννον non ausim rotibere. — V. 88. μὰν
AdLbl'2Vf, γε μὰν AHGGuPcP'1Vbd.

Στρ. ί.

καὶ θεοὶ δαίσαντο παρ' ἀμφοτέροις, 165
καὶ Κρόνου παῖδας βασιλῆας ἴδον χρυσέαις ἐν ἕδραις,
ἕδνα τε

165 δέξαντο· Διὸς δὲ χάριν
ἐκ προτέρων μεταμειψάμενοι καμάτων ἔστασαν ὀρθὰν καρ-
δίαν. ἐν δ' αὖτε χρόνῳ 170
τὸν μὲν ὀξείαισι θύγατρες ἐρήμωσαν πάθαις
εὐφροσύνας μέρος αἱ τρεῖς· ἀτὰρ λευκωλένῳ γε Ζεὺς
πατὴρ 175
ἤλυθεν ἐς λέχος ἱμερτὸν Θυώνα.

Ἀντ. ί.

(101) τοῦ δὲ παῖς, ὅνπερ μόνον ἀθανάτα
τίκτεν ἐν Φθίᾳ Θέτις, ἐν πολέμῳ τόξοις ἀπὸ ψυχὰν
λιπών 180

ὦρσεν πυρὶ καιόμενος
ἐκ Δαναῶν γόον. εἰ δὲ νόῳ τις ἔχει θνατῶν ἀλαθείας
ὁδόν, χρὴ πρὸς μακάρων 185
τυγχάνοντ' εὖ πασχέμεν. ἄλλοτε δ' ἀλλοῖαι πνοαί
165 ὑψιπετᾶν ἀνέμων. ὄλβος οὐκ ἐς μακρὸν ἀνδρῶν ἔρχεται,
ὃς πολὺς εὖ τ' ἂν ἐπιβρίσαις ἕπηται. 190

Ἐπ. ί.

σμικρὸς ἐν σμικροῖς, μέγας ἐν μεγάλοις
ἔσσομαι· τὸν δ' ἀμφέποντ' αἰεὶ φρασίν
δαίμον' ἀσκήσω κατ' ἐμὰν θεραπεύων μαχανάν.
110 εἰ δέ μοι πότμον θεὸς ἁβρὸν ὀρέξαι, 195

V. 98. γε Ζεύς, Hermann γ' αὖ Ζεύς. — V. 101. λιπών, Hecker βα-
λών. — V. 102. ὦρσεν, Ρα ὦρσεν ἐν. — V. 105. ὄλβος LbAdI'Z, ὄλβος δ'
Rcb. AlHergGil'Il'oGuVbd. Delude Hermann ὄλβος ἀνδρῶν ἐς μακρὸν |
οὐκ ἔρχεται. — V. 106. ὃς πολὺς εὖ τ' ἂν scripsi lenissima mutatione,
libri δὲ πολὺς εὖτ' ἄν, nisi quis deleta particula ἂν praeferat εὖ τ'.
Omnes vitiosum existimarunt ὃς πολύς, quare Dissen συμπολύς, Her-
mann ἀμέτερος vel ἄσπετος (hoc ego quoquo olim et Schneidewin), Kay-
ser Θεόφορος, Rauchenstein ὄλβος ἀνδρῶν ἐς μακρὸν οὐκ ἀσφαλὲς ἕρ-
χεται· sed πολὺς iam tuetur proverbium verum, quod Pindarus obversatur,
τίκτει τοι κόρος ὕβριν, ὅταν πολὺς ὄλβος ἕπηται. Hartung scripsit καὶ
πολὺς εὖτ' ἂν κτλ., Mommsen videtur τοτ' ἂν ἐπιβρίσῃ conіicere. —
ἐπιβρίσαις Boeckh, libri ἐπιβρίσας, Lh ἐπιβρίσας. — V. 108. τὸν δ'
libri ut videtur omnes et sch., τὸν ed. rec. cam, ut videtur. — φρασίν
RAdVbdfLbI'Xfn, v. φρεσίν. — V. 110. πότμον scripsi, idem etiam Har-
tung proposuit, legebatur πλοῦτον, at non solebat Pindarus mendicabun-
dus potentiorum gratiam ambire: nisi forte πλόσον scribendum est. —
ὀρέξαι, schol. videtur ὀρέξῃ legisse.

ἐλπίδ' ἔχω κλέος εὑρέσθαι κεν ὑψηλὸν κρύσω.
Νέστορα καὶ Λύκιον Σαρπηδόν', ἀνθρώπων φάτις,
ἐξ ἐπέων κελαδεννῶν, τέκτονες οἶα σοφοί   200
ἄρμοσαν, γινώσκομεν. ἁ δ' ἀρετὰ κλειναῖς ἀοιδαῖς
115 χρονία τελέθει. παύροις δὲ πράξασθ' εὐμαρές.   205

V. 111. ὑψηλὸν κρύσω, Pc ὑψηλῷ προσώπῳ. — V. 112. ἀνθρώπων
φάτις permirum genus dicendi, sed nihil profecit Hartung ἀνθρώπων
φρασὶν scribens. Ego conieci ἀνθρώπων φάτις κἠξ ἐπέων κελαδεννῶν
... γινώσκομεν. nam non minus hominum sermonibus ac fama quam
poetarum carminibus clara viget heroum memoria. Hecker Ανπαίων Σαρ-
πηδόν' ἀνθρώπων φάτιν. — V. 114. γινώσκομεν, v. γιγνώσκομεν, lemma
sch. γιγνωσκομένα δ'.

ΠΥΘΙΟΝΙΚΑΙ Δ.
ΑΡΚΕΣΙΛΑι ΚΥΡΗΝΑΙΩι
ΑΡΜΑΤΙ.

Strophae.

≍‒ ‒ ‒ ≍ ᴗ ᴗ ‒ ᴗ ᴗ ✕
≍ ‒ ‒ ≍ ᴗ ᴗ ‒ ᴗ ᴗ ‒ ≍ ᴗ ‒ ≍ ᴗ ‒ ᴗ ✕
≍ ᴗ ‒ ‒ ≍ ᴗ ᴗ ‒ ᴗ ‒ ≍ ᴗ ‒ ≍ ᴗ ‒ ᴗ
≍ ᴗ ᴗ ‒ ᴗ ᴗ ‒ ᴗ ᴗ ‒ ‒ ≍ ᴗ ‒ ᴗ
5 ≍ ᴗ ‒ ᴗ ᴗ ‒ ‒ ≍ ᴗ ‒ ᴗ ‒ ≍ ᴗ ✕
≍ ᴗ ‒ ‒ ≍ ᴗ ‒ ≍ ᴗ ᴗ ‒ ᴗ ᴗ ‒ ᴗ ✕
≍ ᴗ ‒ ‒ ≍ ᴗ ‒ ‒ ≍ ᴗ ‒ ‒ ≍ ᴗ ✕
≏ ᴗ ‒ ‒ ‒ ≍ ᴗ ‒ ᴗ

Epodi.

≍ ᴗ ‒ ‒ ≍ ᴗ ᴗ ᴗ ᴗ ‒ ‒ ≍ ᴗ ‒ ‒ ≍ ᴗ ✕
≍ ᴗ ᴗ ‒ ᴗ ᴗ ‒ ‒ ≍ ᴗ ‒ ‒ ≍ ᴗ ᴗ ‒ ᴗ ᴗ ✕
≍ ᴗ ‒ ‒ ≍ ᴗ ‒ ‒ ≍ ᴗ ᴗ ‒ ᴗ ᴗ ✕
≍ ᴗ ᴗ ‒ ᴗ ≍ ᴗ ‒ ≍ ᴗ ‒ ‒ ≍ ᴗ ᴗ ‒ ᴗ ✕
5 ≍ ᴗ ᴗ ‒ ᴗ ᴗ ‒ ‒ ᴗ ᴗ ‒ ‒ ≍ ᴗ ‒ ᴗ
≍ ᴗ ‒ ‒ ≍ ᴗ ‒ ‒ ≍ ᴗ ᴗ ✕
≍ ᴗ ‒ ᴗ ≍ ᴗ ᴗ ‒ ᴗ ᴗ ‒ ≍ ᴗ ⏖ ‒ ≍ ᴗ ‒ ᴗ

Στρ. α'.

Σάμερον μὲν χρή σε παρ᾽ ἀνδρὶ φίλῳ
στᾶμεν, εὐίππου βασιλῆϊ Κυράνας, ὄφρα κωμάζοντι σὺν
Ἀρκεσίλᾳ,

V. 2. στάμεν Boeckh, v. στάμεν.

Μοῖσα, Λατοίδαισιν ὀφειλόμενον Πυθῶνί τ' αὔξῃς οὖρον
ὕμνων, 5
ἔνθα ποτὲ χρυσέων Διὸς αἰητᾶν πάρεδρος
5 οὐκ ἀποδάμου Ἀπόλλωνος τυχόντος ἱέρεα
χρῆσεν οἰκιστῆρα Βάττον καρποφόρου Λιβύας, ἱεράν 10
νᾶσον ὡς ἤδη λιπὼν κτίσσειεν εὐάρματον
πόλιν ἐν ἀργινόεντι μαστῷ,

Ἀντ. α'.
καὶ τὸ Μηδείας ἔπος ἀγκομίσαιθ' 15
10 ἑβδόμα καὶ σὺν δεκάτᾳ γενεᾷ Θήραων, Αἰήτα τό ποτε
ζαμενὴς
παῖς ἀπέπνευσ' ἀθανάτου στόματος, δέσποινα Κόλχων.
εἶπε δ' οὕτως
ἡμιθέοισιν Ἰάσονος αἰχματᾶο ναύταις· 20
Κέκλυτε, παῖδες ὑπερθύμων τε φωτῶν καὶ θεῶν·
φαμὶ γὰρ τᾶσδ' ἐξ ἁλιπλάκτου ποτὲ γᾶς Ἐπάφοιο
κόραν 25
15 ἀστέων ῥίζαν φυτεύσεσθαι μελησίμβροτον
Διὸς ἐν Ἄμμωνος θεμέθλοις.

Ἐπ. α'
ἀντὶ δελφίνων δ' ἐλαχυπτερύγων ἵππους ἀμείψαντες
θοάς, 30
ἡνία τ' ἀντ' ἐρετμῶν δίφρους τε νωμάσοισιν ἀελλόποδας.
κεῖνος ὄρνις ἐπιτελευτάσει μεγάλαν πολίων
20 ματρόπολιν Θήραν γενέσθαι, τόν ποτε Τριτωνίδος ἐν
προχοαῖς 35
λίμνας θεῷ ἀνέρι εἰδομένῳ γαῖαν διδόντι

V. 4. αἰητᾶν A, αἰετῶν libri, ὀρνίχων Hayne. — V. 5. τυχόντος libri ut videtur omnes praeter Lb, qui τυχόντος γ' quod Schmid conlocit. — Ἱέρεα libri et sic sch. Ἱέρεα· μὴ ἱέρεια· καὶ τὸ ἱέρεια προπαροξυτόνως τονιστέον. ἔστι γὰρ κατ' ἀποβολὴν τοῦ ἱ. οὐ γὰρ κατὰ Ἀττικοὺς ἱερέα ἢ ἱέρεια λέγεται. cf. Lobeck Pathol. 42 sq., A ἱερέα, Boeckh ἱρέα, et coalescunt eaae vocales, sed ἱέρεα scribere non sum nisus. — V. 7. κτίσσειεν Bu, v. κτίσειεν. — V. 8. ἀργινόεντι sch. et libri praeter Γ2, qui ἀργήεντι, unde Hermann ἀργάεντι, sed ἀργινόεις antepaenultimam producit, nec refragantur epicorum loci. Ab ἀργός descendit non solum ἀργεινός (ἀργηνός), sed etiam ἀργεννός et ἀργῖνος (ἀργινός?), unde promontorium, quod Thucydides VIII 34 Ἀργῖνον vocat, Stephano Byz. Ἀργεννόν dicitur, et insulae modo Ἀργινοῦσαι modo Ἀργεννοῦσαι appellantur. — V. 9. ἀγκομίσαιθ'. lemma sch. etiam ἀγκομίσαι. — V. 12. αἰχματᾶο, Pc αἰχμάταο. — V. 14. ἁλιπλάκτου Pc(Uu et apex sch., ἁλιπλάγκτου vulgo et sic lemma sch. et paraphr. — V. 18. ἐρετμᾶν APc, vulgo ἐρετμῶν, cf. Hesych.: ἐρετμαῖς· κώπαις. — νωμάσοισιν, A νωμάσουσιν. — V. 19. μεγαλᾶν Boeckh, v. μεγάλαν.

ξείνια πρώραθεν Εὔφαμος καταβάς
δέξατ'· αἴσιον δ' ἐπί οἱ Κρονίων Ζεὺς πατὴρ ἔκλαγξε
  βροντάν· 40

Στρ. β'.

ἀνίκ' ἄγκυραν ποτὶ χαλκόγενυν
25 ναΐ κρημνάντων ἐπέτοσσε, θοᾶς Ἀργοῦς χαλινόν. δώδεκα
  δὲ πρότερον
ἁμέρας ἐξ Ὠκεανοῦ φέρομεν νώτων ὕπερ γαίας ἐρήμων 45
ἐννάλιον δόρυ, μήδεσιν ἀνσπάσσαντες ἀμοῖς.
τουτάκι δ' οἰοπόλος δαίμων ἐπῆλθεν, φαιδίμαν 50
ἀνδρὸς αἰδοίου πρόσοψιν θηκάμενος· φιλίων δ' ἐπέων
30 ἄρχετο, ξείνοις ἅτ' ἐλθόντεσσιν εὐεργέται
δεῖπν' ἐπαγγέλλοντι πρῶτον. 55

Ἀντ. β'.

ἀλλὰ γὰρ νόστου πρόφασις γλυκεροῦ
κώλυεν μεῖναι. φάτο δ' Εὐρύπυλος Γαιαόχου παῖς ἀφθί-
  του Ἐννοσίδα
ἔμμεναι· γίνωσκε δ' ἐπειγομένους· ἂν δ' εὐθὺς ἁρπάξαις
  ἀρούρας 60
35 δεξιτερᾷ προτυχὸν ξένιον μάστευσε δοῦναι.
οὐδ' ἀπίθησέ ἱν, ἀλλ' ἥρως ἐπ' ἀκταῖσιν θορών,
χειρί οἱ χεῖρ' ἀντερείσαις δέξατο βώλακα δαιμονίαν. 65
πεύθομαι δ' αὐτὰν κατακλυσθεῖσαν ἐκ δούρατος
ἐναλίᾳ βᾶμεν σὺν ἅλμᾳ

Ἐπ. β'.

40 ἑσπέρας ὑγρῷ πελάγει σπομέναν. ἦ μάν νιν ὤτρυνον
  θαμά 70

V. 24. πρώραθεν, legebatur πρόραθεν. — V. 20. φέρομεν, Hartung
φέρομες, quomodocumque interpretatur schol. 2. — ἐρήμων, Schol. 2
ἐρήμων vel ἐρήμας legit. — V. 27. ἐνάλιον, l'c ἐνάλιον. — ἀνασπάσσαν-
τες, l'c ἀνσπάσαντες. — V. 30. ἄρχετο Pe Sch., ἄρχεται A(l(InL)Vbdf
l'12. Mirum est poetam hic praeter necessitatem tam obscura breviloquen-
tia uti: suspectamus enim eiusmodi narrationem: ξείνοις ἅτ' ἐλθόντεσ-
σιν εὐεργέται, δεῖπν' ἐπαγγέλλων κηρασχείν. — V. 31. γίνωσκε,
vulgo γίγνωσκε, — ἁρπάξαις H, v. ἁρπαίξας. — V. 25. προτυχόν, l'e n
m. 2. προτυχόν, Sch. προευχόν) Χάρις δὲ ᾧσιν ὅτι γράφεις παρα-
τυχόν, sed HG προτυχόν om. lemmate. — V. 36. ἀπίθησέ ἱν Hermann,
nisi quod ἱν scripsit, v. ἀπίθησέ νιν, Hartung ἀπίθησέ οἱ. — V. 37.
ἀντερείσαις H(llc), v. ἀντερείσας. — V. 39. ἐναλίᾳ libri et Sch., ἐναλίου
I. Fr. Meyer, ἐναλίαν Thiersch et Hermann. — βᾶμεν Boeckh, v. βά-
μεν. — V. 40. ἑσπέρας, Hecker ἐς χέρας numero versus adversante,
similiter Orlachlaeger ἐς τέρας. — ὤτρυνον l'ci'2ll, v. ὄτρυνον.

λυσιπόνοις θεραπόντεσσιν φυλάξαι· τῶν δ' ἐλάθοντο
φρένες·
καὶ νῦν ἐν τᾷδ' ἄφθιτον νάσῳ κέχυται Λιβύας 75
εὐρυχόρου σπέρμα πρὶν ὥρας. εἰ γὰρ οἴκοι νιν βάλε παρ
χθόνιον
Ἀίδα στόμα, Ταίναρον εἰς ἱερὰν Εὔφαμος ἐλθών,
45 υἱὸς Ἱππάρχου Ποσειδάωνος ἄναξ, 80
τόν ποτ' Εὐρώπα Τιτυοῦ θυγάτηρ τίκτε Καφισοῦ παρ'
ὄχθαις·

Στρ. γ'.

τετράτων παίδων κ' ἐπιγεινομένων
αἷμά οἱ κείναν λάβε σὺν Δαναοῖς εὐρεῖαν ἄπειρον. τότε
γὰρ μεγάλας 85
ἐξανίστανται Λακεδαίμονος Ἀργείου τε κόλπου καὶ Μυ-
κηνᾶν.
50 νῦν γε μὲν ἀλλοδαπᾶν κριτὸν εὑρήσει γυναικῶν
ἐν λέχεσιν γένος, οἵ κεν τάνδε σὺν τιμᾷ θεῶν 90
νᾶσον ἐλθόντες τέκωνται φῶτα κελαινεφέων πεδίων
δεσπόταν· τὸν μὲν πολυχρύσῳ ποτ' ἐν δώματι 95
Φοῖβος ἀμνάσει θέμισσιν

Ἀντ. γ'.

55 Πύθιον ναὸν καταβάντα χρόνῳ
ὑστέρῳ νάεσσι πολεῖς ἀγαγὲν Νείλοιο πρὸς πῖον τέμενος
Κρονίδα.
ἦ ῥα Μηδείας ἐπέων στίχες. ἔπταξαν δ' ἀκίνητοι
σιωπᾷ 100
ἥρωες ἀντίθεοι πυκινὰν μῆτιν κλύοντες.
ὦ μάκαρ υἱὲ Πολυμνάστου, σὲ δ' ἐν τούτῳ λόγῳ 105
60 χρησμὸς ὤρθωσεν μελίσσας Δελφίδος αὐτομάτῳ κελάδῳ·
ἅ σε χαίρειν ἐς τρὶς αὐδάσαισα πεπρωμένον

V. 41. λυσιπόνοις, Hecker φυσιπόνοις. Schol. Hom. Il. Ω. 734 λυσίπο-
νοι δεσπόταν θεράποντες ox hoc loco attulit. — V. 42. καὶ νῦν scripsi, v.
καὶ νυν. — ἄφθιτον, παπphr. ἀφθίτῳ. — V. 43. εὐρυχόρου, εὐρυχόροσο Pc
schol. — V. 44. Ἀίδα Boeckh, v. Ἀίδα. — V. 46. τίκτε, Pc τίκτεν. — V. 49.
Μυκηνᾶν, in columna tripodis Delphici Μυκανεῖς legitur. — V. 50. μὲν, Pc
Sch. μάν. — V. 51. τάνδε, Pc τάνας cum gl. εἰς τήνδε. — V. 51. ἀμνάσει
Abel'i, ἀμνάσειν Pc ut vulgo, ἀμνάσει Lb. — V. 55. χρόνῳ Boeckh,
libri et sch. χρόνῳ δ', quod tuetur Hermann, qui, cum si suspecta sit
forma πολεῖς, corrigit νάεσσι ποτ' εἰσαγάγει. — V. 56. ἀγαγὲν Pc et
schol., Olin ἄγαγε, Pc ἄγαγεν, Vb ἄγαγε. Boeckh ἀγαγεῖν. — V. 57.
ἦ ῥα, Boeckh coni. αἳ ῥα, Hartung καί ῥα. Expectaveram ἦ ῥα καί
Μύθοι' ὄπισθε στίχες. — ἔπταξαν, Pc ἔπτηξαν. — V. 61. ἐς τρίς,

βασιλί᾽ ἄμφανεν Κυράνᾳ, 110

Ἐπ. γ'.
δυσθρόου φωνᾶς ἀνακρινόμενον ποινά τίς ἔσται πρὸς
θεῶν.
ἦ μάλα δὴ μετὰ καὶ νῦν, ὥτε φοινικανθέμου ἦρος ἀκμᾷ,
65 παισὶ τούτοις ὄγδοον θάλλει μέρος Ἀρκεσίλας· 115
τῷ μὲν Ἀπόλλων ἅ τε Πυθὼ κῦδος ἐξ ἀμφικτιόνων
ἔπορεν
ἱπποδρομίας. ἀπὸ δ᾽ αὐτὸν ἐγὼ Μοίσαισι δώσω 170
καὶ τὸ πάγχρυσον νάκος κριοῦ· μετὰ γὰρ
κεῖνο πλευσάντων Μινυᾶν, θεόπομποί σφισιν τιμαὶ φύ-
τευθεν.

Στρ. δ'.
70 τίς γὰρ ἀρχὰ δέξατο ναυτιλίας;
τίς δὲ κίνδυνος κρατεροῖς ἀδάμαντος δῆσεν ἅλοις; θέσ-
φατον ἦν Πελίαν 125
ἐξ ἀγαυῶν Αἰολιδᾶν θανέμεν χείρεσσιν ἢ βουλαῖς ἀκάμ-
πτοις.
ἦλθε δέ οἱ κρυόεν πυκινῷ μάντευμα θυμῷ, 130
πὰρ μέσον ὀμφαλὸν εὐδένδροιο ῥηθὲν ματέρος·
75 τὸν μονοκρήπιδα πάντως ἐν φυλακᾷ σχεθέμεν μεγάλᾳ,
εὖτ᾽ ἂν αἰπεινῶν ἀπὸ σταθμῶν ἐς εὐδείελον 135
χθόνα μόλῃ κλειτᾶς Ἰωλκοῦ,

Ἀντ. δ'.
ξεῖνος αἴτ᾽ ὦν ἀστός. ὁ δ᾽ ἆρα χρόνῳ
ἵκετ᾽ αἰχμαῖσιν διδύμαισιν ἀνὴρ ἔκπαγλος· ἐσθὰς δ᾽ ἀμ-
φοτέρον νιν ἔχεν, 140
80 ἅ τε Μαγνήτων ἐπιχώριος ἁρμόζοισα θαητοῖσι γυίοις,
ἀμφὶ δὲ παρδαλέᾳ στέγετο φρίσσοντας ὄμβρους·

Boeckh ἔπορεν, libri εἰς τοὺς vel εἰσοὺς. — αὐδάσαισα, Vnd αὐδάσαισαι,
ceteri αὐδάσασα. — V. 62. Κυράνᾳ Boh. BeGGuVbdfP13, vulgo Κυρά-
νας. — V. 61. δὴ μετά, conieci δ ἦν μετά. — ὥτε scripsi, v. ἔστε, om.
ReyGP1Vbdf, hinc in By interpolatum πού γε φοιν., in lic φοινικανθέ-
μου τε. — ἀκμᾷ, in ἀκμᾷ PeIleGGuVb. — V. 65. τούτοις, Be τοῦτον, Em-
perius παισὶν οὕτως. Hartung ἕπεσσι τούτοις. — μέρος, l'eμέλος. — V. 66.
ἀμφικτιόνων Boeckh, vulgo Ἀμφικτυόνων. — V. 70. ἀρχὰ δέξατο, Pc
ἀρχ. ἐδέξατο, Beh. ἀρχὰ ἐδέξατο. — V. 71. ἅλοις, Pc ἀτρεμοῖς. — V. 72.
ἀκαμπτοις Pd, ἀγκαμπτοις GuVb, vulgo ἀνκάμπτοις. — V. 75. μονοκρη-
πίδα, de accentu vid. Herodian II. Δ. 318. Arcad. 196 6. sic Lycophro
1310. Anthol. Plan. 187 1. — πάντως, legebatur πάντας, cf. Apollon. de
Adverb. 688. — V. 77. κλειτᾶς, Pc κλίνας. — V. 78. αἴτ', Thiersch εἴτ'.
— ἆρα Boeckh, v. ἄρα. — V. 79. ἀμφότερον, Herker ἀμφοτέρα. — νιν
Boeckh, v. μιν. — V. 81. παρδαλέᾳ GGu, vulgo παρδαλέα. —

οὐδὲ κομᾶν πλόκαμοι κερθέντες ἔχοντ' ἀγλαοί,   145
ἀλλ' ἄπαν νῶτον καταΐθυσσον. τάχα δ' εὐθὺς ἰὼν σφε-
τέρας
ἐστάθη γνώμης ἀταρβάτοιο πειρώμενος   150
85 ἐν ἀγορᾷ πλήθοντος ὄχλου.

Ἐπ. δ'.

τὸν μὲν οὐ γίνωσκον· ὀπιζομένων δ' ἔμπας τις εἶπεν καὶ
τόδε·
Οὔ τί που οὗτος Ἀπόλλων, οὐδὲ μὰν χαλκάρματός ἐστι
πόσις   155
Ἀφροδίτας· ἐν δὲ Νάξῳ φαντὶ θανεῖν λιπαρᾷ
Ἰφιμεδείας παῖδας, Ὦτον καὶ σέ, τολμάεις Ἐφιάλτα ἄναξ.
(90) καὶ μὰν Τιτυὸν βέλος Ἀρτέμιδος θήρευσε κραιπνόν,   160
ἐξ ἀνικάτου φαρέτρας ὀρνύμενον,
ὄφρα τις τὰν ἐν δυνατῷ φιλοτάτων ἐπιψαύειν ἔραται.

Στρ. ε'.

τοὶ μὲν ἀλλάλοισιν ἀμειβόμενοι   165
γάρυον τοιαῦτ'· ἀνὰ δ' ἡμιόνοις ξεστᾷ τ' ἀπήνᾳ προτρο-
πάδαν Πελίας
95 ἵκετο σπεύδων· τάφε δ' αὐτίκα παπτάναις ἀρίγνωτον
πέδιλον
δεξιτερῷ μόνον ἀμφὶ ποδί. κλέπτων δὲ θυμῷ   170
δεῖμα προσήνεπε· Ποίαν γαῖαν, ὦ ξεῖν', εὔχεαι
πατρίδ' ἔμμεν; καὶ τίς ἀνθρώπων σε χαμαιγενέων πο-
λιᾶς   175
ἐξανῆκεν γαστρός; ἐχθίστοισι μὴ ψεύδεσιν
100 καταμιάναις εἶπὲ γένναν.

V. 83. κομᾶν, schol. κόμαν. — ἔχοντ' Boeckh, v. οἴχοντ'. — V. 83.
καταΐθυσσον, Pc καταΐθυσαν.— V. 84. ἀταρβάτοιο R et Tzetz. Lyc. 175,
libri et sch. ἀταρβάκτοιο (Pc ἀταρβάκτοις), Hermann ἀταρμύκτοιο. —
V. 86. γίνωσκον, v. γίγνωσκον. — ἔμπας, Hartung εἶδος, idemque non
ferens εἶπεν καί, cum Heynio εἴπατεν scripsit, at poeta dicit ἀλλὰ καὶ
ἔμπας ὀπιζομένων τις εἶπεν τόδε. — V. 89. Ἐφιάλτα Sch. et libri (11
Ἐφιάλτα), Ἐπιάλτα sch. Od. XI 308, Cramer An. P. III 472 et sic vulgo
ap. Pind. — V. 92. ἔραται, antea scripsi ἔραται, sed vide quae dixi in
comment. de titulo Arcadico p. XV. — V. 95. παπτάναις Boeckh, πα-
πτήνας AR libri. — V. 97. προσήνεπε Pc, vulgo προσένεπεν, sed vid.
Apollon. Synt. 323, 21, 526, 8 de adv. 590, 24. Idem restituit Pyth. IX 29
Nem. X 79. — V. 98. χαμαιγενέων, Ox χαμαικτείων. — πολιᾶς, Har-
tung ἁπτοίας. — V. 99. ἐχθίστοισι, Hecker αἰσχίστοισι, Hartung ἰγ-
θίστοις σί. — V. 100. καταμιάναις, R et aliquot libri ap. Momms. He
καταμιάνας Sch. fort. καταμιάνης legit.

'Αντ. ε'.
τὸν δὲ θαρσήσαις ἀγανοῖσι λόγοις
ὧδ' ἀμείφθη· Φαμὶ διδασκαλίαν Χείρωνος οἴσειν. ἀν-
τρόθε γὰρ νέομαι 180
παρ Χαρικλοῦς καὶ Φιλύρας, ἵνα Κενταύρου με κοῦραι
θρέψαν ἁγναί.
εἴκοσι δ' ἐκτελέσαις ἐνιαυτοὺς οὔτε ἔργον 185
100 οὔτ' ἔπος ἐκτράπελον κείνοισιν εἰπὼν ἱκόμαν
οἴκαδ', ἀρχὰν ἀγκομίζων πατρὸς ἐμοῦ, βασιλευομέναν
οὐ κατ' αἶσαν, τάν ποτε Ζεὺς ὤπασεν λαγέτᾳ 190
Αἰόλῳ καὶ παισὶ τιμάν.

Επ. ε'.
πείθομαι γάρ νιν Πελίαν ἄθεμιν λευκαῖς πιθήσαντα
φρασίν
110 ἁμετέρων ἀποσυλᾶσαι βιαίως ἀρχεδικᾶν τοκέων · 195
τοί μ', ἐπεὶ πάμπρωτον εἶδον φέγγος, ὑπερφιάλου
ἁγεμόνος δείσαντες ὕβριν, κᾶδος ὡσείτε φθιμένου δνο-
φερόν 200
ἐν δώμασι θηκάμενοι, μίγα κωκυτῷ γυναικῶν
κρύβδα πέμπον σπαργάνοις ἐν πορφυρέοις,·
115 νυκτὶ κοινάσαντες ὁδόν, Κρονίδᾳ δὲ τράφεν Χείρωνι
δῶκαν. 205

Στρ. ς'.
ἀλλὰ τούτων μὲν κεφάλαια λόγων
ἴστε. λευκίππων δὲ δόμους πατέρων, κεδνοὶ πολίται,
φράσσατέ μοι σαφέως·
Αἴσονος γὰρ παῖς ἐπιχώριος οὐ ξείναν ἱκοίμαν γαῖαν
ἄλλων. 210

V. 101. Θαρσήσαις Vat, Θαρσήσας ARLbVdf, Θαρσήσας GbGVb. —
V. 103. Χαρικλοῦς BcγfiGuP12Vbdf, Χαρικλᾶς Pc, Χαρικλοῖς AR et Dy
in m. — κοῦραι, Pc κόραι — V. 104. ἐκτελέσαις ARllc sch., ἐκτελέσας
DγVbGnQ, ἐντελέσας VilPi. — V. 105. ἐκτράπελον Πaγba, et sic
schol. haud dubie legit. ἐντράπελον ARBcpPcl*iVbdfGn atque etiam
sch., εὐτράπελον Gl*2(Lb). — V. 106. ἀρχάν ἀγκομίζων Chaeris
(nisi forte etiam ἀγκομίζων praestat, quemadmodum etiam Hecker
κομίζων scribendum censuit), legebatur ἀρχαίαν κομίζων, quod
veteres grammatici pro substantivo ἀρχήν dictum esse existimabant,
nostri ad τιμάν v. 108 revocabant. — V. 109. νιν Boeckh et fort. P12,
μιν ARPcVbdf Nob. — V. 110. ἀμετέρων et ἀρχεδικᾶν Chaeris correxit,
cum olim legeretur ἁμετέρων et ἀρχεδίκαν, libri Chaeridis coniecturam
exhibent, nisi quod Pc ἀρχαί διεᾶν. — V. 113. μίγα κωκυτῷ PcGGu*1
Vbdf, μέγα κ. l*2, vulgo μετὰ κωκυτοῦ, quod debebat μετὰ κωκυτοῦ
scribi, et sic legit scholiasta, fortasse recte: Hartung μετά κωκυτῷ. —
V. 115. τράφεν, Λ τραφέν, Hartung τράφειν. — V. 118. Αἴσονος, Pc

POETAE LYR. 9

Φῆ ῥα δέ μι θεῖος Ἰάσονα πιμλήσκων προσηύδα.
120 ὣς φάτο· τὸν μὲν ἐσελθόντ' ἔγνον ὀφθαλμοὶ πατρός·
ἐκ δ' ἄρ' αὐτοῦ πομφόλυξαν δάκρυα γηραλέων γλεφάρων,   215
ἃν περὶ ψυχὰν ἐπεὶ γάθησεν, ἐξαίρετον
γόνον ἰδὼν κάλλιστον ἀνδρῶν.

Ἀντ. ε'.

καὶ κασίγνητοί σφισιν ἀμφότεροι   220
125 ἤλυθον κείνου γε κατὰ κλέος· ἐγγὺς μὲν Φέρης κράναν
Ὑπερῇδα λιπών,
ἐκ δὲ Μεσσάνας Ἀμυθάν· ταχέως δ' Ἄδματος ἷκεν καὶ
Μέλαμπος
εὐμενέοντες ἀνεψιόν. ἐν δαιτὸς δὲ μοίρᾳ   225
μειλιχίοισι λόγοις αὐτοὺς Ἰάσων θέμενος,
ξείνι' ἁρμόζοντα τεύχων, πᾶσαν ἐν εὐφροσύναν τά-
νυεν,   230
130 ἀθρόαις πέντε δραπὼν νύκτεσσιν ἐν θ' ἁμέραις
ἱερὸν εὐζοΐας ἄωτον.

Ἐπ. ε'.

ἀλλ' ἐν ἕκτα πάντα λόγον θέμενος σπουδαῖον ἐξ ἀρχᾶς
ἀνήρ   235
συγγενέσιν παρεκοινᾶθ'· οἱ δ' ἐπέσποντ'. αἶψα δ' ἀπὸ
κλισιᾶν
ὦρτο σὺν κείνοισι, καὶ ῥ' ἥλθων Πελία μέγαρον·

---

*Αἴσωνος. — Ἰσοίμαν Hermann, libri et schol. Ἰμόμαν. Hartung οὐ ξεῖνος ῥθέν' Ἰσόμαν ἐς ἄλλαν, quae coniectura nihil iuvamur: sententia enim haec opinor erat, patria volo adire domum, neque vero alieno frui hospitio, itaque exspectaveram οὐ ξείνων ἐσοίμαν οἷκον ἄλλον. — V. 120. ἐσελθόντ', Pc εἰσελθόντ'. — ἔγνον BcGuLbVbdf, ἔγνων AHBγ UP12Pc. — V. 121. αὔπας, malim αὐτοῦ. — γλεφάρων ARGLbHcγ, βλεφάρων l'c alii. — V. 122. πέρι Hermann, v. περί. Scholiasta ἐξαίρετον cum γάθησεν iungit, at quam loquidem πέρι praecessit, hoc plane redundaret. Ceterum Hartung interpunxit γλεφάρων ἂν περὶ ψυχάν, ἐπεὶ γάθησεν, ἐξαίρετον γόνον κτλ. — V. 125. Ὑπερῇδα Hermann, v. Ὑπερηΐδα.
V. 126. Ἀμυθάν, Lb Ἀμυθών. — Ἴκεν sch. AGHγGuLb, Ἴκε l'cP12, ἦμεν vulgo. — V. 127. εὐμενέοντες, l'l εὐμενέοντος. — ἀνεψιόν, Hartung ἀνεψιοὺ requirit, at ἀνεψιόν hoc cum εὐμενέοντες sed cum Ἰασὸν iungendum, et si quid mutandum, malim Ἰάσων scribere. — V. 129. ευρόμεν, l'l τεύχων. — πᾶσαν ἐν lic, πᾶσαν ἐς vel εἰς reliqui, Scholiasta interpretatur πᾶσαν εὐφροσύνην ἐξέτεινεν. Conicio: πᾶσαν ἐν εὐφροσύναν τάνυεν. — V. 131. εὐζωΐας, malim εὐζοΐας, nisi forte potius εὐσοΐας legendum, i. e. εὐθηνίας. — V. 132. Hartung distinxit πάντα λόγον θέμενος σπουδαῖον, ἐξ κτλ. — V. 134. Πελίᾳ μέγαρον ARHγGP12 GuLb(Pc). Πελία μεγάρων Vbdf, μέγαρον Πελίᾳ vulgo et sic vel μέγαρον Πελία δ' lic.*

135 ἑσσύμενοι δ' εἴσω κατέσταν· τῶν δ' ἀκούσαις αὐτὸς
  ὑπαντίασεν   240
Τυφῶς ἐρασιπλοκάμου γενεά· πραΰν δ' Ἰάσων
μαλθακᾷ φωνᾷ ποτιστάζων ὄαρον
βάλλετο κρηπῖδα σοφῶν ἐπέων· Παῖ Ποσειδάνος Πε-
  τραίου,   245
                                                   Στρ. ζ'.
ἐντὶ μὲν θνατῶν φρένες ὠκύτεραι
140 κέρδος αἰνῆσαι πρὸ δίκας δόλιον, τραχεῖαν ἑρπόντων
  πρὸς ἐπίβδαν ὅμως·
ἀλλ' ἐμὲ χρὴ καὶ σὲ θεμισσαμένους ὀργὰς ὑφαίνειν λοι-
  πὸν ὄλβον.   250
εἰδότι τοι ἐρέω· μία βοῦς Κρηθεῖ τε μάτηρ
καὶ θρασυμήδει Σαλμωνεῖ· τρίταισιν δ' ἐν γοναῖς   255
ἄμμες αὖ κείνων φυτευθέντες σθένος ἀελίου χρύσεον
145 λεύσσομεν. Μοῖραι δ' ἀφίσταντ', εἴ τις ἔχθρα πέλει
ὁμογόνοις, αἰδῶ καλύψαι.   260
                                                   Ἀντ. ζ'.
οὐ πρέπει νῷν χαλκοτόροις ξίφεσιν
οὐδ' ἀκόντεσσιν μεγάλαν προγόνων τιμὰν δάσασθαι. μῆλά
  τε γάρ τοι ἐγώ
καὶ βοῶν ξανθὰς ἀγέλας ἀφίημ' ἀγρούς τε πάντας, τοὺς
  ἀπούρας   265
150 ἀμετέρων τοκέων νέμεαι, πλοῦτον πιαίνων·
κού με πονεῖ τεὸν οἶκον ταῦτα πορσύνοντ' ἄγαν·
ἀλλὰ καὶ σκᾶπτον μόναρχον καὶ θρόνος, ᾧ ποτε Κρη-
  θεΐδας   270

V. 135. εἴσω, Pc ἴσω. — ἀκούσαις R et libri aliquot, ἀκούσας A BcGn
Vbdf. — αὐτός, sch. αὐτοῖς videtur legisse. — ὑπαντίασεν A(GnP)P
VbdfPc, vulgo ὑπηντίασεν. — V. 136. ἐρασιπλοκάμου, P² καλλιπλοκά-
μου. — γενεά, Pc γέννα, idem πραΰν δ' Ἰ. μαλθακᾷ, om. — V. 140. ἐπί-
βδαν scripsi, v. ἐπίβδαν. — V. 141. ὀργάς, Hecker ὀρθάν. — V. 145.
ἀφίσταντ', Chaeris conl. ἀφίσταιντ'. — V. 146. αἰδῶ, Pc αἰδοῖ, Hartmann
αἰδοῖ. Hecker ὁμογόνοις· αἰδὼς καλύψαι. Hartung scripsit Μοῖραι δ',
ἀφιστάσαι, εἴ τις ἔχθρα πέλη ὁμογόνοις, αἰδὼ καλύψαν. L. Schmidt
Μοῖραι δ' ἀφίσταντ'· εἴ τις ἔχθρα πέλει ὁμογόνοις, αἰδὼς καλύψαι.
— V. 147. νῷν Pc (G a m. pr.), τῷ By, τὸν GuVdfVa2, τῶν sch. et vulgo.
— V. 148. μεγάλαν, Pc μεγάλων. — μῆλα, Heyne μᾶλα. — V. 149. τούς,
Pc οὕς. — V. 151. κοὐεί. Hartung δοκεῖ. — V. 152. ἀλλὰ καὶ, Pc ἀλλά.
— θρόνος A(GBγP)VdfLbPc Srh., θρόνον BcVbGu, unde olim ἀλλὰ
σύ οι, μ. καὶ θρόνον, ᾧ ... δίκας, τά μ'ν conieci: sed nunc malim
σκᾶπτον ἀλλ' οὐκ ἂν μόναρχον καὶ θρόνον, nam quod minus rece-
dit a librorum lectione ἀλλ' ἂν οὐ σκᾶπτον μ. κ. θρόνον, minus proba-
bile est. Hecker proposuit ἀλλὰ γὰρ σκᾶπτον.

9*

ἐγκαθίζων ἱππόταις εὔθυνε λαοῖς δίκας.
τὰ μὲν ἄνευ ξυνᾶς ἀνίας

Ἐπ. ζ'.
155 λῦσον ἄμμιν, μή τι νεώτερον ἐξ αὐτῶν ἀναστείη κα-
κόν. 275
ὣς ἄρ' ἔειπεν, ἀκασκᾷ δ' ἀγόρευσεν καὶ Πελίας·
Ἔσομαι
τοῖος· ἀλλ' ἤδη με γηραιὸν μέρος ἁλικίας 280
ἀμφιπολεῖ· σὸν δ' ἄνθος ἥβας ἄρτι κυμαίνει· δύνασαι δ'
ἀφελεῖν
μᾶνιν χθονίων. κέλεται γὰρ ἑὰν ψυχὰν κομίξαι
160 Φρίξος ἐλθόντας πρὸς Αἰήτα θαλάμους 285
δέρμα τε κριοῦ βαθύμαλλον ἄγειν, τῷ ποτ' ἐκ πόντου
σαώθη

Στρ. η'.
ἔκ τε ματρυιᾶς ἀθέων βελέων.
ταῦτά μοι θαυμαστὸς ὄνειρος ἰὼν φωνεῖ. μεμάντευμαι δ'
ἐπὶ Κασταλίᾳ, 290
εἰ μετάλλατόν τι. καὶ ὡς τάχος ὀτρύνει με τεύχειν ναῒ
πομπάν.
165 τοῦτον ἄεθλον ἑκὼν τέλεσον· καί τοι μοναρχεῖν
καὶ βασιλευέμεν ὄμνυμι προήσειν. καρτερὸς 295
ὅρκος ἄμμιν μάρτυς ἔστω Ζεὺς ὁ γενέθλιος ἀμφοτέροις.
σύνθεσιν ταύταν ἐπαινήσαντες οἱ μὲν κρίθεν· 300
ἀτὰρ Ἰάσων αὐτὸς ἤδη

Ἀντ. η'.
170 ὤρνυεν κάρυκας ἐόντα πλόον
φαινέμεν πάντᾳ. τάχα δὲ Κρονίδαο Ζηνὸς υἱοὶ τρεῖς ἀκα-
μαντομάχαι

V. 153. λαῶς, P'c λαοῖσι. Post δίκας plene interpunxi. — V. 155. ἄμμιν, P'c ἄμμι. — ἀναστείη Abrens. ἀνασταίη sch. et P'c in m., unde Hermann ἀναστήῃ, P'C'Gn et aliquot libri ἀναστήῃς, idque etiam sch. reperit, ARGF¹²V¹uff ἀναστήῃς. — V. 156. ἀκασκᾷ δ' ἀγόρευσεν scripsi, vulgo ἀκᾷ δ' ἀνταγόρησεν, sed P'c ἀγόρευσε, cf. Eust. Pro. 11: ἀλλὰ ἡ σύμπασοφία καὶ τὰ ἀπροσκᾶ, ὃ δηλοῖ τὸ ἡσύχως κατὰ τὰ πρὸ τούτων διδώρυται. Scholiasta tamen, qui ἀνταπεκρίθη αὐτῷ dicit, vulgarem lectionem tuetur, idemque videtur ol Πελίας legisse, et sane nal plane est otiosum; poeta fortasse scripserat εἰς Πελίᾳ, hiatus post Πελίᾳ propter interpunctionem graviorem satis excusationis habet. — ἔσομαι τοῖος, P'c et lemma sch. ἔσσομαι τοιοῦτος. — V. 163. φανεῖ, Bek. φάνει. — V. 167. ἄμμιν GuVb, ἄμμι reliqui. — μάρτυς, Gu μάρτυρ. — V. 169. ἀτὰρ, αὐτὰρ P'c lemma sch. — V. 170. ὤρνυεν Boeckh, v. ὄρνυεν, P'c ὄρνυ. — V. 171. πάντᾳ, v. πάντᾶ.

PYTHIA IV. 133

ἦλθον Ἀλκμήνας ὁ' ἑλικοβλεφάρου Λήδας τε, δοιοὶ δ'
　　　　　　　ὑψιχαῖται　　　　　　　305
ἄνέρες, Ἐννοσίδα γένος, αἰδεσθέντες ἀλκάν,
ἔκ τε Πύλου καὶ ἀπ' ἄκρας Ταινάρου· τῶν μὲν
　　　　　κλέος　　　　　　　　　　　310
175 ἐσλὸν Εὐφάμου τ' ἐκράνθη σόν τε, Περικλύμεν' εὐρυβία.
ἐξ Ἀπόλλωνος δὲ φορμιγκτὰς ἀοιδᾶν πατήρ
ἔμολεν, εὐαίνητος Ὀρφεύς.　　　315
　　　　　　　　　　　　　Ἐπ. η'.
πέμπε δ' Ἑρμᾶς χρυσόραπις διδύμους υἱοὺς ἐπ' ἄτρυτον
　　　　πόνον
τὸν μὲν Ἐχίονα, κεχλάδοντας ἥβᾳ, τὸν δ' Ἔρυτον. τα-
　　　χέως δ'
180 ἀμφὶ Παγγαίου θεμέθλα ναιετάοντες ἴβαν·　320
καὶ γὰρ ἑκὼν θυμῷ γελανεῖ θᾶσσον ἔντυνεν βασιλεὺς
　　　ἀνέμων
Ζήταν Κάλαΐν τε πατὴρ Βορέας, ἄνδρας πτεροῖσιν　325
νῶτα πεφρίκοντας ἄμφω πορφυρέοις.
τὸν δὲ παμπειθῆ γλυκὺν ἡμιθέοισιν πόθον ἔνδαιεν
　　　Ἥρα
　　　　　　　　　　　Στρ. θ'.
185 ναὸς Ἀργοῦς, μή τινα λειπόμενον
τὰν ἀκίνδυνον παρὰ ματρὶ μένειν αἰῶνα πέσσοντ', ἀλλ'
ἐπὶ καὶ θανάτῳ　　330

V. 172. Ἀλκμήνας, AR Ἀλκμάνας. — ὑψιχαῖται, Hocker ἐφριχαῖται.
— V. 173. αἰδεσθέντες ἀλκάν, coniecỉ ἃ Ἐκσθέντες ἀλκᾷ, quam-
quam satis antiquiores poetae, si a Simonide Amorgino discesseris, non
videantur hoc verbo usi esse. Hartung scripsit 'Εννοσίδα γένος αἰδε-
σθέντ', ἐς ἀλκὰν ἵν τε κτλ. — V. 176. φορμιγκτάς, Γ1 φορμιγκτάς. —
V. 178. μόνον, Gn πλόον. — V. 179. κεχλάδοντες, Γ'c κεχλαδότας. —
ταχέως δ', ταχέες δ' (GlinPcVb, Boeckh delevit δ'. — V. 180. Θέμεθλα
vulgo, om. Gl'c. Numero versus ut consulatur cave Θέμεθλον scribas,
nam hoc vocabulum pluraliter tantum dici solet, apud Callim. in Dian.
v. 248: περὶ βρίτας ἱερὸ Θέμεθλον δαφνῆθη scribendum est ἐπρυθέ-
μεθλον δάφνῃ θῇ. Aeque insolens est, quod Boeckh scripsit ἀμφὶ Π.
θεμέθλοις, etenim si autem cum de Boreadis sermo sit, offendimur, quod
sic simpliciter ναιετάοντες dicantur, itaque in speedosi scripsi Θέμεθλα
οἱ ναιετάοντες, sed hoc quoque pedestri magis convenit orationi, quam
lyrici carminis gravitati: credo totum locum sic esse conformandum
ταχέες δ' ἔγγι Παγγαίου Θεμέθλων ναιετάοντες ἴβαν (καὶ γὰρ....
Βορέας) ἄνδρες πτεροῖσιν νῶτα πεφρίκοντες ἄμφω πορφυρέοις. —
V. 181. ἔντυνεν, Pc ἔντυσεν. · V. 183. πεφρίκοντας, Γ'c πεφρικάτας. —
V. 184. παμπειθῆ, παμπληθῆ PcBcVbG. — πόθον PeliGl'12V'bdf
lemma sch., πόθον γ' vulga. — ἔνδαιεν, P1Vdf ἔδαιεν, Boeckh πρόσδαιεν.
Hermann ἐν πόθον δαίεσιεν, Emporius τόνδ' ἀέεν, Hartung ἡμιθέοις
πας ἕρωτ' ἔνδαιεν. — V. 186. τὰν AGuLbP12V'bdf, τὸν R. — πέσσοντ',

φαρμάκων κάλλιστον ἑᾶς ἀρετᾶς ἄλιξιν εὑρέσθαι σὺν
  ἄλλοις.
ἐς δ' Ἰαολκὸν ἐπεὶ κατέβα ναυτᾶν ἄωτος,   335
λέξατο πάντας ἐπαινήσαις Ἰάσων. καὶ ῥά οἱ
190 μάντις ὀρνίχεσσι καὶ κλάροισι θεοπροπέων ἱεροῖς
  Μόψος ἄμβασε στρατὸν πρόφρων· ἐπεὶ δ' ἐμβόλου   340
  κρέμασαν ἀγκύρας ὕπερθεν,
                                        Ἀντ. θ'.
  χρυσέαν χείρεσσι λαβὼν φιάλαν
  ἀρχὸς ἐν πρύμνᾳ πατέρ' Οὐρανιδᾶν ἐγχεικέραυνον Ζῆνα,
                                   καὶ ὠκυπόρους   345
195 κυμάτων ῥιπὰς ἀνέμων τ' ἐκάλει, νύκτας τε καὶ πόντου
                                                κελεύθους
  ἄματά τ' εὔφρονα καὶ φιλίαν νόστοιο μοῖραν·
  ἐκ νεφέων δέ οἱ ἀντάυσε βροντᾶς αἴσιον   350
  φθέγμα· λαμπραὶ δ' ἦλθον ἀκτῖνες στεροπᾶς ἀπορηγνύ-
                                                μεναι.
  ἄμπνοὰν δ' ἥρωες ἔστασαν θεοῦ σάμασιν   355
200 πιθόμενοι· κάρυξε δ' αὐτοῖς
                                        Ἐπ. θ'.
  ἐμβαλεῖν κώπαισι τερασκόπος ἀδείας ἐνίπτων ἐλπίδας·
  εἰρεσία δ' ὑπεχώρησεν ταχειᾶν ἐκ παλαμᾶν ἄκορος. 360
  σὺν Νότου δ' αὔραις ἐπ' Ἀξείνου στόμα πεμπόμενοι
  ἤλυθον· ἔνθ' ἁγνὸν Ποσειδάωνος ἕσσαντ' εἰναλίου τέ-
                                                μενος,
205 φοίνισσα δὲ Θρῃκίων ἀγέλα ταύρων ὑπᾶρχεν   365
  καὶ νεόκτιστον λίθων βωμοῖο θέναρ.
  ἐς δὲ κίνδυνον βαθὺν ἱέμενοι δεσπόταν λίσσοντο ναῶν,
                                        Στρ. ι'.
  συνδρόμων κινηθμὸν ἀμαιμάκετον   370
  ἐκφυγεῖν πετρᾶν. δίδυμοι γὰρ ἔσαν ζωαί, κυλινδέσκοντό
                        τε κραιπνότεραι

Pe *issdve*. — V. 186. *ἐς δ' Ἰαολκὸν* Schmid, *ἐς δ' Ἰωλκὸν* Schol. et libri,
praeter Bc qui *ἐς δὲ Ἰωλκόν*, quod fort. alicujus probaverit. — V. 189.
ἐπαινήσαις Β et aliquot libri, *ἐπαινήσας* AGVludfHc. — V. 190. καὶ, Ro*δν*,
om. Gu, ᾗπλοφνίχεσσί τε.— *θεοπροπέων, θεοπροπιέων* HGuVbl'c. — V. 195.
ἀνέμων, *ἀνέμους* BetlfiuFi2Vlulf. — V. 200. *πιθόμενοι*, Pc *πειθόμενα*.
— V. 203. Ἀξείνου, Byl'* Εὐξείνου. — V. 206. *λίθων* Βc et schol. Vrat.
Schneideri ex correctione, nam ceteri libri *λίθινον*. Possis conlicere,
quod Hauchensteln quoque suasit *θέναρ βωμοῦ λίθινον*. *βωμοῦ θέναρ*
ex hoc loco affert Cram. An. P. III 209, sed *βωμοῖο θέναρ* tuentur scho-
liastae. — V. 200. *δίδυμοι* libri et sch., *δίδυμαι* Boeckh scripsit. —

210 ἢ βαρυγδούπων ἀνέμων στίχες· ἀλλ' ἤδη τελευτὰν κεῖνος
       αὐταῖς
   ἡμιθέων πλόος ἄγαγεν. ἐς Φᾶσιν δ' ἔπειτεν   375
   ἤλυθον, ἔνθα κελαινώπεσσι Κόλχοισιν βίαν
   μῖξαν Αἰήτᾳ παρ' αὐτῷ. πότνια δ' ὀξυτάτων βελέων 380
   ποικίλαν ἴυγγα τετράκναμον Οὐλυμπόθεν
215 ἐν ἀλύτῳ ζεύξαισα κύκλῳ

                                        Ἀντ. ί.

   μαινάδ' ὄρνιν Κυπρογένεια φέρεν
   πρῶτον ἀνθρώποισι, λιτάς τ' ἐπαοιδὰς ἐκδιδάσκησεν σο-
           φὸν Αἰσονίδαν·   385
   ὄφρα Μηδείας τοκέων ἀφέλοιτ' αἰδώ, ποθεινὰ δ' Ἑλλὰς
          αὐτάν
   ἐν φρασὶ καιομέναν δονέοι μάστιγι Πειθοῦς.   390
220 καὶ τάχα πείρατ' ἀέθλων δείκνυεν πατρώιων·
   σὺν δ' ἐλαίῳ φαρμακώσαισ' ἀντίτομα στερεᾶν ὀδυνᾶν
   δῶκε χρίεσθαι. καταίνησάν τε κοινὸν γάμον   395
   γλυκὺν ἐν ἀλλάλοισι μῖξαι.

                                        Ἐπ. ί.

   ἀλλ' ὅτ' Αἰήτας ἀδαμάντινον ἐν μέσσοις ἄροτρον σκίμ-
           ψατο
225 καὶ βόας, οἳ φλόγ' ἀπὸ ξανθᾶν γενύων πνέον καιομένοιο
           πυρός,   400

προπετότεραι, (in προπετνότερον. — V. 211. ἔπειτεν ἤλυθον G (supra ἔπειτα) On, ἔπειτα ἤλυθον Va, ἵκετ' ἐνήλυθον ceteri ut vulgo. Va2 ἔπειτ' ἀνήλυθον, quod quo iure probare potuerit Mommsen non video, sed Pindarus fort. scripsit ἵκετέ ταν. — V. 213. Αἰήτᾳ παρ' αὐτῷ de vitio suspecta sunt, schol. qui haec verba cum ἤλυθον iungit, interpretatur καρ' αὐτῷ τῷ ταχεῖ Αἰήτῃ. Mihi poeta scripsisse videtur ἐς Φᾶσιν δ' ἔπειταν ἤλυθον, ἔνθα κελαινώπεσσι Κόλχοισι βίαν μῖξαν Αἰήτα παρ' αὐτωδει. πότνα δ' ὀξυτάτων sive malis μῖξαν Αἰήτα παρ' αὐτωδῆ. Αὐτωδῆς l. e. αὐθάδης, cf. Apollon. de pron. 364 et Hesych. αὐτώδης· ὑπέροφρων, ἰδιογνώμων et raram solito errore αὐτώλης· ὑβριστής, αὐτόχειρ (αὐθάδης et αὐθέντης confuilit) quae mirum in modum corrupit M. Schmidt. Ποτέρα alias apud Pindarum non legitur, malui tamen ita scribere, quam ἀκγαδετο αὐ πότνα' ὀξυτάτων. — ὀξυτάτων A schol. et libri plures, ἀκροτάτων BE'cGu lemma sch., ὁπωτάτων l i'Vb. — V. 214. τετράκναμον libri, τετρακνάμον (b. e. τετρακνάμονι) lentionem sch. memorat. — ζεύξαισα Va2, ceteri ζεύξασα, sicut idem v. 221 una cum Peraeino exhibet φαρμακώσαισ', ceteri φαρμακώσασ' — V. 217. ἐκδιδάσκησεν, l'c ἐκδιδάσκεισα. — V. 225. ῥέζαι, vulgo μῖξαι, l'c μῖξει. (in μῖξειν, G μῖξιν. — V. 225. γενύων, G. Dindorf γενῶν. Boeckh γραφων. — πνέον, Hermann πνεῖον, et praeterea coni. καὶ βόας, οἳ γενύων ξανθᾶν φλόγα πνεῖν, sed fort. φλόγα cst glossa, ut scribendum sit οἳ γενύων ξανθᾶν ἄπο πνέον καιομένοιο πυρός.

χαλκέαις δ' όπλαῖς ἀράσσεσκον χθόν' ἀμειβόμενοι
τοὺς ἀγαγὼν ζεύγλᾳ πέλασσεν μοῦνος. ὀρθὰς δ' αὔλακας
        ἐντανύσαις   405
ἤλαυν', ἀνὰ βωλακίας δ' ὀρόγυιαν σχίζε νῶτον
γᾶς. ἔειπεν δ' ὧδε· Τοῦτ' ἔργον βασιλεύς,
230 ὅστις ἄρχει ναός, ἐμοὶ τελέσαις ἄφθιτον στρωμνὰν
        ἀγέσθω,   410

        Στρ. ια'.

πῶας αἰγλᾶεν χρυσέῳ θυσάνῳ.
ὣς ἄρ' αὐδάσαντος ἀπὸ κροκόεν ῥίψαις Ἰάσων εἷμα θεῷ
        πίσυνος
εἴχετ' ἔργου· πῦρ δέ νιν οὐκ ἰόλει παμφαρμάκου ξείνας
        ἐφετμαῖς,   415
σπασσάμενος δ' ἄροτρον, βοέους δήσαις ἀνάγκᾳ
235 ἔντεσιν αὐχένας ἐμβάλλων τ' ἐριπλεύρῳ φυᾷ
κέντρον αἰανὲς βιατὰς ἐξεπόνησ' ἐπιτακτὸν ἀνήρ 420
μέτρον. ἴϋξεν δ' ἀφωνήτῳ περ ἔμπας ἄχει
δύνασιν Αἰήτας ἀγασθείς.

        Ἀντ. ια'.

πρὸς δ' ἑταῖροι καρτερὸν ἄνδρα φίλας   425
240 ὤρεγον χεῖρας, στεφάνοισί τέ μιν ποίας ἔρεπτον, μειλι-
        χίοις τε λόγοις
ἀγαπάζοντ'. αὐτίκα δ' Ἀελίου θαυμαστὸς υἱὸς δέρμα λαμ-
        πρὸν
ἔννεπεν, ἔνθα νιν ἐκτάνυσαν Φρίξου μάχαιραι·   430
ἤλπετο δ' οὐκέτι οἱ κεῖνόν γε πράξεσθαι πόνον.
κεῖτο γὰρ λόχμᾳ, δράκοντος δ' εἴχετο λαβροτατᾶν γε-
        νύων,   435

V. 227. τοὺς, Uu τούσδ'. — ἐντανύσαις, ABUGuVbif ἐντανύσας.
Heucker ἐκτανύσαις. — V. 228. ἀνὰ βωλακίας Pollu (a m. pr.), vulgo
ἀναβωλακίας, Hartung scripsit ἤλαυν' ἀνὰ βώλακας, ἐς δ' ὀρόγυιαν. —
ὀρόγυιαν Boeckh, vulgo ὀργυιάν. — V. 230. τελέσαις P1 a m. pr., τελί-
σας Uu, τελέσας plerique. — V. 231. χρυσέῳ θυσάνῳ, Hacker χρυσέοις
θυσάνοις. — V. 232. κροκόεν Vx2, vulgo κρόκεον. — ῥίψαις, plerique ῥίψας.
— V. 233. ἰόλει Boeckh, αἰόλλει libri. — V. 234. βοέοις P12, vulgo βοέοις,
lemma sch. βοέοις. Hartung scripsit βοέους δήσαις ἀνάγκᾳ ἐν ἔντεσί τ' αὐ-
χένας. — δήσαις, solus fi δῆσας, δήσεις Pc alii, δήσειν UP1Vf, δῆσ' ἐν Vd.
— ἀνάγκᾳ Schol. momorat, idem etiam ἀνάγκης ni libri et vulgo, Pc et
paraphr. ἀνάγκαις. — V. 236. ἐξεπόνησ', Pc ἐξεπόνησεν, Boeckh ἐξε-
πόνασ'. — V. 237. ἴϋξιν, lemma schol. ἤϋξιν. — ἔμπας, Hartung ἔντεας.
— V. 240. ἔρεπτον, Pauwius ἔρεπτον. — μειλιχίοις, Po ποικιλίαις. —
V. 243. πράξεσθαι Hermann, legebatur πράξασθαι. — V. 244. λόχμᾳ,
Pc λόχμης. — λαβροτατᾶν Hermann, vulgo λαβροτάτων, U λαβροτατῶν.

ὃς μάχει μάκει τε πεντηκόντορον ναῦν κράτει,
τίλεσαν ἂν πλαγαὶ σιδάρου.

Ἐπ. ια'.

μακρά μοι νεῖσθαι κατ' ἀμαξιτόν· ὥρα γὰρ συνάπτει·
καί τινα   440
οἷμον ἴσαμι βραχύν· πολλοῖσι δ' ἄγημαι σοφίας ἑτέροις.
κτεῖνε μὲν γλαυκῶπα τέχναις ποικιλόνωτον ὄφιν,
250 ὦ 'Ρκεσίλα, κλέψεν τε Μήδειαν σὺν αὐτᾷ, τὰν Πελίαο
φόνον·   445
ἔν τ' Ὠκεανοῦ πελάγεσσι μίγεν πόντῳ τ' ἐρυθρῷ
Λαμνιᾶν τ' ἔθνει γυναικῶν ἀνδροφόνων·
ἔνθα καὶ γυίων ἀέθλοις ἐπεδείξαντο κρίσιν ἐσθᾶτος
ἀμφίς,   450

Στρ. ιβ'.

καὶ συνεύνασθεν. καὶ ἐν ἀλλοδαπαῖς
255 σπέρμ' ἀρούραις τουτάκις ὑμετέρας ἀκτῖνας ὄλβου δέξατο
μοιρίδιον
ἆμαρ ἢ νύκτες· τόθι γὰρ γένος Εὐφάμου φυτευθὲν λοι-
πὸν αἰεί   455

τέλλετο· καὶ Λακεδαιμονίων μιχθέντες ἀνδρῶν
ἤθεσιν ἔν ποτε Καλλίσταν ἀπῴκησαν χρόνῳ   400
νᾶσον· ἔνθεν δ' ὔμμι Λατοίδας ἔπορεν Λιβύας πεδίων
σὺν θεῶν τιμαῖς ὀφέλλειν, ἄστυ χρυσοθρόνου
διανέμειν θεῖον Κυράνας   405

Ἀντ. ιβ΄.

ὀρθόβουλον μῆτιν ἐφευρομένοις.
γνῶθι νῦν τὰν Οἰδιπόδα σοφίαν· εἰ γάρ τις ὄζους ὀξυ-
τόμῳ πελέκει
ἐξερείψῃ κεν μεγάλας δρυός, αἰσχύνῃ δέ οἱ θαητὸν
εἶδος,   470
καὶ φθινόκαρπος ἐοῖσα δίδοι ψᾶφον περ' αὐτᾶς,
εἴ ποτε χειμέριον πῦρ ἐξίκηται λοίσθιον,
ἢ σὺν ὀρθαῖς κιόνεσσιν δεσποσύναισιν ἐρειδομένα 475
μόχθον ἄλλοις ἀμφέπῃ δύστανον ἐν τείχεσιν,
ἑὸν ἐρημώσαισα χῶρον.

Ἐπ. ιβ΄.

ἐσσὶ δ' ἰατὴρ ἐπικαιρότατος, Παιάν τέ σοι τιμᾷ φάος. 480
χρὴ μαλακὰν χέρα προσβάλλοντα τρώμαν ἕλκεος ἀμφι-
πολεῖν.
ῥᾴδιον μὲν γὰρ πόλιν σεῖσαι καὶ ἀφαυροτέροις·   485
ἀλλ' ἐπὶ χώρας αὖτις ἕσσαι δυσπαλὲς δὴ γίνεται, ἐξα-
πίνας
εἰ μὴ θεὸς ἀγεμόνεσσι κυβερνατὴρ γένηται.

275 τίν δὲ τούτων ἐξυφαίνονται χάριτες.   490
τλᾶθι τᾶς εὐδαίμονος ἀμφὶ Κυράνας θέμεν σπουδὰν
     ἅπασαν.
                                        Στρ. ιγ'.
τῶν δ' Ὁμήρου καὶ τόδε συνθέμενος
ῥῆμα πόρσυν'· ἄγγελον ἐσλὸν ἔφα τιμὰν μεγίσταν πράγ-
                     ματι παντὶ φέρειν·   495
αὔξεται καὶ Μοῖσα δι' ἀγγελίας ὀρθᾶς. ἐπέγνω μὲν Κυ-
                              ράνα
290 καὶ τὸ κλεεννότατον μέγαρον Βάττου δικαιᾶν
Δαμοφίλου πραπίδων. κεῖνος γὰρ ἐν παισὶν νέος,   500
ἐν δὲ βουλαῖς πρέσβυς ἐγκύρσαις ἑκατονταετεῖ βιοτᾷ,
ὀρφανίζει μὲν κακὰν γλῶσσαν φαεννᾶς ὀπός,   505
ἔμαθε δ' ὑβρίζοντα μισεῖν,
                                        Ἀντ. ιγ'.
285 οὐκ ἐρίζων ἀντία τοῖς ἀγαθοῖς,
οὐδὲ μακύνων τέλος οὐδέν. ὁ γὰρ καιρὸς πρὸς ἀνθρώπων
                     βραχὺ μέτρον ἔχει.
εὖ νιν ἔγνωκεν· θεράπων δέ οἱ, οὐ δράστας ὀπαδεῖ
                     φαντὶ δ' ἔμμεν   510
τοῦτ' ἀνιαρότατον, καλὰ γινώσκοντ' ἀνάγκᾳ
ἐκτὸς ἔχειν πόδα. καὶ μὰν κεῖνος Ἄτλας οὐρανῷ   515
290 προσπαλαίει νῦν γε πατρῴας ἀπὸ γᾶς ἀπό τε κτεάνων·
λῦσε δὲ Ζεὺς ἄφθιτος Τιτᾶνας. ἐν δὲ χρόνῳ
μεταβολαὶ λήξαντος οὔρου   520
                                        Ἐπ. ιγ'.
ἱστίων. ἀλλ' εὔχεται οὐλομέναν νοῦσον διαντλήσαις ποτέ
οἶκον ἰδεῖν, ἐπ' Ἀπόλλωνός τε κράνᾳ συμποσίας ἐφέπων

V. 275. τίν δὲ τούτων ἐξυφαίνονται, Hartung scripsit τίν δὴ τοῦδ'
ἐκ θεῶν ὑφαίνονται. — V. 278. πόρσον', Hartung πόρσαιν', — τιμὰν
μεγίσταν πράγματι, Cram. An. P. 111 286 τιμὰν μέγιστα πράγματα,
red schol. II. O 207 (vulg.) lueior librorum lectionem. Locus an-
tiquitus iam corruptus; poeta scripsisse videtur: τῶν δ' Ὁμήρου καὶ τόδε
συνθέμενος ῥῆμα, πόρσον' ἄγγελον ἐσλὸν' ὃ φᾶ τιμὰν μεγίσταν
πράγματι παντὶ φέρειν. neque respexit II.O207, sed alium locum fortasse
cyclici alicuius poetae, quorum pertinet etiam proverbium μέγα τ' ἄγ-
γελος ἐσθλός, vid. Append. Proverb. III 61. — V. 280. κλεεννότατον, Pc
κλειννότατον. — Βάττον, I'c Βάττος. — δικαιᾶν GI'I'VbdfGa, vulgo
δικαίας, quod schol. per δίκην interpretatur, sed novit etiam alteram
lect. — V. 282. ἐγκύρσαις VI, ἐγκύρσας rel. — V. 287. ἔγνωκεν, Pc ἔγνω.
— θεράπων δέ οἱ, olim coniecieram θεράπων δέ τοι, ut sit: Damophilus
fidus tibi minister est. — V. 288. γινώσκοντ' I'c. v. γιγνώσκοντ'. —
V. 290. ἀπό bis AUuVdP12, vulgo ἄπο. — V. 291. ἄφθιτος, forte poeta
ἀφθίτους scripsit. — V. 293. διαντλήσαις Vat, ceteri διαντλήσας.

θυμὸν ἐκδύσθαι πρὸς ἥβαν πολλάκις, ἔν τε σοφοῖς   325
δαιδαλέαν φόρμιγγα βαστάζων πολίταις ἀσυχία θιγέμεν,
μήτ᾽ ὦν τινι πῆμα πορών, ἀπαθὴς δ᾽ αὐτὸς πρὸς
   ἀστῶν·   530
καί κε μυθήσαιθ᾽, ὁποίαν Ἀρκεσίλᾳ
εὗρε παγὰν ἀμβροσίων ἐπέων, πρόσφατον Θήβᾳ ξενω-
   θείς.

V. 298. μυθήσαιθ᾽, ὁποίαν, CGaVb μυθήσαιτε ποίαν. — Ἀρκεσίλᾳ
libri ut videtur omnes et edd. vet. Ἀρκεσίλα, in Gu supra add. ῳ.

ΠΥΘΙΟΝΙΚΑΙ Ε.
ΑΡΚΕΣΙΛΑι ΚΥΡΗΝΑΙΩι
ARMATI.
Strophae.

```
  ∪ ⏑ ‒ ‒ ⏑ ∪ ⊻
  ∪ ⏑ ‒ ⏞ ⏑ ∪ ‒ ∪ ⏑ ∪ ⊻
  ∪ ⏑ ∪ ‒ ⏞ ‒ ∪ ⏑ ∪ ∪ ‒ ∪ ⏞ ∪ ⊻
  ∪ ⏑ ⏞ ⏞ ∪ ⊻
5 ∪ ⏑ ‒ ⏞ ⏑ ∪ ∪ ⊻
  ∪ ⏑ ⏑ ∪ ⊻
  ‒ ⏑ ⏞ ‒ ⏑ ∪ ∪ ‒ ∪ ⊻
  ∪ ⏑ ‒ ⏞ ⏑ ∪ ∪ ‒ ∪ ⊻
  ∪ ⏑ ∪ ‒ ⏑ ∪ ‒ ⏑ ∪ ⊻
10 ⏑ ∪ ‒ ⏑ ∪ ∪ ‒ ⏞ ∪ ‒ ⏑ ∪ ⊻
  ∪ ⏑ ⏑ ‒ ⏑ ∪ ‒ ∪ ⊻
```

Epodi.

```
  ∪ ⏑ ⏑ ∪ ⏞ ⏑ ∪ ‒ ∪ ⏑ ∪ ⊻
  ∪ ⏑ ⏑ ∪ ∪ ‒ ⏑ ∪ ‒ ∪ ∪ ‒ ⏞ ∪ ⏑ ∪ ∪ ‒
  ⏞ ‒ ⏑ ∪ ∪ ‒ ⏞ ‒ ∪ ⏑ ∪ ‒ ‒
  ∪ ⏑ ∪ ‒ ⏞ ∪ ⏑ ∪ ∪ ‒ ‒
5 ∪ ⏑ ⏑ ∪ ∪ ‒ ⏞ ∪ ‒ ‒
  ⏑ ∪ ∪ ‒ ⏞ ⏑ ∪ ⏑ ∪ ∪ ‒ ⏑ ∪ ‒
  ∪ ⏑ ⏞ ∪ ‒ ∪ ⏞ ∪ ‒ ‒
  ⏑ ∪ ‒ ⏑ ∪ ⊻
  ⏞ ‒ ⏑ ∪ ∪ ‒ ‒ ‒ ⏑ ∪ ∪ ‒ ∪ ⏞ ∪ ‒ ⏑ ∪ ⊻
```

Strophae v. 10 et 11 Boeckh in editione altera coniunxit: ego priorem descriptionem secuta sum: item in str. v. 7, quem ante aliter

Στρ. α'.

Ὁ πλοῦτος εὐρυσθενής,
ὅταν τις ἀρετᾷ κεκραμένον καθαρᾷ
βροτήσιος ἀνὴρ πότμου παραδόντος αὐτὸν ἀνάγῃ
πολύφιλον ἑπέταν.   5
b ὦ θεόμορ' Ἀρκεσίλα,
σύ τοί νιν κλυτᾶς
αἰῶνος ἀκρᾶν βαθμίδων ἄπο
σὺν εὐδοξίᾳ μετανίσεαι   10
ἕκατι χρυσαρμάτου Κάστορος·
10 εὐδίαν ὃς μετὰ χειμέριον ὄμβρον τεὰν
καταιθύσσει μάκαιραν ἑστίαν.

Ἀντ. α'.

σοφοὶ δέ τοι κάλλιον   15
φέροντι καὶ τὰν θεόσδοτον δύναμιν.
σὲ δ' ἐρχόμενον ἐν δίκᾳ πολὺς ὄλβος ἀμφινέμεται·
15 τὸ μέν, ὅτι βασιλεύς
ἐσσὶ μεγαλᾶν πολίων·   20
ἔχει συγγενὲς
ὀφθαλμὸς αἰδοιότατον γέρας,
τεᾷ τοῦτο μιγνύμενον φρενί·
20 μάκαρ δὲ καὶ νῦν, κλεεννᾶς ὅτι   25
εὖχος ἤδη παρὰ Πυθιάδος ἵπποις ἑλὼν
δέδεξαι τόνδε κῶμον ἀνέρων,

Ἐπ. α'.

Ἀπολλώνιον ἄθυρμα. τῷ σε μὴ λαθέτω   30

---

conformavi, ad Boeckhii rationem redii, nisi quod Boeckh non tullisyllabam ancipitem in halos versus pede secundo, iis versibus, qui spondeum loco iambi exhibent, mutatis.

V. 2. ἀρετᾷ, Hermann ὀργᾷ, ego ἀργᾷ conieci, quod sordere dicit Schneidewin, recepit Hartung. — V. 3. παραδόντος αὐτὸν, Hartung παραδόντος αὐξιν, quod a graeci sermonis usu plane abhorret, nam αὔξην aut αὐξήσειν dicunt. — ἀνάγῃ, Hoeker ἐπάγῃ. — V. 6. θεόμορ', Pc lemma sch. θεόμοιρ'. — V. 6. τοί νιν, GuPe τοί ννν. Boeckh τοι νῦν. — κλυτᾶς αἰῶνος, in prosedosi κλυτᾶν αἰῶν scripsi, sed postea abieci, nunc recepit Hartung. — V. 7. ἀκρᾶν GGuVbd, vulgo ἄκραν. Boinda Boeckh conf. ἀπὸ βαθμίδων. — V. 8. μετανίσεαι Pc, v. μετανίσσεαι. — V. 10. εὐδίαν ὃς, Schneidor et Hermann εὐδιανός. — V. 12. δέ τοι, lemma sch. δ' ἔτι. — V. 16. μεγαλᾶν GGuVb, μεγάλαν Vd, μεγάλαν sed supra ὸν Pc, μεγάλαν vulgo. — V. 17. ἔχει, Hermann ἐπεὶ conielcit. — συγγενὲς Rauchenstein, libri συγγενής, Hartang totum locum immutavit scribens ἔχων συγγενές, ὅσοις αἰδοιότατον, γέρας τεᾷ κτλ. — V. 18. αἰδοιότατον Schmid, αἰδοιέστατον libri et sch., Germ αἰδοῦς ἐρατόν. — V. 20. κλεεννᾶς, Pc κλεεννᾶς. — V. 23. σε μὴ Schmid, μή σε Schol. et libri, nisi

Κυράναν γλυκὺν ἀμφὶ κᾶπον Ἀφροδίτας ἀειδόμενον,
25 παντὶ μὲν θεὸν αἴτιον ὑπερτιθέμεν·
φίλει δὲ Κάρρωτον ἔξοχ' ἑταίρων·
ὅς οὐ τὰν Ἐπιμαθέος ἄγων   25
ὀψινόου θυγατέρα Πρόφασιν Βαττιδᾶν
ἀφίκετο δόμους θεμισκρεόντων·
30 ἀλλ' ἀρισθάρματον
ὕδατι Κασταλίας ξενωθεὶς γέρας ἀμφίβαλε τεαῖσιν κό-
                μαις   40
                                                          Στρ. β'.
ἀκηράτοις ἀνίαις
ποδαρκέων δυωδεκάδρομον τέμενος.   45
κατέκλασε γὰρ ἐντέων σθένος οὐδέν· ἀλλὰ κρέμαται,
35 ὁκόσα χεριαρᾶν
τεκτόνων δαίδαλ' ἄγων
Κρισαῖον λόφον
ἄμειψεν ἐν κοιλόπεδον νάπος·   50

quod ByLb *μὲν μιν.* — V. 24. Κυράναν *scripsi, legebatur* Κυράνα. Scho-
liasta, qui interpretatur *διὸ μὴ εἰ ἰανθανέτω ἡ Κυρήνη συνηγορήσῃ
καὶ Κυράνα . . . ἀειδομένα reparit, καὶ id ipsum Κυράναν legit, sed per-
peram intellexit. Etiam Hartung vidit accusativum restituendum esse,
neque tamen Pindari sententiam assecutus est. Poeta, cum Arcesilas
Pythiam victoriam adeptus esset, dicit: tum est primum omnium deum
beneficii auctorem venerari, tum vero Carrhotum aurigam, cui acceptum
refers hunc honorem, diligere. Commode in mentem revocat Arce-
silas ratiocinem olim ut videtur Cyrenaeis editum, quo lusi erant, di-
vinis rebus alia omnia posthabere. Proverbium dicitur in Charondae
legum procoemio ap. Stob. XLIV 40: τὸ γὰρ ἄριστον, ὥσπερ ἀ παροιμία
φασί, τὸν θεὸν μὲν ἐν(l. πιθέμεν) αἴτιον πάντων τούτων. similiterque prae-
cipit pornonatus Zaleucus ib. 20: πείθεσθαι δὲ τούτοις καὶ τιμᾶν ὡς
αἰτίους ὄντας ἁπάντων ὑμῖν ἀγαθῶν. Fuerit sane proverbium, sed
ortum est haud dubie ex oraculo, quod ant Arcesilaus II accepit (cf.
Diodor. Ex. II 2 p. 81 ed. Dindorf) aut ad Demonactem Mantinensem
special, qui Delphici oraculi iussu rem publicam Cyrenensium ordinavit.
— V. 26. φίλει, Pe φιλεῖν ut Aristarchus legit. — V. 27. lemma schol.
ὃς δ' ἂν Ἐπιμηθέος. — V. 28. ὀψινόον, Γο ὀψίνοον, utrumque schol. —
V. 29. ἀφίκετο, Hermann ἀφίκεται, et delusio divisim θέμις κρεόντων.
Hartung θεμισκρεόντων. — V. 31. ὕδατι, Τ. Mommsen coni. ὑγρᾷ.
Schwenk κάρᾳ. — V. 32. ἀκηράτοις ἀνίαις, Pe ἀκηράτοισιν ἀνίοισι, Π
ἀκηράτοισιν ἀνίαισι, Vbdf ἀκηράτοισιν ἁ., Οα ἀκηράτρισιν ἀνίαισι, Κ
ἀκήρατοι ἁ., donique ἀνίαισι etiam Al'12. — V. 83. δυωδεκάδρομον
scripsi, PeUαVbd δυοδεκα δρόμον, AUγl'12 δωδεκαδρόμον, KU sch.
δυωδεκαδρόμων, acd P'i a m. x. recluas δωδεκάδρομον, ut ποδαρκίαν
alt idem, quod τρίχων, et participium etiam testatur schol. Thiersch
δωδέκ' ἂν δρόμων τέμενος, Hartung δωδεκαδρόμων πτάμενος vel οὐ-
μενος. — V. 50. δαίδαλ' Pa swine, libri δαιδάλματ, A δαιδάματ. Her-
mann praeterea τεκτόνα coniecit, ego olim κεκτὸν ἀγάλματ. — V. 38.
ἄμειψεν ἐν, Hartung praepositionem delevit, me olim praeeunte. —
νάπος· θεοῦ τοί σφ' ἔχει scripsi, legebatur νάπος θεοῦ· τὸ σφ' ἔχει.

θεοῦ τοί σφ' ἔχει κυπαρίσσινον
40 μέλαθρον ἀμφ' ἀνδριάντι σχεδόν,
Κρῆτες ὃν τοξοφόροι τέγεϊ Παρνασίῳ
καθέσσαντο, μονόδροπον φυτόν.

ἐκόντι τοίνυν πρέπει
νόῳ τὸν εὐεργέταν ὑπαντιάσαι.
15 Ἀλεξιβιάδα, σὲ δ' ἠϋκομοι φλέγοντι Χάριτες.
μακάριος, ὃς ἔχεις
καὶ πεδὰ μέγαν κάματον
λόγων φερτάτων
μναμῇον· ἐν τεσσαράκοντα γὰρ
50 πετόντεσσιν ἁνιόχοις ὅλον
δίφρον κομίξαις ἀταρβεῖ φρενί,
ἦλθες ἤδη Λιβύας πεδίον ἐξ ἀγλαῶν
ἀέθλων καὶ πατρωΐαν πόλιν.

Ἐπ. β'.

πόνων δ' οὔ τις ἀπόκλαρός ἐστιν οὔτ' ἔσεται·
55 ὁ Βάττου δ' ἕπεται παλαιὸς ὄλβος ἔμπαν τὰ καὶ τὰ
νέμων,
πύργος ἄστεος ὄμμα τε φαεννότατον
ξένοισι. κεῖνόν γε καὶ βαρύκομποι
λέοντες περὶ δείματι φύγον,
γλῶσσαν ἐπεί σφιν ἀπένεικεν ὑπερποντίαν·
60 ὁ δ' ἀρχαγέτας ἔδωκ' Ἀπόλλων
θῆρας αἰνῷ φόβῳ,

ΠΥΤΗΙΑ V.   145

ὄφρα μὴ ταμίᾳ Κυράνας ἀτελὴς γένοιτο μαντεύμασιν.

Στρ. γ'.

ὅ καὶ βαρειᾶν νόσων   85
ἀκέσματ' ἄνδρεσσι καὶ γυναιξὶ νέμει,
65 πόρεν τε κίθαριν, δίδωσί τε Μοῖσαν οἷς ἂν ἐθέλῃ,
ἀπόλεμον ἀγαγών
ἐς πραπίδας εὐνομίαν,   90
μυχόν τ' ἀμφέπει
μαντήϊον· τῷ καὶ Λακεδαίμονι
70 ἐν Ἄργει τε καὶ ζαθέᾳ Πύλῳ
ἔνασσεν ἀλκάεντας Ἡρακλέος   95
ἐκγόνους Αἰγιμιοῦ τε. τὸ δ' ἐμόν, γαρύεν
ἀπὸ Σπάρτας ἐπήρατον κλέος,

Ἀντ. γ'.

ὅθεν γεγεννημένοι
75 ἵκοντο Θήρανδε, φῶτες Αἰγεΐδαι,   100
ἐμοὶ πατέρες, οὐ θεῶν ἄτερ, ἀλλὰ μοῖρά τις ἄγεν·
πολύθυτον ἔρανον
ἔνθεν ἀναδεξάμενοι,
Ἄπολλον, τεᾷ   105
80 Καρνήϊά τ' ἐν δαιτὶ σεβίζομεν

V. 62. ταμίᾳ, Pe τὸ ταμία. — V. 68. μαντῆον scripsi, vulgo μαντήϊον, quod servavit Boeckh, qui καὶ post τῷ elecit, Hermanno probante. — V. 70. ἐν Ἄργει τε καὶ GGuVbLbI'e, vulgo ἔν τ' Ἄργεϊ καὶ. — V. 71. ἀλκάεντας scripsi, Pe ἀλκάντας, vulgo ἀλκᾶντας. — V. 72. τὸ δ' ἐμόν, γαρύεν Hermann in Actis Societ. Saxonicae, nisi quod γαρύειν scripsit, vulgo ex H τὸ δ' ἐμὸν γαρύειν τ', Pe γαρύεντ' (cum gl. λέγουσιν), AGGa PiVbdf γαρύει, schol. in lemm. γαρύειν' (G γαρύαν'), sed interpretatur καυχᾶται, Rauchensteln τὸ δ' ἐμοὶ γαρύσιν'. — V. 78. οὐ θεῶν ἄτερ, ἀλλὰ μοῖρά τις ἄγεν· πολύθυτον ἔρανον ἔνθεν ἀναδεξάμενοι, Ἄπολλον, τεᾷ Καρνήϊά τ' ἐν δαιτὶ σεβίζομεν Κυράνας τ' ἀγακτιμέναν ἔδιεν scripsi, ut poeta dicat: unde (i. e. ex Thera) translatis his sacris te Apollo Carnee et ipsam Cyrenam nunc sancte colimus, cf. Callim. in Apoll. 71 Αὐτάρ ἐγὼ Καρνεῖον· ἐμοὶ πατρώϊον οὕτω. Σπάρτη τε Καρνεῖτε τόδε πρώτιστον ἐδέθλον, Δεύτερον αὖ Θήρη, τρίτατόν γε μὲν ἄστυ Κυρήνης. Ἐκ μέν σε Σπάρτης ἕκτον γένος Οἰδιπόδαο Ἤγαγε Θηραίην ἐς ἀπώτιειν· ἐκ δέ σε Θήρης Ἀριστοτέλης Ἀσβυστίδι κάρθετο γαίῃ. Legebatur οὐ θεῶν ἄτερ· ἀλλὰ μοῖρά τις ἄγεν πολύθυτον ἔρανον· ἔνθεν ἄν. Ἄπ., τεᾷ Καρνεῖα ἐν δαιτὶ σ. Κυράνας ἀγ. πόλιν. Hermann scripsit ὅθεν μ ι ν ο ι ν α μ ί ν ο ι . . . , πολύθυτον ἔρανον ἔνθεν ἀναδεξαμέναν Ἀπόλλον τεᾷ Καρνήϊά τ' ἐν δαιτὶ σεβίζομεν Κυράνας ἀγ. πόλιν. Hartung ἄγεν· πολύθυτον ἔρανον ἔνθεν ἀν. Ἄπ., τεᾷ Καρνεῖ' ἐν δαιτὶ σεβίζομεν Κυράνας ἀγακτιμέναν πόλις. Hocker denique ἀπὸ Σπαρτᾶν, i. e. a Thebanis, coll. Isthm. VI 12 et deinde ἀγακιμέναν πόλιν. — ἄγεν, Pe ἄγεν. — V. 77. πολύθυτον ἔρανον Lb (?), ceteri πολύθυτον ἐς ἔρανον. — V. 79. τεᾷ PeGGaVbdf, τεά reliqui ut videtur. — V. 80. Καρνήϊά σ' scripsi, Καρνεῖτ Hermann, Καρνήϊ' (?)

Κυράνας τ᾽ ἀγακτιμέναν πόλιν·
ἔχοντι τὰν χαλκοχάρμαι ξένοι
Τρῶες Ἀντανορίδαι· σὺν Ἑλένᾳ γὰρ μόλον,
καπνωθεῖσαν πάτραν ἐπεὶ ἴδον   110
          Ἐπ. γ΄.
85 ἐν Ἄρει, τὸ δ᾽ ἐλάσιππον ἔθνος· ἐνδυκέως
δέκονται θυσίαισιν ἄνδρες οἰχνέοντάς σφε δωροφόροι, 115
τούς τ᾽ Ἀριστοτέλης ἄγαγε ναυσὶ θοαῖς
ἁλὸς βαθείας κέλευθον ἀνοίγων.
κτίσεν δ᾽ ἄλσεα μείζονα θεῶν,   120
90 εὐθύτομόν τε κατέθηκεν Ἀπολλωνίαις
ἀλεξιμβρότοις πεδιάδα πομπαῖς
ἔμμεν ἱππόκροτον
σκυρωτὰν ὁδόν, ἔνθα πρυμνοῖς ἀγορᾶς ἔπι δίχα κεῖται
      θανών·   125
          Στρ. δ΄.
μάκαρ μὲν ἀνδρῶν μέτα
95 ἔναιεν, ἥρως δ᾽ ἔπειτα λαοσεβής.
ἄτερθε δὲ πρὸ δωμάτων ἕτεροι λαχόντες ἀίδαν   130
βασιλέες ἱεροί

Boeckh, *Καρυτία* R, *Καρυτί* A, *Καρυτί'* GGnPlVbdfPc lemma sch. Schol. utrum *Καρυτία* an *Καρυτί* invenerit, non liquet. — V. 83. Ἀντανορίδαι, ByVblf *Ἀντηνορίδαι*. — V. 84. ἴδον, Pc είδον. — V. 85. *ἐν Ἄρει, τὸ δ' ἐλάσιππον ἔθνος· ἐνδυκέως δέκονται θυσίαισιν ἄνδρες οἰχνέοντάς σφε δωροφόροι, τούς τ' Ἀριστοτέλης* scripsi, irgebatur *ἐν Ἄρει· τὸ δ' ἐλάσιππον ἔθνος ἐνδυκέως δ. θ. ἄ. οἰχνέοντές σφε δωροφόροι, τούς Ἀριστοτέλης*. At plane dicendum fuit, quem in locum se contulerint Antenoridae: *ἐλάσιππον ἔθνος* neque Antenoridae sunt, neque Graeci qui Aristotelo duce illam regionem occupaverant, ut interpretibus visum est, sed Asbystae: cf. Herod. IV 170 τιθρωποβάται δὲ οὐν ἥκιστα ἀλλὰ μάλιστα Λιβύων εἰσί. Asbystae igitur et Troianos illos advenas benigne exceperunt, et postea Graecos, qui Aristotelo duce in hanc oram delati sunt. Librorum lectionem vitiatam etiam schol. 1 et 2 inquirit, sed schol. 3, qui dicit: τὸ δὲ ἐκπικώτατον ἔθνος τῶν Κυρηναίων μετ᾽ ἐπιμελείας τοὺς Ἀντήνορος παῖδας τιθνηκότας δεξιοῦνται θυσίαις, παραγίνονται δὲ μετὰ δώρων καὶ ἐναγισμάτων, quamvis in prava totius loci interpretatione consentit cum prioribus, certe scripturam οἰχνέοντας firmat. Hoc ipso scholinata usus, Hartung, qui *ἐλάσιππον ἔθνος non Cyrenaeos, ut ceteri interpretes, sed Antenoridas dici existimat, edidit: τὸ δ᾽ ἦ. ἔθνος ... ἄνδρας οἰχνέοντάς σφι δωροφόρους, τοὺς Ἀριστοτέλης. — V. 86. δέκονται, PcVbd δέχονται. — οἰχνέοντας scripsi, οἰχνέοντες ABγGGnPlLbVblf, ἰχνέοντες Pc et vulgo. — V. 87. τούς τ᾽ scripsi, libri τούς. — V. 88. βαθείας scripsi, quod firmat schol. 1: τῆς πλατείας θαλάττης τὴν ὁδὸν ἀνοίγων, legebatur *βαθεῖαν*. — V. 90. εὐθύτομον, sch. fort. εὐθύτονον. — V. 91. ἀλεξιμβρότοις, Hartung *ἀλεξιμβρότοις*, quod omnino ferri nequit. — V. 92. ἔμμεν, Gn ἔμμεν᾽. — V. 93. ἔπι δίχα, Pc ἐπίδιχα, utrumque sch.

ἐντί, μεγαλᾶν δ' ἀρετᾶν
δρόσῳ μαλθακᾷ
100 ῥανθεισᾶν κώμων ὑπὸ χεύμασιν
ἀκούοντί ποι χθονίᾳ φρενί,
σφὸν ὄλβον υἱῷ τε κοινὰν χάριν
ἔνδικόν τ' Ἀρκεσίλᾳ· τὸν ἐν ἀοιδᾷ νέων
πρέπει χρυσάορα Φοῖβον ἀπύειν,

Ἀντ. δ'.

105 ἔχοντα Πυθωιόθεν
τὸ καλλίνικον λυτήριον δαπανᾶν
μέλος χαρίεν. ἄνδρα κεῖνον ἐπαινέοντι συνετοί.
λεγόμενον ἐρέω·
κρέσσονα μὲν ἁλικίας
110 νόον φέρβεται
γλῶσσάν τε· θάρσος δὲ τανύπτερος
ἐν ὄρνιξιν αἰετὸς ἔπλετο·
ἀγωνίαις δ', ἕρκος οἷον, σθένος·
ἔν τε Μοίσαισι ποτανὸς ἀπὸ ματρὸς φίλας,
115 πέφανταί θ' ἁρματηλάτας σοφός·

Ἐπ. δ'.

ὅσαι τ' εἰσὶν ἐπιχωρίων καλῶν ἔσοδοι,

10*

τετόλμακε. Θεός τέ οί τονῦν τε πρόφρων τελεῖ δύνασιν,
καὶ τὸ λοιπὸν ὁμῶς, μάκαρες ὢ Κρονίδαι,
διδοῖτ' ἐπ' ἔργοισιν ἀμφί τε βουλαῖς 160
120 ἔχειν, μὴ φθινοπωρὶς ἀνέμων
χειμερία κατάπνοα δαμαλίζοι χρόνον.
Διός τοι νόος μέγας κυβερνᾷ
δαίμον' ἀνδρῶν φίλων. 165
εὔχομαί νιν Ὀλυμπίᾳ τοῦτο δόμεν γέρας ἔπι Βάττου γένει.

V. 118. λοιπὸν ὁμῶς, μάκαρες ὢ Κρονίδαι scripsi, libri λοιπὸν ὢ
Κρονίδαι μάκαρες, nisi quod Lblly ox manifesta interpolatione λοιπὸν
ὢ πλεῖστ⊙Κρ. μ., Boeckh λοιπὸν ὄπισθε, Κρονίδαι μάκαρες, Hermann
λοιπὸν ἔπιτα Κρ. μ., Rauchenstein λοιπὸν ἅπασι, Hartung λοιπον ὁμοία,
Κρονίδαι μάκαρες et deinde v. 120 τυχεῖν pro ἔχειν. — V. 121. δαμα-
λίζοι, l'n δαμάζοι. — χρόνον, Hecker θρόνον. Locus valde suspectus
de vitio, sed quod Hartung conlecit γαμαὶ ὄλβον χίοι improbandum,
conlecl χθαμαλίζοι πόνον, quamvis verbum hoc alibi non legatur. —
V. 124. τοῦτο, fort. ταῦτό. — ἔπι, Dock alii ἔτι.

ΠΥΘΙΟΝΙΚΑΙ ϛ.

ΞΕΝΟΚΡΑΤΕΙ ΑΚΡΑΓΑΝΤΙΝΩ

ΑΡΜΑΤΙ.

Strophae.

[metrical scheme]

Στρ. α΄.

Ἀκούσατ᾿· ἦ γὰρ ἑλικώπιδος Ἀφροδίτας
ἄρουραν ἢ Χαρίτων
ἀναπολίζομεν, ὀμφαλὸν ἐριβρόμου
χθονὸς ἐς λάϊνον προσοιχόμενοι·

„In descriptione metrorum nihil incertum, nisi quod duo primi versus coniungi possunt:

[metrical scheme]

quae numerorum consociatio licet multis ex causis videretur probabilis, nihilo minus disiunxi, quod in re ambigua soleo facere. Carmen scriptum Thrasybulo victori; inscriptio Xenocratem appellat, quae potius videri possit e v. 6. Sed Xenocrates potest victor realitatus esse, ut canebat Herulus; ideoque titulum mutare non ausus sum." *Boeckh.*

V. 1. ἦ, quod Heyne scripsit, GG exhibent et fort. schol. legit, vulgo ἤ. — V. 3. ἀναπολίζομεν, Schmid ἀναπολήσομεν probante Hartungo. — V. 4. ἐς λάϊνον scripsi, libri et schol. ἐς ναόν. Hermann, cum olim

5 Πυθιώνικος ἔνθ᾽ ὀλβίοισιν Ἐμμενίδαις
ποταμίᾳ τ᾽ Ἀκράγαντι καὶ μὰν Ξενοκράτει
ἕτοιμος ὕμνων
θησαυρὸς ἐν πολυχρύσῳ
Ἀπολλωνίᾳ τετείχισται νάπᾳ·

Στρ. β'.

10 τὸν οὔτε χειμέριος ὄμβρος ἐπακτὸς ἐλθών,
ἐριβρόμου νεφέλας
στρατὸς ἀμείλιχος, οὔτ᾽ ἄνεμος ἐς μυχοὺς
ἁλὸς ἄξοισι παμφόρῳ χεράδι
τυπτόμενον. φάει δὲ πρόσωπον ἐν καθαρῷ
15 πατρὶ τεῷ Θρασύβουλε, κοινάν τε γενεᾷ
λόγοισι θνατῶν
εὔδοξον ἅρματι νίκαν
Κρισαίαισιν ἐν πτυχαῖς ἀπαγγελεῖ.

Στρ. γ'.

σύ τοι σχέθων νυν ἐπιδέξια χειρὸς ὀρθάν
20 ἄγεις ἐφημοσύναν,
τά ποτ᾽ ἐν οὔρεσι φαντὶ μεγαλοσθενῆ

Φιλύρας υἱὸν ὀρφανιζομένῳ
Πηλεΐδᾳ παραινεῖν· μάλιστα μὲν Κρονίδαν,
βαρυόπαν στεροπᾶν κεραυνῶν τε πρύτανιν,
25 θεῶν σέβεσθαι·
ταύτας δὲ μή ποτε τιμᾶς
ἀμείρειν γονέων βίον πεπρωμένον.

Στρ. δ'.

ἔγεντο καὶ πρότερον Ἀντίλοχος βιατάς
νόημα τοῦτο φέρων,
30 ὃς ὑπερέφθιτο πατρός, ἐναρίμβροτον
ἀναμείναις στράταρχον Αἰθιόπων
Μέμνονα. Νεστόρειον γὰρ ἵππος ἆρμ' ἐπέδα
Πάριος ἐκ βελέων δαϊχθείς· ὁ δ' ἔφεπεν
κραταιὸν ἔγχος·
35 Μεσσανίου δὲ γέροντος
δονηθεῖσα φρὴν βόασε παῖδα ὅν·

Στρ. ε'.

χαμαιπετὲς δ' ἄρ' ἔπος οὐκ ἀπέριψεν· αὐτοῦ
μένων ὁ θεῖος ἀνήρ
πρίατο μὲν θανάτοιο κομιδὰν πατρός,
40 ἐδόκησέν τε τῶν πάλαι γενεᾷ
ὁπλοτέροισιν, ἔργον πελώριον τελέσαις,
ὕπατος ἀμφὶ τοκεῦσιν ἔμμεν πρὸς ἀρετάν.
τὰ μὲν παρίκει·
τῶν νῦν δὲ καὶ Θρασύβουλος

45 πατρῷαν μάλιστα πρὸς στάθμαν ἔβα,

Στρ. ς'.

πάτρῳ τ' ἐπερχόμενος ἀγλαΐαν ἔδειξεν.
νόῳ δὲ πλοῦτον, ἄγων
ἄδικον οὔθ' ὑπέροπλον ἥβαν, δρέπει,
σοφίαν δ' ἐν μυχοῖσι Πιερίδων·
50 τίν τ', Ἑλέλιχθον, ὀργαῖς πάσαις ὃς ἱππείαν ἔσοδον,

V. 46. πάτρῳ τ' Va2, libri plerique πάτρῳ τ', Γ2 πάτραι τ' ἴσχ. — ἀγλαΐαν ἔδειξεν Schmid et F2, sed ceteri libri ἀγλαΐαν ἔδειξεν ἅπασαν, uoe vidolur sch. ἅπασαν reperisse, cum dicit: ἐπερχόμενος οὖν πρὸς τὴν τοῦ θείου ἀγλαΐαν καὶ κατὰ τὸν κόσμον ἴσον ἑαυτὸν ἐπίδειξιν. Sed neselo an potius ἔδειξεν ab interpolatore sit profectam, ut poeta scripserit: πάτρῳ τ' ἐπερχόμενος ἀγλαΐαν ἅπασαν, i. c. omne decus patrui imitans. Hartung πάσαν τ' ἴσχ. ἀγλ. ἔδειξεν. — V. 47. νόῳ δὲ πλοῦτον, ἄγων ἄδικον οὔθ' ὑπέροπλον ἥβαν, δρέπει scripsi, quod graeci sermonis proprietas non minus atque insitiola sententia flagitat: legebatur νόῳ δὲ πλοῦτον ἄγει, ἄδικον οὔθ' ὑπέροπλον ἥβαν δρέπων. Poteram sane aequioscere in distinctione emendata, sed nimis ambigua et obscura tunc foret oratio; poeta autem, cum dicere vellet νόῳ δὲ πλοῦτον δρέπει, ἄδικον οὔθ' ὑπ. ἥβαν ἄγων, tralectione verborum usus est, non solum numerorum legi inserviens, sed etiam quoniam quae sequuntur σοφίαν δ' κτλ. Item a participio δρέπων suspensa sunt. — V. 48. ἥβαν libri ot sch., addo sch. Aristid. III 51, ὕβριν Eustath. Prooem. 13, ἀνάταν Hormann, ἱκέταν Kayser, ὑπερύφανον ἀνδρῶν T. Mommsen, ὑπέροπλον ἀπὸ ῶν (ὁίβον) δρέπων Rauchenstein. — V. 50. Integram servavi librorum lectionem ΑΗΡεΌΌαΥΒΙέ τίν τ' (Ou δ', ut ale. fort. Schol.) ἐλέλιχθον ὀργαῖς (Vf ὀργεῖν) πάσαις (Α πασείς) ὃς (Va2 ὅσον) ἱππείαν ἔσοδον (R εἴσοδον), Dy τίν τ' Ἑλέλιχθον εὖρίς ὃ ὃς ἱππείαν ἔσοδον, Γ2 τίν τ', Π. ὀργαῖς ἐς ἱππείαν ἔσοδον, cod. Flor. τίν τ' Π. ὀργαῖς (in m. εὖρίς) ὃς ἱππείαν ἔσοδον. Pi quid exhibeat incertum, nisi quod ἱππείαν ἐς ὁδόν lude enolatum. Et εὖρίς videtur etiam sch. reperisse, qui dicit: ὃς (Va2 ὅσς) εὖρίς ἱππείας εἰσόδους (G ἱππείαν εἴσοδον, Va ἐσόδους) τουτέστιν ἱππικὰς ἁμίλλας. Hoc carmen additamentis valde depravatum est, quibus quae obscuriora videbantur explanare studuerunt, velut v. 13 quod Et M. exhibet γρωδὲ σποδίαν videtur paroplgrapho antiqua esse, ac miram est v. 14 non iam addituπι legi in codicibus participlum ἴχων; cf. inprimis v. 4 et 40. Sed hoc loco ambigi potest, ubi potissimum vitium delitescat. In epocdosi consul cliclenda, esse verba ὀργαῖς πάσαις, quae sit antiqua aliqua paroplgrapho ad v. 51 μέλει ἀδόντι νόῳ, quaeque expulerit deinde verbum necessarium, unde scripsi τίν τ' Ἐλέλιχθον ὃς Θήσας ἱππίαν ἔσοδον, quod cum grammatici doshluerarent, εὖρίς addiderunt. Sed nescio an potius scribendum sit τίν τ', Ἐλέλιχθον, ὀργαῖς πρὸς ἱππίαν ἔσοδον μέλει ἀδόντι νόῳ, Ποσειδάν, προσέχεται, h. e. ὀργαῖς πρός, ut Pindarus antiqua forma ὀργηαι pro ὀργαῖ usus sit, cuius formae ignorantia corruptelam ansam dederit: ἱππίαν ἔσοδον novo modo dixit poeta l. o. ἱππίων κάλων ἔσοδον, cf. Pyth. IV 124. Ceterum pro Ἑλέλιχθον alii fortasse Ἑλέλιχθον legerunt, yid. Eustath. Prooem. 16. Heyne electis πάσαις et μέλει scripsit ὀργαῖς ὃς εὖρίς ἱππίον εἴσοδον ἀδόντι νόῳ, Hermann ὀργαῖς ἐς ἱππίαν ἔσοδον (unopio ingenio ductus ad equestria studia), Boeckh ὃς δ' εὖρίς ἱππίαν ἔσοδον, Ilanebenstein ὀρμάς ὃς ἱππίαν ἐς ὁδόν, Hartung ὁρμαί, ὃς ἱππίας ἐς ὁδόν, Holmscoth ὡς δ' εὖρίς ἱππίας ἐσόδους, Mommsen ὃς (vel ἅς) εὖρίς ἱππίας ἐσόδους, sed hoc poeta potius αἷς δ' εὖρίς ἱπ-

μάλα ἁδόντι νόῳ, Ποσειδᾶν, προσέχεται.
γλυκεῖα δὲ φρὴν
καὶ συμπόταισιν ὁμιλεῖν
μελισσᾶν ἀμείβεται τρητὸν πόνον.

πίαις ἰσόδοις dicturus erat, idque ipsum aliquando contaci. H. A. Koch τίν δ' Ἑλλιχθων εὑρις ἐξ ἰσαίας ἰσόδους. — V. 51. ἁδόντι Ga, ἁδοντι Pc, ἁδοντι Pz, AR ἁδοντι. — προσέχεται Vbdf, προσέρχεται Pc et reliqui. Schol. προσέρχεται καὶ προσομιλοῦται interpretatur.

ΠΥΘΙΟΝΙΚΑΙ Ζ.

ΜΕΓΑΚΛΕΙ ΑΘΗΝΑΙΩ

ΤΕΘΡΙΠΠΩι.

Strophae.

```
− ⏑ ⏑ − ⏑ ☉ ⏑ ⏑ ⏑ − −
⏑ − ⏑ ⏑ − ⏑ ⏑ − ⏓ ⏑ ⏑ ⏑ ⏑ −
− ⏑ ⏑ − −
− ⏑ ⏑ ⏑ − ⏀
⏑ ⏑ ⏑ ⏑ ⏑ ⏑ − − ⏓ − ⏑ ⏑ ⏑ ⏑ − ⏓
⏑ ⏓ ⏑ ⏑ ⏓
⏑ ⏓ ⏑ − ⏀
```

Epodus.

```
⏓ ⏑ ⏑ ⏑ ⏑ − ⏓ ⏑ ⏑ ⏑ .
⏑ ⏑ − ⏑ ⏑ , ⏑ ⏑ ⏑ ⏑ ⏑ ⏑ −
⏓ ⏑ ⏑ ⏑ ⏑ ☉ ⏑ . ⏒
⏑ ⏑ ⏑ − ⏒ ⏑ ⏑ ⏑ ⏑ ⏑
⏑ ⏑ ⏑ − ⏑ ⏑ ⏑ −
⏑ ⏑ ⏑ ⏑ − −
```

„Inscriptio carminis ex Schol. et B ducta est, aliam libri praestant: *Μεγακλεῖ Ἀθηναίῳ, ἵπποις Ὀλύμπια, Πύθια, Ἴσθμια*, ut A G G u P I 21'c et Veneti torni, nisi quod ἵππῳ est in P 1 et inverso ordine *Ἴσθμια, Πύθια* in P 11'c G G u Venetisque. Metrum est pulcherrimum, generis Aeolici; hinc ὀνομάζεται v. 6. Id teneati constabit, cur eos versus, quorum fines incerti sunt, ita definiverim, ut feci: quippe ut singulis partibus Aeolicus constaret character. Sic v. 3 et secundo et quarto coniungi poterat, sed segregatur elegantius, ut Pyth. VI 7. Nem. VI ep. 7 et hoc

Στρ.

Κάλλιστον αἱ μεγαλοπόλιες Ἀθᾶναι
προοίμιον Ἀλκμανιδᾶν εὐρυσθενεῖ γενεᾷ
κρηπίδ' ἀοιδᾶν
ἵπποισι βαλέσθαι.
5 ἐπεὶ τίνα πάτραν, τίνα δ' οἶκον ναίων ὀνυμάξομαι   5
ἐπιφανέστερον
Ἑλλάδι πυθέσθαι;

Ἀντ.

πάσαισι γὰρ πολίεσι λόγος ὁμιλεῖ
Ἐρεχθέος ἀστῶν, Ἄπολλον, οἳ τεὸν γε δόμον   10
10 Πυθῶνι δίᾳ
θαητὸν ἔτευξαν.
ἄγοντι δέ με πέντε μὲν Ἰσθμοῖ νῖκαι, μία δ' ἐκπρεπὴς
Διὸς Ὀλυμπιάς,
δύο δ' ἀπὸ Κίρρας,

Ipso carmine str. 8. In ceteris mea ratio ab Hermanniana non multum
discrepat, in iis, quae incerta sunt, analogiam certorum metrorum se-
cutus, ut op. 4 analogiam str. v. 3, porro ep. 5, 6 analogiam str. v. 5,
Pyth. VI 5 et huius odae str. 4. Alia quaedam in ipsa syllabarum men-
sura notavi." Boeckh. Ego coniunxi str. v. 5 et 6 in unum.

V. 1. μεγαλοπόλιες, Boeckh olim μεγαλοπόλιες ut in antiqr. το-
λίεσιν. — V. 2. Ἀλκμανιδᾶν, Pc Ἀλκμαιωνιδᾶν. — εὐρυσθενεῖ, Pc
ἐρισθενεῖ. — V. 3. κρηπίδ', Pc κρηπίδ' — V. 4. ἵπποισι, ἵπποις Vbdf
GGulbPc. — V. 5. τίνα δ' Pc, τίνα γ' P2, vulgo τίνα τ'. — ναίων pror-
sus perversum, neque tamen emendationis periculum criticis suaseeri:
nam integra est sententia subiato hoc vocabulo: nihil aliud enim poeta
dicit, quam nullam civitatem Athenis, nullam gentem Alcmaeonidis
clariorem esse. Itaque olim censui hoc vocabulum plane esse eliciendum,
dum, quod cum antistropha glossemate vitiata esset, antiquo tempore
male sciolus, ut numerum expleret, adiecerit, parum ille curans quid
instituta sententia requireret. Scripsi igitur τίνα οἶκον τ' (δ') ὀνομά-
ξομαι. Numeri tamen versus commendant antiquam lectionem, quam
nunc revocavi. Frustra veteres critici vitium tollere conati sunt; com-
plures in schol. commemorantur coniecturae ναίοντ', αἴσα' (l. e. πίσεα),
οἶκόν τ' αἶσαν, Thiersch πλέον, Schneidewin λαὸν vel θνητόν. Kayser
ἐνίσσω, Woulilin ὑμῶν, omnium audacissime Hartung φαίνω ὀνομάσσω
ἂν, Rauchenstein νικῶντ'. — ὀνυμάξομαι, l'cGul'iO(a m. pr., supra
ἃ; Vbdf ὀνομάξω, unde ὀνομάξεαι coniicias, sed ὀνομάξομαι satis tueta-
tur scholia. Rauchenstein ὀνομάξομαι. — V. 6. πολίεσι, πολίεσσι Ga
(a m. s.)GVf, πολίεσιν Vh, πολίεσσι Vd. — λόγος, ὁ λόγος GfluVb et
fort. Bch. — V. 9. Ἀπολλον Sch. GGul'12, v. Ἀπόλλων. — τεὸν γε P2Hy ut
videtur, vulgo τεὸν τε, P1Vd τεόν, Vf εε, Hartung οἱ τεὸν δόμον ἐν
Πυθ., Rauchenstein αὖ τεὸν μέγαρον. — V. 12. νῖκαι (Pc νίκαι) olim
censui esse eliciendum, antiquitus in margine explicandi gratia additum,
cum facile ex sequenti Ὀλυμπιάς intelligi possit, cf. Ol. VII 81. —
V. 13. Ὀλυμπιάς ut Wasseling collocarat exhibet P2, v. Ὀλυμπίας.

Ἐπ.

15 ὦ Μεγάκλεες, ὑμαί τε καὶ προγόνων. 15
νίᾳ δ' εὐπραγίᾳ χαίρω τι· τὸ δ' ἄχνυμαι,
φθόνον ἀμειβόμενον τὰ καλὰ ἔργα.
φαντί γε μὰν οὕτω κεν ἀνδρὶ παρμονίμαν 20
θάλλοισαν εὐδαιμονίαν
20 τὰ καὶ τὰ φέρεσθαι.

V. 15. ὑμαί, Pc ὑμῶν. — V. 16. νίᾳ, Γ1Vf νῦν. Deinde l'cGul'd
interpungunt: χαίρω· τί τόδ' ἄχν., Hartung χαίρω τι, τὸ δ', Rauchen-
stein χαίρω· τί δὲ τόδ'. — V. 18. οὕτω, Goram οὕπω. — V. 18. παρμο-
νίμαν Sch. Aίln, vulgo παρ μονίμαν, Hartung παρμενίμεν θάλλοιςάν
τ'. — V. 19. θάλλοισαν, Pc θάλοισαν.

ΠΥΘΙΟΝΙΚΑΙ Π.
ΑΡΙΣΤΟΜΕΝΕΙ ΑΙΓΙΝΗΤΗι.
ΠΑΛΑΙΣΤΗι.

Strophae.

⏖–⏑–⏑–⏑–⊼
–⏑–⏑–⏑–⊼
–⏑–⏑–⏑–⊽
⏑–⏑–⏑–⏑–⊼
5 –⏑––⏖–⏑–⏑–⏑⊼
⏖–⏑–⏑––⏖–⏑–⊽
⏖–⏑–⏖–⏑–⊽

Epod I.

⏑–⏑–⏑––⏑–⏑––⊽
⏖–⏑–⏑––⏖–⏑–⏑
–⏖–⏑–⏑––⏑–⏑–⏑
–⏑⏑–⏑–⏑–⏑–⏑–
5 ⏑–⏑–⏑⏑–⏑––⏑–⏑–⊽
–⏑⏖–⏖–⏑–⏑–⏑–⏑

           Στρ. α′.

Φιλόφρων Ἀσυχία, Δίκας
ὦ μεγιστόπολι θύγατερ,
βουλᾶν τε καὶ πολέμων
ἔχοισα κλαΐδας ὑπερτάτας   *b*

V. 1. Ἀσυχία, Pt Sch. ἡσυχία. — V. 3. βουλᾶν, βουλῶν Sch. — V. 4. ἔχοισα, ἔχουσα Schol. BγGuVbdf. — κλαΐδας Schmid, κλεΐδας Sch.

5 *Πυθιόνικον τιμᾷν Ἀριστομένει δέπευ.*
τὺ γὰρ τὸ μαλθακὸν ἔρξαι τε καὶ παθεῖν ὁμῶς
ἐπίστασαι καιρῷ σὺν ἀτρεκεῖ·

                                                    Ἀντ. α'.
τὺ δ' ὁπόταν τις ἀμείλιχον   10
καρδίᾳ κότον ἐνελάσῃ,
10 τραχεῖα δυσμενέων
ὑπαντιάξαισα κράτει τίθεις
ὕβριν ἐν ἄντλῳ. τὰν οὐδὲ Πορφυρίων μάθεν   15
παρ' αἶσαν ἐξερεθίζων. κέρδος δὲ φίλτατον,
ἑκόντος εἴ τις ἐκ δόμων φέροι.

                                                     Ἐπ. α'.
15 βίᾳ δὲ καὶ μεγάλαυχον ἔσφαλεν ἐν χρόνῳ.   20
Τυφὼς Κίλιξ ἑκατόγκρανος οὔ μιν ἄλυξεν,
οὐδὲ μὰν βασιλεὺς Γιγάντων· δμᾶθεν δὲ κεραυνῷ
τόξοισί τ' Ἀπόλλωνος· ὃς εὐμενεῖ νόῳ   25
Ξενάρκειον ἔδεκτο Κίρραθεν ἐστεφανωμένον
20 υἱὸν ποίᾳ Παρνασίδι Δωριεῖ τε κώμῳ.

                                                     Στρ. β'.
ἕπεται δ' οὗ Χαρίτων ἑκάς   30
ἁ δικαιόπολις ἀρεταῖς
πλειναῖσιν Αἰακιδᾶν
θιγοῖσα νᾶσος· τελέαν δ' ἔχει
25 δόξαν ἀπ' ἀρχᾶς. πολλοῖσι μὲν γὰρ ἀείδεται   35
νικαφόροις ἐν ἀέθλοις θρέψαισα καὶ θοαῖς
ὑπερτάτους ἥρωας ἐν μάχαις·

                                                     Ἀντ. β'.
τὰ δὲ καὶ ἀνδράσιν ἐμπρέπει.
εἰμὶ δ' ἄσχολος ἀναθέμεν   40

30 πᾶσαν μακραγορίαν
λύρᾳ τε καὶ φθέγματι μαλθακῷ,
μὴ κόρος ἐλθὼν κνίσῃ. τὸ δ᾽ ἐν ποσί μοι τράχον   45
ἴτω τεὸν χρέος, ὦ παῖ, νεώτατον καλῶν,
ἐμᾷ ποτανὸν ἀμφὶ μαχανᾷ.

Ἐπ. β'.

35 παλαισμάτεσσι γὰρ ἰχνεύων ματραδελφεοὺς
Ὀλυμπίᾳ τε Θεόγνητον οὐ κατελέγχεις,   50
οὐδὲ Κλειτομάχοιο νίκαν Ἰσθμοῖ θρασύγυιον·
αὔξων δὲ πάτραν Μιδυλιδᾶν λόγον φέρεις,
τὸν ὄνπερ ποτ᾽ Ὀϊκλέος παῖς ἐν ἑπταπύλοις ἰδών   55
40 υἱοὺς Θήβαις αἰνίξατο παρμένοντας αἰχμᾷ,

Στρ. γ'.

ὁπότ᾽ ἀπ᾽ Ἄργεος ἤλυθον
δευτέραν ὁδὸν Ἐπίγονοι.   60
ὧδ᾽ εἶπε μαρναμένων·
Φυᾷ τὸ γενναῖον ἐπιπρέπει
45 ἐκ πατέρων παισὶ λῆμα. θαέομαι σαφὲς   65
δράκοντα ποικίλον αἴθας Ἀλκμᾶν ἐπ᾽ ἀσπίδος
νωμῶντα πρῶτον ἐν Κάδμου πύλαις.

Ἀντ. γ'.

ὁ δὲ καμὼν προτέρᾳ πάθᾳ
νῦν ἀρείονος ἐνέχεται   70

50 ὄρνιχος ἀγγελίᾳ
  Ἄδραστος ἥρως· τὸ δὲ οἴκοθεν
  ἀντία πράξει. μόνος γὰρ ἐκ Δαναῶν στρατοῦ
  θανόντος ὀστέα λέξαις υἱοῦ, τύχᾳ θεῶν   75
  ἀφίξεται λαῷ σὺν ἀβλαβεῖ

                                                            Ἐπ. γ'.
55 Ἄβαντος εὐρυχόρους ἀγυιάς. τοιαῦτα μέν
  ἐφθέγξατ' Ἀμφιάρηος. χαίρων δὲ καὶ αὐτὸς
  Ἀλκμᾶνα στεφάνοισι βάλλω, ῥαίνω δὲ καὶ ὕμνῳ,   80
  γείτων ὅτι μοι καὶ κτεάνων φύλαξ ἐμῶν
  ὑπάντασεν ἰόντι γᾶς ὀμφαλὸν παρ' ἀοίδιμον,   85
60 μαντευμάτων τ' ἐφάψατο συγγόνοισι τέχναις.

                                                            Στρ. δ'.
  τὺ δ', ἑκαταβόλε, πάνδοκον
  ναὸν εὐκλέα διανέμων   90
  Πυθῶνος ἐν γυάλοις,
  τὸ μὲν μέγιστον τόθι χαρμάτων
65 ὤπασας, οἴκοι δὲ πρόσθεν ἁρπαλέαν δόσιν
  πενταεθλίου σὺν ἑορταῖς ὑμαῖς ἐπάγαγες,   95
  ἄναξ, ἑκόντι δὴ εὔχομαι νόῳ

                                                            Ἀντ. δ'.
  κατά τιν' ἁρμονίαν βλέπειν
  ἀμφ' ἕκαστον ὅσα νέομαι.
70 κώμῳ μὲν ἁδυμελεῖ

V. 51. οἴκοθεν, Ρ² γ' οἴκοθεν. — V. 52. μόνος Bcb. GuGPl, vulgo μοῦνος. — V. 53. λέξαις Va², ceteri λέξας. — V. 54. λαῷ ΒγΩΩuPl Vbdf, ἀνῶ ΑΚΡ². — V. 55. τοιαῦτα om. G. — μέν, ΗΑ μέν δ', Ρ² μέν δή. — V. 56. Ἀμφιάρηος, Ρ'c Ἀμφιάρεως. — V. 58. γείτων, L. Schmidt scripsit τέγγων. — V. 59. ὑπάντασεν Ρο, quod Schmid edidit, ΒγΡ¹ ὑπαντείας, vulgo ὑπαντίασεν, Ρ²ὑπήντησέ τ', et τε videtur Schol. legisse, ac recepit Hartung. — γᾶς, γαίας APoVhdf. — V. 60. μαντευμάτων τ', δ' Ρο, τε Ρ¹Gn. Hermann μάντις. χρησμῶν τ' ἀμφ' ἅψατο. — συγγόνοισι, Hartung συγγενέσσι. — τέχναις, alii fortasse τέχνας legebant, quod colligas ex schol. 31 καὶ τῶν μαντευμάτων ἐφήψατο ταῖς συγγενητεθείσιν αὐτῷ τυχὸν δὲ λέγει συγγόνοις τέχναις. Sed ceteri schol. τέχναις confirmant. Ceterum interpretes structuram parum intellexerunt, dicit: arte patria oracula edidit, quemadmodum v. 64 τόθι non recte interpretati sunt, quod est relativum ubi. — V. 66. πενταεθλίου, Hermann πενταεθλίαν. — ἐπάγαγες, Boeckh plene distinxit, ut novum enuntiatum sit ἄναξ ktl. — V. 67. ἄναξ vel ἆναξ ΡcΡ¹VbdGGn et fort. Βγ, τ' ἄναξ Α, γ' ἄναξ ut videtur Ρ², v. ἆναξ. — δὴ scripsi, legebatur δ', nisi quis etiam restituere mallit. — V. 68. τιν' ΡcΡ¹Gn Ali at Schol. 1, Hermann τίν. — βλέπειν libri et schol., Kayser coniecit ῥέπειν, Manchenstein βαλεῖν vel ᾄσαιειν, ego φέπειν. — V. 69. νέομαι Mingarelli, νέομαι libri et schol.

Δίκα παρίστακε· θεών δ' όπιν (α)
άφθιτον αίτέω, Ξέναρκες, υμετέραις τύχαις.
εί γάρ τις έσλά πέπαται μή συν μακρώ πόνω,
πολλοίς σοφός δοκεί πεδ' άφρόνων 115

'Επ. δ'.

τδ βίον κορυσσέμεν όρθοβούλοισι μαχαναίς·
τα δ' ουκ έπ' άνδράσι κείται· δαίμων δε παρίσχει,
άλλοτ' άλλον ύπερθε βάλλων, άλλον δ' υπό χειρών. 110
μέτρω κατάβαιν·'' έν Μεγάροις δ' έχεις γέρας,
μυχώ τ' έν Μαραθώνος, "Ηρας τ' άγων' έπιχώριον
80 νίκαις τρισσαίς, ώ' ριστόμενες, δάμασσας έργω· 115

Στρ. έ'.

τέτρασι δ' έμπετες ύψόθεν
σωμάτεσσι κακά φρονέων·
τοις ούτε νόστος όμως
έπ' άλπνός έν Πυθιάδι κρίθη, 120
85 ουδέ μολόντων παρ ματέρ' άμφί γέλως γλυκύς
ώρσεν χάριν· κατά λαύρας δ' έχθρών άπάοροι

V. 72. άφθιτον, in cod. G γρ. καί άφθονον, quod commendat Momm-
son, non recte, quamquam fort. Sobol. ita legit. — τύχαις, Γ'2 τύχαισιν.
— V. 73. γάρ om. Γ'2 et deinde habet σύν ου pro μή σύν. — σύν, ΑΗΙΙγ
ξύν. — ποτώ Rch. PcRUnOP1(a e. m.)2Vb, χρόνω ABγVdf. — V. 74.
σοφοίς scripsi, legebatur σοφός, quod etiam scholiastae testautur. —
πεδ' άφρόνων, πεδαφρόνων RGUnI'c, Hartung παραφρόνων. — V. 78.
τα δ', Γ'2 ταυτ'. — V. 77. άλλοτ', άλλοτε δ' Sch. RP1GUnVbdf, igitur
distinxerunt δαίμων δε παρίσχει· άλλοτε δ' ... καταβαίνει. — άλλον
δ' υπό χειρών. μέτρω κατάβαιν·' εν Μεγάροις δ', correxi, legebatur
άλλον δ' υπό χειρών μέτρω καταβαίνει· Μεγάροις δ'. Pro μέτρω legunt
μέτρον Alhγl'lVdRf (in m.), μέτρα Sch. unus, εν post καταβαίνει addunt
PcI'IGVbd. Hoc dicit poeta: ne nimis concupiscas in certamen descen-
dere, maltas iam partas dabes victorias. Hartung scripsit υπό χείρα,
μέτρω καταβαίνει. — V. 80. νίκαις τρισσαίς, Rch. PcAHGOuP12Vbdf
νίκαισι τρισσαίς, Paawins νίκαις κρίσεις. — ώ' ριστόρ'ες ΑΒΓ'12ΟΠu
Vbdf, Άριστόμενες Ηγ. — δάμασσας, Hcbol. δαμώσαις (ita etiam Va2)
έργω τέτρασιν έμπ., ot δαμάσας otiam Pa, quod quamvis metro aperte
adversetur, nihilo minus probavit Hartung scribens πικρας, τρισσαίς, Άρι-
στόμενες, δαμάσας έργοις. Ac sane hic locus vitium concepit, sed
restituido inserto : conloci Ήρας τ' άγων' έπιχώριον πικρας, τρισσούς
(vel Aucinsetum moro τρισσοίς) δ', ώ' ριστομένες, δάμασσας έργα, nt
dicatur in singulis his certaminibus cum singulis deluctatus esse: veram
langool έργω additum, nec satis plana oratio, quare nescio an scribon-
dum sit πιχώς, τρίσσους δ', ώ' ριστόμενες, δάμασσας Άργει, ut quarta
iam accedat Argiva victoria, ubi Φερέφορς tres victores superavorit,
quemadmodum postea Delphis quatuor victores delecit: contra Megaris,
Athenis, Aeginae cum singulisdeluctatus est. — V.84. έπ' άλπνός scripsi,
legebatur έκπλιπνος. — V. 85. Haec sic constituit Hartung: ούτε μολόν-
των αψ ματρίς' άμφί γ. γλ. — V. 80. ώρσιν, Γ'2 βάλεν. — κατά λαύρας δ'
έχθρών άπάοροι, Pindarum scripsisse puto κατά λαύρας χορών άπάοροι,

πτώσσοντι, συμφορᾷ δεδαγμένοι.   125

'Αντ. ε'.

ὁ δὲ καλόν τι νέον λαχών
ἁβρότατος ἔπι μεγάλας
90 ἐξ ἐλπίδος πέταται
ὑποπτέροις ἀνορέαις, ἔχων   130
κρέσσονα πλούτου μέριμναν. ἐν δ' ὀλίγῳ βροτῶν
τὸ τερπνὸν αὔξεται· οὕτω δὲ καὶ πιτνεῖ χαμαί,
ἀποτρόπῳ γνώμᾳ σεσεισμένον.

'Επ. ε'.

95 ἐπάμεροι· τί δέ τις; τί δ' οὔ τις; σκιᾶς ὄναρ   135
ἄνθρωπος. ἀλλ' ὅταν αἴγλα διόσδοτος ἔλθῃ,
λαμπρὸν φέγγος ἔπεστιν ἀνδρῶν καὶ μείλιχος αἰών.
Αἴγινα φίλα μᾶτερ, ἐλευθέρῳ στόλῳ   140
πόλιν τάνδε κόμιζε Διὶ καὶ κρέοντι σὺν Αἰακῷ
100 Πηλεῖ τε κἀγαθῷ Τελαμῶνι σύν τ' Ἀχιλλεῖ.   145

particula δὲ ut plurimis aliis locis addita ansam dedit vitio, quod scholiastae quoque testificantur. Hartung δ' ἐχθρῶς scripsit. — V. 87. δεδαγμένοι scripsi, et paraphr. δακνόμενοι habet, vulgo δεδαιγμένοι, Hermann δεδαϊγμένοι. — V. 89. ἔπι μεγάλας, Hermann distinguit ἔπι, μεγάλας ἐξ ἕλ, ut videtur esse: in magna felicitate. Sch. fort. ἄπο. — V. 90. πίτνεται, Ou τέεεται. — V. 92. πλούτου μέριμναν, A τέρψιν πλοῦτο, Γ2 τέρψις πλούτοιο, Hermann πλοῦτον μέριμναν. — ἐν δ' ὀλίγῳ, P1 ἐν δ' ὀλίγον. — V. 94. ἀποτρόπῳ γνώμᾳ, novavit, ut videtur, Pindarus hoc, cum significare vellet quod vulgo dici solet γνώμη ἄπο τρόπου. Hartung χαμαί, ὑπότροπον γνώμας σεσεισμένον. — V. 95. σκιᾶς ὄναρ, Γ2 ὄναρ σκιᾶς. — V. 96. ἄνθρωπος Sch. Nem. VI 4. Plut. de consol. 0. Eustath. II. 757, 32, vulgo ἄνθρωποι, et sic Sch. Soph. Ai. 125. Oud. H. 1186. — V. 97. φέγγος ἔπεστιν Heyne et fort. Sch., vulgo ἔπεστι φέγγος, Hartung φέγγος ἔπεισιν. — V. 98. στόλῳ om. Gldu. — V. 99. Διί, vulgo Διΐ, Boeckh Διῒ. — καὶ om. Γ2. — V. 100. Πηλεῖ τε κἀγαθῷ HyV'd, Πηλεῖ τε καὶ ἀγαθῷ GOuPcP1Vbf, Πηλεῖ κάρϊσνε δὴ Γ2, Πηλεῖ τε κάρϊστε δὴ A, Πηλεῖ κάρϊστερ Κ, vulgo Πηλεῖ τε κάρϊστερ. Hermann Πηλεῖ τ' ἐσθλῷ καὶ σὺν Τελ.

ΠΥΘΙΟΝΙΚΑΙ Θ.
ΤΕΛΕΣΙΚΡΑΤΕΙ ΚΥΡΗΝΑΙΩ
ΟΠΛΙΤΟΔΡΟΜΩι.

Strophae.

```
⏑⏕⏑⏕⏑⏑⏑⏕⏑⏑⏑⏑
⏑⏑⏑⏑⏑⏑⏑⏑⏑⏑
⏑⏑⏑⏑⏑⏑⏑⏑⏑⏑⏑⏑⏑
⏑⏑⏑⏑⏑⏑⏑⏑⏑⏑⏑⏑⏑⏑⏑
5 ⏑⏑⏑⏑⏑⏑⏑⏑⏑⏑⏑⏑⏑⏑⏑⏑
⏑⏑⏑⏑⏑⏑⏑⏑⏑⏑⏑⏑⏑⏑⏑⏑
⏑⏑⏑⏑⏑⏑⏑⏑⏑⏑
⏑⏑⏑⏑⏑⏑⏑⏑⏑⏑⏑⏑
```

Epodi.

```
⏑⏑⏑⏑⏑⏑⏑⏑⏑
⏑⏑⏑⏑⏑⏑⏑⏑⏑⏑⏑⏑⏑⏑
⏑⏑⏑⏑⏑⏑⏑⏑⏑⏑⏑
⏑⏑⏑⏑⏑⏑
5 ⏑⏑⏑⏑⏑⏑⏑⏑⏑⏑
⏑⏑⏑⏑⏑⏑⏑⏑
⏑⏑⏑⏑⏑⏑⏑⏑⏑⏑⏑⏑⏑
⏑⏑⏑⏑⏑
⏑⏑⏑⏑⏑⏑⏑⏑
```

„Strophae vs. 1 et 2 coniungi possunt, tamen numerorum consociationem non magis probabilem indico, quam cp. vs. 1 et 2. Nec ep. vs. 4 et 5 connexio frequenti distinctione separatos." *Boeckh.* Idem ep. v. 7 olim in binos versiculos separaverat. Hermann str. vs. 2 et 3 coniungendos censet.

Στρ. α'.

Ἐθέλω χαλκάσπιδα Πυθιονίκαν
 σὺν βαθυζώνοισιν ἀγγέλλων
Τελεσικράτη Χαρίτεσσι γεγωνεῖν,
ὄλβιον ἄνδρα, διωξίππου στεφάνωμα Κυράνας·   5
5 τὰν ὁ χαιτάεις ἀνεμοσφαράγων ἐκ Παλίου κόλπων ποτὲ
  Λατοΐδας
ἅρπασ᾽, ἔνεικέ τε χρυσέῳ παρθένον ἀγροτέραν δίφρῳ,
        τόθι νιν πολυμήλου   10
καὶ πολυκαρποτάτας θῆκε δέσποιναν χθονός·
ῥίζαν ἀπείρου τρίταν εὐήρατον θάλλοισαν οἰκεῖν.   15

Ἀντ. α'.

ὑπέδεκτο δ᾽ ἀργυρόπεζ᾽ Ἀφροδίτα
10 Δάλιον ξεῖνον θεοδμάτων
ὀχέων ἐφαπτομένα χερὶ κούφᾳ·
καί σφιν ἐπὶ γλυκεραῖς εὐναῖς ἐρατὰν βάλεν αἰδῶ,   20
ξυνὸν ἁρμόζοισα θεῷ τε γάμον κνισθέντι κούρᾳ θ᾽ Ὑψέος
        εὐρυβία·
ὃς Λαπιθᾶν ὑπερόπλων τουτάκις ἦν βασιλεύς, ἐξ Ὠκεανοῦ
        γένος ἥρως·   25
15 δεύτερος· ὅν ποτε Πίνδου κλεενναῖς ἐν πτυχαῖς
Ναῒς εὐφρανθεῖσα Πηνειοῦ λέχει Κρέοισ᾽ ἔτικτεν,   30

Ἐπ. α'.

Γαίας θυγάτηρ. ὁ δὲ τὰν εὐώλενον
Θρέψατο παῖδα Κυράναν· ἅ μὲν οὔθ᾽ ἱστῶν παλιμβάμους
        ἐφίλησεν ὁδούς,
οὔτε δείπνων οἰκοριᾶν μεθ᾽ ἑταιρᾶν τέρψιας,   35

20 ἀλλ' ἀκόντεσσίν τε χαλκέαις
φασγάνῳ τε μαρναμένα κεραΐζεν ἀγρίους
θῆρας, ἦ πολλάν τε καὶ ἀσύχιον   40
βουσὶν εἰράναν παρέχοισα πατρῴαις, τὸν δὲ σύγκοιτον
    γλυκύν
παῦρον ἐπὶ γλεφάροις
25 ὕπνον ἀναλίσκοισα ῥέποντα πρὸς ἀῶ.

                                        Στρ. β΄.

είχε νιν λέοντί ποτ' εὐρυφαρέτρας   45
ὀβρίμῳ μούναν παλαίοισαν
ἄτερ ἐγχέων ἑκάεργος Ἀπόλλων.
αὐτίκα δ' ἐκ μεγάρων Χείρωνα προσήνεπε φωνᾷ·
30 Σεμνὸν ἄντρον, Φιλυρίδα, προλιπὼν θυμὸν γυναικὸς καὶ
     μεγάλαν δύνασιν   50
θαύμασον, οἷον ἀταρβεῖ νεῖκος ἄγει κεφαλᾷ, μόχθου καθ-
     ύπερθε νεάνις   55
ἦτορ ἔχοισα· φόβῳ δ' οὐ κεχείμανται φρένες.
τίς νιν ἀνθρώπων τέκεν; ποίας δ' ἀποσπασθεῖσα φύτλας

                                        Ἀντ. β΄.

ὀρέων κευθμῶνας ἔχει σκιοέντων,   60
35 γεύεται δ' ἀλκᾶς ἀπειράντου;

---

antem praeterea οἰκοριάν (Pc οἰκοσυριάν) corrupta antepenultima dictum, quod etiam si non ab οἶκος, sed a principali stirpe (unde οἶκαδε descendit) repetas, aliquid insolentiae habet; nihil iuvat varietas a schol. Gotting. memorata γράφεται καὶ δείκνυν οἰκοριάν, sed paraphrastes longe aliud quid suppeditat: Οὔτε δείπνων τέρψιας, οὐδ' ἑταράν οἰκουριάν, ita enim legit, ni iam in opcodosi docui (errat Hartung, qui inde οὔτε δείπνον οἰκοριάν τε ἑταρᾶν τέρψιας eruere sibi visus est), sed id rectius οἰκουρίαν scriptoris: quamquam ne hoc quidem satis facit, sed germana fult, opinor, lectio:
      Οὔτε δείπνων τέρψιας, οὐδ' ἑταρᾶν οἰκουρία.
h. e. neque chorearum deliciae neque aequalium puellarum ludicra et curae curdique erant. Οἰκουρία interpretatur Hesych. παιγνίας τὰ ὑπὸ τῶν μητέρων προσφερόμενα ταῖς νηπίοις παίγνια. adde Eust. 1422, 8. Ilico sunt omnino παίγνια. cf. Phot. p. 810, 25 αἰκούρια, ἃ κατελείπουσιν ἡ φέρουσιν αἱ μητέρες ταῖς οἴκοις (sci. οἴκοι) τῶν παιδίων ἀπολιμφθεῖσιν· ἢ παίγνια. — V. 20. ἀκόντεσσιν, Pc ἀκόντεσσι. — V 21. κεραΐζεν sch. et libri, vulgo κεραΐζην, A κεραΐζην, Ny κεραΐζειν. — V. 24. παῦρον, PIVdf θνων. — γλεφάροις PIVd, βλεφάροις rel. — V. 25. ὕπνον, PIVdf καθεῦδον, unde comicias ὕπνον ἐπὶ γλεφάροις παθέῳ ἀναλίσκοισα κτλ. — V. 27. ὀβρίμῳ AGPIVbf, vulgo ὀβρόιμῳ. — μούναν, Gu μόναν. — V. 29. ἐκ μεγάρων, Hermuoth ἐκ μερικός. — προσήνεπε Pc, προσείνεπεν. — V. 30. Φιλυρίδα GuPIVbdfPc, vulgo Φιλλυρίδα. — V. 31. νεῖκος, Pc et unus sch. νίκος. — κεφαλᾷ, Schneidewin κεφάλῳ coni. — V. 33. τίς, PcUI? Gu νίν. — ἀποσπασθεῖσα, Sch fort. ἀποσπερθεῖσα.

ὁσία κλυτὰν χέρα οἱ προσενεγκεῖν,
ἇ ῥα καὶ ἐκ λεχέων κείραι μελιαδέα ποίαν;
τὸν δὲ Κένταυρος ζαμενής, ἀγανᾷ χλαρὸν γελάσσαις ὀφρύϊ,
    μῆτιν ἑάν   65
εὐθὺς ἀμείβετο· Κρυπταὶ κλαΐδες ἐντὶ σοφᾶς Πειθοῦς
    ἱερᾶν φιλοτάτων,   70
Φοῖβε, καὶ ἔν τε θεοῖς τοῦτο κἀνθρώποις ὁμῶς
αἰδέοντ', ἀμφανδὸν ἀδείας τυχεῖν τὸπρῶτον εὐνᾶς.

                                          Ἐπ. β'.
καὶ γὰρ σέ, τὸν οὐ θεμιτὸν ψεύδει θιγεῖν,   75
ἔτραπε μείλιχος ὀργὰ παρφάμεν τοῦτον λόγον. κούρας δ',
    ὁπόθεν, γενεάν
ἐξερωτᾷς, ὦ ἄνα; κύριον ὃς πάντων τέλος   80
οἶσθα καὶ πάσας κελεύθους·
ὅσσα τε χθὼν ἠρινὰ φύλλ' ἀναπέμπει, χὠπόσαι
ἐν θαλάσσᾳ καὶ ποταμοῖς ψάμαθοι
κύμασιν ῥιπαῖς τ' ἀνέμων κλονέονται, χὤτι μέλλει, χὠ-
    πόθεν   85
ἔσσεται, εὖ καθορᾷς.
εἰ δὲ χρὴ καὶ παρ' σοφὸν ἀντιφερίξαι,

                                          Στρ. γ'.
ἐρέω· ταύτᾳ πόσις ἵκεο βάσσαν
τάνδε, καὶ μέλλεις ὑπὲρ πόντου   90
Διὸς ἔξοχον ποτὶ κᾶπον ἐνεῖκαι·
ἔνθα νιν ἀρχέπολιν θήσεις, ἐπὶ λαὸν ἀγείραις
νασιώταν ὄχθον ἐς ἀμφίπεδον· νῦν δ' εὐρυλείμων πότνιά
    σοι Λιβύα   95
δέξεται εὐκλέα νύμφαν δώμασιν ἐν χρυσέοις πρόφρων·
    ἵνα οἱ χθονὸς αἶσαν

αὐτίκα συντελέθειν ἔννομον δωρήσεται, 100
οὔτε παγκάρπων φυτῶν νήποινον, οὔτ' ἀγνῶτα θηρῶν.

Ἀντ. γ'.

τόθι παῖδα τέξεται, ὃν κλυτὸς Ἑρμᾶς
εὐθρόνοις Ὥραισι καὶ Γαίᾳ 105
ἀνελὼν φίλας ὑπὸ ματέρος οἴσει.
ταὶ δ' ἐπιγουνίδιον θαησάμεναι βρέφος αὐταῖς,
νέκταρ ἐν χείλεσσι καὶ ἀμβροσίαν στάξοισι, θήσονταί τέ
νιν ἀθάνατον. 110

V. 57. *ἔννομον*, Hartung *ἔννομος*, quod putat Scholiastam legisse. — V. 59. *παῖδα*, Γο *κοῦρον*. — V. 60. *Γαίᾳ*, Γο *γᾷ*. — V. 62. *θαησάμεναι* scripsi, PoŪΩuVf *θηήσμεναι*, ARPIVbdU (in m.) *θηήσμεναι*, Va2 *θαήμεναι*, l'? *ἐνθηήσμεναι*, Dy *κατθηήσμεναι*. Emendationem firmat Schol. *ἐπὶ τοῖς ἑαυτῶν γόνασι θεῖσαι τὸν Ἀρισταῖον καὶ θαυμάσασαι τὸ βρέφος*. — *αὐταῖς* scripsi, nisi quis *αὐτά* praeferat, vulgo *αὐταῖς*. Qu *αὐταῖς*. Fateor tamen neutram coniecturam plane mihi satisfacere, ac nescio an poeta scripserit *βρέφος, αὖσις νέκταρ ἐν χείλεσσι* vsl. — V. 63. Ille veteres grammatici pli magis quam doctiores dicunt poetam comparandi particulam reticuisse, ni sit sententia: *reddent immortalem, quemadmodum Iovem et Apollinem*: nostri homines interpretantur: *reddent immortalem Iovem et sanctum Apollinem*. Ut largiar mythographos nostros, qui deorum origines rimantur, verum vidisse, at ista sententia non solum a Pindari pietate plane abhorret, sed etiam ab hoc loco alienissima est: Chiron enim si Apollini de futuro filio vaticinatus diceret, Horae filium tuam reddent Iovem et Apollinem, nihil magis praeposterum dici aut fingi potest. Neque multum proficiet, si quis distinctione post *ἀθάνατον* posita, *Ζῆνα καὶ ἁγνὸν Ἀπόλλωνα* ad *καλεῖν* v. 65 retulerit, ut Chiron dicat, foro ut homines hunc Apollinis filium Iovem et Apollinem vocent: nam et nimis impedita foret oratio, neque Pindarus alia nomina videtur novisse, quam tria Agrei, Nomii, Aristaei, quae v. 65 comprehendit, quemadmodum etiam Apollonius Rhodius et Diodorus Siculus tradunt: Servius, qui dicit Aristaeum ab Hesiodo Apollinem Nomium appellatum esse, haud dubie non satis diligenter interpretatur locum Hesiodi, qui videtur simpliciter *Νόμιον* appellavisse. Quod Welcker Mythol. I 489 perhibet Ciceronem memoriae prodidisse a Celo Aristaeum nuncupari Iovem, qua auctoritate nitatur, nescio. Nihil moror Athenagoram p. 14: *Κεῖοι Ἀρισταῖον τὸν αὐτὸν καὶ Δία καὶ Ἀπόλλωνα νομίζοντες*: videtur enim antiquus aliquis mythographus hunc Pindari versum eodem modo interpretatus esse, quo nostri homines; id quod etiam schol. significat, qui dicit: *ἰστέον ὅτι τὸν Ἀρισταῖον διὰ τὸ τὴν πηγοτροφίαν καὶ συνηγεσίαν εὑρηκέναι Ἀγρέα καὶ Νόμιον, Δία καὶ Ἀπόλλωνα προσηγόρευον*: iidem fortasse *θήσονται* non a verbo *τίθεσθαι* repetebant, sed ad *θήσθαι* referebant, si quidem alius schol. haec exhibet: *θρέψουσι δὲ αὐτὸν τοῖς ἀνθρώποις χαρὰν καὶ ὄφελος* stl. Equidem non dubito, quin locus vitium contraxerit: puto autem Pindarum non *θήσονται*, sed *θέσσονται* scripsisse; Horae non solum nectare et ambrosia infantem nutriunt, sed etiam Iovem et Apollinem orant, ut immortalem reddant. *θέσσονται νιν ἀθάνατον* plane eodem modo explicandum est, quo poeta Nem. V 9 scripsit: *τᾶν μὲν εὐανδρόν τε καὶ ναυσὶ κλυτὰν θέσσαντο*: nisi quod hic accedit tertius accusativus *Ζῆνα καὶ ἁγνὸν Ἀπόλλωνα*, quemadmodum Archiloch. 11: *Παλλάδ' Ὀνκαίαρον* ... *θεσσάμενοι γλυκερὸν νόστον*. Fateor tamen hanc duplicis structurae confusionem satis molestam esse, neque ea, quae sequuntur, commendant istam rationem:

Ζῆνα καὶ ἀγνὸν Ἀπόλλων', ἀνδράσι χάρμα φίλοις, ἄγχι-
στον ὁπάονα μήλων,
65 Ἀγρέα καὶ Νόμιον, τοῖς δ' Ἀρισταῖον καλεῖν.   115
ὥς ἄρ' εἰπὼν ἔντυεν τερπνὰν γάμου κραίνειν τελευτάν.
Ἐπ. γ'.
ὠκεῖα δ' ἐπειγομένων ἤδη θεῶν
πρᾶξις ὁδοί τε βραχεῖαι. κεῖνο κεῖν' ἆμαρ διαίτασεν· θα-
λάμῳ δὲ μίγεν   120
ἐν πολυχρύσῳ Λιβύας· ἵνα καλλίσταν πόλιν
70 ἀμφέπει κλεινάν τ' ἀέθλοις.   125
καὶ νῦν ἐν Πυθῶνι νιν ἀγαθέᾳ Καρνειάδα
υἱὸς εὐθαλεῖ συνέμιξε τύχᾳ·
ἔνθα νικάσαις ἀνέφανε Κυράναν, ἃ νιν εὔφρων δέξεται   130
καλλιγύναικι πάτρᾳ
75 δόξαν ἱμερτὰν ἀγαγόντ' ἀπὸ Δελφῶν.
Στρ. δ'.
ἀρεταὶ δ' αἰεὶ μεγάλαι πολύμυθοι·
βαιὰ δ' ἐν μακροῖσι ποικίλλειν,
ἀκοὰ σοφοῖς· ὁ δὲ καιρὸς ὁμοίως   135
παντὸς ἔχει κορυφάν. ἔγνων ποτὲ καὶ Ἰόλαον
80 οὐκ ἀτιμάσαντά νιν ἑπτάπυλοι Θῆβαι· τόν, Εὐρυσθῆος
ἐπεὶ κεφαλάν   140
ἔπραθε φασγάνου ἀκμᾷ, κρύψαν ἔνερθ' ὑπὸ γᾶν διφρη-
λάτα Ἀμφιτρύωνος
σάματι, πατροπάτωρ ἔνθα οἱ Σπαρτῶν ξένος   145

sed si praeterea scripseris Θέσσεσθαί τ' ἔμεν ἀθάνατον (quamvis
ἔμεν alias non legatur apud hunc poetam), omnia sunt expedita: hoc
enim poeta dicit: οrabunt Iovem et Apollinem, ut fiat immortalis, ut sit
hominibus salus, custos ovibus, Agreus et Nomius aliis, aliis vero Aristaeus
vocandus. Ceterum non ignoro apud Hesychium legi: Θήσω, ἤσω, αἰτή-
σω, Βοιωτοί et Θησόμενα, αἰτούμενα (et praeterea Θησάμενος, αἰτησά-
μενος, Κρῆτες), quibus nisi ad futuri formam stabiliendam, non abutar
ad scripturam Θήσονται defendendam: nam ambiguitatem orationis evi-
tari par erat. — V. 64. ἄγχιστον cum sequentibus iungunt sch. et Pc, vulgo
ad χάρμα referunt, unde ἀ ἄγχιστον aliquando enicei. — V. 67. ἀκεῖα...
πρᾶξις, PcOOnαωειῶαι... πράξεις. — V. 68. διαίτασεν, Pc δίτασεν.—V. 71.
καὶ νῦν scripsi, v. καί νυν, Pc καὶ νύν. — Καρνειάδα, Pc Καρνιάδα. —
V. 73. νικάσαις, ᾇ νικάσας ut videtur, plerique libri νικήσας, ΗPc νική-
σας. — V. 79. ἔγνων, Ahrens ἔγνως. — Ἰόλαον, Pindarus Ἰόλαον scripserat.
V. 80. Εὐρυσθῆος, Pc Εὐρυσθέος. Schol. lemma Εὐρυσθέως. — V. 82.
σάματι, πατροπάτωρ, Hartung σάματι γάρ, προπάτωρ: sane schol. ad
v. 130 παρὰ τῷ τάφῳ dicit, et v. 137 ὅπου ὁ προπάτωρ, sed idem,
cum ἐν τῷ σήματι dicit, dativum tuetur, et schol. ad v. 115 πατροπάτωρ
tuetur. Fuit autem commune Amphitryonis et Iolai sepulcrum, vid. Ol.
IX ibique Schol. et Nem. IV 20, ubi argutantur grammatici.

κεῖτο, λευκίπποισι Καδμείων μετοικήσαις ἀγυιαῖς.

Ἀντ. δ'.

τίκε οἱ καὶ Ζηνὶ μιγεῖσα δαΐφρων
95 ἐν μόναις ὠδῖσιν Ἀλκμήνα
διδύμων κρατησίμαχον σθένος υἱῶν. 130
κωφὸς ἀνήρ τις, ὃς Ἡρακλεῖ στόμα μὴ περιβάλλει,
μηδὲ Διρκαίων ὑδάτων διαμίμνηται, τά νιν θρέψαντο καὶ
Ἰφικλέα· 155
τοῖσι τέλειον ἐπ' εὐχᾷ κωμάσομαί τι παθὼν ἐσλόν. Χαρί-
των κελαδεννᾶν
100 μή με λίποι καθαρὸν φέγγος. Αἰγίνᾳ τε γάρ 160
φαμὶ Νίσου τ' ἐν λόφῳ τρὶς δὴ πόλιν τάνδ' εὐκλεΐξαι,

Ἐπ. δ'.

σιγαλὸν ἀμαχανίαν ἔργῳ φυγών·
τοὔνεκεν, εἰ φίλος ἀστῶν εἴ τις ἀντάεις, τό γ' ἐν ξυνῷ
πεπονημένον εὖ 165
μὴ λόγον βλάπτων ἀλίοιο γέροντος κρυπτέτω.
105 κεῖνος αἰνεῖν καὶ τὸν ἐχθρόν
παντὶ θυμῷ σύν γε δίκᾳ καλὰ ῥέζοντ' ἔννεπεν. 170
πλεῖστα νικάσαντά σε καὶ τελεταῖς
ὡρίαις ἐν Παλλάδος εἶδον, ἄφωνοί θ' ὡς ἕκασται φίλτατον
παρθενικαὶ πόσιν ἢ 175

V. 83. μετοικήσαις Vat, ceteri μετοικήσας. — V. 85. Ἀλκμήνα, Vat
Ἀλκμάνα. — V. 87. παραβάλλει, παραβάλλει PcGPitGaVbf Sch. Videtur
περιβάλλει scribendum esse. — V. 88. διαμέμνηται scripsi, l'aum diα-
μίμνηται, vulgo ἀεὶ μέμνηται, GGn αἰεὶ μ., Pd ἐπιμίμνηται. Bocekh si
p. scripsit, Schmid if, at grammatici testimonium, cuius auctoritate
hacc forma Pindaro vindicata est (vid. ad Gregor. COT. 346) exils dubium
est, siquidem Cram. An. Par. III 321, 28: ἔστι δὲ καὶ ἀπὸ παρὰ Πινδάν-
δρῳ Καμ. ροεῖ exhibet. — V. 89. ἐν εὐχᾷ, Ally ἐπιευχᾷ. — V. 91. Cum
interpretes tam veteres quam nostri haec ad Telesicratem referrent, in
gravissimas difficultates inciderunt, quas partim coniecturis tollere stu-
duerunt, Pauwius εὐκλεΐξειν, Bock φυγόντ', Hermann εὐκλεΐξας, Κayser
καλέσαι εὐκλεΐξαι... φυγόντ', Schneidewin φασί, at poeta de se ipse-
que de rebus loquitur: dithyrambo in Athenarum laudem recens composito
popularium invidiam sibi conflaverat: obtrectatores reprehendebant,
quod nunquam patriae laudes celebrasset: ab hoc crimine se defendens
poeta dicit se ter Iam et Aeginas et Megaris Herculis et Thebarum no-
men illustrasse (intelligit carmen in homines Aeginetas et Megarenses
compositia, ex quibus unum alterumve etiam nunc extare videtur), seque
practerea novum meditari carmen, in quo ipsius patriae personaturus sit
laudes. Rauchenstein, qui et ipse tuetur librorum lectionem, aliter h. l.
interpretatur, v. Jahnii Ann. LXXVII 246. — V. 93. τοὔνεκεν scripsi,
libri τοὔνεκ', sed seb. διὸ interpretatur. — V. 96. σύν γε Vdf, σύν τε
reliqui. — V. 98. ἰδέστα, G ἰκέστα, PcGn ῥιέστα. — V. 99. παρθενικαὶ
scripsi, libri παρθενικαί. Unaquaeque mulier Telesicratem aut filium

170 PINDARI CARMINA.

ιοι υἱὸν εὔχοντ', ὦ Τελεσίκρατες, ἔμμεν,

Στρ. ε'.

ἐν Ὀλυμπίοισί τε καὶ βαθυκόλπου
Γᾶς ἀέθλοις ἔν τε καὶ πᾶσιν
ἐπιχωρίοις. ἐμὲ δ' ὧν τις ἀοιδᾶν
δίψαν ἀκειόμενον πράσσει χρέος αὖτις ἐγεῖραι   180
105 καὶ παλαιὰν δόξαν τεῶν προγόνων· οἷοι Λιβύσσης ἀμφὶ
γυναικὸς ἔβαν
Ἴρασα πρὸς πόλιν, Ἀνταίου μετὰ καλλίκομον μνηστῆρες
ἀγακλέα κούραν·   185
τὰν μάλα πολλοὶ ἀριστῆες ἀνδρῶν αἴτεον
σύγγονοι, πολλοὶ δὲ καὶ ξείνων. ἐπεὶ θαητὸν εἶδος   190

Ἀντ. ε'.

ἔπλετο· χρυσοστεφάνου δέ οἱ Ἥβας
110 καρπὸν ἀνθήσαντ' ἀποδρέψαι
ἔθελον. πατὴρ δὲ θυγατρὶ φυτεύων
κλεινότερον γάμον, ἄκουσεν Δαναόν ποτ' ἐν Ἄργει   195
οἷον εὗρεν τεσσαράκοντα καὶ ὀκτὼ παρθένοισι, πρὶν μέσον
ἆμαρ ἑλεῖν,
ὠκύτατον γάμον· ἔστασεν γὰρ ἅπαντα χορὸν ἐν τέρμασιν
αὐτίκ' ἀγῶνος·   200
115 σὺν δ' ἀέθλοις ἐκέλευσεν διακρῖναι ποδῶν,

virgini maritum aut sibi filium expetebat. Planius poeta dialssot ἦ οἱ
υἱόν, nec tamen haec brachylogia culpanda. Hartung scripsit ἀφωτοί θ',
μὴ ἐνάσσαι, φίλτατον παρθενικαὶ πόσιν, αἱ δ' οἷον ἔχοντ'. — V. 102.
πᾶσιν, ΠγΓ² κάντεσσ'. — V. 103. ως Hermann, v. συν. — V. 104. αὐτις
MGGuVb. αὖθις APIVdf. αὖθι By. — V. 105. παλαιάν, παλαιάν PIVdf.
παλαιάν A. — δόξαν τεῶν quod vitiosum esse metrum arguit, etiam Sch.
legit. Schmid et Boeckh corrigunt καὶ παλαιὰ δόξα τιῶν προγόνων,
Hermann ἀοιδὰν διψάδ' ἀκεόμενον ... καὶ παλαιὰν δόξαν ἑῶν
πρ. Mihi traiectis verbis locus corrigendus videtur: καὶ τεῶν δόξαν
παλαιᾶν προγόνων, ubi καὶ iam convenientissimum est, paenultima
autem vocis παλαιῶν corripitur. — V. 106. Ἴρασα Heyne, Ἴρασσα Pc.
Ἴρασσαν rel., Ἴρασαν ἐς πόλιν Γ². — V. 108. σύγγονοι. Hartung συγγε-
νεῖς. — V. 109. οἱ om. APIVdf. — V. 112. Δαναόν ποτ', PIVb Δαναόν
τ', Ally Δαναόν τε. — V. 113. εὗρέν, fort. Pindarus εὗρέειν scripsit, ut
verba alc sint coniungenda; πατὴρ δὲ θυγατρὶ φυτεύων κλεινότερον
γάμον, οἷον Δαναόν ποτ' ἐν Ἄργει εὗρέειν ὠκύτατον γάμον ... ἄκουσεν
(ἔστασεν ... ἤθελον) οὔτω δ' ἰδίδου vel οὔτως ἰδίδου. — μέσον om. Vd.
— ἐλεῖν, ἐλθεῖν ARIIpPIVbdfI'c(corr.). ἐλεῖν lucere interpretor, detracta
littera consonante, quam testatur Hesychius γελεῖν. λάμπειν, ἀνθεῖν,
hinc ab Atheniensibus Ζεὺς Γελίας dictus, unde etiam tribus Γελέοντων
nomen duxit. Olim ἐλᾶν conieci, Oelschlaeger ἰδεῖν. — Hartung totum
locum ita constituit: παρθένοισιν ὠκύτατον γάμον οἷς' στάσιν. ἅπαντα
χορὸν γὰρ τέρμασιν αὐτίκ' ἀγῶνος, πρὶν μέσον ἆμαρ ἐπελθεῖν. — V. 114.
ἐν, in procondosi πρὸς conieci.

ἄντινα σχήσοι τις ἡρώων, ὅσοι γαμβροί σφιν ἦλθον· 205
'Επ. ε'.
οὕτω δ' ἐδίδου Λίβυς ἁρμόζων πόρα
νυμφίον ἄνδρα· ποτὶ γραμμᾷ μὲν αὐτὰν στάσε κοσμήσαις,
τέλος ἔμμεν ἄκρον. 210
εἶπε δ' ἐν μέσσοις ἀπάγεσθαι, ὃς ἂν πρῶτος θορών
220 ἀμφί οἱ ψαύσειε πέπλοις.
ἔνθ' Ἀλεξίδαμος, ἐπεὶ φύγε λαιψηρὸν δρόμον, 215
παρθένον κεδνὰν χερὶ χειρὸς ἑλών
ἆγεν ἱππευτᾶν Νομάδων δι' ὅμιλον. πολλὰ μὲν κεῖνοι
δίκον
φύλλ' ἔπι καὶ στεφάνους·
125 πολλὰ δὲ πρόσθεν πτερὰ δέξατο Νίκας. 220

V. 116. σχήσοι, σχήσει ΑΒγΔ(BuP). — V. 117. οὕτω δ' ἐδίδου. Pe oὕτως ἐδίδου fort. recte. — V. 118. κοσμήσαις HGVΓ, κοσμήσας ut videtur rel. — V. 122. κεδνάν, Κ κυδνάν.— V. 123. πολλὰ μὲν Boeckh, v. πολλὰ μιν. — V.125. Νίκας scripsi, νίκας Sch. HPoGGaPΣ, vulgo νικᾶν.

ΠΥΘΙΟΝΙΚΑΙ I.

ΙΠΠΟΚΛΕΑι ΘΕΣΣΑΛΩι

ΠΑΙΔΙ ΔΙΑΥΛΟΔΡΟΜΩι.

Strophae.

Epodi.

Στρ. α΄.

Ὀλβία Λακεδαίμον
μάκαιρα Θεσσαλία· πατρὸς δ' ἀμφοτέραις ἐξ ἑνός

> Titulo carminis Boeckh addidit παιδὶ ex OUnl'lYbdf ob v. 9. Ceterum Buh. dicit carmen vulgo quamvis falso Ἱπποκλεῖ inscribi, et sic Pa. — In proemio strophae v. 9 aliter conformare conatus sum, qui de interpolatione mihi suspectus videbatur, quoniam existimabam v. 60 librorum scripturam integram esse servandam, sed hic ipse versus laborat contra sit, ceteri vitii prorsus sunt immanes.
>
> V. 1. Λακεδαῖμον libri et Schol. praeter By et P1 (a m. s.) qui Λακιδαίμων.

ἀριστομάχου γένος Ἡρακλέος βασιλεύει.
τί κομπέω; κατὰ καιρὸν ἀλλά με Πυθώ τε καὶ τὸ Πελιν-
ναῖον ἀπύει 5
5 Ἀλεύα τε παῖδες, Ἱπποκλέᾳ θέλοντες
ἀγαγεῖν ἐπικωμίαν ἀνδρῶν κλυτὰν ὄπα. 10

Ἀντ. α΄.

γεύεται γὰρ ἀέθλων·
στρατῷ τ' ἀμφικτιόνων ὁ Παρνάσιος αὐτὸν μυχός
διαυλοδρομᾶν ὕπατον παίδων ἀνέειπεν.
10 Ἄπολλον, γλυκὺ δ' ἀνθρώπων τέλος ἀρχά τε δαίμονος
ὀρνύντος αὔξεται· 15
ὁ μὲν που τεοῖς γε μήδεσι τοῦτ' ἔπραξεν,
τὸ δὲ συγγενὲς ἐμβέβακεν ἴχνεσιν πατρός 20

Ἐπ. α΄.

Ὀλυμπιονίκα δὶς ἐν πολεμαδόκοις
Ἄρεος ὅπλοις·
15 ἔθηκε καὶ βαθυλείμων' ὑπὸ Κίρρας ἀγών
πέτραν κρατησίποδα Φρικίαν. 25
ἕσποιτο μοῖρα καὶ ὑστέραισιν
ἐν ἁμέραις ἀγάνορα πλοῦτον ἀνθεῖν σφίσιν·

Στρ. β΄.

τῶν δ' ἐν Ἑλλάδι τερπνῶν

λαχόντες οὐκ ὀλίγαν δόσιν, μὴ φθονεραῖς ἐκ θεῶν   30
μετατροπίαις ἐπικύρσαιεν. θεὸς εἴη
ἀπήμων κέαρ. εὐδαίμων δὲ καὶ ὑμνητὸς οὗτος ἀνὴρ γίνεται
                        σοφοῖς,   35
ὃς ἂν χερσὶν ἢ ποδῶν ἀρετᾷ κρατήσαις
τὰ μέγιστ᾽ ἀέθλων ἕλῃ τόλμᾳ τε καὶ σθένει,

                                              Ἀντ. β΄.
25 καὶ ζώων ἔτι νεαρόν
κατ᾽ αἶσαν υἱόν ἴδῃ τυχόντα στεφάνων Πυθίων.   40
ὁ χάλκεος οὐρανὸς οὔ ποτ᾽ ἀμβατὸς αὐτοῖς·
ὅσαις δὲ βροτὸν ἔθνος ἀγλαΐαις ἀπτόμεσθα, περαίνει πρὸς
                        ἔσχατον   45
πλόον. ναυσὶ δ᾽ οὔτε πεζὸς ἰὼν τάχ᾽ εὕροις
30 ἐς Ὑπερβορέων ἀγῶνα θαυματὰν ὁδόν.

                                              Ἐπ. β΄.
παρ᾽ οἷς ποτε Περσεὺς ἐδαίσατο λαγέτας,   50
δώματ᾽ ἐσελθών,
κλειτὰς ὄνων ἑκατόμβας ἐπιτόσσαις θεῷ
ῥέζοντας· ὧν θαλίαις ἔμπεδον
35 εὐφαμίαις τε μάλιστ᾽ Ἀπόλλων
χαίρει, γελᾷ θ᾽ ὁρῶν ὕβριν ὀρθίαν κνωδάλων.   55
                                              Στρ. γ΄.
Μοῖσα δ᾽ οὐκ ἀποδαμεῖ
τρόποις ἐπὶ σφετέροισι· παντᾷ δὲ χοροὶ παρθένων

V. 21. εἴη, Hermann οἷος, Hartung ἐστίν, Schneidewin αἰεί, quod ipse quoque conieci. Sed dicere videtur: *Si quis aerumna prorsus fuerit liber, diis aci aequiparandus,* quam interpretationem poetae etiam Priodoricbs commendavit. — V. 22. γίνεται Pc, v. γίγνεται. — V. 23. ἄνομ. Vb P2, et hic deinde χείροισιν. — κρατήσαις Va2, ceteri libri κρατήσας. — V. 24. Πᾳ, Pc Λάβᾳ. — V. 26. Ἴδῃ PoA(fnUP12Vbdf ίδοι, Dy ἴδεν. — V. 27. οὔ ποτ᾽ libri, οὔπω Schmid, οὔπως Hermann. Mihi vero οὔ ποτάμβατος l. e. οὐ προσάμβατος scribendum videtur. — αὐτοῖς scb. et libri praeter P2, qui αὑτῷ, atque ita schol. 2, probante Boeckhio, Hartung αὐτός. Videtur αὐτῷ grammatici alicuius esse correctio, mihi neutra lectio probatur, fortasse scribendum ὁ χάλκεος οὐρανός· οὐ ποτάμβατος· ἤ τοι Ὅσαιs (δὲ) βροτὸν ἔθνος κτλ. — V. 28. βροτὸν Schmid, v. βρότεον. — V. 29. τάχ᾽ εὕροις scripsi, ac videtur tale quid scholiastae legisse, qui εὑραφὲς εὕροις interpretatur et deinde dicit ἔπα ἐστιν εὑμαρές, nam ἐξ εὕροις vix credibile Pindarum scripsisse; ἄν εὕροις P2 et fort. Hy, εὕροις ἂν AR, εὕροις Sch. (lnP)Vbdf Pc, εὕρῃ G, etiam Eustath. Pr. 12 ἔαν εὕροις, Hartung ἔαν τις εὕροι. — V. 30. θαυματάν Schmid. v. θαυμαστάν. — V. 33. ἐπιτόσσαις RVΠ²I (s m. pr.), ἐπιτόσσας ABy(InVbd, ἐπιτάσας Pc. — V. 36. ὀρθίαν Pauwius et G, v. ὀρθᾶν et sic Rah., ὀρθίαν G. — V. 38. παντᾷ scripsi, v. παντὰ. Hartung σφετέραις· ἀπαντᾷ.

λυρᾶν τε βοαὶ καναχαί τ' αὐλῶν δονέονται· 60
40 δάφνᾳ τε χρυσέᾳ κόμας ἀναδήσαντες εἰλαπινάζοισιν εὐφρόνως.
νόσοι δ' οὔτε γῆρας οὐλόμενον κέκραται
ἱερᾷ γενεᾷ· πόνων δὲ καὶ μαχᾶν ἄτερ

'Ἀντ. γ'.

οἰκέοισι φυγόντες
ὑπέρδικον Νέμεσιν. θρασείᾳ δὲ πνέων καρδίᾳ
45 μόλεν Δανάας ποτὲ παῖς, ἀγεῖτο δ' Ἀθάνα,   70
ἐς ἀνδρῶν μακάρων ὅμιλον· ἔπεφνέν τε Γοργόνα, καὶ ποικίλον κάρα
δρακόντων φόβαισιν ἦλυθε νασιώταις   75
λίθινον θάνατον φέρων. ἐμοὶ δὲ θαυμάσαι

'Ἐπ. γ'.

θεῶν τελεσάντων οὐδέν ποτε φαίνεται
50 ἔμμεν ἄπιστον.
κώπαν σχάσον, ταχὺ δ' ἄγκυραν ἔρεισον χθονὶ   80
πρῴραθε, χοιράδος ἄλκαρ πέτρας.
ἐγκωμίων γὰρ ἄωτος ὕμνων
ἐπ' ἄλλοτ' ἄλλον ὥτε μέλισσα θύνει λόγον.

Στρ. δ'.

55 ἔλπομαι δ' Ἐφυραίων   85
ὄπ' ἀμφὶ Πηνειὸν γλυκεῖαν προχεόντων ἐμάν
τὸν Ἱπποκλέαν ἔτι καὶ μᾶλλον σὺν ἀοιδαῖς
ἕκατι στεφάνων θαητὸν ἐν ἄλιξι θησέμεν ἐν καὶ παλαιτέροις,   90
νέαισίν τε παρθένοισι μέλημα. καὶ γὰρ
60 ἑτέροις ἑτέρων ἔρως ἔκνιξε φρένας·

V. 40. εἰλαπινάζοισιν GaP2, v. εἰλαπινάζουσιν. — εὐφρόνως, Sch. ευφρόνως καὶ συνετῶς interpretatur, ego εὐφρόνας aliquando senseei. — V. 41. νόσοι, AUg νόσον — V. 42. θαυμάσαι, Rauchenstein θαυμαντὸς, llartmg θαυμάτως. — V. 49. οὐδέν, Pc οὐδί. — V. 51. Sch. Arist. Nub. 107 κώπαν ἤδη μοι σχάσεις, οἱ 740 κώπην σχήσας. — ἔρεισον, Pc ἔρυσον. — V. 52. πρῴραθε, v. πρῴραθι. — χοιράδος, Pc χειράδος. — ἄλκαρ. PaP2GaVb ἀλκάν, G ἀλκᾶς. — V. 53. ἄωτος, Hartung ἄωτον. — V. 54. ὦτε Boeckh, ὅτι GGn, ὥστε vulgo. — μέλισσα θύνει, P2 μέλισσα ἰθύνει. — V. 56. προχεόντων, P2 ἄκρος, Gn a m. pr. ἐδόντων, tum προϊόντων. — V. 57. Ἱπποκλέαν Schmid, et sic Sch., vulgo Ἱπποκλέα, Ahrens Ἱπποκλέα, Hermann Ἱπποκλέα σ' ἔτι, Kayser τὸν Ἱπποκλέα ποτί, Rauchenstein ποθ' Ἱπποκλέαν ἔτι. — V. 59. ἐν καὶ Hermann, v. ἔν τε, Heyne ἔν τ' αὖ, Kayser ἔμμεν. — V. 60. ἑτέροις, Schol. GGn VbdfAR ἑτέροισιν, Pc ἑταίροισιν et ἔπομα. — ἑτερονίων scripsi, libri ἐτέρων. Adiectivum ἑτερώνιον Hesychius affert, umissa tamen inter-

176 PINDARI CARMINA.

Ἀντ. δ'.

τῶν δ' ἕκαστος ὀρούει,   95
τυχών κεν ἁρπαλέαν σχέθοι φροντίδα τὰν πὰρ ποδός·
τὰ δ' εἰς ἐνιαυτὸν ἀτέκμαρτον προνοῆσαι.
πέποιθα ξενίᾳ προσανέι Θώρακος, ὅσπερ ἐμὰν ποικνύων
                                    χάριν   100
ὃς τόδ' ἔζευξεν ἅρμα Πιερίδων τετράορον,
φιλέων φιλέοντ', ἄγων ἄγοντα προφρόνως.

Ἐπ. δ'.

πειρῶντι δὲ καὶ χρυσὸς ἐν βασάνῳ πρέπει   105
καὶ νόος ὀρθός.
ἀδελφεοὺς ἐπί τ' αἰνήσομεν ἐσλούς, ὅτι
70 ὑψοῦ φέροντι νόμον Θεσσαλῶν·
αὔξοντες· ἐν δ' ἀγαθοῖσι κεῖται   110
πατρώϊαι κεδναὶ πολίων κυβερνάσιες.

pretatione, quae fuit *ἕτερον*. Aeolensibus has formas peculiares fuisse
docent Schol. Hom. Il. 20, 404, gramm. Cramer. An. Ox. IV 329, Eustath.
1214, 27, ubi inter alia exempla etiam *ἑτεράνιος* affertur. — *ἔπει ξ' ἔρως
φρένας* scripsi, libri *ἔρως ἔπειξε* (P² *ἔπειξι* τὰς, vulgo *ἔπειξί γε*) *φρένας*.
Boeckh scripsit *ἑτέρας ἑτέρων ἔρως ὑπένειμεν* (Hermann *ὑπένειμε*) *φρέ-
νας*, quoniam schol. *ὑπεσέηνος* interpretatur, at simplex verbum *ἔπειξε*
tuentur etiam Schol. Il. Δ 469, et Etym. M. 379, 39, ubi quod legitur
ἔπειξεν ἔρως φρένας (M *ἔπειξε φρένας ἔρως*) meam emendationem con-
firmat. Ceterum *ἑτέρους* fortasse accusativus aeolicus est. — V. 62, κεν,
Hartung μέν. — ibid. ἐχω conieci olim κ' ἀριπνεπῆ pro κιν ἀρπαλίαν ex
Eustath. Pr. 10. — σχέθοι, Pc σχέθει. — V. 64, προσανέι προσανεῖ Pc
Sch. — ποικνύων, Pc κυπροίων. — V. 68. ἀδελφεοὺς ἐπί τ' αἰνήσομεν
scripsi, aist *ἐπί δ' ἄλλα*, v. ἀδελφεούς τ' ἐπαινήσομεν, aist quod τ' om.
Vdf, P² *αδέλφεοὺς δὲ ἐν*. exhibet, Boeckh *ἀδελφεοὺς μὲν ἐν*., Her-
mann *αδέλφεούς μὲν ἐν*., Hartung *ἀδελφεοὺς δ' ἐπαινήσομεν*. — V. 71.
ἐν δ', Sch. *ἔσθα*, sed in lemm. *ἐν δ'*. — κεῖται Sch. GVbOsP2R, v.
κείνται et sic lemma sch. — V. 73. πατρώϊαι, Pc πατρώαι.

ΠΥΘΙΟΝΙΚΑΙ ΙΑ.

ΘΡΑΣΥΔΑΙΩ ΘΗΒΑΙΩ

ΠΑΙΔΙ ΣΤΑΔΙΕΙ.

Strophae.

```
_ ᴗ _ ᴗ _ ᴗ ᴗ _ ᴗ ᴗ _ ᴗ _ ᴗ
_ ᴗ _ ᴗ _ ᴗ ᴗ _ ᴗ _ ᴗ ᴗ ⌢ ᴗ _ ᴗ ᴗ
⌣ ᴗ _ ⌣ ᴗ _ ᴗ ᴗ
⎺ ᴗ ⌢ ᴗ _ _ _ ᴗ ⎺ ᴗ _ _ _ ᴗ
5 _ ᴗ _ ᴗ ᴗ ᴗ _ ᴗ _ ᴗ ᴗ _ ᴗ
```

Epodi.

```
⌢ ᴗ ᴗ _ _ ᴗ _
⌣ ᴗ _ ᴗ _ ᴗ
_ ᴗ _ ᴗ ᴗ _ ᴗ _ _ ᴗ ᴗ
⎺ ᴗ ᴗ _ ᴗ _ ᴗ _ ᴗ
_ ᴗ _ ᴗ _ ᴗ _ ⌢ ᴗ _
5 ᴗ _ ᴗ _ ᴗ _ ᴗ _ ᴗ
```

„Strophae descriptio certa: ex epodis v. 1 et 2 et coniungi et disiungi queunt. Praeterea earundem v. 5 et 6 consociare poteris in hunc modum:

```
ᴗ _ ᴗ _ ᴗ ᴗ ᴗ _ ⌢ ᴗ _ _ _ ᴗ _ ᴗ _ _ ᴗ ᴗ ᴗ _ ⌢
```

quod metrum est elegantissimum. At ubi distinctos hos versus patiere, prioris numerum siatues aut hunc:

```
ᴗ _ ᴗ _ ᴗ ᴗ _ ᴗ _ ⌢ _ aut: ᴗ _ ᴗ _ ᴗ ᴗ _ _ _ ⌢ ᴗ _
```

quorum hic etiam numerosior videtur. Cf. de mutr. Pind. lib. III cap. XXI sub fin." *Hoerkl.* In speciosi aliter constitueram strophae v. 4, quoniam putabam iustam v. 41 (et v. 20 et 36) germanam huius versus formam servatam esse, quam in ceteris strophis ab interpolatore brevi syllaba aucta sit: sed hanc suspicionem abicei.

Στρ. α'.

Κάδμου κόραι, Σεμέλα μὲν Ὀλυμπιάδων ἀγυιᾶτις,
Ἰνὼ δὲ Λευκοθέα ποντιᾶν ὁμοθάλαμε Νηρηΐδων, 5
ἴτε σὺν Ἡρακλέος ἀριστογόνῳ
ματρὶ παρ Μελίαν χρυσέων ἐς ἄδυτον τριπόδων
θησαυρόν, ὃν περίαλλ' ἐτίμασε Λοξίας,

Ἀντ. α'.

Ἰσμήνιον δ' ὀνύμαξεν, ἀλαθέα μαντίων θῶκον, 10
ὦ παῖδες Ἁρμονίας, ἔνθα καὶ νῦν ἐπίνομον ἡρωίδων
στρατὸν ὁμαγυρέα καλεῖ συνίμεν,
ὄφρα Θέμιν ἱερὰν Πυθῶνά τε καὶ ὀρθοδίκαν
γᾶς ὀμφαλὸν κελαδῆτον ἄκρᾳ σὺν ἑσπέρᾳ, 15

Ἐπ. α'.

ἑπταπύλοισι Θήβαις
χάριν ἀγῶνί τε Κίρρας, 20
ἐν τῷ Θρασυδαῖος ἔμνασεν, ἑστίαν
τρίτον ἔπι στέφανον πατρῴαν βαλών,
ἐν ἀφνεαῖς ἀρούραισι Πυλάδα
νικῶν ξένου Λάκωνος Ὀρέστα.

Στρ. β'.

τὸν δὴ φονευομένου πατρὸς Ἀρσινόα Κλυταιμνήστρας 25
χειρῶν ὕπο κρατερᾶν ἐκ δόλου τροφὸς ἄνελε δυσπεν-
θέος,

V. 2. δὲ, Πυ τε — Νηρηΐδων, Pc Νηρεΐδων. — V. 4. παρ, Pc παρ',
Hermann παρά. — ἐς ἄδυτον, Pc εἰς ἄδ., in epeodosi ἐς delevi. — V. 8.
Ἰσμήνιον, Pc Ἰσμήνειον. — μαντείων Hermann, PcΠΟΠυΓ? Bcb. μαντείων,
v. μαντείον. — V. 7. νῦν scripsi, v. νυν, Pc νὺν. — V.9. ὁμαγυρέα Boeckh,
v.ὁμηγυρία, Pl ἀμυγερία. Vulgata lectio omninoreliqcuda, sed ambigo,
utrum ὁμαγυρεῖ an ὁμαγυρεία scribendum sit. — συνίμεν, PcΠfinfaVε
συνίμετε. — V. 9. Πυθῶνά τε καί, antea scripsi Πυθᾶ τε καὶ vel etiam
Πυθᾶνι καί. — V. 10. κελαδῆτον scripsi, κελαδήσει Heync, v. κελα-
δῆτε. — V. 13. ἔμνασεν, ἐστίαν et deinde v. 16 νικᾶν Καyser scripsit,
cum in libris legatur ἔμνασεν ἑστίαν ... νικᾶν, ac schol. 1 vulgatam
tuetur, certe participium νικῶν reperit, sed schol. 2 cum dicit ἐν τῷ
προευμένῳ ἀγῶνι τῆς Κίρρας ἐν τοῖς Πυθίοις ἀνέμνησε τὴν πατρῴαν
ἑστίαν τὸν νικῶν ἐπιβάλλων αὐτῇ τὸν στέφανον, quamvis ἑστίαν male
cum verbo ἀνέμνησεν iungat, Καyseri correctionem firmat. Hermann,
qui νικᾶν tenet, ἔμνασί μ' scripsit. Ceterum tres victoriae quae memo-
rantur ipsius Thrasydaei sunt, qui videtur iam antea bis in domesticis
certaminibus vicisse. Pindarus autem, quod Orestem dicit Pythionicam,
non popularem aliquam famam secutus est, sed fortasse Stesichorus eo
ipso tempore, quo gymnici ludi Delphis instaurati sunt, haec suopte
ingenio finxit. — V. 14. τρίτον libri praeter Vf ubi τρίτατον et Κ ubi τρί-
τος. — ἔπι, legebatur ἐπί. — V. 18. χειρῶν, Pc χερῶν, — καὶ scripsi,
nisi praestat κἀκ, libri ἐκ, Hartung καί, atque ita videtur scholiasta
legisse.

ὁπότε Δαρδανίδα κόραν Πριάμου
20 Κασσάνδραν πολιῷ χαλκῷ σὺν Ἀγαμεμνονίᾳ 30
ψυχᾷ πόρευσ' Ἀχέροντος ἀκτὰν παρ' εὔσκιον

Ἀντ. β'.

νηλὴς γυνά. πότερόν νιν ἄρ' Ἰφιγένει' ἐπ' Εὐρίπῳ 35
σφαχθεῖσα τῆλε πάτρας ἔκνισεν βαρυπάλαμον ὄρσαι
χόλον;
ἢ ἑτέρῳ λέχεϊ δαμαζομέναν
25 ἔννυχοι πάραγον κοῖται; τὸ δὲ νέαις ἀλόχοις 40
ἔχθιστον ἀμπλάκιον καλύψαι τ' ἀμάχανον

Ἐπ. β'.

ἀλλοτρίαισι γλώσσαις·
κακολόγοι δὲ πολῖται.
ἴσχει τε γὰρ ὄλβος οὐ μείονα φθόνον· 45
30 ὁ δὲ χαμηλὰ πνέων ἄφαντον βρέμει.
θάνεν μὲν αὐτὸς ἥρως Ἀτρείδας
ἵκων χρόνῳ κλυταῖς ἐν Ἀμύκλαις.

Στρ. γ'.

μάντιν τ' ὄλεσσε κόραν, ἐπεὶ ἀμφ' Ἑλένᾳ πυρωθέντων 50
Τρώων ἔλυσε δόμους ἁβρότατος. ὁ δ' ἄρα γέροντα ξένον
35 Στρόφιον ἐξίκετο, νέα κεφαλά,
Παρνασοῦ πόδα ναίοντ'· ἀλλὰ χρονίῳ σὺν Ἄρει 55
πέφνεν τε ματέρα θῆκέ τ' Αἴγισθον ἐν φοναῖς.

V. 20. Κασσάνδραν, PcP1RA Sch. Κασάνδραν. Hermannus hoc glos-
sema putat et οἰκτρότατα coni. — σὺν Ἀγαμεμνονίᾳ, P1 Ἀγαμεμνονίς,
— V. 21. πόρευσ' Va2P2, πόρευσεν PstiVb, πόρευσε Gu, πόρευσε vulgo.—
V. 23. ἔκνισεν AP2, v. ἔκνισε. — ὄρσαι, Pc ἆρσε. — χόλον, Dy λόχον,
P1Vf λέχον. — V. 24. δαμαζομέναν Va2P2, δαμαλιζομέναν reliqui. Latet
aliud quid, nam poeta dicere volebat Clytaemnestram, quoniam Aga-
memnonis pelliceм oderit, hoc facinus commisisse, itaque conficio δα-
ματαζομέναν. — V. 25. ἔννυχοι, Va2 ἐννύχιοι, Vf ἔννυχοι. Hermann
ἐννύχια πάραγον κοιμήσαθ', ὁ δὲ νέαις coni. — τὸ δὲ P12VbdfΩn(s.m.pr.),
τὸ δὴ rel., olim τὰ scripsi. — V. 26. ἔχθιστον, Ilecker αἴσχιστον, quemad-
modum Scholiast. Gott. interpretari magis quam legisse videtur. ἀμπλα-
κιον, Schneidewin ex Va2 ἀμπλάκιον, Ilecker ἀμπλακιῶν, dubebat ἀμ-
πλακιᾶν, Hartung τὸ δὲ v. αἷ. ἔχθιστον, ἀμπλακίας κτλ. — V. 29. ἴσχει
τε γάρ, Hartung πλάχει μέγας, et deinde v. 30 βροτὶ scripsit pro βρέμει.
— V. 30. ἄφαντον, Pc ἄφανον, idem v. 81 θάνε et Ἀτρείδας. — V. 32.
ἵκων Ω Ωn Sch., ἵκων P2, ἔκων vulgo. — V. 33. μάντιν τ', Hartung μάν-
τιν δ'. — V. 34. ἔλυσε, Aby ἔλυσσε. — γέροντα ξένον P2Vf, γέροντα
ξένον A, ξένον γέροντα vulgo. — V. 35. νέα κεφαλὰ Ileyno et sic Sch,
Pc νέα κεφαλῇ, v. νέᾳ κεφαλᾷ. — V. 36. Παρνασοῦ A sch., v. Παρνασ-
σοῦ, Hermann στερρὸν ὑπὸ coni. — ἀλλὰ χρονίῳ P2, ἀλλὰ χρόνῳ Sch.
RGUal'IVbdfPc, vulgo ἀλλά γε χρόνῳ.— V. 37. πέφνεν τε A, ἔπεφνε
τε PtflnVbdf, ἔπεφνε RGPc. ἔπεφνέ τε P2.

12*

'Ἀντ. γ'.

ἦ ῥ', ὦ φίλοι, κατ' ἀμευσίπορον τρίοδον ἐδινάθην,
ὀρθὰν κέλευθον ἰὼν τοπρίν· ἤ μέ τις ἄνεμος ἔξω πλόου
ἔβαλεν, ὡς ὅτ' ἄκατον εἰναλίαν;
Μοῖσα, τὸ δὲ τεόν, εἰ μισθοῖο γε συνέθευ παρέχειν
φωνὰν ὑπάργυρον, ἄλλοτ' ἄλλᾳ ταρασσέμεν (5)

'Επ. γ'.

ἢ πατρὶ Πυθονίκῳ
τό γε νῦν ἢ Θρασυδαίῳ,
τῶν εὐφροσύνα τε καὶ δόξ' ἐπιφλέγει.
τὰ μὲν ἐν ἅρμασι καλλίνικοι πάλαι 70
Ὀλυμπίᾳ τ' ἀγώνων πολυφάτων
ἔσχον θοὰν ἀκτῖνα σὺν ἵπποις,

Στρ. δ'.

Πυθοῖ τε γυμνὸν ἐπὶ στάδιον καταβάντες ἤλεγξαν
Ἑλλανίδα στρατιὰν ὠκύτατι. θεόθεν ἐραίμαν καλῶν, 75
δυνατὰ μαιόμενος ἐν ἁλικίᾳ.
τῶν γὰρ ἀνὰ πόλιν εὑρίσκων τὰ μέσα μάσσονι σὺν
ὄλβῳ τεθαλότα, μέμφομ' αἶσαν τυραννίδων· 80

V. 55. ἦ ῥ', Boeckh ἦ ῥ'. — φίλοι, Pc φίλη. — ἀμευσίπορον τρίοδον libri et Eustath. Pr. 10, Boeckh ἀμευσίπορον τρίοδον, Hermann ἀμευσιπόρους τριόδους. Fort. ἀμευσίπορον τριόδων. — ἐδινάθην, Vat ἐδινάθεν. — V. 39. ἦ με, Gu ἤ με, Pc ἡ μέν. — V. 40. Interrogandi signum posui. — V. 41. τὸ δὲ τεόν, GünVbdf Sch. τὸ δ' ἐτεόν. — μισθοῖο γε scripsi, libri μισθῷ, at graece aut ἐπὶ μισθῷ ant μισθοῦ dici debebat, et hoc videtur schol. legisse: iam cum nec μισθοῖο neo μισθῷ εἰ aptum sit, particulam γε addidi praeeunte Mingarellio. — συνέθεν libri omnes practer l'2 qui συνέθου σύ, Boeckh συνοτίθεν, Hermann παρέχιμεν συνέθεν. — V. 42. ὑπάργυρον, Allγ ὑπ' ἄργυρον. — ἄλλοτ' ἄλλᾳ Boeckh et sic nunc schol., vulgo ἄλλοτ' ἄλλα, l'2 ἄλλα γε. Deinde libri χρὴ ταρασσέμεν, sed abiecit Schmid illud χρή, quod nec sch. legit, et est profectum ab iis, qui τὸ δ' ἐτεόν legebant. Ceterum ἄλλα scripsi, non ἄλλᾳ. cf. Apollon. de Adverb. 584. — V. 43. Πυθονίκῳ l'2, v. Πυθιονίκῳ. — V. 44. νῦνscripsi, v. νυν, Pcνῦν. — V. 46. τὰ μὲν ἐν. (v om. Pc lemma Sch., hinc Kayser θαμάκις coni. — V. 47. Ὀλυμπίᾳ τ' libri, Ὀλυμπίας Boeckh, et sic videtur alter Sch. legisse, Schmid Ὀλυμπίας. Posius prior versus vitium contraxisse videtur, ubi haud dubio victoriae domesticae commemoratae fuernnt; conieci τὰ μὲν ἐν ἅρμασι vel si hoc obscurius videbitur, τὰ μὲν ἐν ἅρμασι καλλίνικαι πάλαι, sed πάλαι satis est conveniens quod fortasse aliquis conflciat ἅρμασι vel ἦμασι improbandum. — V. 49. θοάν, Hartung θοαῖς. — V. 49. Πυθοῖ τε, Hartung Πυθοῖ δὲ. — γυμνόν, γυμνοὶ Pelt. — ἤλεγξαν, l'2 ἤλεγξάν γ'. — V. 50. ἐραίμαν, Bγ ἀρείησαν. — V. 51. ἐν ἁλικίᾳ, Becker ἐν εὐδικίᾳ. — V. 52. ἀνά, Bγ ἀν. — τὰ μέσα, antea τὰ delevi. — μάσσονι σὺν scripsi, libri μαπροτέρῳ (GünPaVdf μαπροτάτῳ) σύν, vulgo ex Schmidii coni. σὺν victum.

'Αντ. δ'.

ξυναῖσι δ' ἀμφ' ἀρεταῖς τέταμαι· φθονεροὶ δ' ἀμύνονται
ἄται, εἴ τις ἄκρον ἑλὼν ἀσυχᾷ τε νεμόμενος αἰνὰν ὕβριν
ἀπέφυγεν· μέλανος δ' ἂν' ἐσχατιάν
καλλίονα θάνατον ἔσχεν γλυκυτάτᾳ γενεᾷ
εὐώνυμον κτεάνων κρατίσταν χάριν πορών·

'Επ. δ'.

ἆ τε τὸν Ἰφικλείδαν
διαφέρει Ἰόλαον
ὑμνητὸν ἐόντα, καὶ Κάστορος βίαν,
σέ τε, ἄναξ Πολύδευκες, υἱοὶ θεῶν,
τὸ μὲν παρ' ἆμαρ ἕδραισι Θεράπνας,
τὸ δ' οἰκέοντες ἔνδον Ὀλύμπου.

V. 51. ἀμύνονται ἄτᾳ Sch. R, ἀμύνονται ἄτα Pc, ἀμύνοντ' ἄτᾳ
vulgo. Hermann ἀμύνονται ἄται, cum ante ἀμύνονται, si γάρ τις vel
τῶν εἴ τις coniecisset, Hartung ἀμύνοντ', εἴ τινάς τις ἄκρον ἑλὼν ἀσύ-
χᾳ τε νεμόμενος αἰὼν ὕβριν ἀπέφυγεν, L. Schmidt φθονεροὶ δ' ἀμύνον-
ται ῥέον', εἴ τις ἄκρον ἑλὼν ἀσυχᾷ τε νεμόμενος αἰὼν ὕβριν ἀπέφυγεν,
μέλανος δ' ἐσχατιὰν καλλίονα θάνατον ἔσχει. — V. 55. ἀσυχᾷ scripsi,
ἀσυχᾷ Hermann, ἡσύχως P², ἡσυχίᾳ PcABGGnVbdi, v. ἀσυχα. — V. 56.
μέλανος δ' libri, praeter V(, qui μέλανος, Schmid μέλανος. — ἂν AB,
v. ἄν, om. cod. Parini. — V. 57. καλλίονα θάνατον, Vdi κάλλιον ἐθά-
νατον, P² καλλίω θάνατον, Schmid καλλίονα θανάτου, atque ita cod.
Urs. — ἔσχεν, cod. Urs. ἔν... vel ἐμ..., AGGnP1 ἐν, Vb ἔσχεν ἐν.
Scholiast. non legit verbam. Thiersch σχῆμα. — γλυκυτάτᾳ, P1 γλυκυ-
τατι: Totum locum Boeckh sic constituit: ἀπέφυγεν μέλανα δ' ἂν'
ἐσχατιὰν καλλίονα θάνατον ἔσχει κτλ., Hermann μέλανος ἂν' ἐσχα-
τιὰν καλλίονα θάνατον ταύταν γλυκυτάτᾳ γενεᾷ κτλ., Hartung μέ-
λανα δ' ἂν' ἐσχατιὰν καλλίονα θάνατον κάμπτει, γλυκυτάτᾳ γενεᾷ εὐώ-
νυμον, κτεάνων κρατίσταν, χάριν πορών, idem praeterea κρατίστων re-
quirit, imo, ut mihi quidem videtur. Ex scholiorum reliquiis apparet
iam veteres criticos stropham hanc extremam graviter corruptam ex-
pedire non potuisse. Itaque satius nunc duxi locum intactum relinquere.
In speciem ultima ita conformavi:
μέλανος ἂν' ἐσχατιάν
καλλίοναδέ θα πότμον γλυκύν, ᾧ γενεᾷ
εὐώνυμον κτεάνων κρατίσταν χάριν πορών.
— V. 60. διαφέρει Ἰόλαον, Pindarus scripserat Ἰόλαον vel Ἰόλαον.
— V. 61. ἔνδον, Hocker ἐντός.

ΠΥΘΙΟΝΙΚΑΙ Ιβ.

ΜΙΔΑ͜ ΑΚΡΑΓΑΝΤΙΝΩι

ΑΥΛΗΤΗι.

Strophae.

```
‒ ‿ ‿ ‒ ‿ ‿ ‒ ‒ ‿ ‿ ‒ ‿ ‿ ‒ ‿ ‿
‿ ‿ ‒ ‿ ‿ ‒ ‿ ‿ ‒ ‿ ‿ ‒ ‿ ‿
‒ ‿ ‿ ‒ ‿ ‿ ‒ ‒ ‿ ‿ ‒ ‒ ‿ ‿
‿ ‿ ‒ ‿ ‿ ‒ ‿ ‿ ‒ ‿ ‿ ‿ ‿ ‒
5 ‒ ‒ ‿ ‿ ‒ ‿ ‿ ‒ ‒ ‿ ‿ ‒ ‒ ‿ ‿
‒ ‿ ‿ ‒ ‿ ‿ ‒ ‿ ‿ ‒ ‿ ‿ ‒ ‒ ‿ ‿
‒ ‿ ‿ ‿ ‿ ‒ ‒ ‿ ‿ ‒ ‒
‿ ‿ ‒ ‒ ‒ ‿ ‿ ‒ ‒ ‿ ‿
```

Στρ. α΄.

Αἰτέω σε, φιλάγλαε, καλλίστα βροτεᾶν πολίων,
Φερσεφόνας ἔδος, ἅτ᾽ ὄχθαις ἔπι μηλοβότου
ναίεις Ἀκράγαντος ἐϋδματον κολώναν, ὦ ἄνα,   5
ἵλαος ἀθανάτων ἀνδρῶν τε σὺν εὐμενίᾳ
5 δέξαι στεφάνωμα τόδ᾽ ἐκ Πυθῶνος εὐδόξῳ Μίδᾳ,   10
αὐτόν τέ νιν Ἑλλάδα νικάσαντα τέχνᾳ, τάν ποτε
Παλλὰς ἐφεῦρε θρασειᾶν Γοργόνων
οὔλιον θρῆνον διαπλέξαισ᾽ Ἀθάνα·

Στρ. β΄.

τὸν παρθενίοις ὑπό τ᾽ ἀπλάτοις ὀφίων κεφαλαῖς   15
10 ἄϊε λειβόμενον δυσπενθεῖ σὺν καμάτῳ,

V. 1. σε om. Γc. — πολίων, Pc πόλεων. — V. 2. ὄχθαις, Pl ὄχθους.
— μηλοβότου, Ηαyηε μαλοβότου. — V. 3. εὔδματον, Pc (et alii) εὐδμα-
τον. Pl ἐς εὔδματον, — ἄνα, Γc ἄναξ. — V. 4. om. Pl. — V. 5. εὐδόξῳ
Μίδᾳ, Schol. fort. εὐδόξου Μίδα. — V. 7. Γοργόνων om. BγGΓ1Vbdf. —
V. 8. διαπλέξαισ᾽, Pc διαπλέξασα om. Ἀθάνα, AGuVbd διαπλέξασ᾽, Vf
διαπλέξαις.

Περσεύς οπότε τρίτον άνυσσεν κασιγνηταν μέρος, 10
εϊναλία Σερίφω λαοϊσί τε μοΐραν άγων.
ήτοι τό τε θεσπέσιον Φόρκοι' άμαύρωσεν γένος,
λυγρόν τ' ερανον Πολυδέκτα θήκε ματρός τ' εμπεδον 15
15 δουλοσύναν τό τ' άναγκαίον λέχος,
εύπαράου κράτα συλάσαις Μεδοίσας

Στρ. γ'.

υιός Δανάας· τον άπό χρυσού φαμέν αύτορύτου 20
εμμεναι. άλλ' έπεί έκ τούτων φίλον άνδρα πόνων
έρρύσατο, παρθένος αυλών τεύχε πάμφωνον μέλος,
20 δφρα τόν Εύρυάλας έκ καρπαλιμάν γενύων 25
χριμφθέντα σύν εντεσι μιμήσαιτ' έρικλάγκταν γόον.
εύρεν θεός· άλλά νιν εύροισ' άνδράσι θνατοϊς έχειν, 30
ώνόμασεν κεφαλάν πολλάν νόμον,
εύκλεά λαοσσόων μναστήρ' άγώνων,

Στρ. δ'.

25 λεπτού διανισόμενον χαλκού θάμα και δονάκων,
τοι παρά καλλιχόρω ναίοισι πόλει Χαρίτων 45
Καφισίδος έν τεμένει, πιστοί χορευτάν μάρτυρες.
ει δέ τις όλβος έν άνθρώποισιν, άνευ καμάτου 50
ού φαίνεται· έκ δέ τελευτάσει νιν ήτοι σάμερον

V. 11. άνυσσεν Boeckh, άνυσεν P2 (a m. s.) commemoratque Schol., libri acer, acer, acer. — V. 12. Σερίφω metro adversatur, itaque olim, cum crederem ex glossematis ortum, conieci εϊναλία τ' έσένεγ, Hermann εϊναλία τε νίτερ, cum ante εϊναλία τε Σερίφω και εί τε μοίραν άγων coniecissel, Boeckh εϊναλία τε Σερίφω λαοίσί τε, at Laoisi coaluerat, Ruchensteinio εϊν. τε νορφ, Hartung εϊναλία τε Σερίφω Λοΐνον άγι μόρον, quod prorsus adrenuntur institutae sententiae, nam sunt haec referenda ad illud tempus, quo Φοηνων Άθάνα άει. Insulae nomen necessario fuit addendum, itaque vitium inest in verbis λαοίσί τε, igitur scribendum puto εϊναλία τε Σερίφω λίσατο μοίραν άγων. cf. Hesych. λείασθαι· μνήσασθαι. Quemadmodum Attici in hoc verbo contractiones usi sunt, ita idem licuit Pindaro. — V. 13. τό τε, Hartung τότε, et v. 16 λυγρόν δ' pro λυγρόν τ'. — Φόρκοι' άμαύρωσεν, Hermann ex Boeckh Φόρκοιο μαύρωσεν. — V. 14. de vitio suspecto, neque scholiastis interpretatio successit. — V. 16. συλάσαις Heyne, Va2 συλήσαις, U συλήφες, ceteri libri συλήσας. — V. 17. φαμέν, Hecker φατίς. — V. 19. αύλων, R αύλαν. — V. 20. έκ καρπαλιμαν, Hecker έξ άρπαλεαν vel έκ πρεμαλαμαν. — V. 22. εύροισ', Hartung ένδοίσ'. — V. 23. πολλάν GGuP12, vulgo πολλαν. — V. 21. εύκλεά, l'c εύκλεΐα. — λαοσσόων, P1 laossaòn, om. ut videlur l'c. — μναστήρ, Ilyt̃nVbdf μνηστήρ, nt Enstath. Pr. 8, sed Gl'c μνηστήρ. — V. 25. διανισόμενον l'c, v. διανισσόμενον. — θάμα scripsi, θαμα GkuP2, v. δ' άμα. — V. 26. ναίοισι, (in Bch. ναίουσι. — πόλει, Pel'2 πόλιν, fort. πόλει, quamquam Ol. VII 49 άκροπόλει, Hermann παρά καλλιχόρον πόλιν. — V. 29. ήτοι, Boeckh έκ δ' έτελεύτασέν νιν ήτοι, Hartung αύτε τελευτάσει νιν ήτοι. Gravius vitium locus contraxisse videtur, Pl exhibet έκτελευτάσει νιν· τό γε μόρσιμον ούκ φευκτόν· άλλ' έσται χρόνος ήτοι σάμερον δαίμων ούτος κτλ. Itaque olim

δαίμων· τὸ γε μόρσιμον οὐ παρφυκτόν, ἀλλ' ἔσται χρόνος
οὗτος, ὃ καί τιν' ἀελπτίᾳ βαλὼν
ἔμπαλιν γνώμας τὸ μὲν δώσει, τὸ δ' οὔπω.

conieci: εἰ δὲ τελευτάσει νιν, ἔσεται χρόνος δαίμων· τό γε μόρσιμον οὐ παρφυκτόν· ἤτοι σάμερον οὗτος ὃ καί τιν ἀελπτίαν βαλὼν Ἔμπαλιν γνώμας κτλ. ut hoc dicat poeta: „humanus labor an perfecturus sit id quod petit, a temporis opportunitate suspensum est, nihilque fatale mutari potest: ita etiam dea opportunitas, quae hodie tibi, o Mida, imperatum bonum obiecit, in posterum praeter opinionem alia dabit, alia negabit." Nunc illi verborum traiectioni, quam nullus alius liber videtur firmare, fidem abrogandam puto ac teneo cum verborum ordinem, quem etiam scholia tuentur. Locum iam antiquitus corruptam veteres critici expedire nesciebant: videtur autem scribendum esse: ἐι δὲ τελευτάσει νιν ἔσεται χρόνος δαίμων τό γε μόρσιμον· οὐ γὰρ φευκτόν, ἀλλ' ἔσται χρόνος· οὗτος ὃ καί τιν ἀελπτίαν βαλὼν κτλ. h. e. deus perficiet sive ad annum sive hodie quod quidem fato constitutum est: hoc enim mutari nequit, sed aliquando fiet. Hic deus, qui etiam tibi, o Mida, imperatum bonum obiecerit, in posterum praeter opinionem alia dabit, alia negabit (silva potius proferet: nam poeta hic quoque ut solet scita quaedam ambiguitate utitur). — V. 30. γε, P² Schol. Gott. δέ. — ἔσται. lemma sch. ἔσει. — V. 31. ὅ, P² ὅ. — ἀελπτίᾳ, P⁰ ἀελπία, ΙΙγΟ ἀελπτίαν.

NEMEONIKAI A.

ΧΡΟΜΙΩ ΑΙΤΝΑΙΩ
ΙΠΠΟΙΣ

Strophae.

```
    ⌣ ᴗ ⌣ X̱
  ᴗ – – – ᴗ ᴗ – ᴗ ᴗ X̱
  ᴗ ᴗ ᴗ – ᴗ ᴗ X̱
  – ᴗ ᴗ – – ᴗ ᴗ – ᴗ ᴗ X̱
5 ᴗ – ᴗ – ᴗ X̱
  ᴗ ᴗ – ᴗ ᴗ – – – – – ᴗ X̱
  ᴗ – – ᴗ ᴗ – ᴗ ᴗ – – ᴗ – ᴗ – ᴗ – X̱
```

Epodi.

```
  ᷽ – – – ᴗ – – ᴗ ᴗ ᴗ – ᴗ X̱
  ᴗ ᴗ ᴗ – ᴗ ᴗ – – ᴗ ᴗ – ᴗ ᴗ – ᴗ ᴗ ◡
  ᴗ ᴗ – ᴗ ᴗ ᴗ ᴗ ᴗ ᴗ – – ᴗ ᴗ – ᴗ X̱
  – ᴗ ᴗ – ᴗ ᴗ – ᴗ – – ᴗ X̱
```

Inscriptio vulg. est ἅρματι, nulla librorum auctoritate, Boeckh ex ΑΓΙΩ ἵπποις. — „Epodorum versus primus ab Hermanno ita describitur, ut dimeter trochaicus a subsequenti separetur numero, subsequens autem numerus non penthemimeris dactylica sit cum cretico, sed hephthemimeris.

```
  ᷽ – – ᴗ – – ᴗ
  ᴗ ᴗ – ᴗ ᴗ – ᴗ ᴗ X̱
```

Nos de causa certissima voluenximus et pro hephthemimeri dactylica metrum posuimus hoc: 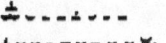." *Boeckh*.

Στρ. α'.

Ἄμπνευμα σεμνὸν Ἀλφεοῦ,
κλεινᾶν Συρακοσσᾶν θάλος Ὀρτυγία,
δέμνιον Ἀρτέμιδος,
Δάλου κασιγνήτα, σέθεν ἁδυεπής
5 ὕμνος ὁρμᾶται θέμεν   5
αἶνον ἀελλοπόδων μέγαν ἵππων, Ζηνὸς Αἰτναίου χάριν·
ἅρμα δ' ὀτρύνει Χρομίου Νεμέα θ' ἔργμασιν νικαφόροις
  ἐγκώμιον ζεῦξαι μέλος.   10

Ἀντ. α'.

ἀρχαὶ δὲ βέβληνται θεῶν
κείνου σὺν ἀνδρὸς δαιμονίαις ἀρεταῖς.
10 ἔστι δ' ἐν εὐτυχίᾳ
πανδοξίας ἄκρον· μεγάλων δ' ἀέθλων
Μοῖσα μεμνᾶσθαι φιλεῖ.   15
σπεῖρέ νυν ἀγλαΐαν τινὰ νάσῳ, τὰν Ὀλύμπου δεσπότας
Ζεὺς ἔδωκεν Φερσεφόνᾳ, κατένευσέν τέ οἱ χαίταις, ἀρι-
  στεύοισαν εὐκάρπου χθονός 20

Ἐπ. α'.

15 Σικελίαν πίειραν ὀρθώσειν κορυφαῖς πολίων ἀφνεαῖς·
ὤπασε δὲ Κρονίων πολέμου μναστῆρά οἱ χαλκεντέος
λαὸν ἵππαιχμον, θαμὰ δὴ καὶ Ὀλυμπιάδων φύλλοις ἐλαιᾶν
  χρυσέοις   25
μιχθέντα. πολλῶν ἐπέβαν καιρὸν οὐ ψεύδει βαλών·

Στρ. β'.

ἔσταν δ' ἐπ' αὐλείαις θύραις
20 ἀνδρὸς φιλοξείνου καλὰ μελπόμενος,   30
ἔνθα μοι ἁρμόδιον
δεῖπνον κεκόσμηται, θαμὰ δ' ἀλλοδαπῶν
οὐκ ἀπείρατοι δόμοι.

V. 8. βέβληνται θεῶν. Hartung βέβληνται ἐν θεῶν. — V. 11. μεγά-
λων, μεγίσταν ΠγΡ1GVdM2. — V. 13. σπεῖρέ νυν Πack et Hermann ex
Sch., ἔγειρέ νυν VdCPLAccBγ, ἄγειρε τὸν M2, νῦν ἴγειρ' ΑΡΡ2Μ1
lemma sch. — V. 14. χαίταις, χαίτας GPΠΠγVd. — V. 16. χαλκεντέος.
χαλκέντιον GΠγVdAc, sed πόλεμον χαλκεντέα ex hoc loco affert Eustath.
Procem. 8. — V. 17. θαμά, δ' ἅμα ΑΡΗΜ12, utramque Sch. agnoscit,
Hartung ἵππαιχμόν δ' ἅμα καὶ θάμ' Ὀλυμπιάδων. — V. 18. βαλών,
λαβών A. — V. 20. καλά, conieci κλέα. — V. 22. θαμά δ' ἀλλοδαπῶν
de vitio suspectum est, coniect θάμα δ' ἀπείρατον vel ἀλλοκότων
(i. e. καλιχότων), Hartung δεῖπνον κεκόσμηταί δ' ἅμα δ' ἀλλοδαπῶν,
probante Rauchensteinio.

ἐντί· λέλογχε δὲ μεμφομένοις ἐσλοὺς ὕδωρ καπνῷ φέ-
                    ρειν   35
25 ἀντίον. τέχναι δ' ἑτέρων ἕτεραι· χρὴ δ' ἐν εὐθείαις ὁδοῖς
                    στείχοντα μάρνασθαι φυᾷ.
                                              Ἀντ. β'.

πράσσει γὰρ ἔργῳ μὲν σθένος,
βουλαῖσι δὲ φρήν, ἐσσόμενον προϊδεῖν,   40
συγγενὲς οἷς ἕπεται.
Ἀγησιδάμου παῖ, σέο δ' ἀμφὶ τρόπῳ
30 τῶν τε καὶ τῶν χρήσιες.
οὐκ ἔραμαι πολὺν ἐν μεγάρῳ πλοῦτον κατακρύψαις ἔχειν, 45
ἀλλ' ἐόντων εὖ τε παθεῖν καὶ ἀκοῦσαι φίλοις ἐξαρκέων.
                    κοιναὶ γὰρ ἔρχοντ' ἐλπίδες
                                              Ἐπ. β'.
πολυπόνων ἀνδρῶν. ἐγὼ δ' Ἡρακλέος ἀντέχομαι προ-
                    φρόνως   50
ἐν κορυφαῖς ἀρετᾶν μεγάλαις, ἀρχαῖον ὀτρύνων λόγον,
35 ὡς, ἐπεὶ σπλάγχνων ὕπο ματέρος αὐτίκα θαητὰν ἐς αἴγλαν
                    παῖς Διός   55
ὠδῖνα φεύγων διδύμῳ σὺν κασιγνήτῳ μόλεν,

                                              Στρ. γ'.

ὡς οὐ λαθὼν χρυσόθρονον
Ἥραν κροκωτὸν σπάργανον ἐγκατέβα.
ἀλλὰ θεῶν βασίλεα
40 σπερχθεῖσα θυμῷ πέμπε δράκοντας ἄφαρ.   60

V. 24. μεμφομένοις, Sch. videtur etiam μεμφόμενοι reperisse. — ἐσλούς PRM1, ἐσλὸν G, vulgo ἐσλός, ut sic Aristarchus (nuda Ranchensteinii ἐσλός γ'), aliusque gramm. ἐσλός. — κακνῷ, Acll γ Gl Vd κακνόν. Languet vel maxime ἐντὶ in versu primore, hand dubie scribendum est δόμοι· ἀντιλέλογχε δὲ μεμφομέναις ἐσλούς, ὕδωρ κακνῷ φέρειν ἀντίον, atque ita etiam sententia ipsa placitor. Ahrens μεμφομένοι ἐσλοὺς ὕδως κακνοῦ. — V. 31. κατακρύψαις M1, sed supra αις, et sic ut videtur reliqui. — V. 33. ἐπεὶ, Hermann ἄρα vel v. 37 οὐ τοι pro ὥς τ' οὐ (ὡς οὐ). Contra Kayser ὥσπερ in σπλάγχνων, Ranchensteinio ὥς ποτε ἐπὶ servans v. 37 ὥς τ' οὐ.— θαητάν, Μl2 θηητάν. — V. 37. ὥς οὐ Boeckh, v. ὥς τ' οὐ, Ahrens ὡς· οὐ λαθὼν χρυσόθρονον Ἥρας. — V.39. βασίλεα cum Heynio scripsi, libri βασίλεια, Boeckh βασιλέα, at esi proparoxytonon ut ἱέρεια pro ἱέρεα, contra paroxytonon regium imperium (βασιλεία) significabit, ut est in titulo Lycio (Archaeol. Zeit. 1844, 282) ἱέρευς συγγενέσιν δέκα μέρος βασιλίας. Nisi forte Pindarus trisyllaba forma usus est βασίλη, vid. Hesych. s. h. v. Steph. Byz. v. Ἀγάρρια, quod Elleudti quoque in Lexico Soph. s. h. v. probavit, huic apud Platonem in Charmidis init. scribendum εἰς τὴν Ταυρέου παλαίστραν τὴν κατ᾽ ἀντικρὺ τοῦ τῆς Βασίλης ἱεροῦ εἰσῆλθον pro βασιλικῆς.

τοὶ μὲν οἰχθεισᾶν πυλᾶν
ἐς θαλάμου μυχὸν εὐρὺν ἔβαν, τέκνοισιν ὠκείας γνάθοις
ἀμφελίξασθαι μεμαῶτες· ὁ δ' ὀρθὸν μὲν ἄντεινεν κάρα,
   πειρᾶτο δὲ πρῶτον μάχας, 65
                                           Ἀντ. γ'.
δισσαῖσι δοιοὺς αὐχένων
μάρψαις ἀφύκτοις χερσὶν ἑαῖς ὄφιας·
ἀγχομένοις δὲ χρόνος
ψυχὰς ἀπέπνευσεν μελέων ἀφάτων. 70
ἐν δ' ἄρ' ἄτλατον δέος
πλᾶξε γυναῖκας, ὅσαι τύχον Ἀλκμήνας ἀρήγοισαι λέχει·
καὶ γὰρ αὐτά, ποσσὶν ἄπεπλος ὀρούσαισ' ἀπὸ στρωμνᾶς,
   ὅμως ἄμυνεν ὕβριν κνωδά-
   λων. 75
                                           Ἐπ. γ'.
ταχὺ δὲ Καδμείων ἀγοὶ χαλκέοις ἔδραμον σὺν ὅπλοις
   ἀθρόοι,
ἐν χερὶ δ' Ἀμφιτρύων κολεοῦ γυμνὸν τινάσσων φάσγα-
   νον 80
ἵκετ', ὀξείαις ἀνίαισι τυπείς. τὸ γὰρ οἰκεῖον πιέζει πάνθ'
   ὁμῶς·
εὐθὺς δ' ἀπήμων κραδία κᾶδος ἀμφ' ἀλλότριον.
                                           Στρ. δ'.
ἔστα δὲ θάμβει δυσφόρῳ 85
τερπνῷ τε μιχθείς. εἶδε γὰρ ἐκνόμιον
λῆμά τε καὶ δύναμιν
υἱοῦ· παλίγγλωσσον δέ οἱ ἀθάνατοι
ἀγγέλων ῥῆσιν θέσαν.
γείτονα δ' ἐκκάλεσεν Διὸς ὑψίστου προφάταν ἔξοχον, 90

ὀρθόμαντιν Τειρεσίαν· ὁ δὲ οἱ φράζε καὶ παντὶ στρατῷ,
ποίαις ὁμιλήσει τύχαις,
                                                    Ἀντ. δ΄.
ὅσσους μὲν ἐν χέρσῳ κτανών,   95
ὅσσους δὲ πόντῳ θῆρας ἀϊδροδίκας·
καί τινα σὺν πλαγίῳ
ἀνδρῶν κόρῳ στείχοντα τὸν ἐχθρότατον
φᾶσέ νιν δώσειν μόρῳ.
καὶ γὰρ ὅταν θεοὶ ἐν πεδίῳ Φλέγρας Γιγάντεσσιν μά-
                                    χαν   100
ἀντιάξωσιν, βελέων ὑπὸ ῥιπαῖσι κείνου φαιδίμαν γαίᾳ πε-
                φύρσεσθαι κόμαν
                                                    Ἐπ. δ΄.
ἔνεπεν· αὐτὸν μὰν ἐν εἰράνᾳ τὸν ἅπαντα χρόνον ἐν
                                    σχερῷ   105
ἁσυχίαν καμάτων μεγάλων ποινὰν λαχόντ' ἐξαίρετον,
ὀλβίοις ἐν δώμασι δεξάμενον θαλερὰν Ἥβαν ἄκοιτιν, καὶ
                                    γάμον   110
δαίσαντα παρ Διὶ Κρονίδᾳ, σεμνὸν αἰνήσειν τεθμόν.

V. 61. δὲ οἱ, Sch. δί οί. — V. 63. δὲ πόντῳ, Sch. δ' ἐν πάντα. —
V. 66. μόρῳ Boeckh, libri et sch. μόρον. Nec tamen haec Boeckhii emen-
datio satisfacit, nam τὸν ἐχθρότατον vel propter articulum additum
vix ferendum, sed quod Disscu conticit πος' ἐχθρ. non aptam huic loco,
itaque in ephcdosi conicio: καί τινι σὺν πλαγίῳ Ἀνδρῶν κόρῳ στεί-
χοντι τὸν ἐχθρότατον Φᾶσέ νιν δώσειν μόρον. Kayser παντ ἐχθρο-
τάτῳ φᾶσέ νιν δώσειν μόρῳ. Ad verum propius accessit Hartung scri-
bens καί τινα σ. πλ. ἀνδρῶν κόρῳ στείχοντ' ὁδὸν ἐχθροτάτων φᾶσέ νιν
δώσειν μόρῳ, sed non opus tanto molimine, mihi quidem haec lenl mu-
tatione in integrum restitui posse videntur: καί τινα σὺν πλαγίῳ Ἀν-
δρῶν κόρον στείχοντα τὸν ἐχθρότατον φᾶσέ νιν δώσειν μόρῳ, ubi σὺν
πλαγίῳ adverbii vice fungitur ut σὺν τῷ δικαίῳ alia, atque ita etiam
unus schol. interpretatur. Ahrens παθεῖν (παύσειν) μόρον. — V. 68.
ἀντιάξωσιν, f. ἀντιάξωσιν. — γαίᾳ, olim γαίας scripsi. — V. 69. μὰν
Gllyl'l.Ac μὲν. — ἐν σχερῷ Hermann, σχερῷ AKl P12312, σχερὶν ἀεὶ llyl.
vulgo σχὶν ἀεί, in Ac lacuna. Hartung σχηρίμεν, Goram ἔμεναι. Sed
numerorum gratia traiecit verba Boeckh αὐτὸν μὰν ἐν εἰράνα καμάτων
μεγάλων ἐν σχερῷ | ἀσυχίαν τὸν ἅπαντα χρόνον κτλ. at vide ad
Pyth. III 6. — V. 72. Διί, Boeckh Δί, v. Διί. — Κρονίδᾳ, interpunxi
scholiastam accutus, vulgo post δαίσαντα distinguunt. — αἰνήσειν, Vaζ
Ac αἰνήσει. — τεθμόν scripsi, νόμον T, Mommsen, vulgo δόμον, Byl'IVd
(etiam Va3 supra ser.) γάμον. Ego antea βίον vel θρόνον coniceram.
Ceterum scholiasta, cuius adnotationem adscripsit Mommsen: τὸ δὲ
σεμνὸν αἰνήσειν ἀντὶ τοῦ εὐαρεστήσειν τῷ παρὰ θεοῖς νόμῳ, ἢ οὕτω·
τὴν διανέμεσιν τὴν παρὰ θεοῖς ἐπαινέσειν, sano videtur νόμον legisse
vel νομόν, sed hoc interpretamentum est germani vocabuli τεθμόν, quo
nupitalia iura poeta significavit.

ΝΕΜΕΟΝΙΚΑΙ Β.

ΤΙΜΟΔΗΜΩ ΑΘΗΝΑΙΩ

ΠΑΓΚΡΑΤΙΑΣΤΗ.

⏑⏑–⏑⏑–⏑–||–⏑⏑–⏑⏑–⏑

Στρ. α΄.

Ὅθεν περ καὶ Ὁμηρίδαι
ῥαπτῶν ἐπέων τὰ πόλλ᾽ ἀοιδοί
ἄρχονται, Διὸς ἐκ προοιμίου· καὶ ὅδ᾽ ἀνὴρ
καταβολὰν ἱερῶν ἀγώνων νικαφορίας δέδεκται πρώταν
                            Νεμεαίου   5
5 ἐν πολυύμνητῳ Διὸς ἄλσει.

Στρ. β΄.

ὀφείλει δ᾽ ἔτι, πατρίαν
εἴπερ καθ᾽ ὁδόν νιν εὐθυπομπὸς   10
αἰὼν ταῖς μεγάλαις δέδωκε κόσμον Ἀθάναις,

V. 2. ἀοιδοί, Sch. Isth. III 63 ἀοιδᾷ. — V. 4. πρώταν Moyne. πρῶτα ΑΓΣΜ1. v. πρῶτον. — V. 6. δ᾽ ἔτι, lemma Sch. ΑΒΗγΑcPᵃ δέ τι, sic ni videtur etiam Aristarchus. — V. 7. εὐθυπομπός Boeckh, εὐθυπομπὴς Πy, εὐθυπειρπὴς Vd, εὐθύπομπος vulgo. — V. 8. δέδωκε (ΙΡ) VdΜx, v. δέδωκεν.

θάμα μὲν Ἰσθμιάδων δρέπεσθαι κάλλιστον ἄωτον, ἐν Πυ-
         θίοισί τε νικᾶν   15
10 Τιμονόου παῖδ'. ἔστι δ' ἐοικός

                                                      Στρ. γ'.
ὀρειᾶν γε Πελειάδων
μὴ τηλόθεν Ὠαρίων' ἀνεῖσθαι.
καὶ μὰν ἁ Σαλαμίς γε θρέψαι φῶτα μαχατάν   20
δυνατός. ἐν Τροίᾳ μὲν Ἕκτωρ Αἴαντος ἄκουσεν· ὦ Τιμό-
         δημε, σὲ δ' ἀλκά
15 παγκρατίου τλάθυμος ἀέξει.

                                                      Στρ. δ'.
Ἀχάρναι δὲ παλαίφατοι   25
εὐάνορες· ὅσσα δ' ἀμφ' ἀέθλοις,
Τιμοδημίδαι ἐξοχώτατοι προλέγονται.
παρὰ μὲν ὑψιμέδοντι Παρνασῷ τέσσαρας ἐξ ἀέθλων νίκας
         ἐκόμιξαν.   30
20 ἀλλὰ Κορινθίων ὑπὸ φωτῶν

                                                      Στρ. ε'.
ἐν ἐσλοῦ Πέλοπος πτυχαῖς
ὀκτὼ στεφάνοις ἔμιχθεν ἤδη·
ἑπτὰ δ' ἐν Νεμέᾳ· τὰ δ' οἴκοι μάσσον' ἀριθμοῦ   35
Διὸς ἀγῶνι. τόν, ὦ πολῖται, κωμάξατε Τιμοδήμῳ σὺν εὐ-
         κλέι νόστῳ·

V. 9. θάμα scripsi, legebatur θαμά, Hartung ἅμα. — V. 10. παῖδ',
Hartung παΐς, lemma schol. Τιμονόου παῖδα δ' ἔσαν ἐοικός, videatur
nonnulli ἀσυνδέτως scripsisse: νικᾶν, Τιμονόου παῖδ' ἐστὶν ἐοικός. —
V. 11. ὀρειᾶν, Crates conf. θερειᾶν. — γε, Nch. Nem. I 3 εα. — V. 12.
Ὠαρίων' ἀνεῖσθαι VaBAc, legebatur Ὠαρίωνα νεῖσθαι, ap. Athen. XI
490 F ὀαρίωνα νεῖσθαι AC, sed ὁ ὀρίων ἀντίσθαι B. ὁ ὠρίων ἀντίσθαι
P. Et Athenaei quidem libri per errorem veram lectionem exhibent: est
enim ἀντίσθαι nihil aliud quam ἀνανείσθαι, oriri, quod Mommsen non
intellexit. Ὠαρίωνα P13l2 Sch. Nem. Ὀαρίωνα Athen., Ὠρίωνα vulgo.
— V. 14. Τροίᾳ, Boeckh Τροΐᾳ. — ἄκουσεν, Hecker ἤρύκεν. — V. 16.
παλαίφατοι G Sch. παλαίφανοι vulgo et lemma sch. — V. 19. παρὰ
lemma sch. ut vulgo, πὰρ P13l2, τὰ AByAcVdVl, unde conleci τὰ μὲν ἐν.
— Παρνασῷ AR(i sch., v. Παρνασσῷ. — V. 21. πτυχαῖς, fort. πύλαις.
Hecker ἐν ἄλσος Πέλοπος πυγαῖς conlecit, postea item πύλαις propo-
suit. — V. 23. ἀριθμοῦ P1AcBy, ἀριθμῷ AU, v. ἀριθμῷ. — V. 24. Διὸς
ἀγῶνι· τόν, ὦ πολῖται, mirum est Timodemidas, si innumerabiles victo-
rias domesticas reportaverant, Iovis tantum Olympii in certamine, non
item Panathenaeis aliisque ludis vicisse: nec minus offendit τόν, quod
ad Iovem referant (L. Schmidt ad ἀγῶνα), sed unus schol., qui dicit

ἀδυμελεῖ δ' ἐξάρχετε φωνᾷ.   40

Iγκώμιον ex verbo *ααράξατε* repetendum esse, videtur τόδ᾽ legisse. I'ata scribendum esse: *μέσσον' ἀριθμοῦ. Διὸς ἀγῶνί* τοι. ὁ πολίται uti. Inbentur populares in ipsa Olympii Iovis sollemnitate Timodemum redcuntem hoc carmine χαίνισε: Olympica Athenis celebrabantur verno tempore, itaque Timodemus hibernis Nemeaeis vicit. Ceterum non dissimulabo, me suspicatum esse hic dulitescere epiphonema aliquod, quale est τήνελλα, ut scribendum sit: *Διὸς ἀγῶνι, τόνε πολῖται.* cf. Hesych. τόνφ, *ἴαν, τέρατι*, ubi corrigebam *τερίτισμά* τι. Nam τόνφ (h. e. *propere, celeri cursu*) quod adverbii loco est, quodque praeter Hesychium etiam Apoll. de adv. 578 agnoscit, minus dignitati lyrici carminis videtur convenire. — *παράξατε*, MI *καμάξατε*. — Τιμοδήμῳ AI'I, vulgo Τιμοδήμω, unde fort. quis Τιμοδήμου praeferat.

ΝΕΜΕΟΝΙΚΑΙ Γ.
ΑΡΙΣΤΟΚΛΕΙΔΗ ΑΙΓΙΝΗΤΗ
ΠΑΓΚΡΑΤΙΑΣΤΗ.

Strophae.

[metrical scheme]

Epodi.

[metrical scheme]

„Unius carminis versus omnes syllaba ancipiti et hiatu distincti sunt. Epodi primus versus paulo longior metro carere scioio cuidam visus est, quum tamen sit numerosissimus. Hermannus in tres disposuit versus, quorum hic debebat numerus esse:

[metrical scheme]

194   PINDARI CARMINA.

Στρ. α'.

Ὦ πότνια Μοῖσα, μᾶτερ ἁμετέρα, λίσσομαι,
τὰν πολυξέναν ἐν ἱερομηνίᾳ Νεμεάδι
ἵκεο Δωρίδα νᾶσον Αἴγιναν· ὕδατι γάρ
μένοντ᾽ ἐπ᾽ Ἀσωπίῳ μελιγαρύων τέκτονες
5 κώμων νεανίαι, σέθεν ὄπα μαιόμενοι.
διψῇ δὲ πρῆγος ἄλλο μὲν ἄλλου,
ἀεθλονικία δὲ μάλιστ᾽ ἀοιδὰν φιλεῖ,
στεφάνων ἀρετᾶν τε δεξιωτάταν ὀπαδόν·

Ἀντ. α'.

τᾶς ἀφθονίαν ὄπαζε μήτιος ἁμᾶς ἄπο·
10 ἄρχε δ᾽ Οὐρανοῦ, πολυνεφέλα κρέοντι θύγατερ,

neque ego latitior fieri hoc posse, verum cum nulla assera, nullus hiatus
sit, probabile non est, tres hos numeros ita dividendos esse, praesertim
cum ceteri omnes hiatu et ancipiti accurate distiactu sint." Boeckh olim
scripserat, sed in ed. sec. Ep. v. 1 in binos versus distribuit, qnem se-
cutus sum. Ceterum numeri versuum, quemadmodum Boeckh descripsit,
partim satis dubii sunt, sed consulto illi servavi.
V. 7. ἀεθλονικία HyGAcM2, ἀεθλονικαία Pl, ἀθλονικία Sch. ἀε-
θλονικίας Vk, ἀεθλονικίας vulgo. — V. 10. ἄρχε δ᾽ Οὐρανοῦ, πολυνε-
φέλα κρέοντι θύγατερ scripsi, i. e. Uraniae, Iovis nubiferi filia, cum in
epecedei scripsissem ἀρχὶ δ᾽, ὐρανόιο πολνφίλα (vel πολὺ φίλα) ἀρίου τι
θύγατερ. Legebatur ἄρχε δ᾽ οὐρανῶ πολυνεφέλα (Λ οὐρανοῦ πολυνε-
φίλα, HyGVdP1 οὐρανῶα vel οὐρανῶα π.) κρέοντι (Μ2 κρέοντος) θύγα-
τερ, et sic Sch. Eurip. Hec. 674, quod cum acscirent veteres critici
emendare, varia commenti sunt: quod Scholiasta dicit οὐρανῷ Αἰολικῶς
ἀντὶ τοῦ οὐρανοῦ obscurum est: Aristarchus et Ammonius Οὐρανοῦ πο-
λυνεφίλα κρέοντι θύγατερ, de Musa Uraniae filia cogitaverunt, dativum
pro genitivo dictum esse statuentes, alius (fort. Didymus), ut Uranum
removeret, οὐρανῷ πολυνεφέλᾳ κρέοντι θύγατερ interpretatus est: Musa
(Iovis) filia, qui nubifero coelo imperat, paraphrastes denique οὐρανοῦ
πολυνεφέλα κρέοντα θύγατερ satis perverse. Hermann ἄρχε δ᾽ οὐρα-
νῷ πολυνεφέλᾳ κρέοντι, θύγατερ, at prior dativus suspensus sit a voce
κρέοντι, quam difficultatem ut removeret Boeckhius οὐρανοῦ πολυνεφέλα
scripsit. At neque θύγατερ sic audc dici poterat, neque ἄρχε ὕμνον δεῖ
cum totius loci instituto convenit. Multo rectius veteres grammatici
κρέοντι cum voce θύγατερ inxerunt. Aeque tamen credibile est Grae-
cos, si a semibarbaris et soloecis discesseris, sic simpliciter Διὶ θυγάτηρ
pro Διὸς θυγάτηρ dixisse: hoc igitur nomine non solum Aristarchi, sed
etiam Didymi scriptura repudianda: at recte eo habet dativus in appo-
sitione, ubi ipsum nomen accedit; velut est Ol. IX 15: ἂν Θέμις θυγά-
τηρ οἱ σώτειρα λέλογχεν μεγαλόδοξος Εὐνομία. Hanc difficultatem
ut removerem Οὐρανοῦ scribere ausus sum, quam formam Pindarus non
videtur ipse novavisse sed antiquioribus poetis acceptam referre: quem-
admodum Ἀθήν οἱ Ἀθαί, Γοργή οἱ Γοργαί, Σάπφα οἱ Σαπφαί alia id
genus variari solebant, ita etiam Οὐρανώ potorat dici, quae vulgo Οὐ-
ρανία appellata est. Accedit quod haec clansula inprimis deprehendi-
tur in fontium nominibus, atque Musae nymphae fontiumque antistitae
fuerunt.

δόκιμον ὕμνον· ἐγὼ δὲ κείνων τέ μιν ὀάροις
λύρᾳ τε κοινάσομαι. χαρίεντα δ' ἕξει πόνον 20
χώρας ἄγαλμα, Μυρμιδόνες ἵνα πρότεροι
ᾤκησαν, ὧν παλαίφατον ἀγοράν
15 οὐκ ἐλεγχέεσσιν Ἀριστοκλείδας ἑάν 25
ἐμίανε κατ' αἶσαν ἐν περισθενεῖ μαλαχθείς

                                            Ἐπ. α'.
παγκρατίου στόλῳ· καματωδέων δὲ πλαγᾶν
ἄκος ὑγιηρὸν ἐν γε βαθυπεδίῳ Νεμέᾳ τὸ καλλίνικον
      φέρει.   30
εἰ δ' ἐὼν καλὸς ἔρδων τ' ἐοικότα μορφᾷ
20 ἀνορέαις ὑπερτάταις ἐπέβα παῖς Ἀριστοφάνευς, οὐκέτι
      πρόσω   35
ἀβάταν ἅλα κιόνων ὕπερ Ἡρακλέος περᾶν εὐμαρές,

                                         Στρ. β'.
ἥρως θεὸς ἃς ἔθηκε ναυτιλίας ἐσχάτας
μάρτυρας κλυτάς· δάμασε δὲ θῆρας ἐν πελάγεσιν 40
ὑπερόχους, διά τ' ἐξερεύνασε τεναγέων
25 ῥοάς, ὁπᾷ πόμπιμον κατέβαινε νόστου τέλος,
καὶ γᾶν φράδασε. θυμέ, τίνα πρὸς ἀλλοδαπάν 45
ἄκραν ἐμὸν πλόον παραμείβεαι;

V. 11. δὲ κείνων Boeckh, v. δ' ἐκείνων. — V. 12. κοίν' ἀείσομαι
scripsi, nisi κοίν' ᾄσομαι malis, legebatur κοινάσομαι, Boeckh κοινάσο-
μαι. At Pindarus quid scripserit docet sch. τὸν ὕμνον κοινῶς ᾄσομαι οἱ
delude κοινῆς τὸν ὕμνον ᾄσομαι. — ἕξει, Rauchensteln ἔξεις scil. Μοῖσα.
— V. 14. ἀγοράν, Kayser coni. ἕδραν, Rauchensteln ὁρμάν vel αἶσαν. —
V. 15. ἑάν, ΑΓ²ΜΙ ἐάν, reliqui libri ut videtur ἑάν. Schol. εἰ ἑάν et
τεάν (quod ex antiquo ϝεάν ortum) legit Ποίησονale νέαν. Hartung
totum locum ita conformavit ὧν παλαιὸν ἀγῶν οὐ τις ἔλεγχον χειρὸς
Ἀρ. ἐὼν ἐμίανε, κατ' αἶσαν ἐν κτλ. — V. 18. ἐν γε βαθυπέδῳ ΒγQVd, ἐν
βαθυπεδίῳ vulgo: neutrum convenit: poein ant ἐν βαθεῖ πέδῳ Νεμέας
aut ἀν βαθὺ πεδίον Νεμέας videtur scripsisse. — V. 19. post μορφᾷ
distinxit T. Mommsen, ut haec sit protasis, ἐπέβα παῖς apodosis. —
V. 20. Ἀριστοφάντος, ΑcΜ2 Ἀριστοφάνους. — οὐκέτι πρόσω, Schol. Nem.
Θ 109 οὐκέτι πόρσω, Schmid oὐ οἱ ἔτι πρόσω, Hermann οὐκέτι προτί-
σω. — V. 22. ἔθηκε ΑcΡΙVdM2, v. ἴθηκεν. — V. 23. κλυτάς, Schol. etiam
κλυτάς. — πελάγεσιν Ac, πελάγει vulgo. In proecdosi conieci τεναγέ-
ων ei vicinium v. 24 πελαγέων ῥοάς, quae recepit Hartung. — V. 24.
ὑπερόχους ΑΙγU, sed AcPI ὑπέρχους, quod probavit Boeckh; at eius
modi formas ex metri tantum necessitate admittendas censeo, quamquam
veteres critici nomnanquam ex inscitia antiquam hanc scripturam in-
tactam reliquerant; vulgo ὑπερόχους. — διὰ τ' ἐξερεύνασε Boeckh,
vulgo ἰδίᾳ τ' ἐρεύνασε, sch. etiam διά τ' ἐρεύνασε, Hermann διά τ' εὖς
ἐρ. Conieci ὑπερόχους ἰδίαν, ἐρεύνασε τε τεναγέων. — V. 25. ὁπᾷ,
legebatur ὅπα. — V. 26. φράδασε ΑcΜ12, φράδασε Vd, φράδασσε vulgo.
— V. 27. παραμείβεαι Boeckh, v. παραμείβῃ.

Αἰακῷ σε φαμὶ γένει τε Μοῖσαν φέρειν.
ἕπεται δὲ λόγῳ δίκας ἄωτος, ἐσλὸς αἰνεῖν·   50

Ἀντ. β΄.

30 οὐδ' ἀλλοτρίων ἔρωτες ἀνδρὶ φέρειν κρέσσονες.
οἴκοθεν μάτευε. ποτίφορον δὲ κόσμον ἔλαβες,
γλυκύ τι γαρυέμεν. παλαιαῖσι δ' ἐν ἀρεταῖς   55
γέγαθε Πηλεὺς ἄναξ, ὑπέραλλον αἰχμὰν ταμών·
ὃς καὶ Ἰαολκὸν εἷλε μόνος ἄνευ στρατιᾶς,
35 καὶ ποντίαν Θέτιν κατέμαρψεν   60
ἐγκονητί. Λαομέδοντα δ' εὐρυσθενής
Τελαμὼν Ἰόλᾳ παραστάτας ἐὼν ἔπερσεν·

Ἐπ. β΄.

καί ποτε χαλκότοξον Ἀμαζόνων μετ' ἀλκάν .   65
ἕπετό οἱ, οὐδέ μίν ποτε φόβος ἀνδροδάμας ἔπαυσεν ἀκμάν
φρενῶν.
40 συγγενεῖ δέ τις εὐδοξίᾳ μέγα βρίθει·   70
ὃς δὲ διδάκτ' ἔχει, ψεφηνὸς ἀνὴρ ἄλλοτ' ἄλλα πνέων οὔ
ποτ' ἀτρεκεῖ
κατέβα ποδί, μυρίαν δ' ἀρετᾶν ἀτελεῖ νόῳ γεύεται.

Στρ. γ΄.

ξανθὸς δ' Ἀχιλεὺς τὰ μὲν μένων Φιλύρας ἐν δόμοις,   75
παῖς ἐὼν ἄθυρε, μεγάλα δ' ἔργα, χερσὶ θαμινά

V. 29. ἐσλός, AcVa2 ἐσλόν. Hartung scripsit ἄωθ' ὃς ἐσλὸς αἰνεῖ. Locus corruptus: schol. videtur legisse ἕπεται δὲ λόγῳ δίκας ἀώτω ἐσλὸς αἰνεῖν. Sententia foret non plane incommoda, si haec aliter, atque scholiasta fecit, interpretaremur: Restat, ut iustissimo sermone bonos viros ornem, quemadmodum ἕπεται Pindarum etiam ex mea emendatione adhibuiti; verum propter hiatum illicitam haec repudianda sunt. Credo Pindarum scripsisse ἕπεται δὲ λόγῳ δίκας ἄωτος ἐσλὸς αἰνεῖν i. e. consentaneum iustitia est viros bonos laudare orationes, quae eorum virtutes prosequatur aeque olim exspetietur. — V. 31. κόσμον, conieci κόμπον. — Ἔλαβες, Schol. videtur etiam ἔλαχες reperisse. — V. 34. καὶ Ἰαολκόν, Ahrens κἰαωλκόν, Pindarus Fialκόν scripsit. — εἷλε P1M1AcVd, v. εἷλεν. — Iidem codd. μόνος. — V. 38. χαλκότοξον AP1, v. χαλκοτόξων. — V. 39. ἄκμάν OP1, ἀκμάν Vd, ἀκμὰν vulgo. — V. 41. ψεφηνός, cf. Et. M. 818, 33: ψιφερός καὶ ψεφηνὸς ἀνήρ... φησὶ Πίνδαρος· Ἀριστοπλέτ, unde Porson ψεφερνὸς vel ψεφεινός, nec displicet acolica forma ψιφερνός, sed vulgatam tuetur etiam Zonar. 1870.— ἀτρεκεῖ, MIZ ἀτρεκεῖ. — V. 44 sqq. ἄθυρε, μεγάλα δ' ἔργα scripsi et deinde v. 46 φονῶν, legebatur ἄθυρεν μεγάλα ἔργα, nisi quod AcP1M2 ἄθυρε, et v. 46 libri omnes φόνος: quod restitui φονῶν commodo caedis cupiditatem significat, qua magna facinora in pugna cum feris leonibus Achilles patraverit. Ac priorem emendationem firmat pamphr.: ὁ δὲ Ἀχιλλεὺς τὰ μὲν παῖς ὢν ἄθυρεν ἐν τοῖς οἴκοις τῆς Φιλύρας, καὶ ταῦτα δὲ μεγάλα καὶ συγνεῶς κατειργάζετο ὀξείαις βολαῖσι μάχας, τῶν γενναιοτέρων θηρῶν, λεόντων τε καὶ συῶν ἀγρίων πλῆθος ἀναιρῶν, legit igitur ἄθυρε· μεγάλα δ',

43 βραχυσίδαρον ἄκοντα πάλλων ἶσον ἀνέμοις, 80
μάχᾳ λεόντεσσιν ἀγροτέροις ἔπρασσεν φόνων,
κάπρους τ' ἔναιρε, σώματα δὲ παρὰ Κρονίδαν
Κένταυρον ἀσθμαίνοντα κόμιζεν,
ἑξέτης τοπρῶτον, ὅλον δ' ἔπειτ' ἂν χρόνον· 85
50 τὸν ἐθάμβεον Ἄρτεμίς τε καὶ θρασεῖ' Ἀθάνα,

Αντ. γ'.

κτείνοντ' ἐλάφους ἄνευ κυνῶν δολίων δ' ἑρκέων·
ποσσὶ γὰρ κράτεσκε. λεγόμενον δὲ τοῦτο προτέρων 90
ἔπος ἔχω· βαθυμῆτα Χείρων τράφε λιθίνῳ
Ἰάσον' ἔνδον τέγει, καὶ ἔπειτεν Ἀσκλαπιόν,
55 τὸν φαρμάκων δίδαξε μαλακόχειρα νόμον· 95
νύμφευσε δ' αὖτις ἀγλαόκολπον
Νηρέος θύγατρα, γόνον τέ οἱ φέρτατον

sed cum reliqua satis pro arbitrio ac negligenter interpretatus sit, quia
in eo libro repererit, incertum: φόνον videtur non legisse, verba ὀξεί-
αις βολαῖσι μάχας depravata esse apparet, sed scripsisse videtur
ὀξείαις βολαῖς (ἀκοντίων ἐν) μάχαις, itaque librorum scripturam μάχᾳ
sive ἐν μάχᾳ confirmat: contra scholiasta legit μάχας.... ἔκρασσεν,
itaque aut φόνον ignoravit aut aliud quid reperit, dicit enim: ἀκαταλλή-
λως δὲ ἐξεσήνοχεν· ἴδοι γὰρ εἰπεῖν λεόντων ἀγροτέραν μάχας ἐνήρ-
γει, ἢ (adde ἐν ἢ) λεόντεσσιν ἀγροτέροισιν. In apecdosi deleto vocabulo
φόνον conieci ἀγροτέροισιν ἔπρασσετο. Hartung scripsit ἴσα τ' ἀνέμων
βιπαῖς λεόντεσσιν ἀγροτέροις ἔπρασσεν μάχας, Kauchensteln ἴσα ἀνέ-
μοις, μάχας λεόντεσσι ε ἀγροτέροις ἔκρασσεν φόνους. — ἴσον
ἀνέμοις Schmid, ἴσον τ' ἂν. AlllipAcP12VdM12, ἴσά τ' G, Hermann ἴσα
τ', Schol. ad v. 88. ἴσος ἀνέμοις, quod epitheton Achilli bene quidem
convenit, sed in hoc pugnae genere epicae magis quam lyricae posse ac-
commodatum videtur. Praeterea Acl'1GVd dπίρασσιν ἐν μάχᾳ, M2 ἀνέ-
ροισι ἐν μ. at G λέουσιν. — V. 47. σώματα ... ἀσθμαίνοντα, P1M1
σώματι...ἀσθμαίνοντι, et sic Sch. (nisi forte σώματι...ἀσθμαίνων ἰκά-
μιζεν legit), σώματι etiam A, σωμάτια AcVn2, quod est ex dittographia
ortum, quod non debebat probare T. Mommsen, σωμάτεσι δὲ παρ Ἀρ. scri-
bens: nam deminutivum vocabulum ut omnino alienum est a gravioribus
poematum generibus, ita hic plane praepositerum. Hartung et Kauchensteln
σώματα...ἀσθμαίνων, sed frustra contemnant ἀσθμαίνοντα, cf. Callim.
in Dian. 150 ταύρον δτ' ἐν δίφρῳσι μάλα μέγαν ἢ ογε χλούνην κάκρον
ὀπισθιδίοιο φέροι ποδὸς ἀσπαίροντα. Si quid foret mutandum, scribe-
rem, ut iam olim proposui σώματα... ἀσθμαίνοντι ἔτι κόμιζεν. — V. 49.
ὅλον δ' ἔπειτ' ἂν, Boeckh ὅλον τ' ἔπειτεν, fort. ἔπειτα vel ἔπειτεν,
Hartung deleta distinctione haec cum sequentibus coniunxit. — V. 50.
ἐθάμβεον deis. Hyf1, ἐθάμβεον P1Vd, v. ἐθάμβεεν. — V. 52. κράτεσκε
AcP1M2, v. κράτεσκεν. — προτέρων ByGVd et P1 supra, v. πρότερον. —
V. 53. λιθίνῳ Schmid, λιθίνα δ' Ac, λιθίνω τ' vulgo (et ut videtur By
P2GVd). — V. 51. τέγει, M2 τέγοι. — ἔκπετεν MlP12, ἔπειτ' ἐν ABBy
GVd, ἔπιτα M2, ἔπι τὸν Ac., fort. ἔπεισεν. — Ἀσκλαπιόν scripsi, v.
Ἀσκληπιόν, Boeckh Ἀσκλήπιον. — V.55. δίδαξε P1, v. δίδαξεν. — νόμον,
Schol. Κ νομόν. — V. 56. αὖτις Boeckh v. αὐθις. — ἀγλαόκολκον Ac
et P1 supra, ἀγλαόκαρπον P1G, ἀγλαόπαπον M2, v. ἀγλαόσπαρκον, M.
Schmid permiro ἀγλαοράστοs.

ἀτίταλλεν ἐν ἀρμένοισι πάντα θυμὸν αὔξων· 110
 Ἐπ. γ'.
ὄφρα θαλασσίαις ἀνέμων ῥιπαῖσι πεμφθείς
ὑπὸ Τροΐαν δορίκτυπον ἀλαλὰν Λυκίων τε προσμένοι καὶ
     Φρυγῶν 105
Δαρδάνων τε, καὶ ἐγχεσφόροις ἐπιμίξαις
Αἰθιόπεσσι χεῖρας ἐν φρασὶ πάξαιθ', ὅπως σφίσι μὴ κοί-
     ρανος ὀπίσω
πάλιν οἴκαδ' ἀνεψιὸς ζαμενὴς Ἑλένοιο Μέμνων μόλοι. 110
 Στρ. δ'.
τηλαυγὲς ἄραρε φέγγος Αἰακιδᾶν αὐτόθεν·
Ζεῦ, τεὸν γὰρ αἷμα, σέο δ' ἀγών, τὸν ὕμνος ἔβαλεν 115
ὀπὶ νέων ἐπιχώριον χάρμα κελαδέων.
βοὰ δὲ νικαφόρῳ σὺν Ἀριστοκλείδᾳ πρέπει,
ὃς τάνδε νᾶσον εὐκλεῖ προσέθηκε λόγῳ 120
καὶ σεμνὸν ἀγλααῖσι μερίμναις
Πυθίου Θεάριον. ἐν δὲ πείρᾳ τέλος
διαφαίνεται, ὧν τις ἐξοχώτερος γένηται.
 Ἀντ. δ'.
ἐν παισὶ νέοισι παῖς, ἐν ἀνδράσιν ἀνήρ, τρίτον 125
ἐν παλαιτέροισι· μέρος ἕκαστον οἷον ἔχομεν
βρότεον ἔθνος. ἐλᾷ δὲ καὶ τέσσαρας ἀρετάς 130
ὁ θνατὸς αἰών, φρονεῖν δ' ἐνέπει τὸ παρκείμενον.

V. 58. ἐν vulgo omissum add. Schmid, et sic ut videtur Seb. et Vd, contra G et By fort. γε ἀρ.— πάντα, Mingarelli et Hecker coni. πᾶσι, fort. recte. — V. 59. θαλασσίαις, G θαλασσίαν. — V.60. Τρωΐαν Boeckh, Τροΐαν Sch., Τροΐαν vulgo. — Λυκίων, Vd Λυκίαν. — V. 61. ἐγχεσφόραις AByΓ12M12, ἐγχεσφόραις G, ἐγχεσφόρσις Vd, ἐγχεαφόραις Ac Seb., ἐγχεαιμόροις R. — ἐπιμίξαις lemma Va2 alii ap.Momm., RAc ἐπιμίξας. — V. 62. χεῖρας corruptam, fort. Αἰθιόπεσσ', ἀθήξας, Ilesych. ἀθήξ· ἀκόνησις, μεταφορικῶς. Αἰσχύλος Νηρεΐσιν. — φρασὶ libri, v. φρασί. — V. 67. βοᾶ, Sch. atlam βοᾷ. — V.71. Post γίνηται Hartung recte pleue distinxit. — V. 72 seqq. In ἀνδράσιν Hermann, logobatur ἐν δ' ἀνδράσιν. — τρίτον, ΓΙΜ2 τρίταταν, Vd τρίτατον, Ac τρίτατος. Locum iam antiquitus corruptos, neo valnerunt veteres oritici emendare, quamvis Aristarchus sententiam loci recte explanaverit. Hermann mutata distinctione scripsit ἐν παλαιτέροισι μέρος· ἕκαστον κτλ., quod qui probavit Hartung reliqua sic conformavit βρότεον ἔθνος, ἁρᾷ ὄρπει, τέσσαρας ἀρετάς· παπορίς γὰρ αἰὼν φρονεῖν (vix μή τὸ παρκείμενον. Mihi scribendum videtur ἐν παισὶ νέοις ε ϛ ὸ παῖς, ἐν ἀνδράσιν ἀνήρ, τρίτος ἐν παλαιτέροισι, μέρος ἕκαστος οἷον ἔχομεν βρότεον ἔθνος· ἐλᾷ δὲ καὶ τέσσαρας ἀρετάς (vel δὴ καὶ ἐς τεσσάρ' ἐς ἀρετάς) ὁ θνατὸς αἰών, φρονεῖν δ' (vel τ') ἐνέπει τὸ παρκείμενον, τῶν σὺν ἄμισσι. παρ scripsi, quamvis fortasse aliquis aἡς requirat, praepositio autem necessaria, quamvis Homerus ἄδην ἐλάσαι dicere solitus sit. — V. 75. ὁ θνατὸς Sch. et ut vid. R, θνατὸς Ac (et ἰών pro αἰών), μακρὸς ΓΙΒγΜ2, μακρός τε G, ὁ

τῶν οὐκ ἄπιστι. χαῖρε, φίλος· ἐγὼ τόδε τοι
πέμπω μεμιγμένον μέλι λευκῷ
σὺν γάλακτι, κιρναμένα δ' ἔερσ' ἀμφέπει,   135
πῶμ' ἀοίδιμον Αἰολῆσιν ἐν πνοαῖσιν αὐλῶν,
                                        Ἐπ. δ'.
ὕστερον. ἔστι δ' αἰετὸς ὠκὺς ἐν ποτανοῖς,   140
ὃς ἔλαβεν αἶψα, τηλόθε μεταμαιόμενος, δαφοινὸν ἄγραν
          ποσίν·
κραγέται δὲ κολοιοὶ ταπεινὰ νέμονται.
τίν γε μέν, εὐθρόνου Κλεοῦς ἐθελοίσας, ἀεθλοφόρου λή-
          ματος ἕνεκεν   145
Νεμέας Ἐπιδαυρόθεν τ' ἀπὸ καὶ Μεγάρων δέδορκεν φάος.

μακρὸς vulgo. — V. 76. τόδε, Ac δέ. — V. 79. πάρ', in procoedeul con-
iecí στόμ' ἀμφέπει, quod Cobet Lect. Nov. 455 comprobavit, ego dudum
retractavi, cum intellexissem non ad Attici sermonis leges haec exami-
nanda esse, sed apud Moschum III 79 etiam nunc πῶμα depravatum
esse censeo, neque tamen πὰρ' ἔχε scribendum est, quod Gaisfordo
placuit, sed ὁ δ' ἔχε στόμα τῆς Ἀφροδίτας, cf. Schol. Veron. ad Virg.
Aen. III 606. — Αἰολῆσιν Boeckh, Αἰολίσιν U, Αἰολίσιν V, v. Αἰολίσιν.
Hecker cont. In πνοαῖσι Αὐδίαισιν αὐλῶν. — V. 80. ποταναῖς ByPlAc
Vd Schol., v. πιτανοῖς (M2 ἐπιστανοῖς). — V. 82. κραγέται, fort. κραυ-
γέται. — V. 83. Κλεοῦς, M1 κλέος, M2 κλειοὺς. — V. 84. ἀπὸ, vulgo ἄπο.

ΝΕΜΕΟΝΙΚΑΙ Δ.

ΤΙΜΑΣΑΡΧΩι ΑΙΓΙΝΗΤΗι

ΠΑΙΔΙ ΠΑΛΑΙΣΤΗι

Strophae.

⏑⏑–⏑⏑–⏑–⏑⏑–×
–⏑–⏑⏑–×
–⏑⏑⏑⏑–⏞–⏞–⏑⏑–×
⏞–⏑⏑⏑–⏑–⏑⏑⏑–⏑
5 ⏞–⏞–⏑⏑⏑⏑–⏕⏑⏑⏑–×
⏞–⏞–⏑⏑⏑–⏑⏑⏑⏑–⏑
⏞–⏑⏑⏑⏑–×,
⏕⏑⏑⏑⏑–⏑–⏑

Στρ. α'.

Ἄριστος εὐφροσύνα πόνων κεκριμένων
ἰατρός· αἱ δὲ σοφαί
Μοισᾶν θύγατρες ἀοιδαὶ θέλξαν νιν ἁπτόμεναι.
οὐδὲ θερμὸν ὕδωρ τόσον γε μαλθακὰ τεύχει   5

Ambigi potest de numero v. 3, qui fortasse in binos dividendus est:

–⏑⏑–⏑⏑–×
×–⏞–⏑⏑–×

hoc obstat v. 51 Φθίᾳ· Νεοπτόλεμος δὲ | ἀπείρῳ διαπρυσίᾳ, ni die in unam syllabam coalescere statuis. Sed v. 7 et 8 separandi, non in unum sunt coniungendi, ut olim suspicatus sum.

V. 3. Θύγατρις Schmid, v. Θυγατέρες. — νιν ἁπτόμεναι, coniecit συναπτόμεναι, quod etiam Lentsch proposuit, Hauschenstein συνεκπόμεναι. — V. 4. τεύχει libri et Tzetz. Chil. VII 76, τέρπει Plut. de tranquill. c. 6 τοσόνδε τέγξει μαλθακά γ. unde Beck τέγγει scripsit. Hartung coniecit τόσον τὰ μαλθακὰ τεύχει γυῖας, ὅσσον.

5 γυῖα, τόσσον εὐλογία φόρμιγγι συνάορος.
ῥῆμα δ' ἑργμάτων χρονιώτερον βιοτεύει,
ὅ,τι κε σὺν Χαρίτων τύχᾳ
γλῶσσα φρενὸς ἐξέλοι βαθείας.

Στρ. β'.

τό μοι θέμεν Κρονίδᾳ τε Διὶ καὶ Νεμέᾳ
10 Τιμασάρχου τε πάλᾳ
ὕμνου προκώμιον εἴη· δέξαιτο δ' Αἰακιδᾶν
ἠΰπυργον ἕδος, δίκᾳ ξεναρκέϊ κοινόν.
φέγγος. εἰ δ' ἔτι ζαμενεῖ Τιμόκριτος ἁλίῳ
σὸς πατὴρ ἐθάλπετο, ποικίλον κιθαρίζων
15 θαμά κε, τῷδε μέλει κλιθείς,
υἱὸν κελάδησε καλλίνικον

Στρ. γ'.

Κλεωναίου τ' ἀπ' ἀγῶνος ὅρμον στεφάνων
πέμψαντα καὶ λιπαρᾶν
εὐωνύμων ἀπ' Ἀθανᾶν, Θήβαις τ' ἐν ἑπταπύλοις
20 οὕνεκ' Ἀμφιτρύωνος ἀγλαὸν παρὰ τύμβον
Καδμεῖοί νιν οὐκ ἀέκοντες ἄνθεσι μίγνυον,
Αἰγίνας ἕκατι. φίλοισι γὰρ φίλος ἐλθών
ξένιον ἄστυ κατέδραμεν
Ἡρακλέος ὀλβίαν πρὸς αὐλάν.

Στρ. δ'.

25 σὺν ᾧ ποτε Τρωΐαν κραταιὸς Τελαμών
πόρθησε καὶ Μέροπας
καὶ τὸν μέγαν πολεμιστὰν ἔκπαγλον Ἀλκυονῆ,
οὐ τετραορίας γε πρὶν δυώδεκα πέτρῳ
ἥρωάς τ' ἐπεμβεβαῶτας ἱπποδάμους ἕλεν

δὶς τόσοις. ἀπειρομάχας ἐών κε φανείη
λόγον ὁ μὴ συνιείς· ἐπεὶ
ῥέζοντά τι καὶ παθεῖν ἔοικεν.

Στρ. ε'.

τὰ μακρὰ δ' ἐξενίπειν ἐρύκει με τεθμός
ὧραί τ' ἐπειγόμεναι· 55
ἴυγγι δ' ἕλκομαι ἦτορ νεομηνίᾳ θιγέμεν.
ἔμπα, καίπερ ἔχει βαθεῖα ποντιὰς ἅλμα
μέσσον, ἀντίτειν' ἐπιβουλίᾳ· σφόδρα δόξομεν
δαίων ὑπέρτεροι ἐν φάει καταβαίνειν·
φθονερὰ δ' ἄλλος ἀνὴρ βλέπων
γνώμαν κενεὰν σκότῳ κυλίνδει 65

Στρ. ς'.

χαμαιπετοῖσαν. ἐμοὶ δ' ὁποίαν ἀρετάν
ἔδωκε Πότμος ἄναξ,
εὖ οἶδ' ὅτι χρόνος ἕρπων πεπρωμέναν τελέσει. 70
ἐξύφαινε, γλυκεῖα, καὶ τόδ' αὐτίκα, φόρμιγξ,
Λυδίᾳ σὺν ἁρμονίᾳ μέλος πεφιλημένον
Οἰνώνᾳ τε καὶ Κύπρῳ, ἔνθα Τεῦκρος ἀπάρχει 75
ὁ Τελαμωνιάδας· ἀτὰρ
Αἴας Σαλαμῖν' ἔχει πατρῴαν·

Στρ. ζ'.

ἐν δ' Εὐξείνῳ πελάγει φαεννὰν Ἀχιλεύς
νᾶσον· Θέτις δὲ κρατεῖ
Φθίᾳ· Νεοπτόλεμος δ' ἀπείρῳ διαπρυσίᾳ,
βουβόται τόθι πρῶνες ἔξοχοι κατάκεινται 85
Δωδώναθεν ἀρχόμενοι πρὸς Ἰόνιον πόρον.
Παλίου δὲ παρ ποδὶ λατρείαν Ἰαωλκὸν
πολεμίᾳ χερὶ προτραπών 90
Πηλεὺς παρέδωκεν Αἱμόνεσσιν,

Στρ. η'.

δάμαρτος Ἱππολύτας· Ἀκάστου δολίαις
τέχναισι χρησάμενος.
τᾷ Δαιδάλου δὲ μαχαίρᾳ φύτευέ οἱ θάνατον
ἐκ λόχου Πελίαο παῖς· ἄλαλκε δὲ Χείρων,
καὶ τὸ μόρσιμον Διόθεν πεπρωμένον ἔκφερεν·
πῦρ δὲ παγκρατὲς θρασυμαχάνων τε λεόντων
ὄνυχας ὀξυτάτους ἀκμάν
τε δεινοτάτων σχάσαις ὀδόντων

Στρ. θ'.

65 ἔγαμεν ὑψιθρόνων μίαν Νηρεΐδων,
εἶδεν δ' εὔκυκλον ἕδραν,
τὰς οὐρανοῦ βασιλῆες πόντου τ' ἐφεζόμενοι
δῶρα καὶ κράτος ἐξέφαναν ἐγγενὲς αὐτῷ.
Γαδείρων τὸ πρὸς ζόφον οὐ περατόν· ἀπότρεπε
70 αὖτις εὐρώπαν ποτὶ χέρσον ἔντεα ναός·
ἄπορα γὰρ λόγον Αἰακοῦ
παίδων τὸν ἅπαντά μοι διελθεῖν.

Στρ. ι'.

Θεανδρίδαισι δ' ἀεξιγυίων ἀέθλων
κάρυξ ἑτοῖμος ἔβαν
75 Οὐλυμπίᾳ τε καὶ Ἰσθμοῖ Νεμέᾳ τε συνθέμενος,

ἔνθα πεῖραν ἔχοντες οἴκαδε κλυτοκάρπων
οὐ νέοντ᾽ ἄνευ στεφάνων, πάτραν ἵν᾽ ἀκούομεν, 125
Τιμάσαρχε, τεὰν ἐπινικίοισιν ἀοιδαῖς
πρόπολον ἔμμεναι. εἰ δέ τοι
80 μάτρῳ μ᾽ ἔτι Καλλικλεῖ κελεύεις

Στρ. ια'.

στάλαν θέμεν Παρίου λίθου λευκοτέραν· 130
ὁ χρυσὸς ἑψόμενος
αὐγὰς ἔδειξεν ἁπάσας, ὕμνος δὲ τῶν ἀγαθῶν 135
ἐργμάτων βασιλεῦσιν ἰσοδαίμονα τεύχει
85 φῶτα· κεῖνος ἀμφ᾽ Ἀχέροντι ναιετάων ἐμὰν·
γλῶσσαν εὑρέτω κελαδῆτιν, Ὀρσοτριαίνα 140
ἕνεκ᾽ ἀγῶνι βαρυκτύπου
θάλησε Κορινθίοις σελίνοις·

Στρ. ιβ'.

τὸν Εὐφάνης ἐθέλων γεραιὸς προπάτωρ 145
90 ὁ σὸς ἀείσεται, παῖ.
ἄλλοισι δ᾽ ἅλικες ἄλλοι· τὰ δ᾽ αὐτὸς ἄντα τύχῃ,
ἔλπεταί τις ἕκαστος ἐξοχώτατα φάσθαι. 150
οἷον αἰνέων κε Μελησίαν ἔριδα στρέφοι,
ῥήματα πλέκων, ἀπάλαιστος ἐν λόγῳ ἕλκειν,
95 μαλακὰ μὲν φρονέων ἐσλοῖς, 155
τραχὺς δὲ παλιγκότοις ἔφεδρος.

ΝΕΜΕΟΝΙΚΑΙ Ε.
ΠΤΘΕΑι ΑΙΓΙΝΗΤΗ.
ΠΑΙΔΙ ΠΑΓΚΡΑΤΙΑΣΤΗι.

Strophae.

Epodi.

Στρ. α'.
Οὐκ ἀνδριαντοποιός εἰμ', ὥστ' ἐλινύσοντα ἐργάζεσθαι
ἀγάλματ' ἐπ' αὐτᾶς βαθμίδος

„Epodi v. 3. 4. 5 hiatu et syllaba ancipite tali, quae certam finem versus demonstret, inter se distincti non sunt." *Boeckh.*

V. 1. *ἐλινύσοντα* auctore Mommseno restitui, neque enim hiatus offensioni poterit esse, siquidem Pindarus ϝεργάζεσθαι scripsit: vulgo inde ab ed. Rom. addunt μ'. Ceterum *ἐλινύσοντ'* Vat.AcPR, AH *ἐλινύσουσι*', v. *ἐλινύσοντα.*

ἑσταότ᾽· ἀλλ᾽ ἐπὶ πάσας ὁλκάδος ἔν τ᾽ ἀκάτῳ, γλυκεῖ᾽
    ἀοιδά,   5
στείχ᾽ ἀπ᾽ Αἰγίνας, διαγγέλλοισ᾽, ὅτι
Λάμπωνος υἱὸς Πυθέας εὐρυσθενής
νίκη Νεμείοις παγκρατίου στέφανον,
οὔπω γένυσι φαίνων τερεῖναν ματέρ᾽ οἰνάνθας ὀπώραν, 10
                                                    Ἀντ. α΄.
ἐκ δὲ Κρόνου καὶ Ζηνὸς ἥρωας αἰχματὰς φυτευθέντας καὶ
        ἀπὸ χρυσεᾶν Νηρηΐδων
Αἰακίδας ἐγέραρεν ματρόπολίν τε, φίλαν ξένων ἄρουραν· 15
τάν ποτ᾽ εὔανδρόν τε καὶ ναυσὶ κλυτάν
θέσσαντο, παρ βωμὸν πατέρος Ἑλλανίου
στάντες, πίτναν τ᾽ ἐς αἰθέρα χεῖρας ὁμᾶ   20
Ἐνδαΐδος ἀριγνῶτες υἱοὶ καὶ βία Φώκου κρέοντος
                                                    Ἐπ. α΄.
ὁ τᾶς θεοῦ, ὃν Ψαμάθεια τίκτ᾽ ἐπὶ ῥηγμῖνι πόντου.
αἰδέομαι μέγα εἰπεῖν ἐν δίκᾳ τε μὴ κεκινδυνευμένον, 25
πῶς δὴ λίπον εὐκλέα νᾶσον, καὶ τίς ἄνδρας ἀλκίμους
δαίμων ἀπ᾽ Οἰνώνας ἔλασεν. στάσομαι· οὔ τοι ἅπασα
    κερδίων   30
φαίνοισα πρόσωπον ἀλάθει᾽ ἀτρεκής·
καὶ τὸ σιγᾶν πολλάκις ἐστὶ σοφώτατον ἀνθρώπῳ νοῆσαι.

Στρ. β'.
εἰ δ' ὄλβον ἢ χειρῶν βίαν ἢ σιδαρίταν ἐπαινῆσαι πόλεμον
δεδόκηται, μακρά μοι 35
20 δὴ αὐτόθεν ἅλμαθ' ὑποσκάπτοι τις· ἔχω γονάτων ἐλα-
φρὸν ὁρμάν·
καὶ πέραν πόντοιο πάλλοντ' αἰετοί.   40
πρόφρων δὲ καὶ κείνοις ἄειδ' ἐν Παλίῳ
Μοισᾶν ὁ κάλλιστος χορός, ἐν δὲ μέσαις
φόρμιγγ' Ἀπόλλων ἑπτάγλωσσον χρυσέῳ πλάκτρῳ διώκων

Ἀντ. β'.
25 ἁγεῖτο παντοίων νόμων· αἱ δὲ πρώτιστον μὲν ὕμνησαν
Διὸς ἀρχόμεναι σεμνὰν Θέτιν 45
Πηλέα θ', ὥς τέ νιν ἁβρὰ Κρηθεῒς Ἱππολύτα δόλῳ πε-
δᾶσαι
ἤθελε ξυνάνα Μαγνήτων σκοπόν   50
πείσαισ' ἀκοίταν ποικίλοις βουλεύμασιν,
ψεύσταν δὲ ποιητὸν συνέπαξε λόγον,
30 ὡς ἄρα νυμφείας ἐπείρα κεῖνος ἐν λέκτροις Ἀκάστου 55

Ἐπ. β'.
εὐνᾶς· τὸ δ' ἐναντίον ἔσκεν· πολλὰ γάρ μιν παντὶ θυμῷ
παρφαμένα λιτάνευεν. τοῦ δ' ὕπ' ὀργὴν κνίζον αἰπεινοὶ
λόγοι·
εὐθὺς δ' ἀπανάνατο νύμφαν, ξεινίου πατρὸς χόλον   60
δείσαις· ὁ δ' ἐφράσθη κατένευσέν τέ οἱ ὀρσινεφὴς ἐξ οὐ-
ρανοῦ
35 Ζεὺς ἀθανάτων βασιλεύς, ὥστ' ἐν τάχει
ποντιᾶν χρυσαλακάτων τινὰ Νηρεΐδων πράξειν ἄκοιτιν, 65

V. 19. χειρῶν Sch. AcM2, v. χερῶν. — ßμικρά μοι δὴ αὐτόθεν
Boeckh, nisi δαυτόθεν mallis; ΑΙ1Ρ2Μ1 μακρά μοι δ' αὐτόθεν, vulgo
μακρά μοι ἀπεόθεν, Thiersch μακρα δὴ ἀπεόθεν. · Ἑλαφρὸν Schmid, v.
ἐλαφράν. — V. 22. καὶ κείνοις Boeckh, v. κἀκείνοις. — ἄειδ' Ἐν Pau-
wiin, ἄειδεν Schmid, v. ἀείδει. — V. 25. νόμων, li ομῶν. — V. 26.
Κρηθεΐς, libri Κρηθηΐς. et sic Sch, qui deinde Ἰππολύταν videtur
legisse. — V. 27. ξυνάνα, RAc ξυννόνα. — V. 28. πείσαισ', BI2 πεί-
σασ'. — V. 29. συνέπαξε, AP2M12 συνέπλεξε, Schol. fort. συνέπλασσε.
— V. 30. Ἀκάστου, AM12 Ἀκάστα. — V. 31. ἴσκεν, M2 ἴσκε. — θυμῷ,
Κayser μύθῳ et deinde τοῦ δὶ θυμόν. — V. 32. τοῦ δ' ὑπ' scripsi, τοῦ
δ' ἀρ' Rauchenstein, Hermann τοῖο δ', Boeckh τοῦ μὲν, libri τοῦ δὲ,
quamvis ὀργὴν olim littera F non caruisse argumento sit ἀόρητος et
ἀόρητοιν, non tamen verisimile est, elisionem hic a Pindaro neglectam
esse. — αἰπεινοί, Hecker ἀίγεινοί, — V. 34. δείσαις, VoΣΑcΑΚΜ12 δεί-
σας. — ἐφράσθη Sch. AAcI'2, ἐν φράσθη RM12. — V. 36. ποντιᾶν
Heyne, v. ποντίαν.

Στρ. γ'.

γαμβρὸν Ποσειδάωνα πείσαις, ὃς Αἰγᾶθεν ποτὶ κλειτὰν
 θαμὰ νίσσεται Ἰσθμὸν Δωρίαν·
ἔνθα μιν εὔφρονες ἴλαι σὺν καλάμοιο βοᾷ θεὸν δέκονται, 70
καὶ σθένει γυίων ἐρίζοντι θρασεῖ.
40 πότμος δὲ κρίνει συγγενὴς ἔργων πέρι
πάντων. τὺ δ' Αἰγίνᾳ Θεοῦ, Εὐθύμενες,   75
Νίκας ἐν ἀγκώνεσσι πιτνῶν ποικίλων ἔψαυσας ὕμνων.

Ἀντ. γ'.

ἤτοι μεταΐξαντα καὶ νῦν τεὸς μάτρως ἀγάλλει κείνου ὁμό-
 σπορον ἔθνος, Πυθέα.   80
ἅ Νεμέα μὲν ἄραρεν μείς τ' ἐπιχώριος, ὃν φίλησ' Ἀπόλ-
 λων·

V. 38. μιν, Mommsen μὶς, paraphr. non reddit, sed legit schol. ubi *αὐτὸν* scribendum. — *εὔφρονες*, paraphr. *ἄφρονες*. — V. 39. *ἐρίζοντι*, A *ἐρίζαντα*, Ac *ἐρίζοντε*. — V. 41. *θεοῦ* Schmid, v. *θεᾶς*. — V. 42. *πιτνῶν* libri, nisi *πίτνων* praestat, Boeckh *πιτνών*. — V. 43. *ἥτοι* schol., v. *ἤτοι*. — *μεταΐξαντα*, M2V42 *μεταίξας, μις' αΐξαντα* V'minus, paraphr. quid legerit incertum. — *κείνου* non respicit schol. — *Πυθέα* Mingarelli ex sch., libri et paraphr. *Πυθίας*, ut videtur ex grammaticorum coniectura. Kayser ἤτοι μεταΐξας, τὰ καὶ νῦν τεὸς μάτρως ἀγάλλει κείνου ὁμόσπορον ἔθνος, Πυθία. ci deinde v. 45 ἐπραΐΐως coniecit. T. Mommsen de Pindaro p. 40 ἤτοι μεταΐξὶν τε καὶ νῦν.. ἀγάλλει κείνου (i. e. Pelei) ἄρ. ε. (i. e. Aeginaar) Πυθίας, vel ἤτοι μεταΐξειν, τὸ καὶ νῦν τ. μ. ἀγάλλει, κείνου ὁμόσπορον ἔθνος Πυθία (ut sit genitivus). Locus obscurissimus: ubi multo facilius est criticorum errores confutare, quam quid poeta scripserit indagare. Hartung hic quoque multa mollius coripsit *παιδίαν ἱκενους ὕμνων τὸν τοι μεταίξαντα, καὶ νῦν τεὸς μάτρως ἀγάλλει κοινὸν ὁμόσπορον ἔθνος Πυθίας*, quibus refutatis Ranchensteln (Philol. XIII 201) proposuit *ἔψαυσας ὕμνων οἴκους· μεταίξας δὴ καὶ νῦν τεός μ. ἀγ. παίδι ὁμ. ἔθνος Πυθίας· τῷ Νεμέα κτλ*. At nullo modo ferri potest nominativus *Πυθίας*, tunc enim etiam v. 48 seq. ad Euthymenen pertinerent: ipse potius victor Pytheas hic aperte fuit compellandus. Neque vero victoriae quae deinceps recensentur cum Ranchensteinio aliis ad Pytheam referendae sunt, sed ad Euthymenem: Pytheas tunc praeter hanc Nemeacam nullam videtur victoriam retulisse: at Euthymenes Nemeae vicerat, cf. Isthm. VI 61. L. Schmid (de vita Pind. 120 seq.) putat haec facillime in integrum restitui posse, si scribatur: ἤτοι μεταΐξαντα ... ἔθνος, *Πυθία ἅ Νεμέα* κτλ., ceterum prorsus incredibilia sunt, quae de explicando hoc loco in medium profert. T. Mommsenio Urbinianum *μετ' αΐξαντα ... Πυθίας* placet. Denique Friederichs, cui corruptissima quaeque integerrima videntur, hic quoque nihil omnino novandum censet, is igitur verba hunc in modum ordinat *Πυθίας ἀγάλλει ἔθνος μεταΐξαντα* h. e. *μεταίξαν*. Equidem sed dubitanter ut par est contuli: *ἢ τοι μεταΐξας, τὰ καὶ νῦν τεὸς μάτρως ἀγάλλει κεῖνον ὁμόσπορον ἔθνος, Πυθία, ᾧ Νεμέα μὲν ἄραρεν*, h. e. *tu vero o Pythea iam perscrutus es ea studia, quibus etiam nunc Euthymenes ornat et auget consanguineam gentem, cui (Euthymeni) favet Nemea*. *et ἀγάλλειν gentinum acciverit accusativum.* — V. 44. *ἄραρεν* AcM2, v. *ἄρηρεν*. — *φίλησ'*, Boeckh *φιλασ'*.

45 ἅλικας δ' ἐλθόντας οἴκοι τ' ἐκράτει
Νίσου τ' ἐν εὐαγκεῖ λόφῳ. χαίρω δ' ὅτι 85
ἐσλοῖσι μάρναται πέρι πᾶσα πόλις.
ἴσθι, γλυκεῖάν τοι Μενάνδρου σὺν τύχᾳ μόχθων ἀμοιβὰν
Ἐπ. γ'.
ἐπαύρεο. χρὴ δ' ἀπ' Ἀθανᾶν τέκτον' ἀεθληταῖσιν ἔμμεν· 90
50 εἰ δὲ Θεμίστιον ἵκεις ὥστ' ἀείδειν, μηκέτι ῥίγει· δίδοι
φωνάν, ἀνὰ δ' ἱστία τεῖνον πρὸς ζυγὸν καρχασίου,
πύκταν τέ νιν καὶ παγκρατίου φθέγξαι ἑλεῖν Ἐπιδαύρῳ
διπλόαν 95
νικῶντ' ἀρετάν, προθύροισιν δ' Αἰακοῦ
ἀνθέων ποιάεντα φέρειν στεφανώματα σὺν ξανθαῖς Χά-
ρισσιν.

V. 45. τ' ἐκράτει Beck, τε κράτει BAcM12, τε κρατεῖ AP2, Schol. videtur pro dativo vocis κράτος accepisse. Ceterum parum recte interpretes: Delphinio mense, qui Aeginetis et Megarensibus haud dubie communis fuit, viceras ludis Apollinaribus et domi et Megaris. — V. 47. om. Ac. — V. 48. σὺν τύχᾳ, Rauchenstein σμπατυχᾷ. Ego scilicet συντυχᾶν. — V. 49. ἀεθληταῖσιν BAcM2, v. ἀφληκαίσιν. — Iidem ἴμεν pro ἔμμεν. — V. 50. δίδοι Hermann, v. δίδου. Fort. μηκέτι ῥίγει δίδοι φωνάν coniungendum. — V. 52. εἶναται BAc, πέυκα AP2M12. — διπλόαν, B τριπλόαν, Ac τρικευδάν. — V. 54. ἀνθέων Hermann, v. ἄνθεα. Hermanni coniecturam quamvis dubitanter recepi: aliud quid legit scholiasta: καὶ κοσίζει αὐτὸν Αἰγίνῃ φεῖδρὰ τὰ ἄνθη τῶν στεφάνων μέτα (vulgo μετὰ τῶν στεφάνων) τῶν Χαρίτων. Nec satis convenit veterum poetarum usui ἀνθέων ποιάεντα στεφανώματα, cf. Flor. Lobeck Quaest. Ionic. p. 70. — ποιάεντα, Hermann ποιῶντα. — Χάρισσιν Schmid, v. Χάρισιν.

ΝΕΜΕΟΝΙΚΑΙ ς.

ΑΛΚΙΜΙΔΗι ΑΙΓΙΝΗΤΗι

ΠΑΙΔΙ ΠΑΛΑΙΣΤΗι.

Strophae.

```
⏑ ᷆ _ ˗̄ ⏑ ᷆ ⏑ ⏑ _ ⏑ _ ᷆ ⏑ ⋈
˗̄ ⏑ ᷆ ⏑ ⏑ _ ⏑ _ ˗̄ ᷆ ˗̄ _ ⏑ ⏑ ⋈
᷆ ⏑ ᷆ ⏑ ⏑ _ ˗̄ ⏑ ᷆ ⏑ ⏑ _ ⏑ ⏑ _
⏑ ⏑ ᷆ ⏑ ⏑ _ ⏑ ⏑ _ ᷆ ⏑ _ ⌒
5 ˗̄ ⏑ ᷆ ⏑ ⏑ _ ᷆ ⏑ ⏑ _ ⏑ ⏑ _
᷆ ⏑ ⏑ _ ⏑ ⏑ _ _ ᷆ ⏑ ⏑ _ ᷆ ⏑ _ ⌒
᷆ ⏑ ⏞ _ ᷆ ⏑ ⏑ _ ⏑ ⏑ _ ⏑ _ ⋈
```

Epodi.

```
᷆ ⏑ ⏑ _ ᷆ ⏑ ⏑ _ ⏑ ⏑ _ ᷆ ⏑ _
᷆ ⏑ ⏑ ⏝ ⏑ _ ⏑ _
_ ᷆ ⏑ ⏑ _ ⏑ ⏑ _ ⏑ ⏑ _ ᷆ ⏑ ⏑ _
᷆ ⏑ _ ⏑ ⏑ _ _ ⏑ ⏑ ⋈
5 _ ᷆ ⏑ ⏑ _ ᷆ ⏑ ⏑ _ ⏑ ⏑ _
⏞ ᷆ ⏑ _ ⏑ ᷆ ⏑ _ _
˗̄ _ ᷆ ⏑ ⏑ _ ⋈
_ ᷆ ⏑ ⏑ _ ⏑ ⏑ _ ⏑ ⏑ ⋈
```

In constituendo hoc difficillimo carmine saepius et a Boeckhio et ab Hermanno, qui peculiarem scripsit de hoc carmine commentationem (Lips. 1844) discessi, maxime str. v. 7 et epod. v. 4, de quibus dictum in adnotatione. Etenim v. 30, qui omnium videbatur integerrimus esse, a quo conamina criticorum ad reliquos versus strophae novissimos profecta

Στρ. α'..

Ἓν ἀνδρῶν, ἓν θεῶν γένος· ἐκ μιᾶς δὲ πνέομεν
ματρὸς ἀμφότεροι· διείργει δὲ πᾶσα κεκριμένα
δύναμις, ὡς τὸ μὲν οὐδέν, ὁ δὲ χάλκεος ἀσφαλὲς αἰὲν
  ἕδος   5
μένει οὐρανός. ἀλλά τι προσφέρομεν ἔμπαν
b ἢ μέγαν νόον ἤτοι φύσιν ἀθανάτοις,
καίπερ ἐφαμερίαν οὐκ εἰδότες οὐδὲ μετὰ νύκτας   10
ἄμμε πότμος ἅντιν' ἔγραψε δραμεῖν ποτὶ στάθμαν.

Ἀντ. α'.

τεκμαίρει καὶ νῦν Ἀλκιμίδα τὸ συγγενές, ἰδεῖν   .13
ἄγχι καρποφόροις ἀρούραισιν, αἵτ' ἀμειβόμεναι
10 τόκα μὲν ὦν βίον ἀνδράσιν ἐπηετανὸν ἐκ πεδίων ἔδοσαν,
τόκα δ' αὖτ' ἀναπαυσάμεναι σθένος ἔμαρψαν.   20
ἦλθέ τοι Νεμέας ἐξ ἐρατῶν ἀέθλων
παῖς ἐναγώνιος, ὃς ταύταν μεθέπων Διόθεν αἶσαν   25
νῦν πέφανται οὐκ ἄμμορος ἀμφὶ πάλᾳ, κυναγέτας

Ἐπ. α'.

15 ἴχνεσιν ἐν Πραξιδάμαντος ἑὸν πόδα νέμων
πατροπάτορος ὁμαιμίου.

sunt, graviter interpolatus est: hoc igitur versu emendato ceteri facile
in integrum poterunt restitui. In Epodo v. 5 Hermannum secutus hiatu
ordines suo versu comprehendi.
   V. 2. ματρός. Stob. Ecl. Phys. II 6. 7 γαστρός ex librariorum errore.
— V. 3. αἰὲν Hermann, v. alii. — V. 5. ap. sch. Eurip. Med. 1214
ἕρπαν φαὲς ἢ μέγαν νόον δύναμις legitur. — V. 7. ἄμμι, Ft ἅμμι, sch.
utrumque. — τίς τίν' scripsi, libri ἅντιν', quod potest ferri, sed vel
propter syllabam brevem offendit: cf. schol. καίπερ μὴ γινώσκοντες
μήτε τὰ πρὸς τὴν ἡμέραν μήτε τὰ διὰ τῆς νυκτὸς ἐσόμενα, μηδ' ὅ ἐστιν
ἡμᾶς μόρος κατωλιγμένος εἰς σκοποῦ τινα καὶ στάθμην δραμεῖν. In
epoedoei scripseram πρὸς ἅντιν' ἐγ. δρ. ποτὶ στάθμαν. Maiora mo-
liitur Hartung οὐδὲ νυχίαν τίς ἅμμι πότμος ἅντιν' ἔγραψεν κτλ., quem
sequitur Rauchenstein οὐδὲ μεσονύκτιον τίς ἅμμι πότμος τίν' ἔγραψε
κτλ. Hermann, cum olim nihil nisi οἷαν τιν' commendavisset probante
Boeckhio, postea coni. ἅς σύμφορτος ἔγραψε δραμεῖν ποτὶ σκ., Abrens
αἶσαν τίν' ἔγρ. δ. π. στ. — V. 8. καὶ νῦν scripsi, καὶ νυν Boeckh, καὶ νῦν
Ae sch. ad v. 17, δὲ καὶ νῦν ΒΜΡach, δὲ νυν Ρ²ΜΊ, δέ νιν A. — Ἀλκιμίδα
Hartung, Ἀλκιμίδας libri et schol. — V. 10. ἀνδράσιν Hermann, v. ἀνδρά-
σιν. — ἐπηετανὸν, Β ἐπηετανῶν. — ἐκ πεδίων Ac, vulgo πεδίων —
V. 14. νῦν, ΒΊ² νῦν τε, in epoedoei νῦν γε scripsi. — ἄμμορος Ac, vulgo
ἄμμορος. — Hermann, cum olim probante Boeckhio scripsisset νῦν πέ-
φανται οὐκ ἄμμορος, nunc coni. νῦν ὅτε πέφανε' οὐκ ἄμορος, Hartung
νῦν ἐφάνη Οὐκ ἄμορος. — πάλᾳ, κυναγέτας ἕπεσιν interpunxi cum
schol. et Hartungo, vulgo πάλᾳ κυναγέτας, ἕρπ. — V. 15. ὁμαιμίου, Hucker
ὁμαίμορος, Hermann ὁμαιχμίου, quod ferri nequit, Rauchenstein ὁμαι-
αίου. Librorum scripturam defendit Friederichs, sed ut solet, nulla suc-
cessu. Alcimidas, cuius pater fortasse Soclidas vel Socles fuit, in
Cresaam aliquam gentem videtur receptus fuisse, hinc in Nemeonica-

κείνος γὰρ Ὀλυμπιόνικος ἐὼν Αἰακίδαις
ἔρνεα πρῶτος (ἔνεικεν) ἀπ' Ἀλφεοῦ,
καὶ πεντάκις Ἰσθμοῖ στεφανωσάμενος,
20 Νεμέᾳ δὲ τρεῖς, ἔπαυσε λάθαν
Σωκλείδα, ὃς ὑπέρτατος
Ἀγησιμάχῳ υἱέων γένετο. 30

35

Στρ. β'.

ἐπεί οἱ τρεῖς ἀεθλοφόροι πρὸς ἄκρον ἀρετᾶς
ἦλθον, οἵτε πόνων ἐγεύσαντο. σὺν θεοῦ δὲ τύχᾳ 40
25 ἕτερον οὔ τινα οἶκον ἀπεφάνατο πυγμαχία πλεόνων
ταμίαν στεφάνων μυχῷ Ἑλλάδος ἁπάσας. 45
ἔλπομαι μέγα εἰπὼν σκοποῦ ἄντα τυχεῖν
ὥτ' ἀπὸ τόξου ἱείς· εὔθυν' ἐπὶ τοῦτον, ἄγε, Μοῖσα,
οὖρον ἐπέων εὐκλέα· οἰχομένων γὰρ ἀνέρων 50

Ἀντ. β'.

30 ἀοιδαὶ καὶ λόγοι τὰ καλά σφιν ἔργ' ἐκόμισαν,

rum catalogo Ἀλκιμίδας Θέαρος Κρῆς dictus est: erat igitur Alcimidae praeter germanum avum paternum Praxidamantem etiam alter θέσει avus, Theonis pater: Creasae gentis, quae ignobilis fuisse videtur, nullam omnino rationem habuit Pindarus, sed ei germanum avum ab altero secerneret, singulari hac appellatione usus est. — V. 17. Ὀλυμπιόνικος, lemma sch. Ὀλυμπιονίκης. — V. 18. ἔνεικεν adieci, quod et sententiae et numero versus convenit, Boeckh addidit Ἰλαίας, Kayser ἐνέγκων, Hermann ἔφορον, Hartung ἐδρέψατ'. — V. 19. πεντάκις, Hartung πέντε μέν. — Ἰσθμοῖ, Ac Ἰσθμᾷ, M2 nitrumque. — V. 20. τρεῖς l. c. νίκας. Hermann, vulgo τρίς. — V. 21. Σωκλείδα, nescio an rectius Σωκλείδα scribatur, quod ex Σωσικλείδα sit contractum, quod quidem nomen in titulis Aeginetlcis comparet. Nomina enim huius generis quaecumque sonrant diphthongum ᾳ (de quibus disputavit Keil Anal. Epigr. 112 sqq.) non ab adiectivo εἶος, sed a verbo σαίω (σῴζω) descendunt: nam σῶος, quamvis nonnunquam in libris scriptum exstet et Didymus perversa ratione commendaverit, tamen parum habet auctoritatis, cf. Et. M. 742, 42: nomina autem velut Σάνικος, Σωγένης alia, quoniam ex Σωσίνικος, Σωσιγένης orta sunt, iure sibi vindicant litteram ι: Laconica autem nomina Σωξιτέλης, Σωξιάδας, Σώξιππος ad verbum σοέξω (σῴζω) referenda sunt. — V. 22. Ἀγησιμάχῳ A, Ἀγησιμάχῳ Ac, Ἀγησιμάχῳ vulgo. — υἱέων, BAcM2 υἱῶν. — γένετο, BAcM2 ἐγένετο. — V. 23. Fuit οἱ (i. e. αὐτῷ) τρεῖς Hermann, idque schol. firmat, vulgo ἐπεί οἱ τρεῖς. — V. 25. πλεόνων Schmid restituit ex schol., libri omittunt. — V. 26. μυχῷ, πυχῷ δ' PrM1. — V. 27. σκοποῦ ἄντα τυχεῖν Mingarelli, et sic schol. legit, qui praeterea lectionem ἂν τυχεῖν memorat, ἄντα σκοποῦ τυχεῖν lemma sch. BM2, ἄντα σκοποῦ τε τυχεῖν Ac, τυχεῖν ἄντα σκοποῦ APzM1. — V. 28. ἱείς· εὔθυν' ἐπὶ τοῦτον, ἄγε, Schmid (cf. Ol. XIII 27), legebatur ἱείς· εὔθυν ἐπὶ τοῦτον ἄγε, et ἱείς etiam schol. confirmat, — Μοῖσα BM2, vulgo Μοῖσ'. — V. 29. εὐκλέα· οἰχομένων scripsi, quemadmodum ἐυκλεέ etiam Pyth. XII 21 legitur, nisi malis εὐκλέ'· ἀποιχομένων, libri εὐκλέα· παροιχομένων, quod Hermann et Hartung tuentur, Boeckh ἐυκλεία παροιχομένων, Ahrens ἐὐκλέ'· ἀποιχομένων. — V. 30. ἀοιδαί Pauwius, v. ἀοιδοί. — λόγοι Ac, vulgo λόγιοι, schol. utroque loco vulgatam agnoscit. — ἔργ' ἐκόμισαν, BAc ἔργα ἐκόμισαν, M2 ἔργα ἐκόμισαν.

Βασσίδαισιν ἅτ' οὐ σπανίζει παλαίφατος γενιά,
ἴδια ναυστολέοντες ἐπικώμια, Πιερίδων ἀρόταις 65
δυνατοὶ παρέχειν πολὺν ὕμνον ἀγερώχων
ἐργμάτων ἕνεκεν. καὶ γὰρ ἐν ἀγαθέᾳ
35 χεῖρας ἱμάντι δεθεὶς Πυθῶνι κράτησεν ἀπὸ ταύτου 00
αἵματος χρυσαλακάτας ποτὲ Καλλίας ἁδών

'Επ. β'.

ἔρνεσι Λατοῦς, παρὰ Κασταλίᾳ τε Χαρίτων 65
ἑσπέριος ὁμάδῳ φλέγεν·
πόντου τε γέφυρ' ἀκάμαντος ἐν ἀμφικτιόνων
40 ταυροφόνῳ τριετηρίδι Κρεοντίδαν
τίμασε Ποσειδάνιον ἂν τέμενος· 70
βοτάνα τέ νίν ποθ' ἁ λέοντος
νικάσαντ' ἔρεφ' ἀσκίοις
Φλειοῦντος ὑπ' ἀγυγίοις ὄρεσιν.

V. 31. Βασσίδαισιν, Didymus coni. Βονδίδαισιν, pariterque veteres de distinctione ambigebant. — V. 33. πολὺν om. P3. — V. 36. ἀπὸ ταύτοῦ αἵματος scripsi, legebatur ἀπὸ ταὐτᾶς αἷμα κάτρας, quod nullus criticorum addubitavit, nisi quod Hermann αἵμασι scripsit metri ut sibi videbatur redintegrandi causa. At Ionolens genus dicundi αἷμα ἀπὸ ταύτας πάτρας, neu ταύτας convenit, cum τὰς αὐτὰς potius fuisset dicendum. Atque aliud scholiastae reperierunt, prior dicit ἀπὸ τῆς αὐτῆς συγγενείας ἢν καὶ πατρίδος, alter ἀπὸ τῆς αὐτῆς ἂν πατρίδος ἥτοι τῆς Αἰγίνης καὶ ἐκ τοῦ αὐτοῦ αἵματος, τουτέστιν ἐκ τῆς αὐτῆς φατρίας τῶν Βασσιδῶν. Hi igitur videntur legisse ἀπὸ ταύτοῦ αἵματος καὶ πάτρας, neque tamen germana est haec scriptura, nam incommodus est hic versus numerus, multoque etiam difficilius haec possis cum ceteris πάτρας strophis conciliare. Scriptum fuit olim ἀπὸ ταύτου αἵματος interpretatione iam antiquitus adiecta, hinc orta iam scholiorum scriptura ἀπὸ ταύτου αἵματος (καὶ) πάτρας quam nostrorum librorum lectio ἀπὸ ταύτας αἷμα πάτρας, interpolatione liberius grassante. — V. 36. χρυσαλακάτας cum Schmidio scripsi, χρυσαλακάτου P1M2 (sch.), χρυσαλακάτα ΑΚΜ1P2, χρυσαλακάτε vulgo, χρυσολακάμον sine idonea ratione Hermann, χρυσεοκόμαις Hartung. — ἀδών Boeckh, ᾄδων AH, ᾄδων Ac, v. ἀδών. — V. 37. Κασταλίᾳ, P1 Κασταλίαν. — V. 38. ὁμάδῳ, H ὀμάδων. — φλέγεν, Ac φλέγε, P1 φλέγειν. — V. 39. ἀμφικτιόνων Ac, v. Ἀμφικτυόνων. — V. 40. Κρεοντίδαν (quod Κρεοντίδαν cui pronuntiandum vel Κορυτίδαν, cf. Hesych. Κρεοντίδαι, μάντεων γένος) adduxi sch. PI AcM2, vulgo docet. Non recte Rauchensteinius Κρεονυδᾶν l. n. Corinthiorum coniecit, sed nec scholiastae videtur fides habenda, qui ad v. 59 et 69 Callium Creontis filiam fuisse dicit, sed potius Creontidas nomen proprium hominis ex Hasialdarum gente. cf. Lidium scarabaei Aeginae reperti (Bullettino 1840 p. 140) Κρεοντίδα ἐμί. — V. 43. ἔρεφ' Schmid, ἔρεφ' A, ἔρεφ' vulgo, ἔρεφε AcM2P1, iidem δασκίοις, quod agnoscit sch., unde Hermann νικᾶντ' ἤρεφε δασκίοις. Sed mihi Pindarus scripsisse videtur: νικάσαντ' ἔρεφεν πάρα Φλειοῦντος ὑπ' ἀλυγίοις ὄρεσιν, cui versui adscripta interpretatio δασκίοις effecit, ut locus gravi vitium contraheret. cf. Hesych. ἀλυγίαν, σκοτεινόν, κενόν, μακρόν, ὀξύν, μεγάλην.

Στρ. γ'.

ᵇπλατεῖαι πάντοθεν λογίοισιν ἐντὶ πρόσοδοι 75
νᾶσον εὐκλέα τάνδε κοσμεῖν· ἐπεί σφιν Αἰακίδαι
ἔπορον ἔξοχον αἶσαν ἀρετὰς ἀποδεικνύμενοι μεγάλας, 80
πέταται δ' ἐπί τε χθόνα καὶ διὰ θαλάσσας
τηλόθεν ὄνυμ' αὐτῶν· καὶ ἐς Αἰθίοπας
50 Μέμνονος οὐκ ἀπονοστάσαντος ἐπᾶλτο· βαρὺ δέ σφιν 85
νεῖκος Ἀχιλεὺς (δεῖξε), χαμαὶ καταβὰς ἀφ' ἁρμάτων

Ἀντ. γ'.

φαεννᾶς υἱὸν εὖτ' ἐνάριξεν Ἀόος ἀκμᾷ
ἔγχεος ζακότοιο. καὶ ταύταν μὲν παλαιότεροι 90
ὁδὸν ἁμαξιτὸν εὗρον· ἕπομαι δὲ καὶ αὐτὸς ἔχων μελέταν·
55 τὸ δὲ παρ' ποδὶ ναὸς ἑλισσόμενον αἰεὶ 95
κυμάτων λέγεται παντὶ μάλιστα δονεῖν
θυμόν. ἑκόντι δ' ἐγὼ νώτῳ μεθέπων δίδυμον ἄχθος
ἄγγελος ἔβαν, πέμπτον ἐπ' εἴκοσι τοῦτο γαρύων 100

'Επ. γ'.

εύχος ἀγώνων ἄπο, τοὺς ἐνέποισιν ἱερούς,
ϙι Ἀλκιμίδα τό γ' ἐπάρκεσεν
κλειτᾷ γενεᾷ· δύο μὲν Κρονίου πὰρ τεμένει, 105
παῖ, σέ τ' ἐνόσφισε καὶ Πολυτιμίδαν
κλᾶρος προπετὴς ἄνθε' Ὀλυμπιάδος.
δελφῖνί κιν τάχος δι' ἅλμας
65 εἰκάζοιμι Μελησίαν 110
χειρῶν τε καὶ ἰσχύος ἁνίοχον.

πέμπτον ἐπὶ εἴκοσι. — V. 59. ἱερούς, eonieci ἱερᾶς, i. e. quam soleant situ indicant, cf. Hesych. ἱρῶς, θεοπρεπῶς. — V. 60. Ἀλκιμίδα scripsi, ut sit nominativi forma aeolica, quae ei sui displicet, poterit is Ἀλκιμίδα, τό γ' (vel ὅ τ') ἐπάρκεσας scribere, codd. Ἀλκιμίδας. Schmid Ἀλκιμίδα, ὅ γ' ἐπ. κλειτᾷ γενεᾷ, et simīliter Hermann Ἀλκιμίδα ὅ τ' ἐπ. κλειτὰ γενεά. Hartung prorsus aliter haec conformavit τοὺς δί- Φλοισιν ἱεροὺς Ἀλκιμίδας ἐπάρκεσεν κλειτῷ γενεᾷ. — τό γ', ΓΕΜΙ τότ'. — V. 62. καί, αἱ τ', M2 καὶς ἵτ', A καί, ὁ ἵτ'. — καὶ Πολυτιμίδαν Ac (sch.), καὶ Πολυτιμίδα M2, vulgo Τιμίδαν, Boeckh καὶ Πουλυτιμίδαν, Hermann καί, σ' ὅ τ' ἐνόσφιον καὶ οἱ, Πολυτιμίδα, T. Mommsen, qui v. 18 nihil deesse putat, v. 40 Χρυσοτείδαν eilicit, coni. φαῖσί οἱ καὶ Πο- λυτιμίδαν. V. 63. ἄνθε', Hecker ἔργα', Hartung ἥβας προπετῆς κλᾶ- ρος Ὀλυμπιάδας. Et scholiasta sane aliud quid videtur legisse, sed quae ad explicandum hunc locum affert, commenticia sunt omnino: paraphr. vulgatam scripturam tuetur. — V.65. εἰκάζοιμι dubitanter scripsi, possis etiam ἰσάζοιμι suspicari, Ac εἴκαιμι, vulgo ἴσον (lemma sch. ἴσον) εἴποιμι, sed scholiastam aliud legisse arguit ipsa interpretatio: ἀν εἰ τὸν ἴσον ἂν εἴπαιμι καὶ τὸν Μελησίαν τῷ ταχεῖ δελφῖνι. T. Mommsen coni. δελφῖνι δέ ... ἴσον φαμὶ Μελησίαν. — V. 66. χειρῶν KAc, vulgo χερῶν.

ΝΕΜΕΟΝΙΚΑΙ Ζ.

ΣΩΓΕΝΕΙ ΑΙΓΙΝΗΤΗ

ΠΑΙΔΙ ΠΕΝΤΑΘΛΩ.

Strophae.

Epodi.

In numeris notandis ad Boeckhii exemplum redii, nisi quod in strophae v. 6 solutionem neglectam notavi propter v. 35 (neque enim probandum, si quis ibi *Νεοπόλεμος* scribere audeat), item in strophae v. 8 basin quae dici solet trochaicam restitui, ubi Boeckh ‿ ⌣, nam etiam v. 37 libri hoc loco insitum numerum servant, qui non erat traiectione verborum obliterandus. V. 1 strophae quomodo sit describendus incertum, cum v. 93 mensura vocis *τετράγυιον* ambigua.

NEMEA VII. 217

Στρ. α'.

Ἐλείθυια, πάρεδρε Μοιρᾶν βαθυφρόνων,
παῖ μεγαλοσθενέος, ἄκουσον, Ἥρας, γενέτειρα τέκνων·
ἄνευ σέθεν
οὐ φάος, οὐ μέλαιναν δρακέντες εὐφρόναν
τεὰν ἀδελφεὰν ἐλάχομεν ἀγλαόγυιον Ἥβαν.   5
b ἀναπνέομεν δ' οὐχ ἅπαντες ἐπὶ ἴσα·
εἴργει δὲ πότμῳ ζυγένθ' ἕτερον ἕτερα. σὺν δὲ τίν
καὶ παῖς ὁ Θεαρίωνος ἀρετᾷ κριθείς   10
εὔδοξος ἀείδεται Σωγένης μετὰ πενταέθλοις.

Ἀντ. α'.

πόλιν γὰρ φιλόμολπον οἰκεῖ δορικτύπων
10 Αἰακιδᾶν· μάλα δ' ἐθέλοντι σύμπειρον ἀγωνίᾳ θυμὸν
ἀμφέπειν.   15
εἰ δὲ τύχῃ τις ἔρδων, μελίφρον' αἰτίαν
ῥοαῖσι Μοισᾶν ἐνέβαλε· ταὶ μεγάλαι γὰρ ἀλκαί
σκότον πολὺν ὕμνων ἔχοντι δεόμεναι·
ἔργοις δὲ καλοῖς ἔσοπτρον ἴσαμεν ἑνὶ σὺν τρόπῳ,   20
15 εἰ Μναμοσύνας ἕκατι λιπαράμπυκος
εὕρηται ἄποινα μόχθων κλυταῖς ἐπέων ἀοιδαῖς.

Ἐπ. α'.

σοφοὶ δὲ μέλλοντα τριταῖον ἄνεμον   24
ἔμαθον, οὐδ' ὑπὸ κέρδει βλάβεν·

V. 1. Ἐλείθυια, lemma sch. Ἐλείθυια. — πάρεδρε Ac paraphr., πάρεδρος reliqui. — V. 5. Ego conieci οὐδὶ ἀνέφας μελαιναν δρακέντες εὐφρόναν, Hartung scripsit οὐ φάος ἐκ μελαίνας δρακέντες εὐφρόνας. Librorum lectionem ita tantum licet tueri, si iungas οὐ φάος, οὐ τεὰν ἀδ. ἐλάχομεν..., μέλαιναν δρακ. εὐφρ., quod durissimum. — V. 4. ἀδελφεὰν. Schmid ἀδελφᾶν, Ac tavero ord. ἐλάχομεν ἀδελφεὰν. — V. 5. ἴσα, ΑΙ²Ι² ἴσον, Boibe ἴσοις, fuit fort. ἴσας. — V. 6. πότμω Λ, πότμα vulgo. — ζυγένθ' Schmid, vulgo ζυγόν, libri ζυγόν θ', Wieseler ζυγωθέν', ego antea ζυγαί δ' scripsi, cf. Schol.: διακωλύει γὰρ ἕτερον ἕτερα καὶ διαζεύγνυσιν (fort. errore praepositionis διὰ repetita est) ἡμᾶς ἀπ' ἀλλήλων ἤ ἀπ' ἄλλων πραγμάτων, τὰ συγκεκληρωμένα ἡμῖν πράγματα. — V. 8. εὔδοξος, ΑΙ²Μ1² sch. ἔνδοξος. — πενταέθλοις, Μ2 πενταέθλοις. — V. 9. δορικτύπων, Ac δορικτυπον, vulgo δορικτυπαν. — V. 10. ἀγωνίᾳ, Hartung ἀγωνίας. — V. 11. τύχῃ, Γ. Mommsen coni. τύχῃ, si participium ἔρδων sit loco verbi finiti positum. — V. 12. ῥοαῖσι, sch. ῥοαῖσι. — ἐνέβαλε Schmid ex schol., alsi quia ἐβάλετο mallt, AcM2 ἔβαλε. ΑΗΡ¹ΥΜ1 ἔβαλεν. Boeckh ἐνέβαλεν· αἱ scripsit pro ταὶ. — V. 14. ἴσαμεν ἑνὶ σὺν τρόπῳ, Hartung ἓν ἄτε ὄρος ἐμφερὲς, Rauchenstein ἐνί γ' ἓν τρόπῳ. — V. 15. Μναμοσύνας Boeckh, v. Μνμ. — V. 16. εὕρηται Hermann, v. εὕρηταί τις, Schmid νύρρα τις. — V. 18. βλάβεν Ac Sch., λάβεν Μ2, βάλεν vulgo. Donaldson coni. ἀπὸ κέρδει βάλεν.

ἀφνεὸς πενιχρός τε θανάτου πέρων
20 σᾶμα νέονται. ἐγὼ δὲ πλέον ἔλπομαι
λόγον Ὀδυσσέος, ἦ πάθεν, διὰ τὸν ἁδυεπῆ γενέσθ᾽
   Ὅμηρον· 37
            Στρ. β᾽.
ἐπεὶ ψεύδεσί οἱ ποτανᾷ τε μαχανᾷ
σεμνὸν ἔπεστί τι· σοφία δὲ κλέπτει παράγοισα μύθοις·
            τυφλὸν δ᾽ ἔχει
ἦτορ ὅμιλος ἀνδρῶν ὁ πλεῖστος. εἰ γὰρ ἦν 35
25 ἓ τὰν ἀλάθειαν ἰδέμεν, οὔ κεν ὅπλων χολωθεὶς
ὁ καρτερὸς Αἴας ἔπαξε διὰ φρενῶν
λευρὸν ξίφος· ὃν κράτιστον Ἀχιλέος ἄτερ μάχᾳ 40
ξανθῷ Μενέλᾳ δάμαρτα κομίσαι θοαῖς
ἂν ναυσὶ πόρευσαν εὐθυπνόου Ζεφύροιο πομπαί
            Ἀντ. β᾽.
30 πρὸς Ἴλου πόλιν. ἀλλὰ κοινὸν γὰρ ἔρχεται
κῦμ᾽ Ἀΐδα, πέσε δ᾽ ἀδόκητον ἐν καὶ δοκέοντα· τιμὰ δὲ
            γίνεται, 45
ὧν θεὸς ἁβρὸν αὔξῃ λόγον· τεθνακότων

ΝΕΜΕΑ VII.   210

βοαθόων γὰρ παρὰ μέγαν ὀμφαλὸν εὐρυκόλπου
μόνος χθονὸς ἐν Πυθίοισί τε δαπέδοις   50
35 κεῖται, Πριάμου πόλιν Νεοπτόλεμος ἐπεὶ πράθεν,
τᾷ καὶ Δαναοὶ πόνησαν· ὁ δ' ἀποπλέων
Σκύρου μὲν ἅμαρτεν, ἵκοντο δ' εἰς Ἐφύραν πλαγχθέν-
     τες.   55

                                             Ἐπ. β'.

Μολοσσίᾳ δ' ἐμβασίλευεν ὀλίγον
χρόνον· ἀτὰρ γένος αἰεὶ φέρεν
40 τοῦτό οἱ γέρας. ᾤχετο δὲ πρὸς θεόν,
κτέαν' ἄγων Τρωΐαθεν ἀκροθινίων·   60
ἵνα κρεῶν νιν ὕπερ μάχας ἔλασεν ἀντιτυχόντ' ἀνὴρ μα-
     χαίρᾳ.

                                             Στρ. γ'.

βαρύνθεν δὲ περισσὰ Δελφοὶ ξεναγέται.

κεῖ., ubi ἔπολε haud dubie ex coniectura scripsit, cum legeretur etiam, ut schol. testatur, ἔμολον (sive potius πόλον), quod videtur Aristarchus initium esse. Τοὶ sive τοι neuter in archetypis reperit, hoc enim si legissent neque ὑπέρατάταν βοαθόων ad Troiae excidium retulissent, quod plane praepostorum est, alter de Hectoris caede, alter de Eurypylo Troiano per Neoptolemum interemto interpretatus, neque pluralis numerus πόλον a Didymo mutatus casset. Legebant haud dubie vε θ. ρο. γὰρ παρά, quam vocem matri libri servaverunt, sed iidem παρὰ omittunt: qua voce intercepta cum numerus versus laboret, a recentiore interpolatore additum est τοι. Locus iam antiquitus corruptus, neque Alexandrinis successit emendatio: labem autem contraxit πόλον, in cuius locum μόνος substitui: hoc enim dicit poeta, ut sententiam praegressam exemplo illustraret: unus Neoptolemus aeterno honore floret in Delphico templo prope umbilicum terrae sepultus, non item ceteri, qui una ibidem interemti sunt. Τεθνακότες βοαθόοι quamvis etiam ceteri heroes, quos Delphi venerabantur, dici possint, malim tamen ipsius Neoptolemi comites intelligere, cf. Eurip. Andr. 1126: φασγάνω τεμεὶς Δελφοῦ πέρι ἀνδρός, ὥσπερ αὐτὸν ἄλεσεν πολλῶν μετ' ἄλλων. Nihil praeterea mutavi, nisi quod Πυθίοισί τε scribendum fuit, cum δὲ in libris sit: ipse antea haec tentaveram vε θ. βοαθόων, τοι παρά μ. ὁ ἐνφ. πόλον χθονὸς, ἐν Πυθίοισι γαπέδοις κεῖται, quae correctio fortuasse inolor videbitur, sed τοι omni caret fide. Hermann scripsit: λόγον τε θνακότων βοαθόων, τοι παρά . . . μόλον χθονός· ἐν Πυθίοισι δὲ κτλ. Hartung λόγον τεθνακότων. βοαθόων, τοι . . . μόλον χθονός, ἐν Πυθίοισι γαπέδοις. — V. 56. πόνησαν, Ahrens πόνασαν. — V. 37. Ἐφύραν Hoeckh, τ. Ἐφύραν. — πλαγχθέντες, AΓ2311 πλαχθέντες; quod cum metro adversatur, Hermann πλανέντες coniecit, Hoeckh transposuit ἅμαρτε, πλαγχθέντες δ' εἰς Ἐφύραν ἵκοντο. Fort. πλάνητες vel πλανᾶται. — V. 59. φέρεν, Μ8 φέρει, R φέρειν. — V. 41. κτέαν' ἄγων Λε, vulgo κτίαν' ἄναγεν. — Τρωΐαθεν affert Eustath. Procem. 91, Hermann Τρωΐαθεν. — ἀκροθινίων, PBM1 ἀκροθινίων τ', AB ἀκροθινίων θ'. — V. 42. ὕπερ Rauchenstein, vulgo ὑπέρ. — V. 43. βάρυνθεν δὲ περισσὰ Schmid, A βάρυνθεν περισσά, ΒΓ2Μ12Λο βάρυνθεν (Μ2 βάρυνθι) περισσὰ δέ.

ἀλλὰ τὸ μόρσιμον ἀπέδωκεν· ἐχρῆν δέ τιν' ἔνδον ἄλσει
    παλαιτάτῳ   65
45 Αἰακιδᾶν κρεόντων τὸ λοιπὸν ἔμμεναι
θεοῦ παρ' εὐτειχέα δόμον, ἡρωίαις δὲ πομπαῖς
θεμισκόπον οἰκεῖν ἐόντα πολυθύτοις.
εὐώνυμον ἐς δίκαν τρία ἔπεα διαρκέσει·   70
οὐ ψεῦδις ὁ μάρτυς, ἔργμασιν ἐπιστατεῖ·
50 Αἴγινα, τεῶν Διός τ' ἐκγόνων θρασύ μοι τόδ' εἰπεῖν

                                                      Ἀντ. γ'.

φαενναῖς ἀρεταῖς ὁδὸν κυρίαν λόγων   75
οἴκοθεν· ἀλλὰ γὰρ ἀνάπαυσις ἐν παντὶ γλυκεῖα ἔργῳ·
    κόρον δ' ἔχει
καὶ μέλι καὶ τὰ τέρπν' ἄνθε' Ἀφροδίσια.
φυᾷ δ' ἕκαστος διαφέρομεν βιοτὰν λαχόντες,   80
55 ὁ μὲν τά, τὰ δ' ἄλλοι· τυχεῖν δ' ἓν' ἀδύνατον
εὐδαιμονίαν ἅπασαν ἀνελόμενον· οὐκ ἔχω
εἰπεῖν, τίνι τοῦτο Μοῖρα τέλος ἔμπεδον
ὤρεξε. Θεαρίων, τὶν δ' ἐοικότα καιρὸν ὄλβου   85

                                                      Ἐπ. γ'.

δίδωσι, τόλμαν τε καλῶν ἀρομένῳ
60 σύνεσιν οὐκ ἀποβλάπτει φρενῶν.
ξεῖνός εἰμι· σκοτεινὸν ἀπέχων ψόγον,   90
ὕδατος ὥτε ῥοὰς φίλον ἐς ἄνδρ' ἄγων
κλέος ἐτήτυμον αἰνέσω· ποτίφορος δ' ἀγαθοῖσι μισθὸς
    οὗτος.

                                                      Στρ. δ'.

ἰὼν δ' ἐγγὺς Ἀχαιὸς οὐ μέμψεταί μ' ἀνήρ
65 Ἰονίας ὑπὲρ ἁλὸς οἰκέων· προξενίᾳ πέποιθ'· ἔν τε δαμό-
    ταις   95

V. 47. Θεμισκόπον Lobeck, v. Θεμίσκοπον. — πολυθύτοις, εὐώνυ-
μον ἐς δίκαν τρία κτλ. Aristarchus, vulgo distinguebatur πολυθύτοις
εὐώνυμον· ἐς δίκαν τρία, Hermann πολυθύτοις εὐώνυμον ἐς δίκαν·
τρία. — V. 49. μάρτυς, AcH (in m.) μάντις. — V. 50. ἐκγόνων, lemma
sch. ἐν προγόνων. — V. 51. λόγων, Heimsoeth coni. λέγων, et cum prio-
ribus longiL — V. 53. corruptus legitur ap. schol. II, N 638. — V. 55.
ἕν', R ἓν. — V. 58. ὄλβον, Ac ὄλβον. — V. 59. ἀρομένῳ Hermann, vulgo
ἀρομένῳ. — V. 60. σύνεσιν Hermann, vulgo σύνεσις. — ἀποβλάπτει APt
AcM2, vulgo ἀποβλάπτει. Kayser cum Schmidio ἀρόμενον σύνεσις οὐκ
ἀποβλάπτει φρ. Conieci τόλμαν τε καλῶν ἐραμένῳ σύνεσις οὐκ ἀπο-
βλάπτει φρενῶν. — V. 61. σκοτεινὸν hand dubie vitiosum. Hoeckh κο-
τεινόν, ego κελαινόν, postea ἐρεβεννὸν conieci, Hesych. ἐρεβεννή· σκο-
τεινή, Hartung εἴπ' ἀπέχων σκοτεινὸν ψόγον. — V. 64. μέμψεται,
lemma sch. ψεύεται, unde Heyne ψέξεται. — V. 65. προξενίᾳ Her-

NEMEA VII. 221

ὄμματι δέρκομαι λαμπρόν, σύχ ὑπερβαλών,
βίαια πάντ᾽ ἐκ ποδὸς ἐρύσαις, ὁ δὲ λοιπὸς εὔφρων
ποτὶ χρόνος ἕρποι. μαθὼν δέ τις ἂν ἐρεῖ, (90)
εἰ παρ μέλος ἔρχομαι ψάγιον ὄαρον ἐννέπων.
70 Εὐξενίδα πάτραθε Σώγενες, ἀπομνύω
μὴ τέρμα προβὰς ἄκονθ᾽ ὥτε χαλκοπάρᾳον ὄρσαι 105

'Αντ. δ'.

θοὰν γλῶσσαν, ὃς ἐξέπεμψας παλαισμάτων
αὐχένα καὶ σθένος ἀδίαντον, αἴθωνι πρὶν ἁλίῳ γυῖον ἐμ-
πεσεῖν.
εἰ πόνος ἦν, τὸ τερπνὸν πλέον πεδέρχεται.
75 ἔα με᾽ νικῶντί γε χάριν, εἴ τι πέραν ἀερθείς 110
ἀνέκραγον, οὐ τραχύς εἰμι καταθέμεν.
εἴρειν στεφάνους ἐλαφρόν᾽ ἀναβάλεο᾽ Μοῖσά τοι
κολλᾷ χρυσὸν ἔν τε λευκὸν ἐλέφανθ᾽ ἁμᾷ 115
καὶ λείριον ἄνθεμον ποντίας ὑφελοῖσ᾽ ἐέρσας.

'Επ. δ'.

80 Διὸς δὲ μεμναμένος ἀμφὶ Νεμέᾳ
πολύφατον θρόον ὕμνων δόνει
ἀσυχᾷ. βασιλῆα δὲ θεῶν πρέπει 120
δάπεδον ἀν τόδε γαρυέμεν ἁμέρᾳ

mann. v. καὶ προξενίᾳ. — V. 66. ὄμματι, AM ὁμάσει. — ὑπερβαλών,
sch. ὑπερβάλλων. — V. 68. ἐρεῖ, A ἔροι, M1 ἐροῖ. Boeckh, conl. μαθὼν
δέ τις ἐρεῖ. Schol. adnotavit ἂν traiectum et cum μαθὼν potius quam
cum ἐρεῖ iungendum case. — V. 69. ψάγιον AcM2, ψίγοιον M1, vulgo
ψέγιον, Schneider ψόγιον, Ahrens ψαλλόν, sed al. Ilesych. ψάγιον·
πλάγιον, λεχόν, ἐκικεκλιμένον. — V. 70. ἀπομνύω, sch. ὑπομνύω, qui
enim dicit ὁ Σώγενης, ὑπομνύω τῇ Εὐξενίδα πάτρᾳ, ut paraphr. ὁρνυμι
τῇ φατρίᾳ τῶν Εὐξενιδῶν, fortasse aliud quid legit. Hartung Εὐξενίδα
Σωγένους πάτρα ἀπομνύω, Rauchenstein εἰν δ᾽ Εὐξενίδαν πατρᾳ τε
τόδ᾽ ἀπομνύω. — V. 71. ὥτε Boeckh, vulgo ὥστε, AcM2 ὡς εἴτε. Fuit
olim haud dubio ὥτε scriptum. — χαλκοπάρᾳον sch. v. χαλκοπάρᾳον.
— V. 73. ἐξέπεμψας RAe lemma sch., ἐξέπεμψε A1?M13 schol.; gram-
matici alicuius est emendatio ἐξέπεμψας, sed lusit. — V. 73. ἀδίαντον,
Hecker ἀμίαντον. — πρὶν, M1 πρός. — V. 75. ἔα με᾽ νικῶντί γε χάριν,
εἴτι πέραν ἀερθείς ἀνέκραγον, οὐ τρ. εἰ. κ. Hermann πέραν scripsit et
distinctionem emendavit, cum legeretur ἔα, με, νικῶντί γε χάριν εἴ τί
περ ἂν ἀερθεὶς ἀνέκραγον᾽ οὐ (schol. οὐ γάρ) τρ. εἰ. κ. Hartung ἔα με
νικῶντί γε χάριν, εἴ τι πέραν ἀερθεὶς ἀνέκραγον (οὐ τραχύς εἰμι), κατα-
θέμεν — V. 77. ἀναβάλεο Schmid, v. ἀναβάλλεο, quod schol. cum prio-
ribus iungit. Hartung εἴρειν στεφάνους, ἐλαφρὸν ἀναβάλεο, Μοῖσα, καὶ
κολλᾷν, quod probat Rauchenstein, nisi quod κόλλα commendat. — V. 78.
λευκόν, Η χαλκόν. — ἁμᾷ, legebatur ἁμᾶ. — V. 81. πολύφατον, A1?M1
πολυφάταν. — θρόον ὕμνων Schmid, legebatur ὕμνων θρόον. — V. 82.
ἀσυχᾷ scripsi, ἀσυχᾷ Hermann, libri ἡσυχᾷ. — V. 83. δάπεδον, male
Schneidewin et Ahrens ex Hermanni coniectura, quae inito metro ad-

222 PINDARI CARMINA.

ὁπί· λέγοντι γὰρ Αἰακόν νιν ὑπὸ ματροδόκοις γοναῖς φυ-
τεῦσαι,

Στρ. ε'.

85 ἐμᾷ μὲν πολίαρχον εὐωνύμῳ πάτρᾳ, 125
Ἡράκλεις, σέο δὲ προπρεῶνα μὲν ξεῖνον ἀδελφεόν τ'. εἰ
δὲ γεύεται
ἀνδρὸς ἀνὴρ τι, φαῖμέν κε γείτον' ἔμμεναι
νόῳ φιλήσαντ' ἀτενεῖ γείτονι χάρμα πάντων 130
ἐπάξιον· εἰ δ' αὐτὸ καὶ θεὸς ἄλέγοι,
90 ἐν τίν κ' ἐθέλοι, Γίγαντας ὃς ἐδάμασας, εὐτυχῶς
ναίειν πατρὶ Σωγένης ἀταλὸν ἀμφέπων
θυμὸν προγόνων εὐκτήμονα ζαθέαν ἀγυιάν. 135

Ἀντ. ε'.

ἐπεὶ τετραόροισιν ὦθ' ἁρμάτων ζυγοῖς
ἐν τεμένεσσι δόμον ἔχει τεαῖς, ἀμφοτέρας ἰὼν χειρός. ὦ
μάκαρ,
95 τὶν δ' ἐπέοικεν Ἥρας πόσιν τε κυθέμεν 140
κόραν τε γλαυκώπιδα — δύνασαι δέ — βροτοῖσιν ἀλκὰν
ἀμαχανιᾶν δυσβάτων θαμὰ διδόμεν.
εἰ γάρ σφισιν ἐμπεδοσθενέα βίοτον ἁρμόσαις 145
ἥβᾳ λιπαρῷ τε γήραϊ διαπλέκοις
100 εὐδαίμον' ἐόντα, παίδων δὲ παῖδες ἔχοιεν αἰεί

Ἐπ. ε'.

γέρας τό περ νῦν καὶ ἄρειον ὄπιθεν.

versatur, γείτιδον. — ἁμέρᾳ Hermann (Benedictus ἡμέρᾳ), legebatur
θερμερᾷ, M2 θερμερᾷ, utrumque metro adversatur. Conieci olim γαρυές
ἐφιμέρᾳ (ἱμέρῳ). Aliis fort. placuerit θερμερὰ γαρυέμεν ὁπιδὸν ἐν
ᾠδές. — V. 84. νιν Boeckh, v. μιν. — V. 85. ἐμᾷ, Hermann ἴα. — πολίαρχον,
conieci πολίαχον.—V. 86. προπρεῶνα μέν, particula offensioni est, itaque
aliquando conieci προπρήονα deleta voce μέν, cuius loco Rauchenstein
μὰν requirit, Hartung προσηνέα scripsit. — γεύεται Aristarchus et libri,
δεύεται schol. Ac (a m. a.), Aristarcho ollam iusta interpunctio debetur,
vulgo (et aic etiam sch.) ἀνήρ, τί φαῖμεν ... γείτονι; χάρμα πάντων
ἐπάξιον — V. 87. κε, Ac καί. — ἔμμεναι, ἔμμεν AcM2. — V. 88. φιλή-
σαντ', M2 φιλέσαντ', vulgo φιλήσαντά τ', Boeckh φιλάσαντ. — ἀτενεῖ
Boeckh, v. ἀτενεῖ. — V. 89. ἀλέγοι scripsi, libri ἂν ἔχοι, Thiersch ἀνέ-
χοι, Rauchenstein ὑπέχοι, Hartung εἰ δ' ἔστι, καὶ θεὸς ἂν ἔχοι, ἐν τίν
τ' ἰθέλοι. — V. 90. κ' ἰθέλοι AcM12l'2, vulgo κ' ἰθέλει. — V. 93. ὡθ',
sch. ωθ'. — V. 95. Ἥρας πόσιν τε Bothe, legebatur Ἥραν πόσιν τε. —
V. 96. δύνασαι δὲ separavi, nam mediae inserta sunt orationi, vulgo
δύνασαι δὲ βροτοῖσι κτλ. Hartung δύναται. — V. 97. θαμὰ non magis
coeruentt huic loco quam θάμα (ἅμα), fort. ἄνα διδόμεν legendum.—V. 99.
γήραϊ Hermann, v. γήρᾳ. — διαπλέκοιν scripsi, legebatur διαπλέκοις,
ἁρμόσαις non est participium, sed optativus. Hartung διαπλέκοι.

τὸ δ' ἐμὸν οὔ ποτε φάσει κέαρ
ἀτρόποισι Νεοπτόλεμον ἑλκύσαι
ἔπεσι· ταῦτα δὲ τρὶς τετράκι τ' ἀμπολεῖν
105 ἀπορία τελέθει, τέκνοισιν ἅτε μαψυλάκας, Διὸς Κόρινθος.

V. 103. *ἑλκύσαι*, Hartung mire *ἑλκῦσαι*. — V. 104. *ἔπεσι* M2, v. *ἔπεσσι*. — ταῦτά Schmid ex scholiis, v. ταῦτα. — δὲ Ae pr. — τετράκι Schmid, v. τετράκις. — V. 105. μαψυλάκας libri et sch., vulgo μαψυλάκας. Malim autem cum Schneidero τέκνοισιν ἅτε μαψυλάκαις Διὸς Κόρινθος.

ΝΕΜΕΟΝΙΚΑΙ ΙΙ.

ΔΕΙΝΙΔΙ ΑΙΓΙΝΗΤΗι

ΣΤΑΔΙΕΙ.

Strophae.

Epodi.

Στρ. α'.

Ὥρα πότνια, χάριξ Ἀφροδίτας ἀμβροσιᾶν φιλοτάτων,
ἅτε παρθενηΐοις παίδων τ' ἐφίζοισα γλεφάροις,

„Versuum fines certi, nisi quod str. v. 4 numerum finiti absente licet hiatu, maxime ob interpunctionem str. β'. γ'. ant. β'. ubi tamen, ut suo loco dixi, scrupulum iniecit apostrophus. Similiter ep. v. 6 interpunctio ep. α'. β'. dux fuit divisionis; hiatus non reperitur." *Boeckh.*

V. 2. παρθενηΐαις Hermann, Ac παρθενηΐσι, v. παρθενίοισι. Fort. ἅτε delendum, ut Pindarus scripserit: παρθένων παρηΐσι ν παίδων τ' ἐφίζοισα γλεφάροις. — γλεφάροις *Boeckh,* vulgo βλεφάροις.

τὸν μὲν ἀμφοτέραις ἀνάγκαις χερσὶ βαστάζεις, ἕτερον δ' ἑτέ-
ραις.   5
ἀγαπατὰ δὲ καιροῦ μὴ πλαναθέντα πρὸς ἔργον ἕκαστον
τῶν ἀρειόνων ἐρώτων ἐπικρατεῖν δύνασθαι.

                                              Ἀντ. α'.
οἷοι καὶ Διὸς Αἰγίνας τε λέκτρον ποιμένες ἀμφεπόλησαν 10
Κυπρίας δώρων· ἔβλαστεν δ' υἱὸς Οἰνώνας βασιλεὺς
χειρὶ καὶ βουλαῖς ἄριστος. πολλά νιν πολλοὶ λιτάνευον
                    ἰδεῖν·
ἀβοατὶ γὰρ ἡρώων ἄωτοι περιναιεταόντων   15
10 ἤθελον κείνου γε πείθεσθ' ἀναξίαις ἑκόντες,

                                              Ἐπ. α'.
οἵ τε κρανααῖς ἐν Ἀθάναισιν ἅρμοζον στρατόν,   20
οἵ τ' ἀνὰ Σπάρταν Πελοπηϊάδαι.
ἱκέτας Αἰακοῦ σεμνῶν γονάτων πόλιός θ' ὑπὲρ φίλας
ἀστῶν θ' ὑπὲρ τῶνδ' ἅπτομαι φέρων
15 Λυδίαν μίτραν καναχαδὰ πεποικιλμέναν,   25
Δείνιος δισσῶν σταδίων καὶ πατρὸς Μέγα Νεμεαῖον
                        ἄγαλμα.
σὺν θεῷ γάρ τοι φυτευθεὶς ὄλβος ἀνθρώποισι παρμονώ-
                τερος·

                                              Στρ. β'.
ὅσπερ καὶ Κινύραν ἔβρισε πλούτῳ ποντίᾳ ἔν ποτε Κύ-
                πρῳ.   30
ἵσταμαι δὴ ποσσὶ κούφοις, ἀμπνέων τε πρίν τι φάμεν.
20 πολλὰ γὰρ πολλᾷ λέλεκται· νεαρὰ δ' ἐξευρόντα δόμεν
                        βασάνῳ
ἐς ἔλεγχον, ἅπας κίνδυνος· ὄψον δὲ λόγοι φθονεροῖσιν· 35
ἅπτεται δ' ἐσλῶν ἀεί, χειρόνεσσι δ' οὐκ ἐρίζει.

V. 3. ἀμέροις, M2 ἀμάροις, Hecker ἀμέραις. — ἀνάγκαις Hermann, ἀνάγκας codd., vulgo ἀν' ἄγκας. — V. 9. Hartung οἱ nolet interpolavit ἆστ' in περίν. scribens. — V. 10. ἀναξίαις Albertl, et Schol.i ἀναξίαις, ἐσντίεστι ταῖς ἀρχαῖς καὶ ταῖς βασιλείαις αὐτοῦ, vulgo ἂν ἀξίαις. — V. 12. Πελοπηϊάδαι AePž, v. Πελοπηϊδαι. — V. 13. γονάτων M2, v. γονάτων. — V. 14. φέρων, M2 φίλων. — V. 15. καναχαδὰ, legebatur καταχηδά. — V. 16. Δείνιος AcM2, v. Δείνιδος ut Sch. ad v. i. sed ad hunc v. utrumque exhibet. — V. 17. τοι om. Sch., qui fort. ἐμφυεερθεὶς legit. — V. 16. ὅσπερ, M12 ὥσπερ. — ποντίᾳ, M2 ποντίῳ, — V. 21. Al λόγοι om. M112. — Schol. Soph. Ai. 151 φθονεροῖς, ἱάπτεται δ' εἰδώς. χείρ. — V. 22. χειρόνεσσι, χειρόνεσσιν M1. — ἐρίζει, Hecker coni. ἐρείζει.

'Ἀντ. β'.
κεῖνος καὶ Τελαμῶνος δάψεν υἱόν, φασγάνῳ ἀμφικυλί-
σαις. 40
ἤ τιν' ἄγλωσσον μέν, ἦτορ δ' ἄλκιμον, λάθα κατέχεν
25 ἐν λυγρῷ νείκει· μέγιστον δ' αἰόλῳ ψεύδει γέρας ἀντί-
ταται.
κρυφίαισι γὰρ ἐν ψάφοις Ὀδυσσῆ Δαναοὶ θεράπευσαν· 45
χρυσέων δ' Αἴας στερηθεὶς ὅπλων φόνῳ πάλαισεν.

'Επ. β'.
ἦ μὰν ἀνόμοιά γε δάοισιν ἐν θερμῷ χροΐ
ἕλκεα ῥῆξαν πελεμιζόμενοι 50
30 ὑπ' ἀλεξιμβρότῳ λόγχᾳ, τὰ μὲν ἀμφ' Ἀχιλεῖ νεοκτόνῳ,
ἄλλων τε μόχθων παμφθόροισιν ἐν
ἁμέραις. ἐχθρὰ δ' ἄρα πάρφασις ἦν καὶ πάλαι, 55
αἱμύλων μύθων ὁμόφοιτος, δολοφραδής, κακοποιὸν
ὄνειδος·
ἃ τὸ μὲν λαμπρὸν βιᾶται, τῶν δ' ἀφάντων κῦδος ἀντείνει
σαθρόν.

Στρ. γ'.
35 εἴη μή ποτέ μοι τοιοῦτον ἦθος, Ζεῦ πάτερ, ἀλλὰ κελεύ-
θοις 60
ἁπλόαις ζωᾶς ἐφαπτοίμαν, θανὼν ὡς παισὶ κλέος
μὴ τὸ δύσφαμον προσάψω. χρυσὸν εὔχονται, πεδίον δ'
ἕτεροι
ἀπέραντον· ἐγὼ δ' ἀστοῖς ἁδὼν καὶ χθονὶ γυῖα καλύ-
ψαιμ', 65
αἰνέων αἰνητά, μομφὰν δ' ἐπισπείρων ἀλιτροῖς.

'Αντ. γ'.
40 αὔξεται δ' ἀρετά, χλωραῖς ἐέρσαις ὡς ὅτε δένδρεον ἄσσει,

V. 23. δάψεν, Ac δάμψν. — ἀμφικυλίσαις, Sch. ἀμφικυλίσας, AMI
ἀμφικυλίσσας. — V. 24. ἤ τιν', Hartung ἤ τόν. — κατέχεν ἐν λυγρῷ
scripsi, κατέχει ἐν λυγρῷ Hermann, (ot schol. 1 ἐν λυγρῷ γηραί), v. κατ-
έχει λυγρῷ, sed Ac κατέχει τε λ., Μ2 λάθαν κατέχειν λ. Κατέχεν con-
firmat schol. 2, qui λήθη κατέσχεν dicit, et fort. etiam schol. 1, qui καὶ
εἶχε potius quam κατέχει scripsisse videtur, sed paraphr. κατέχει tuetur.
— V. 28. δάοισιν Hermann, δαίοισιν Ac, δαΐοισιν vulgo. Deinde Schol.
forte Θέρμ ἐπὶ χροΐ. — V. 29. πελεμιζόμενοι Wakefield, v. πολεμιζόμε-
νοι, Schol. utrimque. — V. 31. παμφθόροισιν ἐν scripsi, codd. πολυ-
φθόροισιν ἐν, Boeckh, ἐν πολυφθόροις. — V. 33. ὁμόφοιτος, Ac ὁμόφω-
τος, (paraphr. σύμπτως). — V. 34. ἀντείνει, lemma schol. συντείνει.—
V. 36. κλέος, AMI πλέα. — V. 37. χρυσόν, Ac Sch. χρυσὸν δ'. — V. 38.
ἁδὼν AR, v. ἀδών. — καὶ χθονὶ scripsi, vulgo καὶ χθονί. — καλύψαιμ',
conicit aliquis καλύψαισιν.— V. 40. δένδρεον AcM12, v. δένδρον. — ἄσσει

ἐν σοφοῖς ἀνδρῶν ἀερθεῖσ' ἐν δικαίοις τε πρὸς ὑγρὸν 70
αἰθέρα. χρεῖαι δὲ παντοῖαι φίλων ἀνδρῶν· τὰ μὲν ἀμφὶ
πόνοις
ὑπερώτατα· μαστεύει δὲ καὶ τέρψις ἐν ὄμμασι θέσθαι
πίστιν. ὦ Μέγα, τὸ δ' αὖτις τεὰν ψυχὰν κομίξαι 75
Ἐπ. γ'.
κι οὔ μοι δυνατόν· κενεᾶν δ' ἐλπίδων χαῦνον τέλος·
σεῦ δὲ πάτρᾳ Χαριάδαις τε λάβρον
ὑπερεῖσαι λίθον Μοισαῖον ἕκατι ποδῶν εὐωνύμων 80
δὶς δὴ δυοῖν. χαίρω δὲ πρόσφορον
ἐν μὲν ἔργῳ κόμπον ἰείς, ἐπαοιδαῖς δ' ἀνήρ
50 νώδυνον καί τις κάματον θῆκεν· ἦν γε μὰν ἐπικώμιος
ὕμνος 85
· δὴ πάλαι καὶ πρὶν γενέσθαι τὰν Ἀδράστου τάν τε Καδ-
μείων ἔριν.

Boeckh, v. dίeesι. Hecker conl. δένδρε' ἀράσσει. — V. 41. ἐν σοφοῖς
Boeckh, v. σοφοῖς. — V. 44. πίστιν, schol. ut videtur πιστόν legit. —
Quae sequuntur Hartung sic immutavit ὦ Μέγα, τεὰν αὖτε μὲν ψυχὰν
κομίξαι. — V. 46. λάβρον, Ac λαῦρον. Conieci olim τ' ἐλαφρόν, postea
βάθρον, ac praeterea possis v. 47 ὑπερείσαιν suspicari, ubi Her-
mann ὑπερείσω commendavit. — V. 47. ποδῶν nobis subtrigidum videtur,
et ego quoque δρόμον conieci, quod Hauchenstein proposuit, sed non
audeo talia mutare. — V. 48. δὶς δὴ δυοῖν, Hartung διεσσοδρόμων. —
χαίρω δ' πρόσφορον ἐν μὲν ἔργα κόμπον ἰείς, Schol. videtur legisse
πρόσφορον εἰ μὲν ἔργ' ᾖ, κόμπον ἰείς, sed haec non satis faciunt. Con-
ieci πρόσφορον μὲν ἐπ' ἔργα, Hartung εἶεν' ἔργων. — V. 49. ἐπαοι-
δαῖς Ac Sch., v. ἐπ' ἀοιδαῖς.

ΝΕΜΕΟΝΙΚΑΙ Θ.

ΧΡΟΜΙΩ ΑΙΤΝΑΙΩ

ΑΡΜΑΤΙ.

```
- ⏑ ⏑ – ⏑ ⏑ – – – ⏑ ⏑ – – ⏑ ⏑ – –     .
⏑ ⏑ – ⏑ – ⏑ – – ⏑ ⏑ ⏑ – – ⏑ ⏑ – – ⏑ – ⏑ ⩒
– ⏑ ⏑ ⏑ – ⏑ ⏑ – – ⏑ ⏑ ⏑. ⏑ ⏑ – – ⏑ ⩒
– ⏑ ⏑ – – ⏑ ⏑ ⏑ ⏑ ⏑ – ⏑ ⏑ ⏑ – – ⏑ ⏑ – – ⏑ ⏑ – – ⩒
5  – – ⏑ ⏑ – – ⏑ ⏑ – ⏑ ⏑ – ⎓
```

Στρ. α'.

Κωμάσομεν παρ' Ἀπόλλωνος Σικυώνοθε, Μοῖσαι,
τὰν νεοκτίσταν ἐς Αἴτναν, ἔνθ' ἀναπεπταμέναι ξείνων
νενίκανται θύραι,   5
ὄλβιον ἐς Χρομίου δῶμ'. ἀλλ' ἐπέων γλυκὺν ὕμνον πράσ-
σετε.
τὸ κρατήσικππον γὰρ ἐς ἅρμ' ἀναβαίνων ματέρι καὶ διδύ-
μοις παίδεσσιν αὐδὰν μανύει 10
Πυθῶνος αἰπεινᾶς ὁμοκλάροις ἐπόπταις.

Στρ. β'.

ἔστι δέ τις λόγος ἀνθρώπων, τετελεσμένον ἐσλόν

Schol.: Ὁ Χρόμιος οὗτος φίλος ἦν Ἱέρωνος καταστᾶθεις ὑπ' αὐτοῦ
τῆς Αἴτνης ἐπίτροπος· ὅθεν καὶ Αἰτναῖος ἐκηρύχθη. αὗται δὲ αἱ ᾠδαὶ
οὐκέτι Νεμεονίκαις εἰσὶ γεγραμμέναι· διὸ ἐκχωρισμέναι φέρονται.
Itaque Boeckh hoc carmen sicut X et XI uncis inclusit. Poterat hoc
carmen haud incommode collocari post Nem. I, quemadmodum Pyth. II
est insertum, sed videtur hunc locum obtinere, quoniam ab Alexandrinis
nemora criticis huic libro adscriptum est, cum antea alio Scoliis sive
Encomiis esset insertum. Duo carmina quae sequuntur fortasse addita,
ut lustum esset volumen.

V. 3. πράσσετε, Μ12 πράσσεται. — V. 4. αὐδάν, Boeckh παίδων'
ἀοιδάν, Hermann αὐγαν, et hoc vel αὐγὰν videtur schol. legisse.

μη χαμαί σιγᾷ καλύψαι· θεσπεσία δ' ἐπέων καύχας ἀοιδᾷ
πρόσφορος. 15
ἀλλ' ἀνὰ μὲν βρομίαν φόρμιγγ', ἀνὰ δ' αὐλὸν ἐπ' αὐτὰν
ὄρσομεν
ἱππίων ἄθλων κορυφάν, ἅτε Φοίβῳ θῆκεν Ἄδραστος ἐπ'
Ἀσωποῦ ῥεέθροις· ὧν ἐγώ 20
10 μνασθεὶς ἐπασκήσω κλυταῖς ἥρωα τιμαῖς,

                              Στρ. γ'.
ὃς τότε μὲν βασιλεύων κεῖθι νέαισί θ' ἑορταῖς 25
ἰσχύος τ' ἀνδρῶν ἀμίλλαις ἅρμασί τε γλαφυροῖς ἄμφαινε
κυδαίνων πόλιν.
φεῦγε γὰρ Ἀμφιαρηόν τε θρασυμήδεα καὶ δεινὰν στάσιν 30
πατρῴων οἴκων ἀπό τ' Ἄργεος· ἀρχοὶ δ' οὐκ ἔτ' ἔσαν Τα-
λαοῦ παῖδες, βιασθέντες λύᾳ.
15 κρέσσων δὲ καππαύει δίκαν τὰν πρόσθεν ἀνήρ. 35

                              Στρ. δ'.
ἀνδροδάμαντ' Ἐριφύλαν, ὅρκιον ὡς ὅτε πιστόν,
δόντες Οἰκλείδᾳ γυναῖκα, ξανθοκομᾶν Δαναῶν ἔσσαν μέ-
γιστοι (λαγέται). 40
καί ποτ' ἐς ἑπταπύλους Θήβας ἄγαγον στρατὸν ἀνδρῶν
αἰσιᾶν
οὐ κατ' ὀρνίχων ὁδόν· οὐδὲ Κρονίων ἀστεροπὰν ἐλελίξαις
οἴκοθεν μαργουμένους 45
20 στείχειν ἐπώτρυν', ἀλλὰ φείσασθαι κελεύθου.

V. 1, μὴ χαμαί, Hecker μηδαμᾷ. Locus fortasse haud immunis inter-
polationis: suspicatus sum olim huc pertinere, quod legitur Schol. Ol.
XI 58: καὶ ἀλλαχοῦ κεῖται· μηδὲ γὰρ (ἂν σιγᾷ) βρεχέσθω ubi cod.
Vrat. βρίζεσθαι. — ἐπέων, conficio ἀπέων l. o. cantus communibus honoris
munerest. Alii alia tentavorunt, Heudietos καύχαις, Schneidewin καυ-
χάσθ', Xayer θεσπεσίαν δ' ἀρετὰν κατράσθ', Rauchenstein θεσπεσία
δ' ἐπέων καύχας vel θεσ. δ' ἀρετᾶν καύχαις, Hartung θεσ. δ' ἀέθλων
καύχαις, Leutsch θ. δ' ἀγαθοῖς καύχης. — V. 8. αὐτὰν A, αὐτὴν ΒΓ²
AcM12. — V. 9. ἱππίων Hermann, v. ἱππείων. — ἄθλων ut videtur libri
omnes. — V. 13. Ἀμφιαρηόν τε, Ae Ἀμφιάρηόν ποτε, unde conficias Ἀμ-
φιάρην ποτέ. Paraphrastes πρὸ τούτου cabibel. — V. 14. πατρῴαν HAc
M2, πατέρων ΑΡ²M1. Paraphr. videtur πατρῶων τ' legisse. — V. 16.
δίκαν, Hartung putat scholiasten μάχαν legisse, sed hoc interpretisest. —
V. 16. ἀνδροδάμαντ' Boeckh. ἀνδροδάμαν τ' ut videtur Ae. ἀνδροδάμαν
M2. ἀνδρομέδαν ΑΒΓ²M1. Confici potest ἀνδροδάμαν δ', quod Schnei-
dewino quoque placuit. — V. 17. ἔσσαν Bocekh, v. ἦσαν. — λαγέται ad-
didi, ut versum restituerem, Hermann τῶν τότε, contra Boeckh scripsit:
μέγιστοι· δὴ τόθεν καί ποτ' ἐς. Rauchenstein τούτοισι καί ποτ'. — V. 18.
ἄγαγον στρατὸν ἀνδρῶν AcM2, ἄγαγον ἀνδρῶν στρατὸν ΑΒΜ1Γ². —
αἰσιᾶν, Ac αἰσιᾶν, om. M2.

Στρ. ε'.
φαινομέναν δ' ἄρ' ἐς ἄταν σπεύδεν ὅμιλος ἱκέσθαι 50
χαλκέοις ὅπλοισιν ἱππείοις τε σὺν ἔντεσιν· Ἰσμηνοῦ δ' ἐπ'
ὄχθαισι γλυκὺν
νόστον ἐρυσσάμενοι λευκανθέα σώμασι πίαναν καπνόν· 55
ἑπτὰ γὰρ δαίσαντο πυροὶ νεογυίους φῶτας· ὁ δ' Ἀμφιάρῃ
σχίσσαις κεραυνῷ παμβίᾳ
23 Ζεὺς τὰν βαθύστερνον χθόνα, κρύψεν θάμ' ἵπποις, 60
Στρ. ς'.
δουρὶ Περικλυμένου πρὶν νῶτα τυπέντα μαχατάν
θυμὸν αἰσχυνθῆμεν. ἐν γὰρ δαιμονίοισι φόβοις φεύγοντι
καὶ παῖδες θεῶν. 65
εἰ δυνατόν, Κρονίων, πεῖραν μὲν ἀγάνορα Φοινικοστόλων
ἐγχέων ταύταν θανάτου πέρι καὶ ζωᾶς ἀναβάλλομαι ὡς
πόρσιστα, μοῖραν δ' εὔνομον 70
30 αἰτέω σε παισὶν δαρὸν Αἰτναίων ὑπάζειν,
Στρ. ζ'.
Ζεῦ πάτερ, ἀγλαΐαισιν δ' ἀστυνόμοις ἐπιμῖξαι
λαόν. ἐντί τοι φίλιπποί τ' αὐτόθι καὶ κτεάνων ψυχὰς
ἔχοντες κρέσσονας 75
ἄνδρες. ἄπιστον ἔειπ'· αἰδὼς γὰρ ὑπὸ κρύφα κέρδει κλέ-
πτεται,
ἃ φέρει δόξαν. Χρομίῳ κεν ὑπασπίζων παρὰ πεζοβόαις
ἵπποις τε ναῶν τ' ἐν μάχαις 80
35 ἔκρινας ἂν κίνδυνον ὀξείας ἀϋτᾶς,
Στρ. η'.
οὕνεκεν ἐν πολίμῳ κείνα θεὸς ἔντυεν αὐτοῦ 85
θυμὸν αἰχματὰν ἀμύνειν λοιγὸν Ἐνυαλίου. παῦροι δὲ βου-
λεῦσαι φόνου

V. 23. *ἐρυσσάμενοι* Hermann. Ac *ἐρεισάμενοι*, v. *ἐρυσάμενοι*. Videtur poeta scripsisse *Ἰσμηνοῦ δ' ἀπ' ὄχθαισιν γλυκὺν νόστον ἐρυσσάμενοι*, ut *ἀπερυσσάμενοι νόστον* sit passive dictum: *reditu privati*. Paraphrastes, qui dicit καὶ τὴν οἴκοι ἀναπομπὴν ἀπέθεντο, fortasse *ἃπ'..ἀρεισάμενοι* legit, sed hoc minus placet. Hartung *ἀποσράμενοι*, Ahrens *ἐρυσάμενοι*, Rauchenstein *ἀπωσάμενοι* vel *ἀνασάμενοι*. — *σώμασι πίαναν* conlecit etiam Boeckh, Ac *σάπασιν ἐπίαναν*, M? *σώμασι ἐν.*, v. *σῶμαε' ἐν.* Schol. videtur utrumque legisse. — V. 24. *Ἀμφιάρῃ* ἵκγαο, v. *Ἀμφιάρῃ*, nisi forte praestat *Ἀμφιάρην, ἐχ. ... χθόνα, κρύψεν θάρ' ἵπποις.* — *σχίσσαις* scripsi, AcV aí *σχίσαις*, vulgo *σχίσιν*, atque ita etiam schol. — V. 25. *τὰν,* Hecker γᾶς, Rauchenstein *γᾶν βαθύστερνον*, *ᾖ θέτι κρύψεν δ'. — κρύψεν θάρ'* scripsi, legebatur *κρύψεν δ' ἀρ'. — V. 32. *ἐντί τοι,* ut trochaeus eviciatur, Boeckh *ιέσιν τοι*, Hermann El. Doctr. Metr. 264 *ἐν τοι εἶν πιν* (?) coniecit. — *ἔχοντες*, conieci *ἔχοντι. — V. 33. ὑπὸ κρύφα* Boeckh ex Schol., v. *ὑπόκρυφα. — V. 35. ἄν,* AKΡΥΛe *ἄν*.

παρποδίου νεφέλαν τρέψαι ποτὶ δυσμενέων ἀνδρῶν
στίχας   90
χερσὶ καὶ ψυχᾷ δυνατοί· λέγεται μὰν Ἕκτορι μὲν κλέος
ἀνθῆσαι Σκαμάνδρου χεύμασιν
ἀγχοῦ, βαθυκρήμνοισι δ᾽ ἀμφ᾽ ἀκταῖς Ἑλώρου,   95
                      Στρ. θ´.

ἔνθ᾽ Ἀρείας πόρον ἄνθρωποι καλέοισι, δέδορκεν
παιδὶ τοῦτ᾽ Ἀγησιδάμου φέγγος ἐν ἁλικίᾳ πρώτᾳ· τὰ δ᾽
ἄλλαις ἁμέραις   100
πολλὰ μὲν ἐν κονίᾳ χέρσῳ, τὰ δὲ γείτονι πόντῳ φά-
σομαι.
ἐκ πόνων δ᾽, οἳ σὺν νεότατι γένωνται σύν τε δίκᾳ, τελέ-
θει πρὸς γῆρας αἰὼν ἁμέρα.   105
15 ἴστω λαχὼν πρὸς δαιμόνων θαυμαστὸν ὄλβον.
                      Στρ. ι´.

εἰ γὰρ ἅμα κτεάνοις πολλοῖς ἐπίδοξον ἄρηται   110
κῦδος, οὐκέτ᾽ ἔστι πόρσω θνατὸν ἔτι σκοπιᾶς ἄλλας ἐφά-
ψασθαι ποδοῖν.
ἁσυχία δὲ φιλεῖ μὲν συμπόσιον· νεοθαλὴς δ᾽ αὔξεται 115
μαλθακᾷ νικαφορίᾳ σὺν ἀοιδᾷ· θαρσαλέα δὲ παρὰ κρα-
τῆρα φωνὰ γίνεται.
20 ἐγκιρνάτω τίς μιν, γλυκὺν κώμου προφάταν,   120
                      Στρ. ια´.

ἀργυρέαισι δὲ νωμάτω φιάλαισι βιατάν
ἀμπέλου παῖδ᾽, ἅς ποθ᾽ ἵπποι κτησάμεναι Χρομίῳ πέμψαν
θεμιπλέκτοις ἅμα   125
Λατοΐδα στεφάνοις ἐκ τᾶς ἱερᾶς Σικυῶνος. Ζεῦ πάτερ,
εὔχομαι ταύταν ἀρετὰν κελαδῆσαι σὺν Χαρίτεσσιν, ὑπὲρ
πολλῶν τε τιμαλφεῖν λόγοις   130
25 νίκαν, ἀκοντίζων σκοποῦ ἄγχιστα Μοισᾶν·

V. 38. ποτὶ AcM2 Sch., v. ποδὶ. — V. 41. Ἀρέας Bothe, v. Ἀρείας,
Scholiast, etiam *Ρείας* (Ῥίας). — V. 42. Ἀγησιδάμου, M2 Ἀγησιδάμω. —
V. 43. χέρσῳ, Schol. χέρσω (χέρσον). — V. 47. οὐκέτ᾽ ἔστι πόρσω, Ac οὐ-
κέτι πόρσω, M2 οὐκ ἔστι πρόσω, Boeckh οὐκ ἔστιν ἔτι πόρσω. Hermann
οὐκ ἔστιν τὸ πόρσω, itaque olim edidi, Hartung οὐκ ἀνδρ᾽ ἔστι π., Hau-
chenstein ἀνδρ᾽ οὐκ ἔστι π. — V. 48. ἁσυχία Sch. Nem. V 10, ἡσυχία
M2 Scholiast., v. ἀσυχίαν. — V. 49. κρατῆρα M2 Schol., κρητῆρα vulgo,
κρητῆρι Schol. Lucian. Conv. 32. Orion 35, 15. — γίνεται Sch., v. γίγνε-
ται. — V. 55. νίκαν, ΑΒΡΣΜ12 νικᾶν. Schol. νίκαν firmat, sed idem etiam
legi testatur νικᾶν, quod cum ὑπὲρ πολλῶν iungit; qui sic legebant,
etiam πολλὰν scribere debebant. — σκοποῦ, Ahrens σκοποῖ. — Μοισᾶν,
Schol. Μοισᾶν. Totum locum immutavit Hartung ὑπὲρ πολλῶν τε τιμαλ-
φῶν λόγοις νίκαν, ἀκοντίζειν σκοποῦ τ᾽ ἄγχιστα ῥοῖσαν.

NEMEONIKAI I

ΘΕΑΙΩ ΑΡΓΕΙΩ

ΠΑΛΑΙΣΤΗ.

Strophae.

⏑‒‒⏑⏑‒‒⏑‒○‒⏑‒‒⏑⏑‒⏑⏑Ⓥ
‒⏑‒‒⏑⏑⏑‒⏑⏑‒‒⏑⏑‒⏑⏑⊌
‒⏑‒‒⏑⏑⏑‒⏑⏑⊌
‒⏑‒○‒⏑⏑‒⏑⏑‒‒⏑⊌
5 ‒⏑‒‒⏑⏑‒‒⏑⏑‒○‒⏑⏑‒⏑⏑⊌
‒⏑‒‒⏑⏑‒‒‒⏑‒⏑⏑‒‒⏑⏑‒‒⏑⊌

Epodi.

‒⏑‒‒⏑⏑⏑‒⏑⏑⏑‒‒⏑⏑⊌
‒⏑‒‒⏑⏑⏑‒⏑⏑‒‒⏑⊌
‒⏑⏑‒⏑⏑‒‒⏑⏑⏑‒⏑⏑⊌
‒⏑⏑⏑‒⏑⏑‒‒⏑⏑‒○
5 ‒⏑⏑‒‒⏑⏑‒‒⏑⏑‒⏑⏑‒○
⊂⏑‒⏑⏑‒⏑⏑⏑‒⏑⏑‒‒⏑⏑‒‒⏑⊌

Στρ. α'.
Δαναοῦ πόλιν ἀγλαοθρόνων τε πεντήκοντα κορᾶν, Χά-
ριτες,

"Epodi v. 4. 5. 6 hiatu non distincti sunt, sed syllabae ancipiti, in-
certo finis indicio, succurrit interpunctio, versu quarto ep. δ'. ε', versu
quinto ep. γ'. δ'. ε'. *Boeckh.* Carmen ad Hecatombaea Argivorum per-
tinet et a Nemeis alienum; cf. ad Nem. IX.
V. 1. ἀγλαοθρόναν Sch. Ac. vulgo ἀγλαοθώκων; fort. ἀγλαοθεά-
ναν scribendum, ut v. 73 βίαν glossema in locum alius vocis irrepserit.

ΝΕΜΕΑ Χ.

Ἄργος Ἥρας δῶμα θεοπρεπὲς ὑμνεῖτε· φλέγεται δ' ἀρε-
  ταῖς
μυρίαις ἔργων θρασέων ἕνεκεν.
μακρὰ μὲν τὰ Περσέος ἀμφὶ Μεδοίσας Γοργόνος·
5 πολλὰ δ' Αἰγύπτῳ κατῴκισεν ἄστη ταῖς Ἐπάφου πα-
  λάμαις·
οὐδ' Ὑπερμνήστρα παρεπλάγχθη, μονόψαφος ἐν κουλεῷ
  κατασχοῖσα ξίφος.   10·

Ἀντ. α'.

Διομήδεα δ' ἄμβροτον ξανθά ποτε Γλαυκῶπις ἔθηκε θεόν·
γαῖα δ' ἐν Θήβαις ὑπέδεκτο κεραυνωθεῖσα Διὸς βέλεσιν 15
μάντιν Οἰκλείδαν, πολέμοιο νέφος·
10 καὶ γυναιξὶν καλλικόμοισιν ἀριστεύει· πάλαι
Ζεὺς ἐπ' Ἀλκμήναν Δανάαν τε μολὼν τοῦτον κατέφανε
  λόγον·   20
πατρὶ τ' Ἀδράστοιο Λυγκεῖ τε φρενῶν καρπὸν εὐθείᾳ
  συνάρμοξεν δίκᾳ·

Ἐπ. α'.

θρέψε δ' αἰχμὰν Ἀμφιτρύωνος· ὁ δ' ὄλβῳ φέρτατος
ἵκετ' ἐς κείνου γενεάν, ἐπεὶ ἐν χαλκέοις ὅπλοις   25
15 Τηλεβόας ἔναρεν· τῷ δ' ὄψιν ἐειδόμενος
ἀθανάτων βασιλεὺς αὐλὰν ἐσῆλθεν,
σπέρμ' ἀδείμαντον φέρων Ἡρακλέος· οὗ κατ' Ὄλυμπον 30
ἄλοχος Ἥβα τελείᾳ παρὰ ματέρι βαίνοισ' ἔστι, καλλίστα
  θεῶν.

V. 2. ὑμνεῖτε, Μ2ὑμνεῖται. — V. 4. Περσέος, lemma Schol. Περσέως.
— V. 5. τὰ κατῴκισεν Boeckh (idem etiam ὅσα φησίεν proposuit,) libri
κατῴκισθεν, neque aliter videtur Scholiasta legisse. Ceterum poeta,
opinor, scripserat τὰ κατῴκισεν ἄστη ἓ αἷς Ἐπάφου παλάμαις. Her-
mann πολλὰ δ', Αἰγύπτῳ ὅσα φασίθεν vel Αἰγυπτον κάτα φῄισιν, Rau-
chenstein Αἰγυπτον κάτα ναίεται (vel ναιόμεν') ἄστη, Hartung τὰ κα-
τακτίμιν' ἀμφ' ἄστη παλάμαις Ἐπάφου. — V. 6. μονόψαφος Hecker
scripsit, atque ita scholiasta legit, vulgo μονόψηφος. — κουλεῷ Her-
mann, v. κολεῷ, etiam schol. metr. — V. 9. νέφος, conicit φάος. —
V. 10. γυναιξὶν Μ12Ac, γυναιξὶ sch. ΑΚΡΣ. — V. 11. τοῦτον E. Schmid,
atque ita sch., libri τὸν, Boeckh τὸν μὲν. Conicei κεινὸν, ac praeterea
πάλαι tanc potius eum prioribus iungendum, quemadmodum etiam schol.
— V. 12. πατρί τ', Heyne πατρὶ δ', fort. recte. — V. 13. ὄλβῳ, Kayser
conj. ὄλβος. — V. 14. ἵκετ', ΑΕΜ1 ἴκετ' καί. — ἐν om. Μ1. — V. 15.
ἔναρεν· τῷ δ' Hermann, libri ἔναρεν (Μ2Ac ἔναρε)· τί οἱ, Boeckh ἔνα-
ρεν· καί οἱ (Thiersch ἐν τ' ὄψιν), Rauchenstein ἐναρόντι οἱ ὄψιν vel
ἐναρξόντι ὄψιν, Dorum ἔναρ' ἵν' ὄψιν οἱ. Ego in epecilosi scripsi
ὁ δ' ἄλβω φέρτατος· ἵκετ'... Τηλεβόας ἐναρόντι· ὄψιν οἱ ἐειδόμενος
κτλ. ut hoc dixerit poeta: ille beatissimus fuit: venit enim in eius genus
Herculis nempe ferens Iuppiter, postquam aheneis armis indutus, adsimulans
Teleboarum victoris speciem, domum intravit.

Στρ. β'.
βραχύ μοι στόμα πάντ' ἀναγήσασθ', ὅσων Ἀργείων ἔχει
τέμενος   35
μοῖραν ἐσλῶν· ἔστι δὲ καὶ κόρος ἀνθρώπων βαρὺς ἀν-
τιάσαι·
ἀλλ' ὅμως εὔχορδον ἔγειρε λύραν,
καὶ παλαισμάτων λάβε φροντίδ'· ἀγών τοι χάλκεος   40
δῆμον ὀτρύνει ποτὶ βουθυσίαν Ἥρας ἀέθλων τε κρίσιν·
Οὐλία παῖς ἔνθα νικάσαις δὶς ἔσχεν Θείος δυσφρόνων
λάθαν πόνων.   45

Ἀντ. β'.
ἐκράτησε δὲ καί ποθ' Ἕλλανα στρατὸν Πυθῶνι, τύχᾳ τε
μολών
καὶ τὸν Ἰσθμοῖ καὶ Νεμέᾳ στέφανον Μοίσαισιν ἔδωκ'
ἀρόσαι,
τρὶς μὲν ἐν πόντοιο πύλαισι λαχών,   50
τρὶς δὲ καὶ σεμνοῖς δαπέδοις ἐν Ἀδραστείῳ νόμῳ.
Ζεῦ πάτερ, τῶν μὰν ἔραται φρενί, σιγᾷ οἱ στόμα· πᾶν δὲ
τέλος
ἐν τὶν ἔργων· οὐδ' ἀμόχθῳ καρδίᾳ προσφέρων τόλμαν
παραιτεῖται χάριν.   55

Ἐπ. β'.
γνώτ' ἀείδω θεῷ τε καὶ ὅστις ἀμιλλᾶται περὶ
ἐσχάτων ἀέθλων κορυφαῖς. ὕπατον δ' ἔσχεν Πίσα   60
Ἡρακλέος τεθμόν· ἁδεῖαί γε μὲν ἀμβολάδαν
ἐν τελεταῖς δὶς Ἀθαναίων μιν ὀμφαί
κώμασαν· γαίᾳ δὲ καυθείσᾳ πυρὶ καρπὸς ἐλαίας   65

V. 23. βουθυσίαν AvM2, v. θυσίαν. — V. 34. Οὐλία, AP²Ἀλία. —
νικάσαις codd. omnes praeter M1, qui νίκας. — Θεαῖος Boeckh, v. Θείαιος.
Ac om. verba ἔχεν Θ. ἰσ. L πόνων. — δυσφρόνων scripsi, v. εὐφρόνων,
ard Schol. etiam εὐφρόνων, Hermann δυσφόρων, Schneidewin εὔφρων'
ἄν. Cf. Ol. 11 52 τὸ δὲ τυχεῖν πειρώμενον ἀγωνίας παραλύει δυσφρο-
νᾶν. — V. 26. Μοίσαισιν scripsi, atque ita postea Hartung edidit, legeba-
tur Μοίσαισί γ'. — V. 28. νόμῳ, Schmid τομῷ. — V. 29. μάν, Paraphr.
εἰ Sch. ad v. 1 γε μάν, lemma μὲν. — V. 31. γνώτ' ἀείδω θεῷ τε καὶ
ὅστις libri et Sch. (καὶ ὅστις AcM2, v. γώστις). Hermann γνωτὰ Θεαίῳ
τε καὶ ὅστις. Kayser servans reliqua pro Θεῷ coniecit ol. Hartung
γνωτὰ δ', ὦ Ζεῦ, σοί τε καὶ ὅστις. Videtur poeta oratione subito ad
Theaeum conversa scripsisse γνώτ' ἀείδω σοί (τίν) τε καὶ ὅστις, cui
glossa supprascripta Θεαίῳ, tum etiam v. 31 pro μιν scribonium τὶν ὀμ-
φαὶ κόμασαν structura non innuitata. — V.32. ἀέθλων, Boeckh ἄθλων.
κορυφαῖς, Schol. fort. κορυφᾶς. — V. 33. Sch. etiam ἀδεῖα ... τελετᾷ
legit. — V. 34. μιν om. M2, ex interpol. γάρ AP²M1, τιν Boeckh, vid.
ad v. 31.

ἔμολεν Ἥρας τὸν εὐάνορα λαὸν ἐν ἀγγέων ἕρκεσιν παμ-
ποικίλοις.
Στρ. γ´.
ἕπεται δέ, Θεαῖε, ματρώων πολύγνωτον γένος ὑμετέρων 70
εὐάγων τιμᾶν Χαρίτεσσί τε καὶ σὺν Τυνδαρίδαις θαμάκις.
ἀξιωθείην κεν, ἐὼν Θρασύκλου
10 Ἀντίᾳ τε ξύγγονος, Ἄργει μὴ κρύπτειν φάος 75
ὀμμάτων. νικαφορίαις γὰρ ὅσαις Προίτου τόδ᾽ ἂν᾽ ἱππο-
τρόφον
ἄστυ θάλησαν Κορίνθου τ᾽ ἐν μυχοῖς, καὶ Κλεωναίων
πρὸς ἀνδρῶν τετράκις.
Ἀντ. γ´.
Σικυωνόθε δ᾽ ἀργυρωθέντες σὺν οἰνηραῖς φιάλαις ἀπέ-
βαν, 80
ἐκ δὲ Πελλάνας ἐπιεσσάμενοι νῶτον μαλακαῖσι κρόκαις·
15 ἀλλὰ χαλκὸν μυρίον οὐ δυνατὸν
ἐξελέγχειν· μακροτέρας γὰρ ἀριθμῆσαι σχολᾶς· 85
ὅν τε Κλείτωρ καὶ Τεγέα καὶ Ἀχαιῶν ὑψίβατοι πόλιες
καὶ Λύκαιον παρ Διὸς θῆκε δρόμῳ σὺν ποδῶν χειρῶν τε
νικᾶσαι σθένει. 90

V. 30. ἀγγέων, conlicio ἐν ἀγγέων θ᾽ ἕρκεσιν. — παμποικίλοις,
Hartung pniat scholinstam παγχαλκέοις leginse. — V. 37. ἕπεται, Rauchen-
stein conlecit δέχεται. — πολύγνωτον γένος, Hartung πολυγνώτῳ γένει.
— V. 38. τιμᾶν scripsi, legebatur τιμᾷ, atque ita etiam schollastao.
Hoc dicit poeta: superesi, ut maternum Theari genus laudibus ornem, quod
saepe Gratiis et Tyndari filiis adiuvantibus victoriam ex certaminibus repor-
tarit; quanquam haud ignoro ἐπάγων γένει tam solitarium esse, quam
quod dispari modo dicere aneus est Euripides ἐπάφος ὄλεας: cf. Lobeck
Paralipom. 204. — σὺν Schol. ad v. 91. vulgo decet. — θαμάκις. Har-
tung θάρ᾽· Ἰγὼ δ᾽ ἂξ. — V. 40. ξύγγονος E. Schmid et fort. Ac, vulgo
εὔγονος. — V. 41. Προίτου τόδ᾽ ἂν ἱπποτρόφον ἄστυ θάλησαν scripsi,
vulgo ἱπποτρόφον ἄστυ τὸ Προί | σοιο θάλησαν, nisi quod M2 νικαφο-
ρίαισι γὰρ ὅσαις. Hermann ἱπποτρόφων ἄστυ τὸ σόν, Προίτε, θάλησαν,
Boeckh Προίτοιο τόδ᾽ ἱπποτρόφων ἄστυ θάλησιν, quibus coniecturis
non tollitur vitium, nam non Argos, sed victoriae, quas maiorus Theaei,
Thrasyclus et Antias Argie pariter atque in Isthmo et Nemeae rotulerunt,
praedicandae. Cum τόδ᾽ ἂν casu occidisset, θάλησεν necessario in
θάλησεν corruptum, et deinde grammatici metrum traiectione restituere
conali sunt. Ceterum aliam lectionem sic refinxi ἱπποτρόφων ἂν Προίτου
ἄστυ θάλησαν, ut diaeresis in nomine Proeti (vid. Herodian π. μ. λ. 21
et in Cram. An. Ox. IV 416) ignorata corruptionis initium fuerit. Atque
ita etiam voce τόδε, quae offensioni fuit Rauchensteinio (mavult Προί-
τοιο καθ᾽ ἱππ. ἂ. θάλησαν) carere possumus. — V. 42. ἀκέβαν M12 Σ
Schol, ἐκέβαν vulgo. — V. 43. Θῆλε Ac, ἔθηκε M2, v. θῆκεν. — δρόμῳ
σὺν, Rauchenstein δρόμαισιν coniecit, sed locus graviore vitio laborat,
conicei δρόμῳ, σὺν ποδῶν χειρῶν τ᾽ ἐνεικαν Ϝαρεθέτει. i. e. συνένει-
καν, nisi forte insolentior verbi huius forma delituerit. — μυρῶν ΑΡΣΑc
M12. v. μερῶν.

'Επ. γ'.

Κάστορος δ' ἐλθόντος ἐπὶ ξενίαν παρ Παμφάη
50 καὶ κασιγνήτου Πολυδεύκεος, οὐ θαῦμα σφίσιν
ἐγγενὲς ἔμμεν ἀεθληταῖς ἀγαθοῖσιν· ἐπεί 95
εὐρυχόρου ταμίαι Σπάρτας ἀγώνων
μοῖραν Ἑρμᾷ καὶ σὺν Ἡρακλεῖ διέποντι θάλειαν,
μάλα μὲν ἀνδρῶν δικαίων περικαδόμενοι. καὶ μὰν θεῶν
πιστὸν γένος 100

Στρ. δ'.

55 μεταμειβόμενοι δ' ἐναλλὰξ ἁμέραν τὰν μὲν παρὰ πατρὶ
φίλῳ
Δὶ νέμονται, τὰν δ' ὑπὸ κεύθεσι γαίας ἐν γυάλοις Θε-
ράπνας, 105
πότμον ἀμπιπλάντες ὁμοῖον· ἐπεί
τοῦτον, ἢ πάμπαν θεὸς ἔμμεναι οἰκεῖν τ' οὐρανῷ,
εἴλετ' αἰῶνα φθιμένου Πολυδεύκης Κάστορος ἐν πο-
λέμῳ. 110
60 τὸν γὰρ Ἴδας ἀμφὶ βουσίν πως χολωθεὶς ἔτρωσεν χαλκέας
λόγχας ἀκμᾷ.

'Αντ. δ'.

ἀπὸ Ταϋγέτου πεδαυγάζων ἴδεν Λυγκεὺς δρυὸς ἐν στε-
λέχει 115
ἡμένους. κείνου γὰρ ἐπιχθονίων πάντων γένετ' ὀξύτατον
ὄμμα. λαιψηροῖς δὲ πόδεσσιν ἄφαρ
ἐξικέσθαν, καὶ μέγα ἔργον ἐμήσαντ' ὠκέως 120

V. 49. ξενίαν AcM12, v. ξεινίαν. — παρ Παμφάη Hermann, v. παρα Παμφάῃ. — V. 52. εὐρυχόρου, Sch. εὐρυχώρου. — V. 53. θάλειαν, Sch. θαλίαν. — V. 55. μὲν παρὰ om. R. — V. 56. Διί, v. Jil, Boeckh Δί. — τὰν δ', R τὰν, AP2 τὰν δ'. — V.58. οὐρανῷ, Hecker οὐρανόν. — V. 60. ἀμφὶ Pauwius, v. αἰχμᾷ, — V. 61. πεδαυγάζων, R πόδ' αὐγάζων, Ac πόδ' αὐγάων. — V. 62. ἡμένους scripsi secutus Boeckhium, nam Pindarus hic quoque Stasini vestigia diligenter videtur legisse, ἡμένα Thiersch, ἡμένος ARPM12, ἡμένος Ac, et hoc antiqui grammatici repererunt; at cum non Lyncous quercu tectus fuerit, Aristarchus ἡμένον coniecit, Didymus ἡμένος sive ἡμένας commendavit. Quae in scholiis leguntur, non satis prudenter ex antiquis commentariis decerpta sunt: nam Stasini locus, quo Aristarchus ad suam coniecturam tuendam usus esse dicitur, potius adversatur, et Didymus, qui Aristarchi emendationem impugnavisse perhibetur, primo loco eandem comprobat. Fortasse post Aristarchum alii critici hoc ipsum ἡμένους commendaverunt, Didymus autem fluctuabat, modo ἡμένος sive ἡμένας legendum esse censuit. — V. 64. ἔργον ἐμήσαντ' E. Schmid, cum esset ἔργον ἐμνήσαντ', al ἔργον AcPM12.

ΝΕΜΕΑ Χ. 237

65 καὶ πάθον δεινὸν παλάμαις Ἀφαρητίδαι Διός· αὐτίκα γὰρ
ἦλθε Λήδας παῖς διώκων· τοὶ δ' ἐναντα στάθεν τύμβῳ
σχεδὸν πατρωΐῳ·

Ἐπ. δ'.

ἔνθεν ἁρπάξαντες ἄγαλμ' Ἀΐδα, ξεστὸν πέτρον, 125
ἔμβαλον στέρνῳ Πολυδεύκεος· ἀλλ' οὔ νιν φλάσαν,
οὐδ' ἀνέχασσαν· ἐφορμαθεὶς δ' ἄρ' ἄκοντι θοῷ, 130
70 ἤλασε Λυγκέος ἐν πλευραῖσι χαλκόν.
Ζεὺς δ' ἐπ' Ἴδα πυρφόρον πλᾶξε ψολόεντα κεραυνόν·
ἅμα δ' ἐκάοντ' ἐρῆμοι. χαλεπὰ δ' ἔρις ἀνθρώποις ὁμιλεῖν
κρεσσόνων. 135

Στρ. ε'.

ταχέως δ' ἐπ' ἀδελφεοῦ βίαν πάλιν χώρησεν ὁ Τυνδαρίδας,
καί μιν οὔπω τεθναότ', ἄσθματι δὲ φρίσσοντα πνοάς
ἔκιχεν. 140
75 θερμὰ τέγγων δάκρυ' ἀνὰ στοναχαῖς
ὄρθιον φώνασε· Πάτερ Κρονίων τίς, δὴ λύσις
ἔσσεται πενθέων; καὶ ἐμοὶ θάνατον σὺν τῷδ' ἐπίτειλον,
ἄναξ. 145
οἴχεται τιμὰ φίλων ταπωμένῳ φωτί· παῦροι δ' ἐν πόνῳ
πιστοὶ βροτῶν

Ἀντ. ε'.

καμάτου μεταλαμβάνειν. ὡς ἦνιπε· Ζεὺς δ' ἀντίος ἤλυ-
θέ οἱ,
80 καὶ τόδ' ἐξαύδασ' ἔπος· Ἐσσί μοι υἱός· τόνδε δ' ἔπειτα
πόσις 150
σπέρμα θνατὸν ματρὶ τεᾷ πελάσαις
στάξεν ἥρως. ἀλλ' ἄγε τῶνδέ τοι ἔμπαν αἵρεσιν

V. 69. *ἀνέχασσαν* Wakefield, *ἀνέχασαν* Ac, v. *ἀνέσχασαν*. — V. 72. ἅμα Κ. Schmid, v. ἀμά. — *καίοντ'*, Ac *κρέοντ'*, ΑΒΡ²Μ12 *κέοντ'*, Boeckh δ' *ἐκαίοντ'*. — *ἐρῆμοι* Ahrens, v. ἐρῆμοι. — V. 74. *φρίσσοντα πνοάς* E. Schmid, v. *φρίσσοντ' ἀνακνοάς* (Ac *ἀρακνοάς*). — *ἔκιχεν* M2, *ἔκιχε* Ac, *κίχε* vulgo. — V. 75. *θερμὰ τέγγων δάκρυ' ἀνὰ στοναχαῖς* scripsi, legebatur *θερμὰ δὲ τέγγων δάκρυα στοναχαῖς*, nbi Schmid *θερμὰ δή*, Hermann *θερμὰ δὶ ὀτέγων*, Schneidewin *θερμὰ δὲ οτάξων* coniicit. Ἀνὰ, quod ad φώνασε pertinet, cum excidisset, postea additum et alieno loco insertum v. 74, δὲ ut secenties in Pindaro ab interpolatore adiectum. — V. 77. *ἐμοὶ* ΑΡ²AcM12, v. μοι. — V. 79. *ἦνιπε* ΑΒ, *ἔνιπεν* v. — *ἀντίος*, Ac *ἀντία*. — *ἤλυθέ οἱ* P2M12, v. *ἤλυθέν οἱ*, Hermann *ἤλυθεν ἀντία οἱ*. — V. 82. *στάξεν* Panvin, *ἴσταξεν* AcM2, v. *ἴσταξ'*. — *ἔμπαν*, dubito an producere liceat ultimam syllabam: est enim aeolica ratione ex *ἐν* (l. c. ἐς) et πᾶν compositum, cum *ἔμπας* sit *ἐν πᾶσι*, itaque fort. *ἔμπας* scribendum, quo alias fere in doricis carminibus utitur Pindarus.

παρθίδαμ'· εἰ μὲν θάνατόν τε φυγὼν καὶ γῆρας ἀπεχθό-
                μενον   85
αὐτὸς Οὔλυμπον θέλεις (ναίειν ἐμοὶ) σύν τ' Ἀθαναίᾳ κε-
        λαινεγχεῖ τ' Ἄρει,
                                                        Ἔπ. ε'.
85 ἔστι σοὶ τούτων λάχος· εἰ δὲ κασιγνήτου πέρι   100
    μάρνασαι, πάντων δὲ νοεῖς ἀποδάσσασθαι ἴσον,
    ἥμισυ μέν κε πνέοις γαίας ὑπένερθεν ἐών,
    ἥμισυ δ' οὐρανοῦ ἐν χρυσέοις δόμοισιν.   105
ὣς ἄρ' αὐδάσαντος οὐ γνώμᾳ διπλόαν θέτο βουλάν,
90 ἀνὰ δ' ἔλυσεν μὲν ὀφθαλμόν, ἔπειτα δὲ φωνὰν χαλκομί-
            τρα Κάστορος.

V. 84. Οὔλυμπον, M² ἄλυμπον. — θέλεις APΣM1, v. ἐθέλεις, Kay-
ser νοεῖς conl. — ναίειν ἐμοί. quae in codd. desunt, Boeckh addidit, qui
ἐθέλεις perravit, Bendictus ναίειν ἐμοί, Hartung συνοικεῖν μοι ἐθέλεις,
minus recte E. Schmid κατοικῆσαι θέλεις, vid. Sch. αὐτὸς βούλει τὸν
οὐρανὸν οἰκεῖν σὺν ἐμοὶ καὶ Ἀθηνᾷ καὶ Ἄρει. — V. 85. τούτων vulgo
et sic paraphr., ἦ μὴν τούτων, Hermann μὴν τῶν. · V. 89. ὣς, Ar ὡς
δ'. — V. 90. χαλκομίτρα E. Schmid, v. χαλκομίτρα.

NEMEONIKAI IA.

ΑΡΙΣΤΑΓΟΡΑι ΤΕΝΕΔΙΩι

ΠΡΥΤΑΝΕΙ.

Strophae.

```
⏑‒ ‒ ‒ ⏑‒ ⏑⏑ ‒ ⏑⏑ ‒ ⏒ ⏑‒ ⏓
⏑‒ ‒ ‒ ⏑‒ ‒ ‒ ⏑⏑ ⏑‒ ⏑⏑ ‒ ⏒
⏑‒ ⏑ ‒ ⏑⏑ ‒ ‒ ⏑⏑ ⏑‒ ⏑⏑ ⏓
⏑‒ ‒ ‒ ⏑‒ ‒ ‒ ⏑⏑ ⏓
5  ⏑‒ ⏑ ‒ ⏑⏑ ‒ ⏑⏑ ‒ ‒ ⏑‒ ⏑⏑ ⏓
```

Epodi.

```
⏑⏑ ‒ ‒ ⏑⏑ ‒ ‒ ⏑⏑ ⏑ ‒ ‒ ⏑‒
⏑‒ ‒ ‒ ⏑⏑ ⏑‒ ‒ ⏑⏑ ‒ ‒ ⏑‒ ⏓
⏑⏑ ⏑ ‒ ⏑⏑ ‒ ⏑⏑ ‒ ⏑⏑ ‒ ⏑⏑ ⏒
⏑⏑ ‒ ⏑ ⏑⏑ ‒ ⏑⏑ ‒ ⏑⏑ ‒ ⏑⏑ ‒
5  ⏑‒ ‒ ‒ ⏑‒ ‒ ‒ ⏑⏑ ⏓
⏑‒ ‒ ⏑‒ ‒ ‒ ⏑⏑ ‒ ⏑⏑ ‒ ⏑⏑ ⏓
```

"Epodi v. 1 neque hiatu neque ancipiti terminatur; interpunctio est op. α et catalexis in syllabam clausulam commodam praebet. V. 4 haud aliter comparatus, si hiatum et ancipitem requiras; clausula tamen pulcherrima est, si interpunctio plenissima ep. α΄, γ΄." *Boeckh.* Schol. οὐδὲ ὅλως, φησὶν ὁ Δίδυμος, ἴσμεν τὴν ᾠδὴν ταύτην εἰς τοὺς ἐπινίκους συντετάχθαι· οὐ γὰρ ἱερὸν ἀγῶνα νενίκηκεν ὁ Ἀρισταγόρας, ἀλλὰ περιγύρους. γεγράφθαι δέ φησι τὴν ᾠδὴν εἰς πρυτανεύοντα καὶ τῆς πόλεως προεστῶτα τὸν Ἀρισταγόραν ... συντακτέον οὖν, φησὶν ὁ Δίδυμος, εἰς τὰ Παροίνια, καθὰ καὶ τοῖς περὶ τὸν Φαινίλην ἀρέσκει. Putant Παροίνια a Didymo eadem dici carmina, quae ab aliis Σκολιά dicta sunt: sed Scoliorum liber peculiaris non fuit in Alexandrinorum grammaticorum editionibus: igitur suspicor Παρθένεια scribendum esse, ut Didymus ad tertium librum Parthenorum, qui carmina miscella complectebatur, retulerit.

Στρ. α'.

Παῖ Ῥέας, ἅτε πρυτανεῖα λέλογχας, Ἑστία,
Ζηνὸς ὑψίστου κασιγνήτα καὶ ὁμοθρόνου Ἥρας,
εὖ μὲν Ἀρισταγόραν δέξαι τεὸν ἐς θάλαμον,
εὖ δ' ἑταίρους ἀγλαῷ σκάπτῳ πέλας,
5 οἵ σε γεραίροντες ὀρθὰν φυλάσσοισιν Τένεδον,   5

Ἀντ. α'.

πολλὰ μὲν λοιβαῖσιν ἀγαζόμενοι πρώταν θεῶν,
πολλὰ δὲ κνίσᾳ· λύρα δέ σφι βρέμεται καὶ ἀοιδά·
καὶ ξενίου Διὸς ἀσκεῖται Θέμις ἐνάοις
ἐν τραπέζαις. ἀλλὰ σὺν δόξᾳ τέλος   10
10 δυωδεκάμηνον περᾶσαι σὺν ἀτρώτῳ κραδίᾳ.

Ἐπ. α'.

ἄνδρα δ' ἐγὼ μακαρίζω μὲν πατέρ' Ἀρκεσίλαν,
καὶ τὸ θαητὸν δέμας ἀτρεμίαν τε ξύγγονον.   15
εἰ δέ τις ὄλβον ἔχων μορφᾷ παραμεύσεται ἄλλων,
ἔν τ' ἀέθλοισιν ἀριστεύων ἐπέδειξεν βίαν,
15 θνατὰ μεμνάσθω περιστέλλων μέλη,   20
καὶ τελευτὰν ἁπάντων γᾶν ἐπιεσσόμενος.

Στρ. β'.

ἐν λόγοις δ' ἀστῶν ἀγαθοῖσί μιν αἰνεῖσθαι χρεών,
καὶ μελιγδούποισι δαιδαλθέντα μελιζέμεν ἀοιδαῖς.
ἐκ δὲ περικτιόνων ἓξ καὶ δέκ' Ἀρισταγόραν
20 ἀγλααὶ νῖκαι πάτραν τ' εὐώνυμον   25

NEMEA XI.

ἐστεφάνωσαν πάλᾳ καὶ μεγαυχεῖ παγκρατίῳ.

Ἀντ. β'.

ἐλπίδες δ' ὀκνηρότεραι γονέων παιδὸς βίαν
ἴσχον ἐν Πυθῶνι πειρᾶσθαι καὶ Ὀλυμπίᾳ ἄέθλων.
ναὶ μὰ γὰρ ὅρκον, ἐμὰν δόξαν παρὰ Κασταλίᾳ   30
25 καὶ παρ' εὐδένδρῳ μολὼν ὄχθῳ Κρόνου
κάλλιον ἂν θηριώντων ἐνόστησ' ἀντιπάλων,

Ἐπ. β'.

πενταετηρίδ' ἑορτὰν Ἡρακλέος τέθμιον   35
κωμάσαις ἀνθησάμενός τε κόμαν ἐν πορφυρέοις
ἔρνεσιν. ἀλλὰ βροτῶν τὸν μὲν κενεόφρονες αὖχαι
30 ἐξ ἀγαθῶν ἔβαλον· τὸν δ' αὖ καταμεμφθέντ' ἄγαν   40
ἰσχὺν οἰκείων παρέσφαλεν καλῶν
χειρὸς ἕλκων ὀπίσσω θυμὸς ἄτολμος ἐών.

Στρ. γ'.

συμβαλεῖν μὰν εὐμαρὲς ἦν τό τε Πεισάνδρου πάλαι
αἷμ' ἀπὸ Σπάρτας, — Ἀμύκλαθεν γὰρ ἔβα σὺν Ὀρέστᾳ,
35 Αἰολέων στρατιὰν χαλκεντέα δεῦρ' ἀνάγων, —   45
καὶ παρ' Ἰσμηνοῦ ῥοᾶν κεκραμένον
ἐκ Μελανίπποιο μάτρωος· ἀρχαῖαι δ' ἀρεταὶ

Ἀντ. γ'.

ἀμφέροντ' ἀλλασσόμεναι γενεαῖς ἀνδρῶν σθένος·
ἐν σχερῷ δ' οὔτ' ἂν μέλαιναι καρπὸν ἔδωκαν ἄρου-
ραι,   50
40 δένδρεά τ' οὐκ ἐθέλει πάσαις ἐτέων περόδοις
ἄνθος εὐῶδες φέρειν πλουτώσιον,
ἀλλ' ἐν ἀμείβοντι. καὶ θνατὸν οὕτως ἔθνος ἄγει

Ἐπ. γ'.

μοῖρα. τὸ δ' ἐκ Διὸς ἀνθρώποις σαφὲς οὐχ ἕπεται   55
τέκμαρ· ἀλλ' ἔμπαν μεγαλανορίαις ἐμβαίνομεν,

V. 22 et 23. om. M12, οἱ v. 23 παιδὸς βίαν A, Γ2 hic deficit
usque ad lath. III 36. — V. 23. ἀέθλων, Hoeckh ἄθλων. — V. 26.
ἐνόστησ', in Argum. Schol. ἐνεστήσατ'. — V. 27. Possis τέθμιον
Ἡρακλέος suspicari. — V. 28. κωμάσαις AcM2, κόμαις ΑRM1. —
V. 30. ἔβαλον, Ac ἔλαβον. — V. 33. μὰν Pauwius, v. Ἰέαν. — V. 35.
χαλκεντέα E. Schmid, v. χαλκεντέων, Ac χαλκέων τε, cf. Nem. I 16.
— V. 36. ῥοᾶν scripsi, ῥοὰν vulgo. — V. 38. ἀμφέροντ', sch. videtur
ἀμφέροντ' legisse. — V. 40. περόδοις E. Schmid, quod firmat
Kusi. Procem. 12 et Cram. An. Ox. IV 309. 20, vulgo περιόδοις. —
V. 41. πλουτώσιον scripsi, vulgo πλούτῳ ἴσον, om. Aci ne quis sinceri-
τήσιον requirat, comparo quod Ibycus dixit χαριτήσιος, non χαριτή-
σιος. — V. 42. ἐν ἀμείβοντι, M12 ἐναμείβοντι, — οὕτως ἔθνος Hayne ex
paraphrasi (τὸ τῶν ἀνθρώπων γένος), v. οὔτε σθένος. — V. 44. τέκμαρ,

45 ἔργα τε πολλὰ μινυνώντες· δέδεται γὰρ ἀναιδεῖ
   ἐλπίδι γυῖα· προμαθείας δ' ἀπόκεινται ῥοαί.   60
   κερδέων δὲ χρὴ μέτρον θηρευέμεν·
   ἀπροσίκτων δ' ἐρώτων ὀξύτεραι μανίαι.

lemma secol. τέρμα. — μεγαλαγορίαις, schol. μεγαλαγορίαις legit, fort.
recte, quamquam Pindarus alias non utitur hoc vocabulo: praeterea
malim μεγαλαγορίαις τ'. — V. 45. ἔργα τε, Hartung ἔργα τὰ, poterat
commodius ἔργματα. — V. 46. γυῖα, Hartung ἴησα. — ῥοαί, conieci
ῥοναί. — V. 48. Hartung scripsit ἀπροσίκτων δ' ἔρωτες ὀξύτεροι
μανίαι.

ΙΣΘΜΙΟΝΙΚΑΙ Α.

ΠΡΟΔΟΤΩ ΘΗΒΑΙΩ

ΑΡΜΑΤΙ.

Strophae.

Epodi.

Στρ. α'.

Μᾶτερ ἐμά, τὸ τεόν, χρύσασπι Θήβα,
πρᾶγμα καὶ ἀσχολίας ὑπέρτερον
θήσομαι. μή μοι κραναᾶ νεμεσάσαι
Δᾶλος, ἐν ᾇ κέχυμαι.

„Strophae v. 1 et epodi v. 4 hiatu in fine non aiuntur, sed interpunctione str. α'. ant. β'. str. γ'. ant. γ'. et ep. α'. γ'. δ'." Boeckh.
V. 3. θήσομαι, ΑΜ2 Θάσομαι, Μ1 Φάσσομαι. — V. 4. αἴρομαι, Hartung conicecit τίταμαι, quod ego quoque suspicatus sum collato Pyth. XI 54 ἔρναῖσι δ' ἀμφ' ἀρεταῖς τίταμαι, quod Schol. ἥγεμαι interpretatur, quo eodem verbo hic utitur paraphrastes. At vide Lycophronidem 2:

16*

5 τί φίλτερον κεδνῶν τοκίων ἀγαθοῖς; 5
εἶξον, ὦ 'πολλωνιάς· ἀμφοτερᾶν τοι χαρίτων σὺν θεοῖς
ζεύξω τέλος,

Ἀντ. α'.

καὶ τὸν ἀκειρεκόμαν Φοῖβον χορεύων
ἐν Κέῳ ἀμφιρύτᾳ σὺν ποντίοις
ἀνδράσιν, καὶ τὰν ἁλιερκέα Ἰσθμοῦ 10
10 δειράδ'· ἐπεὶ στεφάνους
ἓξ ὤπασεν Κάδμου στρατῷ ἐξ ἀέθλων,
καλλίνικον πατρίδι κῦδος. ἐν ᾇ καὶ τὸν ἀδείμαντον Ἀλκ-
μήνα τέκεν

Ἐπ. α'.

παῖδα, θρασεῖαι τόν ποτε Γηρυόνα φρῖξαν κύνες. 15
ἀλλ' ἐγὼ Ἡροδότῳ τεύχων τὸ μὲν ἅρματι τεθρίππῳ
γέρας,
15 ἁνία τ' ἀλλοτρίαις οὐ χερσὶ νωμάσαντ' ἐθέλω 20
ἢ Καστορείῳ ἢ Ἰολάου ἐναρμόξαι μιν ὕμνῳ.
κεῖνοι γὰρ ἡρώων διφρηλάται Λακεδαίμονι καὶ Θήβαις
ἐτέκνωθεν κράτιστοι· 25

Στρ. β'.

ἔν τ' ἀέθλοισι θίγον πλείστων ἀγώνων,
καὶ τριπόδεσσιν ἐκόσμησαν δόμον
20 καὶ λεβήτεσσιν φιάλαισί τε χρυσοῦ,
γευόμενοι στεφάνων

ἐπεί μοι φάος ἄλλα πέφυται ἐπὶ τὰν Χάρισι φίλαν παῖδα καὶ παιδών. —
V. 6. ἀμφοτερᾶν, Μ12 ἀμφοτέροις, Schol. ἀμφοτέρων. — V. 8. ἀμφιρύτᾳ
Boeckh, AcMb ἀμφιρρύτῃ, Sch. nt vulgo ἀμφιρύτη vel ἀμφιρρύτη. —
V. 9. ἁλιερκέα, Hermanni ἁλιερκέος. — V. 11. ἓξ ὤπασεν Sch., v. Sk.
ὤπασε, Aristarchei ἐξώπασεν, cf. Hesych. ἐξώπασεν, ἐξέπεμψεν. — V.14.
Locus haud dubie depravatus, qui huuc in modum videtur emendandus
esse: *Ἀλλ' ἐγὼ Ἡροδότῳ τεύχων θ' ὁμὸν ἅρματι τεθρίππῳ γέρας, Ἀνί-
α τ' ἀλλοτρίαις κτλ.*, ubi ἅτε νέφελε significat, quamvis alias apud Pin-
darum comparantibus xii. Hartung τεύχων μέλος, ἀρ. τ. γέρας, *Ἀνί' ἐν
ἀλλοτρίαις.* — V. 16. Καστορείῳ, Hartung Καστορείῳ γ'. — *ἐναρμόξαι,*
Schol. furt. *ἐφαρμόξαι,* Hartung νιν ἁρμόζειν ἐν ὕμνῳ, poterat lenius
συναρμόξαι εἰν.—V. 17seqq. Locus villum contraxit, nam non de victoriis
omnino, sed de curulibus dicendum erat, reliqua genera deinceps singu-
latim percensentur, nec ipsum genus dicendi offensione caret. Cum
Scholiasta lath. III 18ώς καὶ στεφάνουσι θίγον ἀντὶ τῶν στεφάνων es hor
ut videtur loco afferat, posse secum iccre: *καὶ στεφάνοις θίγον ἱππείων
ἀγώνων . . . γευόμενοι ἀέθλων νικαφόρων.* Sed nimia haec audacia.
Itaque in speciosi conieci: *κεῖνοι γὰρ ἡρώων διφρηλάται Λακεδαίμονι
καὶ Θήβαις τεκνωθέντες κράτιστοι, ἔτι· ἀέθλοισι θίγον, πλείστων
ἀγώνων καὶ τριπόδεσσι κτλ.* Illi cum essent optimi auriges, alii certamina
inierunt, ex plurimis proemia detulerunt, quibus domum ornaverunt. — V. 21.
γευόμενοι. PMLy ἀενόμενοι. Λ δεβάμενοι.

νικαφόρων· λάμπει δὲ σαφὴς ἀρετά   30
ἔν τε γυμνοῖσι σταδίοις σφίσιν ἔν τ' ἀσπιδοδούποισιν
            ὁπλίταις δρόμοις·
                                    Ἀντ. β'.
οἷά τε χερσὶν ἀκοντίζοντες αἰχμαῖς,
25 καὶ λιθίνοις ὁπότε δίσκοις ἵεν.
οὐ γὰρ ἦν πένταθλον, ἔτ' ἀλλ' ἐφ' ἑκάστῳ   35
ἔργματι κεῖτο τέλος.
τῶν ἀθρόοις ἀνδησάμενοι θαμάκις
ἔρνεσιν χαίτας ῥεέθροισί τε Δίρκας ἔφανεν καὶ παρ' Εὐ-
            ρώτᾳ πέλας,
                                    Ἐπ. β'.
30 Ἰφικλέος μὲν παῖς ὁμόδαμος ἐὼν Σπαρτῶν γένει,   40
Τυνδαρίδας δ' ἐν Ἀχαιοῖς ὑψίπεδον Θεράπνας οἰκέων
            ἕδος.
χαίρετ'. ἐγὼ δὲ Ποσειδάωνί τ' Ἰσθμῷ τε ζαθέᾳ   45
Ὀγχηστίαισίν τ' ἀϊόνεσσιν περιστέλλων ἀοιδάν
. γαρύσομαι τοῦδ' ἀνδρὸς ἐν τιμαῖσιν ἀγακλέα τὰν Ἀσω-
            ποδώρου πατρὸς αἶσαν   50
                            Στρ. γ'.
35 Ὀρχομενοῖό τε πατρῴαν ἄρουραν,
ἅ νιν ἐρειδόμενον ναυαγίαις
ἐξ ἀμετρήτας ἁλὸς ἐν κρυοέσσᾳ
δέξατο συντυχίᾳ·
νῦν δ' αὖτις ἀρχαίας ἐπέβασε πότμος   55
40 συγγενὴς εὐαμερίας. ὁ πονήσαις δὲ νόῳ καὶ προμάθειαν
            φέρει.

V. 24. Schol. αἰχμάς legisse ex paraphrasi non satis tuto colligas, hoc ipsum αἰχμάς solidii Hartung, sed Pindarus haud dubie Aeoleusium more αἰχμαῖς scripsit, quemadmodum etiam v. 25 λιθίνοις δίσκοις retinendi casu dictam est. — V. 25. ὁπότε, credo Pindarum ὁπόταν scripsisse vel potius ὁπόταν Aeolensium more loci spiritu et retinetu accentu, ne confundatur cum vulgari ὑπότ' ἄν. Aeolenses enim non solum ὅπότα (ὅπποτα), sed etiam ὅπόταν videntur dixisse; cf. Hugo Weber de part. ΚΑ p. 19. Ac firmant meam suspicionem grammatici, qui hoc Pindari verba utuntur, Ammonius enim exhibet p. 41 ποτ' ἀνὰ δίσκοισι, Eustath. Od. 1501, 30 λιθίνοις ὁπόταν δίσκοισι. Boeckh ὁπότ' ἐν, Καγ- ser λιθίνοις ὁπότ' ἀεὶ (Hartung ἐν) δίσκοις. — V. 26. πένταθλον, ἔτ' ἀλλ' scripsi, ἐνενητέταθλον malis, libri πένταθλον, ἀλλ', ed. Morelliana πέντεθλον ἔτ', ἀλλ', Boeckh πεντάθλων, ἀλλ'. — V. 28. θαμάκις. Hartung εὐανθέων scholiastas legisse contendit. — V. 32. Ποσειδάωνί τ' scripsi, vulgo τ' deest, hiatu parum grato, legitque ita ut videtur Schol.: ἐγὼ δὲ τὰ Ποσειδάνι καὶ τῇ Ἰσθμῷ καὶ τῷ Ὀγχηστῷ. — V. 30. ἐρειδό- μενον, Hartung ἐρεισάμενον. — ναυαγίοις scripsi, legebatur ναυαγίαις: — V. 40. πονήσαις, Ahrens πονάσαις.

Ἀντ. γ'.

εἰ δ' ἀρετᾷ κατάκειται πᾶσαν ὀργάν,
ἀμφότερον δαπάναις τε καὶ πόνοις,
χρή νιν εὑρόντεσσιν ἀγάνορα κόμπον (65)
μὴ φθονεραῖσι φέρειν
γνώμαις. ἐπεὶ κοῦφα δόσις ἀνδρὶ σοφῷ
ἀντὶ μόχθων παντοδαπῶν, ἔπος εἰπόντ' ἀγαθὸν ξυνὸν
ὀρθῶσαι καλόν.

Ἐπ. γ'.

μισθὸς γὰρ ἄλλοις ἄλλος ἐφ' ἔργμασιν ἀνθρώποις γλυ-
κύς, 05
μηλοβότᾳ τ' ἀρότᾳ τ' ὀρνιχολόχῳ τε καὶ ὃν πόντος τρέφει.
γαστρὶ δὲ πᾶς τις ἀμύνων λιμὸν αἰανῆ τέταται· 70
ὃς δ' ἀμφ' ἀέθλοις ἢ πολεμίζων ἄρηται κῦδος ἀβρόν,
εὐαγορηθεὶς κέρδος ὕψιστον δέκεται, πολιατᾶν καὶ ξένων
γλώσσας ἄωτον. 75

Στρ. δ'.

ἄμμι δ' ἔοικε Κρόνου σεισίχθον' υἱὸν
γείτον' ἀμειβομένοις εὐεργέταν
ἁρμάτων ἱπποδρόμιον κελαδῆσαι,
καὶ σέθεν, Ἀμφιτρύων,
παῖδας προσειπεῖν, τὸν Μινύα τε μυχὸν 80
καὶ τὸ Δάματρος κλυτὸν ἄλσος Ἐλευσῖνα καὶ Εὔβοιαν ἐν
γναμπτοῖς δρόμοις·

Ἀντ. δ'.

Πρωτεσίλα, τὸ τεὸν δ' ἀνδρῶν Ἀχαιῶν
ἐν Φυλάκᾳ τέμενος συμβάλλομαι.
πάντα δ' ἐξειπεῖν, ὅσ' ἀγώνιος Ἑρμᾶς 85
Ἡροδότῳ ἔπορεν
ἵπποις, ἀφαιρεῖται βραχὺ μέτρον ἔχων
ὕμνος. ἦ μὰν πολλάκι καὶ τὸ σεσωπαμένον εὐθυμίαν μείζω
φέρει.

V. 41. ἀρετᾷ Aristarchus et alo MPP3, ἀρεταὶ Schol. cum lemm., ἀρετά AB, ἀρετά κατὰ κεῖται Heyne, Kayser ἀρετὰ κατάκειται πᾶσαν ὀργάν, l. e. praemium virtutis omnibus propositum est, quod consequi conetur, Hartung εἰ δ' ἀρετᾷ καταθῇ τις πᾶσαν ὀργάν. Pindarus opinor scripsit εἰ δ' ἀρετὰς καθίηεται sive κατίκηται. — V. 43. νιν, Schol. μιν. — V. 48. μηλοβότᾳ, Heyne μαλοβότᾳ. — τρέφει, Vat τράφει. - V. 61. δέκεται Boeckh, δέχεται vulgo. — V. 63. ἀμειβομένοις, M1 ἀμειβόμενος, A ἀμειβομένους. — εὐεργέταν, PMM12 εὐεργετᾶν. — V. 63. σεσωπαμένον, Hermann probante Hartungo σεσιγαμένον.

Ἐπ. δ'.

εἴη μιν εὐφώνων πτερύγεσσιν ἀερθέντ' ἀγλααῖς 95
ὢ Πιερίδων, ἔτι καὶ Πυθῶθεν Ὀλυμπιάδων τ' ἐξαιρέτοις
Ἀλφεοῦ ἔρνεσι φράξαι χεῖρα τιμὰν ἑπταπύλοις 95
Θήβαισι τεύχοντ'. εἰ δέ τις ἔνδον νέμει πλοῦτον κρυφαῖον,
ἄλλοισι δ' ἐμπίπτων γελᾷ, ψυχὰν Ἀΐδᾳ τελέων οὐ φράζε-
ται δόξας ἄνευθεν. 100

V. 65. *Πυθῶθεν* Pauwins, v. *Πυθόθεν*. — V. 68. *ἄλλοισι*, Chrysip-
pus *ἄλλοῖσι*. Verba'villi haud immunia videntur, sed quod Hartung
scripsit *ἄλλοισι δ' ἐν πόνοις* vix cuiquam probabit. Equidem *ἄλλοις δ'
ἐπιλάμπων* conieci.

ΙΣΘΜΙΟΝΙΚΑΙ Β.

ΞΕΝΟΚΡΑΤΕΙ ΑΚΡΑΓΑΝΤΙΝΩι

ΑΡΜΑΤΙ.

Strophae.

```
  _ ⏑́ ⏑ ⏑ _ ⏑ ⏑ _ ⏑́ _ _ _ ⏑́ ⏑ ⌇
  ⏑́ ⏑ _ _ ⏑́ ⏑ _ ⏑́ ⏑ _ _ ⏑́ ⏑ ⏑ _ ⏑ ⏑ _
  ⏑́ ⏑ _ _ ⏑́ ⏑ _ ⏑ ⏑ ⏑ _ _ ⏑ ⏑ _ ⏑
  ⏑́ ⏑ ⏑ _ ⏑ ⏑ _ ⏑ ⏑́ _ ⏑ _ ⏑
5 ⏑́ ⏑ _ _ ⏑́ ⏑ _ _ ⏑́ ⏑ _ ⏑
```

Epodi.

```
  ⏑́ ⏑ ⏑ _ ⏑ ⏑ _ ⏑́ ⏑ ⏑ _ ⏑ ⏑ _ ⏑ ⏑́ ⏑ ⌇
  ⏑́ ⏑ _ ⏑ ⏑ _ _ ⏑́ ⏑ _ ⏑
  ⏑́ ⏑ _ _ ⏑́ ⏑ _ ⏑
  ⏑́ ⏑ _ ⏑ ⏑́ ⏑ _ _ ⏑́ ⏑ ⏑ ⌇
5 ⏑́ ⏑ _ _ ⏑́ ⏑ ⏑ _ ⏑ ⏑ _
  ⏑ _ ⌢ _ ⏑́ ⏑ _ ⏑
```

„Hiatus quidem strophae versuum tertium a quarto non diriuit, sed succurrit interpunctio str. α´. ant. α´. ant. β´. γ´ cum ancipiti, ut dubitari de fine non possit. Versus secundus autem neque ancipiti neque hiatu terminatur, et infrequens ipsa interpunctio str. α´. γ´. Parum tamen verisimilis videtur coniunctio cum sequenti, quod pulchrius sonant disiuncti. Postremo quartum cum quinto eo concatenaverim negries, quo usitatior in fine strophae trimeter trochaicus acatalectus disiunctus est. Non premam ancipitem, neque interpunctionem ant. γ´ exiguam. Epodi versus omnes hiatu finiuntur, excepto quinto, qui neque ancipiti neque interpunctione exili sp. β´ satis a sexto seiungitur, sed tutius duas dirimere, ubi poteram, quam continuare. Hoc si feceris, duplici ratione demetiri modulos numerorum poteris, aut

```
  ⏑́ ⏑ _ _ ⏑́ ⏑ ⏑ _ _ ⏑ ⏑ _ ⏑ ⏑ _ ⌢ _ ⏑́ ⏑ _ ⏑
```

aut

```
  ⏑́ ⏑ _ _ ⏑́ ⏑ _ ⏑ ⏑ _ _ _ ⌢ _ ⏑́ ⏑ _ ⏑
```

Στρ. α'.

Οἱ μὲν πάλαι, ὦ Θρασύβουλε, φῶτες, οἳ χρυσαμπύκων
ἐς δίφρον Μοισᾶν ἔβαινον κλυτᾷ φόρμιγγι συναντόμενοι,
ῥίμφα παιδείους ἐτόξευον μελιγάρυας ὕμνους,   5
ὅστις ἐὼν καλὸς εἶχεν Ἀφροδίτας
5 εὐθρόνου μνάστειραν ἁδίσταν ὀπώραν.

Ἀντ. α'.

ἁ Μοῖσα γὰρ οὐ φιλοκερδής πω τότ' ἦν οὐδ' ἐργάτις· 10
οὐδ' ἐπέρναντο γλυκεῖαι μελιφθόγγοι ποτὶ Τερψιχόρας
ἀργυρωθεῖσαι πρόσωπα μαλθακόφωνοι ἀοιδαί.
νῦν δ' ἐφίητι τὸ τὠργείου φυλάξαι   15
10 ῥῆμ' ἀλαθείας ἄγχιστα σκοποῦ βαῖνον,

Ἐπ. α'.

χρήματα χρήματ' ἀνήρ, ὃς φᾶ κτεάνων θ' ἅμα λειφθεὶς
καὶ φίλων.
ἐσσὶ γὰρ ὦν σοφός, οὐκ ἀγνῶτ' ἀείδω
Ἰσθμίαν ἵπποισι νίκαν,   20
τὰν Ξενοκράτει Ποσειδάων ὀπάσαις,
15 Δωρίων αὐτῷ στεφάνωμα κόμᾳ

Sed in posteriori paeon quartus trochaicae dipodiae praemissus in hoc
quidem metro atque hac versus sede displicet nescio quomodo. Priorem
aliis solutae arseos secundae in dipodia trochaica exemplis defendas sae-
pius allatis." *Boeckh.*

V. 1. φῶτες, Sch. φώντες. — oἳ Schol. Arist, Pac. 600 (ubi χρυσάμ-
πυκες ἐς δίφρον μοι συνορίβαινον), v. όσοι. — V. 6. Schol. Ar, π μούσα
γὰρ φιλοκερδής οὐ πως' ἦν. — V. 7. μελιφθόγγοι, Heyne et Boeckh
μελιφθόγγον, qm. schol. Aristoph. Ego coniccl μελιφθόγγε τότε
Τερψιχόρα ἀργυρωθεῖσα πρόσωπα, nam ut πρόσωπον resultatur,
quod olim commendavi, non est necesse. Hartung scripsit μελιφθόγγον
ποτὶ Τερψιχόρας ἀργυρωθείσας πρόσωπα, et ἀργυρωθείσας iam (iurlitt
praeposuit. — V. 9. τὸ add. Heyne, cold. om. Ego in epecdoci conieci:
ἐφίητί με τοὐλαίου φυλάξαι id est τὸ Ἀλκαίου ῥῆμα. — V. 10. σκο-
ποῦ addidit (cf. Nem. IX 55 ἀπωτέρω σκοποῦ ἄγχιστα Μοισᾶν', R. ῥῆμα
τῆς ἀλ., sed τῆς om. AP3M12, Hermann ἀλαθείας ὁδόν. Olim etiam
tentavi: ῥῆμ' ἀλαθείας ἀνὴρ ἄγχιστα βαῖνον, i. e. nunc Argivi hominis
dictum observate me iubet *Alcaeus, Pecunia vir*, qui dixit ab amicis et re
deserta, ut Pindarus ipsum Alcaei carmen respexerit. — V. 11. ὅς φᾶ,
haud dubie ὁ φᾶ scribendum, admissa syllaba ancipiti. — Θάμα scripsi
(l. c. ἅμα), Boeckh θαμά, libri θ' ἅμα, quod defendit Hartung, fortasse
recte. — V. 12. ἀγνῶτ' (l.c. ἀγνώτα) Boeckh ad νίκαν refert, scholiastae
vel ἀγνῶτ(ι) legebant, vel ἀγνῶτ' ἀείδω, Ἰσθμίαν, quod posterius pro-
baril Hartung οὐδ' ἀγνῶτ' scribens. — V. 13. Ἰσθμίαν, P3M1 Ἰσθμίοις.
— V. 15. κόμᾳ Boeckh, κόμα AP3M12, κόμαις ut videtur paraphr.,
v. κόμαν. Sed praeterea αὐτῷ displicet, fort. αὐὸν στεφάνωμα scri-
bendum, quod ne cui frigere videatur, moneo hoc proprium Isthmiae
coronae fuisse, vid. Schol. ad h. l. τοὶς οὖν τὰ Ἴσθμια ἀγωνιζομένοις
σέλινον ξηρὸν ὁ στέφανος, ὑγρὸν δὲ τοῖς τὰ Νέμεα. Sch. Procem. Nem.

πέμπεν ἀναδεῖσθαι σελίνων,
                                                                    Στρ. β'.
εὐάρματον ἄνδρα γεραίρων, Ἀκραγαντίνων φάος.   25
ἐν Κρίσᾳ δ' εὐρυσθενὴς εἶδ' Ἀπόλλων νιν πόρε τ'
    ἀγλαΐαν·
καὶ τόθι κλεινᾶς τ' Ἐρεχθειδᾶν χαρίτεσσιν ἀραρώς
20 ταῖς λιπαραῖς ἐν Ἀθάναις, οὐκ ἐμέμφθη   30
ῥυσίδιφρον χεῖρα πλαξίπποιο φωτός,
                                                                    Ἀντ. β'.
τὸν Νικόμαχος κατὰ καιρὸν νεῖμ' ἁπάσαις ἁνίαις.
ὄντε καὶ κάρυκες ὡρᾶν ἀνέγνων, σπονδοφόροι Κρονίδα 35
Ζηνὸς Ἀλεῖοι, παθόντες πού τι φιλόξενον ἔργον·
25 ἀδυπνόῳ τέ νιν ἀσπάζοντο φωνᾷ
χρυσέας ἐν γούνασιν πίπτοντα Νίκας
                                                                    Ἐπ. β'.
γαῖαν ἀνὰ σφετέραν, τὰν δὴ καλέοισιν Ὀλυμπίου Διὸς 40
ἄλσος· ἵν' ἀθανάτοις Αἰνησιδάμου
παῖδες ἐν τιμαῖς ἔμιχθεν.
30 καὶ γὰρ οὐκ ἀγνῶτες ὑμῖν ἐντὶ δόμοι
οὔτε κώμων, ὦ Θρασύβουλ', ἐρατῶν,   45
οὔτε μελικόμπων ἀοιδᾶν.
                                                                    Στρ. γ'.
οὐ γὰρ πάγος, οὐδὲ προσάντης ἁ κέλευθος γίνεται,
εἴ τις εὐδόξων ἐς ἀνδρῶν ἄγοι τιμὰς Ἑλικωνιάδων.   50
35 μακρὰ δισκήσαις ἀκοντίσσαιμι τοσοῦθ', ὅσον ὀργάν

ol vit. Pind. p. 5. — V. 16, ἀναδεῖσθαι E. Schmid, ἀνδείσθαι libri, quod
tuetur Hermann. — V. 18, νιν Boeckh, v. μιν. — V. 19. καὶ τόθι κλει-
ναῖς τ' Ἐρ. scripsi, addita particula τ' ut et in Pythio et in Attico certa-
mine Nicomacho auriga sit usus, cf. Sch. Pyth. VI 13: Θρασύβουλε· τοῦ-
τον δὲ ὡς φιλοχρήτορα καὶ προιστῶτα τῆς ἱππικῆς ἔπαινεῖ, οὐχ ὡς εἰνῖς
ἐβουλήθησαν, ἡνίοχον (quod Boeckh quoque statuit), ὁ γὰρ ἡνίοχος Νι-
κόμαχος ἐστιν, ὡς ἐν τῶν Ἰσθμιονικῶν δηλός ἐστιν. Vulgata certe, quam
Sch. quoque explicat, ferri nequit, neque placet Heynii coniectura πόρε
τ' ἀγλαΐαν καὶ τόθι κλειναῖς δ', quamquam δ' ut videtur etiam l'3. —
V. 22. νεῖμ' ἀπάσαις Hermann, νῶμα πάσαις l'3, νωμᾷ πάσαις ARM12.
Ego conficio νεῖμ' ὀπάσσαις ἀνίας (sive ἀνίαις accusativo aeolico ad-
misso) i. e. τῶν Ν. νεῖμε, κατὰ καιρὸν ὡς ὀπάσαι' ἀνίας. Hartung scripsit
τῶν Νικομάχου, κατὰ καιρὸν ὡς ὀπάσαι' ἀνίας. — V. 23. ἀνέγνων,
Schneidewin sive Ahrens ἀνέγνον. — V. 26. χρυσέας M2, χρυσέας RM1
P3, χρυσέοις τ' A. — πίπτοντα scripsi, πίπτοντα(ς) P3M12, vulgo πιπ-
τόντα, cf. Schol. II. l'l. 827. — V. 31. om. M1. — V. 32. Hermann οὐ μι-
λιφθόγγων. — V. 34. Hartung conlicit εἴ τιν' εὐδόξων ἐς ἀνδρῶν ἄγοις
vel ἄγοις. Nescio an distinctione mutata loco subveniendum sit: εἴ τις
εὐδόξων ἐς ἀνδρῶν ἄγοι· τιμὰς (sive τιμᾶς δ') Ἑλικωνιάδων μακρὰ
δισκήσαις κτλ. — V. 35. ἀκοντίσσαιμι AP3M12, v. ἀκοντίσαιμι.

Ξεινοκράτης ύπέρ άνθρώπων γλυκεΐαν
έσχεν. αίδοΐος μέν ήν άστοΐς όμιλεΐν,

'Αντ. γ'.

ίπποτροφίας τε νομίζων έν Πανελλάνων νόμω· 55
καί θεών δαΐτας προσέπτυκτο πάσας· ουδέ ποτε ξενίαν
40 ούρος έμπνεύσαις ύπέστειλ' ίστίον άμφί τράπεζαν· 60
άλλ' έπέρα ποτί μέν Φάσιν θερείαις,
έν δέ χειμώνι πλέων Νείλου προς άκτάν.

'Επ. γ'.

μή νυν, ότι φθονεραί θνατών φρένας άμφικρέμανται έλ-
πίδες,
μήτ' άρετάν ποτέ σιγάτω πατρώαν, 65
45 μηδέ τούσδ' ύμνους· έπεί τοι
ούκ έλινύσοντας αύτούς είργασάμαν.
ταύτα, Νικάσιππ', άπόνειμον, όταν
ξεΐνον έμόν ήθαΐον έλθης.

V. 28. νομίζων, F. Schmid νομίζων. — V. 39. δαΐτας, lemma Sch.
διαίτας. — ξενίαν Mss Sch., v. ξενίοις. — V. 41. θερείαις, Hecker θε-
ρείας. — V. 42. πλέων, Hartung πλέειν. — άκτάν libri, άκταίς R Sch.,
qui etiam αύγάς, Schneidewin αύγάς. — V. 44. σιγάτω, fortasse scriben-
dum σιγάντω sive σιγώντων, Hartung σιγάσω. — V. 45. μηδέ, Hartung
μήτε. — V. 46. είργασάμαν Boeckh, v. είργασάμην. — V. 47. Hermann
άπόνειμον πρός Ξεΐνον τόν ήθαΐον έλθης.

ΙΣΘΜΙΟΝΙΚΑΙ Γ.

ΜΕΛΙΣΣΩ ΘΗΒΑΙΩ

ΙΠΠΟΙΣ.

Strophae.

```
⏑−⏑−⏗⏑⏑−⏗⏑⏑−−⏑⏑−⏗
⏔−−−⏔⏑−−⏑⏑−⏗⏔⏑×
⏔⏑⏑−⏕⏑⏑−⏗⏑−⏑−⏗
⏔⏑⏑−⏑⏑−⏑⏑−⏗
5  ⏑⏔−−⏔⏑−−⏔⏑⏑−⏑⏑−⏑⏑−⏑⏑⏑⏑⏑⏕⏑⏑−⏗
⏔⏑−−⏔⏑−⏔⏑⏑−⏗
```

Epodi.

```
−⏔⏑⏑−⏑⏑−−⏔⏑⏑×
⏔⏑⏑−⏑⏑−⏗
⏔⏑−⏗⏔⏑×
−⏔⏑−⏗⏔⏑−
5  ⏑−⏔⏑⏑−⏑⏑,,⏗⏔⏑⏑−−⏔⏑⏑⏑⏑−⏗⏔⏑×
−⏔⏑⏑−⏔⏑⏑−⏔⏑−⏗⏔⏑−−⏔⏑⏑⏄⏔⏑⏔⏑⏑⏕−⏔⏑×
```

„In huius carminis (III, IV.) divisione nihil quidquam incertum videtur. Primus quidem strophae versus hiatu non terminatur, nec syllaba anceps et interpunctio ant. α'. str. β' satis certum praebent finis indicium; sed cum sequenti coniungi non potest, quia dipodias trochaicas quinas acatalecticas nunquam poëta consociavit. Interpunctio vero cur non saepius reperiatur, causa haec est, quod in fine stropharum non multum praecedente est frequentissima. Verum quarto syllabae ancipiti succurrit crebra interpunctio str. α'. β'. ant. γ'. str. δ'. ε'. ant. ε'. Epodi versus quartus neque hiatu neque ancipiti dirimitur a sequenti: tamen ibi dividendus videtur, quo quintus sexto sit similior." *Boeckh*. Hermann vero Epodi v. 5 et pariter v. 6 in binos versiculos diremit.

Carmen hoc tertium a quarto distinctum legitur in omnibus editionibus inde a Romana: errorem admissum esse primus censuit Heyne; Hermannus autem et Boeckh duo haec carmina in unum coniunxerunt compro-

Στρ.

Εἴ τις ἀνδρῶν εὐτυχήσαις ἢ σὺν εὐδόξοις ἀέθλοις
ἢ σθένει πλούτου κατέχει φρασὶν αἰανῆ κόρον,
ἄξιος εὐλογίαις ἀστῶν μεμῖχθαι. 3
Ζεῦ, μεγάλαι δ' ἀρεταὶ θνατοῖς ἕπονται
b ἐκ σέθεν· ζώει δὲ μάσσων ὄλβος ὀπιζομένων, πλαγίαις δὲ
φρένεσσιν
οὐχ ὁμῶς πάντα χρόνον θάλλων ὁμιλεῖ. 10

Ἀντ.

εὐκλέων δ' ἔργων ἄποινα χρὴ μὲν ὑμνῆσαι τὸν ἐσλόν,
χρὴ δὲ κωμάζοντ' ἀγαναῖς χαρίτεσσιν βαστάσαι.
ἔστι δὲ καὶ διδύμων ἀέθλων Μελίσσῳ 15

Laatibus ceteris criticis, qui post secuti sunt; ego vero rursus separavi. In Argm.² coniuncta leguntur, sed ibi etiam carmen II tertio adhaerescit. At in codice Vat divisa sunt carmina. Ac scholiastae quoque id plane confirmant: nam non solum carminis IV haec praemissa sunt (in Vat et N): Τοῦ τετάρτου εἴδους ἡ στροφὴ καὶ ἡ ἀντίστροφος καὶ ἡ ἐπῳδὸς ταυτὰ μέτρα ἔχει τῷ τρίτῳ, sed quod multo est gravius, etiam in ipso commentario carminis III memoratur oda IV tanquam peculiare carmen; vid. III 24: *ἐν δὲ τῇ ἑξῆς ᾠδῇ καθόλου τοὺς συγγενεῖς αὐτοῦ Κλεωνυμίδας μέλπησεν*, et rursus v. 29: *ἄμεινον δὲ ὡς τὰ ἐν τῇ ἑξῆς ᾠδῇ λεγόμενα (ἀποδίδωσι)· εἴσσεφας γὰρ φησι κατὰ πόλιμον συγγενεῖς τοῦ Μελίσσου τελευτῆσαι*. Ut coniungantur haec carmina illud maxime videtur suadere, quod idem in utraque oda sunt numeri, quod alias nusquam fecit Pindarus, secutus morem a maioribus traditum, cui etiam scenici poetae obtemperaverant. Attamen minus hoc offendit, sed potius consulto est factum, quoniam in honorem eiusdem victoris haud dubie brevi intervallo et maius et minus carmen compositum est, ut nequaquam ingenii inopia exprobranda sit poetae. Contra si coniunxeris haec carmina in unum, multae graveque oriuntur difficultates, quas animadvertit etiam Hermann, sed frustra defendere conatur. Neque tamen si haec separaveris, omnia bene inter se conveniant: nam et carmen IV iusto caret procemio, neque carminis III institutum ita ut par est absolvitur. Hos igitur nodos evitabo facili negotio expedivi, si statuamus et prioris carminis partem novissimam et alterius odae exordium intercidisse: sed non ita multa videntur deesse: fortasse trias prioris encomii, item trias alterius intercepta est. Ceterum carmen III est post a. IV compositum, nec debebat inter Isthmia referri, sed ad *Nemeaeas* odas pertinet: versatur enim in celebranda cumli victoria, quam Melissus Nemeae post Isthmiam pancratii victoriam reportavit (v. 11—13), hinc recte se habet in titulo ἵππος, quod Boeckh in παγκρατία mutavit; at in titulo carm. IV παγκρατίῳ addendum, vid. v. 43. Noluerant autem grammatici haec duo carmina seiungere ac diversis libris inserere, quoniam non solum in eiusdem victoris honorem condita, sed etiam, id quod plane singulare, iisdem numeris composita sunt. Ad Isthmia autem quam ad Nemeaea encomia referre placuit, quoniam carmen IV amplius est priore. Tertium autem carmen quarto praemiserunt, quoniam ad currulem victoriam spectat.

V. 1. *εὐτυχήσαις* libri omnes et sch. — V. 2. *φρασὶν* libri, Heyne *φρεσίν*. — V. 7. post *ἄποινα* distinguebatur, correxit Bothe. — *ὁμήσαι* Heyne, *ὑμνῶσαι* libri. — V. 8. *χαρίτεσσιν* Schmid. libri *χαρίτεσσι*. — V. 9. *ἀέθλων*, Boeckh *ἄθλων*.

10 μοίρα πρὸς εὐφροσύναν τρέψαι γλυκείαν
ἦτορ, ἐν βάσσαισιν Ἰσθμοῦ δεξαμένῳ στεφάνους, τὰ δὲ
κοίλᾳ λέοντος
ἐν βαθυστέρνῳ νάπᾳ κάρυξε Θήβαν   20
                                                  Ἐπ.
ἱπποδρομίᾳ κρατέων· ἀνδρῶν δ' ἀρετάν
σύμφυτον οὐ κατελέγχει.
15 ἴστε μὰν Κλεωνύμου
δόξαν παλαιὰν ἅρμασιν·   25
καὶ ματρόθε Λαβδακίδαισιν σύννομοι πλούτου διέστειχον
τετραοριᾶν πόνοις.
αἰὼν δὲ κυλινδομέναις ἁμέραις ἄλλ' ἄλλοτ' ἐξάλλαξεν.
ἄτρωτοί γε μὰν παῖδες θεῶν. 30

V. 12. βαθυστέρνῳ scripsi, et sic schol., vulgo βαθυστέρνον. Deinde sch. distinguit νάπᾳ· κάρυξε κτλ. — V. 17. Λαβδακίδαισιν Boeckh, v. Λαβδακίδαισι. — σύννομοι, lemma sch. σύννομος. — διέστειχον Hermann, v. διέστιχον. Hartung haec sic conformavit σύννομοι, πλούτῳ διίσχον καὶ τετραοριᾶν πόνοις. — V. 18. κυλινδομέναις, sch. fort. κυλινδομένος, sed vid. sch. ad IV 8. — ἄτρωτοί γε μάν, Hartung ἄτρωτοι γὰρ οὖ.

ΙΣΘΜΙΟΝΙΚΑΙ Δ (Γ).

ΜΕΛΙΣΣΩι ΘΗΒΑΙΩι

(ΠΑΓΚΡΑΤΙΩι.)

Στρ. α'.

Ἔστι μοι θεῶν ἕκατι μυρία παντᾷ κέλευθος·
(20) ὦ Μέλισσ', εὐμαχανίαν γὰρ ἔφανας Ἰσθμίοις
ὑμετέρας ἀρετὰς ὕμνῳ διώκειν· 5
αἷσι Κλεωνυμίδαι θάλλοντες αἰεί
5 σὺν θεῷ θνατὸν διέρχονται βιότου τέλος. ἄλλοτε δ' ἀλ-
λοῖος οὖρος
πάντας ἀνθρώπους ἐπαΐσσων ἐλαύνει. 10

Ἀντ. α'.

(25) τοὶ μὲν ὦν Θήβαισι τιμάεντες ἀρχᾶθεν λέγονται
πρόξενοί τ' ἀμφικτιόναν κελαδεννᾶς τ' ὀρφανοί
ὕβριος· ὅσσα δ' ἐπ' ἀνθρώπους ἄηται 15
10 μαρτύρια φθιμένων ζωῶν τε φωτῶν
ἀπλέτου δόξας, ἐπέψαυσαν κατὰ πὰν τέλος· ἀνορέαις δ'
ἐσχάταισιν
(30) οἴκοθεν στάλαισιν ἅπτονθ' Ἡρακλείαις. 20

Ἐπ. α'.

καὶ μηκέτι μακροτέραν σπεύδειν ἀρετάν.

Inscriptionem carminis Callierges videtur addidisse; V A 2 non exhibet, vacuo tamen spatio relicto. Ego παγκρατίῳ adieci.

V. 1. παντᾷ, legebatur παντᾶ. Totum versum aliter conformavit Hermann ἔστι τοί μοι μυρία παντᾷ κέλευθος θεῶν ἕκατι. — V. 2. εὐμαχανίαν, Sch. lect. εὐμαχανίας. — ἔφανας, ΗP3M12 ἔφανις. — Ἰσθμίοις ὑμετέρας R et sic schol. legit, om. haec verba P3M12, quam lacunam deinde explent ἀρετὰς εὐφρονέοντες κλυταῖς ὕμνων διώκειν et sic A. — V. 5. βιότου Schneidewin et Donaldson, vulgo τὸ βίον, sed τὸ om. AP3M12Vat. — V. 7. Θήβαισι, A Θήβῃσι. — V. 11. ἀνορέαις Sch. P3M12, ἀνορέας ARM1. — V. 13. καὶ μηκέτι μακροτέραν σπεύδειν ἀρετάν, conieci Ἡρακλείαις, χὰ μηπέτι μακροτέραν σπεύδειν ἀρετᾷ, h. e. et abj satius est non aliud contendere. Hartung scripsit ἂν ᾖ. μακρότερ' ἤν σπ. ἀρετάν, atque ἂν etiam Rauchenstein requirit.

ἱπποτρόφοι τ᾽ ἐγίνοντο,
15 χαλκέῳ τ᾽. Ἄρει ἅδον.
ἀλλ᾽ ἁμέρᾳ γὰρ ἐν μιᾷ 25
(35) τραχεῖα νιφὰς πολέμοιο τεσσάρων ἀνδρῶν ἐρήμωσεν μά-
καιραν ἑστίαν·
νῦν δ᾽ αὖ μετὰ χειμέριον ποικίλων μηνῶν ζόφον χθὼν
ὥτε φοινικέοισιν ἄνθησεν ῥό-
δοις 30

Στρ. β'.

δαιμόνων βουλαῖς. ὁ κινητὴρ δὲ γᾶς Ὀγχηστὸν οἰκίων
20 καὶ γέφυραν ποντιάδα πρὸ Κορίνθου τειχέων, 35
τόνδε πορὼν γενεᾷ θαυμαστὸν ὕμνον
(40) ἐκ λεχέων ἀνάγει φάμαν παλαιὰν
εὐκλέων ἔργων· ἐν ὕπνῳ γὰρ πέσεν· ἀλλ᾽ ἀνεγειρομένα
χρῶτα λάμπει, 40
Ἀωσφόρος θαητὸς ὡς ἄστροις ἐν ἄλλοις·

Ἀντ. β'.

25 ἅ τε κὴν γουνοῖς Ἀθανᾶν ἅρμα καρύξαισα νικᾶν
ἔν τ᾽ Ἀδραστείοις ἀέθλοις Σικυῶνος ὤπασεν 45

V. 15. τ᾽ Η (Sch.), om. AP3M12. — ἅδον, AH ἅδον, P3 ἅδων. Boeckhianam
sucutus asperum spiritum servavi, Pindarus ἅδον scripserat. — V. 18.
μετὰ χειμέριον ποικίλων om. M2, pro ποικίλων Hermann ποιμένων Kay-
ser φοινίκων, Hartung χειμερίων ποικίλα scripsit. — ὥτε P3, ὅτε AM12,
ὅτε Ya2H et vulgo. — φοινικέοισιν P3M12, vulgo φοινικέοισιν. — ἀν-
θησεν Pauwins, ἄνθησεν Va2, ἀνθήσαν ed. Cralandri, ut sic fort. Chrys-
ippus legit, Hermann fortasse, libri ἄνθος. — V. 24. Ἀωσφόρος, M12
(Sch.) Ἐωσφόρος. Neutra forma credo Pindarum usum esse: et Ἀωσφό-
ρος omnino ratione carct, debebat Ἀοσφόρος dici: tali enim opinor olim
etiam τὸ ἀώς (ἀὼς) i. e. ἕως tu usu: idque ipsum vocabulum servavit
Boeotorum sermo, qui ἄες (sive ἅες) i. e. ἄρχον dicebant (vid. Hesych.),
unamquam iidem praeterea ἄως usurpabant, quod descendit ab Aeolico
vocabulo ἀύα, quo Sappho usa est: ἄες enim est ἄρς, quemadmodum
Κυνόσαργες i. e. κυνὸς ἄργος dici solebat. Ex illo ἀως (ἀος) rite de-
scendit Ἀοσφόρος, quemadmodum Φυσκόος solebant dicere: quamquam
poterat etiam Ἀεσφόρος dici, quae forma obliterata deliteceere videtur
in Hesychii glossa Ἐασφόρος: denique per contractionem ex Ἀεσφόρος
poterat fieri Ἀσφόρος, quod Cyrillus exhibet. Iones more suo Ἡοσφόρος
videntur dixisse, unde Attici analogiae specie decepti Ἑωσφόρος usurparunt,
quae forma nunc etiam apud Homerum et Hesiodum legitur, sed illi
haud dubie Ἀοσφόρος dixerunt: ἠωσφόρος autem solus quod sciam Theo-
gnostus testatur. Pindaro igitur illud ipsum Ἀοσφόρος restituendum
esse censeo. Aliter de his formis statuit Ahrens (Kuhn Zeitschr. III
190 sqq.). — ὡς P23, v. ας. — V. 25. κἠν doricam crasin praebent P3M2,
κὴν M1, κ᾽ ἦν AP2, καὶ ἐν H. v. κ᾽ εἶν. Boeckh καί, ego in procoemii conviei
sui. — καρύξαισα, A(P2) καρύξασα, — νικᾶν, paraphr. νίκαν legit, at
sit a verbo ὤπασιν suspensum, itaque post hoc verbum sigma posita
ostenditur ut vulgo reperit, cf. schol. β. 8.

(45) τοιάδε τῶν τότ' ἰόντων φύλλ' ἀοιδῶν.
οὐδὲ πανaγυρίων ξυνᾶν ἀπεῖχον
καμπύλον δίφρον, Πανελλάνεσσι δ' ἐριζόμενοι δαπάνᾳ
    χαῖρον ἵππων.   50
50 τῶν ἀπειράτων γὰρ ἄγνωστοι σιωπαί.

'Επ. β'.
ἔστιν δ' ἀφάνεια τύχας καὶ μαρναμένων,
(50) πρὶν τέλος ἄκρον ἱκέσθαι.
τῶν τε γὰρ καὶ τῶν διδοῖ·   55
καὶ κρέσσον' ἀνδρῶν χειρόνων
55 ἐσφαλε τέχνα καταμάρψαισ'. ἴστε μὰν Αἴαντος ἀλκὰν
    φοίνιον, τὰν ὀψίᾳ
ἐν νυκτὶ ταμὼν περὶ ᾧ φασγάνῳ, μομφὰν ἔχει παίδεσσιν
    Ἑλλάνων, ὅσοι Τρῴανδ' ἔβαν. 60
                                Στρ. γ'.
(55) ἀλλ' Ὅμηρός τοι τετίμακεν δι' ἀνθρώπων, ὃς αὐτοῦ
    πᾶσαν ὀρθώσαις ἀρετὰν κατὰ ῥάβδον ἔφρασεν 65
    θεσπεσίων ἐπέων λοιποῖς ἀθύρειν.
40 τοῦτο γὰρ ἀθάνατον φωνᾶεν ἕρπει,
    εἴ τις εὖ εἴπῃ τι· καὶ πάγκαρπον ἐπὶ χθόνα καὶ διὰ
    πόντον βέβακεν   70
(60) ἐργμάτων ἀκτὶς καλῶν ἄσβεστος αἰεί.

'Αντ. γ'.
προφρόνων Μοισᾶν τύχοιμεν, κεῖνον ἅψαι πυρσὸν ὕμνων
καὶ Μελίσσῳ, παγκρατίου στεφάνωμ' ἐπάξιον,   75
45 ἔρνεϊ Τελεσιάδα. τόλμᾳ γὰρ εἰκώς
θυμὸν ἐριβρεμετᾶν θηρῶν λεόντων

V. 27. ἀοιδῶν quod scholiasta legit cum Hartungo restitui, libri ἀοιδᾶν. — V. 28. ξυνᾶν, lemma schol. ξυνάν. — V. 33. τῶν τε γὰρ καὶ τῶν διδοῖ 1-23 Sch., τῶν τε γὰρ καὶ τῶν διδοῖ τέλος ΛΜΥ, τῶν τε γὰρ διδοῖ τέλος ΚΜ1, inde vulgo τῶνδε γὰρ διδοῖ τέλος, Hartung τῶν τε γὰρ καὶ τῶν δόσις. Ego δίδοι scripsi, v. didot. — V. 35. ἐσφαλε Μ12, vulgo ἔσφαλλε. — καταμάρψαισ' libri, sed sch. legit τέχνα καταμάρψαι. — μὰν, Μ12 καὶ. — ὀψίᾳ, Μ1 ὀψίας. — V. 38. Τρῴανδ' Boeckh, libri Τρώανδ'. — V. 40. ἕρπει, post hoc verbum plene interpungebatur, rectius schol. — V. 44. Schol. videtur legisse καὶ Μελίσσου παγκρατίῳ, alii Μελίσσῳ, παγκρατίου στιφάνων (τάξιω. Alii vero ἔρνεϊ· Τελεσιάδα τόλμᾳ γὰρ εἰκώς κτλ. distinxerunt (ut sic paraphrastes), qui fortasse tunc priora ita conformabant καὶ Μελίσσῳ, παγκρατίου στιφάνωμ' ἐπάξιον ἔρνεϊ, i. e. hymnum, qui est στεφάνωμα ἐπάξιον τῷ ἔρνεϊ (στιφάνω) παγκρατίου. — V. 45. εἰκώς etiam Va2, R εἰκών, Meineke εἴκων, Rauchenstein τέλμα (vel τόλμᾳ) γὰρ οἷος θυμός. — V. 46. θηρῶν, libri θηρᾶν, sch. non θηρᾷ, ut homines docti putant, sed ipsum illud θηρῶν legnnt; hor aliis est participium verbi pro tertia persona

POETAE LYR.   17

(65) ἐν πόνῳ· μῆτιν δ' ἀλώπηξ, αἰετοῦ ἅτ' ἀναπιτναμένα
      ῥόμβον ἴσχει.
    χρὴ δὲ πᾶν ἔρδοντ' ἀμαυρῶσαι τὸν ἐχθρόν.
                                              Ἐπ. γ'.
      οὐ γὰρ φύσιν Ὠαριωνείαν ἔλαχεν·
  50 ἀλλ' ὀνοτὸς μὲν ἰδέσθαι,
      συμπεσεῖν δ' ἀκμᾷ βαρύς.
(70) καίτοι ποτ' Ἀνταίου δόμους
      Θηβᾶν ἄπο Καδμειᾶν μορφὰν βραχύς, ψυχὰν δ' ἄκαμ-
                πτος, προσπαλαίσων ἦλθ' ἀνὴρ
      τὰν πυροφόρον Λιβύαν, κρανίοις ὄφρα ξένων ναὸν Πο-
                σειδάωνος ἐρέφοντα σχέθοι,
                                              Στρ. δ'.
  55 υἱὸς Ἀλκμήνας· ὃς Οὐλυμπόνδ' ἔβα, γαίας τε πάσας
      καὶ βαθυκρήμνου πολιᾶς ἁλὸς ἐξευρὼν θένας,
(75) ναυτιλίαισί τε πορθμὸν ἁμερώσαις.
      νῦν δὲ παρ' Αἰγιόχῳ κάλλιστον ὄλβον
      ἀμφέπων ναίει, τετίματαί τε πρὸς ἀθανάτων φίλος,
                "Ἥβαν τ' ὀπυίει,
  60 χρυσέων οἴκων ἄναξ καὶ γαμβρὸς Ἥρας.
                                              Ἀντ. δ'.
      τῷ μὲν Ἀλκμήναν ὕπερθεν δαῖτα πορσύνοντες ἀστοί
(80) καὶ νεόδματα στεφανώματα βωμῶν αὔξομεν
      ἔμπυρα χαλκοαρᾶν ὀκτὼ θανόντων,
      τοὺς Μεγάρα τέκε οἱ Κρεοντὶς υἱούς·
  65 τοῖσιν ἐν δυθμαῖσιν αὐγᾶν φλὸξ ἀνατελλομένα συνεχὲς
      παννυχίζει,   110

Θηρᾷ dictum, aliis genitivus qui significet id quod ἐν Θηρσίν, aliis appo-
sitio ad λέοντων (λέοντι Θηρεύοντι). Dictum est Θῆρ λέων nt ap. Eurip.
Herc. F. 463 στολὴν τε Θηρὸς ἀμφιβαλλε σῷ κάρᾳ λέοντος. Epimenides
ap. Aelian. Hist. An. XII 7 Θῆρα λέοντα. Ceterum Thiersch τολμᾷ γὰρ
εἰδὼς θυμὸν ἰμβρεμετᾶν Θῆρα λεόντων vel τολμᾶν γὰρ εἰδὼς ...
Θηρᾷ coniecit, at Θηρᾷ etiam Hermann, Boeckh, Dissen alii proba-
verunt. Kayser τόλμαν ὁμοῖος θυμῷ ἴσᾳ Β. θηρῶν ἱμάντος ἐν πότμ coll.
Nem. VI 36, idem coniecit τόλμαν γὰρ εἰκὼς θυμῷ ἐριβρεμετᾶν Θηρῶν
πέφανται, Hartung τόλμαν γὰρ εἰκὼς Θυμῷ ἐν Θήρας λεόντων, (oram
τολμᾷ γὰρ ἔρπεις. — V. 48. ἔρδοντ' ἀμαυρῶσαι etiam Plut. de poet. aud.
c. 4, ἔρδοντα μαυρῶσαι Boeckh. — V. 51. ἀκμᾷ Pauwius, v. αἰχμᾷ. —
V. 53. Καδμείαν 1'3, Καδμειιᾶν AB, Καδμηίᾶν vulgo. — μορφὰν, M1
μορφῆς, Hermann Θηβᾶν ἄπο μακεῖ μορφᾶς | μὲν βραχὺς κτλ. — ἄκαμ-
πτος, Vα2 ἄκαμπος. — V. 54. Hermann coni. πᾶν Ποσειδάνιος ῥο
ἔρέποντα σχέθοι. — V. 57. πορθμὸν, Hecker πόντον. — V. 58. Αἰγιόχῳ,
M12 Αἰγιόχῳ Μ1. — V. 64. τέκε οἱ A, οἱ τέκε RM121-23, vulgo τέκεν οἱ.
— Κρεοντὶς Schmid, libri Κρεοντίς, fortasse recte. — V. 65. δυθμαῖσιν
Mommsen ut videtur ex Vα2, legebatur δυσμαῖσιν.

αἰθέρα κνισᾶντι λακτίζοισα καπνῷ,

Ἐπ. δ'

(κε') καὶ δεύτερον ἆμαρ ἐτείων τέρμ' ἀέθλων 115
γίνεται, ἰσχύος ἔργον.
ἔνθα λευκωθεὶς κάρα
70 μύρτοις ὅδ' ἀνὴρ διπλόαν
νίκαν ἀνεφάνατο παίδων τε τρίταν πρόσθεν, κυβερνα-
τῆρος οἰακοστρόφου 120
(κϛ') γνώμᾳ πεπιθὼν πολυβούλῳ. σὺν Ὀρσέᾳ δέ νιν κωμάξο-
μαι τερπνὰν ἐπιστάζων χάριν.

V.68, αἰθέρα, Plnt. de primo frig. 10 αέρα. — κνισᾶντι, Hermann κνισάντι. — λακτίζοισα, Hecker πλακτίζοισα. — V. 88. γίνεται, lege-batur γίγνεται. — V. 69. λευκωθείς, Hecker λευκανθής. — V. 71. παί-δων τε τρίταν Hermann olim corr., vulgo et lemma sch. παίδων τὴν τρί-ταν, M12V a3 παίδων τρίταν. Nunc Hermann καὶ τρίταν et sic fort. unus schol., non recte. Mommsen καὶ παίδων τρίταν mavult. — V. 72. πισιθών, Hartung πιπιθώς. — πολυβούλῳ Hermann, v. πολυβούλα. Schol. videtur lausisse πολυβούλα σὺν Ὀρσίᾳ δί. Nunc Hermann γνώμα αἰεντος· πολύβουλ' Ὀρσία, σὺν σοὶ δέ νιν. — κωμάξομαι Hermann ex sch. et sic Vat, vulgo κωμάζομαι. — ἐπιστάζων AP23 Nch., ἐπιστοχάζων M12, ἀποστάζων H.

ΙΣΘΜΙΟΝΙΚΑΙ Ε. [Δ.]

ΦΥΛΑΚΙΔΑι ΑΙΓΙΝΗΤΗι

ΠΑΓΚΡΑΤΙΑι.

Strophae.

```
  ⏑ _ ⏑ _ ⏒ ⏑ ⏑ _ ⏑ ⏑ _ ⏑
  ⏓ ⏑ _ ⏒ ⏑ _ ⏒ ⏑ ⏑ ⏒
  ⏑ ⏑ _ _ ⏑ ⏑ ⏑ _ ⏑ ⏑ _ ⏒ ⏒
  ⏑ ⏑ ⏑ _ ⏑ ⏑ ⏒
5 ⏑ ⏑ _ _ ⏑ ⏑ ⏑ _ _ ⏑ ⏑ _
  ⏓ ⏑ _ _ ⏑ ⏑ _ _ ⏑ ⏑ _ _ ⏑ ⏑ ⏑ _ ⏑ ⏑ _ _ ⏑ ⏑ _ ⏒
```

Epodi.

```
  ⏑ ⏑ _ _ ⏑ ⏑ ⏑ _ ⏑ ⏑ _ ⏒
  ⏑ ⏑ _ _ ⏑ ⏑ _ _ ⏑ ⏑ _
  ⏑ ⏑ _ _ ⏑ ⏑ ⏑ _ ⏑ ⏑ ⏑ ⏒
  ⏑ ⏑ _ ⏑ ⏑ ⏑ ⏒
5 ⏑ ⏑ _ _ ⏑ ⏑ _ _ ⏑ ⏑ ⏑ _
  ⏓ ⏑ _ _ ⏑ ⏑ _ ⏑ ⏑ ⏑ _
  ⏑ ⏑ _ ⏑ ⏑ ⏑ _ _ ⏑ ⏑ ⏒
  ⏑ ⏑ ⏑ _ ⏑ ⏑ _ _ ⏑ ⏑ _ ⏑ ⏑ _
  ⏑ ⏑ ⏑ _ ⏑ ⏑ _ _ ⏑ ⏑ _ ⏒
```

„Strophae v. 3 hiatu non terminatur, sed ancipiti et interpunctione str. α΄. γ΄. ant. γ΄. At v. 5—7 neque hiatu neque ancipiti utuntur, et consociari facile possunt, suadente adeo apostropho str. β΄ 6 et rara admodum interpunctione. V. 6 interpunctione finitur ep. α΄. β΄ et v. 6 eadem ep. α΄. β΄, coniungi tamen tum inter se tum cum sequenti possunt." Boeckh. Idem postea str. v. 6 et 7 recte in unum iunxit, et fortasse etiam v. 3 et 4 melius copulantur. Ep. v. 4 satis incertus est.

Μᾶτερ Ἀελίου πολυώνυμε Θεία,   Στρ. α'.
σέο γ' ἕκατι καὶ μεγασθενῆ νόμισαν
χρυσὸν ἄνθρωποι περιώσιον ἄλλων·
καὶ γὰρ ἐριζόμεναι
5 νᾶες ἐν πόντῳ καὶ ὑφ' ἅρμασιν ἵπποι   5
διὰ τεάν, ὦ 'νασσα, τιμὰν ὠκυδινάτοις ἐν ἁμίλλαισι θαυ-
μασταὶ πέλονται·
                                                            Ἀντ. α'.
ἔν τ' ἀγωνίοις ἀέθλοισι ποθεινόν
κλέος ἔπραξεν, ὅντιν' ἀθρόοι στέφανοι   10
χερσὶ νικάσαντ' ἀνέδησαν ἔθειραν
10 ἢ ταχυτᾶτι ποδῶν.
κρίνεται δ' ἀλκὰ διὰ δαίμονας ἀνδρῶν.
δύο δέ τοι ζωᾶς ἄωτον μοῦνα ποιμαίνοντι τὸν ἄλπνιστον
                                       εὐανθεῖ σὺν ὄλβῳ,   15
                                                            Ἐπ. α'.
εἴ τις εὖ πάσχων λόγον ἐσλὸν ἀκούσῃ.
μὴ μάτευε Ζεὺς γενέσθαι· πάντ' ἔχεις,
15 εἴ σε τούτων μοῖρ' ἐφίκοιτο καλῶν.
θνατὰ θνατοῖσι πρέπει.   20
τὶν δ' ἐν Ἰσθμῷ διπλόα θάλλοισ' ἀρετά,
Φυλακίδα, κεῖται, Νεμέᾳ δὲ καὶ ἀμφοῖν,
Πυθέᾳ τε παγκρατίου. τὸ δ' ἐμόν
20 οὐκ ἄτερ Αἰακιδᾶν κέαρ ὕμνων γεύεται·   25
σὺν Χάρισιν δ' ἔμολον Λάμπωνος υἱοῖς
                                                            Στρ. β'.
τάνδ' ἐς εὔνομον πόλιν. εἰ δὲ τέτραπται

V. 1. Ἀελίου Sch. his Va2, Boeckh Ἁλίου. — V. 2. σέο γ', lemma
sch. σεῦ γ'. Pindarus fort. σέο ἕκατι scripserat. — V. 5. ὑφ' ἅρμασιν
restitui ex sch., vulgo ἐν ἅρμασιν. — V. 8. ἔπραξεν, schol. ad v. 2 cum
ἐσχήκασιν interpretatur, videtur ἔπραξεν legisse, fort. recte, quamquam
sch. v. 8 ἔπραξεν tuetur male illo quidem haec interpretatus. — V. 11.
δαίμονας, R. δαίμονα, Heyne δαίμονος. — V. 12. δύο, lemma sch. δύω.
— ἄλπνιστον, sch. etiam ἀνέλπιστον, et sic paraphrastes. Pravam hanc
lectionem prave interpretatur Gramm. Bekk. An. I 392, 15 (Apost. II 91.
Aristoph. 56) Ἀνέλπιστον βίον τὸν κάλλιστον εἰρήκασιν Ἀττικαί, ἐν ᾧ οὐκ
εἰς ἐλπίδας ἐπείγηται, ἀλλὰ πάρεστιν ἤδη τὰ ἀγαθά. οὕτω Πίνδαρος.
Totum locum sic conformavit Hartung δύο δέ τοι ζ. ἄωτα μοῦνα ποιμαί-
νει βίον ἄλγιστον, εὐανθεῖ οὖν ὄλβῳ ᾖ τις κτλ. — V. 13. πάσχων, schol.
ad v. 18 haec in artum coegit εἴ τις εὖ πάσχοι. — λόγον ἐσλόν, Hecker
λόγῳ ἐσλός conl. — ἀκούσῃ ΑΓ23M12, ἀκούῃ R. — V. 16. θνατοῖσι, Her-
mann, ut opiniti restituantur, θνατοῖσιν. — V. 18. Hartung edidit κεῖ-
ται Νεμέᾳ τε καὶ ἀμφοῖν, Πυθίᾳ δὲ παγκρατίου. — V. 21. Χάρισιν
Boeckh, legebatur χάρισιν. — ἔμολον, paraphr. legit ἔμολον καὶ numero
paenultimato. — υἱοῖς, Hartung putat schol. legisse υἱῷ, Kayser οἴῳ.

θεοδότων ἔργων κέλευθον ἂν καθαράν,
μὴ φθόνει κόμπον τὸν ἐοικότ' ἀοιδᾷ 30
25 κιρνάμεν ἀντὶ πόνων.
καὶ γὰρ ἡρώων ἀγαθοὶ πολεμισταί
λόγον ἐκέρδαναν, κλέονται δ' ἔν τε φορμίγγεσσιν ἐν αὐ-
λῶν τε παμφώνοις ὁμοκλαῖς 35
Ἀντ. β'.

μυρίον χρόνον· μελέταν δὲ σοφισταῖς
Διὸς ἕκατι πρόσβαλον σεβιζόμενοι.
30 ἐν μὲν Αἰτωλῶν θυσίαισι φαενναῖς
Οἰνείδαι κρατεροί,
ἐν δὲ Θήβαις ἱπποσόας Ἰόλαος 40
γέρας ἔχει, Περσεὺς δ' ἐν Ἄργει, Κάστορος δ' αἰχμὰ Πολυ-
δεύκεός τ' ἐπ' Εὐρώτα ῥεέθροις.
Ἐπ. β'.

ἀλλ' ἐν Οἰνώνᾳ μεγαλήτορες ὀργαί
35 Αἰακοῦ παίδων τε· τοὶ καὶ σὺν μάχαις 45
δὶς πόλιν Τρώων πράθον, ἑσπόμενοι
Ἡρακλῆϊ πρότερον,
καὶ σὺν Ἀτρείδαις. ἔλα νῦν μοι πεδόθεν·
λέγε, τίνες Κύκνον, τίνες Ἕκτορα πέφνον,
40 καὶ στράταρχον Αἰθιόπων ἄφοβον 50
Μέμνονα χαλκοάραν· τίς ἄρ' ἐσλὸν Τήλεφον
τρῶσεν ἑᾷ δορὶ Καΐκου παρ' ὄχθαις;
Στρ. γ'.

τοῖσιν Αἴγιναν προφέρει στόμα πάτραν
διαπρεπέα νᾶσον· τετείχισται δὲ πάλαι 55

V. 23. Hermann transponenda censet θεοδόταν κέλευθον ἔργων. —
V. 24. ἀοιδᾷ, fort. ἀοιδᾶς vel ἀοιδᾶν. — V. 27. ἐκέρδαναν Schollasta
312, vulgo ἐκέρδαναν. — αὐλῶν, Sch. αὐλῷ legisse non satis into con-
ficias. — V. 29. σεβιζόμενοι, distinxi plene, cum vulgo nulla sit inter-
punctio. — V. 33. Πολυδεύκεος, Pauwius Πολυδεύκεως. — V. 35. Αἰακοῦ
παίδων τε, paraphr. legit Αἰακοῦ παίδων. — V. 36. πράθον, ἑσπόμενοι,
in praecedenti ἐκραθεν σπόμενοι scripsi. — V. 37. πρότερον, Hermann
πρῶτα μέν, poterat lenius τε πρότερον. Hartung Ἡρακλῆϊ τε πρότερον.
— V. 41. χαλκοάραν, fort. scripsit poeta χαλκοάρᾶν. — V. 42. τρῶσεν
ἑᾷ δορὶ Καΐκου παρ' ὄχθαις, libri non variant, nisi quod Pᵃ δουρί, vul-
gatam lectionem, in qua Καΐκου producta prima syllaba offendit, tuetur
Tzetz. Lyc. 260, sed idem in Cram. An. Ox. III 379 τρῶσεν δορὶ Καΐ-
κου, et in schol. Antichom. p. 20 ἱᾷ δορὶ Καΐκου, et ap. Matrangam An. 608
τρῶσεν δορὶ Καΐκου. Hermann ἑᾷ δορὶ τρῶσε παρ' ὀχθαισιν Καΐκου vel
τρῶσεν ἐᾷ δορὶ Μυσίαις παρ' ὀχθαις, Hartung τρῶσ' ὅλῳ δορὶ κτλ.
Pindarus scripsisse videtur ἑᾷ δορὶ τρῶσε Καϊκείοις παρ' ὄχθαις.
— παρ', Tzetz. tertio loco πρός. — ὄχθαις, sch. ὄχθαι. — V. 43. Her-
mann transponit στόμα νᾶσον διαπρεπέα πάτραν.

15 πύργος ὑψηλαῖς ἀρεταῖς ἀναβαίνειν.
πολλὰ μὲν ἀρτιεπής
γλῶσσά μοι τοξεύματ' ἔχει περὶ κείνων
κελαδέσαι· καὶ νῦν, ἐν Ἄρει μαρτυρήσαι κεν πόλις Αἴαν-
τος ὀρθωθεῖσα ναύταις   60
                                                    Ἀντ. γ΄.
ἐν πολυφθόρῳ Σαλαμὶς Διὸς ὄμβρῳ
50 ἀναρίθμων ἀνδρῶν χαλαζάεντι φόνῳ.
ἀλλ' ὅμως καύχημα κατάβρεχε σιγᾷ·   65
Ζεὺς τά τε καὶ τὰ νέμει,
Ζεὺς ὁ πάντων κύριος. ἐν δ' ἐρατεινῷ
μέλιτι καὶ τοιαίδε τιμαὶ καλλίνικον χάρμ' ἀγαπάζοντι. μαρ-
νάσθω τις ἕρδων   70
                                                    Ἐπ. γ΄.
55 ἀμφ' ἀέθλοισιν γενεὰν Κλεονίκου
ἐκμαθών· οὔτοι τετύφλωται μακρός
μόχθος ἀνδρῶν· οὐδ' ὁπόσαι δαπάναι
ἐλπίδων ἔκνισ' ὄπιν.
αἰνέω καὶ Πυθέαν ἐν γυιοδάμαις   75
60 Φυλακίδᾳ πλαγᾶν δρόμον εὐθυπορῆσαι
χερσὶ δεξιὸν νόῳ ἀντίπαλον.
λάμβανέ οἱ στέφανον, φέρε δ' εὔμαλλον μίτραν,
καὶ πτερόεντα νέον σύμπεμψον ὕμνον.   80

V. 48. ὀψηλαῖς, Schol. ὑψηλὸς legisse videtur, Hartung ὑψηλᾶς ἀρε-
τᾶς. — V. 48. κελαρύσαι scripsi, libri κελαδεῖν, Boeckh κελαδῆσαι. — καὶ
νῦν ἐν om. Γ3, ἐν om. M1. — Ἄρει, lemma schol. Ἀρεῖ. — V. 49. πολυ-
φθόρῳ, Γ3 πολυφόρῳ. — V. 50. ἀναρίθμων, Hermann olim συναρίθμων,
nunc ἰσαρίθμ' ἀνέρων, et ἰσαρίθμων videtur paraphrastes legisse, lan-
gens ἐν πολυφθόρῳ φόνῳ ἀνδρῶν ἰσαρίθμων χαλ. Διὸς ὄμβρῳ. Hartung
totum locum sic immutavit καὶ νῦν ἀρεῖ τις ... ἐν πολυφθόρῳ, Σαλαμίς,
Διὸς ὄμβρῳ ἰσαρίθμων ἀνδρῶν, χαλαζάεντι φόνῳ. — V. 51. κατάβρεχε,
AM2 κατέβραχε, unde Schneidewin κατάβραχε. — V. 52. τά τε καὶ τὰ
Boeckh, vulgo τάδε καὶ τά, A τάδε καὶ ταῦδε. — V. 54. τοιαίδε τιμᾷ
scripsi, quemadmodum legit paraphrastes et nunc scholiasta, ceteri
τοιαῖσδε τιμαῖ, ut libri. Postea Hartung eandem quam ego commendavit
inclusam. — V. 55. ἕκνις' ὄπιν, A ἕκνιξ' ὄπιν, R ἕκνιξ' ὄπιν, et ἕκνιξ-
Hermann probat. Aristarchus ἕκνισ'(α) ὄπί, interpretatus non ioesi car-
mine, sed celebravi; ἕκνιξ'(ε) ὄπιν i. e. schemate Pindarico pro ἐν-
νίξαν. Tentari possunt plura. Hartung scripsit οὐδ', ὁπόσαι δαπά-
ναι, ἐλπίδων ἐκτὸς ὄκις. — V. 59. ἐν γυιοδάμαις, conticio ἐν (sive ἐος
γυιοδαμᾶν Φυλακίδα πλαγᾶν δρόμον εὐθυποοῆσαι, Hartung ἐν γυι-)
δάμαις ... πλαγαῖς edidit, L. Schmidt longit ἐν γυιοδάμαις χεροί. —
V. 60. Φυλακίδᾳ, Γ3 Φυλακίδα (supra οο), M2 Φυλακίδαν. — εὐθυποηῆ-
σαι, Μ εὐθυπορῆσαι. — V. 61. χεροὶ δεξιὸν νόῳ ἀντ., vulgo interpun-
gunt χεροὶ δεξιόν. νόῳ ἀντ., Boeckh et Hermann χεροί, δεξιὸν νόῳ ἀντ.
Fortasse: χεροὶ δεξιόν τε νόῳ ἀντίπαλον. — V. 62. νέον, M2 νόον, AR
(in m.)M11'23 νόῳ.

ΙΣΘΜΙΟΝΙΚΑΙ ς'. [E.]

ΦΥΛΑΚΙΔΑ, ΑΙΓΙΝΗΤΗ,

[ΠΑΓΚΡΑΤΙΩ.]

Strophae.

⏑–⏑––⏑–⏑⏑–⏑⏑–
–⏑–◯–⏑––⏑–⏑⏓
–⏑––⏑–––⏑⏑⏑––⏑––⏑––
–⏑–⏖–⏑⏑–⏑⏑–⏓
5 –⏑–⏑⏑–⏑–⏓
–⏑⏑–⏑⏑––⏑⏑–⏑–⏑⏑–⏓
⏖–◯–⏑––⏓⏑–
–⏑–––⏑⏑–⏑⏑–––⏑–⏓
–⏑⏑––⏑–◯

Epodi.

⏑–––⏑⏑–⏑⏑–
–⏑––⏑⏑⏑–⏑⏑–
–⏑––⏑⏑–⏑⏑––⏑⏑–
–⏑––⏑⏑––⏑⏑–⏑⏑–◯–⏑––
5 ⏑⏑––⏑⏑––⏑⏑–⏑⏑–
–⏑⏑––⏑⏑⏑––⏑⏑–⏓
⏑⏑––⏑⏑⏑––⏑–⏑––⏑–⏓

„In inscriptione delevi verba *Πυθία, Εὐθυμένει μάτρωι* cum Heynio; nam Phylacidas celebratur de industria, Pytheas et Euthymenis ut cognatorum tantum mentio fit honorifica. De meo autem addidi *παγκρατίῳ*, quo Phylacidas vicerat. Heynius inscripsit *ἐν παισί*, quippe quod carmen hoc ante praecedens tum editum necesse sit; nam Isthm. V una tantum memoratur Isthmiaca victoria; itaque Isthm. IV debebat altera esse, ubi v. 19 duae appellantur. Cf. Schol. ad IV ed. nostr. Iam vero

Στρ. α'.

Θάλλοντος ἀνδρῶν ὡς ὅτε συμποσίου
δεύτερον κρατῆρα Μοισαίων μελίων
κίρναμεν Λάμπωνος εὐάθλου γενεᾶς ὕπερ, ἐν Νεμέᾳ μὲν
  πρῶτον, ὦ Ζεῦ, 5
τίν γ' ἄωτον δεξάμενοι στεφάνων,
5 νῦν αὖ τίν, Ἰσθμοῦ δέσποτα,
Νηρεΐδεσσί τε πεντήκοντα παίδων ὁπλοτάτου
Φυλακίδα νικῶντος. εἴη δὲ τρίτον 10
σωτῆρι πορσαίνοντας Ὀλυμπίῳ Αἴγιναν κάτα
σπένδειν μελιφθόγγοις ἀοιδαῖς.

'Αντ. α'.

10 εἰ γάρ τις ἀνθρώπων δαπάνᾳ τε χαρείς
καὶ πόνῳ πράσσει θεοδμάτους ἀρετάς, 15
σύν τέ οἱ δαίμων φυτεύει δόξαν ἐπήρατον, ἐσχατιᾶς ἤδη
  πρὸς ὄλβου
βάλλετ' ἄγκυραν θεότιμος ἐών.
τοίαισιν ὀργαῖς εὔχεται 20
15 ἀντιάσαις Ἀΐδαν γῆράς τε δέξασθαι πολιόν
ὁ Κλεονίκου παῖς· ἐγὼ δ' ὑψίθρονον
Κλωθὼ κασιγνήτας τε προσεννέπω ἕσπεσθαι κλυταῖς 25

Isthm. IV cxtr. Pytheas Phylacidae frater natu maior huius magister dici
videtur; itaque utramque victoriam puerorum Phylacidam cactum esse
putes. Sed hoc tamen incertum. Multis enim ante annis a fratre natu
maiori edoctus artem esse poterat, neque unquam puer Phylacidas vicisse
dicitur. Itaque neque Isthm. IV neque Isthm. V addidi ἐν παισίν."
Boeckh. In priore od. idem coniunxit str. v. 3 ci 4 in unum, epod. v. 4 in
binos divisit.

V. 2. κρατῆρα libri et schol. etiam ad Isth.IV 1, Hermann κρητῆρα.
— Μοισαίαν Heyne, libri Μοισᾶν, idem etiam Μοισαῶν coniecit, sed
illud tuetur sch. — V. 3. κίρναμεν libri et schol., vulgo κιρνᾶμεν, et κιρ-
νάμεναι sch. Isthm. IV 1. — V. 4. τίν γ' Pauwius, vulgo τίν, quod
Ahrens defendit. — V. 5. νῦν αὖτ' ἐν τίν, Ἰσθμοῦ δέσποτα, Νηρ. scripsi,
vulgo et schol. νῦν αὖτ' ἐν Ἰσθμῷ Δωριέᾳ Ν., sed libri Ἰσθμοῦ al prae-
terea Πύθια, Sch. Isth. IV 1 αὖτ' ἐν Ἰσθμοῦ, unde Boeckh νῦν αὖτις,
(Hartung αὖτι δ') Ἰσθμοῦ δεσπότᾳ. — V. 8. πορσαίνοντας, Hartung
πορσύνοντας. — κάτα σπένδειν Boeckh, γ. κατασπένδειν. Sch. utrum-
que. Est autem κάτα cum verbo σπένδειν iungendum, sed versus clau-
sula dirematam, ut Ol. I 57. Anastrophen praepositionis quae versu
extremo est veterum grammaticorum praecepta sanciunt, vid. Schol. IL
E 283, Joh. Alex. 27. 20. Nisi forte Pindarus scripsit Αἰγίνας κάτα
σπένδων κιλιφθόγγοις δοιδαῖς accusativis aeolicis usus, cf. etiam
v. 12 et 17. — V. 12. ἐσχατιᾶς ΑΡΕΣΜΙΣ paraphr., ἐσχατιᾶς R. ἐσχατιαῖς
Moreilius et schol. Pindarus ἐσχατιαῖς videtur scripsisse. — V. 15. ἀν-
τιάσαις, Μ.2 ἀντιάσας. — V. 17. ἕπεσθαι, in proecdosi coni. ἕψεσθαι, —
κλυταῖς, fort. κλυταῖς.

ἀνδρὸς φίλου Μοίρας ἐφετμαῖς.

Ἐπ. α'.

ὕμμε τ', ὦ χρυσάρματοι Αἰακίδαι,
20 τέθμιόν μοι φαμὶ σαφέστατον εἶναι
τάνδ' ἐπιστείχοντα νᾶσον ῥαινέμεν εὐλογίαις, 30
μυρίαι δ' ἔργων καλῶν τέτμηνθ' ἑκατόμπεδοι ἐν σχερῷ
κέλευθοι,
καὶ πέραν Νείλοιο παγᾶν καὶ δι' Ὑπερβορέους·
οὐδ' ἔστιν οὕτω βάρβαρος οὔτε παλίγγλωσσος πόλις, 35
25 ἅτις οὐ Πηλέος ἀΐει κλέος ἥρωος, εὐδαίμονος γαμβροῦ
θεῶν,

Στρ. β'.

οὐδ' ἅτις Αἴαντος Τελαμωνιάδα
καὶ πατρός· τὸν χαλκοχάρμαν ἐς πόλεμον
ἆγε σὺν Τιρυνθίοισι πρόφρονα σύμμαχον ἐς Τροίαν,
ἥρωσι μόχθον, 40
Λαομεδοντειᾶν ὑπὲρ ἀμπλακιᾶν
30 ἐν ναυσὶν Ἀλκμήνας τέκος.
εἷλε δὲ Περγαμίαν, πέφνεν δὲ σὺν κείνῳ Μερόπων 45
ἔθνεα, καὶ τὸν βουβόταν οὔρεϊ ἶσον
Φλέγραισιν εὑρὼν Ἀλκυονῆ σφετέρας οὐ φείσατο
χερσὶν βαρυφθόγγοιο νευρᾶς 50

Ἀντ. β'.

35 Ἡρακλέης. ἀλλ' Αἰακίδαν καλέων
ἐς πλόον κύρησε πάντων δαινυμένων.
τὸν μὲν ἐν ῥινῷ λέοντος στάντα κελήσατο νεκταρέαις
σπονδαῖσιν ἄρξαι 55

V. 20. εἶναι, Schneidewin coni. ἔμμεν. Fort. αἰεί. — V. 21. ἐπιστείχοντα, sch. fort. ἐπιστείχοντι. — V. 25. Πηλέος, R Πηλέως. — ἀΐει Hermann ex schol., v. ἀϋει. — V. 28. Τιρυνθίοισι, P3 Τιρυνθίαισιν. — Τροίαν Schmid, v. Τροίαν, Boeckh Τρωΐαν. — V. 29. Λαομεδοντειᾶν ὑπὲρ ἀμπλακιᾶν Kayser et sic sch., vulgo Λαομεδόντειᾶν ὑπὲρ ἀμπλακιᾶν. Praeterea scripsi Λαομεδοντειᾶν, ut semel tantum in nomine proprio v. 63 admissa sit brevis syllaba. — V. 31. Μερόπων Boeckh, vulgo Μερόπων τ', quod ex φίθνεα ortum videtur, — V. 32. τόν om. M2. — V. 33. Ἀλκυονῆ σφετέρας οὐ scripsi, et sic paraphr. legit, v. Ἀλκυονῆ, σφετέρας δ' οὐ. I'ocnis tamen librorum scripturam tueri loco simillimo Nem. IV 25, ubi item Telamoni primae, Herculi secundae partes tribuuntur. — V. 36. κύρησε ΑΜΓΡ23 et sic sch. legit, κήρυσε ΒΜ2, κάρηξε Heyne, κάρυσσε Hermann. Sed locus de vitio suspectus, nam scholiasta δαινυμένων pro δαινυμέναν interpretando testatur, quod non displicet, sed quid pro πάντων legerit incertum; haec enim dicit καὶ (καλῶν) τὸν Αἴακοῦ παῖδα τὸν Τελαμῶνα εἰς τοῦτον τὸν πλοῦν καὶ ταύτην τὴν συμμαχίαν .... ἔτυχεν ἀνευρεῖν (scr. ἀνευρὼν) εὐωχούμενον τὸν Τελαμῶνα.

καρτεραίζμαν Ἀμφιτρυωπιάδαν,
πύθωκι δ᾽ αὐτῷ φέρτατος
κι οἰνοδόκον φιάλαν χρυσῷ πεφρικυῖαν Τελαμών,
ὁ δ᾽ ἀνατείναις οὐρανῷ χεῖρας ἀμάχους   60
αὔδασε τοιοῦτον ἔπος· Εἴ ποτ᾽ ἐμάν, ὦ Ζεῦ πάτερ,
θυμῷ θέλων ἀρᾶν ἄκουσας,

                                    Ἐπ. β'.

νῦν σε, νῦν εὐχαῖς ὑπὸ θεσπεσίαις
45 λίσσομαι παῖδα θρασὺν ἐξ Ἐριβοίας   65
ἀνδρὶ τῷδε, ξεῖνον ἐμὸν μοιρίδιον τελέσαι·
τὸν μὲν ἄρρηκτον φυάν, ὥσπερ τόδε δέρμα με νῦν περι-
                                   πλανᾶται
θηρός, ὃν πάμπρωτον ἀέθλων κτεῖνά ποτ᾽ ἐν Νε-
                                   μέᾳ·   70
θυμὸς δ᾽ ἑπέσθω. ταῦτ᾽ ἄρα οἱ φαμένῳ πέμψεν θεός
50 ἀρχὸν οἰωνῶν μέγαν αἰετόν· ἁδεῖα δ᾽ ἔνδον νιν ἔκνιξεν
                                    χάρις,

                                    Στρ. γ'.

εἶπέν τε φωνήσαις ἅτε μάντις ἀνήρ·   75
Ἔσσεταί τοι παῖς, ὃν αἰτεῖς, ὦ Τελαμών·
καί νιν ὄρνιχος φανέντος κέκλευ ἐπώνυμον εὐρυβίαν
                                    Αἴαντα, λαῶν
ἐν πόνοις ἔκπαγλον Ἐνυαλίου.   80
55 ὣς ἄρα εἰπὼν αὐτίκα

V. 41. ἀνατείναις, ARM1 ἀντείναις, M2P3 ἀνατείνας, P1 ἀνυτείναις.
— V. 42. τοιοῦτον ἔπος Πογοε, RM2 τοιοῦτόν τι ἔπος, AP23 τοιοῦτόν τ'
ἔπος, N1 μὲν τόν τ' ἔπος, Hermann τοιοῦτόν γ' ἔπος, Hartung τοιοῦτον
ἐμπόδας ἔπος correxit. Pindarus haud dubie ἴπως scripserat. —
ἐμάν ... ἀρᾶν scripsi et ita legit paraphrastes: εἴ ποτε τὸν ἐμὸν εὐχὴν
... κατήκουσας, vulgo ἐμάν ... ἀράν ... V. 43. θέλων, Boeckh ἐθέλων.
— V. 44. Θεσπεσίαις ut vulgo Sch. M2(?), Θεσπεσίαν AHP2RM1. — V. 46.
haud dubie antiquam vitium latet; nam, ut alia mittam, μοιρίδιον non
potest felicem significare. Tentavi: λίσσομαι, παῖδα θρασὺν ἐξ Ἐριβοίας
ἀνδρὶ τῷδε ξυνέδαμον μοιρίδιον τελέσαι, ut ξυνέδαμος fere idem sit,
quod ἔπνιος γόνος, ut Ol. IX 46 ὁμόδαμον κτησάσθαι λίθινον γόνον.
Hartung ἀνδρὶ τῷδ', ὃν ξεῖνον ἵκου scripsit. — V. 47. τὸν μέν, Har-
tung τὸς μέν. — τόδε, R τό. — με νῦν H. Stephanus, libri μένγοι. Prae-
tera Pauwius δέρμα, ἅ με τόν. — V. 48. ἀέθλων, Boeckh ἄθλων. —
V. 50. ἁδεῖα, A αἱ δεῖα, R αἱδεῖα. — νιν Boeckh, v. μιν. — V. 51. φα-
νήσαις libri, Heyne φωνήσαις. — V. 58. κέκλευ Philippus Melanchthon,
alii κέκλει malis (cf. Hesych. κέκλειο· κάλεσον οἱ κέλευ· κέλευσε),
libri κέκλετ', quod interpretantur κέκλετο, quod non ferendum. Prava
hac interpretatione usus Hartung locum interpolavit κέκλετ' ἐκώνυμον
... Ἐνυαλίου, θεός· ὥς κε εἶπεν κτλ. Sed fort. Pindarus activa
forma nusu κέκλετε vocare dixit.

ᾖει'. ἐμοὶ δὲ μακρὸν πάσας ἀναγήσασθ' ἀρετάς·
Φυλακίδᾳ γὰρ ἦλθον, ὦ Μοῖσα, ταμίας
Πυθέᾳ τε κώμων Εὐθυμένει τε· τὸν Ἀργείων τρό-
                    πον
εἰρήσεται πᾶν ἐν βραχίστοις.

Ἀντ. γ'.

60 ἄραντο γὰρ νίκας ἀπὸ παγκρατίου
τρεῖς, ἀπ' Ἰσθμοῦ, τὰς δ' ἀπ' εὐφύλλου Νεμέας,
ἀγλαοὶ παῖδές τε καὶ μέτρως. ἀνὰ δ' ἄγαγον ἐς φάος οἵαν
                    μοῖραν ὕμνων·
τὰν Ψαλυχιαδᾶν δὲ πάτραν Χαρίτων
ἄρδοντι καλλίστᾳ δρόσῳ,
65 τόν τε Θεμιστίου ὀρθώσαντες οἶκον τάνδε πόλιν
θεοφιλῆ ναίοισι· Λάμπων δὲ μελέταν
ἔργοις ὀπάζων Ἡσιόδου μάλα τιμᾷ τοῦτ' ἔπος,
υἱοῖσί τε φράζων παραινεῖ,   100

Ἐπ. γ'.

ξυνὸν ἄστει κόσμον ἑᾷ προσάγων.
70 καὶ ξένων εὐεργεσίαις ἀγαπᾶται,
μέτρα μὲν γνώμᾳ διώκων, μέτρα δὲ καὶ κατέχων·

V. 56. ἀναγήσασθ' Mingarelli, ἀγήσασθ' ΑΓΖΒΜ12, vulgo ἀγήσασθαι.
— ἀρετάς, P3 ἀρετάς. — V. 57. ὦ M2Scholiasta, vulgo deest. — V. 59. πᾶν
scripsi. niai πάντ' malis, in quod etiam Schneidewin se incidisse narrat.
Legebatur τοῦ κ', quod exhibet N, ae x' ΑΓΖΒΜ12. IMmen suacscripsit, ut
importanam particulam ae removeret. Sed locus haud dubie gravius cor-
ruptus: displicet sermo incisus, neque particula γάρ cum priore sententia
convenit; sensit hoc scholiasta, itaque τὸν Ἀργείων τρόπον ad ea, quae
praecedunt, retulit, quae ratio prorsus est improbanda. Pindarus una
verborum comprehensione cum videtur scripsisse: Φυλακίδᾳ δ' ἦλθον
γάρ, ὦ Μοῖσα, ταμίας Πυθέᾳ τε κώμων Εὐθυμένει τε, τὸν Ἀργείων
τρόπον εἰρήσεται πᾶν ἐν βραχίστοις, vel si cui πᾶν displiceat, εἰρήσε-
ται πᾶν ἐν βραχίστοις, h. e. ἀλλὰ (κώμων ταμίας γὰρ ἦλθον) εἰρήσεται
πᾶν ἐν βραχίστοις. Atque ita etiam correpta praeter solitum syllaba
v. 57 evanescit. Hartung versus nuperrime corrupto scripsit Φυλ. γὰρ ἠλ-
θον ὡς Μοῖσά ν ταμίας .... Εὐθυμένει τε, τὸν Ἀ. τρόπον εἰρήσεται
ἴησιν βο. — V. 61. τρεῖς, ἀπ' Ἰσθμοῦ, τὰς δ' ἀπ' εὐφύλλου Νεμέας,
sic dielaxi, cum vulgo τρεῖς ἀπ' Ἰσθμοῦ iungant. Tres omnino
victorias retulerunt, unam Isthmiam, quae haec ipsa Phylacidae est,
duas Nemeaeas, quarum altera Euthymenis, altera Pytheae est, et ad
hanc tertiam pertinet carmen Nem. V. — V. 62. μάτρως Schmid et Her-
mann, vulgo μάτρωες et sic Sch., qui quidem pro singulari μάτρως
dictum existimat. — ἀνὰ δ', libri ἂν δ'. — οἵαν, Hartung οἵσαν. Ego ali-
quando conieci ἐς ψέφαος ἑὰν μοῖραν ὕμνων. — V. 63. Ψαλυχιαδᾶν
ΑΗΓΖΜ12, Ψαλυχαδᾶν P3, vulgo ex Schmidii coni. Ψαλυγιδᾶν, quod
pariter atque Ψαλυχιαδᾶν sch. agnoscit. — V. 66. ναίοισι P2, vulgo
ναίοισι. — δὲ om. ΑΜΙΠ2. — V. 69. προσάγων plene interpunxi, ei
sic sch.

ISTHMIA VI. [V.]

γλῶσσα δ' οὐκ ἔξω φρενῶν· φαίης κέ νιν ἀνδράσιν ἀ-
       θληταῖσιν ἔμμεν   105
Ναξίαν πέτραις ἐν ἄλλαις χαλκοδάμαντ' ἀκόναν.
πίσω σφε Διρκας ἁγνὸν ὕδωρ, τὸ βαθύζωνοι κόραι
75 χρυσοπέπλου Μναμοσύνας ἀνέτειλαν παρ' εὐτειχέσιν
       Κάδμου πύλαις.   110

V. 72. ἀνδράσιν Heyne. ἄνδρα ἐν PBM1, vulgo ἀνδρ' ἐν, et ἄνδρα
nona certo sch. legit. — αἰθλησαίσιν vulgo, libri ἀθλ. — V. 73. χαλκο-
δάμαντ' vel χαλκοδάμαν τ' libri, Heyne χαλκοδάμαν. — V. 74. σφε, Et.
M. 673, 24. Cram. An. Par. III 15 7e, fort. alii ἑ (Fε) legebant.

———

ΙΣΘΜΙΟΝΙΚΑΙ Ζ [ϛ.]

ΣΤΡΕΨΙΑΔΗ ΘΗΒΑΙΩ

ΠΑΓΚΡΑΤΙΩ.

Strophae.

⏑ ⏑ – ⏑ ⏑ – –   – – ⏒
⏒ – ⏑ ⏑ – – ⏑ ⏑ – – ⏑ ⌣
– ⏑ ⏑ – ⏒ – ⏑ ⏑ . ⏑ – –
– ⏑ ⏑ – . ⏑ – – ⏒
⏒ ⏓ – – ⏑ ⏑ – ⏑ ⏒̈ – ⏑ ⏑ – ⏒ ⏓̈ ⏑ ⏑ ⏑ ⏑ . – ⏑ . ⏑ ⏑

Epodi.

⏓̈ – ⏑ ⏑ – – ⏑ – ⏑ ⌣
– ⏑ ⏑ – – ⏑ ⏑ ⏑ – ⏒
– ⏑ ⏑ – ⏑ –
⏑ ⏑ – ⏑ ⏑ – – ⏑ – ⏒
⏒ ⏒̈ ⏒ ⏑ ⏑ – ⏒̈ ⏒ – ⏑ ⏑ – ⌣
– ⏑ ⏑ – ⏑ ⏑
– – ⏑ ⏑ – ⏒̈ ⏑ ⏑ ⏑ ⌣

„Strophae v. 3 cum tantum interpunctione terminetur ant. α. β. γ
coniungi cum seq. potest:

– ⏑ ⏑ – ⏒ – ⏑ ⏑ – ⏑ ⏑ – ⏒̈ – ⏑ ⏑ ⏑ . ⏑ – ⏑ – ⏒

Similiter epodi v. 3 et 4 consociare queas hunc in modum:

– ⏑ ⏑ ⏑ – ⏑ ⏑ ⏑ ⏑ – ⏑ ⏑ – ⏑ ⏑ – ⏒

aut:

– ⏑ ⏑ ⏑ – ⏑ ⏑ ⏑ ⏑ – ⏑ ⏑ – ⏑ – ⏑ – ⏒

sed responere analogia carminis videtur. Itaque dividere volui, licet una
tantum nixus interpunctione ep. β'." *Boeckh.* Στρεψιάδη, neque hic neque alibi in titulis quidquam novari, quamquam dialecti inconstantia offensioni est.

Στρ. α'.

Τίνι τῶν πάρος, ὦ μάκαιρα Θήβα,
καλῶν ἐπιχωρίων μάλιστα θυμὸν τεὸν
εὔφρανας; ἦ ῥα χαλκοκρότου πάρεδρον
Δαμάτερος ἁνίκ' εὐρυχαίταν
5 ἄντειλας Διόνυσον, ἢ χρυσῷ μεσονύκτιον νίφοντα δεξα-
                                                           μένα τὸν φέρτατον θεῶν,   5

Ἀντ. α'.

ὁπότ' Ἀμφιτρύωνος ἐν θυρέτροις
σταθεὶς ἄλοχον μετῆλθεν Ἡρακλείαις γοναῖς;   10
ἢτ' ἀμφὶ πυκναῖς Τειρεσίαο βουλαῖς;
ἢτ' ἀμφ' Ἰόλαον ἱππόμητιν;
10 ἢ Σπαρτῶν ἀκαμαντολογχᾶν; ἢ ὅτε καρτερᾶς Ἄδραστον ἐξ
                              ἀλαλᾶς ἄμπεμψας ὀρφανόν   15

Ἐπ. α'.

μυρίων ἑτάρων ἐς Ἄργος ἵππιον;
ἢ Δωρίδ' ἀποικίαν οὕνεκεν ὀρθῷ
ἔστασας ἐπὶ σφυρῷ
Λακεδαιμονίων, ἕλον δ' Ἀμύκλας   20
15 Αἰγεῖδαι σέθεν ἔκγονοι, μαντεύμασι Πυθίοις;
ἀλλὰ παλαιὰ γάρ
εὕδει χάρις, ἀμνάμονες δὲ βροτοί,

Στρ. β'.

ὅ τι μὴ σοφίας ἄωτον ἄκρον   25
κλυταῖς ἐπέων ῥοαῖσιν ἐξίκηται ζυγέν.
20 κώμαζ' ἔπειτεν ἁδυμελεῖ σὺν ὕμνῳ
καὶ Στρεψιάδᾳ· φέρει γὰρ Ἰσθμοῖ
νίκαν παγκρατίου· σθένει τ' ἔκπαγλος ἰδεῖν τε μορφάεις
                         ἄγει τ' ἀρετὰν οὐκ αἴσχιον
                         φυᾶς.   30

V. 7. Ἡρακλείοις, Schol., quī ταῖς θείαις γοναῖς interpretatur, aliud quid videtur legisse. — V. 8. ᾆς' (l. e. ᾖσει) scripsi et similiter v. 9, legebatur utroque loco ἢ ὅτ', Hartung ἢ ὅ scripsit. — πυκναῖς Τειρεσίαο Heyne, libri Τειρεσίαο (lamma sch. Τειρεσία) πυκναῖς. Dativus quamvis per se commodus sit, nec varietas displiceat structurae, tamen possis suspicari hic quoque Aeolicam accusativon πυκναὶς βουλαὶς delitescere. — V. 10. ἄμπεμψας. Sch. fort. ἄπεμψας. — V. 12. οὕνεκεν scripsi, nisi οὕνεκαν praestat, οὕνεκα Al²³M l. οὕντα RM², ην/ν ed. Cratand., ἀνίκ ἄρ' Heyne, ἀνίκ ἄρ' Hartung, ac scholiasta quoque ἀνίκα videtur legisse. — V. 18. γάρ, Schol. Hom. Il. X 276 μὲν. — V. 19. ζυγέν, P3 ζυγεν. — V. 20. ἔπειτεν Pauwius, nisi ἔπειτεν praestat, ἔπειτ' ἐν RPS Miβ Scholiast., ἔπειτ' ἄρ' AP². — V. 22. μορφάεις, AHPS sch. μορφάεσε'. — αἴσχιον, Bothe αἴσχιονα, Thiersch αἴσχιόν.

Ἀντ. β'.

φλέγεται δὲ ἰοπλόκοισι Μοίσαις,
ματρωΐ θ' ὁμωνύμῳ δίδωκε κοινὸν θάλος,
25 χάλκασπις ᾧ πότμον μὲν Ἄρης ἔμιξεν,   25
τιμὰ δ' ἀγαθοῖσιν ἀντίκειται.
ἔστω γὰρ σαφές, ὅστις ἐν ταύτᾳ νεφέλᾳ χάλαζαν αἵματος
πρὸ φίλας πάτρας ἀμύνεται, 40

Ἐπ. β'.

λοιγὸν ἀμύνων ἐναντίῳ στρατῷ,
ἀστῶν γενεᾷ μέγιστον κλέος αὔξων
30 ζώων τ' ἀπὸ καὶ θανών.
τὺ δέ, Διοδότοιο παῖ, μαχατάν
αἰνέων Μελέαγρον, αἰνέων δὲ καὶ Ἕκτορα   45
Ἀμφιάρηόν τε,
εὐανθέ' ἀπέπνευσας ἁλικίαν

Στρ. γ'.

35 προμάχων ἀν' ὅμιλον, ἔνθ' ἄριστοι   50
ἔσχον πολέμοιο νεῖκος ἐσχάταις ἐλπίσιν.
ἔτλαν δὲ πένθος οὐ φατόν· ἀλλὰ νῦν μοι
Γαιάοχος εὐδίαν ὄπασσεν
ἐκ χειμῶνος. ἀείσομαι χαίταν στεφάνοισιν ἁρμόζων. ὁ δ'
ἀθανάτων μὴ θρασσέτω φθό-
νος.   55

Ἀντ. γ'.

40 ὅ τι τερπνὸν ἐφάμερον διώκων
ἕκαλος ἔπειμι γῆρας ἔς τε τὸν μόρσιμον

V. 23. δὲ ἰοπλόκοισι scripsi, libri at videtur omnes δ' ἰοπλοκάμοισι, unde vulgo ex Schmidii coni. δ' ἰοβοστρύχοισι. — V. 24. μάτρωΐ, lemma schol. μάτρῳ. — V. 26. τιμά, schol. legit etiam τιμᾷ. Fortasse alli τιμᾷ legebant schemate Pindarico usi. — V. 27. ἐν ταύτᾳ, lemma sch. ἐνταῦθα. — πρὸ Schmid, libri πρός. — V. 28. ἀμύνων libri, emendatio incerta, fortasse scribendum λοιγὸν ἴχθρον ἐναντίῳ στρατῷ φέρων. Thiersch ἄντα φέρων conlecit, quoniam scholiasta ἐναντίον φέρων ὄλεθρον interpretatur. Hermann ἀρτιέπων, Woeldin ἀντιηχέων, ego olim ἀντανύων, Hartung totum locum ita conformavit ὅστις ἐν τ. ν. χαλάζας αἱματοῦντα φίλας πάτρας ἀμύνεται λοιγόν, ἀντιάσας ἐν. στρ. Ideo quae sequuntur hunc in modum interpolavit: αὔξων γ. μ. κλ. ἀστῶν ζώων τ' ἄπο κ. Θ., ni ἀπό cum ἀστῶν iungainr. — V. 33. Ἀμφιάρηον Boeckh, Ἀμφιάρεων P3M1. Ἀμφιάρεων vulgo, Hartung ἀμφὶ πατρόμ γᾷ. — V. 35. ἄριστοι, AP3M1 ἄριστον. — V. 36. ἐσχάταις ἐλπίσιν lemma schol., ἐσχάτασιν ἐν ἐλπίδι A, ἐσχάταισιν ἐν ἐλπίδιν P3M12. — V. 38. Γαιάοχος, A Γιαόχος. — V. 39. ἁρμόζων, Hermann ἁρμόσαις, ot sic fort. sch. — Θρασσέτω, schol. etiam θραινέτω legisse videtur. Post φθόνος plene interponsi, quod etiam sch. memorat. — V. 40. ὅ τι, Sch. ὅτι. — ἐφάμερον, AP3 ἐφάμερος. — V. 41. ἔκηλι, ἐπεί μεν AP3M1d.

ISTHMIA VII. [VI.]   273

αἰῶνα. θνάσκομεν γὰρ ὁμῶς ἅπαντες·
δαίμων δ' ἄϊσος· τὰ μακρὰ δ' εἴ τις   60
παπταίνει, βραχὺς ἐξικέσθαι χαλκόπεδον θεῶν ἕδραν· ὅ
                τοι πτερόεις ἔρριψε Πάγασος
                                    'Επ. γ'.
45 δεσπόταν ἐθέλοντ' ἐς οὐρανοῦ σταθμοὺς   65
    ἐλθεῖν μεθ' ὁμάγυριν Βελλεροφόνταν
    Ζηνός. τὸ δὲ παρ δίκαν
    γλυκὺ πικροτάτα μένει τελευτά.
    ἄμμι δ', ὦ χρυσέᾳ κόμᾳ θάλλων, πόρε, Λοξία, 70
50 τεαῖσιν ἀμίλλαισιν
    εὐανθέα καὶ Πυθόι στέφανον.

V. 43. ἄϊσος Benedictus, et sic unus ach. legit, alter et libri ἄϊστος.
— V. 44. ὅ τοι Schneidewin, et sic Vat ac fort. sch., ὅτι APZM12, ὅτε
H, ὅ τε vulgo. — V. 51. Πυθοῖ Schmid et Boeckh, cf. Gramm. in Bekk.
An. III 1202, vulgo Πυθοῖ, Hermann Πύθιον.

ΙΣΘΜΙΟΝΙΚΑΙ H. [Z.]
ΚΛΕΑΝΔΡΩ ΑΙΓΙΝΗΤΗ,
[ΠΑΓΚΡΑΤΙΩ,]

Strophae.

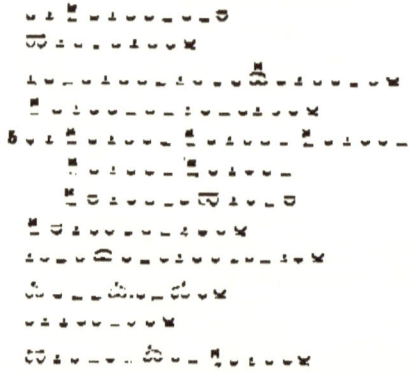

Inscriptioni Heyne adiecit παγκρατίῳ. Redii ad Boeckhianam huius carminis descriptionem. In prima editione strophas v. 1 et 2 in unum coniunxeram; item loco periodi v. 5, quam Boeckh in hoc carmine segregandam censuit, tres versus singulares descripseram. In epodosi significavi, fortasse veteres grammaticos existimasse ex inaequalibus strophis hoc carmen compositum esse: cuius opinionis vestigium deprehendisse mihi videbar in scholio, quod T. Mommsen edidit (Zeitschr. f. Alterth. 1848 n. 17), ubi haec quamvis alieno loco leguntur: ταῦτα δὲ ἐπὶ τὴν ἑξῆς νικηκυῖαν ἀντιστρέφει, corr. ἐπὶ τὴν ἐξ ὧν νενικηκυῖαν, de cuius usu in Lyricorum libris haec habet Hephaest. p. 134: καὶ ἡ μὲν διπλῆ ἡ ἔξω βλέπουσα παρὰ μὲν τοῖς Κωμικοῖς καὶ τοῖς Τραγικοῖς ἔστι πολλή· παρὰ δὲ τοῖς Λυρικοῖς σπανία· παρὰ Ἀλκμᾶνι γοῦν εὑρήσεται· ἔγραψε γὰρ ἐκεῖνος δεκατέσσαρα στροφῶν ᾄσματα, ὧν τὸ μὲν ἥμισυ τοῦ αὐτοῦ μέτρου ἐποίησεν ἀντίστροφον, τὸ δὲ ἥμισυ ἕτερον. Καὶ διὰ τοῦτο ἐπὶ ταῖς κατὰ στροφαῖς ταῖς ἑτέραις τίθεται. Ἡ δὲ διπλῆ

Στρ. α'.

Κλεάνδρῳ τις ἁλικίᾳ τε λύτρον
εὔδοξον, ὦ νέοι, καμάτων
πατρὸς ἀγλαὸν Τελεσάρχου παρὰ πρόθυρον ἰὼν ἀνεγει-
ρέτω
κῶμον, Ἰσθμιάδος τε νίκας ἄποινα, καὶ Νεμέᾳ   5
5 ἀέθλων ὅτι κράτος ἐξεῦρε, τῷ καὶ ἐγώ, καίπερ ἀχνύμενος
θυμόν, αἰτέομαι χρυσέαν καλέσαι   10
Μοῖσαν. ἐκ μεγάλων δὲ πενθέων λυθέντες
μήτ' ἐν ὀρφανίᾳ πέσωμεν στεφάνων,   15
μήτε κάδεα θεράπευε· παυσάμενοι δ' ἀπρήκτων κακῶν
γλυκύ τι δαμωσόμεθα καὶ μετὰ πόνον·
ἐπειδὴ τὸν ὑπὲρ κεφαλᾶς   20
10 ἅτε Ταντάλου λίθον παρά τις ἔτρεψεν ἄμμι θεός,

Στρ. β'.

ἀτόλματον Ἑλλάδι μόχθον. ἀλλ' ἐμ'

σημαίνει τὸ μετρολικῶς τὸ ᾆσμα γεγράφθαι. Verum notarum usus admodum varius: nec clarus, quo pacto grammatici in Pindaro his usi sint; numeri autem huius carminis quamvis habeant peculiaria quaedam, non tamen tam incerti, ut potuerint vetores critici stropharum aequalitatem praetervidere.

V. 1. ἁλικίᾳ τε etiam Schol. testatur, paraphr. fort. tantum ἁλικίᾳ legit. Hartung ἁλικία τε coniecit, ego suspicor legendum ἁλικι ᾶτα, ut poeta Aeolensium more breviore hac forma pro αἰωότας sit usus: ceterum cf. v. 66. — V. 3. ἀνεγειρέτω Hermann, firmante paraphrasi, qui ἐγειρέτω dicit (aliter schol. κατάγετε interpretatur), vulgo ἀχειρέτω. — V. 4 seq. haec sic puto refingenda esse Ἰσθμιάδος τε νίκας ἄποινα καὶ Νεμέᾳ, ἀέθλων ὅθι κράτος ἐξεῦρε, ut hoc enuntiatum αἰθ. ὅθι κτλ. ad utramque victoriam referatur. — V. 7. ἀπρήκτων, Schneidewin ἀσφάκτων. — V. 10. ἄτε scripsi, tι AP3M12, γε vulgo et schol. ad v. 12. In procedosi conieci Λίθον γε Ταντάλου. In ceteris strophis longe utitur syllaba Pindarus, hic pyrrhichium substituit, quemadmodum alt. versu secundo v. 52. — V. 11. ἀλλ' ἔμ' οὐ ... παρειφᾶν ἔπαυσε μέριμναν scripsi, legebatur ἀλλ' ἐμοὶ ... παρειφᾶν ἔπαυσε μέριμναν. Boeckh ἀλλὰ μοι scripsit ne vocabulum dirimeretur: libri nihil videntur variare, nisi quod schol. παροιχομένων exhibent: poterat recte dici μέριμνα παραιχομένων, sed quoniam terror, non cum instat, sed cum praeteriit, nos curis liberare solet, nimis contortum foret dicendi genus ἀλλ' ἐμοὶ δεῖμα μὲν παροιχομένων κ. ἔπαυσε μέριμναν, cum plana sint omnia, si δεῖμα παροιχόμενον dicatur. Longe aliter schol. haec interpretatur ἐμοὶ δὲ τὸν φθασάντων κακῶν τὸν τε φόβον καὶ τὴν μέριμναν αἱ τῆς τῆς νίκης εὐφροσύναι Πυσαν. Is igitur haud dubie legit ἀλλ' ἐμοὶ δεῖμα καὶ παροιχομένων κρεισσᾶν ἐκ. μέριμναν τοῦτι πρὸ ποδὸς κτλ. Sed ista sententia prorsus abhorret a Pindaro, quem non decebat dicere, gymnicas victorias alienae nuntio animum suum a gravissimis curis liberatum esse. Sed ne ea quidem sententia, quam nostri interpretes sequuntur, convenit; nam omnia satis ostendunt poetae animum in gravissimo maerore esse: itaque ad hunc modum locum restitui, nisi forte praeterea δεῖμα καὶ μὲν πε οἰχόμενον scribendum.

οὐ δεῖμα μὲν παραγόμενον
καρτερὰν ἔπαυσε μέριμναν· τὸ δὲ πρὸ ποδὸς ἄρειον
   (ὁρᾶν) ἀεί   25
χρῆμα· πανδάλως γὰρ αἰὼν ἐπ᾽ ἀνδράσι κρέμαται.
15 ἑλίσσων βίου πόρον· ἰατὰ δ᾽ ἐστι βροτοῖς σὺν γ᾽ ἐλευ-
                θερίᾳ   30
   καὶ τά. χρὴ δ᾽ ἀγαθὰν ἐλπίδ᾽ ἀνδρὶ μέλειν·
   χρὴ δ᾽ ἐν ἑπταπύλοισι Θήβαις τραφέντα   35
Αἰγίνᾳ Χαρίτων ἄωτον προνέμειν,
πατρὸς οὕνεκα δίδυμαι γένοντο θύγατρες Ἀσωπίδων
ὁπλόταται, Ζηνί τε ἅδον βασιλεῖ.   40
ὃ τὰν μὲν παρὰ καλλιρόῳ
20 Δίρκᾳ φιλαρμάτου πόλιος ᾤκισσεν ἁγεμόνα·

                                              Στρ. γ΄.
σὲ δ᾽ ἐς νᾶσον Οἰνοπίαν ἐνεγκὼν
κοιμᾶτο, δῖον ἔνθα τέκες   45
Αἰακὸν βαρυσφαράγῳ πατρὶ κεδνότατον ἐπιχθονίων· ὃ καί
δαιμόνεσσι δίκας ἐπείραινε· τοῦ μὲν ἀντίθεοι   50
25 ἀρίστευον υἱέες υἱέων τ᾽ ἀρηίφιλοι παῖδες ἀνορέᾳ
χάλκεον στονόεντ᾽ ἀμφέπειν ὅμαδον·   55
σώφρονές τ᾽ ἐγένοντο πινυτοί τε θυμόν.
ταῦτα καὶ μακάρων ἐμέμναντ᾽ ἀγοραί,
Ζεὺς ὅτ᾽ ἀμφὶ Θέτιος ἀγλαός τ᾽ ἔρισαν Ποσειδᾶν γάμῳ, 60
ἄλοχον εὐειδέα θέλων ἑκάτερος

ἐὰν ἔμμεν· ἔρως γὰρ ἔχεν.
ἀλλ' οὔ σφιν ἄμβροτοι τέλεσαν εὐνὰν θεῶν πραπίδες, ώς

Στρ. δ'.

ἐπεὶ θεσφάτων ἤκουσαν· εἶπε δ'
εὔβουλος ἐν μέσοισι Θέμις,
εἴνεκεν πεπρωμένον ἦν, φέρτερον κε γόνον ἄνακτα πατρὸς τεκεῖν 70
ποντίαν θεόν, ὃς κεραυνοῦ τε κρέσσον ἄλλο βέλος
25 διώξει χερὶ τριόδοντός τ' ἀμαιμακέτου, Ζηνὶ μισγομέναν 75
ἢ Διὸς παρ' ἀδελφεοῖσιν. ἀλλὰ τὰ μέν
παύσατε· βροτέων δὲ λεχέων τυχοῖσα
υἱὸν εἰσιδέτω θανόντ' ἐν πολέμῳ, 80
χεῖρας Ἄρεΐ τ' ἐναλίγκιον στεροπαῖσί τ' ἀκμὰν ποδῶν.
τὸ μὲν ἐμόν, Πηλεῖ γάμον θεόμορον 85
ὀπάσσαι γέρας Αἰακίδᾳ,
40 ὅντ' εὐσεβέστατον φάτις Ἰωλκοῦ τράφειν πεδίον·

Στρ. ε'.

ἰόντων δ' ἐς ἄφθιτον ἄντρον εὐθὺς
Χείρωνος αὐτίκ' ἀγγελίαι· 90
μηδὲ Νηρέος θυγάτηρ νεικέων πέταλα δὶς ἐγγυαλιζέτω
ἄμμιν· ἐν διχομηνίδεσσιν δὲ ἑσπέραις ἐρατόν
45 λύοι κεν χαλινὸν ὑφ' ἥρωϊ παρθενίας. ὣς φάτο Κρονίδαις 95

V. 29. ἔμεν Schmid, legebatur. Fogit. — V. 31. ἤκουσαν haud
dubie corruptum, Hermann ὃν ἄκουσαν vel ἐπάκουσαν, Boeckh
συνιέντ᾽, τείπεν, Bayser ἐπεὶ θέσφατ᾽ ἄϊον· ἔννεπε γὰρ coulerit.
— εἶπε δ᾽ libri, Boeckh εἶπεν. — V. 33. εἴνεκεν, Donaldson οὔνεκεν. — φέρτερόν κε γόνον scripsi, ut non minus sententiae, quam numero
subveniram, poteram etiam φέρτερον γόνον ἂν ἄνακτα, sed minus
placet, legebatur φέρτερον γόνον, Boeckh γόνον οἱ, at neglectum
esse digamma in hac vocula haud verisimile, omnia movit Hartung τοσσίαν φέρτερον ἄνακτα πατρὸς θεᾶν οἱ τεκεῖν γόνον. — V. 36. Ζηνὶ Ε.
Schmid, libri Δί, Hermann Δί τε, quod non satis aptum, conieci Δεί
γε. — παρ᾽, Mingarelli περ, mallem οὖν, Hartung ἢ δίοισαν ἀδ. — ἀδελφεοῖσιν ΑΓ3Μ12, ἀδελφαοῖσι Β schol. — τυχοῖσα Πεγπα, ν. τυχοῦσα. —
V. 37. χεῖρας Ἄρεΐ τ᾽ Boeckh, χεῖρας, Ἄρεΐ Hermann, Ἄρεΐ γέρας vulgo.
— V. 38. γάμον θεόμορον ὀπάσσαι γέρας Αἰακίδᾳ Hermann, qui praeteres γέρας θεόμορον ὀπάσσαι γάμον Αἰακίδᾳ coniecit, libri θεόμοιρον
ὀπάσσαι γάμον Αἰακίδᾳ γέρας, unde Boeckh θεόμοιρον ὀπάσσαι | γάμον
Αἰακίδᾳ τὸ γέρας. — V. 40. ὅντ᾽ libri, vulgo ὅντε. — φάτις Bothe, φασὶν
Ρ3Μ12, φαο vulgo. — Ἰαλκοῦ Boeckh, v. Ἰωλκοῦ. — V. 41. εὐθὺς in
praecedenti stichum scripsi. — V. 43. Νηρέος Boeckh, M1 Νηρέω, vulgo
Νηρέος. — V. 44. διχομηνίδεσσιν, vulgo ν docet, et sch. praeterea δ᾽
ἑσπέραις. — V. 46. ἥρωι Β, ἥρῳ Α.

ἐννέποισα θεά· τοὶ δ' ἐπὶ γλεφάροις
νεῦσαν ἀθανάτοισιν· ἐπέων δὲ καρπὸς   100
οὐ κατέφθινε. φαντὶ γὰρ ξύν' ἀλέγειν
καὶ γάμον Θέτιος ἄνακτα. καὶ νεαρὰν ἔδειξαν σοφῶν   105
στόματ' ἀπείροισιν ἀρετὰν Ἀχιλέος·
ὃ καὶ Μύσιον ἀμπελόεν
60 αἵμαξε Τηλέφου μέλανι ῥαίνων φόνῳ πεδίον,   110

Στρ. ϛ'.

γεφύρωσέ τ' Ἀτρείδαισι νόστον,
Ἑλέναν τ' ἐλύσατο, Τρωΐας
ἶνας ἐκταμὼν δορί, ταί μιν ῥύοντό ποτε μάχας ἐνάριμ-
βρότου
ἔργον ἐν πεδίῳ κορύσσοντα, Μέμνονός τε βίαν   115
55 ὑπέρθυμον Ἕκτορά τ' ἄλλους τ' ἀριστέας· οἷς δῶμα Φερ-
σεφόνας   120
μανύων Ἀχιλεύς, οὖρος Αἰακιδᾶν,
Αἴγιναν σφετέραν τε ῥίζαν πρόφαινεν.
τὸν μὲν οὐδὲ θανόντ' ἀοιδαὶ ἔλιπον,   125
ἀλλά οἱ παρά τε πυρὰν τάφον θ' Ἑλικώνιαι παρθένοι
στάν, ἐπὶ θρῆνόν τε πολύφαμον ἔχεαν.

V. 46. ξύν' ἀλέγειν Hermann, vulgo συναλέγειν. — V. 47. ἄνακτα,
Kayser ἄνακτι l. c. Pelro, Rauchenstein et Schneidewin ἄνακτι, Iovem
et Neptunum intelligentes, M. Schmidt φαντὶ γὰρ κὲρ' ἀλέγειν καὶ γά-
μον Θέτιος ἄνακτα, defendunt librorum lectionem miro inter dispares
consensu Hartung et Friederichs, quamquam diverso modo interpretati;
ego tenco, quod iam olim proposui scribendum esse admissa longa syl-
laba ἄνακτας, quanquam etiam quae praecedunt labis haud immunia
esse videntur, itaque scribendum puto: φαντί δ' ξύναν ἀλέγειν καὶ
γάμον Θέτιος ἄνακτας, h. c. dicunt ipsos deos Thetidis nuptias carmi-
nibus celebravisse, nam in hac re cardo totius loci versatur, Achillem
praeter ceteros carminum honore dignatum esse. De diis Pelei et Theti-
dis connubium nuptiali carmine dignantibus vid. Pyth. III 88. Nem. V
22. Apollodori Bibl. III 13, 15, et imprimis imaginem in eximia artis an-
tiquae monumento, quod Ulyxiae pictor fecit (Gerhard Diar. Archaeol.
1850 N. 23). — νεαρὰν ἔδειξαν Schmid, νέαν ἔδειξαν APS lemma schol.,
τὶ ἀνέδειξαν M12, schol. et νέαν ct νέα leglese videtur. — V. 48. στό-
μας', lemma schol. στόμα. — ἀπείροισιν, Hartung ἀοιδαῖσιν. — Ἀχιλέος
Schmid, v. Ἀχιλλέος. — V. 51. Ἀτρείδαισι, libri et lemma sch. Ἀτρεί-
δαισι. — V. 52. Τρωΐας AR, vulgo Τροΐας. — V. 53. ῥύοντο. Boeckh
coni. ῥυόντο. — ποτε Schmid et sic schol. legit, vulgo et lemma sch.
πότ' ἐκ. Sed displicet ποτε, conieci ταί (vel potius τοὶ) μιν ῥύοντ' θ',
ὁκότε μάχας ἐναιμβρότου ἔργον ἐν πεδίῳ κορύσσοιτο, atque μιν
non ad Achillem refero, quom repellebant, sed ad Troiam, quam heroes
illi defendebant. — V. 54. κορύσσοντα, AH κορύσσαντι. — V. 55. Φερσε-
φόνας Boeckh, v. Περσεφόνας. — V. 56. οὐδὲ Boeckh, v. οὔτε. — Fla-
nor PSM12 lemma sch., ἔλιπον' AR, vulgo ἔλιπον γ'. Hiatum tempus
inane ut videtur excusat, quamquam ἀοιδαὶ γ' ἔλιπον poterat scribi.
— V. 57. Ἑλικώνιαι, Hoerber Ἑλικωνίδις. — V. 58. στάν Mingarelli, v.
ἔσταν. — ἔχεαν Schmid, v. ἔχεναν.

ISTHMIA VIII. [VII.] 279

ἔδοξ' ἄρα καὶ ἀθανάτοις, 130
60 ἰσλόν γε φῶτα καὶ φθίμενον ὕμνοις θεὰν διδόμεν.

Στρ. ζ'.

τὸ καὶ νῦν φέρει λόγον, ἔσσυταί τε
Μοισαῖον ἅρμα Νικοκλέος
μνᾶμα πυγμάχου κελαδῆσαι. γεραίρετέ μιν, ὃς Ἴσθμιον
ἂν νάπος 135
Δωρίων ἔλαχεν σελίνων· ἐπεὶ περικτίονας
63 ἐνίκασε δή ποτε καὶ κεῖνος ἄνδρας ἀφύκτῳ χερὶ κλο-
νέων. 140
τὸν μὲν οὐ κατελέγχει πρωτοῦ γενεά
πατραδελφεοῦ· ἁλίκων τῷ τις ἁβρόν 145
ἀμφὶ παγκρατίου Κλεάνδρῳ πλεκέτω
μυρσίνας στέφανον. ἐπεί νιν Ἀλκαθόου τ' ἀγὼν σὺν τύχᾳ
ἐν Ἐπιδαύρῳ τε πρὶν δέκτο νεότας· 150
τὸν αἰνεῖν ἀγαθῷ παρέχει·
70 ἥβαν γὰρ οὐκ ἄπειρον ὑπὸ χειᾷ καλῶν δάμασεν.

V. 59. ἰδοξ', R ἰδοξιν. — ἄρα Boeckh, v. ἄρα. — καὶ schol.,
δ' vulgo, unde Boeckh τόθ' conl. — V. 61. φέρει, Hecker ἔχει. —
V. 62. Νικοκλέος P3M12, v. Νικοκλέους. — V. 63. γεραίρετό μιν
Bothe, γέραιρέ τέ μιν Hermann, vulgo et schol. γεραῖραί τε μιν, l'3 γε-
ραίρε ταί μιν, M12 γεραίρεταί μιν. — ἂν νάπος Hermann, vulgo ἀν-
απὸ, M1 στεπιο. — V. 65. καὶ κεῖνος Boeckh, v. κάκεῖνος. — ἀφύκτῳ,
P3 ἀφύκει, M12 ἀφύκτη. — τὸν μὲν, P3M12 τὸ μὲν. — γενεά Coporinus,
v. γενεάν. — V. 66. ἀμφὶ παγκρατίου, malim ἀμφὶ παγκρατίῳ, ut ni
quem gemiuus dandi casus offendit, poterit ἀμφὶ παγκρατίῳ Κλεάνδρου
scribere. — V. 68. πρὶν δέκτο νεότας scripsi, vulgo νεότας πρὶν δέκτο,
Hermann νεότας δέκετο πρὶν. — V. 69. παρέχει, P3M12 κατέχει.

FRAGMENTA.

Pindari carmina ab aliis aliter digesta sunt:[*]) fuerunt libri septemdecim, sed librorum et tituli et ordo variant. Secundum Suidam Pindarus ἔγραψε ἐν βιβλίοις ιζ' Δωρίδι διαλέκτῳ ταῦτα· Ὀλυμπιονίκας, Πυθιονίκας, [Νεμεονίκας, Ἰσθμιονίκας [**])], προσόδια, παρθένια, ἐνθρονισμούς, Βακχικά, δαφνηφορικά, παιᾶνας, ὑπορχήματα, ὕμνους, διθυράμβους, σκολιά, ἐγκώμια, θρήνους, δράματα τραγικὰ ιζ', [***]) ἐπιγράμματα ἐπικά†) καὶ καταλογάδην παραινέσεις τοῖς Ἕλλησι καὶ ἄλλα πλεῖστα. At longe aliter vitae auctor in cod. Vratisl.: Γέγραφε δὲ βιβλία ἑπτακαίδεκα· ὕμνους, παιᾶνας, διθυράμβων β' ††), προσοδίων β', φέρεται δὲ καὶ παρθενίων β' καὶ γ',

---

[*]) Exposuit de hac re Boeckh in procemio, quod fragmentis a se collectis praemisit. Boeckhium secuti sunt Dissen, Schneidewin, alii. Nuper Leutsch in Philologo XI p. 17 seq. haec attigit, neque vero iustam rei rationem perspexit.

[**]) Haec in libris Suidae omissa supplevit Kuster.

[***]) Librum hunc decimumseptimum septendecim carmina complexum esse, non est verisimile; videtur numerus temere ex prioribus repositus esse.

†) Ἐπικά manifesto corruptum, haud dubie numerus versuum fuit additus, non epigrammatum (nam haec pauca admodum fuisse consentaneum est), sed omnium Pindaricorum carminum: scriptum fuisse videtur ἔκη ,κ ,δ h. e. viginti quatuor millia versuum (Suidas enim hac nota poterat uti, quamquam haud ignoro antiquiores Μ ,δ vel ΜΜ,δ scripsisse); numerus certo satis commodus: tam enim singuli libri fere MCCCC versuum fuerunt. Atque haud scio an huc etiam sit referendum, quod Eustathius vita Pind. 81, ubi carmina nominatim recenset, dicit: θρήνοι καὶ ἐπινίκια, κατὰ τὴν ἱστορίαν ἀπὸ τρισμυρίων, οὓς καὶ ἐπισήκους τετρασυλλάβως φασίν. Eustathium sane apparet Epiniciorum numerum indicare voluisse: sed numerus non congruit: nam debebat potius ἑξακισχίλια scribi: abutitur enim Schneidewin hoc numero, qui dicit eo firmari versuum descriptionem a Boeckhio restitutam; si veteres grammatici fere cola, non versus aut periodos curabant. Neque tamen puto ἑξακισχίλια restituendum esse, sed Eustathius cum in fine indicis versuum numerum reperisset huuc ,κ,δ, cuuique non bi par erat, ad universa carmina, sed ad epinicia referret, atque iam nimis amplum esse putaret, ex coniectura τρισμυριχίλια scripsit, quemadmodum etiam alias corrupta pro viribus corrigere studet.

††) Cod. καὶ θυράμβων, quod emendavit Boeckh; abusus hac scriptura Schneider coniecit παιᾶνας α', διθυράμβων β'. Deinde codex προσοδίας.

ὃ ἐπιγράφει κεχωρισμένων παρθενίων, *) ὑπορχημάτων β', ἐγκώμια, θρήνους, ἐπινίκων δ'. Cum hac vita plane consentit Eustath. 31, qui eosdem carminum titulos eodem ordine recenset, nisi quod librorum numeros praetermisit, et haud dubie librarii negligentia voz ὕμνοι, quae primum locum debebat obtinere, intercidit. Thomas Magister tantum dicit carminum libros esse XVII, sed nominatim sola epinicia recensel. **)

Habemus igitur duas plane diversas editiones carminum Pindaricorum: et Boeckh quidem existimat eam ordinem, quem Suidas exhibet, recentiorem esse, fortasse ab Aristarcho institutum, alterum ordinem ad Aristophanem grammaticum referi, quem putat primum Pindari carmina disposuisse. Haec nostri homines secuti sunt, nisi quod Schneidewin suspicatur in Aristarchi locum potius Callimachum esse substituendum, sed uter ordo a Callimacho profectus sit, in medio relinquens. Ego vero rocus sentio: etenim eo ordine, quem Pindari biographi exhibent, quem ego quoque ad Aristophanem referendum esse censeo, veteres grammatici ad unum omnes utuntur: inde factum est, ut tituli, qui alterius ordinis peculiares sunt, nusquam in grammaticorum scriptis compareant: igitur consentaneum est alterum ordinem, quem recentiorem existimat Boeckh, non esse ab Aristarcho institutum, sed eundem in usu fuisse, antequam Aristophanes novum in modum digesserit carmina Pindarica: neque tamen ad Callimachum auctorem est referendus, verum is cum ita digesta reperiisset poetae carmina, etiam retulit in suas tabulas; atque ex hoc πινάκων opere indicem Pindaricorum carminum descripsit is, quem Suidas sequitur. ***)

Schneidewin saue suspicatur eiusmodi operam Callimachum in Pindari carminibus collocavisse, at hoc a Callimachi studiis prorsus alienum, qui non ut Aristophanes, Aristarchus, alii carminum editiones paravit, sed librorum indicibus conficiendis operam dedit; eum igitur decebat cum nova moliri, sed quae tradita erant a maioribus sedulo recolere. Atque infra ostendam hac recensione Pindaricorum carminum ante Callimachum usus esse Aristoxenum, Theophrastum, Chamaeleontem.

Hanc recensionem etiam respexit is, qui versibus heroicis Pindari vitam illustravit: antiquum carmen appellat Eustathius, cuius auctoritas

—————

*) Probabiliter Boeckh scripsit: παρθενίων β', φέρεται δὲ καὶ γ', ὃ ἐπιγράφεται κεχωρισμένων παρθενίων.

**) In codice Vindobonensi, quem Mommsen contulit, eadem vita, quae Thomae nomen prae se fert, legitur, ibi autem addita sunt haec: ἀπὸ δὲ τῶν ις' βιβλίων εἰσὶ καὶ τὰ λεγόμενα προσόδια, καὶ παρθένια, πᾶνα (παιᾶνες), ὕμνοι (ἔμνοι), διθυραμβικά (διθύραμβοι), σκολιά, καὶ ἄλλα. Qui haec adiecit, haud dubie Suida usus est; ordo carminum plane consentit, sed omissa sunt potissimum minus trita carminum nomina.

***) Hunc scriptorem, Hesychium Milesium, sive antiquiorem, quem rursus Hesychius secutus est, haec ex Callimacho petivisse fidem facit numerus versuum additus, de quo supra dixi: alloquin hic carminum index etiam ex Chamaeleontis libro περὶ Πινδάρου repeti potuerat.

In hac re non multum valet: Boeckhio versus valde recentes videntur: Schneidewin ad imperatorum Romanorum tempora refert. Si ritis, quibus carmen passim deformatum est, librariis, non versificatori imputantur, non video quidquam causae, cur non Alexandrino saeculo hoc carmen vindicetur, id quod etiam Leutsch censet et compluribus argumentis firmare studuit. Fuit sane non satis eruditus homo, quod vel maxime arguit v. 20:

ἦμος δ᾽ ἐν Μαραθῶνι καὶ ἐν Σαλαμῖνι παρίσταν
αἰωρεῖται Πέρσαι μετὰ Δάτιδος ἀγριοφώνου,
τῆμος ἔτι ζώσκεν, ὅ τ᾽ Αἰσχύλος ἦν ἐν Ἀθήναις.

Neque enim Datis alteri bello interfuit, sed illi eius equestribus copiis praeerant, patre ni videtur iam defuncto: neque Pindarus tempore bellorum Persicorum grandaevus fuit, ut ἔτι ζώσκεν dici potuerit, sed aequalis fere Aeschyli.*) Haec inscitia in primordiis studiorum facillius condonabitur: non tamen contendam certum esse, eum qui hos versus scripsit, ante Aristophanem vixisse: nam poterat antiquitatis aliquis studiosus etiam post Aristophanem ad priorem recensionem redire. Dicit ille de Pindari carminibus:

ἔμιλψε δὲ κῦδος ἀγώνων
τῶν πισύρων, μακάρων παιήονας, ἔν τε θρονισμούς,
καὶ μέλος ὀρχηθμοῖσι, θεῶν τ᾽ ἐγκυκλίας ὕμνους,
ἠδὲ μελιφθόγγων μελεδήματα παρθενικῶν.

Poetam versus legi astriciam singula carmina solemni ordine percensuisse non est credibile: sed quod epinicia primo loco ponit, quem in antiqua editione obtinebant, vix poetae arbitrio tribuendum; gravius est, quod θρονισμοί enumerantur, qui in altera editione hoc titulo omnino privati erant.**) Reliqua carmina utrum praetermiserit poeta difficultate deterritus, an librarii negligentia aliquot versus interciderint, ambigi potest.

In hac priore editione, quae haud dubie Atticorum hominum studiis confecta est, cum Pindarica carmina iam vulgo vilescerent, id quod Eupolis conqueritur, primum locum obtinent epinicia: haec enim carmina, cum gymnicae artis studium latissime floreret, inprimis adolescentibus cara et accepta fuerunt; sequuntur carmina in deorum honorem composita: his subiuncta reliqua, quae hominibus dedicata: novissimo loco ponuntur δράματα τραγικά, fortasse quod haec poemata aliquanto post editioni addita sunt.

Aristophanes autem, cum ad artis criticae leges Pindari carmina examinaret, etiam novo modo disposuit: librorum numerum neque auxit neque minuit, quoniam XVII voluminibus commode XXIV milia versuum com-

---

*) Scripsi ὅ τ᾽ dixissim, legebatur ὅτ᾽. Anonymus, qui octoginta annos natum Pindarum de vita decessisse dicit, si poetae mortem ad Ol. LXXXII retulit, ut Ol. LXII natus esset, quodammodo veniam impetrabit.
**) Scripsi ἔν τε θρονισμούς, in libris est ἴσθι ...., ἴσθι ἀσφαλέστερος sive ἀραδιάγμένους. Schneidewin ἔν δὲ τε θρηνοῖς, Tafel ἐν δ᾽ ἰλαγχοὺς scribens barbarismis non ferendis inquinant poetae orationem. altera coniectura etiam rerum varietati adversatur.

prehendi poterant: sed carmina ad pauciora genera revocavit; sic
autem digessit, ut primus locus daretur carminibus, quae diis erant
dedicata, ultimo loco ponerentur, quae hominum laudes continerent:
medium sibi vindicant poemata, quae utrique generi sunt confinia.*)
Epinicia autem, quamvis maxime remota a principe loco, etiam postea
non minore gratia fruebantur: mos a maioribus traditus vel maxime
commendabat, ut potissimum in scholis adolescentium studiis tereren-
tur.**) Itaque in hac editione iam non comparent *ἐνθρονισμοί*, *Βακ-
χικά*, *δαφνηφορικά*, *σκόλια*, *τραγικά δράματα*. Haec quomodo
novae recensioni inseruerit Aristophanes ignoramus: nisi quod *Δαφνη-
φορικά* Partheniorum libro secundo videtur complexus esse. *Τραγικά
δράματα* Boeckh ad Hyporchematum lib. II, *Βακχικά* ad Dithyramborum
lib. II refert: sed mihi verisimilius videtur, tragoedias a dithyramborum
societate non diiunctas esse, *Βακχικά***) autem fortasse Prosodiorum
libro II inserta sunt, quem librum *Ἐνθρονισμοῖς* vindicat Boeckh; at
haec poemata disparia admodum fuisse videntur, poterat Aristophanes
partim Partheniis, alia aliis libris, velut *ὑπορχημάτων* libro secundo
inserere. Eadem ratio videtur etiam Scoliorum fuisse, quae ad Encomia
revocat Boeckh: at non est verisimile ex duobus integris libris unum
volumen nimis illud quidem amplum confectum esse; haud dubie tunc
encomia in Aristophanea recensione duobus libris fuissent compre-
hensa: videtur igitur scolia partim cum encomiis coniunxisse, quoniam
inter haec carmina arcta necessitudo intercessit, alia autem aliis libris
addidisse, potissimum libro III Partheniorum, qui liber carmina mi-
scella continebat.

Iam cum his, quae de antiquiore editione et Aristophanea recen-
sione exposui, videtur pugnare, quod passim Scolia a grammaticis com-
memorantur, cum Enthronismorum et reliquorum carminum, quorum
tituli priori editioni peculiares sunt, nulla fiat mentio. Sed hanc quae-
stionem solvam. Athenaeus identidem Pindari scolia adhibet, at singu-
los locos ubi examinaveris, apparet id illi factum esse, ubi ex antiqui-
oribus auctoribus Pindari versus repetiit, velut fr. 103 ex Aristoxeno
descripsit, fr. 105 ex Theophrasto ut videtur, fr. 100 ex Chamaeleontis
libro *περὶ Πινδάρου*, ex quo libro etiam propagavit fr. 99, quod qui-
dem non aperte ex Scoliorum libro affert, sed quoniam poeta ipse suum

---

*) Proclus in chrestomathia *ὑπορχήματα* inter carmina refert, quae
solis diis erant dedicata; recte ille quidem et antiquorum poetarum, qui
hoc carminum genus inchoaverunt, instituto convenienter videtur hyp-
orchematis consilium descripsisse; sed qui post secuti sunt poetae, velut
Pindarus, etiam hominum praeconia inseruerunt his carminibus ad eun-
dem modum, quo Alcman olim in Partheniis usus erat. Sed singulorum
carminum duplex semper fuit argumentum, nam etiam Pindari hypor-
chema in Hieronem haud dubie dei alicuius laudes continebat. Suo
igitur iure Aristophanes Pindari hyporchemata post Parthenia col-
locavit.

**) Eustathius, fortasse Plutarchum secutus, aliter sentit: *Διονύσιοι
... οἳ καὶ περιάγονται (scr. πράττονται) μάλιστα διὰ τὸ ἀνθρωπι-
κώτεροι εἶναι καὶ ὀλιγόμυθοι καὶ μηδὲ πάνυ ἔχειν ἀσαφὲς κατά γε τὰ
ἄλλα*.

***) Fortasse revera *Ἰοβακχικά* vocabantur haec poemata.

carmen σκόλιον appellat, haud dubie olim huic libro fuit insertum. *)

Iam quod Didymus In scholiis ad Nem. XI 1 videtur Παροίνια dicere, quae antea dicta sunt Σκόλια, iam ollus ad eum locum monui Παρθένια esse corrigendum. Neque magis huuc pertinet testimonium schol. Aristoph. Lysistr. 1237: ὅταν γάρ τις ᾄδῃ ἀπὸ τῶν σκολιῶν Πινδάρου, λέγομεν ὅτι δεῖ μᾶλλον ᾄδειν ἀπὸ Κλειταγόρας τῆς ποιητρίας. Neque enim hic grammaticus librum illum peculiarem, qui olim scolia carmina comprehendebat, intelligit, sed Atticum illud scolium:

καί Τελαμώνος Αἴαν αἰχμητά, λέγουσί σε
ἐς Τροίαν ἄριστον ἐλθεῖν Δαναών μετ' Ἀχιλλέα.

videtur ad Pindarum referre, sive coniectura sive vetere aliqua memoria usus, vide quae ad Scolion 17 adnotavi.

Unus superest Suidae locus v. Ἀθηναίας, ubi legitur καὶ Πίνδαρος ἐν σχολῇ, ita enim ipse grammaticus videtur scripsisse, corruptela deceptus: debebat autem ἐν σκολίοις scribere: probabiliter enim haec referunt ad fr. 100 v. 3 κυλίκεσσιν Ἀθαναίαισι αἴνερον. Haec Suidas neque ex Phrynicho neque ex Pausaniae Aeliive Dionysii lexicis repetiit, sed ex Antiatticista, qui ut Atticistarum notissimum illud praeceptum mulierem Ἀττικήν sive ἀστήν, non Ἀθηναίαν esse dicendam, redargueret, adhibuit hunc Pindari versum, satis ille quidem importune scriptoris non Attici testimonio usus, quod etiam suapte natura non satis conveniens est: sed eandem argumentandi rationem etiam deprehendimus in epitome Antiatticistae, quae nunc exstat, quo magis integra videtur Suidas usus esse. Antiatticista autem videtur hoc exemplum ex Aristophane grammatico descripsisse: Atticistae enim sequuntur auctoritatem Megaclidis peripatetici, **) qui in libro περὶ Ὁμήρου primus hoc adnotavit. Aristophanes autem grammaticus (cui postea Didymus assensus est, vid. Steph. Byz. p. 31), cum videret hoc non satis congruere cum veterum scriptorum usu, Megaclidi adversatus est, ut videtur in libro Ἀττικῶν λέξεων, vid. fragm. Paris. ap. Boissonadium ad Herodiani Epimer. p. 263: ἐκ τῶν Ἀριστοφάνους τοῦ περὶ λέξεων διαλαβόντος· ὅτι ἐστὶν Ἀθηναία γυνή, ὥσπερ καὶ Ἀθηναῖος. Aristophanes potuit Pindari versum adhibere, quandoquidem Megaclides non de solis Atticis, sed omnino de Graeci sermonis consuetudine videtur dixisse, sed fortasse homo doctus et imprimis prudens Pindaricum exemplum tantum adscripsit, ut ostenderet ab hac quaestione alienum esse: Antiatticista autem non dubitavit in suum usum satis imperite convertere. Iam si Aristophanes Ἀττικὰς λέξεις ante

---

*) Quod Chamaeleon ibidem carmen Olympicum XIII ἐγκώμιον dicit, antiquo more illud vocabulum adhibuit: nam iam tunc in editionibus epinicia ab encomiis discreta fuerunt.

**) De Megaclide, qui Chamaeleontis fere aequalis videtur fuisse, vide Sengebusch Diss. Homer. I 84.

collegit, quam Pindari carmina recensuit, non est mirum, si vulgarem
carminum Pindaricorum ordinem secutus *Σχόλια* memoravit.
 Ab hac igitur Pindaricorum reliquiarum sylloge, quae ex Alexan-
drinorum grammaticorum recensione suspensa est, Scoliorum memoria
prorsus erat segreganda; at quoniam ignoramus singula carmina quibus
libris illi critici vindicaverint, Boeckhium secutus Scoliorum fragmenta
Encomiis subieci.

I.

ΙΣΘΜΙΟΝΙΚΑΙ.

1. 4.*

⏑ ⏑ — ⏑ ⏑ — — ⏑ ⏑ — — ⏑ ⏔
. . ⏑ ⏑ — ⏑ ⏑ — — ⊡
. ⏑ ⏑ ⏑ — ⏑ ⏑ — ⏑ ⏑ — — ⏑ ⏔
— ⏑ ⏑ . ⏑ ⏑ — — ⏑ ⏑ . .
5 ⏑ ⏑ ⏑ ⏑ — ⏑ ⏑ — ⏑ ⏑ — ⏑ ⏑ ⏑ ⏑ ⏑ — —
— ⏑ ⏑ — — ⏑ ⏑ ⏑ ⏑ — —
— ⏑ ⏑ — ⏑ ⏑ ⏑ — —

 Κλεινὸς Αἰακοῦ λόγος, πλεινὰ δὲ καὶ ναυσίκλυτος
Αἴγινα· σὺν θεῶν δέ νιν αἴσᾳ
Ἴλλου τε καὶ Αἰγιμιοῦ Δωριεὺς ἐλθὼν στρατός
ἐκτίσσατο· τῶν μὲν ὑπὸ στάθμᾳ νέμονται
5 οὐ θέμιν οὐδὲ δίκαν ξείνων ὑπερβαίνοντες· οἷοι δ' ἀρετάν
δελφῖνες ἐν πόντῳ, ταμίαι τε σοφοί
Μοισᾶν ἀγωνίων τ' ἀέθλων.

2. 1.

. ⏑ ⏑ — — . .
⏑ . ⏑ — — ⏑ . ⏑ ⏑ ⏔
⏑ ⏑ ⏑ ⏑ ⏑ ⏑ — :

Fr. 1. Novi carminis hoc exordium (integra autem est stropha) ad-
ditum Isthmiis legitur in ΓΘΜ12 et cod. Victorii. — V. 1. κλεινὸς, Μ12
αἰνὸς, Hermann πλεινὸς μέν. — V. 2. θεῶν Boeckh et Hermann, codd.
θεώ. — αἴσᾳ Boeckh, codd. αἴσα. — V. 4. ἐκτίσαντο Hermann, libri
(etiam M12) ἐκτήσατο. — τῶν μὲν Hermann, libri τὰ μὲν, Hartung
τοὶ μέν.
 Fr. 2. Apollon. Dysc. de Synt. II 21 p. 156: *Ἀλλὰ καὶ τὸ ἐν Ἰσθ-
μιονίκαις Πινδάρου ἑτάραξε τοὺς ὑπομνηματισαμένους· Αἰοί.* Refert

*) Numeri uncis inclusi sunt editionis Boeckhianae. Asterisco notavi
ea fragmenta quae ad quam carminum classem pertineant, non est me-
moriae proditum, vel quae sine poetae nomine leguntur.

Αἰολίδαν δὲ Σίσυφον κέλοντο
ᾧ παιδὶ τηλέφαντον ὄρσαι γέρας
ἀποφθιμένῳ Μελικέρτᾳ.

3. [2.]

⏑ _ ⏑ ⏑ _ ⏑ ⏑ _ ⏑ _ ⏓
ὅστις δὴ τρόπος ἐξεπύλισέ νιν.

4. [3.]

Eustath. Od. μ' 1715, 63: ὅτι δοκεῖ τὸ τοιοῦτον κατὰ γένος εἰ-
ρῆσθαι οὐδέτερον, ὡς ἐμφαίνει Πίνδαρος ἐν 'Ἰσθμιονίκαις εἰπὼν
τρία κράατα ἤτοι κράατα.

5.

Serv. Virg. Georg. I 31: „Generum verò pro merito positum multi
accipiunt, ... nam et Pindarus ἐν τοῖς 'Ἰσθμίοις γαμβρὸς ἀντὶ τοῦ
νυμφίου dixit." Quae non possunt referri ad Isthmia III 78 vel V 25.
— Ex Isthmiis fortasse etiam fr. inc. 172 est desumtum.

enim nonnullos a l. c. ὡς, alios et legisse; iidem versus leguntur de
Pron. p. 321 A. — V. 1. κέλοντο de Pron., κέλοντο v. Synt. sed A κέ-
λοντο, et deinde Apoll. dilucide κέλοντα. — V. 2. ὄρσαι, Synt. ὦρσαι.
— V. 3. ἀποφθιμένῳ Bekker, Ap. Synt. φθιμένῳ, Pron. ἐπιφθιμένῳ,
fortasse ἐπὶ φθιμένῳ. Quod addit Apoll. de Synt. : ὃν εἶπεν Ἀθα-
μαντιάδην et infra p. 157: ὃν καὶ Ἀθαμαντιάδην εἶπε, ex hoc
ipso Pindari carmine petitum. — Ceterum aliquando suspicatus sum
poetam in hoc epinicio fabulam de Glauco attigisse Anthedonio (vid.
fr. inc. 274), nam fuerunt, qui Melicertae postea Glauci nomen inditum
esse prodiderunt, vid. Athen. VII 296 D: Νικάνωρ δ' ὁ Κυρηναῖος ἐν Μετ-
ονομασίαις τὸν Μελικέρτην φησὶ Γλαῦκον μετονομασθῆναι.

Fr. 3. Apollon. Dysc. de Pron. p. 368 A ἔτι καὶ ἡ νιν τάσσεται ἐπὶ
πλήθους. ὅστις κτλ. Πίνδαρος Ἰσθμιονίκαις. ἐξεπύλισι Bekker, cod.
ἐξιπυλίσθη.

II.
ΥΜΝΟΙ.

ΥΜΝΟΣ Α ΘΗΒΑΙΟΙΣ 6—11.

6. 7. [5. 6.]

```
- ∪ - - - ∪ ∪ - ∪ ∪ -
- ∪ - - - ∪ ∪ - ∪ ∪ - -
- ∪ ∪ - ∪ ∪ -
- ∪ - - ∪ ∪ - ∪ ∪ Χ
6 ∪ - ∪ - - - ∪ ∪ - ∪ ∪ - ⁀
- ∪ - - - ∪ ∪ - ∪ ∪ - - ∪ ∪ - ∪ ∪ - ⌣
```

Ἰσμηνὸν ἢ χρυσαλάκατον Μελίαν,
ἢ Κάδμου, ἢ σπαρτῶν ἱερὸν γένος ἀνδρῶν,
ἢ τὰν κυανάμπυκα Θήβαν,

Fr. 6. Lucian. Demosth. Encom. c. 19: ὥσπερ οὖν ὁ Πίνδαρος ἐπὶ πολλὰ τῷ νῷ τρεπόμενος οὕτω πως ἠπόρησεν, Ἰσμηνὸν ... ὑμνήσομεν, ubi Sch. ἀρχαὶ ταῦτα τῶν Πινδάρου τοῦ μελοποιοῦ ὕμνων. Pariter affert Plut. de glor. Athen. c. 14: ἡ δὲ Κόριννα τὸν Πίνδαρον ὄντα νέον ἔτι καὶ τῇ λογιότητι σοβαρῶς χρώμενον ἐνουθέτησεν ὡς ἄμουσον ὄντα ... σφόδρα οὖν ὁ Πίνδαρος ἐπιστήσας τοῖς λεγομένοις ἐποίησεν ἐκεῖνο τὸ μέλος· Ἰσμηνὸν ... Ἡρακλέους ἢ τάν (V. 1—6). διεξαμένου δὲ τῇ Κορίννῃ γελάσασα ἐκείνη τῇ χειρὶ δεῖν ἔφη σπείρειν, ἀλλὰ μὴ ὅλῳ τῷ θυλάκῳ· τῷ γὰρ ὄντι συγκεράσας καὶ συμφορήσας πανσπερμίαν τινὰ μύθων ὁ Πίνδαρος εἰς τὸ μέλος ἐξέχεεν. Respicit hoc carmen etiam Lucian. Icaromen c. 27: ἐν δὲ τῷ τῶν θείπνῳ ὅ τι Ἀπόλλων ἐκιθάριζε καὶ ὁ Σειληνὸς κόρδακα ὠρχήσατο καὶ αἱ Μοῦσαι ἀναστᾶσαι, τῆς τε Ἡσιόδου Θεογονίας ᾖσαν ἡμῖν καὶ τὴν πρώτην ᾠδὴν τῶν Ὕμνων τῶν Πινδάρου, quod schol. male ad Ol.) referí. Thebanis scriptum fuisse carmen arguit Schol. Pind. Nem. X 1: ὁ δὲ Πίνδαρος, ὅτι βούλοιτο ἑκάστην τὰς πατρίδας τῶν νενικηκότων ἀφορίζειν εἴωθε τὰ πεπραγμένα ταῖς πόλεσι περιφανῆ, καθάπερ ἐν τῇ ᾠδῇ, ἧς ἡ ἀρχή· Ἰσ. ἢ χρ. Μελίαν. Eat igitur haec primi hymni prima stropha. — V. 1. χρυσαλάκατον Plut. Sch. Pind., χρυσηλάκατον Luc. et Dio Chrys. Or. XXXIII T. II 457 (ubi v. 1 et ἢ Κάδμον affert). — V. 2. ἱερόν, ap. Luc. Α ἱερῶν. — ἀνδρῶν om. Luc. — V. 3. om. Plut. Respicit huc sch. Pyth. II inscr. τὰς δὲ Θήβας ... κυανάμπυκας (Πίνδαρος προσαγορεύει).

ἢ τὸ πάντολμον σθένος Ἡρακλέος,
ἢ τὰν Διωνύσου πολυγαθέα τιμάν,
ἢ γάμον λευκωλένου Ἁρμονίας ὑμνήσομεν .....;

* *

Πρῶτον μὲν εὔβουλον Θέμιν οὐρανίαν
χρυσέαισιν ἵπποις Ὠκεανοῦ παρὰ παγᾶν
Μοῖραι ποτὶ κλίμακα σεμνάν
ἆγον Οὐλύμπου λιπαρὰν καθ᾽ ὁδόν
5 σωτῆρος ἀρχαίαν ἄλοχον Διὸς ἔμμεν·
ἁ δὲ τὰς χρυσάμπυκας ἀγλαοκάρπους τίκτεν ἀλαθέας
Ὥρας.

* 8. [7.]

Aristid. II 142: *Πίνδαρος δὲ τοσαύτην ὑπερβολὴν ἐποιήσατο, ὥστε ἐν Διὸς γάμῳ καὶ τοὺς θεοὺς αὐτοὺς φησὶν ἐρομένου τοῦ Διός, εἴ του δέοιντο, αἰτῆσαι ποιήσασθαί τινας αὐτῷ θεούς, οἵτινες τὰ μεγάλα ταῦτ᾽ ἔργα καὶ πᾶσάν γε δὴ τὴν ἐκείνου κατασκευὴν κατακοσμήσουσι λόγοις καὶ μουσικῇ.* Probabiliter huc retulit Boeckh. Cf. Choric. Gaz. p. 365 ed. Boisson.: *Ἐποίησε Πίνδαρος καὶ θεοὺς ὀκνοῦντας ὑμνῆσαι τὰς τοῦ Διὸς εἰς ἀνθρώπους φιλοτιμίας.*

9. [8.]

. . . . Τοῦ θεοῦ
ἄκουσε Κάδμος μουσικὰν ὀρθὰν ἐπιδεικνυμένου.

V. 1. πάντολμον Luc. (Λ = τολμον), πάτυ Plut. — Ἡρακλέος ap. Luc. B et reliqui praeter AFGa, qui Ἡρακλέους ut Plut. — Ceterum de primo hoc hymno disputavit Lentsch in Philol. XI 176 sqq.
Fr. 7, Clem. Al. Str. VI 731: *Πίνδαρος δὲ ἀντιθέους καὶ σωτῆρα Δία συνοικοῦντα Θέμιδι εἰσάγει, βασιλέα, σωτῆρα δίκαιον ἰσομήτραν ὥδε πως: Πρῶτον* κτλ. Prioris hymni stropham esse vidit Boeckhius. — V. 1. Hephaestio affert p. 91 sine anct. n. — πρῶτον, ap. Cl. vulgo πρῶτα. — V. 2. ἵπποις Hermann, v. ἵπποισιν. — ib. παρὰ παγὰν Boeckh, v. παρὰ παγας. — V. 4. Οὐλύμπου Hermann, v. Ὀλύμπου. — καθ᾽ ὁδόν, v. κάθοδον. — V. 5. ἔμμεν Boeckh, vulgo ἔμμεναι. — V. 6. ἀλαθέας Ὥρας Boeckh, coll. Hesychio: *ἀλαθέας ὥρας· λέγει γὰρ ὅτι κεκλημέναι (φανεραὶ) πάντα ποιοῦσιν,* et idem: *ἀληθεῖς· οἱ μηδὲν ἐπιλανθανόμενοι, ὡς Πίνδαρος.* Apud. Clem. ἀγαθὰ σωτῆρας, unde Stephanus ἀγαθὰς Ὥρας.
Fr. 9, Aristid. II 383: *ἀλλ᾽ ὅτι κἀν τοῖς Ὕμνοις διεξιὼν περὶ τῶν ἐν ἅπαντι τῷ χρόνῳ συμβαινόντων καθημάτων τοῖς ἀνθρώποις καὶ τῆς μεταβολῆς τὸν Κάδμον φησὶν (Πίνδαρος) ἀκοῦσαι τοῦ Ἀπόλλωνος μουσικὰν ὀρθὰν ἐπιδεικνύμενον.* Plut. de Pyth. orac. c. 6: *ὁ δὲ Πίνδαρος ἀκοῦσαί φησι τοῦ θεοῦ τὸν Κάδμον [oρ] μουσικὰν*

HYMNI. 289

10. [133.]

Ἄνακτα τὸν πάντων ὑπερβάλλοντα χρόνον μακάρων.

* 11A. [9.]

‾ ⏑ ‾ ‾ ‾ ⏑ ‾ ‾ ‾ ‾ ⏑ ‾ ⏑ ‾

Ὃς καὶ τυπεὶς ἁγνῷ πελέκει τέκετο ξανθὰν Ἀθάναν.

* 11B. [10.]

‾ ⏑ ⏑ ‾ ⏑ ⏑ ‾ ⏑ ⏑ ‾ ⏑ ‾

Καίνων λυθέντων σαῖς ὑπὸ χερσίν, ἄναξ.

ΕΙΣ ΑΜΜΩΝΑ.

12. [11.]

‾ ⏑ ‾ ‾ ⏑ ‾ ⏑ ‾ ⏑ ⏑ ‾

Ἄμμων Ὀλύμπου δέσποτα.

ὀρθάν, οὐχ ἡδεῖαν, οὐδὲ τρυφερἁν, οὐδ' ἐπικεκλασμένην τοῖς μέλεσιν. si idem corrupte de animae procr. c. 33: ὡς που καὶ αὐτὸς ὁ Πίνδαρος τοῦ θεοῦ φησίν ἐκποιοῦντος σὺν ἀκοριῶν ἐπιδεικνύμενος τὸν Κάδμον. Numerum restituit Boeckh; videtur fragm. ex epodo huius hymni petitum.
  Fr. 10. Plutarch. Quaest. Platon. VIII 4: τὴν δ' οὐσίαν αὐτοῦ καὶ τὴν δύναμιν οὗ συνορῶντες, ἣν ὅ τε Πίνδαρος ἔοικεν οὗ φαύλως ὑπονοεῖν εἰπὼν ἄνακτα τὸν πάντων κτλ. ἄνακτα Heyne, τὸν Hermann restituit. Verum hoc retuli, non solum quia numeras idem prorsus est atque fr. 9, sed etiam propter Aristidis locum II 225 (vid. fr. 9). Item ex hoc hymno si hoc ipso loco fortasse petitus est alius versus fr. inc. 159. Item ad hunc hymnum fort. referendum est fr. inc. 168, et praeterea fr. 126, qui versus prorsus congruit cum strophae v. 2, si particulam δέ sustuleris, quae non satis auctoritatis habet. Leutsch etiam huc revocat fr. inc. 123 (quae Hartung ex hymno aliquo in Minervam petita esse censet), si numeri non congruunt, nisi statuas v. 1 esse epodi versus novissimi particulam: sed clausulae vix apti sunt numeri.
  Fr. 11A. Hephaestio 91: ἀντεστραμμένον δέ ἐστι τούτῳ τὸ Πινδαρικὸν καλούμενον· ὅς καὶ τυπεὶς (Π. 1) τί πῶς, ἢ τυπείς) ... Ἀθάναν. Σοφοὶ δὲ καὶ κτλ. Pindari hunc versum esse verisimile est, praesertim cum is, qui sequitur, dilucide Pindaro tribuatur. Legitor etiam sed corrupte ap. Plotium de metris p. 300 ed. Gaisford. Quem versum idem Plotius ibid. ut Susarionorum affert:
    Χρυσέοισιν ἀνθέμοισι τὰν θέμιν οὐρανίαν.
ex Sapphico versu si Pindari fr. 7, 1 fictus videtur. — Ceterum Boeckh, ut simillis exsisteret versus strophae v. 1, indo a verbis ξανθὰν Ἀθάναν novum versum orditur, ut potest hic versus ex epodo petitus esse.
  Fr. 11B. Hephaestio 91: τὸ δὲ ἀντεστραμμένον τούτῳ Ἰαμβέλεγος καλεῖται· τούτο δὲ ἐν συνιζίᾳ σὺν ἔοικεν τινὰ κεχορημένον, διεστηριγμένως δέ· πρῶτον (fr. 7, 1) κτλ, καίνων λυθέντων (C λυθέντες) κτλ. Cum prior versus Pindari sit, hic quoque si vindicandus.
  Fr. 12. Schol. Pind. Pyth. IX 89: ἢ διὰ τὸ τὸν Ἄμμωνα Δία νομίζεσθαι. Ἄμμων Ὀλ. δ. φησὶν καὶ πάλιν (Pyth. IV 16) Διὸς ἐν Ἄμμωνος θεμέθλοις. Ex hymno esse arguit Pausan. IX 16, 1: οὐ πόρρω δέ ἐστι ναὸς Ἄμμωνος, καὶ τὸ ἄγαλμα ἀνέθηκε μὲν Πίνδαρος, Καλάμιδος δέ ἐστιν ἔργον· αἰνίκτως δὲ ὁ Πίνδαρος καὶ Λιβύης ἐς Ἀμμωνίους τῷ

ΕΙΣ ΠΕΡΣΕΦΟΝΗΝ.
13. [12.]

∪ ∪ — ∪ ∪ — — ∪ ∪ ∪ — ....

Πότνια θεσμοφόρε χρυσάνιον .....

ΕΙΣ ΤΥΧΗΝ 14—17.
* 14. [16.]

∪ ⏑ ≏ ∪ — ∪ —
— ∪ — .....

Ἐν ἔργμασι δὲ νικᾷ τύχα,
οὐ σθένος.

15. 16. 17. [14. 15. 13.]

Pausan. IV 30, 6: Ἥσι δὲ καὶ ὕστερον Πίνδαρος ἄλλα τε ἐς τὴν Τύχην, καὶ δὴ καὶ φερέπολιν ἀνεκάλεσεν αὐτήν. Plut. de fort. Rom. c. 10: τὴν δὲ Τύχην καὶ οἱ μετ' ἐκεῖνον ἐθαύμασαν βασιλεῖς ὡς πρωτόπολιν καὶ τιθηνὸν καὶ φερέπολιν τῆς Ῥώμης ἀληθῶς κατὰ Πίνδαρον. — Plut. ibid. c. 4: Οὐ μὲν γὰρ ἀπευθής (Τύχη) κατὰ Πίνδαρον, οὐδὲ δίδυμον στρέφουσα πηδάλιον, ubi Reiske coni. ἀπευθής. Celerum dubium, num etiam δίδυμον στρέφουσα πηδάλιον ad Pindarum sit referendum: certe Fortuna in recentioris demum artis monumentis gubernacula gestat: est tamen dese convenientissimum insigne, nec mirum si poetae antiquiores artificibus hoc suppeditarerunt. — Pausan. VII 26, 8: ἐγὼ μὲν οὖν Πινδάρου τά τε ἄλλα πείθομαι τῇ ᾠδῇ, καὶ Μοιρῶν τε εἶναι μίαν τὴν Τύχην καὶ ὑπὲρ τὰς ἀδελφάς τι ἰσχύειν. Hic quidem locus

Ἄρμενι ὅπ νους, καὶ οὗτος καὶ ἐς ἐμὲ ἦν ὁ ὕμνος ἐν ἐπιγόνῳ στέλῃ παρὰ τὸν βωμόν, ὃν Πτολεμαῖος ὁ Λάγου τῷ Ἄμμωνι ἀνέθηκεν. Fortasse ad hunc hymnum pertinet insigne fragmentum, quod probabili ratione Pindaro tribuitur, Fr. Adesp. 85.

Fr. 13. VII. Plud. cod. Vrat. T. 11 p. 9 ed. Boeckh (p. 97 Western.): Ἀλλὰ καὶ ἡ Δημήτηρ ὕμνηκεν ἐπισπάσα σὺν ᾧ ἐδέμψατο, ὅτι μόνην τὸν θεῶν οὐχ ὕμνησεν, ὁ δὲ τίς αὐτήν (αὐτὸν ῇ καίημα, οὗ ἡ ἀρχὴ Π.Θ. χρυσάνιον. Boeckh χρυσανίον conj., scil. δύρας Ἀιδου. Similia Eustath. Prooem. 27 (ubi tantum Πότνια Θεφ.), Cf. Paus. IX 23, 2 qui eadem accuratius refert, tum addit: Πίνδαρος... ὕμνον φησὶν ἐς Περσεφόνην, ... ἐν τούτῳ τῷ ᾄσματι ἄλλαι τε ἐς τὸν Ἅιδην εἰσὶν ἐπικλήσεις, καὶ ὁ χρυσήνιος, δῆλα ὡς ἐπὶ τῆς Κόρης τῇ ἁρπαγῇ.

Fr. 14. Aristid. II 334: ἀλλὰ πάντευθα τὸ τοῦ Πινδάρου προτεθείμην γὰρ μετ' ἀληθείας τοῦτ' ἐκεῖνος ὕμνησεν ἐν ἔργμασι κτλ. — ἔργμασι Ν in marg., ἔργμασι ΘL (in marg.) et Phot. Bibl. 248 p. 435 A, 29, vulgo ἅρμασι, LN ἅρμασι, Opor. ἅρμασι. Sine poetae nomine rursus Aristid. II p. 38 ubi vulgo ἅρμασι, sed L ἔρμασι, Θ ἔρμασι, Ν Opor. ἔργμασι. Ceterum potest haec sententia etiam ex alio carmine petita esse, nam quod Arist. dicit ὕμνησεν, ambiguum est.

praecipue fidem facit, Pindarum peculiari carmine Fortunam celebravisse, nam reliqua ita sunt comparata, ut etiam in aliis carminibus commode potuerint dici.

18. [171.]

```
..|.◡◡—◡—|—◡◡—❘ ✕
◡——|◡◡◡—◡—
⋈ —◡◡—◡◡——❘——◡—
◡◡◡—◡◡——◡◡◡◡—
◡◡——|◡◡—|—◡— ⋈
```

...' Ἀλλοτρίοισιν μὴ προφαίνειν, τίς φέρεται
μόχθος ἄμμιν· τοῦτό γέ τοι ἐρέω·
καλῶν μὲν ὦν μοῖράν τε τερπνῶν ἐς μέσον χρὴ παντὶ
λαῷ
δεικνύναι· εἰ δέ τις ἀνθρώποισι θεόσδοτος ἄτα
5 προστύχῃ, ταύταν σκότει κρύπτειν ἔοικεν.

* 19. [173.]

```
..|..|..◡—
◡——|◡◡—|◡◡—◡—✕
◡◡—|◡◡—◡◡——|◡◡—◡◡——|—◡✕
◡◡——◡✕
```

ἦ τέκνον,
ποντίου θηρὸς πετραίου χρωτὶ μάλιστα νόον

Fr. 18. Stob. Flor. CIX 1: *Πινδάρου Ὕμνων* (hoc add. Vind.) Ἀλλοτρίοισι μὴ αυλ. Hartung cur haec Hymnis adiudicaverit et scoliis inscruerit, nescio; idem initium sic constituit: μηδ´ | ἀλλοτρίοισι προφαίνειν | εἰ φέρεται κτλ. — V. 1. ἀλλοτρίοισιν Boeckh. — προφαίνειν, B προφέρειν. — V. 2. ἄμμιν Boeckh, v. ἁμίν. — V. 3. καλῶν B, καλὸν Vind., κακῶν v. — ὦν Grotius, v. ὧν. — V. 4. ἀνθρώποισι Hermann, v. ἀνθρώπους. — θεόσδοτος Stephanus et Grotius, v. ἀθεόσδοτος (etiam Vind.). — ἄτα scripsi, B ἄγα, Vind. ἀτληπεότιας, Trinc. ἀσληπμόρα, v. ἀθληπμοότα. Boeckh coni. ἀτλάτα κακότας. — V. 5. προστύχῃ Vind, προστύχει B, πρὸς τύχῃ vulgo. — σκότει Grotius, v. σκόπει, Schneidewin σκόπω. — Videtur hoc fragm. ad praecepta pertinere, quae Amphiaraus discedens Amphilocho filio impertivit, itaque non dubitavi ad Hymnos etiam fr. 19 referre; fortasse autem utramque fragmentum iungendum, ut ἐ τέκνον clausula fuerit epodi, tum integra strophe haec: *Ποντίου θηρὸς πετραίου χ. μ. ν. π. π. ὁμίλει· τ. π. δ´ ἐκ ἑῶν Ἀλλοι ἄλλοισι φρονέι. ἀλλοτρίοισιν μὴ προφαίνειν* κτλ. neque offensioni est la eiusmodi praeceptis, quod liberius sunt consociata.

Fr. 19. Athen. XII 513 C: τοιοῦτός ἐστι καὶ ὁ παραινῶν Ἀμφιλόχῳ τῷ παιδὶ (Ἀμφιάραος)· ὦ τέκνον κτλ. Plut. Quaest. Nat. c. 19 et de solert. anim. c. 27 affert: ποντίου θ. (omisso πετραίου) ... ὁμίλει (non ὁμιλεῖ). Lucian. de saltat. c. 67: καλὴ γὰρ ἡ ποιητικὴ παραίνεσις ἐκείνη

19*

προσφέρων πάσαις πολίεσσιν ὁμίλει· τῷ παρεόντι δ' ἐπαι-
νήσαις ἑκών
ἄλλοτ' ἀλλοῖα φρόνει.

20. [23.]

Lactant. ad Stat. Theb. II 65: „*Ogygii* Thebani ab Ogyge rege aut amne. *Ogygiis* ait (Theb. I 173) *aspera rebus fata tulere vicem*. Sic Pindarus in *Somniis* (Cod. Gud. Frising. Cassell. *Somnis*, hinc Boeckh *Hymnis*). Opite ΤωϹΔεεγΡεΝοκοΝΝΗΤΗϹΤΑΝεϹϹΙπγ." cod. Gud. opite ΙωϹΔΕΕγΡαΝωΝΝΗΤΗΕΦα. NECCIΠI, Mun. opite ΙωϹΔreγρενοrοοαΗιΗεΦùΗε· CCINΗγ, Frising. opite. ιωϹΕεγΡΕ ΝΟΝΟΝΝΗ ΤΗΦα· ΝεϹϹγΝγ, Cassell. opite ΙωϹα ΕΕΤΡΕΝγΝΝΝιΗΦαΝΕϹϹΙΠΙ. Boeckh coni.
Ὠγυγίους δ' εὗρεν, ὅπου πόλιν αἶτει τάνδ' ἐς αἰπύ.
Unger Theb. Parad. 203 praeterea *Pronoearum* et *Messapiorum* nomina latere putat. Conieci:
Ὠγυγίους δ' εὗρ' Λόνων Νηΐσσαις στεφάναις ὕπο.
Weber: *in Scoliis*: Ὠγυγίως δ' εὗρεν, ὅπου νάσθησαν ἐς αἰπύ, Hartung Ὠγυγίων δ' ἐυάνορα πόλιν κτίσσειαν ἐς αἰπύ.

21. 22. [20. 21.]

Antiatlic. in Bekk. An. I 80, 8: Ἀρχαίοτερον. Πίνδαρος Ὕμνοις. — Gramm. Bkl. 339 Ἄγριος Γλαῖος, ἣν οἱ πολλοὶ ὀρμίλαιον καλοῦσιν, ἔστι παρὰ Πινδάρῳ ἐν Ὕμνοις.

23. [18.]

Et. M. 821, 50, et Gud. 578, 42: Πίνδαρος δὲ ἐν Ὕμνοις ἐρι- φων μιθορήριον, οἶον ὁμοῦ καὶ μετ' αὐτῶν πορευόμενον. ubi V. et corr. μιθωμήριον.

24. [17.]

Aristid. II 108: Οὐκοῦν πρίν τινα τῶν ἀντιπάλων ἑλεῖν, ἵνα τῶν φίλων θηραύσας ἄγεις, καὶ πέπονθας ταὐτὸν τῷ Πινδάρου Πηλεῖ, ὅς τῆς τε θήρας διήμαρτε καὶ τὸν Εὐρυτίωνα φίλτατον ὄντα ἑαυτῷ προσδιέφθειρεν. ubi Schol. III 403: ἐν Ὕμνοις μέμνηται Πίνδαρος, ὅτι τὸν Εὐρυτίωνα, τὸν τοῦ Ἴρου τοῦ Ἄκτορος παῖδα, ἕνα ὄντα τῶν Ἀργοναυτῶν, συνθηρεύοντα ἄκων ἀπέκτεινε Πηλεύς.

25. [19.]

Schol. Pind. Pyth. IV 288: Ταύτην δὲ (Φρίξου μητρυιὰν) ὁ μὲν Πίνδαρος ἐν Ὕμνοις Δημοδίκην φησίν, Ἱππίας δὲ Γοργῶπιν,

τό· ὦ παῖ, παντίων θ. αἰσχίστον νόον ἔχων (ΛΒ ἴχων) πάσαις πολίεσσιν ὀμίλει. — V. 3. πολίεσσιν ap. Athen. AC, πολίεσσι PVL. — τῷ παρεόντι δ' ἐπαινήσαις, C τὸ παριὸν δ' ἐπαινήσας.

Σοφοκλῆς δὲ ἐν Ἀθάμαντι Νεφέλην, Φερεκύδης Θεμιστώ. sic. Boeckh, v. Δημοτικήν, G. Δημοτικήν.

26. [22.]

Quintil. VIII 6, 71: „Exquisitam vero figuram huius rei (hyperboles crescentis) deprehendisse apud principem Lyricorum Pindarum videor in libro, quem inscripsit Ὕμνους. In namque Herculis impetum adversus Meropas, qui in insula Co dicuntur habitasse, non igni nec ventis nec mari, sed fulmini dicit similem fuisse, ut illa minora, hoc par esset."

27.

Strabo VII. T. II p. 91 ed. Kramer: Οὐκ ἀπνοῦσι δέ τινες καὶ τὸ μέχρι τοῦ Μυρτῴου πελάγους ἅπαν καλεῖν Ἑλλήσποντον, εἴπερ, ὥς φησιν ἐν τοῖς Ὕμνοις Πίνδαρος, οἱ μεθ' Ἡρακλέους ἐκ Τροίας πλέοντες διὰ παρθένιον Ἕλλας πορθμόν, ἐπεὶ τῷ Μυρτῴῳ συνῆψαν, εἰς Κῶν ἐπαλινδρόμησαν Ζεφύρου ἀντιπνεύσαντος. Non licet ipsa Pindari verba restituere, cum Strabo rei qui haec in breviarium redegit, suae accommodaverit orationi. Meineke coni.: Οἱ δὲ μεθ' Ἡρακλέους ἐκ Τροίας πλεύντες διὰ παρθένιον Ἕλλας πορθμόν, ἐπεὶ τάχα Μυρτῴῳ συνῆψαν, | ποντίαν ἐς Κῶν ἐπαλινδρόμησαν | ἀντιπνεύσαντος Ζεφύρου. quae pleraque Hartung secutus est. Schneidewin: Οἱ δὲ μεθ' Ἡρακλέος | ἐκ Τροίας πλεύντες διὰ παρθένιον | Ἕλλας πόρον ἱρόν, ἐπεὶ τάχα Μυρτῴῳ συνάψαν | ἀμφιρύταν ἐς Κῶν ἐπαλινδρόμησαν, | ἀντικνύσαντος Ζεφύρου.

28.

Schol. Aristoph. Plut. 9: Καὶ τὰ μὲν περὶ τοῦ Πυθίου τρίποδος διαφόρως ἱστοροῦμενα ἐν τοῖς τοῦ Πινδάρου ὕμνοις εὑπείρως ὑμῖν διείληπται. Dübner omisit, et in notis criticis demum exhibet. Scholiasta recens admodum fortasse dixit commentarium a se ad Pythia carmina scriptum. Videtur Thomas Magister esse, qui haud dubie etiam Pythia commentariis illustravit, quamquam possis etiam ad Eustathium referre, qui non solum in Pindarum, sed etiam in Aristophanem commentarium scripsisse videtur, vid. Prooem. 38.

III.

ΠΑΙΑΝΕΣ.

ΕΙΣ ΑΠΟΛΛΩΝΑ ΠΥΘΙΟΝ 29—31.

29. [24.]

⏑⏑—⏑⏑—⎯ ⎯⏑⏑—⏑⏑—⎯⏑—

'Αμφιπόλοισι μαρνάμενον μοιριᾶν περὶ τιμᾶν ἀπολωλέναι.

30. [25.]

⏑⏑—⏑⏑—⏑— —
— ⎯ — ⎯ ⏑⏑—⏑⏑—⎯

Χρύσεαι δ' ἓξ ὕπερθ' ἀετοῦ
ἄειδον Κηληδόνες.

Fr. 29. Schol. Pind. Nem. VII 94: Καθόλου γὰρ ἀπολογεῖσθαι βούλεται περὶ τοῦ Νεοπτολέμου θανάτου πρὸς τοὺς Αἰγινήτας. ἐκεῖνοι γὰρ ᾐτιῶντο τὸν Πίνδαρον, ὅτι γράψας Δελφοῖς τὸν Παιᾶνα ἔφη 'Ἄμφιπ. κτλ. Respicit huc Schol. Nem. VII 150. — μοιριᾶν περὶ τιμᾶν Boeckh, v. μοιρᾶν περὶ τιμᾶν. Ad celebrem hunc paeanem fortasse referendum apophthegma, quod in cod. Vrat. apud Boeckh. T. II 10 inter dicta Pindari refertur: Παραγινόμενος δ' εἰς Δελφοὺς καὶ ἐρωτώμενος, τί πάρεστι θύσαι τῷ Ἀπόλλωνι, εἶπε Παιᾶνα. Similiter Eust. Procem. 31 addens: μονονουχὶ λέγων ἐκ τῶν ἐλλογίμων ἀνδρῶν θυσίαν εἶναι λόγους τε κρείττονας, πρὸς ὃ σκώληκί καὶ ὁ γράψας, ὡς ἄπαντα θύουσιν ἀοιδοί. Adde Philodem. de Musica in Vol. Hercul. I c. XXI scil) τὸν Πιστόδαμον οὕτως ῥυθμίζειν, ὅτι ἔφη θύσαι ποιήσει)εσθαι διθύραμβον, ubi Schneidewin παιᾶνεσθαι, sed potius θυσίαν legendum. Ceterum fortasse hoc ipsum poeta in exordio carminis professus erat, quemadmodum etiam alii loci ex carminibus inter apophthegmata sunt relati.

Fr. 30. Pausan. X 5, 12: τὰ μέντοι ἄλλα με οὐκ ἐπειθεν ὁ λόγος, ᾗ Ἡφαίστου τὸν ναὸν τέχνην εἶναι, ἢ τὰ ἐς τὰς ᾠδοὺς τὰς χρυσᾶς, εἰ δὴ Πίνδαρος ποιῶν ἐπ' ἐκείνῳ τῷ ναῷ' χρύσειαι (Χ χρύσεια, Vb χρύσιαι) δ' ἐξ ὑπέρθεν (Pc ὑπαρίξαν, PallbMP ὑπερίξαν, Ag ἐπηρίξαν) ἄειδον (codd. plerique ἅ vel ἃς εἶδον) Κηληδόνες. οὗτος μὲν δὴ ταῦτα ἐμιμήσειν, ἐμοὶ δοκεῖν, τῶν παρ' Ὁμήρῳ Σειρήνων ἐποίησεν. Κηλήμονες, quomodo corrigendum sit ducet Athen. VII 290 Ei τὸν παρὰ Πινδάρῳ Κηληδόνων, αἳ κατὰ τὸν αὐτὸν τρόπον ταῖς Σειρῆσι τοὺς ἀκροωμένους ἐποίουν ἐπιλανθανομένους τῶν τροφῶν διὰ τὴν ἡδονὴν ἀφανίζεσθαι. Adde Paus. Od. 1889, 30 et 1799, 55 et Opusc. p. 89 ed. Tafel. Praeterea scripsi χρύσεαι δ' ἐξύπερθ' ἀιετοῦ, vide quae scripsi in Mus.

* 31. [26.]

Plut. Consol. ad Apoll. c. 14: Καὶ περὶ Ἀγαμήδους δὲ καὶ Τροφωνίου φησὶ Πίνδαρος, τὸν νεὼν τὸν ἐν Δελφοῖς οἰκοδομήσαντας αἰτεῖν παρὰ τοῦ Ἀπόλλωνος μισθόν, τὸν δ᾽ αὐτοῖς ἐπαγγείλασθαι εἰς ἑβδόμην ἡμέραν ἀποδώσειν, ἐν τοσούτῳ δ᾽ εὐωχεῖσθαι παρακελεύσασθαι, τοὺς δὲ ποιήσαντας τὸ προσταχθέν, τῇ ἑβδόμῃ νυκτὶ κατακοιμηθέντας τελευτῆσαι· λέγεται δὲ καὶ αὐτῷ τῷ Πινδάρῳ ἐπισκήψαντι τοῖς παρὰ τῶν Βοιωτῶν πεμφθεῖσιν εἰς θεοῦ πυθέσθαι, τί ἄριστόν ἐστιν ἀνθρώποις, ἀποκρίνασθαι τὴν πρόμαντιν, ὅτι οὐδ᾽ αὐτὸς ἀγνοεῖ, εἴ γε τὰ γραφέντα περὶ Τροφωνίου καὶ Ἀγαμήδους ἐκείνου ἐστίν. εἰ δὲ καὶ πειραθῆναι βούλεται, μετ᾽ οὐ πολὺ ἔσεσθαι αὐτῷ πρόδηλον· καὶ οὕτω πυθόμενον τὸν Πίνδαρον συλλογίζεσθαι τὰ πρὸς τὸν θάνατον, διελθόντος δ᾽ ὀλίγου χρόνου τελευτῆσαι. Boeckh huc retulit, fort. rectius Wyttenbach *Threnis* adscripsit.

* 32. [27.]

Pausan. X 16, 3: τὸν δὲ ὑπὸ Δελφῶν καλούμενον ὀμφαλὸν λίθου πεποιημένον λευκοῦ, τοῦτο εἶναι τὸ ἐν μέσῳ τῆς πάσης αὐτοὶ λέγουσιν οἱ Δελφοί, καὶ ἐν ᾠδῇ τινι Πίνδαρος ὁμολογοῦντα σφίσιν ἐποίησεν. Cf. Strabo IX 419: καὶ ἐκάλεσαν τῆς γῆς ὀμφαλόν, προσπλάσαντες καὶ μῦθον, ὅν φησι Πίνδαρος, ὅτι συμπέσοιεν ἐνταῦθα οἱ ἀετοὶ οἱ ἀφεθέντες ὑπὸ τοῦ Διός, ὁ μὲν ἀπὸ τῆς δύσεως, ὁ δ᾽ ἀπὸ τῆς ἀνατολῆς.

* 33. [28.]

Schol. Aeschyl. Eum. 3: Πίνδαρός φησι πρὸς βίαν κρατῆσαι Πυθοῦς τὸν Ἀπόλλωνα, διὸ καὶ ταρταρῶσαι ἐζήτει αὐτὸν ἡ Γῆ.

34.

Himer. III 1: Χαῖρε φίλον φάος χαρίεντι μειδιόον προσώπῳ· μέλος γάρ τι λαβὼν ἐκ τῆς λύρας εἰς τὴν σὴν ἐπιδημίαν προσάσομαι, ἡδέως μὲν ἂν πείσας καὶ αὐτοὺς τοὺς λόγους λύραν μοι γενέσθαι καὶ ποίησιν, ἵνα τι κατὰ σοῦ πανευεύξωμαι, ὁποῖος Σιμωνίδης ἢ Πίνδαρος κατὰ Διονύσου καὶ Ἀπόλλωνος. Collectis Simonidis carmen in Bacchum, Pindari in Apollinem respicit, cf. ib. XIII 7: τὰ δὲ σὰ νῦν δέον καὶ αὐτῇ τῇ Μουσηγέτῃ εἰκάζεσθαι, οἷον αὐτὸν καὶ Σαπφὼ καὶ Πίνδαρος ἐν ᾠδῇ κόρῃ τε χρυσῇ καὶ λύραις κοσμήσαντες, κύκνοις ἔποχον εἰς Ἑλικῶνα πέμπουσι. Μούσαις Χάρισί τε ὁμοῦ συγ-

Rhen. VIII 154 (Cobet ὑπὲρ αἰτιοῦ, Schneidewin ἐξ ὑπὲρ αἰτιοῦ), nam αἰτιοῦ legendum esse docet Galen. T. XVIII A p. 519: οὕτω γὰρ ἐοίκασιν εἰκάζοντες οἱ παλαιοὶ καλέσαι τοῦτο τῆς οἰκίας τὸ μέρος. αἰτιὸν δὲ καὶ οἶβὸ, καθάπερ καὶ ὁ Πίνδαρός φησιν ἐν ταῖς Ἰλιάσιν (ταῖς Παιᾶσι)· χρύσεα δ᾽ ἀξυπτεραιετοῦ ἀειδὸν λιγδάντε. ita ed. Kühulann. Non debebat Starck in Philol. XIV 698. 699 falsa, quae est apud Pausaniam, lectione ὑπερῴου uti.

γορεύσαντα. Quae deinceps de Baccho sequuntur, iam ad illud Simonidis carmen referenda fuerint, quamquam idem XVI 7 etiam Simonidis carmen in Apollinem commemorat, ut fortasse aliquis conficiat pariter etiam de Pindarico carmine in Bacchum esse cogitandum: sed omnino inepto huic rhetori non multum tribuendum. — Huc fortasse etiam referendum, quod dicit Menander Rhett. Gr. IX 310: *Προύλαβε δὲ καὶ Πίνδαρος ὕμνους γράφων εἰς τὸν θεὸν (Ἀπόλλωνα) ἀξίους τῆς ἑαυτοῦ λύρας.*

ΕΙΣ ΔΙΑ ΔΩΔΩΝΑΙΟΝ 85—38.

*35. [29.]

⏑ _ _ ⏑ _ ⏓ _ _ ⏑ △ _ ×

Δωδωναῖε μεγάσθενες, ἀριστότεχνα πάτερ,

36. [30.]

Schol. Soph. Trach. 175: Εὐριπίδης δὲ τρεῖς γεγονέναι φησὶν αὐτάς (sacerdotes Dodonaeas)· αἱ δὲ δύο, καὶ τὴν μὲν εἰς Λιβύην ἀφικέσθαι Θήβηθεν εἰς τὸ τοῦ Ἄμμωνος χρηστήριον, τὴν (δὲ εἰς τὸ) περὶ τὴν Δωδώνην, ὡς καὶ Πίνδαρος Παιᾶσιν.

*37. 38. [31. 32.]

Strabo VII 328: *Πότερον δὲ χρὴ λέγειν Ἑλλούς, ὡς Πίνδαρος, ἢ Σελλούς, ὡς ὑπονοοῦσιν παρ' Ὁμήρῳ κεῖσθαι, ἡ γραφὴ ἀμφίβολος οὖσα οὐκ ἐᾷ διϊσχυρίζεσθαι.* Cf. Et. M. 700, 39. Schol. II. π. 234: *Πίνδαρος Ἑλλοὶ χωρὶς τοῦ σ ἀπὸ Ἑλλοῦ τοῦ δρυτόμου, ᾧ φασι τὴν περιστερὰν πρώτην καταδεῖξαι τὸ μαντεῖον.* Eust. II. 1057, 57. — Strabo VII 328: *Καὶ οἱ τραγικοί τε καὶ Πίνδαρος Θεσπρωτίδα εἰρήκασι τὴν Δωδώνην.*

Fr. 85. Dio Chrys. Or. XII T. I 231 Emper. ὃν πάντα καλῶς ποιητής προσεῖπεν ἕτερος· *Δωδ. μ. ἀρ. π.* οὗτος γὰρ δὴ πρῶτος καὶ τελειότατος δημιουργὸς χορηγὸν λαβὼν τῆς αὑτοῦ τέχνης κτλ. Pindari esse docet Plut. praec. reip. ger. c. 13: ὁ δὲ πολιτικὸς ἀριστοτέχνας τις ἂν κατὰ Πίνδαρον καὶ δημιουργὸς εὐνομίας καὶ δίκης, et de sera Num. vind. c. 4: καὶ Πίνδαρος ἐμαρτύρησεν ἀριστοτέχναν ἀνακαλούμενος τὸν ἄρχοντα καὶ κύριον ἁπάντων θεόν, ὡς δὴ δίκης ὄντα δημιουργόν. et de fac. in orbe lun. c. 13: ἢ τίνος γέγονε ποιητὴς καὶ πατὴρ δημιουργὸς ὁ Ζεὺς ὁ ἀριστοτέχνας. Respicit praeterea adv. Stoic. c. 14. Symp. Quaest. I 2, 5 et Clem. Alex. Str. V 710, Euseb. praep. Ev. XIII 675 B. Ex his locis conficias verbum huic addendum esse: *Δαμιοεργὲ δίκας τε καὶ εὐνομίας.*

39. [33.]

⏑ – ⏑ – ⏑ ⏑ – – ⏑ ⏑ – – ⏑ – –
– ⏑ ⏑ – ⏑ – – ⏓
– ⏑ – ⏑ ⏑ – . . . – ⏑ ⏑ – – ⏑ ⏑ – – ⏑ ⏑ – – ⏓

Τί δ' ἔλπεαι σοφίαν ἔμμεναι, ᾇ τ' ὀλίγον τοι
ἀνὴρ ὑπὲρ ἀνδρὸς ἰσχύει;
οὐ γὰρ ἔσθ' ὅπως τὰ θεῶν βουλεύματ' ἐρευνάσει βροτέᾳ
φρενί· θνατᾶς δ' ἀπὸ ματρὸς ἔφυ.

40. [34.]

Schol. Apoll. Rhod. I 1086: Εἴληφε δὲ τὰ περὶ τῶν ἁλκυόνων παρὰ Πινδάρου ἐν Παιᾶνων. et deinde εὐλόγως δὲ ὅσσαν εἶπε τὴν ἀλκυόνος φωνήν· ὑπὸ γὰρ Ἥρας ἦν ἀπεσταλμένη, ὥς φησι Πίνδαρος.

41. [35.]

Tzetz. ad. Lycophr. 440: Οἱ μάντεις οἱ γνήσιοι οἱ Ἰθάδες τοῦ ἐν Δηραίοις τόπῳ Ἀβδήρων τιμωμένου Ἀπόλλωνος, οὗ μνημονεύει καὶ Πίνδαρος ἐν Παιᾶσιν.

42. * 43. [36. 37.]

Plut. de musica c. 15: Πίνδαρος δ' ἐν Παιᾶσιν ἐπὶ ταῖς Νιόβης γάμοις φησὶ Λύδιον ἁρμονίαν πρῶτον διδαχθῆναι (ὑπὸ Ἀνθίππου). — Ex eodem paeane haud dubie est, quod dicit Aelian. Var. Hist. XII 36: Ἀλκμᾶν δέκα (Niobae liberos). Μίμνερμος εἴκοσι, καὶ Πίνδαρος τοσούτους. Gellius Noct. Att. XX 7: „Nam Homerus pueros puellasque eius (Niobae) bis senos dicit fuisse, Euripides bis septenos, Sappho bis novenos, Bacchylides et Pindarus bis denos."

44. 45. 46. 47. 48. [38. 40. 41. 42. 39.]

Quae ex Didymi commentariis in Paeanas proferuntur, ea ad res a poeta in his carminibus tractatas spectare consentaneum est. itaque huc pertinet I. Ammon. 70: Θηβαῖοι καὶ Θηβαγενεῖς διαφέρουσιν,

Fr. 39. Stob. Ecl. Phys. II 1, 8: Πινδάρου Παιάνων· Τί (V fr) δ' ἔλπεαι . . . φρενί (sic VAE, v. φρονεῖ.) Clemens Al. Strom. V 726 atque Euseb. Praep. Ev. XIII 684 eadem sed memoriter ut videtur afferunt: ὅ τε Πίνδαρος (codd. et Eus. τί ἔλπεαι) σοφίαν ὀλίγαν τοι (Eus. ὀλίγον τι) ἀνὴρ ὑπὲρ ἀνδρὸς ἔχειν; καθίσαι (codd. et Eus. τὰ θεῶν) βουλεύματα ἐρευνᾶσαι βροτέᾳ φρενί ὀνασκοπ, additis in fine praeterea verbis θνατᾶς δ' ἀ. μ. ἔφυ. — V. 1. Γάμεναι, ἅ τ' Boeckh. Stob. ἔλπει, ᾇ. — ὀλίγον τοι scripsi, ap. Stob. ὀλίγαι, ᾇ, nec VA ὀλίγαι, Π ὀλίγον. — V. 3. ἐρευνᾶσαι, Boeckh cum. ἐρευνᾶσεις, sed ne ita quidem tollitur orationis scabrities: expectaveram certo οὐ γὰρ ἔσθ' ὅστις τὰ θεῶν βουλεύματ' ἐρευνᾶσει (vel ἐρευνᾶσαι) βροτεᾷ φρενί, θνατᾶς δ' ἀπὸ ματρὸς ἔφυ. Ceterum Meineke apud Stobaeum suspicatus est in lemmate scribendum Παιάνων ι'. h. e. in quinto Paeane, usus varietate scripturae ἔτι, non recte.

καθὼς Δίδυμος ἐν ὑπομνήματι τῷ πρώτῳ τῶν Παιάνων Πινδάρου φησίν, καὶ τῶν τρίπαδα ἀπὸ τούτου Θηβαγενεῖς πέμπουσι τὸν χρύσειον εἰς Ἰσμήνιον ἱερόν (ita em. Koenius, v. Ἰσμηνὸν πρῶτον) κτλ. — II. Schol. Pind. Ol. I 26: Περὶ δὲ τῆς Δωρισπὶ ἁρμονίας εἴρηται ἐν Παιᾶσιν, ὅτι Δώριον μέλος σεμνότατόν ἐστιν. — III. Idem ad Ol. II 70: ἐν δὲ τοῖς Παιᾶσιν εἴρηται περὶ τοῦ χρησμοῦ τοῦ ἐπιπεσόντος Λαΐῳ, καθὰ καὶ Μνασέας ἐν τῷ περὶ χρησμῶν γράφει· Αἲξ Λαβδακίδη, ἀνδρῶν περιώνυμε πάντων. — IV. Idem ad Pyth. VI 4: ἐν τῇ πολυχρύσῳ Ἀπολλωνίᾳ νάπῃ, περὶ ἧς ἐν Παιᾶσιν εἴρηται et infra: ἐπεὶ γὰρ ἡ Ἀπολλωνία νάπη, περὶ ἧς ἐν Παιᾶσιν εἴρηται. — V. Idem ad Pyth. XII 45: ἐν γὰρ τῷ Κηφισσῷ οἱ αὐλητικοὶ κάλαμοι φύονται, εἴρηται δὲ καὶ ἐν Παιᾶσι περὶ αὐλητικῆς.

IV.

ΔΙΘΥΡΑΜΒΟΙ.

49. [43.]

Schol. Pind. Ol. XIII 25: Ὁ Πίνδαρος δὲ ἐν μὲν τοῖς Ὑπορχήμασιν ἐν Νάξῳ φησὶν εὑρεθῆναι πρῶτον διθύραμβον, ἐν δὲ τῷ πρώτῳ τῶν Διθυράμβων ἐν Θήβαις, ἐνταῦθα δὲ ἐν Κορίνθῳ. cf. etiam Procl. ap. Phot. Bibl. 239.

50. [44.]

. . ‿ ‿ – ‿ ‿ – – ‿ ‿ – ‿
– ‿ – . . . . . .

Ἀλόγῳ ποτὲ θωραχθεὶς ἔπεχ' ἀλλοτρίᾳ
Ὠαρίων.

51. [52.]

Strabo IX 404: Καὶ ἡ Ὑρία δὲ τῆς Ταναγραίας νῦν ἐστι, πρότερον δὲ τῆς Θηβαΐδος· ὅπου ὁ Ὑριεὺς μεμύθευται καὶ ἡ τοῦ Ὠρίωνος γένεσις, ἥν φησι Πίνδαρος ἐν τοῖς Διθυράμβοις (cf. Eust. 264, 44). Hygin. Poet. Astron. II 34: „Aristomachus autem dicit quendam Hyriea

Fr. 50. Fr. M. 460, 35: θώραξ ... ἀφ' οὗ καὶ τὸ ἐκπεπλῆσθαι οἴνου θωράσσεσθαι λέγεται . . . καὶ Πίνδαρος Διθυράμβων πρώτῳ· Ἀλόγῳ ποτὶ θωρηχθεὶς ἔπ' ἀλλοτρίᾳ (Norb. πλόγῳ ποτὲ θωραχθεὶς κτλ.). Auctius Cram. An. Par. IV 194, 7: Ὠρίων, ἐπεὶ καὶ Ὠαρίων ἐν συστολῇ καὶ Πίνδαρος . . . ἀλλ' οὐχ ὅποτε θωραχθεὶς ἔπεχ' ἀλλότριαι ὠαρίων. Adde Meletium ap. Cram. An. Ox. III 89, 29: Πίνδαρος διθυράμβῳ· ἀλόγῳ ποτὲ θωριχθεὶς ἐπίχεεν ἀλλότρια (cod. Mon. Γυιγι, latina versio αλόγῳ ποτὶ θωραχθεὶς ἐπίχει ἀλλότρια). — V. 2 Ὠαρίων tribus syllabis proferendum, uisi Ὠαρίων praestat.

DITHYRAMBI. 209

fuisse Thebis, Pindarus autem in insula Chio. Hunc autem cum Iovem et Mercurium hospitio recepisset, petisse ab his, ut sibi aliquid liberorum nasceretur; itaque, quo facilius petitum impetraret, bovem immolasse et his pro epulis apposuisse: quod cum fecisset, poposcisse Iovem et Mercurium quod corium de bove fuisset detractum, et quod fecerant urinae in corium infudisse, et id sub terra poni iussisse: ex quo postea natum puerum, quem Hyrieus e facto Uriona nomine appellaret; sed vetustate et consuetudine factum est, ut Orion vocaretur. Ille dicitur Thebis Chium venisse, et Oenopionis filiam Meropen per vinum cupiditate incensus compressisse etc."

52. [53.]

. . . . . ⏑ ⏑ – ⏑ ⏑ ×
– ⏑ ⏑ – ⏑ ⏑ – ⏑ ⏑ – ⏑ ⏑ – ⏑ ⏑ –

. . . . . Τρηχέτω δὲ μετὰ
Πληϊόναν, ἅμα δ᾽ αὐτῷ κύων (λεοντοδάμας.)

Fr. 52. Schol. Pind. Nem. II 16 ex Aristarcho: ἐν τούτοις μὲν ταῖς Πλειάσι φησὶ τὸν Ὠρίωνα ἐπέχειν, ἐν ἄλλοις δὲ τὴν Πλειάδα φησὶν αὐτὸν διώκειν, ὑποτιθέμενος τὰ σύστημα τῶν Πλειάδων ἓν ζῴδιον, εἶτα καὶ ὅτι μὲν Πλειάδας καλεῖ πληθυντικῶς, ὁτὲ δὲ Πληϊόνην ὡς μίαν· τρηχέτω δὲ μετὰ Πληϊόναν, ἅμα δ᾽ αὐτῷ κύων. ὅτι εἰ γάρ, καὶ αὐτὸν τὸν Πίνδαρον ἰσασθῆναι αὑτῆς ὁ Ὠρίων, καὶ διώκειν αὐτὴν ἐπὶ πολλοῖς χρόνοις, ὑποσημαίνεται δὲ τούτων Ζεὺς κατηστέρισε, καθὰ δή φησιν· ὁ Ὠρίων ἐν τῷ ταῖς Πλειάσι. Ille ultima explicationem illius versus contineri animadvertit Boeckh, itaque τρέχων conieci, sed potius hic ἐμίτω legendum; Iovis enim sunt verba. Λεοντοδάμας Boeckh probabiliter adiecit ex Luciano pro Imag. c. 18: ὁ τῶν Ὠρίωνος κύνα ἐκείνων ἔφη ποιητῆς λεοντοδάμαν αὐτόν. Huc pertinet Et M. 675, 36: λέγει δὲ Πίνδαρος περὶ τοῦ καταστερισμοῦ αὐτῶν, ὅτι τῆς Πληϊόνης κορευομένης μετὰ τῶν θυγατέρων κατὰ τὴν Βοιωτίαν συναντήσας αὐτῇ Ὠρίων· εἶτα ἐρασθεὶς ὥρμησε πρὸς τὸ ἁρπάσαι, τὴν δὲ φυγοῦσαν μετὰ τῶν θυγατέρων Ὠρίων ἰδίαι, γενέσθαι δὲ αὐτὸν τὸν δρόμον κύνες ἓν ἐξαλλόμενον· τὸν δὲ Δία διὰ τὴν καταφθίσιαν αὐτῶν οἱονεὶ μνήματα καταστερίσαι τὰς Πλειάδας φευγούσας τὸν Ὠρίωνα, ὅς ἐστιν ἐνιαυτός. cf. Eust. Od. 1712, 49. Eudoc. 339.

300   PINDARI FRAGMENTA.

                  53. [45.]

```
     ⏑⏑–⏑–⏔–⏑⏑⋍
    ⏑–⏑⏑–⏑–⏔–⏑–
    –⏔′⏑–⏑⏑⏑–⏑⏑⏑–⏑
    –⏑⏑⏑–⏑⏑–
5   –⏑⏑–⏑⏑–⏔⏑–
    ⏔⏑⏑–⏑⏑–
    ⏑⏑–––⋎–⏑⏑–⏔⏑––⏑⏑–
    ⏑⏔⏑–⏑⏑––⏑⋍
    ⏑⏑–⏑⏑–⏑–
10  ⏑–⏓–⏔–⏑–⏑–⏔⏑–
    ⏔⏑⏑–⏑⏑⏑–⏑⏑–
    ⏑–⏑⏑–––⏑⏑⏑⋍
    ⏑–⏑⏑⏑⏑–⏑–⏑⏑–
    –⏑⏑⏑–⏑⏑⏑–⏑⏑–⏑⏑⋍
15  ––⏑⏑⏑⏓–⏑⏑⏑–––⏑⏑⏑⋍
    ⏑⏑–⏑⏑–
    ⏑⏑–⏑⏑––⏔⏑⋍
    ⏑–⏑––⏑–⏔⏑⏑–⏑⋍
    –⏑–⏑⏑⏑––––
20  –⏑–⏓–⏑⏑⏑–⏔⏑––
```

Ἴδετ' ἐν χορόν, Ὀλύμπιοι,

Fr. 53. Dionys. Hal. de comp. verb. c. 22: ποιητῶν μὲν οὖν Πίνδαρος
ἀρκέσει παραληφθείς, συγγραφέων δὲ Θουκυδίδης· κράτιστοι γὰρ οὗτοι
ποιητῶν τῆς αὐστηρᾶς ἁρμονίας· ἄρχεται δὲ Πίνδαρος καὶ τούτου διθυ-
ραμβός εἰς, οὗ ἐστιν ἀρχή "Ἴδετ' ἐν χορόν κτλ. et deinde, postquam
totam locum adscripsit, v. 1—8. singulatim examinans repetit. Codi-
ces collati sunt Parisinus n. 1741 ap. Schneidewinum (P), Darmstadien-
sis a Wertero in Actis Monac. (D), Guelpherbytanus a Schneidero (Gu),
Monacensis a Goellero (M), deinde tres libri, duo Regii, tertius Colber-
tinus ab Hudsono, qui quidem hic videtur tantum Parisino illo libro
n. 1741 usus esse (signavi littera H), porro alius codex collatus a Ger-
hardo (signavi G, fort. Vratislaviensis), denique libri Victoriani tres ut
Goellero videtur (K v l), sed imprimis littera l potius indicari plerum-
que videtur, quomodo Victorius corrigendum censuerit, ita ut his lecti-
onibus Victorianis non multum sit tribuendum. — V. 1. Ἴδετ' codd., ut
videtur, omnes, praeter vl, qui ut vulgo θεοί, Ἴδετε verum esse ostendit
ipse Dionysius, cum dicit: τὸ πρῶτον αὐτῷ κῶλον ἐκ τεσσάρων σύγκει-
ται λέξεις μορίων, ἤρματος, καὶ συνδέσμου καὶ δυοῖν προσηγοριαῖν.
τὸ μὲν οὖν ῥῆμα καὶ ὁ σύνδεσμος συναλοιφῇ κεραθέντα οὐκ ἀηδῆ

ἵτε τε κλυτὰν πέμπετε χάριν, θεοί,
πολύβατον οἵτ' ἄστεος ὀμφαλὸν θυόεντα
ἐν ταῖς ἱεραῖς Ἀθάναις
5 οἰχνεῖτε πανδαίδαλόν τ' εὐκλέ' ἀγοράν·
ἰοδέταν λάβετε στεφάνων
τᾶν ἐαριδρέπτων λοιβάν, Διόθεν τέ με σὺν Ἀγλαΐᾳ
ἴδετε πορευθέντ' ἐς ἀοιδὰν δεύτερον
ἐπὶ κισσοδέταν θεόν,
10 τὸν Βρόμιον Ἐριβόαν τε βροτοὶ καλέομεν.
γόνον ὑπάτων μὲν πατέρων μελπέμεν

[small-print critical apparatus, largely illegible]

γυναικῶν τε Καδμειᾶν ἔμολον.
ἐν Ἀργείᾳ Νεμέᾳ μάντιν οὐ λανθάνει,
φοινικεανθέμων ὁπότ' οἰχθέντος Ὡρᾶν θαλάμου
15 εὔοδμον ἐπαΐσσειν ἔαρ φυτὰ νεκτάρεα.
τότε βάλλεται,
τότ' ἐπ' ἀμβρόταν χέρσον ἐραταί
ἴων φόβαι ῥόδα τε κόμαισι μίγνυται,
ἀχεῖ τ' ὀμφαὶ μελέων σὺν αὐλοῖς,
20 ἀχεῖ τε Σεμέλαν ἑλικάμπυκα χοροί.

καλέομεν, ὑπάτων μὲν πατέρων γόνον μελπόμεναι, γυναικῶν τε Καδ-
μεῖαν Σεμέλαν. non recte: nam καλέομεν μελπόμεναι non aptum, quan-
doquidem oportebat poetam hic de se uiusque consiliis aperte dicere,
itaque μέλπωμεν ἔμολον convenientissimum: neque Σεμέλαν ferri potest,
id quod vel scholiastae locus, quem modo adscripsi, arguit: forsi tunc
Σεμέλαν plane tollendum tanquam interpretamentum: sed turor ἔμολον,
quamquam dici poterat ποριυθέντ' ἐς ἀοιδὰν ... μέλπωμεν, oratione
minus quidem plana et commoda. — V. 12. τε fort. om. H. — Καδμειᾶν
Schol. Isthm., ut Boeckh coniecerat, v. Καδμείαν. — ἔμολον IIGn Ald.,
ἔμολον P, vulgo Σεμέλαν, MP Σεμέλην (aed in I corr. ἔμολον, si vera
traduntur), D μέλων. Fort. Καδμιλᾶν μάλον. — V. 13. Ἀργείᾳ Heyne, v.
Ἀργίᾳ, PIIM Ald. ἀργεαντερω. Retinui Hermannam lectionem,
quamvis ille verum non sit assecutus: ipse in epecdosi suspicatus erat
ἐν Ἀργείᾳ Νέμεα μάντιν οὐ λανθάνει (i. e. non sine obtinet(?) φοίνικος,
ἰανάν ὑπότ' οἰχθέντος Ὡρᾶν θαλάμου, sed Nemea omnino aliena ab
hoc loco, in librorum lectione haud dubia ἐναργία latet, sed ambiguum
est, quo sit referendum, potest cum prioribus iungi, velut ἐναργία
θεόν. [ἐμὶ δ' ἂν μάντιν οὐ λανθάνει, sed poterat poeta etiam dicere:
ἐναργία μὲν εάματ' οὐ λανθάνει. — V.14. φοινικεάνων II.A. Koch
correxit, nisi quod φοινικεανταν scripsit, vulgo φοίνικος ἔανος, sed MP
IIGuD Ald. ἐανῶν,] φοινικοεάνων, unde iam olim ἐανών proposui. —
Ὡρᾶν, PMII ὥραν. — V. 15. ἐπαΐσσειν,] ἐπάγεισιν. Conieci ἐυόδμου
ἐπαΐσσ' ἔαρος, cf. Alcaei fr. 45 Ἦρος ἀνθιμόεντος ἔπαιον ἐρχομένοιο.
— V. 16. βάλλεται, DGI βάλλετε, Hermann, θάλλεται, — V. 17. ἀμβρό-
ταν H, ἀμβρόσεαν P, ἔμβροτον vulgo. — χέρσον, PII χθόν'. — ἐραταί
GMI, ἐρατῶν PGn Ald., ἐρωτᾶν II, vulgo ἐρατά. — V.18. ἴων, ἴον II Ald.
— φόβαι G, MI φοβαί, vulgo φόβα. Corrupto PII AM. φοβεροί τε κό-
μοισι. — V. 19. ἀχεῖ τ' ὀμφαὶ scripsi, et sic Hermann ap. Schneidu-
winum, vulgo ὑμνεῖτε ὀμφᾳ, PII οἰχνεῖτ' ὀμφαῖς, M AM. οἰχνεῖτ' ὀμφᾳ, D
οἰχνεῖτ' ὄμφᾳ, Gn οἰχεῖτ' ὀμφαῖς, etiam G, οἰχνεῖτ', v (vel 19) ἀχεῖτε
ὄμφᾳ. apud Apollon. Dysc. de Synt. 223: ὡς Βοιωτιᾶν ἐστιν ἴθος, ὁμοιον
τῷ παρὰ Πινδάρῳ· Ἀχεῖται ὀμφαὶ μελέων σὺν αὐλοῖς, unde Hermann
olim ἀχεῖναί τ' ὀμφαὶ scripsit. — V. 20. ἀχεῖ τε scripsi, atque ita etiam
Hermann apud Schneidewinum, vulgo ὑμνεῖτε, PIIM οἰχνεῖτε, D οἰχνεῖ-
ται. Hermann olim ἀχεῖναι Σεμέλαν.

54. [46.]

_ ⏑ ⏑ _ ⏑ ⏑ _ ⏑ ⏑ _ ⏑ ⏑ _ ×

_ ⏒ ⏑ _ ⏑ ⏑ _ _ ⏑ ⏑ _ ⏑ ⏑ _ ⏑ ×

Ὦ ταὶ λιπαραὶ καὶ ἰοστέφανοι καὶ ἀοίδιμοι,
Ἑλλάδος ἔρεισμα, κλειναὶ Ἀθᾶναι, δαιμόνιον πτολίεθρον.

Fr. 54. Schol. Aristi. Acharn. 673: παρὰ τὰ ἐκ τῶν Πινδάρου Διθυράμβων· Αἱ λιπαραὶ καὶ ἰοστέφανοι Ἀθῆναι. Suid. v. ἰοστέφανοι eadem omisso carm. titulo, et Zonar. 1114: Πίνδαρος, ἰοστέφανοι Ἀθῆναι. Auctius Schol. Arist. Nub. 299: Πίνδαρος· Λιπαραὶ καὶ ἀοίδιμοι, Ἑλλάδος ἔρεισμα, κλειναὶ Ἀθᾶναι. ita Bekker, sed Dübner nescio qua auctoritate ὦ ταὶ λιπαρ. nihil monens. nisi Ἀθῆναι in V et Ald. legi. Denique plane redintegrat Aristides Schol.: Aristides enim I 319: ἀκούων τὸ τῆς σοφίας πρυτανεῖον καὶ τὴν τῆς Ἑλλάδος ἐστίαν καὶ τὸ ἔρεισμα. ubi Schol, III 341: τὸ δὲ ἔρεισμα πολλοὶ μὲν καὶ ἄλλοι καὶ Πίνδαρος δέ φησιν· ἔρεισμ' Ἀθήνας δαιμόνιον πτολίεθρον, D Ἀθηναίων (ap. Fommel 115 Μ Ἀθηνᾶ εὐδαιμ., b Ἀθάνας δαιμ.). Cf. Aesobin. Epist. IV 474 Bekk.: καὶ εἰ μηδενὸς ἔτι τῶν παρὰ Μαντίᾳ μνημονεύεις, ἐν γοῦν ταῖς ἐκκλησίαις Μελανώπου ἐκάστοτε ἀκούεις λέγοντος· Αἴ τε λιπ. καὶ ἀοιδ. Ἑλλ. ἔρεισμ' Ἀθᾶναι. καὶ ὅτι Πινδάρου τοῦ Θηβαίου ἔπος τοῦτό ἐστι λέγοντος, καὶ ὅτι ἐζημίωσαν αὐτὸν Θηβαῖοι τοῦτο ποιήσαντα τὸ ἔπος, οἱ δὲ ἡμέτεροι πρόγονοι διπλῆν αὐτῷ τὴν ζημίαν ἀπέδοσαν, μετὰ τοῦ καὶ εἰκόνι χαλκῇ τιμῆσαι. Inde Boeckh recepti αἴ τε, at cod. κ ὦ τε. Itaque iam dudum corruxi ὦ ταί, coll. Arist. Eqq. 1329: Ὦ ταὶ λιπαραὶ καὶ ἰοστέφανοι καὶ ἀριζήλωτοι Ἀθῆναι, ubi Schol. ἀπὸ Πινδάρου παρῴδησαι. firmatque Eustath. procem. 28: ἰχθρὰ δὲ φασὶ φρονοῦνται ἀλλήλοις Ἀθηναῖοι καὶ Θηβαῖοι, ἐπεὶ ἐγραψέ που Ὦ ταὶ λιπαραὶ καὶ μεγαλοπόλιες Ἀθῆναι (congl. in aliud cum initio Pyth. VII) κατὰ δὲ τινες, ἐπεὶ ἔρεισμα Ἑλλάδος ἔφη τὰς Ἀθήνας, ἐζημίωσαν αὐτὸν οἱ Θηβαῖοι χιλίαις δραχμαῖς, ἃς ἐξέτισεν ὑπὲρ αὐτοῦ Ἀθηναῖοι ὡς φιλαττικοῦ. Celebrem locum praeterea respiciunt Isoc. de antid. 166: Πίνδαρον μὲν τὸν ποιητὴν οἱ πρὸ ἡμῶν γεγονότες ὑπὲρ ἑνὸς μόνου ῥήματος, ὅτι τὴν πόλιν ἔρεισμα τῆς Ἑλλάδος ὠνόμασεν, οὕτως ἐτίμησαν, ὥστε καὶ πρόξενον ποιήσασθαι καὶ μυρίας αὐτῷ δοῦναι δραχμάς. Plut. vit. Thes. c. 1, de glor. Athen. c. 7, Apophth. Lac. div. c. 6, Lucian. Demosth. Enc. c. 10, Philostr. Imag. II 12, Pausan. I 8, 4. Athen. V 187 D, Iulian. Or. I&C, Damascius ap. Suid. v. Σουηριανός, Liban. T. III 27 et rursus III 407 ed. Reiske, Schol. Hesiod. Op. 412, Schol. Aristid. III 640, Cram. An. Ox. IV 157, Arsen. 421, Eust. Il. 281, 5, Schol. Pind. Pyth. II inscr. Vit. Pind. cod. Vrat. T. II 9 ed. Boeckh, Thomas M. vit. Pind. ib. 4. Fuit autem initium dithyrambi, et his ipsis verbis summa laudum videtur comprehensa fuisse, siquidem Libanius loco priore dicit μισθὸς τοῦτό γε τῶν εἰς τὴν πόλιν ἐκείνων βραχέων δὴ τινῶν ὄντων. Boeckh autem conicit plura ex hoc carmine petiisse Himerium Or. XVI 2 de Constantinopoli: Καί μοι δοκεῖ (Boeckh δοτέω) καὶ τῆς Πινδάρου λύρας λαβὼν αἴλιος ἐκεῖθεν εἰς αὐτὴν ἀναφθέγξασθαι, εἰ καὶ τῆς Ἑλλάδος μὲν εἰπεῖν ἔρεισμα μικρόν, ὅπερ εἰς τὰς Ἀθήνας φησὶ Πινδάρῳ, πάσης δὲ τῆς ὑφ' ἥλιον ἥδιστον ἄγαλμα. εἰ μὲν καὶ Ποσειδῶν ὁ βασιλεὺς ὁ θαλάσσιος γλαυκοῖς περιβάλλει τοῖς κύμασιν οἷά τινα νύμφην Νηΐδα, καὶ πανταχόθεν περιιππεύει καὶ γέγηθε, οἱ δὲ Νηρηΐδων αἰμόρφων χοροὶ ἀκραις ἐπισκιρτῶντες ταῖς κώμαις κύκλῳ περὶ πᾶσαν χορεύουσι κτλ. Sed hoc satis incertam.

* 55. [195.]

Ὅθι παῖδες Ἀθαναίων ἐβάλοντο φαεννάν
κρηπῖδ' ἐλευθερίας.

* 56. [225.]

Κλῦθ', Ἀλαλά Πολέμου θύγατερ,
ἐγχέων προοίμιον, ᾷ θύεται
ἄνδρες (ὑπὲρ πόλιος) τὸν ἱρόθυτον θάνατον.

57A. 57B. [47. 48.]

` ‿ ‿ — ‿ ‿ — ‿ ‿ — ‿ —
‿ — — ‿ ‿ — ‿ ‿ ‿ —

Πρὶν μὲν εἷρπε σχοινοτένειά τ' ἀοιδὰ διθυράμβων
καὶ τὸ σὰν κίβδαλον ἀνθρώποισιν ἀπὸ στομάτων.

. . . . . . ‿ — ‿ ‿ —
— ‿ ‿ — ‿ ‿ — ‿ ‿ — ‿ —
‿ ‿ — ‿ ‿ — ‿ ‿ — ‿ ‿ — ‿ —

...... σοὶ μὲν κατάρχειν,
μᾶτερ μεγάλα, πάρα ῥόμβοι κυμβάλων·
ἐν δὲ κεχλάδειν κρόταλ᾽, αἰθομένα δὲ δᾴς ὑπὸ ξανθαῖσι
πεύκαις.

probabiliter rediategravit ex Pterodiano π. σχημάτων 60, 13: Πινδαρικὸν δὲ τὰ τοῖς πληθυντικοῖς ὀνόμασιν ἑνικὰ ῥήματα ἔχοντα ἐπιφέρειν, οἷον ἄνδρες ἐπὶ πόλεως (sic A, vulgo vulg πόλεων) καὶ ἰσχὺς βαρυφθέγκταν ἀγέλαι λεόντων. unde vulg πόλεος scripsi, Haupt vulg πολίων. — ἱερόθυτον Haupt, ἱερόθυτον Pint. Ceterum de versuum descriptione ambigi potest. Sani autem bi versus, ut videtur, ad idem carmen referendi, unde fr. 54 et fr. 55 petita.

Fr. 57A et B ex uno eodemque carmine petita esse docet Strabo X 469: Μάρτυρες δ᾽ οἱ ποιηταὶ τῶν τοιούτων ἐπωνυμιῶν· ὅ τε γὰρ Πίνδαρος· ἐν τῷ διθυράμβῳ, οὗ ἡ ἀρχή· Πρὶν μὲν εἷρπε σχοινοτένειά (ἀρχ. ἰωνίας K, σχοινοτονίας B) τ' ἀοιδὰ (Dk'inox ἀοιδαὶ) διθυράμβων (π διθυράμβων). μνησθεὶς δὲ τῶν περὶ τὸν Διόνυσον ἐπανωνυμιῶν καὶ αἰδὼς ἐπὶ τὰς ἑτέρας, μεταβὰς ἀπὸ τούτων φησί· Σοὶ μὲν ... κεἰπαις. τὴν κοινωνίαν τῶν περὶ τὸν Διόνυσον ἀποδεικείῳ τῶν νομίμων παρὰ τοῖς Ἕλλησι καὶ τῶν παρὰ τοῖς Θρᾳξὶ περὶ τὴν Μητέρα τῶν θεῶν συντιθέων ἀλλήλαις. Fr. prius metiens offert Athen. XI 467 D: καὶ Πίνδαρος δέ φησι· Πρὶν μὲν εἷρπε σχοινοτένειά τε οἶδα καὶ τὸ σὰν κίβδαλον ἀπὸ στομάτων. aide X 455 C: Πίνδαρος δὲ πρὸς τὴν ἀειγραμματηθεῖαν αἰδῶ ... ἐνοίησι· Πρὶν μὲν εἷρπε (PVL εἷρπε) σχοινοτένεια τά τ᾽ οἶδα καὶ τὸ σὰν τι βόηλον (ita AB, nisi quod B σάν, P σανθιβόηλον, VL τὸ σὰν κίβδηλον) ἀνθρώποισε (V ἀνθρώποισι, L Nas. ἀνθρώποισε). Ἡρωδιανοῦ Athen. X 488 D, Eust. II. 1336, 63 et Dionys. de comp. verb. c. 14: εἰσὶ δὲ οἱ ἀείγραμμα ᾠδὰς ὅλας ἐποίουν, δηλοῖ δὲ τοῦτο Πίνδαρος ἐν οἷς φησι· Πρὶν μὲν ἦρπε (L ἤρπει) σχοινοτένη φωνήεντα (L σχοινοτένειά τε τὰ τ᾽ οἶδα haud dubie ex Ath.) διὸ. καὶ τὸ σὰν κίβδηλον ἀπὸ στόματος (MG ἀνθρώπους). Recte Boeckh σχοινοτένειά τ᾽ ἀοιδὰ correxit.

Fr. 57B. V. 1. κατάρχειν Hermann, κατάρχει np. Strub. ; tamen offendit insolens apud antiquos scriptores usus formae activae, non tamen κατάρχειν scribendum, quemadmodum Int. Kelake nempe conicit, sed suspicor κοιαρχεῖν vel πσαρχεῖν legendum esse; κατάρχος sive κατάρχης dicebatur Coldrorum sacerdos (v. Koll Spec. Onomat. 108), κοιαρχης sive πσαρχης Tmenariorum sacerdos (vide titulos Lacenicos, in Annal. Inst. Arch. XXXIII. — V. 2. μᾶτερ μεγάλα, πάρα Boeckh, vulgo μᾶτερ, πάρα μεγάλαι, ci sic B (ex corr.) ('Elix, μᾶτερ, πάρα μεγάλαι reliqui. — ῥόμβοι, codd. ῥοῖμβοι, fort. ῥύμβοι, quod postea etiam Melacke commendavit. — V. 3. κεχλάδειν Hermann, codd. κεχλάδων, cf. Hesych. κεχλάδωσι, ὑφκτείν· κρόταλ᾽ scripsi, vulgo κρόταλα. — δᾴς Boeckh, v. δαίς, Dk δαίς, Chlot δᾴς, D δᾴς. — ξανθαῖσι, Bkl ξανθῇσι.

PINDARI FRAGMENTA.

58. [49.]

```
. . . . .      ‿ ‿ ¯
‿ ‿ ¯ ‿ ‿ ¯ ‿ ‿ ¯
. . .   ‿ ‿ ¯ ‿ ‿ ¯ ‿ ¯
‿ ‿ ¯ ‿ ‿ ¯ ‿ ‿ ¯ ‿ ¯
5 ‿ ‿ ‿ ‿ ¯ ‿ ¯
```

. . . . . Σὺ δ' ἐγὼ παρὰ μὲν
αἰνέω μέν, Γηρυόνα, τὸ δὲ μὴ Διὶ
φίλτερον σιγῷμι πάμπαν· οὐ γὰρ ἐοικὸς
ἀρπαζομένων τῶν ἐόντων καθῆσθαι παρ' ἑστίᾳ.
5 καὶ κακὸν ἔμμεναι.

59. [50.]

‿ ‿ ¯ ‿ ‿ ¯ ‿ ¯ ‿ ‿ ¯
Τὰν λιπαρὰν μὲν Αἴγυπτον ἀγχίκρημνον.

60. [51.]

‿ ‿ ¯ ‿ ‿ ¯ ‿ ‿ ¯ ‿ ¯ ‿ ¯
Ἤν ὅτε σύας τὸ Βοιώτιον ἔθνος ἔνεπον.

Fr. 58. Aristid. II. 70: *ἄπερ δή μοι καὶ Πίνδαρος, εἴ τι δεῖ καὶ
τοῦ ἄρματος εἰπεῖν, οὐκ ἐξαγούμενος οὐδὲ συμβουλεύων σπουδῇ ταῦτα
λέγειν τοῖς ἀνθρώποις, ἀλλ' ὡσπερεὶ ἐγκελαζων.* σιγμαίρομαι Γε-
γονεν Ἡρακλέος αὐτοὺς τούτοις. ὅτι καὶ ἑτέρωθι μεμνημένος περὶ
αὐτὸν ἐν διθυράμβῳ τινί· "αἱ δ' ἐγὼ παρ' ἀρίν, φησίν, πῖ. μ. Γη-
ρυόνη, τὸ δὲ μὴ Διὶ φιλ. σιγῷμι πάμπαν· οὐ γὰρ εἰκὸς, φησίν, ἁρπα-
ζομένων τῶν ὄντων καθῆσθαι παρ' ἑστίᾳ καὶ κακὸν εἶναι. — V. 1.
παρὰ μὲν Hermann, vulgo παρ' ἀρίν, LN πηρᾶριν, al Schol. III 469:
εἰ δὲ, ὦ Γηρυόνη, ἐπαινῶ παρ' αὐτὸν τὸν Ἡρακλέα. ὁ μὲν γὰρ τῷ
οὐκ ὄντα ἀρπίλετο ἐν βίαιᾳ χειρί, οὐ θέως ἀδικούμενος μάχην προσαυτόν
ἤρας καὶ διὰ τοῦτο μᾶλλον ἀποθέκτος. — V. 2. Γηρυόνα Boeckh, vulgo
Γηρυόνη, L γηρώσι, N γηρυόνι. — Διὶ vulgo Διί, Hermann Ἰέ. — V.3.
σιγῷμι Boeckh, et sic lemma schol., vulgo σιγᾷμι, N σιγᾷ μέ, M σιγᾷμι
μὴ. Fort. σίγαμι. — ἐοικὼς sicut deinde ἐόντων et ἔμμεναι Boeckh,
vulgo εἰκὸς . . . ὄντων . . . εἶναι. Fortasse καὶ κακὸν εἶναι Aristi-
des de suo adiecit; Hermannus omnia inde ab οὐ γὰρ εἰκὸς ab Aristide
profecta videntur.
Fr. 59. Schol. Pind. Pyth. II Inscr.: καὶ τὴν Αἴγυπτον ἐν Διθυ-
ράμβοις· τὰν καὶ. ἀγχίκρημνον cod. Gott., vulgo ἄγει υγηρον.
Fr. 60. Schol. Pind. Ol. VI 152: ὅτι διὰ τὴν ἀγροικίαν καὶ ἀναγω-
γίαν τοιαύτην οἱ Βοιωτοὶ ὡς ἐκαλοῦντο, καθάπερ καὶ αὐτός ἐν τοῖς
διθυράμβοις· Ἤν . . . ὅτε σ. τὸ Β. ἔθνος ἔλεγον. Strabo VII 321: ἢν
ὅτε σύας (sic E, σοιας ABC, ὕας Ino et vulgo) Βοι. ἔ. ἔνεπον (Ε Γε-
νεπον) articulo omisso, qui etiam deest ap. Galen. Protrept. c. I.

61. [54.]

Harpocrat. 112: παλιναίρετος... ἐπὶ δὲ τῶν καθαιρεθέντων οἰκοδομημάτων καὶ ἀνοικοδομηθέντων Πίνδαρος Διθυράμβοις. Eadem Phot. 375, 11.

* 62. [55.]

Et. M. 274, 50: Διθύραμβος... Πίνδαρος δέ φησι λυθίραμβον καὶ γὰρ Ζεὺς τικτομένου αὐτοῦ ἐπεβόα Λῦθι ῥάμμα, λῦθι ῥάμμα, ἕν' ᾗ λυθίραμμος, καὶ διθύραμβος κατὰ τροπὴν καὶ πλεονασμόν. Ἡρωδιανὸς δὲ φησὶ τὰ προστακτικὰ μὴ συντίθεσθαι. Similia cod. Sorb. ap. Gaisf., Et. Gud. 147, 47, Etym. Angelican. a Ritschelio citatum, denique Cyrillus (cod. Vindob. a. 310); Ὁ Πίνδαρος λυθίραμμόν φησι αὐτόν· καὶ γὰρ ὁ Ζεὺς τικτόμενος αὐτοῦ ἔκραζεν· Λῦθι λῦθι ῥάμμα. cf. etiam Proclus ap. Phot. Bibl. 230: ὁ δὲ Διθύραμβος γράφεται μὲν εἰς Διόνυσον, προσαγορεύεται δὲ ἐξ αὐτοῦ ἤτοι διὰ τὸ κατὰ τὴν Νύσσαν ἐκ' ἄντρῳ τραφῆναι τὸν Διόνυσον ἢ διὰ τὸ λυθῆναι τῶν ῥαμμάτων τοῦ Διὸς εὑρεθῆναι αὐτόν, ἢ διότι δὶς δοκεῖ γενέσθαι, ἄπαξ μὲν ἐκ τῆς Σεμέλης, δεύτερον δὲ ἐκ τοῦ μηροῦ· εὑρεθῆναι δὲ τὸν διθύραμβον Πίνδαρος ἐν Κορίνθῳ λέγει. quod pertinet ad Ol. XIII 18.

* 63. [56.]

Choeroboscus I 270: εἶτα αὕτη ἡ αἰτιατικὴ φησὶ δὲ ἡ ἔκτινον κατὰ μετάπλασμον γέγονεν ἴκτινα, ὥσπερ... διθύραμβον διθύραμβα παρὰ Πινδάρῳ.

V.

ΠΡΟΣΟΔΙΑ.

ΕΙΣ ΔΗΛΟΝ.

64. 65. [58.]

⏑ ¯ ⏑ ¯ ⏑ ¯ ⏑ ¯ ⏑ ⏑ ¯ ⏑ ⏑ ¯
¯ ¯ ⏑ ¯ ⏑ ¯ ⏑ ⏑ ¯ ⏑ ⏑ ¯ ¯
¯ ⏑ ⏑ ¯ ⏑ ⏑ ¯ ⏑ ¯ ⏑ ⏑ ¯ ⏑ ⏑ ¯ ⏑ ⏑
¯ ⏑ ¯ ¯ ⏑ ⏑ ¯ ⏑ ¯ ⏑ ⏑ ¯ ⏑ ¯ ⏑ ⏑ ¯ ⏑ ⏑ ¯ ⏑
¯ ⏑ ⏑ ¯ ⏑ ⏑
¯ ⏑ ¯ ¯ ⏑ ⏑ ¯
¯ ⏑ ¯ ⏑ ¯ ⏑ ¯ ⏑ ⏑ ¯ ⏑ ⏑
¯ ⏑ ⏑ ¯ ⏑ ⏑ ¯ ¯ ⏑ ⏑ ¯ ⏑ ⏑ ¯ ¯

                                                                Στρ.

Χαῖρ', ὦ θεοδμάτα, λιπαροπλοκάμου
παίδεσσι Λατοῦς ἱμεροέστατον ἔρνος,
πόντου θύγατερ, χθονὸς εὐρείας ἀκίνητον τέρας, ἅντε
    βροτοί
Δᾶλον κικλήσκουσιν, μάκαρες δ' ἐν Ὀλύμπῳ τηλέφαντον
    κυανέας χθονὸς ἄστρον.

Fr. 64 et 65. recte Boeckh ad unum idemque carmen retulit, eaique fortasse illud Ceiis scriptum, quale ipse poeta carmen significat Isthm. I init. ubi schol.: Οἱ Κεῖοι Δηλιακὸν παιᾶνα ᾔεσαν τὸν ποιητὴν γράφαι οἱ αὐτῷ μέλλοντος· γὰρ Κείοις γράφειν προσοδιακὸν παιᾶνα κτλ., unde Boeckh Paean Deliacus prosodiacus inscripsit. Respicit Schol. Callim. in Del., 28. — Fr. 64. Philo de corrupt. mundi p. 961 (ed. Francof. a. 1691): τὴν δὲ Δῆλον καὶ Ἀστέρην ὠνόμασαν, δι' ἀμφοτέρων ὀνομάτων πιστούμενοι τὸ λεγόμενον, ἐπειδὴ ἀναφανεῖσα δήλη ἐγένετο, ἀδηλουμένη καὶ ἀφανὴς οὖσα τὸ πρῶτον· Χαῖρ' ὦ κτλ. - V. I. θεοδμάτα, ed. Franc. θεοσδμήτι. — V. 2. παίδεσσι Boeckh, vulgo παιδός, ed. Fr. παιδὸς p. — ἔρνος, Hartung ἔρνος scripsit. - V. 3. θύγατερ, quod Hermann coni., ed. Fr., vulgo θύγατηρ. V. 4. τηλέφαντον scripsi, vulgo τηλέφατον

Ἀντ.
ἢν γὰρ τοπάροιθε φορητὰ κιμάτεσσιν παντοδαπῶν τ'
  ἀνέμων
ῥιπαῖσιν· ἀλλ' ἁ Κοιογενὴς ὁπότ' ὠδίνεσσι θυίοισ' ἀγχι-
  τόκοις ἐπέβα νιν,
δὴ τότε τέσσαρες ὀρθαί
πρέμνων ἀπώρουσαν χθονίων,
5 ἂν δ' ἐπικράνοις σχέθον πέτραν ἀδαμαντοπέδιλοι
κίονες· ἔνθα τεκοῖσ' εὐδαίμον' ἐπόψατο γένναν.

ΑΙΓΙΝΗΤΑΙΣ ΕΙΣ ΑΦΑΙΑΝ.

66. [59.]

○⏑⏑–⏑⏑–○⏑⏑–⏑⏑–○

⏑–––⏑––⏑–⏑⏑⏑–⏑⏑––

Τί κάλλιον ἀρχομένοισιν ἢ καταπαυομένοισιν,
ἢ βαθύζωνόν τε Λατὼ καὶ θοᾶν ἵππων ἐλάτειραν ἀεῖσαι;

Fr. 65. Strabo X 485: *Μυθεύεται γὰρ ἐνταῦθα ἡ Λητὼ τὰς ὠδῖνας ἀποθέσθαι τοῦ τε Ἀπόλλωνος καὶ τῆς Ἀρτέμιδος· ἦν γὰρ τοπάροιθεν οὐ φορητά, φησὶν ὁ Πίνδαρος* ctl. (cm. fragm. xy, initium usque ad *Κοιογενής* no). Apparet vel ex totius loci sententia strophаm hanc et antistrophаm coaluisse se excepisse, nisi quod strophae finis, antistrophae initium interiit. — V. 1. *πάροιθε φορητά πεφάτεσσι* Schol. Hom. Od. κ 3. (Cram. An. Par. III 464, 7. Enst. 1644,54): οἷον δή τε καὶ περὶ τὴν Δῆλον *ἱστορεῖ Πίνδαρος* λέγων οὕτως· *ἦν γ. τ. πάροιθε φορητά κυμάτεσσι Δῆλος (Δάλος* An. Eust.) *παντ. ἀν. ῥιπαῖς,* ubi *Δῆλος* ex interpretatione additum. Strabo *πάροιθεν* οὐ *φορητὰ κύμασί τε,* sed *κυμάτεσσι* D a pr. m. (a sec. *κυμάτεσσι* al C? — τ' *ἀνέμων* Tzschucke, vulgo copula deest. — V. 2. *ἀλλ' ἁ Κοιογενὴς* correxit Porson, *ἀλλὰ Κοίου γένος* Schneider, vulgo *ἀλλὰ καὶ ὁ γένος.* D *ἀλλὰ καιογενής,* Ca *ἀλλὰ καὶ ὁ γένης,* Bk *ἀλλ' ακοιογένης,* bl *ἀλλὰ καιογενής.* — *ὠδίνεσσι* Boeckh, *ὠδῖνες* libiblos, *ὠδίνεσι* k, *ὠδύναισι* vulgo. — *θυίοισ'* scripsi, *θυίοις* CDhl, *θείαις* libilaos, *θοαῖς* Boeckh. — *ἐπέβα νιν* Porson, *ἐπέβαινεν* Schneider, vulgo *ἐπιβαίνειν.* — V. 4. *πρέμνων* Hermann, *πρέμνων* Bk, *πρέμνων* CDhilos. — V. 5. *δ' ἐπικράνοις* Porson, *δ' ἐπὶ κραίνοις* Dla, *δ' ἐκράτυσαν* b, *δὴ κράνοις* l, *δ' ἐπὶ κραταὶ* kno. — *σχέθον, σχεθὸν* Bk. — *πέτραν, πέτρᾳ* likino. — V. 6. τεκοῖσ', τέκοις Cl, τόκοις h, τέκες τ no. — ἐπόψατο om. no. — *ἀδαμαντοπέδιλοι* respicit Plutarch. de fac. in orbe lunae c. 6: *τὴν δὴ γῆν κατὰ Πίνδαρον ἀδαμαντοπέδιλοι κίονες περιέχουσι.* Cf. praeterea Senecca Qu. Nat. VI 26: „Hanc (Delam) philosophi quoque credula natio dicerent non moveri auctore Pindaro."

Fr. 66. Schol. Aristoph. Eqq. 1263: *τοῦτο ἀρχὴ προσοδίου Πινδάρου· ἔχει δὲ οὕτω· Τί κάλλιον* ctl. Suid. s. v. „προσόδια" ὅμοιος· *Ἀρχὴ προσοδίου· τί κάλλιον ἀρ. ἢ π. ἢ θοᾶν ἵππων ἐλατῆρας ἀεῖδειν,* quasi per errorem doctum ex Aristophanis versu, quem dixi. — V. 1. fortasse *κατεπαυομένοις* praestat, atque Θ et hoc et *ἀρχομένοις* exhibet. Hartung cum divisim *κατὰ παυομένοις* scripserit, ignoro. — V. 2. Vca. *ἐλάτηραν.* — Recte autem Boeckh hac respexisse censuit Pausaniam II 30, 3: *Ἐν Αἰγίνῃ δὲ πρὸς τὸ ὄρος τοῦ Πανελληνίου Διὸς ἰοῦσίν ἐστιν Ἀφαίας ἱερόν, ἐς ἣν καὶ Πίνδαρος ᾆσμα Αἰγινήταις ἐποίησεν.*

ΕΙΣ ΔΕΛΦΟΥΣ.

* 67. [60.]

```
- . ⌣ ⌣ _ _ ⌣ - ⌣
⏑ ⌣ ⏓ ⌣ ⌣ _ _
⏑ ⌣ ⏓ ⌣ ⌣ _ ⌣ ⌣ _ _ _ ⌣. ⏓
⏓ ⌣ ⌣ _ ⌣ _ ⏓ ⌣ _
5 ⌣ ⏓ ⏓ ⌣ ⌣ _ ⏓ ⌣ ⌣ _ ⌣ _
```

... Πρὸς Ὀλυμπίου Διός σε,
χρυσέα κλυτόμαντι Πυθοῖ,
λίσσομαι Χαρίτεσσί τε καὶ σὺν Ἀφροδίτᾳ
ἐν ζαθέῳ με δέξαι χορῷ
5 ἀοίδιμον Πιερίδων προφάταν.

---

68. [61.]

Porphyr. de Abst. III 251: Πίνδαρος δὲ ἐν προσοδίοις (προσοδίοις) πάντας τοὺς θεοὺς ἐποίησεν, ὁπότε ὑπὸ Τυφῶνος ἐδιώκοντο, οὐκ ἀνθρώποις ὁμοιωθέντας, ἀλλὰ τοῖς ἄλλοις (Wesseling et Unger emendaverunt τοῖς ἀλόγοις) ζῴοις. Ad huc prosodium haud dubie versus, qui subsequuntur, referendi sunt, fuit autem ut videtur εἰς Δία Αἰτναῖον conditum.

* 69. 70. [93.]

```
_ ⌣ ⏓ ⌣ _ _ ⏓ ⌣ ⌣ _ ⌣ ⌣ ⏓
⏓ ⌣ _ _ . . . .
           *
          * *
⏓ ⌣ _ _ ⏓ ⌣ ⌣ _ ⌣ ⌣
_ ⏓ ⌣ ⌣ _ ⌣ ⌣ _ ⌣ ⌣ _ _ ⏓ ⌣
⌣ ⌣ _ ⌣ . . . .
```

Fr. 67. Aristid. II 510: [ἕτερόν δὲ ἔτι λαμπρότερον (Πίνδαρός φησι)· Πρὸς Ὀλ. κτλ. ὁρᾷς, ὡς ἐυχόμενος μεταξὺ σὺ καλέσχεν ἑαυτόν, ἀλλὰ πάντα ἔσθ' ὁ ἱερπρολογήσατο. — V. 3. λίσσομαι Stephanus, Γ ἔσομαι, Η ἄσομαι. — Χαρίτεσσι Hermann, vulgo Χάριτες. — V. 4. χορῷ scripsi, Γ Η χρόνῳ, vulgo χώρῳ, Kayser et Schneidewin conl. Θράσυ coll. Pausan. X 24, 4. — V. 5. Πιερίδων Canter, vulgo Πιερίαν. Ad prosodium Delphicum probabiliter retulit Boeckh, adversante Hartungo, qui hos versus ex Paeano aliquo petitos esse censet.
Fr. 68. 70. Strabo XIII 626: Πίνδαρος δὲ συναικιεῖ τοῖς ἐν τῇ Κιλικίᾳ τὰ ἐν Πιθηκούσαις, ἅπερ ἐστὶ πρὸ τῆς Κυμαίας, καὶ τὰ ἐν Σικελίᾳ, καὶ γάρ τῇ Αἴτνῃ φησίν ὑποκεῖσθαι τὸν Τυφῶνα, τὸν ποτε Κιλίκιον κτλ. (Pyth. I 16) ... καὶ πάλιν' εἴνεφ κτλ. καὶ πάλιν· ἀλλ' οἶος κτλ. ex eodem carmine utrumque fr. petitum, nam sic demum id

Κείνῳ μὲν Αἴτνα δεσμὸς ὑπερφίαλος
ἀμφίκειται.
  * * *
ἀλλ' οἷος ἄπλατον κεράϊζε θεῶν
Τυφῶν' ἑκατοντακάρανον ἀνάγκᾳ Ζεὺς πατήρ
ἐν Ἀρίμοις ποτέ.

71.

Μεμναίατ' ἀοιδᾶς.

quod Strabo vult probari. Respicere videtur huc Iulian. Epist. XXIV 895: *Καὶ μὴν καὶ Πίνδαρος ὁ Θηβαῖος τὴν ἀναίρεσιν τοῦ Τυφωίος ἐν ἐπινικίοις ᾠδοῦντας καὶ τοῦ μεγίστου τούτου γίγαντος κράτος τὰ μέγιστα βασιλεῖ τῶν θεῶν περιτιθείς, οὐχ ἱέρωθεν αὐτῷ τῆς εὐφημίας κρατεῖται τὴν ὑπερβολήν, ἥ ὅτι τὸν γίγαντα τὸν ἑκατοντακέφαλον ἐνιβλήματι καθελεῖν ἤρκεσεν. ὡς οὐδέ τινος ἄλλου εἰς χεῖρας τοῦ Διὸς ἐλθεῖν ἀντιμάχου γίγαντος νομισθέντος, ἢ ὃν ἂν ἡ μήτηρ μόνον τῶν ἄλλων ἑκατὸν κεφαλαῖς ὥπλισεν, οὐδὲ ἱερὸν τινὸς θεῶν ἢ μόνου Διὸς ἀξιονικότερον πρὸς ταύτην τοσοῦτον γίγαντος καθαίρεσιν ὄντος.* — Fr. 70, V, 1. ἀλλ' οἶος, Dh ἀλλ οἶος. — V. 2. Strabonis libri Τυφῶνα πεντηκοντακέφαλον, huc in processu! πεντηκοντακέφαλλον scripsi, vid. Phot. 188, 11: πεντεκέφαλον ἐν τοῖς δύο λλ λέγουσιν, οὕτως Ἀριστοφάνης (Eqq. 417) cf. etiam Hesiod. Theog. 287 et ap. Strab. l 43: Ἡμίσσης καὶ Πυγμαῖοι καὶ Μακροκέφαλοι. Nunc accutus sum Hermannum, qui emendavit Τυφῶν' ἑκατοντακάρανον, quod commendat Iuliani ille locus et Pyth. I 16, addo Schol. Ilos. Theog. 311: ὁ μὲν Πίνδαρος ἑκατοντακέφαλόν φησιν εἶναι τὸν Τυφαία, οὗτος δὲ πεντηκοντακέφαλον. — Ζεὺς, rw Ζεῦ. — πατήρ, Γ'rπ πάτερ, unde Tzschucke scripsit κεράϊξες... Ζεῦ πάτερ, quod sane convenientissimum est, si haec ex carmine in Iovis honorem posita sunt. — V. 3. resp. Hesiod. Lycophr. 825. — Ιν. Boeckh sic, idem retulit haec ad scolium in Hieronem, ego propter fr. 68 huc revocavi.

Fr. 71. Cram. An. Par. III 291, 26: Πίνδαρος δὲ θαρσαλεώτερον διὰ τῆς αι διφθόγγου ἐν Προσωδίοις μεμναίατ' ἀοιδᾶς. ext. ἀοιδᾶς. Respicit Et. M. 579, 8.

ΕΙΣ ΔΕΛΦΟΥΣ

* 67. [60.]

⏑ – ⏑ – ⏑ – ⏑ ⏑ – ⏑
– ⏑ – ⏑ – – – –
– ⏑ – ⏑ ⏑ – ⏑ ⏑ – – ⏑ – ⏑
– ⏑ ⏑ – – – ⏑ – ⏑
5 – ⏑ ⏑ – ⏑ – ⏑ ⏑ – ⏑ .

 ... Πρὸς Ὀλυμπίου Διός σε,
χρυσέα κλυτόμαντι Πυθοῖ,
λίσσομαι Χαρίτεσσί τε καὶ σὺν Ἀφροδίτᾳ
ἐν ζαθέῳ με δέξαι χορῷ
5 ἀοίδιμον Πιερίδων προφάταν.

68. [61.]

Porphyr. de Abst. III 251: Πίνδαρος δὲ ἐν προσοδίοις (προσοδίοις) πάντας τοὺς θεοὺς ἐποίησεν, ὁπότι ὑπὸ Τυφῶνος ἐδιώκοντο, οὐκ ἀνθρώποις ὁμοιωθέντας, ἀλλὰ τοῖς ἄλλοις (Wesseling et Unger emendaverunt τοῖς ἀλόγοις) ζῴοις. Ad hoc prosodium haud dubie versus, qui subsequuntur, referendi sunt, fuit autem ut videtur εἰς Δία Αἰτναῖον conditum.

* 69. 70. [93.]

– ⏑ – – ⏑ – ⏑ ⏑ – ⏑
⏑ – – . . . .
              *   *   .

– ⏑ – – ⏑ ⏑ . ⏑ ⏑
– ⏑ ⏑ – ⏑ ⏑ – ⏑ ⏑ – ⏑ ≍
– ⏑ – ⏑ . . .

Fr. 67. Aristid. II 510: ἑτέρωθι δὲ ἔτι λαμπρότερον (Πίνδαρός φησι)· Πρὸς Ὀλ. κτλ. ὁρᾷς, ὡς εὐχόμενος μεταξὺ οὐ κατέσχεν ἑαυτόν, ἀλλὰ κἀνταῦθα ἐσιμολόγησατο. — V. 3. λίσσομαι Stephanus, Γ᾽ ἔσομαι, Θ ἄσομαι. — Χαρίτεσσι Hermann, vulgo Χάριτες. — V. 4. χορῷ activi. ΓΘ χορόν, vulgo χορῷ, Kayser et Schneidewin coni. Θρόνῳ coll. Pausan. X 24, 4. — V. 5. Πιερίδων Canter, vulgo Πιερίαν. Ad prosodium Delphicum probabiliter retulit Boeckh, adversante Hartungo, qui hos versus ex Paeane aliquo petitos esse censet.
Fr. 69. 70. Strabo XIII 626: Πίνδαρος δὲ συνοικιστὰς ταῖς ἐν τῇ Κιλικίᾳ τὰ ἐν Πιθηκούσσαις, ἅπερ ἐστὶ πρὸ τῆς Κυμαίας, καὶ τὰ ἐν Σικιλίᾳ, καὶ γὰρ τῇ Αἴτνῃ φησὶν ὑποκεῖσθαι τὸν Τυφῶνα, ἐάν ποτε Κιλίκιον κτλ. (Pyth. 1 16) ... καὶ πάλιν· νῦν γε μὰν κτλ. καὶ πάλιν· ἀλλ᾽ οἶος κτλ. ex eodem carmine utrumque fr. petitum, nam sic demum Id

Κείνω μὲν Αἴτνα δεσμὸς ὑπερφίαλος
ἀμφίκειται.
* *
ἀλλ' οἶος ἄπλατον κεράϊζε θεῶν
Τυφῶν' ἑκατοντακάρανον ἀνάγκᾳ Ζεὺς πατήρ
ἐν Ἀρίμοις ποτέ.

71.

Μιμναίατ' ἀοιδᾶς.

quod Strabo vult probant. Respicere videtur huc Iulian. Epist. XXIV 395: Καὶ μὴν καὶ Πίνδαρος ὁ Θηβαῖος τὴν ἀναίρεσιν τοῦ Τυφωέος ἐν ἐπινικίοις τηρεῖται καὶ τοῦ μεγίστου τούτου γίγαντος κράτος τῷ μεγίστῳ βασιλεῖ τῶν θεῶν περιτιθείς, οὐχ Ἱεροφῶντι αὐτὰ τῆς εὐφημίας χαριζόμενος τὴν ὑπερβολήν, ᾔδει τὸν γίγαντα τὸν ἑκατοντακέφαλον ἐν Πλίμαντι καθεὶς εἰν ἤρκισεν. ὡς οὐδὶ τινος ἄλλος εἰς χεῖρας τοῦ Διὸς ἐλθεῖν ἀντιμάχου γίγαντος νομισθέντος, ἢ ὃν ἂν ἡ μήτηρ μόνον γὰρ ἄλλων ἑκατὸν κεφαλαῖς ὁπλίσειν, οὐδ' ἑτέρου τινὸς θεῶν ἢ μόνου Διὸς ἄξιον κοτέρου πρὸς ταύτην τοσοῦτον γίγαντος καθαίρειν ὄντος. — Fr. 70. V. 1. ἀλλ' οἶος, Dhάλλοῖος. — V. 2. Strabonis libri Τυφῶνα κεντηκοντακέφαλον, hinc in procoemi πεντηκοντακέφαλον scripsi, vid. Phot. 188, 11: πεντακέφαλον' ἐν τοῖς δύο Δ λέγουσιν, οὕτως Ἀριστοφάνης (Equ. 417) cf. etiam Heslod. Theog. 287 et ap. Strab. I 43: Ἡφαίστης καὶ Πυγμαῖοι καὶ Μανροκέφαλοι. Nunc secutus sum Hermannum, qui emendavit Τυφῶν' ἑκατοντακέρανον, quod commendat Iuliani ille locus et Pyth. I 16, addo Hebol. Ilas. Theog. 311: ὁ μὲν Πίνδαρος ἑκατοντακέφαλόν φησιν εἶναι τὸν Τυφῶα, οὗτος δὲ πεντηκοντακέφαλον. — Ζεὺς, rω Ζιό. — πατήρ, Frω πατρι, unde Tzschncke scripsit κεράϊζε ... Ζεὺ πάτερ, quod sane convenientissimum est, si haec ex carmine in Iovis honorem petita sunt. — V. 3. resp. Hebol. Lycophr. 825. — ἐν, Boeckh εἰν. Idem retulit haec ad stoliam in Hieronem, ego propter fr. 68 huc revocavi.
Fr. 71. Cram. An. Par. III 292, 26: Πίνδαρος δὲ ὁρμικώτερον διὰ τῆς αι διφθόγγου ἐν Προσφδίαις· μεμναίας' ἀοιδῆς. scr. ἀοιδᾶς. Respicit Et. M. 570, 8.

VI

ΠΑΡΘΕΝΙΑ.

ΠΑΝΙ 72—77.

72. [63.]

Ὦ Πάν, Ἀρκαδίας μεδέων, καὶ σεμνῶν ἀδύτων φύλαξ.

Ματρὸς μεγάλας ὀπαδέ, σεμνᾶν Χαρίτων μέλημα τερπνόν.

73. [64.]

Ὦ μάκαρ, ὅντε μεγάλας θεοῦ κύνα παντοδαπὸν
καλέοισιν Ὀλύμπιοι.

Fr. 72. Eustath. prooem. 27: Λέγεται δὲ καὶ ὅτι ὁ Πὰν μεταξὺ Κιθαιρῶνος καὶ Ἑλικῶνος ὤφθη ᾄδων ταῦτα Πινδάρου· διὸ καὶ αὐτὸς ᾆσμα ἐποίησεν, ἐν ᾧ χάριν αὐτῷ τῆς τιμῆς ἀνθομολογεῖται, οὗ ἀρχή· Ὦ Πάν, Πάν, Ἀρκ . . . . . φύλαξ. Similia vit. Pind. Boeckh T. II p. 9 (Westerm. p. 97). Angelus profert Mehallack. Pindar. Pyth. III 139; μάρτυρος γὰρ ὁ Πὰν τῇ Ῥέᾳ, ὡς αὐτὸς ὁ Πίνδαρος ἐν τοῖς παρθενίοις· τὸν Παρθενίων φησίν· Ὦ Πάν, Ἀρκαδίας μεδέων ἐπ. τοῦ Ματρὸς μ. ὀπ. σεμνᾶν Χ. μ. τ. uhi cod. Gott. ἄγαλμα pro μέλημα, recte Boeckh σεμνᾶν, idem vero conj. σεμνῶν ἀδύτων, contra Schneidewin v. ὀπαδός, ἁγνᾶν, ne bis idem vocabulum iteretur, at plures videntur versus interiecti esse, fort. v. 1 initium, v. 2 clausula strophae fuit, itaque lacunam indicavi. Carmen utcunque opportunitatis celeberrimæ fuit, cf. Plutarch. vit. Num. c. 4, Non posse suaviter viv. sec. Epic. c. 22. Pausan. IX 26, 3, Philostr. Imag. II 12, Aristid. I 69. II 271, et Schol. III 564, Liban. Or. LXIII T. III 352 ed. Reiske, Antipater Auth. Plan. IV 305, Thomas M. Vit. Pind. T. II p. 4 et ib. p. 7, Eustath. prooem. p. 23 ed. Schneidewin.

Fr. 73. Aristot. Rhet. II 24: ἢ εἴ τις κύνα ἐγκωμιάζων τὸν ἐν τῷ οὐρανῷ συμπαραλαμβάνει, ἢ τὸν Πάνα, ὅτι Πίνδαρος ἔφησεν· ὦ μάκαρ κτλ. Boeckh, qui recte hoc retulit, καλέουσιν scripsit, v. καλέουσιν.

PARTHENIA. 313

* 74. [65.]

Schol. Theocr. V 14: τὸν Πᾶνα τὸν ἄκτιον· τινὲς δὲ τὸν Ἀπόλλωνά φασι τὸν ἐπὶ τῆς ἀκτῆς ἱδρυμένον, φησὶ δὲ καὶ Πίνδαρος τῶν ἁλιῶν αὐτὸν φροντίζειν. ubi Dübner conl. τινὲς δὲ τὸν Πᾶνα ὡς καὶ τὸν Ἀπόλλωνά φασιν ἐπὶ κτέ. Ahrens τινὲς δὲ τὸν ὑπὸ ἁλιέων φασὶν ἐπί.

* 75. [64.]

Schol. Theocr. I 2: Μέλη γὰρ τὰς ᾠδὰς ἔλεγον, ὡς καὶ Πίνδαρος τὸν Πᾶνα φάσκων·

τὸ σαυτοῦ μέλος γλάξεις,

τουτέστιν ἑαυτῷ ᾠδὴν ᾄδεις. ubi S Bar. τοσαῦτα, Gen. b τὰς αὐτοῦ. Ahrens φάσκων τό· σαυτῷ μ. γ. Ego conieci τὺ σαυτῷ (σοὶ αὐτῷ).

* 76. [67.]

Aristid. I 49: Διδόασι δ' αὐτῷ καὶ τὸν Πᾶνα χορευτὴν τελεώτατον θεῶν ὄντα, ὡς Πίνδαρός τε ὑμνεῖ καὶ οἱ κατ' Αἴγυπτον ἱερεῖς κατέμαθον.

* 77. [68.]

Serv. Virg. Georg. I 16: „Pindarus Pana ex Penelope filium dicit." Sed auctius G: „Pana Pindarus ex Apolline et Penelopa in Lyceo (Lycaeo) monte editum scribit, qui a Lycaone rege Arcadiae locus (Lycaeus) mons dictus est; alii ex Mercurio et Penelope natum, eoniitem feras solitum e cuniculis exeitare, et ideo capripedem figuratum esse cle." Longe aliud tradit Schol. in Theocriti Syringem: Τὸν δὲ Πᾶνα ἔνιοι γηγενῆ ἱστοροῦσιν, ἔνιοι δὲ Αἰθέρος καὶ νύμφης Οἰνόης, ὡς καὶ Πίνδαρος, ἔνιοι δὲ Ὀδυσσέως.

ΑΠΟΛΛΩΝΙ.

* 78. 79. [70.]

Fr. 78 et 79. Strabo IX 412: οἱ δὲ ποιηταὶ κοσμοῦσιν ἄλση καλοῦντες τὰ ἱερὰ πάντα κἂν ᾖ ψιλά· τοιοῦτόν ἐστι καὶ τὸ τοῦ Πινδάρου περὶ Ἀπόλλωνος λεγόμενον· κινηθεὶς ἐκ.... ἄλσεων. Resp. Faust. II. 270. 23. Eximie autem vidit Boeckh huc pertinere, quae ap. Strab. 413 legantur, ubi eum Alcaeum commemorassel, pergit: τὸ δὲ Τηρηικὸν πεδίον ἀπὸ Τηρέρου προσηγόρευται· μυθεύεται δ' Ἀπόλλωνος υἱὸς ἐκ Μελίας, προφήτης τοῦ μαντείου κατὰ τὸ Πτῷον ὄρος. ὃ φησιν εἶναι τρικόρυφον ὁ αὐτὸς ποιητής (quae autem de Alcaeo dicta sunt, aut ipse Strabo postea aut alius quis in margine adiecit: certe Alcaei non sunt hi versus): Καί ποτε ... κατέσχε. καὶ τὸν Τήνερον καλεῖ ναοπόλον μ. θ. ὀμ.

..... Περιδιναθείς ἐκήει
γᾶν καὶ θάλασσαν καὶ σκοπιαῖσιν μεγάλαις ὀρέων ὕπερ
ἔστα,
καὶ μυχοὺς διϊνάσσατο βαλλόμενος κρηπῖδας ἀλσέων,
καί ποτε τὸν τρικάρανου Πτωΐου πενθμῶνα κατίσχεθε . .

... . _ . . .. _ . _ ._ . . _ _

... ναοπόλον μάντιν δαπέδοισιν ὁμοκλέα.

80. [62.]

Schol. Arist. Acharn. 720: Ἀγοράζειν ἐν ἀγορᾷ διατρίβειν ἐν
ἐξουσίᾳ καὶ παρρησίᾳ ἐστίν, Ἀττικῶς, ὅθεν καὶ ἡ Κόριννα, ἐστὶ
τοῦ Πινδάρου ἀττικίστι, ἐπεὶ καὶ ἐν τῷ πρώτῳ τῶν Παρθε-
νίων ἐχρήσατο τῇ λέξει. coni. Pierson Ἔτι δὲ Πίνδαρος ἀττικίζει.
Goel (vid. Schneidewin Proleg. LXXXI.) ὅθεν καὶ ἡ Κόριννα ἐπιτιμᾷ
Πινδάρῳ ἀττικίζοντι. Boeoti enim non ἀγορά, sed ἀγών dicebant.
vid. Schol. Il. σ 1. Eust. Il. 1335, 58: ἀγορεύειν tamen Boeotis pro-
prium esse dicitur, vid. Bekk. An. III 1006 not. Iriarte p. 146. cf. etiam
Leutsch Philol. XI 181.

81. [69.]

Schol. Theocr. Il 10: Πίνδαρός φησιν ἐν τοῖς κεχωρισμένοις
τῶν Παρθενίων (ita 5 Gen. b, παρθένων ceteri), ὅτι (ἤτοι Gen. b52,
τοι 51) τῶν ἐραστῶν οἱ μὲν ἄνδρες εὔχονται παρεῖναι (ita scripsi, εἶναι
καὶ 5 Gen. b, τὸν vulgo) Ἥλιον, αἱ δὲ γυναῖκες Σελήνην. — Ad ter-
tium huuc librum Parthenieorum fortasse veteres critici retulerunt
προοίμιον εἰς Σακάδαν, vid. fr, inc. 251.

Fr. 78. V. 1, περιδιναθεὶς scripsi, vulgo κινηθεὶς, A . . νηθεὶς, sed
in m. περιπεθεὶς, c περιπενθεὶς. cf. Hesych. περιδινείσθαι· περικι-
νεῖσθαι, περιπορεύεσθαι, περιστρέφεσθαι, περιέρχεσθαι, et similiter
περιδινηθῆναι, περιδινήσας, περιδινηταί interpretatur. — V. 2.
γᾶν Boeckh, codd. γᾶν τε. Fort. γᾶν τε καὶ θάλασσαν (ἁραιμακαί-
σαν). — σκοπιαῖσιν Boeckh, codd. σκοπιαῖσι. - μεγάλαις. A . . . . . . ς,
sed in m. suppletum. — V. 3. διϊνάσσατο haud dubie corruptum, Aeghi
διϊνάσατο, Hermann ἰδύσατο, Schneider τινάξατο, Emperius δ᾽ ἰνάσ-
σατο, Schneidewin διφάσατο, Dindorf δίνασ᾽ ἄπο, Ahrens contra καμ
μυχοὺς διϊνάσατο. Fort. νεῦμάσατο. — βαλλόμενος, A βάλλό . . . . . et
similiter oghl. — V. 4. τρικαρήνου scripsi, vulgo τρικάρανον. — Πτωΐου
scripsi (cf. Keil Syll. Inscr. Boeot p. 70, Philomon Gr. p. 38), quod
postea etiam Meineke proposuit, vulgo Πτώου. — κατίσχεθε libri, vulgo
κατίσχε. Ceterum videntur non multa intercidisse, fort. scripsit: κατί-
σχεθι, καὶ τὸν Τήνερον Θήκατο ναοπόλον μάντιν δαπέδοισιν ὁμο-
κλέα. Ceterum Boeckh haec ad Parthenia probabiliter retulit. Meineke
haec sic constituit ... Δινηθεὶς ἐκήει | γᾶν τε καὶ (κᾶσαν) θάλασσαν
καὶ σκοπιαῖσιν (ἄκραις Πτώου) ὀρέων ὕπερ ἔστα | καὶ μυχοὺς διϊήσατο
βαλλόμενος κρηπῖδας ἀλσέων.

VII.

ΥΠΟΡΧΗΜΑΤΑ.

ΙΕΡΩΝΙ ΣΥΡΑΚΟΣΙΩ. 62. 83.

н2. [71. 72.]

⏑⏑–⏑⏑–⏑⏑–
–⏑–⏑–⏑⏑–
⏑⏑–⏑⏑–⏑–⏑–
⏑⏑–⏑⏑–⏑–⏑–
 ⏕ ⏑⏑ –⏑⏑⏑⏑⏑ ..

Σύνες ὅ τοι λέγω, ζαθέων ἱερῶν
ὁμώνυμε πάτερ, κτίστορ Αἴτνας·
νομάδεσσι γὰρ ἐν Σκύθαις ἀλᾶται Στράτων,
ὃς ἀμαξοφόρητον οἶκον οὐ πέπαται·
5 ἀκλεὴς ἔβα τῶνδε . . . . .

Fr. 92. V. l. 3 affert Schol. Pind. Nem. VII 1: τότε γὰρ καταφέρεται εἰς τοῦτο ὁ Πίνδαρος, ὅταν ὑπέρ τις ὁμωνυμίᾳ, οἷον . . . καὶ Σύνες ὅτι λ . . . . Αἴτνας. ol Pyth. II 127: τὸν ἐπίνικον ἐπὶ μισθῷ συντάξας ὁ Πίνδαρος ἐκ περιττοῦ ἀπνέγκειεν αὐτῷ (Ἱέρωνι) προῖκα ὑπόρχημα, οὗ ἡ ἀρχή· Σύνες ὅτι (cod. Gott. ὅ τοι) . . . Ἱκανῶς. ὃ δὴ Καστόρειον εἶπε διὰ τὸ τὴν ἐνοπλίαν ὄρχησιν κατ' ἐνίους τοὺς Διοσκούρους εὑρεῖν, quasi Pindarus in illo Pythico carmine hoc ipsum Hyporchema respexerit: contra alius schol. 1 ὅπερ τάτε μὲν ἀπιστεῖται τῷ Ἰέρωνι μετὰ τοῦ παρόντος εἴδους. νῦν δὲ οὐχ εὑρίσκεται. — Ὅ τοι firmat Aristoph. Αυ. v. 945, ubi ξύνες ὅ τοι λέγω editum (nisi τῷ malis). Sch. ad illum locum: ἐκ τῶν Πινδάρου ὑπορχημάτων· ξύνες ὅ τι λέγω ε. ἰ. ὁμώνυμέ π. κτ. Αἴτνας· ἐπειδὴ ὁ Ἰέρων ἐκτισεν αὐτήν. Et firmat Strabo VI 268: ταύτης δὲ καὶ Πίνδαρος κτίστορα λέγει αὐτόν, ὅταν φῇ· ξύνες τοι (ABC) ξυνέτω vel ξύνετον) λ. ζ. Ἱέρων (Kramer Ἱερών) ὁμ. π. κτ. Αἴτνας. Initium hoc saltē celebratum respiciunt Plato Menone 76 D (ubi vulgo σύνες ὅ τι, sed ξύνες ἃ corr. J, ὅ τοι libri omnes', Phaedro 236 D (ubi ξύνες ὅ σοι ont). Gregor. Naz. Epist. 104 T. II 103. Boeckh statuit (sec. consetemp. tat.), carmen non ante Ol. 76, 1, haud dubie Ol. 76, 3 ad Pythiam Hieronis victoriam celebrandam scriptum esse. (cf. Berlin. Jahrb. f. Wissensch. Kritik 1835 n. 14 seqq.) — Iam qui sequuntur versus 3—5 ad idem hoc carmen retulit Boeckh, at sunt non solum ex hoc carmine petiti, sed ex eadem strypha, ac nihil plane post

83. [73.]

⏑ – ⏑ ⏑ – ⏑ – ×
– ⏑ ⏑ – ⏑ ⏑ – ⏑ – – ×
– ⏑ ⏑ – ⏑ – ⏑ –
– ⏑ – ⏑ ⏑ – ×
5 – ⏑ ⏑ – ⏑ ⏑ – – ⏑ ⏑ – ⏑ ⏑ – ⏑ –
– ⏑ – ⏑ ⏑ – ⏑ –

Ἀπὸ Ταϋγέτοιο μὲν Λάκαιναν
ἐπὶ θηρσὶ κύνα τρέφειν πυκνώτατον ἑρπετόν·
Σκύριαι δ' ἐς ἄμελξιν γλάγους
αἶγες ἐξοχώταται·

μέτρον Αἴτνας excidit: statim enim poeta explanat illud ξύνες ὅ τοι λέγω; quod vel apparet ex Aristophanis Parodia in Avv. v. 938, nisi quod in inverso ordine usus est: τὸ δὲ τεᾷ φρενὶ μάθε Πινδάρειον ἔπος. ... Νομάδεσσι γὰρ ἐν Σκύθαις Ἀλᾶται Στράτων Ὃς ὑφαντοδόνητον ἔσθος οὐ πέπαται, Ἄκληής δ' ἴβα ἀκολάς ἄνευ ψιτώνος. Ξύνες ὅ τοι λέγω, ubi Sch. servavit fr. 82 καὶ ταῦτα παρὰ τὰ ἐκ Πινδάρου· ἔχει δὲ οὕτως· Ν. γὰρ ἐν Σκ. ἀλᾶται Στράτων, ὃς (Ven. ὡς) ἁμαξηφόρητον (recte Herm. ἁμαξοφόρητον) οἶκον οὐ πέπαται, αὐλεής ἴβα τῶνδε (Ven. αὐλεή τε βάτην δέ). Λαβὼν ἡμιόνους παρ' Ἱέρωνος καὶ ἔτι ποτὸν καὶ ἁρμάδιον (Ven. ἁρμάδιον, Borgler ἁρμάτιον, Dindorf ἅρμα). Ceterum Hermann (Op. VII 125) Στράτων per errorem ex Aristophane repetitum esse censet, cum Pindarus μόνος scripserit, similiter ego in procedosi Στράτων plane delevi, tam scripsi negatione οὐ deleta: οἶκον πέπαται, αὐλεής δ' ἴβα | Τῶνδε, ut v. 3, 4, 5 praeeunte respondeant fr. 83 v. 1, 2, 3; currum enim, non rheda carmine Hieronis aurigam, sed incerta haec omnia, illud certum extrema corrupta esse (quae Dindorf prorsus delenda censet), ubi Boeckh αὐλεής δ' ἴβα scripsit, τῶνδε deleto. Ego coniicio: Νομάδεσσι γὰρ ἐν Σκύθαις ἀλᾶται Στράτων, ὃς ἄμ. οἶκον οὐ πέπαται, αὐλεής, quae sequuntur scholiastae anni, sic emendanda: Στράτων δὲ λαβὼν ἡμιόνους παρ' Ἱέρωνος, ut hoc ipsum fuerit aurigae nomen (nisi malis Βάτων, vel Aristophanes Στράτων potuit substituere). Αὐλεής autem ad priora referendum esse docet Sch. v. 912: ἀλᾶται ἔφη, ἐπειδὴ οἱ Σκύθαι τῷ χειμῶνι διὰ τὸ ἀφόρητον αὐτοῦ ἐπὶ ἁμαξῶν τὰ πράγματα βάλλοντες ἰσοταῦτ' ἀναίρουσιν εἰς ἄλλην χώραν· ὁ μὴ ἔχων δὲ ἰσότητα ἅμαξαν ἄτιμος παρ' αὐτοῖς τρέφεται. Hartung scripsit ἀλᾶται ὃς ἀραξοφόρητον μὲν οἶκον οὐ πέπαται, αὐλεής δ' ἀνέβα τῶνδε.

Fr. 83. Athen. I 28 A: Πίνδαρος δ' ἐν τῇ εἰς Ἱέρωνα Πυθικῇ ᾠδῇ Ἀπὸ Ταϋγ. κτλ. Recte ad idem hoc hyporchema retulit Boeckh cum propter argumenti, tum propter metri similitudinem, videntur autem ex epodo petiti esse bi versus. — V. 1. Ταϋγέτοιο C, ταϋγέτου ὁ B, Τυγέτου VL. — V. 2. τρέφειν Eustath. Od. p. 1822, 5, qui verba Λάκαιναν ... ἑρπετὸν attulit. Athen. τρέχειν. — κυκνώτατον ἑρπετόν, in procedosi ἑρπετὸν κυκνώτατον scripsi, fortasse recto, Hartung ἑρπετὸν κυκνώτατον. — V. 3. Σκύριαι L. Σκύριαι g. — γλάγους (Athen. γάλακτος) restitui ex Eustath. ad Od. 1569, 41: οὕτω δὲ καὶ Σκύριαι ἐς ἄμελξιν γλάγους αἶγες ἐξοχώταται λέγεται εἶναι· ὅκλα δ' ἀπ' Ἄργεος, ἅρμα Θηβαῖον. Forma tamen insolens, poeta aut γλάγους aut γλάγος scripsit quamquam etiam conieci γλαγός a recto casu γλάξ, quo nomine planta appellatur, sed a principio haud dubie lac significabatur. — V. 4. ἐξοχώταται BC Eustath., vulgo ἐξοχώταται, quod tuetur Nauck Philol. IX 176.

ΥΠΟΡΧΗΜΑΤΑ. 317

ὅκλα δ' ἀπ' Ἄργεος· ἅρμα Θηβαῖον· ἀλλ' ἀπὸ τᾶς ἀγλαο-
κάρπου
Σικελίας ὄχημα δαιδάλεον ματεύειν.

ΘΗΒΑΙΟΙΣ ΕΙΣ ΗΛΙΟΝ ΕΚΛΕΙΨΑΝΤΑ.

*84. [74.]

V. 5. Θηβαῖον C Enst., Θηβαίων vulgo, Θηβᾶν alim conlecl. Har-
tung ἄρμα δὲ Θηβᾶν. Deinde ap. Athen. vulgo Θηβαίων ἀπὸ γᾶς (sed
BCD τῆς) ἀγλαοκάρπου (C ἀγλαοκάρκοι) Σικελίας δ' (sed δ' om.
BCD), quae quo modo emendanda sint ostendit Schol. Aristoph. Pac.
v. 73: ἡ ὅτι οἱ Αἰτναῖοι ἵπποι διαβόητοι καὶ τὸν δρόμον ἀξιόλογοι καὶ
τὰ ζεύγη ἐπαινετοί· καὶ Πίνδαρος φησὶν ἀλλ' ἀπὸ τῆς (τᾶς) ἀγλ. Σι-
κελίας ὄχημα. — V. 6. δαιδάλιον, Hermann coni. δαίδαλον, Hartung
δαιδάλοεν (-όεν) furt. cxxs. — Ceterum huc referendus Scholiasta Ari-
stid. III 317: Βακχυλίδης γὰρ καὶ Πίνδαρος Ἱέρωνι καὶ Γέλωνι, τοῖς
Σικελίας ἄρχουσιν, ἐπινίκιοντες καὶ πλείστα θαυράσαντες ἐν Ἱππηλα-
σία, πρὸς χάριν αὐτῶν εἶπον, ὡς Σικελιῶται πρῶτοι ἅρμα ἐξεῦρον.
Fr. 84. Dionys. Hal. de adm. vi dic. Demosth. c. 7: Ταῦτα καὶ τὰ
ὅμοια τούτοις, ἃ πολλά ἐστιν, εἰ λάβοι μέλη καὶ ῥυθμοὺς ὥσπερ οἱ δι-
θύραμβοι καὶ τὰ ὑπορχήματα. τοῖς Πινδάρου ποιήμασιν ἐοικότα
δόξειεν ἂν τοῖς εἰς τὸν Ἥλιον εἰρημένοις, ὥς γέ μοι φαίνεται. Ἀντὶς
Ἁλίου κτλ., linc inter Hypochemata retulit Boeckh. Respicit Plin. H.
N. II 12, 54: „Misera hominum mente ... in defectibus scelera aut mor-
tem aliquam siderum parente, quo in motu fuisse Stesichori et Pindari
vatum sublimis ora palam est solis deliquio."

Ἀκτὶς Ἀελίου, τί πολύσκοπ' ἐμήσω, ἐμῶν μᾶτερ ὀμμάτων;

Respexit haec etiam Plutarchus de facie in orbe lun. c. 19: εἰ δὲ μὴ θέαν ἡμὶν οὗτος τὸν Ἄλκυόνιον ἐπάξει καὶ τὸν Κρῆσαν καὶ τὸν Ἀρχίλοχον, πρὸς δὲ τούτοις τὸν Στησίχορον καὶ τὸν Πίνδαρον, ἐν ταῖς ἐπιλείψεσιν ὀλοφυρομένους τὸν φανερώτατον κλεπτόμενον καὶ μέσῳ ἄματι νύκτα γινομένην, καὶ τὴν ἀκτῖνα τοῦ ἡλίου σκότους ἀτραπὸν .. φάσκοντας, ubi ultima tantum ex Pindaro, cetera ex aliis poetis petita sunt. Initium (v. 1—8) exhibet Philo de provid. II p. 96 ex Armena lingua conversus ab Auchero: „Vide quam bene experefaciat abhorrentem a philosophia lyricorum poetarum optimus Pindarus, eclipsin insulinas lucis Solis, dicit enim: Radium Solis, igro, mutem intueri, ac nimis comedam tuis oculis corporeis. Sidus superexcellens diem vorasti, quod regem constituisti, virtutem eius, qua et sapientiae viae evanescunt tenebrae, regere iuveniliter, quam anterius. Ι΄erum te in turru Iovis eyne flexa (aut: in Iovis equo Deus) rapi, (indemnes ad temperatiem sint commutationis, Quam cantabo o gloriose modesti argutisimi (vel communissima) arti." Neumann (Berliner Jahrb. f. wiss. Kr. 1829 II 611) sic ex Armeniorum sermone transtulit: „Dass du Strahl der Sonne, Jüngling allsehender (allwissender), dich nicht hinge bei der Ermüdung deiner körperlichen Augen. Stern hier oben, über den Tagerschnier, den du setztest der König der Macht, dessen W eisheitsweg Finsterniss nicht kennt, o sei noch jugendlicher denn zuvor! Aber dich Gewittergespann des Zeus flehe ich an, du berührt durch das nicht von den W andelungen der Veränderlichkeit, dich besinge ich a herrliche, keusche, allgemeine W andererscheinung. „Disputavit etiam de hoc loco (I. Boetticher (Annal. Antiq. 1853 p. 184), qui Aucheri versioni fidem abrogat et quas ipse ex Armeno exemplo sibi oriusso visus est, indicat. Ceterum vix ullus usus est illius loci apud Philonem: nam Armenus interpres, cum graeca verba parum intelligeret, et partim iam depravata reperiret, fereril quod divinarit expressit. — Eodem respicit Philo p. 110, sed Graeca quoque extant ap. Euseb. Praep. Ev. VIII 395 C: θαλεῖς γάρ φασιν Ἡλίου καὶ Σελήνης ἐκπολευθούσιν ἐκλείψεις, αἱ δὲ μηνύματά εἰσιν ἢ βασιλέων τελευτῆς ἢ πόλεων φθοράς· ὃ καὶ Πίνδαρος ᾐνίξατο γενομένης ἐκλείψεως διὰ τῶν πρόσθεν εἰρημένων. — Peculiarem commentationem de hoc carm. scripsit G. Herm. Opp. 1846. Ceterum collati sunt duo cod. Dionysii Parisini, n. 1742 (P1) et 1745 (P2) apud Schneidewinum. — In numeris huius carminis constituendis saepius et a Boeckhio et ab Hermanno discessi, partim Hartungum secutus, qui recte intellexit potissimum anapaestis logaoedicis hic quam esse Pindarum. — V. 1. ἐμήσω ἐμῶν μᾶτερ ὀμμάτων scripsi, cum in specioso ἐμήσατο θοῶν μ. ὁ. offendissem, atque olim Hamberger et Koperlus, μᾶτερ Διὸς omnino legendum esse viderunt: apud Dionys. est ἐμῆς διὰ μ᾽ ἄτες ὀμμάτων, unde Schneider τί πολύσκοπον ἐρημώσασα μίτρον ὀμμάτων, Boeckh ἐμοῦ θέας μίτρ᾽ ὀμμάτων, Dissen ἐμοὶ θέας μίτρ᾽ ὀμμάτων. Hermann olim ἐμοὶ θεῶν μίτρον ὀμμάτων, ut hoc arctissime cohaereret cum seqq., postea τί πολ. ἐμῶν μᾶτερ ὀμμάτων, denique τί, πολύσκοπε, μηδομένα πότ᾽ ὦ θαυμαστὸν ὀμμάτων, nude Schneidewin ἀερηξόμενα, μᾶτερ ὀμμάτων. Respicit enim huc Philostr. Epist. 55: καὶ τὸ κάλλος ἡδονὴν ὥσπερ ἐκ παιδότερον ἐμφαίνει τὰ τῆς περὶ τῷ προσώπῳ γαλήνης, ἣν εἰ μὴ θολώσεις, ἄστερον ὑπέρτατον ἐν ἀρίστῳ βλέπειν νόμῳ δόξεις· εἰ δὲ ἐκ Πινδάρου ταῦτα, ἐλακίσω που κατὰ Πίνδαρον τὸ τὴν ἀκτῖνα τὴν ἀπὸ σοῦ πηδῶσαν εἶναι τῶν ἐμῶν ὀφθαλμῶν μέτρα. Ita vulgo, unde homines docti μέτρα Pindaro vindicarunt, quocum comparea Eurip. Suppl. 050: Ἀκτὶς ἡλίου κανὼν σαφής, sed Philostrati codd. ut videtur, omnes μητέρα, itque in Dionysii lectione dollitescit, ac Philostrati loco una ilolasavale ἐμῶν διὰ μᾶτερ ὀμμάτων conicit, Boetticher Armenum interpretem Ἀκτὶς ἀελίου καὶ πολύσκοπε μή ... ὀμμάτινον ὀμμάτων

ἄστρον ὑπέρτατον ἐν ἁμέρᾳ κλεπτόμενον,
ἔθηκας ἀμάχανον ἰσχύν
ποταίνιον ἀνδράσιν· εὐσωπίας ὁδόν
λίπες, σκότου ἀτραπὸν ἐσσυμένα
ἐλᾶν τι νεώτερον ἢ πάρος.
ἀλλά σε πρὸς Διὸς ἵππους τε θοὰς ἱκετεύω,
ἀπήμον' ἐς οἶμον τινὰ τράποιο Θήβαις, ὦ πότνια, πάγ-
κοινον τέρας.
πολέμου δ' εἰ σᾶμα φέρεις τινός, ἢ

legisse censet, unde Hartung ἀκτίς, ἀελίου καί, πολυσκόπων μάτηρ' ὀμμάτων, ἄστρον ὑπ. ἐν ἁμ. τί κλεπτόμενον ἔθηκας ἀμ. κτλ. Post ὀμμάτων interrogandi signum posui, nam ἄστρον ... κλεπτόμενον non continent appositionem ad ἀκτὶς ἀελίου, sed sunt nominativi absoluti, qui arcte cohaerent cum seqq. — V. 2. resp. Schol. Arati Phaen. 11: λέγεται δὲ καὶ ὁ ἥλιος ἄστρον ἰδίως, παρὰ δὲ Πινδάρῳ ἄστρον ὑπέρτατον. — κλεπτόμενον, Philonis interpretem λεγόμενον vel καλούμενον legisse censet Boettícher, ap. Philostr. est βλεπόμενον, sed probabiliter Hermann ibi coniecit: ἦν τί μοι θολώσεις ... κλεπτόμενον δόξεις, ap. Pind. idem coni. κλεπτόμενον λιποίσ'. — V. 3. ἀμάχανον, P1 ἀγ μάχανον. Boetticher putat Armenum ἀγετίδα vel ἀγεμόνα reperisse. — V. 4. ποταίνιον ἀνδράσιν· εὐσωπίας ὁδὸν λίπες, σκότου ἀτραπὸν ἐσσυμένα scripsi, legitur vulgo πτανὸν ἀνδράσι (P2 δράσιν) καὶ σοφίας ὁδὸν ἐπισκότιον (P1 ἐπισκότιον, P2 ἐπίσκοτον) ἀτραπὸν ἐσσυμένα (P1 ἐσσυμένα). Pro πτανόν cum olim ποτανόν (Hermann ποτανόν, Schneidewin ποτανὸν φρασὶν pro ἀνδρ., Boetticher ἀγανόν coniecit), scripsissem, nunc ποταίνιον restitui. Deinde σοφίας ὁδόν, quod etiam Philo testatur, nullo pacto cum ἰσχὺν ἔθηκας ἀμάχανον conciliari potest; aliquando existimavi ὁδόν delendum esse, ut scripserit poeta καὶ σοφίαν (hoc etiam Kayser suasit) ἐπίσκοτον ἀτραπὸν ἐσσυμένα, sed non placent iidem numeri versuum saepe repetiti: itaque veri est simillimum poetam de Solis radiis utrumque vocabulum ὁδόν et ἀτραπόν dixisse, quippe qui solita via relicta devium tramitem sequi videretur; quare post ἀνδράσι distinxi et scripsi εὐσωπίας (Hesych. εὐσωπία, φαιδρία) ὁδὸν λίπες, σκότου ἀτραπὸν ἐσσυμένα: tria novissima verba iam Schneider restituit, Plutarchi loco usus, nisi quod σκότους scripsit, quam genitivi formam ad'imitari non alienam esse Hermann animadvertit. Hermann scripsit ἰσχὺν ποτανὸν ἀνδράσι καὶ σαφανείας ὁδόν; ἦ που ἐπίσκοτον ἀτραπὸν ἐσσυμένα ἐλαύνεις τ. κτλ., Schneidewin, ὁδόν, ἐπεὶ σκότου ἀτ. ἐσ. ἐλαύνεις τί ν. ἢ πάρος; Boetticher censet Armenum καὶ σοφίας ὁδὸν (vel potius ὁδοῦ sive ὁδῷ) ἐπίσκοτον ἀτραπὴν ἐσσυμένα ἐλαύνειν legisse, Hartung haec sic disposuit: καὶ σ. ὁδόν, ἐπίσκοτον ἀτ. ἐσ. ἐλαύνειν; τί νεώτερον ἢ πάρος μενοινᾷς; — V. 6. ἐλᾶν scripsi, vulgo ἐλαύνειν, P2 ἐλαύνεις, ut Schneider coniecit. — V. 7. ἵππους τε θοὰς scripsi, cum in speculo ἵπποσόα σ' suspicatus essem, vulgo ἵππος θοάς (P1 ὑπ θοᾶς, P2 ὑπθοάς). Philonis interpres ἵππος (vel ἵππε) θοός videtur legisse. Hermann olim ἵππους θοαῖς, postea ἵππους θοάσαισ' (vel ἵπ. σεύασαισα θοάς), Hamberger et Emperius ἵππους διὰ θοαῖς, Schneidewin ἵππους ξαθέας. — V. 8. ἀπήμον', libri et vulgo ἀπήμονα. — οἶμον Hermann, vulgo ὄλβον, antea Hermann hoc loco usus erat, τινά delens. — τράποιο Hermann olim, postea probavit τράποις, quod Schneidewin coniecit, libri τρόποιο, Philonis interpres Boettichero videtur legisse τροπαί ... φωσφόρον (at legit haud dubio πότνια, sed non intellexit) πάγκοινον. His nihilominus usus Hartung scripsit τράποις, ὡς σ' αἰτέω, πότνια κτλ. — V. 9. δ' εἰ σᾶμα Hermann, δὴ σᾶμα Scaliger, δὶς ἅμα libri.

320   PINDARI FRAGMENTA.

10 καρποῦ φθίσιν, ἢ νιφετοῦ σθένος
ὑπέρφατον, ἢ στάσιν οὐλομέναν,
ἢ πόντου κινήσιν ἀνὰ πέδον,
ἢ παγετὸν χθονός, ἢ νότιον θέρος
ὕδατι ζακότῳ διερόν,
15 ἢ γαῖαν κατακλύσασα θήσεις
ἀνδρῶν νέον ἐξ ἀρχᾶς γένος,
ὀλοφύρομαι οὐδὲν ὅ τι
πάντων μέτα πείσομαι.

85. [75.]

⏑ — ⏑ — ⏑ — ⏑ — —
⏑ — ⏑ — ⏑ — ⏑ — ⏑ — ⏑ ⏔ — — —
⏑ — — ⏑ — ⏑ — — ...

Θεοῦ δὲ δείξαντος ἀρχάν
ἕκαστον ἐν πρᾶγος εὐθεῖα δὴ κέλευθος ἀρετὰν ἑλεῖν,
τελευταί τε καλλίονες.

V. 10. Hermann verba ἢ νιφετοῦ ... οὐλομέναν tacitus, sed opinor invitus, omisit. Ceterum offendit, quod non solum eadem fere mala saepius commemorantur, velut diluvies v. 10 et 15, sed etiam luxus oratio desideratur, quandoquidem ut exemplo ntar post belli calamitates ex more intestina civium dissidia recensenda erant: ambigo autem utrum haec poeta consulto instituerit, an iustas ordo librariorum socordia, quod hic facile potarat fieri, sit turbatus; nihil tamen movavi. — V. 11. οὐλομέναν P12, vulgo οὐλομένην. — V. 12. κινήσιν, Pl κινᾶσιν. — ἀνὰ Scaliger, libri ἀλλὰ, Hermann ἀμ. — V. 13. ἢ παγετὸν χθονός, non solum mirum accidit post nivis vim (v. 10) rursus pruinam recenseri, sed magis etiam adilitum χθονός offendit: conieci verba ἢ παγετὸν plane delenda esse, ut poeta dixerit ἢ πόντον κινήσιν ἀνὰ πέδον χθονός, aut scribendum χθονός, ἢ πάγον. — V. 14. διερὸν Scaliger, vulgo ἱερόν. — V. 15. κατακλύσασα Boeckh, v. καταλύσασα, — θήσεις Heroes, v. θήσει. — V. 16. νέον, Pl νέων. — ἀρχᾶς Boeckh, v. ἀρχῆς. — V. 17. ὀλοφύρομαι οὐδὲν ὅ τι (vel ὅπερ) πάντων μέτα πείσομαι Hermann, cum ante ὀλοφυρομένων πάντων μέτα πείσομαι scripsissent, vulgo ὅλοφ. ... πάντων μετακείσομαι, quasi haec duo verba ad Dionysii orationem pertinerent, sed P2 ὁλοφ. ... ὃν ὅτι πάντων μετακείσομαι· πάντευθα (hos etiam Pl) ad .. Δηγορία ὡς παρὰ Πλάτωνι.

Fr. 85. Epist. Socr. 1: ἐπειδήγε δὲ αὐτῷ ὁμοῦ καὶ τὸν Πινδάρειον ἡγούμενος οἷς τοῦτο εἶναι σοφόν, ὅς φησιν· θεοῦ δὲ δείξαντος ἀρχὴν κτλ. σχεδὸν γὰρ οὕτω πον αὐτῷ ἴχει τὸ Ἰπόρχημα. Aristid. II 521: θεοῦ δή φησι Πίνδαρος δείξαντος ἀρχήν εὐθεῖα δὴ κέλευθος ἑλεῖν (sic Γ d4 41), vulgo ἐφεῖν) τὸ προκείμενον. Cf. ib. I 382. — V. 2. ἐν, Allatius ἓν, Zeller ἐς non recte.

HYPORCHEMATA. 321

86. [228.]

⌣ ⌣ – ⌣ – ⌣ – ⌣ – ⌣ ⌣ .
⌣ ⌣ ⌣ ⌣ ⌣ – ⌣ ⌣ – ⌣ ⌣ – ⌣ ⌣ – ⌣ – ⌣ ⌓
⌣ ⌣ ⌣ ⌣ ⌣ ⌣ – ⌣ ⌣ ⌣ – ⌣ ⌣ – .
⌣ ⌣ ⌣ ⌣ ⌣ ⌣ ⌣ – ⌣ ⌣ ⌓

Τὸ κοινόν τις ἀστῶν ἐν εὐδίᾳ τιθείς
ἐρευνασάτω μεγαλάνορος Ἡσυχίας τὸ φαιδρὸν φάος,
στάσιν ἀπὸ πραπίδος ἐπίκοτον ἀνελών,
πενίας δότειραν, ἐχθρὰν κουροτρόφον.

87. [76.]

⌣ ⌣ – – ⌣ ⌣ – – ⌣ ⌣ – ⌣ – .
– ⌣ ⌣ – ⌣ – ⌣ – ⌣ ⌓

Γλυκὺ δ' ἀπείροισι πόλεμος· πεπειρημένων δέ τις
ταρβεῖ προσιόντα νιν καρδίᾳ περισσῶς.

88. [77.]

⌣ ⌣ – ⌣ ⌣ – ⌣ ⌣ – ⌣ ⌣ – – ⌣ ⌣ – ⌣ – ⌣
. ⌣ ⌣ ⌣ – ⌣ – ⌣ ⌣ | – ⌣ | ⌣ ⌣ . ⌣ ⌣ . ⌣ – .
– ⌣ ⌣ ⌣ ⌣ – – – ⌣ . . . . .

Ἐνίπισι κεκραμέν' ἐν αἵματι, πολλὰ δ' ἕλκε' ἐμβαλε
νομῶν

Fr. 86. Stob. Flor. LVIII 9: Πινδάρου Ὑπορχημάτων (hoc solus A addit) τὸ κοινόν κτλ. V. 1 et 2 Polyb. IV 31: οὐδὲ γὰρ Θηβαίους ἐπαινοῦμεν κατὰ τὰ Μηδικά, διότι τῶν ὑπὲρ τῆς Ἑλλάδος ἀποστάντες κινδύνων τὰ Περσῶν εἵλοντο διὰ τὸν φόβον, οὐδὶ Πίνδαρον τὸν συναποφηνάμενον αὐτοῖς ἄγειν τὴν ἡσυχίαν διὰ τῶνδε τῶν ποιημάτων· τὸ κοινόν ... φάος. Est haud dubio ex eodem carmine, ex quo fr. 87 petitum. — V. 1. τιθείς, Stob. καταθείς. — V. 2. Ap. Stob. ἐρευνησάτω omnes et σιγᾷ· ἂν ὅπως A Vind. — Ἡσυχίας Boeckh, v. ἡσυχίας. — τὸ φαιδρὸν, Stob. ἱερόν. — V. 3. πραπίδος, D πραπίδων. — ἐπίκοτον Grotius, ἐπικόπον A, ἐπὶ κόπον B, ἐπικόπον vulgo. — ἀνελών, antu Grotium ἀνίμαν.
Fr. 87. Stob. Flor. L 8. Πίνδαρος Ὑπορχημάτων· Γλυκὺ δὲ πόλιμος ἀπείροισιν· ἐπείρων δέ τις ταρβεῖ προσιόντα νιν καρδίᾳ περισσῶς. Schol. Il. I 217: ὡς καὶ Πίνδαρος· Γλυκὺ ἀπείρῳ πόλεμος, ἐμπείρων δέ τις ταρβεῖ προσιόντα μιν. ubi L μιν, V νιν περισσῶς. Eustath. p. 841, 32: γλυκὺς ἀπείρῳ πόλεμος, πεπειραμένων δέ τις ταρβεῖ προσιόντα. Constituit Boeckh. Hinc proverbium ap. Galen. VIII 763 ed. Kühn. Diogenian. III 91 (ubi vid. interpr.), Arsen. 164. Sch. Thucyd. I 80.118 γλυκὺς ἀπείρῳ πόλεμος.
Fr. 88. Erotian. p. 76 ed. Franz: αἰών, ὁ νωτιαῖος μυελός .., καὶ Πίνδαρος ἐν ὑπορχήματι (D ὑποχρήμασι, om. cod. Vind.) λέγων· Ἐνίπισι κτλ. V. 1. ἐνίπισι, vett. edd. ἐν ἵπποισι, Horinga ἐξίπποσι κεκραμέν'

POETAE LYR. 21

τραχὺ ῥόπαλον, τέλος δ᾽ ἀείραις πρὸς * * στιβαρὰς ἐσκά-
ραξε πλευράς,
αἰὼν δὲ δι᾽ ὀστέων ἐρραίσθη.

89. [78.]

‿ ‿ ‿ ‖ ‿ ‿ ‿ ‿ ‿
Λάκαινα μὲν παρθένων ἀγέλα.

90. [79.]

Schol. Theocr. VII 103: Ὁμόλας δὲ Θετταλίας ὄρος, ὥς Ἔφορος
καὶ Ἀριστόδημος ὁ Θηβαῖος, ἐν οἷς ἱστορεῖ περὶ τῆς ἑορτῆς· τῶν
Ὁμολωΐων, καὶ Πίνδαρος ἐν τοῖς Ὑπορχήμασιν.

91. [80.]

Schol. Pind. Isth. I 21: Ἰόλαος δὲ ἦν Ἡρακλέους ἡνίοχος, ἀλλ᾽
εὑρήματα Πινδάρου ἐν Ὑπορχήμασιν, ὡς καὶ εὕρημα Κάστορος, ὡς
αὐτός λέγει. ubi Boeckh: ἅρματα δὲ αὐτοῦ εὕρημα κατὰ τὰ Πινδά-
ρου κτλ.

92. [81.]

Schol. Pind. Ol. XIII 25: Ὁ Πίνδαρος δὲ ἐν μὲν τοῖς Ὑπορχή-
μασιν ἐν Νάξῳ φησὶν εὑρηθῆναι πρῶτον διθύραμβον.

* 93, 94. [82.]

‿ ‿ ‿ ‖ ‿ ‿ ‿ ‿ ‿ ‿ ⌒
Ὁ Μοισαγέτας με καλεῖ χορεῦσαι.
* *
*
Ἄγοις ὦ κλυτὰ θεράποντα Λατοῖ.

αἵματι. — πεπραμέν᾽, D πεπραμμένα. — αἵματι, cod. Vind. αἵμασι. —
ἶλια᾽ Ηeringa, v. ἴλια πλευράς. — ἴμβαλε νομὸν Volcanius, v. ἴμβα-
λεν (D ἰμβάλλεν) ὥρον. — V. 2. ἀείραις Boeckh, v. ἀείρας. — πρὸς ** στι-
βαράς, indicavi lacunam, coniicio πρὸς οὔδει. Antea deleveram πρὸς
quod aeenius est Hartung. — ἐσπάραξε codd., praeter Vindob., qui ἐσπά-
ραξι. Boeckh ἐσπάραξε. De Hercule haud dubie dicta sunt.
Fr. 89. Athen. XIV 631 C: ἡ δ᾽ ὑπορχηματικὴ ἐστιν, ἐν ᾗ
ᾄδων ὁ χορὸς ὀρχεῖται᾽ — καὶ Πίνδαρος δέ φησι᾽ Λάκ. κτλ. ὀρχοῦνται
δὲ ταύτην παρὰ τῷ Πινδάρῳ οἱ Λάκωνες. Hecker coni. παρθενιῶν,
quod debebat παρθενιᾶν dici.
Fr. 93 et 94. Hephaest. p. 78: ἀπὸ δὲ ἀντισπαστικῆς τὸ καλούμε-
νον Πινδαρικὸν ἑνδεκασύλλαβον, οἷον᾽ Ὁ Μοισ. μ. κ. χορ. Ἄγοις κτλ.
Fr. 93 etiam Cram. An. Par. I 123, 19.

VIII.

ΕΓΚΩΜΙΑ.

ΘΗΡΩΝΙ ΑΚΡΑΓΑΝΤΙΝΩ. 95. 96.

95. [83.]

. . . .
Βούλομαι παίδεσσιν Ἑλλάνων . . . . . .

* 96. [81.]

· — ‿ | ‿ | ‿ — ‿ — ‿ . . . . .
. . . .
. . . . — —
. . . . ‿ —

Ἐν δὲ Ῥόδον, κατῴκισθεν . . . . . . ?
ἐνθένδ' ἀφορμαθέντες ὑψηλὰν πόλιν ἀμφινέμονται,
πλεῖστα μὲν δῶρ' ἀθανάτοις ἀνέχοντες,
ἕσπετο δ' αἰενάου πλούτου νέφος.

———

Fr. 95. Scholiast. Pind. Ol. II 16: Τούτους γὰρ (Theronis maiores) Θηβαίους ἀνίωθεν ἀπὸ Κάδμου εἶναι· Κάδμου γὰρ Πολύδωρος, τοῦ δὲ Λαβδακος, τοῦ δὲ Λαΐος, τοῦ δὲ Οἰδίπους, τίνα Ἑτεοκλῆς, τοῦ δὲ Πολύδωρος, τοῦ δὲ Αἴμων· τούτου δὲ ἐν χορηγίᾳ ἐμφύλιόν τινα ἀποκτείναντα Ἀθήναζε μετεστῆναι· τοὺς δὲ ἀπὸ τούτων πάλιν ἐξ Ἀθηνῶν μεταστάντας σὺν τοῖς Ἀργείοις Ῥόδον κατοικῆσαι μέχρι τινῶν γενεῶν, καὶ μετὰ ταῦτα ἐλθεῖν εἰς Ἀκράγαντα, καὶ μέχρι Θήρωνος τὰς ἀκάσης γενεὰς ἱκετὰ πρὸς ταῖς ὀκτὼ συναριθμεῖσθαι· ταῦτα ἱστορεῖ ἐν Ἐγκωμίῳ, οὗ ἡ ἀρχή· Βούλομαι παίδεσσιν ΕΛΛ. Eadem repetit ad v. 89. Boeckh currenti παίδεσσιν.

Fr. 96. Schol. Pind. Ol. II 16: Ἔνιοι δέ φασιν, ὅτι οἱ τοῦ Θήρωνος πρόγονοι οὐδ' ὅλως εἰς τὴν Γέλαν κατῆραν, ἀλλ' εὐθὺς ἀπὸ Ῥόδου εἰς τὴν Ἀκράγαντα, ὡς καὶ ὁ Πίνδαρος λέγει· ἐν δὲ κτλ. Herto ad idem encomium referunt. — V. 1. ἐν GW⁴, vulgo ἂν. Deinde fortasse nihil excidit, et pro κατῴκισθεν scribendum κατένασθεν. — V. 2. ἐνθίνδ', G ἐνθέντ', vulgo ἐνθ'. — V. 4. ἕσπετο GW⁴, v. Ineso.

21*

ΑΛΕΞΑΝΔΡΩ ΑΜΥΝΤΑ 97 98.

97. [85.]

'Ολβίων ὁμώνυμε Δαρδανιδᾶν,
καὶ θρασύμηδες Ἀμύντα.

* 98. [86.]

..... Πρέπει δ' ἐσλοῖσιν ὑμνεῖσθαι πολυκλείταις ἀοιδαῖς
τοῦτο γὰρ ἀθανάτοις τιμαῖς ποτιψαύει μόνον [ῥηθέν]·
θνᾴσκει δὲ σιγαθὲν καλὸν ἔργον.

Fr. 97. Schol. Pind. Nem. VII 1: Τότε γὰρ καταφέρεται ὁ Πίνδαρος εἰς ταῦτο, ὅταν ἐπῇ τις ὁμωνυμία, οἷον· Ὀλβίων κτλ. — V. 1. etiam Dio Chrysost. Or. II T. I 28 ed. Empor. τοῦ δὲ Πινδάρου διά τε τὴν λαμπρότητα τῆς φύσεως, καὶ ὅτι τὸν πρόγονον αὐτοῦ καὶ ὁμώνυμον ἐμφήσειν Ἀλέξανδρον, τὸν Φιλέλληνα ἐπικληθέντα, ποιήσας εἰς αὐτόν· Ὀλβίων ἐπώνυμε Δαρδανιδᾶν (M ἐπώνυμα Δαρδανιδῶν) cf. Tzetz. Chil. VII 413. — V. 2. καί, Boeckh coni. ὦ καί, ut unus sit versus. Recte ad Encomia retulit hoc carmen Boeckh, estque ipsum initium servatum.

Fr. 98. Dion. Halic. de vi dic. Demosth. c. 26: Πρέπει δ' ... ἔργον· Πίνδαρος τοῦτο πεποίηκεν εἰς Ἀλέξανδρον τὸν Μακεδόνα, περὶ τὰ μέλη καὶ τοὺς ῥυθμοὺς μᾶλλον ἢ περὶ τὴν λέξιν ἐσπουδακώς. — V. 1. ἐσλοῖσιν Hylburg, v. οἷσιν. —; πολυπλείταις auripil. libri καὶ Ἑστίαις. cf. Pyth. III 114 πλειναῖς ἀοιδαῖς. Hartung ὑμνεῖσθαί γε, Schneidewin πολῷ καλλίσταις coni. -- V. 2. τιμαῖς Boeckh, vulgo τιμαῖσι. — ποτιψαύει, cod. Paris. ψαύει. — ῥηθέν delendum esse viderunt Botha et Boeckh. — V. S. δὲ σιγαθὲν Baruek, δ' ἐκλαθὲν Hylburg, vulgo δ' ἐπιγαθέν.

IX.

ΣΚΟΛΙΑ.*

ΞΕΝΟΦΩΝΤΙ ΚΟΡΙΝΘΙΩ.

99. [87.]

⏑⏑–⏑⏑––⏑⏑
––⎯⏑–⏑––
⏑––⏑⏑⏑–⏑––
⏑–⏑⏑⏑––⏑⏑–⏑⏑⏑–⏑
–⏑–––⏑––

Στρ. α'.

Πολύξεναι νεάνιδες, ἀμφίπολοι
Πειθοῦς ἐν ἀφνειῷ Κορίνθῳ,
αἵτε τὰς χλωρᾶς λιβάνου ξανθὰ δάκρη
θυμιᾶτε, πολλάκι ματέρ' ἐρώτων οὐρανίαν πτάμεναι

Fr. 99. Atben. XIII 573 E: Ὑπάρχοντος οὖν τοῦ τοιούτου νομίμου περὶ τὴν Θεὸν Ξενοφῶν ὁ Κορίνθιος ἐξιὼν εἰς Ὀλυμπίαν ἐπὶ τὸν ἀγῶνα καὶ αὐτὸς ἀπάξειν ἑταίρας ηὔξατο τῇ Θεῷ νικήσας· Πίνδαρός τε τὸ μὲν πρῶτον ἔγραφεν εἰς αὐτὸν ἐγκώμιον (Οl. XIII) ... ὕστερον δὲ καὶ σκόλιον τὸ παρὰ τὴν θυσίαν ᾀσθέν, ἐν ᾧ τὴν ἀρχὴν εὐθέως πεποίηται πρὸς τὰς ἑταίρας, αἳ παραγινομένου τοῦ Ξενοφῶντος καὶ θύοντος τῇ Ἀφροδίτῃ ἐπέθυσαν· διαπορήσῃ ᾿Β Λύκων... ἱανθεῖς. (v. 11—16) Ἤρξατο δὲ οὕτως τοῦ μέλους· Πολύξεναι ... καλόν (v. 1—9). Ἀρξάμενος θ' οὕτως, ἑξῆς φησιν· Ἀλλὰ... γυναιξίν (v. 10—12). Δῆλον γὰρ ὅτι πρὸς τὰς ἑταίρας διαλεγόμενος ἠγωνία ποῖόν τι φανήσεται τοῖς Κορινθίοις τὸ πρᾶγμα· πιστεύων δὲ, ὡς ἔοικεν, αὐτὸς ἑαυτῷ πεποίηκεν εὐθέως. Διδάξ. ... βασάνῳ (v. 13). Discessi in hoc scolio constituendo a Boeckhio, qui strophis atque epodis constare consuit, ut pollon minutae strophau eaedem semper licrantur: superunt autem quattuor stropharum reliquiae. — V. 1. Πολύξεναι Boeckh, v. πολύξειναι. — V. 2. Πειθοῦς Schneider, πείθους PVL. — ἀφνειῷ recte codd., Hermann et Boeckh ἀφνεώ. — V. 3. αἵ τι τὰς χλωρᾶς λιβάνου ξανθὰ δάκρυα θυμιᾶτε Tittmann correxit, vulgo διὰ τε τὰς χείρας λιβάνου ξανθὰ δάκρυά τε ἡμῖν, at Zonaras 1307: Πίνδαρος· αἵτε τὰς χλωρὰν λίβανον ξανθὰ δάκρυα θυμιᾶτε (cf. etiam Phot. 222, 21). Ego praeterea δάκρη scripsi probante Schneidewino, vulgo δάκρυα, vid. Cram. An. Ox. I 121, 1: Τοῦ δάκρυ ἡ γενικὴ δάκρυος, δάκρυί, τὸ πληθυντικὸν δάκρυα, τοῦτο κατὰ συναλοιφὴν γίνεται δάκρη, ξανθὰ δάκρη (quod ibid. legitur ἐν ᾑδούσῃ stralen, tragici potius quam lyrici videtur). — V. 4. πολλάκι ματέρ' ἐρώταν Boeckh, vulgo πολλάκις ματέρας ἐρώταν. — πτάμεναι Hermann, ἱπτάμεναι PVL, conieci οὐρανι᾿ ἀρυτόμεναι.

*) De Pindari Scholiis vide quae supra p. 283 seq. disputavimus.

ὃ νόημα ποττὰν Ἀφροδίταν,

Στρ. β'.

ὑμῖν ἄνευθ' ἀπαγορίας ἔπορεν,
ὦ παῖδες, ἐρατειναῖς ἐν εὐναῖς
μαλθακᾶς ὥρας ἀπὸ καρπὸν δρέπεσθαι.
σὺν δ' ἀνάγκᾳ πᾶν καλόν . . . . . .

. . . .

Στρ. γ'.

. . . .

10 ἀλλὰ θαυμάζω, τί με λεξοῦντι Ἰσθμοῦ
δεσπόται τοιάνδε μελίφρονος ἀρχὰν εὑρόμενον σκολίου
ξυνάορον ξυναῖς γυναιξίν.

Στρ. δ'.

διδάξαμεν χρυσὸν καθαρᾷ βασάνῳ.

ὦ Κύπρου δέσποινα, τεὸν δεῦτ' ἐς ἄλσος
15 φορβάδων κορᾶν ἀγέλαν ἑκατόγγυιον Ξενοφῶν τελέαις
ἐπάγαγ' εὐχωλαῖς ἰανθείς.

V. 5. νόημα Hermann, v. νοήματι. — ποττὰν, li ποτὶ τὰν. — V. 6. ὑμῖν codd., Boeckh ἄμιν. — ἄνευθ' ἀπαγορίας scripsi, v. ἄνωθεν ἀπαγορίας. Boeckh ἅτ' ἄνωθεν ἀπαγορίας. Sed haud scio an potius corrigendum sit ἄντευθ' ἐπαγορίας, cf. Hesych. ἐπαγορίαν ἔχει, ἐπίμομφος ἐστιν. — V. 7. ἐν εὐναῖς Boeckh, vulgo εὐναῖς. — V. 8. μαλθακᾶς ὥρας Boeckh, μαλθακὸν ὥρας Schneider, μαλθακωρας libri. — V. 9. ἀνάγκᾳ Casaubonus, ἀνάγκαι PVl. — πᾶν καλόν Boeckh, v. πάγκαλον. — V. 10. λεξοῦντι A, λίξαντι PVl, Casaub. λίξοντι, quod recepit Boeckh. — Ἰσθμοῦ Casaubonus, vulgo ὁμοῦ. — V. 11. τοιάνδε Schweighauser, v. τοιάνδι. — εὑρόμενον Schweighaeuser εὑράμενον. — σκολίου Boeckh, v. σκολιοῦ. — V. 13. διδάξαμεν Hermann, vulgo ἐδίδαξαμεν, Hecker ἐδείξαμεν. — καθαρᾷ Casaubonus, καθάρᾳ li, κιθάρᾳ PVL, Melncke καθαίρει. — βασάνῳ fort. resp. Zonar. 371. — Hartung versum qui desideratur, supplet κίβδαλον ἐν πιέραις ἀλύχτει. — V. 14. δεῦτ', L. Dindorf δηὖτ'. — V. 15. κορᾶν Vl, κόρᾶν Al, κουρᾶν Boeckh. — ἑκατόγγυιον, vulgo ἑκατόγγυιον. — τελέαις Boeckh, v. τελείαις. — V. 16. ἐπάγαγ' Boeckh, v. ἐπήγαγ'.

ΘΕΟΞΕΝΩι ΤΕΝΕΔΙΩι.

* 100. [88.]

Strophae.

[metrical scheme]

Epodus.

[metrical scheme]

Στρ.
Χρῆν μὲν κατὰ καιρὸν ἐρώταν δρέπεσθαι, θυμέ, σὺν
 ἁλικίᾳ·
τὰς δὲ Θεοξένου ἀκτῖνας προσώπου μαρμαριζοίσας δρακεὶς
ὃς μὴ πόθῳ κυμαίνεται, ἐξ ἀδάμαντος
ἢ σιδάρου κεχάλκευται μέλαιναν καρδίαν

Ἀντ.
ψυχρᾷ φλογί, πρὸς δ' Ἀφροδίτας ἀτιμασθεὶς ἑλικοβλε-
 φάρου
ἢ περὶ χρήμασι μοχθίζει βιαίως, ἢ γυναικείῳ θράσει
ψυχρὰν φορεῖται πᾶσαν ὁδὸν θεραπεύων.
ἀλλ' ἐγὼ τᾶσδ' ἕκατι κηρὸς ὣς δαχθεὶς ἕλᾳ

Fr. 100. Athen. XIII 601 C: καὶ Πίνδαρος δ' οὐ μετρίως ἂν ἐρω-
τικῶς φησὶν· εἴη ... πράξειν (fr. 104) ... μνησθεὶς δὲ καὶ τοῦ Τενε-
δίου Θεοξένου ὁ Πίνδαρος, ὅς ἦν αὐτοῦ ἐρώμενος, τί φησί; Χρῆν μὲν
... ἁγησιλάου. — V. 1. μὲν Ilgenc, v. μὲ. Hartung novavit χρὴ μὲν
κατὰ καιρόν. — ἁλικίᾳ Boeckh, libri ἡλικίᾳ. — V. 2. 3. 4. affert
Athen. etiam XIII 564 E. — προσώπου, altero loco ὄσσων, hinc Hermann
ἀκτῖνάς τις ὤσων, nuper vero ἀκτίνας ὄσσων probavit, at in Antistr.
v. 6. μοχθεῖ cont. — μαρμαριζοίσας, altero loco μαρμαριζούσας (A
μαρμαριζούσας). — δρακεὶς altero l., priore l. l'V δραπείς, B δραπεὶς, C
δραπεῖς. — V. 4. ἢ altero loco, priore ἠδ. — καρδίαν, altero l. φυχάν.
Hartung adl. x. lαίνων φ. φλογί — Respicit Ouesander Strateg. XLII
184. Plut. de sera num. vind. c. 13: εἰ μὴ μέλαιναν καρδίαν κεχάλκευ-
ται ψυχρᾷ φλογὶ κατ' αὐτὸν τὸν Πίνδαρον. at de inimic. util. c.9: πείνος
ἐξ ἀδάμ. ἢ σιδάρου κεχ. p. κ. cf. etiam adv. Stoic. c. 1. Philostr. Ep. 14.
— V. 5. Ἀφροδίτας, li Ἀφροδίτης. — ἀτιμασθεὶς ΑΒ, ἀτιμαθεὶς l'VL.
— V. 7. φορεῖται, Schneider φυγᾶν, ego φηρᾶν conieci, Ahrens αἰε-
ρᾶν. — V. 8. ἀλλ' ἐγὼ τᾶσδ' ἕκατι Hermann, ego in proced. ἀλλ' ἐγὼ
ἕκατι τᾶς (θεοῦ) scripsi, legebatur ἀλλ' ἐγὼ δ' ἕκατι (B δὲ κατι) τᾶς

Ἐκ
ἱρᾶν μελισσᾶν τάκομαι, εὖτ' ἂν ἴδω παίδων νεόγυιον ἐς
ἥβαν·
10 ἐν δ' ἄρα καὶ Τενέδῳ Πειθώ τ' ἔναιεν
καὶ Χάρις υἱὸν Ἀγησιλάου.

ΘΡΑΣΥΒΟΥΛΩι ΑΚΡΑΓΑΝΤΙΝΩι.

101. [89. 94.]

: ∪ ∪ – ∪ ∪ – ⏑ ∪ – –
– ∪ ∪ – ∪ ∪ – ∪ ∪ . – ∪ ∪ – – ∪ ∪ – – ∪ ∪ –
– ∪ ∪ – – ∪ ∪ – – ∪ ∪ ∪ – ∪ ∪ – – ∪ ∪ . ⸰
– – ∪ ∪ – – ∪ ∪ – ∪ ∪ –
5 – – ∪ – ⸰ – ∪ – ∪ –

Ὦ Θρασύβουλ', ἐρατᾶν ὄχημ' ἀοιδᾶν
τοῦτό τοι πέμπω μεταδόρπιον· ἐν ξυνῷ κεν εἴη συμπόται-
σίν τε γλυκερόν
καὶ Διωνύσοιο καρπῷ καὶ κυλίκεσσιν Ἀθαναίαισι κέν-
τρον·

(Β τάς). Boeckh, qui *ᾗ* in stropha servavit, edidit *ἀλλ' ἐγὼ ὥρας ἕκατι* ταῖς μεθύουσι, probante Schneidewino, qui nuper *ἀλλ' ἐγὼ ὡς ἕκατι* edidit. — Εἰς ἱρᾶν μελισσᾶν scripsi, codd. *ἔξηραν* (LV *ἔξηραν*) *μέλισσαν*. Boeckh et Hermann inchoantes hinc eped., *ἱλαρᾶν* vel *ἱλαρᾶν μέλισσᾶν*. Ahrens *ἀλλ' ἐγὼ ἕκατί γ' αἴσας μηρὸς ὣς δαχθεὶς ἵλᾳ μελίσσᾳ*, Hartung *ἀλλ' ἐγὼ θεᾶς ἕκατι*, πρὸς ὅτι *ἱερῶν μέλισσᾶν | παίδων νεόγυιον ἐς ἥβαν δαιχθεὶς τάκομαι* τότ' ἂν ἴδω. *Ἐν δ' ἄρα* κτλ., inchoat enim Hartung a verbis *παίδων* κτλ. strophen tertiam, existimans carmen esse monostrophon. — V. 9. τάκομαι Boeckh, v. νή-κομαι, — ἥβαν Boeckh, v. ἤβῃν. — V. 10. Πειθώ τ' ἔναιεν, B καὶ τὸν ὃς πείθω τε ναίει, Schneider τε ναίει, ego τ' ἔναιεν vel τ' ἐνδαίει conieci, Hermann ἀνάγεν, Ahrens ἐν δ' ἄρα καὶ Τενέδῳ Πειθώ τὸν ἄγεν καὶ Χάρις υἱὸν Ἀγησιλάου, oratione iam cantoris, ut nihil sit supra, Hartung verba υἱὸν Ἀγησιλάου exulare iussit, όωνcam Πειθώ τ' ἔναιεν, — V. 11. Ἀγησιλάου, Boeckh Ἀγησίλα, ut sit initium novae strophae.

Fr. 101. Coniunxi duo, quae separata erant, fragmenta in unum: non solum sententiae bono inter se conspirant, sed etiam numeri: integram iam habemus strophen, quae eurythmiae lugibus plane convenient. Et prius quidem fragmentum (v. 1—3.) legitur Athen. XI 480 C: Καὶ τὰν μὲν Ἀττικὰν (κυλίκων) μνημονεύει Πίνδαρος ἐν οἴσθα· Ὦ Θρασύβ. κτλ. alterum autem (v. 4. 5) Ib. XIV 641 B: Ἀριστοτέλης δ' ἐν τῷ περὶ μέθης τὰ τραγήματά φησι λέγεσθαι ὑπὸ τῶν ἀρχαίων τραγάλια, ὡσεὶ γάρ ἐπιδορπισμὸν εἶναι. Πίνδαρος δ' ἔστιν ὁ εἰπὼν Διωνύσου κτλ. — V. 2. τοῦτό τοι Boeckh, v. τοῦτο. — συμπόταισιν Boeckh, libri συμπόσαισι. — τε, Blass τοι. — V. 3. καὶ, libris καρ διον. — Διωνύσοιο Boeckh, libri Διονύσοιο, — Ἀθαναίαισι Schneider, Λ Ἀθηναίοισι, PVL Ἀθηναιεῦσι. Cf. Suidas v. Ἀθηναίας, ubi Πίνδαρος ἐν σχολῇ (σκολίοις).

δείπνου δὲ λήγοντος γλυκὺ τραγάλιον
3 καίπερ πίθ' ἄφθονον βοράν.

ΙΕΡΩΝΙ ΣΤΡΑΚΟΣΙΩι. 102. 103.

102. [91.]

⏑ — — — ⏑ ⏑ — ⏑ ⏑ — ⏑
⏑ — — — ⏑ ⏑ — —
⏑ ⏑ — — — ⏑ ⏑ — — ⏑ ⏑ — — ⏑ ⏑ —

Τὸν ῥα Τέρπανδρός ποθ' ὁ Λέσβιος εὗρεν
πρῶτος ἐν δείπνοισι Λυδῶν
ψαλμὸν ἀντίφθογγον ὑψηλᾶς ἀκούων πηκτίδος.

V. 4. λήγοντος AC Eustath. 1401, 49, λέγοντος PVL. — γλυκὺ L Eust., γλυκύην PV. — Affert b. v. etiam Clemens Str. I 377: δείπνου δὲ λήγοντος γλυκὺ τραγάλιον (cod. II γλυκία τραγάλια) κατὰ τὸν Θηβαῖον Πίνδαρον. — V. 5. καίπερ Boeckh, libri καὶ περί. — πίθ' Schneider, codd. παῖδ'. — Sagaciter excogitata sunt, quae F. Illass (Mus. Rhen. XIX 806) proponit; is, cum animadvertisset numerorum magnam similitudinem intercedere inter hoc scolium et fr. Inc. 203, existimavit haec omnia sic esse copulanda:

                                                 Στρ. α'.

Ὦ Θρασύβουλ', ἐρατᾶν ὄχημ' ἀοιδᾶν
τοῦτό τοι πέμπω μεταδόρπιον· ἐν ξυνῷ κεν εἴη
συμπόταισίν τοι γλυκερόν παρ Διονύσοιο παρῳδῷ

                                                 Στρ. β'.

καὶ πολίεσσιν Ἀθαναίαισι πέμπον·
αὐτίκ' ἀνθρώπων παραπαίδεις οἴχονται μέριμναι
στηθέων ἔξω· πελάγει δ' ἐν πολυχρύσοιο πλούτου

                                                 Στρ. γ'.

πάντες ὁμοῦ νέομεν ψευδῆ πρὸς ἀκτάν·
ὅς μὲν ἀχρήμων, ἄφνιος τότε, τοὶ δ' αὖ πλουτέοντες

                                                 Στρ. δ'.

αὔξονται φρένας ἀμπελίνοις τόξοις δαμέντες.
verum strophae adeo minutae ab hoc genere numerorum abhorrent, nec satis commode fr. 213 continuo subiungeris principio huius carminis. Fr. 102. Athen. XIV 635 D: ἀγνοεῖ δὲ ὁ Ποσειδώνιος ὅτι ἀρχαῖον ἐστιν ὄργανον ἡ μαγαδις, σαφῶς Πινδάρου λέγοντος τὸν Τέρπανδρον ἀντίφθογγον ἐξευρεῖν τῇ παρὰ Λυδοῖς πηκτίδι τὸν βάρβιτον· Τὸν ῥα κτλ. Hesplcit ibid. II: Διώπερ καὶ Πίνδαρον εἰρηκέναι ἐν τῷ πρὸς Ἱέρωνα σκολίῳ τήν μάγαδιν ὀνομάσαντα ψαλμὸν ἀντίφθογγον. Haud dubie hunc ipsum locum respicit Plutarch. de mus. c. 28: Καὶ δὴ καθάπερ Πίνδαρός φησι, καὶ τῶν σκολιῶν μελῶν Τέρπανδρος εὑρετὴς ἦν. — V. 2. Λυδῶν Hermann, libri Λύδιον. — V. 3. ἀντίφθογγον AB, ἀντίφθογγος PVL.

* 103. [92.]

⏑⏑–⏑–⏑⏑–⏑⏑–⏑
–⏑⏑–⏑⏑––

Μηδ' ἀμαύρου τέρψιν ἐν βίῳ· πολύ τοι
φέρτιστον ἀνδρὶ τερπνὸς αἰών.

* 104. [236.]

–⏑⏑–⏑⏑–⏑⏑–⏑⏑–⏑⏑–◡
–⏑⏑–⏑⏑–⏑⏑–⏔–⏑⏑....

Εἴη καὶ ἐρᾶν καὶ ἔρωτι χαρίζεσθαι κατὰ καιρόν·
μὴ πρεσβυτέραν ἀριθμοῦ δίωκε, θυμέ, πρᾶξιν.

105. [90.]

⏑⏑–⏑⏑–⏑⏔––

–⏑⏑–⏑⏑–⏑⏑–⏑⏑–◡◡–
⏓⏑⏑–⏑⏑...

Χάριτάς τ' Ἀφροδισίων ἐρώτων,
ὄφρα σὺν Χιμάρῳ μεθύων Ἀγάθωνί τε καλῷ
κότταβον.

Fr. 103. Athen. XII 512 D: Πίνδαρος παραινῶν Ἱέρωνι τῷ Συρακουσίων ἄρχοντί φησι· Μηδ' ἀμαύρου, φησί, κτλ. — V. 1. μηδὲ μαύρου Boeckh. — τοι, ai C. — V. 2. φέρτιστον Boeckh, v. φέρισιον. Ad scolium in Hieronem retulit Boeckh.
Fr. 104. Athen. XIII 601 C: Καὶ Πίνδαρος δ' οὐ μετρίως ὢν ἐρωτικὸς φησίν· εἴη κτλ. et v. 1 etiam XIII 601 D καὶ κατὰ Πίνδαρον δὲ ἄλλος τις ἔφη, εἴη κτλ. — V. 1. κατά, priore loco PVL καὶ κατά. Ad scolia haud dubie pertinet fragmentum, et autem conieci petitum esse ex Scolio in Theoxenum, at hoc fuerit illius Scolii exordium:
Εἴη καὶ ἐρᾶν καὶ ἔρωσιν χαρίζεσθαι κατὰ καιρόν· ὃ μὴ πρεσβυτέραν ἀριθμοῦ δίωκε, θυμέ, πρᾶξιν.
et ascensus est Hartung, sed scripsit ἐρᾶσιν χαρίζεσθαι κατὰ καίρια· μὴ π. ἀρ. πρᾶξιν δίωκε, θυμέ. Illud certum est Pindarum in scolio ad Theoxenum haec ipsa verba respicere: nam cum hic tempestivus commendet amores, in illo scolio eam sententiam retractat.
Fr. 105. Athen. X 427 D: Διὸ καὶ τὰ σκολιὰ καλούμενα μέλη τῶν ἀρχαίων ποιητῶν πλήρη ἐστί· λέγω δ' οἷον καὶ Πίνδαρος πεποίηκε· Χάριτάς τε κτλ. — V. 2. σὺν Χιμάρῳ μ. Ἀγάθωνί τε καλῷ scripsi, v. σὺν χιμάρῳ (P σύγχει μάρῳ) μ. Ἀγάθωνι δὲ καλῶ. censor Athen. Iuuenis σὺν χιμάρρῳ μεθύω coni. idemque καλῷ pro καλῶ. Verbum deest, uolut κότταβον ἀγκυλίσας. Nomen quod restitui, extat non solum in titulo Latino C. IVLIVS CHIMARVS (Archaeol. Zeit. 1843 p. 32) sed etiam ap. Polyb. XXIX 1, ubi item perperam Χείμαρος scribi solet. Hartung ὄφρα σὺν Χιμαιρίῳ μὲν μεθύω, Ἀγάθωνι δὲ καλῷ κότταβον... at nomen proprium Χειμέριος, quod manu conieciarae praetulit, nusquam legitur.

X.

ΘΡΗΝΟΙ.

* 106. 107. [95.]

Τοῖσι λάμπει μὲν μένος ἀελίου τὰν ἐνθάδε νύκτα κάτω,
φοινικορόδοις δ' ἐνὶ λειμώνεσσι προάστιον αὐτῶν
καὶ λιβάνῳ σκιαρὸν καὶ χρυσέοις καρποῖς βεβριθός.
καὶ τοὶ μὲν ἵπποις γυμνασίοις τε, τοὶ δὲ πεσσοῖς,

Fr. 106. 107. Plut. Cons. ad Apoll. c. 35: *Λέγεται δὲ ὑπὸ μὲν τοῦ μελικοῦ Πινδάρου ταυτὶ περὶ τῶν εὐσεβῶν ἐν ᾅδου· Τοῖσι λάμπει ... θαμάεις* (fr. 108), et de occulto viv. c. 7: *Εὐσεβῶν χῶρον, τοῖσι λάμπει μένος ἀελίου τὰν ἐν θάδε νύκτα κάτω φοινικορόδοις ἐν λειμώνεσσι καὶ τοίαν ἀμέρκει μὲν ἀνθηρῶν καὶ εὐωδῶν δένδρων ἄνθεσι τεθηλὸς ἀναπέπταται πεδίον, καὶ ποταμοί τινες ἄκλυστοι καὶ λεῖοι διαρρέουσι, καὶ διατριβὰς ἔχουσιν ἐν μνήμαις καὶ λόγοις τῶν γεγονότων καὶ ὄντων. καραπέμπουσα αὐτοὺς καὶ συνοῦσα· ἡ δὲ τρίτη τῶν ἀνοσίως βεβιωκότων καὶ παρανόμων ὁδὸς ἔστιν εἰς ἔρεβός τε καὶ βάραθρον ὠθοῦσα τὰς ψυχάς, ἔνθεν τὸν ἄπειρον κτλ.* (fr. 107). Ilosp. Arist. T. I 146. — V. 2. φοινικορόδαις δ' ἐνὶ λειμώνεσσι scripsi, Boeckh φοιν. τ' ἐνὶ L, Plutarch. posteriore L. φοινικορόδοις ἐν λειμώνεσσι, priore φοινικοροδίαι ει λειμῶνες εἰσί. Cf. Cramer An. Ox. III 173, 16: ᾗ καὶ αὐτὸν τὸν παρὰ ποιηταῖς Διὸς κῆπον, οὓς φησιν φοινικορόδους ὁ Πίνδαρος. — προάστιον Hermann, v. προάστειον. — V. 3. σκιαρὸν B, σκιερὸν Xylander, σκιερῶν vulgo, σκιερᾷ Hermann. — χρυσέοις καρποῖς Boeckh, vulgo χρυσοκάρποισι. — βεβριθός Kaiske, vulgo βίβριθε prabente Boeckhio. Fortasse locus non integer servatus, ut poeta scripserit καὶ χρυσοκάρποισι σταχύεσσι βέβριθος πιπτειπαι, in Plutarchi enim altero loco videtur scrib. *εὐωδμων μὲν ἀνθηρῶν καὶ εὐωδῶν δένδρων ἄνθεσι τεθηλὸς ἀναπέπταται πεδίον.* Deinde sequi poterat descriptio lenium fluentorum, tum denique v. 4 et rel. Ex hoc Plutarchi loco Hartung Pindari versus, qui interciderunt, restituere conatus est, quos hic subiicere non necesse est. — V. 4. γυμνασίοις τε

ὃ τοὶ δὲ φορμίγγεσσι τέρπονται, παρὰ δέ σφισιν εὐανθὴς
         ἄπας τέθαλεν ὄλβος·
ὀδμὰ δ' ἐρατὸν κατὰ χῶρον κίδναται
αἰεὶ θύα μιγνύντων πυρὶ τηλεφανεῖ παντοῖα θεῶν ἐπὶ
         βωμοῖς.
        *
ἔνθεν τὸν ἄπειρον ἐρεύγονται σκότον
βληχροὶ δνοφερᾶς νυκτὸς ποταμοί . . . . .

108. [96.]

⏑ ⏑ – ⏒ ⏑ ⏑ – – ⏑ ⏑ – ⏑ – – .
⌄ ⏑ ⏑ – – ⏑ ⏑ – ⏑ ⏑ – ⏒ ⏑ ⏑ –
– ⏑ ⏑ ⏑ – ⏑ ⏑ – ⏑ ⏑ – ⏑ ⏑ – ⏑ ⏑ ⌣
⏔ ⏑ – ⏑ ⏑ – ⏑ ⏑ – ⏑ ⏑ – ⏑ ⏑ – – ⏑ ⏑ –
5 – ⏑ ⏑ – ⏑ ⏑ – ⏑ ⏑ – ⏑ ⏑ ⌣

Ὀλβίᾳ δ' ἅπαντες αἴσᾳ λυσίπονον τελευτάν.
καὶ σῶμα μὲν πάντων ἕπεται θανάτῳ περισθενεῖ,
ζωὸν δ' ἔτι λείπεται αἰῶνος εἴδωλον· τὸ γάρ ἐστι μόνον
ἐκ θεῶν· εὕδει δὲ πρασσόντων μελέων, ἀτὰρ εὑδόντεσσιν
         ἐν πολλοῖς ὀνείροις
5 δείκνυσι τερπνῶν ἐφέρποισαν χαλεπῶν τε κρίσιν.

Hermann, v. γυμνασίοις, Xylander ἱππείοις γυμνασίοις. Malim καὶ τοὶ
μὲν ἵπποισι σταδίοισί τε γυμνοῖς, Hartung γυμνασίοισί τ' αἰθλοις.
— V. 5. τέρπονται libri, v. τέρψονται. — τέθαλεν Boeckh, v. τίθηλεν.
— V. 6. ἐρατὸν Xylander, v. ἐρατῶν. — V. 7. αἰεὶ Boeckh, v. ἀεί. — θύα
Hermann, v. θύματα. — Fr. 107 quod ad finem strophae eiusdem threni
pertinet, Plut. iterum affert de poet. c. 2, Hartung his alia praemisit,
quae ex Plutarcho redintegrari posse existimavit.

Fr. 108. Plut. Cons. ad Apoll. c. 35: Καὶ μικρὸν προελθὼν ἐν
ἄλλῳ θρήνῳ περὶ ψυχῆς λέγων φησίν· Ὀλβίᾳ κτλ. — V. 1. Ὀλβίᾳ...
αἴσᾳ, v. Ὀλβία . . . αἶσα. — τελευτάν, Dübner τελευάν. Boeckh λυσί-
πονον μεταπίπτοντας τελευτᾶν, sed vitium potissimum latet in ἅπαντες,
possis ὀλβίᾳ λαχόντες αἴσᾳ λυσιπόνων τελετὰν cynlicoro. —
V. 2. 3. et init. 4 repetit Plut. vit. Rom. c. 28: Ἐπεὶ οὖν ἐχρησάτο
τῆς ἀσφαλείας κατὰ Πίνδαρον, ὡς σῶμα . . . θεῶν. — V. 3. ζωὸν δ' ἔτι
altero loco, priore ζὸν δέ. — τὸ γάρ ἐστι μόνον altero loco, priore τὸ
γὰρ μόνον ἐστίν. — V. 4. δὲ πρασσόντων, amicus Schneidewini δ' ἀπρασ-
σόντων. — V. 5. ἐφέρποισαν Boeckh, ἐφέρπουσαν vulgo.

109. [97.]

⏑ — ⏑ — — ⏑ — ⏑ —
— ⏑ — ⏑ ⏑ — ⏑ ⏑ — ⏑
— ⏑ — ⏑ — ⏑ —
— ⏑ — ⏑ ⏑ — ⏑ —
— ⏑ ⏑ — ⏑ — ⏑ — — —

Ψυχαί δ' άσεβέων ύπουράνιοι
γαία πωτώνται έν άλγεσι φονίοις
ύπό ζεύγλαις άφύκτοις κακών·
εύσεβέων δ' έπουράνιοι ναίοισαι
5 μολπαίς μάκαρα μέγαν άείδοντ' έν ύμνοις

110. [98.]

— ⏑ ⏑ — ⏑ — ⏑ — ⏑ —
⏑ ⏑ — ⏑ — ⏑ ⏑ — — ⏑ ⏑ — ⏑
— — — ⏑ ⏓
— ⏑ ⏑ — ⏑ ⏑ — ⏑ — ⏑ ⏑ — ⏑ — —
⏑ ⏑ — — ⏑ — ⏑ ⏑ — ⏑ — ⏑ — —

Οίσι δέ Φερσεφόνα ποινάν παλαιού πένθεος
δέξεται, ές τόν ύπερθεν άλιον κείνων ένάτω έτει

Fr. 109. Clem. Alex. Str. IV 640: Άγαπα̃ι τόν μελοποιόν άδοντα· Ψυχαί κτλ. Pindari esse docet Theodoret. Gr. Aff. Cur. VIII 117, 2: Εί δέ άπιστήτως πόπως έχειν τών γιγραμένων νομίζετε καί μή θείας τινός καί προσφιλίας όντως λήξεως απολαύσαι, Πίνδαρος ὁ Λυρικός ταύτην ύμίν ύμαλλέτω τήν δόξαν λέγων ώδί· Ψυχαί δ' εύσεβέων (sic CVb) έν ούρανοίς ναίουσαι (νίσουσαι Vall, ίσουσι CVb) μολπαίς μάκαρα μέγαν άείδουσιν (αίδουσι Ν, ἀείδουσιν Vb) ύμνοις. Abiudicant hos versus Pindaro Dissen, Rauchenstein, qui eiusmodi opiniones a Pindari saeculo alienas esse censent (cf. de his Mullach ad Hierocl. p. 182) et Zeller Hist. Phil. II 17, qui ab homine Iudaeo haec profecta esse existimat; tuetur Welcker Mythol. I 743. — V. 1. άσεβίων, v. άσεβών. ύπουράνιοι, II ύπ' ούν τοι. — V. 4. εύσεβίων δ', Clem. εύσεβών δέ. — ναίεισαι, Theod. ναίουσαι, Cl. νάουσαι, hinc Boeckh νάουσαι, sed haec forma nimis incerta, nescio an poeta scripserit έν ούρανώ νίμοισαι, quod etiam variae lectiones apud Theod. commendant. — V. 5. μολπαίς delet Kayser, idem μέγα μάκαρας conlecit. — άείδοντ' Boeckh, Cl. άείδουσι.

Fr. 110. Plato Menone p. 81 B: λέγει δέ καί Πίνδαρος καί άλλοι πολλοί τών ποιητών όσοι θείοί είσιν· ἂ δέ λέγουσι, ταυτί έστιν· φασί γάρ τήν ψυχήν τού άνθρώπου είναι άθάνατον, καί τοτέ μέν τελευτάν, ὂ δή άποθνήσκειν καλούσι, τοτέ δέ πάλιν γίγνεσθαι, ἀπόλλυσθαι δ' ούδέποτε. δείν δή διά ταύτα ώς ὁσιώτατα διαβιώναι τόν βίον· οίσι κτλ. unde Stob. Flor. XLIII 112. — V. 1. οίσι δέ Boeckh, Plato οίσι γάρ ἂν. — V. 2. δέξεται, δέξηται ΣΣ Stob. — ές τόν Boeckh, vulgo είς τόν (τό Γ, idem άλίου.) — κείνων, έκείνων Γ, κείνον τ. — ένί Boeckh, vulgo ένι, ΒΥ ἐπι.

ἀνδίδοι ψυχὰς πάλιν,
ἐκ τᾶν βασιλῆες ἀγαυοὶ καὶ σθένει κραιπνοὶ σοφίᾳ τε
  μέγιστοι
5 ἄνδρες αὔξοντ'· ἐς δὲ τὸν λοιπὸν χρόνον ἥρωες ἁγνοὶ πρὸς
  ἀνθρώπων καλεῦνται.

111. [99.]

. . . . Εὐδαιμόνων
δρηπέτας οὐκ ἔστιν ὄλβος.

112. [100.]

Πέφνε δὲ τρεῖς καὶ δέκ' ἄνδρας· τετράτῳ δ' αὐτὸς πεδάθη.

* 113. [101.]

Aristid. T. I 130: Ἐπέρχεταί μοι τὸ τοῦ Πινδάρου προσθεῖναι
Ἄστρα τε καὶ ποταμοὶ καὶ κύματα πόντου τὴν ἀωρίαν τὴν
σὴν ἀνακαλεῖ, ubi Hartung ἀνακαλέει scripsit.

* 114. [102.]

Ὄλβιος ὅστις ἰδὼν κεῖν' εἶσ' ὑπὸ χθόν'· οἶδε μὲν βίου
  τελευτάν,
οἶδεν δὲ διόσδοτον ἀρχάν.

V. 3. ἀνδίδοι, legebatur ἀνδιδοῖ. — ψυχὰς Boeckh, legebatur ψυ-
χάν, Stob. ψυχᾷ. — V. 4. ἐκ τᾶν, Stob. ΣΥτ ἐκ τῶν, R ἐκ τᾶν, UΓ ἴκταν,
Γ' in m. ἐς τᾶν. — V. 5. αὔξοντ' Boeckh, v. αὔξονται.
 Fr. 111. Stob. Flor. CIII 6: Πινδάρῳ Θρήνων (hoc an. Vind.
Trinc.) εὐδαιμόνων δ. οὐκ ἔστιν ὄλβος. Εὐδαιμόνων Ab, v. εὐδαίμων.
— ὄλβος All Vind., vulgo ὄλβιος.·
 Fr. 112. Schol. Pind. Ol. I 127: ἐπεὶ τρεῖς καὶ δέκα, καὶ ἐν Θρήνοις
τὸν αὐτὸν ἀριθμὸν τίθησι τῶν ὑπὸ Οἰνομάου ἀναιρεθέντων μνηστήρων·
Πέφνε δὲ τρεῖς καὶ δέκα (Vrat. τρισκαίδεκα) ἄνδρας τετάρτῳ κτλ. cor-
rexit Boeckh ex Schol. Hom. Ἰl. ν 202: καὶ τετράτῳ δ' αὐτὸς πεδάθη
φησὶν ὁ Πίνδαρος, ἀντὶ τοῦ τετάρτῳ καὶ δέκατῳ. Resp. huc Sch. Apoll.
Rh. 1 747.
 Fr. 114. Clem. Alex. Str. III 518: ἀλλὰ καὶ Πίνδαρος περὶ τῶν ἐν
Ἐλευσῖνι μυστηρίων λέγων ἐπιφέρει· Ὄλβιος κτλ. — V. 1. κεῖν' εἶσ' ὑπὸ
χθόν' scripsi, legebatur ἐκεῖνα κοινὰ εἰς ὑπὸ χθόνα, unde Boeckh
ἐκεῖνα κοῖλαν εἶσιν ὑπὸ χθόνα, οἶδεν μὲν βίου [κείνος] τελευτάν. —
βίου, Lobeck βιότου. — V. 2. ἀρχάν. Negat αἰγλᾶν. De homine
Atheniensi Pindarum loqui verisimile est, itaque fortasse fragmentum
petitum ex Threno in Hippocratem, ut Dissen et Boeckh censent, vid.

115. [103.]

Aullait. in Bekk. An. I 90, 2: Ἥ τοι οὐκ ἄρχον, ἀλλ᾽ ὑπακουσόμενον· Πίνδαρος Θρήνοις.

116.

```
∪ – ∪ ∪ – ∪ ∪ – ∪ ∪ – ∪ –
∪ – ∪ – ∪ ∪ – ∪ –. . . . .
. . . . . . . . . .
. . . . ∪ – ∪ ∪ – .
5  ∪ ∪ – ∪ ∪ – ∪ ∪ – ∪ – .
  ∪ – ∪ – ∪ – ∪ – ∪ ∪ – – ∪ –. . . – ∪ –
  |∪ –| – ∪ –
  ∪ – ∪ – ∪ – ∪ ∪ – – ∪ – – ∪ – ∪ –  – ∪ –
  ∪ – ∪ – ∪ –  ∪ –
```

Ἔντι μὲν χρυσαλακάτου τεκέων Λατοῦς ἀοιδαί
ὥριαι παιανίδες· ἔντι . . . . . ἕλλοντος ἐπισῦ . . στέφανον
ἐκ δίω . . . . , αἰόμεναι· τὸ δὲ κοίμισαν τῷ . . . .
. . . . . σῶμάτ᾽ ἀποφθιμένων.
5 ἁ μὲν ἀχέταν Λίνον αἴλινον ὕμνει,
ἁ δ᾽ Ὑμέναιον, ὃν ἐν γάμοισι χροϊζόμενον . . . .

Schol. Pyth. VII 171 ἴσως δὲ τὸ περὶ γῆν τοῦ Ἱπποκράτους τελευτὴν περὶ τοῦτον τὸν καιρὸν ἀπηντηκέναι, εἰς ὃν καὶ Θρῆνον γράφει ὁ Πίνδαρος. Fr. 110. Schol. Eurip. lbes. 892: φασὶ δὲ Ἰαλέμον καταμορφοῦσθαι ἐπὶ τιμῇ Ἰαλέμου τοῦ Ἀπόλλωνος καὶ Καλλιόπης, ὥς φησι Πίνδαρος· ἔντι μὲν χρυσαλακάτου τεκέων (Λατοῦς) ἀοιδαὶ ω.... (Ambrosch αἴ τοι σῶ) παιανίδες, ἔντι. . . . ἕλλοντος ἐπ παν.. (Ambrosch ἐπισῦ), στέφανον ἐκ δίω . . . . . αἰόμεναι. τὸ δὲ κοιμίσαν τῷ . . . . (σῶματ᾽) ἀποφθιμένων, ἁ μὲν ἀχέταν Λίνον αἴλινον ὕμνειν. ἁ δὲ ὑμέναιον· ἐργάμοισι χροϊζόμενον . . . . συν (vel σὺν) πρῶτ. . λάβεν. ἰσχάτοις ὑμναις (acc. Ambr. supra ultimam syll. α)· ἁ δὲ Ἰάλεμον ὁμοδόλῳ (Ambr.ὁ.. φ)νοῦφι, ὅτι παῖδα θέντοις θέντος υἱὸν οἴπγρον. — V. 1. ἔντι, cod. bis ἔντι. — Λατοῦς in cod. propemodum evanidum Ambrosch vidit, Welcker et Schneidewin coniecturas assecuti sunt. — V. 2. ὥριαι Hermann probabiliter. — παιανίδες Lobeck, cod. παιάνιδες. Deinde Hermann ἔντι δ᾽ ἐκπετίλλοντος εὐπλέκεσ στέφανον ἐκ διθυράμβων μακόμεναι, quod probavit Hartung, nisi quod ae εἰςοοῦ scripsit, Schneidewin ἔντι δ᾽ αὖ θάλλοντα παρκίσσου στέφανον ἐκ διανύσου πιταρκόμεναι. Sed omnia incerta, fortasse de Dithyrambo nihilum erat sermo, sed continuo post bilares Paeanes lugubres threni commemorati erant. — V. 3. κοίμισαν, cod. κοιμίσαν. Lacunam redintegrat Hermann: εἰτράξυχος θεαὶ κάδος υἱὸν σῶμα' κτλ. Hartung τὰ δὲ Μοῦσαι, τισσάρων πενθοῖσαι σῶμα' ἀποφθ. — V. 4. σῶμάτ᾽ in codice prope evanidum animadverit Ambrosch, coniectura invenerant Welcker et Schneidewin. — V. 5. Λίνον Schneidewin, cod. Λίτον (λιτόν). — ὕμνει Hermann, cod. ὑμνεῖν. — V. 6. ὃν ἐν γάμοισι Hermann, cod. ἐργάμοισι. Deinde σὺν πρῶτον οὐ ὑμνοῖσιν scripsi, cod. σὺν πρῶτ., et ὑμναις. Ceterum restitutio incerta, pro χροϊζόμενον conieci κομιζόμενον, l. e. κοσμιζόμενον (vid. Hesych.) corona nuptiali conciniens: cf. Serv. Virg. Aen. IV 127:

336   PINDARI FRAGMENTA.

. . . . σὺν πρῶτον λάβεν,
ἐσχάτοις ὕμνοισιν· ἁ δ' Ἰάλεμον ἀμβόλῳ νούσῳ [ὅτι]
κεδασθέντα σθένος,
υἱὸν Οἰάγρου (τε, χρυσάορ' Ὀρφέα.)

„Cornelius Balbus Hymenaeum ait Magnetis filium', musicae artis peritum, pulchritudine muliebri, dum nuptias Liberi patris et Althaeae religiosis cantibus celebrat, exspirasse." at fortasse totus locus ita sit conformandus: ὃν ἐν γάμοισι κομιζόμενον (νηλής μοίρα) σὺν πρῶτον λάβεν, i. e. alia Hymenaeum, quem primum in nuptiis canentem earum volcano fatalis morte corripuit, extremo carminis honore decoravit. In speciosi scripseram: ὃν ἐν γάμοισι κομιζόμενον (νόμῳ μοίρᾳ) σὺν πρῶτον (sive σὺν πρῶτον malis) λάβεν, ἐσχάτοις ὕμνοισιν (scil. ὕμνει) at Pindarus dixerit Hymenaeum primum omnium in ipsis nuptiis in loeto genitali praematura morte extinctum esse. Hermann ὃν ἐν γάμ. κομιζόμενον βρότεος αἰὼν φθίγμα σὺν πρώτοις λάβεν ἐσχάτοις δ' ὕμνοισιν. Hartung ἁ δ' Ὑμέναιον ἐν γάμοισι κομιζόμενον αἴλινον πρώτοις λάβεν τ' ἐσχάτοις ὕμνοισιν. — V. 8. ἁ δ', cod. ἁ δί. — ἀμβόλῳ Hermann, antea scripsi ἰοβόλῳ, Schneidewin ἀμοβόρῳ. — ὅτι recte delevit Hermann. — κεδασθέντα Schneidewin et Welcker. — σθένος, Hermann σθένος θ', ut haec ad Orphea referantur. — V. 9. Οἰάγρου pro οἰάγρου Schneidewin, quod firmat Nebol. Pyth. IV 313: Ἀπόλλωνος τὸν Ὀρφέα φησὶν εἶναι, ὃν καὶ αὐτὸς ὁ Πίνδαρος καὶ ἄλλοι Οἰάγρου λέγουσιν. Deinde addidi verba τε χρυσάορ' Ὀρφέα. vid. Nebol. Hom. II. o 256: χρυσάορον . . . καὶ Πίνδαρος χρυσάορα τὸν Ὀρφέα φησίν. αἱ in χρυσάορα hic quoque mediae syllabae consonant, ut Pyth. V 104. In procedosi scripsi minus recte ἁ δ' υἱὸν Οἰάγρου, χρυσάορ' Ὀρφέα. Iam additis his verbis integra est strophe, quam ex Threnis politam esse probabiliter statuunt Welcker et Schneidewin.

XI.

ΕΞ ΑΔΗΛΩΝ ΕΙΔΩΝ.

117. [104.]

Τί θεός; ὅ τι τὸ πᾶν.

118. [105.]

‿⌣‿‿‿⌣‿‿⌣‿⌣̅‿‿⌣‿‿

Θεὸς ὁ τὰ πάντα τεύχων βροτοῖς καὶ χάριν ἀοιδᾷ φυτεύει.

119. [106.]

‿⌣‿⌣̅‿‿‿‿
‿⌣̅‿‿‿⌣‿⌣‿
‿⌣̅‿‿‿‿‿‿‿‿⌣̅
‿‿‿⌣̅

Θεῷ δὲ δυνατὸν ἐκ μελαίνας
νυκτὸς ἀμίαντον ὄρσαι φάος,

Fr. 117. Clem. Alex. Str. V. 726: Πίνδαρός τε ὁ μελοποιὸς οἷον ἐκβακχευόμενος ἀντικρὺς εἰπών, τί θεός; ὅ τι τὸ πᾶν. eadem Euseb. Praep. Ev. XIII 648 C (ubi CF τί ἐστι θεός, D τί θεός ἐστι); Boeckh conl. τί τὸ πᾶν, nisi ita foret imperfecta sententia: Pindarus quid de divino numine sentiret, graviter et insigni brevitate usus edixit; Clemens autem integrum locum adscripsit. Verum admodum insolens et otiosum ὅ τι, credo poetam dixisse:

τί θεός; τί δ' οὔ; τὸ πᾶν,

quemadmodum est Pyth. VIII 95: τί δέ τις; τί δ' οὔ τις; σκιᾶς ὄναρ ἄνθρωπος.

Fr. 118. Didymus Alexandr. de Trin. III 1, p. 320 sine poetae nomine: Θεὸς ὁ τὰ πάντα τεύχων καὶ χάριν ἀοιδᾷ φυτεύει. Pindari versum esse apparet ex Clem. Alex. Str. V 726 et Euseb. Praep. Ev. XIII 688 C., qui ex Pindaro post fr. 117 afferunt: καὶ πάλιν· Θεὸς ὁ (τὰ) πάντα τεύχων βροτοῖς, φυτεύει scripsit Heyne.

Fr. 119. Clem. Alex. Str. V 708: ὁ μελοποιὸς δὲ Θεῷ δὲ κτλ., unde Eus. Praep. Ev. XIII 676 D. Pindaro tribuit Theodoret. Gr. Aff. Cur. VI 89, 27. — V. 1. δὲ Cl., om. Eus., γὰρ Theod. — V. 2. ὄρσαι Euseb. Theod. (C ὀρίσαι), ὥρσαι Cl.

πελαινεφέι δὲ σκότει καλύψαι καθαρόν
ἀμέρας σέλας.

120. [107.]

≖ ‿ ι ‿ ‿ ‿ ‿ ‿ ‿ ‿ ‿
‿ ι ‿ ‿ ‿ ☉ ‿ ‿
‿ ι ‿ ‿ ‿ ☉ ‿ ‿ ⌣

Κεῖνοι γάρ τ' ἄνοσοι καὶ ἀγήραοι
πόνων τ' ἄπειροι, βαρυβόαν
πορθμὸν πεφευγότες Ἀχέροντος.

121. [108.]

Ἐλασίβροντε καὶ Ῥέας.

122. [109.]

Θεὸς ᾧτε πλέον τι λαχών.

123. [112.]

..... ι ‿ ‿ ☉ ι ‿ ‿ ‿ ‿
‿ ι ‿ ‿ ☉ ι ‿ ‿ ‿ ‿ ⌣
ι ‿ ‿ ....

Πῦρ πνέοντος ᾇ τε κεραυνοῦ
ἄγχιστα δεξιὰν κατὰ χεῖρα πατρὸς
ἵζεαι.

V, 3. πελαινεφέι Boeckh, Cl. πελαινεφεῖ, Theol. C πελαινεφέϊι. —
σκότει, Schneidewin σκότῳ.
Fr. 120. Plutarch. de superst. c. 6: κεῖνοι γὰρ (om. τ') ἄνοσοι
... ὁ Πίνδαρος Θεούς φησι, et sine poetae nom. adv. Stoic. c. 31 et Amator. c. 18: κεῖνοι μὲν γὰρ οἱ τῶν φιλοσόφων ἄνοσοι κτλ.
Fr. 121. Schol. Aristoph. Eq. 624: τὸ δὲ ἐλασίβροντα παρὰ τὰ ἐκ
τῆς ἀρχῆς Πινδάρου. Suid. v. ἐλασίβροντα ἀναρρηγνύς ἵκη· Ἀμαιστορίνης (ἐκ τῆς ἀρχῆς Πινδάρου· ἐλασίβροντε καὶ Ῥέας. ἀντὶ τοῦ ὡς ὑπὸ
βροντῆς ἐλαυνόμενε (ἐλαυνόμενα). ἐλασίβροντα Schneider, fort. recte.
Videtur initium Hymni vel Prosodii in Iovem esse.
Fr. 122. Aristid. T. I 11: οὗτος ἁπάντων ἀρχῆς καὶ πρώτοις καὶ μέγιστα καὶ κλήσεως ἔχων αὐτὸς ἂν μόνος εἰπών, ἢ χρὴ περὶ αὑτοῦ, Θεὸς
(ita codd., v. Θεῶν) ᾧτε (F. εἴτε) κτλ. τοῦτο γὰρ οὖν Πινδάρῳ κάλλιον
ἢ ἀλλ' ὁτιοῦν εἴρηται περὶ Διός.
Fr. 123. Sch. Hom. Il, ω 100: ἐκ δεξιῶν ὥς φησι Πίνδαρος· πῦρ
πν. ἆτερ π. ἐγγ. κτλ. ἆτερ quomodo corrigendum sit docet Plut. Symp.
Quaest. I 2, 4: Διαρρήδην δὲ ὁ Πίνδαρος λέγει· Πῦρ πνέοντος ἅ τε
κεραυνοῦ ἄγχιστα ἡμένη. Respicit Aristid. T. I 15: Πίνδαρος δ' αὖ
φησι δεξιὰν κατὰ χεῖρα τοῦ πατρὸς αὐτὴν καθημένην τὰς ἐντολὰς
ταῖς Θεοῖς ἀποδέχεσθαι. — V. 3. ἵζεαι, fort. ἵζεται scribendum.

FRAGMENTA INCERTA.

124. [114.]

Ἐν χρόνῳ δ' ἔγεντ' Ἀπόλλων.

125. [115.]

Ὀρχήστ' ἀγλαΐας ἀνάσσων, εὐρυφάρετρ' Ἄπολλον.

126. [116.]

Κατεκρίθη δὲ θνατοῖς ἀγανώτατος ἔμμεν.

127. [118.]

Μαντεύεο Μοῖσα, προφατεύσω δ' ἐγώ.

128. [119.]

Μοῖσ' ἀνέηκέ με.

129. [206.]

.... Μελισσοτεύκτων κηρίων
ἐμὰ γλυκερώτερος ὀμφά.

Fr. 124. Clem. Alex. Str. I 783: εἰκότως ἄρα καὶ ὁ Βοιώτιος Πίνδαρος γράφει. ἐν χρ. καὶ. Eadem Euseb. Praep. Ev. X 499 D. scripsit δ' ἔγεντ, quod fere etiam Boeckh coni. γ. δὲ γίνετ'.
Fr. 125. Athen. I 22 D: οὕτως δ' ἦν ἔνδοξον καὶ σοφὸν ἡ ὄρχησις, ὥστε Πίνδαρος τὸν Ἀπόλλωνα ὀρχηστὴν καλεῖ· ὀρχήστα ἀγλ. κτλ. Eadem Eusth. Od. 1601, 23. Respicit idem II. 52, 18: διὸ καὶ Πίνδαρος εὐρυφαρέτραν αὐτὸν λέγει, ὀρχήσει Boeckh scripsit.
Fr. 126. Plut. de EI apud Delph. c. 21: πρὸς ὃν δὴ (Ἀπόλλωνα) Πίνδαρος εἴρηκεν ὡς ἀηδῶς· κατεκρίθη δὲ (hoc om. Dübner) θνατοῖς ἄγαν. f. ubi vulgo κατεκρίθη δῖον αὐτοῖς ἀγανώτατος ἐ. Idem affert in def. orac. c. 7, et adv. Epicur. c. 22: ὁ δ' Ἀπόλλων κατεκρίθη θνατοῖς ἀγανώτατος ἔμμεν, ὥς ὁ Πίνδαρος φησίν. Ex primo loco coniicias κατεκρίθης.
Fr. 127. Eust. II. 9, 41: Καὶ Πίνδαρος ὁ κατὰ τὸ ἐπ' αὐτῷ πρόγραμμα μουσοκοιὸς λέγει· Μαντεύεο Μοῖσα κτλ. Sch. II. α 1: καὶ Πίνδαρος· Μαντεύεο Μοῖσα. cf. Maitrange Anecd. 374. Μοῖσα scripsit Boeckh.
Fr. 128. Eust. II. 9, 40: ταύτῃ τῇ θεᾷ τῇ Μούσῃ ... ἐγκελεύεται ὁ ποιητὴς τὴν Ἀχιλλέως μῆνιν ἀείδειν ... οὐ ἀνάπαλιν Πίνδαρος ποιεῖ ἐν τῷ Μοῦσα ἀνέηκέ με, ἤγουν ἀνέπεισεν. Repetit 179, 14: ἀνέηκέ με ἡ Μοῦσα. Μοῖσ' Boeckh scripsit.
Fr. 129. Cram. An. Ox. I 285, 19: Μέλεα ... οἱ δὲ ἀπὸ τῆς μελιγήρυος. Πίνδαρος· μελισσοτεύκτων κτλ. Et. M. 577, 19. vulgo sine pociet um. μ. κ. I. γλυκερωτέρα ὀμφακος. scd Har. γλυκυτέρας ὁμφα, Roth. γλυκερώτερος ὀμφα. Et. Gud. 386, 18: οἱ δὲ ἀπὸ τοῦ μελιγήρυν Πίνδαρον. μελισσοτευκηρίαν.

22*

130. [125.]

— ⏑ ⏑ — ⏑ ⏑ — ⏑ ⏑ — ⏑ ⏑ — ⏑ ⏑ — ⏑ M
⏑ — ⏑ ⏑ — —

*Δενδρέων δὲ νομὸν Διόνυσος πολυγαθὴς αὐξάνοι,
ἁγνὸν φέγγος ὀπώρας.*

131. [126.]

⏑ ⏑ ⏑ ⏑ — ⏑ ⏑ ..
⏑ ⏑ ⏑ ⏑ — — ⏑ ⏑ — ⏑ ▽
— ⏑ ⏑ ⏑ — — ⏑ ⏑ ⏑ ⏑ ⏑ — — —
⏑ ⏑ — — ⏑́ ⏑ — ⏑ ⏑ ⏑ —

*Ἐλαφρὰν κυπάρισσον φιλέειν,
ἐᾶν δὲ νομὸν Κρήτας περιδαῖον.
ἐμοὶ δ' ὀλίγον μὲν γᾶς δέδοται, ὅθεν πόρυς·
πενθέων δ' οὐκ ἔλαχον οὐδὲ στασίων.*

132. [127.]

⏑ ⏑ ⏑ ⏑ —
M ⏑ ⏑ ⏑ ⏑ — ⏑ ⏑ ⏑ . ⏑ ⏑ ⏑ . ▽
⏑ — ⏑ ⏑ ⏑ ⏑ —
M — ⏑ ⏑ ⏑ — ...

*Τί δ' ἔρδων φίλος
σοί τε, καρτερόβροντα Κρονίδα, φίλος δὲ Μοίσαις,*

Fr. 130. Plut. de Is. et Osir. c. 35: Ὅτι δὲ οὐ μόνον τοῦ οἴνου Διό-
νυσον, ἀλλὰ καὶ πάσης ὑγρᾶς φύσεως Ἕλληνες ἡγοῦνται κύριον καὶ ἀρχ-
ηγόν, ἀρκεῖ Πίνδαρος μάρτυς εἶναι λέγων· Δένδρον (cod. Ven. δένδρων)
κτλ. sed δενδρέων idem Symp. Quaest. IX 14, 4: καὶ Διόνυσος δενδρέων
νόμον πολυγαθῆς (Düluuer πολύγα θὴς) αὐξάνοι. α. φ. ox. et Erot. c. 15:
δενδρέων τε τρόπον λίπος. πολύ τε φέγγος αὐξάνει, φέγγος ἁγν. on.
Nομὸν Boeckh, vulgo νόμον.

Fr. 131. Plut. de exil. c. 9: ᾧ δ' ἔξεστιν εἰς μικρὰν ἐπιβάντι νῆσον
οὐ μικρῶν ἀπηλλάχθαι κακῶν, οὗτος ἄθλιός ἐστι μὴ προσλαλῶν ἑαυτῷ
τὰ Πινδαρικὰ μηδ' ἐπᾴδων πολλάκις· Ἐλαφρὰν κτλ. — V. 1. φιλέειν,
Ahrens φιλεῖν. · V. 2. περιδαῖον Hermann, vulgo περιδαίων, Meinine
παριδαίων, Hartung ἐᾶν δὲ τρομέειν Κρήτας περὶ δαῖον. — V. 3. ὅθεν
ἄδρυς, Reiske ὅθεν ἁδρός, Hartung δίδοται νίσον, ἀδαμπης δὲ πενθέων
κτλ. — V. 4. δ' Boeckh, v. δὲ. — οὐδὲ om. cold Par. Foltasse hue resp.
Synes Laus Calv. 77 D: ἂν μὲν γὰρ ᾖ τῆς Πινδάρου ἐπιχάνειν εὐχῆς
καὶ ζῆν ἔχωμεν ἀπὸ τῶν οἰκείων, ἐν καλῷ τοῦ θεάτρου καθέξησόμεθα·

Fr. 132. Aliea. V 191 F: πρὸς εὐθυμίαν, ἣν ὁ Πίνδαρος αἰτεῖται
παρὰ τοῦ Διός· τί δ' Ἔρδων κτλ. Eadem Eust. Od. 1490. 58. — V. 1.
Τί om. B. Coniect ō n probante Schneidewino.

FRAGMENTA INCERTA.   341

Εὐθυμίᾳ τε μέλων είην,
τούν' αἴτημί σε.

            133. [57.]

⏑⏑–⏑⏑–⏑×
⏑⏑–⏓–⏑⏑–⏓⏑–
–⏑⏑––

Ὁ ζαμενὴς δ' ὁ χοροιτύπος,
ὃν Μαλεάγονος ἔθρεψε Ναΐδος ἀκοίτας
Σειληνός.

            134. [128.]

⏑⏑–⏑–⏑⏑⏑–––⏑⏑⏑–⏑⏑––
Ὦ τάλας ἐφάμερε, νήπια βάζεις χρήματά μοι διακομπέων.

            135. [129.]

⏑⏑⏑–⏑⏑⏑–⏑⏑–
Ταῖς ἱεραῖσι μελίσσαις τέρπεται.

            136. [132.]

–⏑⏑–⏑⏑–⏑–⏑×
Ἀνδρῶν δικαίων χρόνος σωτὴρ ἄριστος.

V. 3. Εὐθυμίᾳ, Eust. εὐθυμία. — 11, Hartung δί. — μέλων Casaubonus, v. μελῶν. — V. 4. αἴτημι ABC Eust., αἰτοῦμαι PVL.
Fr. 133. Pausan. III 25, 2: Τραφῆναι μὲν δὴ τὸν Σιληνὸν ἐν τῇ Μαλέᾳ δηλοῖ καὶ τάδε ἐξ ᾄσματος Πινδάρου· Ὁ ζαμενὴς δὲ κτλ. — V. 1. Boeckh δ'. — V. 2. Μαλεάγονος Camerarius, Μελέγορος vel μελίγορος libri, Deinde AgVaAMLab ἔθερψιν αἴδος vel αἴδος. — V. 3. Σειληνός Boeckh, v. Σιληνός. Boeckh inter dithyrambos retulit.
Fr. 134. Schol. Arist. Nub. 223: τί με καλεῖς, ὦ 'φήμερε; ἐλέγετο δὲ ὁ Σωκράτης τὴν ὄψιν Σιληνῷ παρεμφερεῖν· ἐμός τε γὰρ καὶ φαλακρὸς ἦν, περιέθηκεν οὖν αὐτῷ τὴν τοῦ παρὰ Πινδάρῳ Σιληνοῦ φωνήν· ὁ γάρτοι Πίνδαρος διαλεγόμενον παράγων τὸν Σιληνὸν τῷ Ὀλύμπῳ τοιούτους αὐτῷ περιέθηκε λόγους· Ὦ τάλας κτλ. Eod. Suidas v. ὦ φήμιερι, ἐφάμερε Herm., Schneidewin ἐφάμερι, vulgo ἐφήμερι. — νήπια Küsterci κτλ., vulgo νήκει. — διακομπέων Hermann, Klister διακομπῶν, Suidas pariter atque Schol. Arist. διακομπιτῶν (ed. Ven. χρήμ. μοι διακ. om.). Hartung ad Dithyrambos revocavit.
Fr. 135. Schol. Pind. Pyth. IV 104: ὅτι τὰς περὶ τὰ θεῖα μυιούσας καὶ μελίσσας φασίν, ἐτέρωθι ὁ αὐτός φησι· ταῖς ἱεραῖς μ. τ. ἱεραῖσι Boeckh.
Fr. 136. Dionys. Halic. de orator. ant. c. 2: ἀλλὰ γὰρ οὐ μόνον ἀνδρῶν δικ. χρ. σ. ἄριστος, κατὰ Πίνδαρον, ἀλλὰ καὶ τι, νὴ νὴ Δία καὶ ἐπιτηδευμάτων γε.

137.

Θανόντων δὲ καὶ λόγοι φίλοι προδόται.

138. [134.]

. . . . —
. . ‿ ‿ — ‿ ‿ — ‿ [‿ _] . . .
. . . . Οἱ μὲν
κατωκάρα δεσμοῖσι δίδενται . . . . .

139.

. . . ‿ — ‿ ‿ —
— ‿ ‿ — ‿ ‿ — ⏗
Πίτναντες θοάν
κλίμακ' ἐς οὐρανὸν αἰπύν.

140. [137.]

— ‿ ‿ — ‿ — ‿ ‿ — * ‿ — ‿ ‿ —
Ἀλλαλοφόνους ἐπάξαντο λόγχας ἐπὶ σφίσιν αὐτοῖς.

141. [142.]

— ‿ ‿ — ‿ ‿ — ‿ ⏗
Φιλόμαχον γένος ἐκ Περσέος.

Fr. 137. Stob. Flor. CXXVL 2: Πινδάρου, its cod. Vind., Μενάνδρου margo Gesn. Videtur λόγοι delendum esse; nam poeta dicere volebat: mortuus vel ab amicis prodi, mortuorum nullam esse gratiam.

Fr. 138. Schol. Arist. Pac. 153: κατωκάρα' οὕτως λέγουσιν Ἀττικοί, οὐ διηρημένως, ἀλλ' ὑφ' ἓν· Οἱ μ. κ. δε. δ. (Bekker δεσμοῖσιν δίδενται)· Fort. δεσμοῖς. Suidas Κατωκάρα· οἱ Ἀττικοὶ ὑφ' ἓν ἀναγινώσκουσι ... Πίνδαρος· οἱ μὲν κτλ. Eadem Gregor. Cor. 121. Videmtur haec de Corcupibus dicta esse; minus recte Boeckh de Titaullus interpretatur et ad hymnum primum refert.

Fr. 139. Cram. An. Ox. I 201, 14: θοός . . . σημαίνει δὲ καὶ τὸ μέγα. Πίνδαρος ἐπὶ τοῦ Ζηνὸς καὶ Ἑφιάλτου· Πίτνοντες θοάν κλίμακα οὐρανὸν ἐς αἰπύν, τὴν μεγάλην δηλονότι. πίτναντες Hermann, κλίμακ' ἐς οὐρανὸν scripsi. Etiam quod sequitur ex Pindaro, fortasse ex eodem carmine, petitum videtur; pergit enim grammaticus:
Θοαῖς ἀφροσύναις
ἀντὶ τῷ μεγάλαις. sed quae addit Θοῆ δ' ἐπεδίξατο γῇ (ruetius Kl. M. 463, 8: Θοῆ δ' ὑπεδίξατο γαῖα) at Θοῆς ἵστηκε πόλιος (πόλιος) ex epico poeta petita arbitror.

Fr. 140. Apollon. Dysc. de Synt. II 179 ed. Bekk. : ὥσπερ καὶ τὸ Πινδαρικὸν οἱ περὶ Τυφῶντα ἐσημειοῦντο ἐπί τε τοῦ Ζηνὸς καὶ τοῦ Ἐγκελάδου (Λ Ἰαπέλκου), συγκατατίθεντοι μὲν τῷ ἀλληλοφόνους ἐπάξ. λ. οὐ μὴν τὸ ἐπὶ σφίσιν αὐτοῖς, οὐ γὰρ ἑαυτοῖς κὰ δόρατα ἐνῆκαν, ἀλλ' ἀλλήλοις. Hartung scripsit λόγχας ἐπαίξαντε ἐπί. Εx eodem carmine est, ex quo petitum fr. 139.

Fr. 141. Athen. IV 154 F: Φιλ. γ. ἐκ Περσέος παρὰ Πινδάρῳ. Περσέος Boeckh.

142. [146.]

⏑⏑—⏑⏑——⏑——

Ἰσοδένδρου τέκμαρ αἰῶνος λαχοῖσαι.

143. [147.]

⏑⏑⏑—⏑⏑—⏑—⏑—⏑⏑⏑——
⏑⏑⏑—⏑⏑—⏑⏑⏑—⏑—
⏑⏑⏑—⏑⏑—⏑⏑⏑—⏑⏑— ,
—⏑⏑——⏑⏑……

Ἀνδροδάμαντα δ' ἐπεὶ Φῆρες δάεν ῥιπὰν μελιαδέος οἴνου,
ἐσσυμένως ἀπὸ μὲν λευκὸν γάλα χερσὶ τραπεζᾶν
ὦθεον, αὐτόματοι δ' ἐξ ἀργυρέων κεράτων
πίνοντες ἐπλάζοντο.

144. [148.]

[Δ] ⏑⏑—⏑⏑—⏑⏑—
⏑⏑——⏑⏑—⏑⏑—

... Ὁ δὲ χλωραῖς ἐλάταισι τυπείς
οἴχεται Καινεὺς σχίσαις ὀρθῷ ποδὶ γᾶν.

Fr. 142. Plut. Amat., c. 15: ἢ γὰρ οὐ νύμφαι τινὲς αὐτοῖς δρυάδες εἰσὶν "ἴσον δένδρῳ ... λαχοῖσαι ... κατὰ Πίνδαρον", et de defuet. orac. c. 11: πλέον δ' οὐδὲ Πίνδαρος εἴρηκεν, εἰπὼν τὰς νύμφας ζῆν ἰσοδέν δρου τέκμαρ αἰῶνος λαχούσας. Schol. Apoll. Rhod. II 477: Καὶ Πίνδα ρος δὲ φησι περὶ νυμφῶν ποιούμενος τὸν λόγον "Ἰσοδ. τι. αἰ. λαχοῖσα et Fl. M. 75, 41. Iloyne λαχοῖσαι scripsit.

Fr. 143. Athen. XI 476 B: Καὶ τῶν ποιητῶν πολλοὶ παρεῖχον αἱ ροντας τοὺς ἀρχαίους ἥρωας, Πίνδαρος μὲν ἐπὶ τῶν Κενταύρων λέγων· "Ἀνδροδάμαντα δ' " κτλ. Affert etiam Eust. Il. 910, 39, Idem resp. 917, 63 et ut Babukcu putat El. M. 504, 31, ubi Πίνδαρος pro Πείσανδρος cor rigit. — V. 1. ἀνδροδάμαντα δ' Boeckh, ἀνδροδάμαν δ' Casanbonus ἀνδροδάμαν δ' ἂρ Schneidewin, ἀδάμαντα δ' Hermann; PVL ὁ δάμαν δ', om. C Eust. — φινῶν, B φυπῶν. — μελιαδέος Boeckh, v. μελιηδέος. — V. 2. ἐσσυμένως om. Eust. — τραπεζᾶν C, τραπεζᾶν Eust., τραπέζαν BPVL. — V. 3. ὦθεον, B ἴνθεον. — αὐτόματοι, fort. αἴφνιοι. Re spicit carmen hoc Horat. Od. IV 2, 13: „Seu Deos regesve canit Deo rum Sanguinem, per quos cocidere iusta Morte Centauri, accidit tremendae Flamma Chimaerae."

Fr. 144. Schol.Apoll.Rhod.157(eadem Eudoc.250):'Ὁ δὲ Ἀπολλώνιος παρὰ Πινδάρου εἴληφε λέγοντος· ὁ δὲ χλωραῖς (ita Lanr., v. χλωρῇς) ἐλάτῃσι τ. οἴχεται ita Laur., v. ῷχετο) Καινεὺς σχίσας ὀ. π. γ. sed P φχετ' εἰς χθόνα, reliquis omissis Plutarch. de absurd. Stoic. opin. c. 1: ὁ Πινδάρου Καινεὺς ἐθρύκτον ὑπείχεν, ἀπαθάνατος ἄρρηκτος σιδήρῳ καὶ ἀπαθὴς τὸ σῶμα κλασσόμενος, εἶτα καταδὺς αἵματος ὑπὸ γῆν, σχίσας ὀρθῷ ποδὶ γᾶν. Boeckh, qui v. 1 χλωραῖς ἐλάταισι scripsit, v. 2 edidit σχίθ' ὑπὸ χθόνα Καινεὺς σχίσας. Pertinet autem ad idem carmen, unde fr. 143 petitum est.

145. [150.]

Διὰ βοῶν θερμὰ δ' εἰς ἀνθρακιὰν στέψεν πυρὶ δ' ὑ-
πιψῶν τε σώματα· καὶ τότ' ἐγὼ σαρκῶν τ' ἐνοπὰν ἠδ' ὀστέων
στεναγμὸν βαρὺν ἣν ἰδόντα διακρῖναι πολλὸς ἐν καιρῷ χρόνος.

146. [151.]

⏑⏑–⏑–⏑⏑–
–⏑⏑⏑–⏑⏑–
⏑–⏑⏑––⏑⏑–⏑⏑–⏓
⏑–⏑⏑–⏑⏑⏑–⏓
5 –⏑–⏑–⏑⏑–⏑⏑–⏑⏑–⏑⏑–.
⏓–⏑⏑–⏑⏑⏑⏑⏑–⏑⏑⏓
⏑–⏑⏑⏑⏑⏑–⏑⏑⏑⏑–⏓

Fr. 145. Athen. X 411 B: *ἴων δ' ἐν Ὀμφάλῃ ἐμφανίσας αὐτοῦ* (Herculis) *τὴν ἀδηφαγίαν ἐπιφέρει·* ὑπὸ δὲ τῆς εὐφημίας Κατέπινε καὶ τὰ κᾶλα καὶ τοὺς ἄνθρακας. παρὰ Πινδάρου δὲ τοῦτ' εἴληφεν εἰκάστως *Διὰ βοῶν* (sic VL, διαβοῶν P) *θερμά δ' εἰς* (PVL θερμὰ τίς) *ἀνθρακιὰν στέψεν πυρὶ δ'* (All hic repetunt *εἰς ἀνθρακιὰν στέψεν πυρὶ δ'*) *ὑπιψῶν τε* (VL πυριψῶν τε) *σώματα* κτλ. Locum ab initio graviter corruptus, cum haud dubie quaedam exciderint. Boeckh scripsit: *διὰ βοῶν | θέρμ' | ὅθι ἀνθρακιὰν στέψαντα πυρί | νοσά τε | σώματα· καὶ τότ' ἐγὼ σαρκῶν τ' ἐνοπὰν | εἶπαν ἠδ' ὀστέων στεναγμὸν βαρύν·* | *ἣν δὶ δ ι α-κρῖναι ἰδόντα πολλὸς ἐν καιρῷ χρόνος.* Ego in procedent: *Διὰ βοῶν κατέπινεν θέρμ' ἁλὶς ἀνθρακιῶν* in ceteris Boeckhium secutus. Extrema sic videntur corrigenda: *σώματα κᾆτ' ἐγώ* *σαρκῶν τ' ἐνοπὰν ἠδ' ὀστέων στεναγμὸν βαρύν | ἣν δ ι α-κρῖναι ἰδόντα πολλὸς ἐν καιρῷ χρόνος.* Meineke scripsit *διὰ βοῶν | Θερμὰ τε ἀνθρακιᾶς τρέψας πυρκαϊῶν τε | σώματα. καὶ τότ' ἐγὼ σαρκῶν τ' ἐνοπὰν* (ἄιον) *ἠδ' ὀστέων στεναγμὸν βαρύν. ἣν ἰδόντα κτλ.* Hartung *διὰ βοῶν θερμά | εἰς ἀνθρακιὰν στέψειν πυρπνέοντα | σώματα'.... ὀστέων | στεναγμὸν βαρύνθην ἰδών, τὰ διακρῖναι | πολλὸς οὐ παρὴν χρόνος*, ex parte usus Casauboni conicturis, qui tentavit haec: *βρῶσι βοῶν θερμάτ' εἰς ἀνθρακιὰν στέψαντος πυριπνέοντα σώματα*, καί ... *βαρυνθὴν ἰδών, τὰ διακρῖναι πολλὸς ἐν καιρῷ χρόνος*. Respicit huc Philostr. Imagg. II 24: *Ὀργίζεται τῷ Ἡρακλεῖ ὁ Θειοδάμας ὅτι ἀροῦντι αὐτῷ ἐπιστὰς ἀποφαίνεται, τὸν ἕτερον τῶν βοῶν καὶ σιτεῖται, σφόδρα ἰδὼς μὲν τοῦ τοιούτου σιτίου· Ἡρακλεῖ γάρ που παρὰ Πινδάρῳ ἐστεύχθη, ὁπότε εἰς τὴν τοῦ Κορωσου στέγην ἀφικόμενος σιτεῖται βοῦν ὅλον, ὡς μηδὲ τὰ ὀστέα περιττὰ ἡγεῖσθαι, Θειοδάμαντι δὲ περὶ βουλυτὸν ἐπιφοιτήσας καὶ πῦρ κομισάμενος, ἀγαθοὶ δὲ ἑμπυρεύεσθαι καὶ οἱ λίθοι, ἐπαναθραπτὶζει τὸν βοῦν ἀποσπώμενος τῶν σαρκῶν, εἰ μαλάττονται ἤδη, καὶ μονονουχὶ ἐγκαλῶν τῷ πυρὶ ὡς βραδεῖ.*

Fr. 146. Plato Gorg. 484 B: *δοκεῖ δέ μοι καὶ Πίνδαρος ἅπερ ἐγὼ λέγω ἐνδείκνυσθαι ἐν τῷ ἄσματι ἐν ᾧ λέγει, ὅτι Νόμος ὁ πάντων β. θ. τε καὶ ἀθ. οὕτως δὲ δή, φησίν, ἄγει... Ἡρακλέος, ἐπεὶ ἀπριάτας, λέγει οὕτω πως· τὸ γὰρ ᾆσμα οὐκ ἐπίσταμαι· λέγει δ' ὅτι οὔτε δόντος τοῦ Γηρυόνου ἠλάσατο τὰς βοῦς· ὡς τούτου ὄντος τοῦ δικαίου φύσει καὶ βοῦς καὶ τἆλλα κτήματα εἶναι πάντα τοῦ βελτίονός τε καὶ κρείττονος τὰ τῶν χειρόνων τε καὶ τῶν ἡττόνων.* Boeckh censet initio *κατὰ φύσιν* addendum esse propter p. 488 B: *Πῶς φὴς τὸ δίκαιον*

Νόμος ὁ πάντων βασιλεύς
θνατῶν τε καὶ ἀθανάτων
ἄγει δικαιῶν τὸ βιαιότατον
ὑπερτάτᾳ χειρί· τεκμαίρομαι
5 ἔργοισιν Ἡρακλέος· ἐπεὶ Γηρυόνα βόας

*Ἔχει καὶ οὐ καὶ Πίνδαρος, τὸ κατὰ φύσιν ἄγειν βίᾳ τὸν κρείττω τὰ τῶν ἡττόνων, sed ibi potius interpungendum καὶ οὐ καὶ Πίνδαρος τὸ κατὰ φύσιν, ἄγειν κτλ. Favere tamen Boeckhii sententiae (qui proiiciebat etiam in priore Gorgiae loco comicis οὗτος δὴ δὴ φησίν, κατὰ φύσιν vel φύσει ἄγει) videtur Plato Legg. IV 714 D: καὶ ἴσμεν ἥ που κατὰ φύσιν τὸν Πίνδαρον ἄγειν δικαιοῦντα τὸ βιαιότατον, ὥς φασιν. οἱ multo magis ib. III 690 B: πέμπτον γε εἶμεν τὸν κρείττονα μὲν ἄρχειν, τὸν ἥττω δὲ ἀρχεσθαι. Μάλα γε ἀναγκαίαν ἀρχήν εἴρηκας. Καὶ πλείστην γε ἐν ξύμπασι τοῖς ζῴοις οὖσαν καὶ κατὰ φύσιν, ὡς ὁ Θηβαῖος ἔφη ποτὲ Πίνδαρος. At videtur κατὰ φύσιν potius interpretandi gratia ubique a Platone adiectum: nam quomodo altero loco Legum ipsa Pindari verba servata esse credas prohibere videntur, quae subiuncta sunt: τὸ δὲ μέγιστον, ὡς ἔοικε, οὐδαμὰ ἔκυον ἂν γίγνοιτο, ἔπεσθαι μὲν τὸν ἀνιπιστή- μονα κελεύον, τὸν δὲ φρονοῦντα ἡγεῖσθαι τε καὶ ἄρχειν· καίτοι τοῦτό γε, ὦ Πίνδαρε σοφώτατε, σχεδόν ουκ ἄν παρά φύσιν ἔγωγε φαίην γί- γνεσθαι, κατὰ φύσιν δέ. τὴν τοῦ νόμον ἑκόντων ἀρχήν, ἀλλ᾽ οὐ βίαιον πεφυκυῖαν. Minus etiam probat Hesychius: Νόμος πάντων ὁ βασιλεύς, κατά τὴν φύσιν. Neque Disculo assentiendum, qui putat alios πηρά φύσιν legisse, ut poeta scripserit πάντα δὲ παρά φύσιν, collato Plat. Protag. 337 D: ὁ δὲ νόμος τύραννος ὢν τῶν ἀνθρώπων πολλὰ παρὰ τὴν φύσιν βιάζεται. — Neque lectum foisse apud Pindarum κατὰ φύσιν con- firmat Schol. Pind. Nem. IX 35: ὁ δὲ Ἰσχρος ἀνὴρ τὸ προσῆκον δί- καιον καταστήσει· ἐν ἄλλοις Πίνδαρος· Νόμος . . . χειρί. Nihil tribuen- dum Aristidi II 68, qui ex Platone descripsit totum locum usque ad τεκ- f. Ἡρ. ἐπεὶ ἀκμαίας. — Celeberrimam sententiam de legis imperio re- spiciunt Herodot. III 38: καὶ ὀρθῶς μοι δοκέει Πίνδαρος ποιῆσαι νόμον πάντων βασιλέα φήσας εἶναι. Plat. ad princ. indoct. c. 3. vit. Homer. c. 42, Origen. adv. Cels V 265, Clem. Str. I 477. II 438 (v. 1. 2), Dio Chrys. Or. LXXV p. 751, Iamblich. ap. Stob. Flor. XLVI 77. Liban. III 361. — V. 3. δικαιῶν τὸ βιαιότατον Schol. Pind. et Aristid. non solum in versibus, sed etiam in explicatione, ap. Plat. vulgo βιαίως τὸ δι- καιότατον (quae antiqua satis dittographia in Pindari codicibus fuisse videtur), ubi βιαίων ΑΓΔΕΤΘΗCΙ, βιαιῶν Ξ, om. F et VZa m, pr. (VZa m. sec. ἀπὸ δ᾽, et praeterea τὸ δικαιότατον om.) sed idem V in marg. δικαιῶν τὸ βιαιότατον. Firmat hoc Plato ipse de Leg. IV 714 B: τὸν Πίνδαρον ἄγειν δικαιοῦντα τὸ βιαιότατον. Respicit ibid. X 890 A: ἰδιώτας τε καὶ ποιητῶν, φασκόντων εἶναι τὸ δικαιότατον, ὅτι τις ἂν νικᾷ βιαζόμενος, adde Liban. III 30 ed. Reiske: δεδοικὼς αὐτοὺς, (Pin- dari) τὴν διδαχὴν καὶ φοβούμενος, μὴ τις τῶν νέων ἀκούσας, ὡς ὑπέρ- τατα χειρὶ βιάζεται τὸ δίκαιον, ἀμελήσας τῶν νόμων δοκεῖ τά χείρω (quae ibi subiunguntur de Anyto fortim Pindari versus imminante, fortasse ad dittographiam illam referenda sunt). et Bolsson. An. Nov. 303: Ὁ Πίνδαρος ἐπαινεῖται, ὑπερτάτᾳ χειρί τὸ δίκαιον ὀφλόμενος. — V. 4. ap. Plat. ΣΕ ὑπερτάτη et V χειρί (hoc etiam Θ ap. Arist.). — V. 5. Ἡρακλέος ap. Plat. ΑΓΧΣΤΒCFIWV (a. m. pr.) ap. Aristid. N, vulgo πιτορισα I. Ἡρακλέους. — ἐπεὶ Γ. β. oi v.6, 7 solus servavit schol. Aristid. III 408 (add Schol. cod. Vatic. II 710): τὰ λοιπὰ τῆς χρήσεως ἦν οὕτως· ἐπεὶ Γηρυόνου βόας Κυκλωπείων ἐπὶ προθύρων Εὐρυσθέος εναιρετίσται (Οχ. Val. ἀναιρετίσται) καὶ (Vat. καὶ εἰ) ἀπράτας ἔλασεν (Vat. Οx. ἐλασεν) ὁ δὲ νοῦς τοιοῦτος, ἐπειδὴ τὰς τοῦ Γηρυόνου βόας οὔτε αἰτήσας

Κυκλωπίων ἐπὶ προθύρων Εὐρυσθέος
ἀναιτήτας τε καὶ ἀπριάτας ἤλασεν.

147. [154.]

⏑⏑–⏑⏑–×
Πάντα θύειν ἑκατόν.

148. [157.]

.⏑⏑––⏑⏑–⏑⏑–
–⏑⏑––⏑⏑–⏑⏑–

.. Κατὰ μὲν φίλα τέκν' ἔπεφνεν
θάλλοντας ἥβᾳ δυώδεκ', αὐτὸν δὲ τρίτον.

149. [158.]

–⏑⏑–⏑⏑––⏑⏑–⏑⏑–⏑⏑
–⏑⏑–⏑⏑––⏑⏑–⏑⏑–
⏑⏑–⏑⏑–⏑⏑––⏑⏑––⏑⏑––×
⏑⏑–⏑⏑–⏑⏑–⏑⏑–

Οὑ Πηλέος ἀντιθέου μόχθοις νεότας ἐνέλαμψεν μυρίοις·
πρῶτον μὲν Ἀλκμήνας σὺν υἱῷ Τρώϊον ἂμ πεδίον,
καὶ μετὰ ζωστῆρας Ἀμαζόνος ἦλθεν, καὶ τὸν Ἰάσονος εὖ
δόξαν πλόον
ἐκτελέσσαις εἷλε Μήδειαν ἐν Κόλχων δόμοις.

οὔτε πριάμενος ἤλασεν εἰς τὸν οἴκον τοῦ Εὐρυσθέως. unde Boeckh
praeclare ἀναιτήτας scripsit, qui ullam cetera correxit.
Fr. 147. Strabo III 155: φασὶ δὲ καὶ Ἰαπτόρβας (Lusitani) ἑκά-
στου γένους Ἑλληνικῶς ὡς καὶ Πίνδαρός φησι Πάντα θ. ἑ.
Fr. 148, Schol. Il. ε 252: οἷον· κατὰ μὲν φίλα τέκνα ἔπεφνε θάλ-
λοντα (θάλλοντας Boeckh) ἥβᾳ δυώδεκα, αὐτὸν δὲ τρίτον· ἀντὶ τοῦ
τρίτον καὶ δέκατον, καὶ τετάρτῳ δ' αὐτὸς πεδάθη φησὶν ὁ Πίνδαρος
ἀντὶ τοῦ τετάρτῳ καὶ δεκάτῳ.
Fr. 149, Schol. Eurip, Androm. 781: Οἱ μὲν πλεῖστοι Τελαμῶνά φασι
στρατεῦσαι τῷ Ἡρακλεῖ ἐπὶ τὴν Ἴλιον, ὁ δὲ Πίνδαρος καὶ Πηλέα, περὶ
οὗ ἴσως τὴν ἱστορίαν ὁ Εὐριπίδης λαβεῖν λέγει δὲ ὁ Πίνδαρος· Οὐ
Πηλέος κτλ — V. 1. οὗ, Cobet cani. ἑῶσα, ut sit scholiastae. — Πηλέος
Boeckh, v. Πηλέως. — μόχθοις νεότας scripsi, vulgo μόχθοιν νεώτατον,
Va μόχθοιν νεώτατ', Vc μοχθοινεωτάτοις. — ἐνέλαμψεν scripsi, ἐπί-
λαμψεν vel ἐπίλαμψε libri, vulgo ἐπιλάμψαι. Boeckh coni. μόχθοι νεό-
τας ἐπίλαμψαν μυρίοις, Hermann μόχθοι νεότατ' ἐπίλαμψαν μυρίαι,
— V. 2. Ἀλκμήνας Boeckh, v. Ἀλκμήνης. — υἱῷ, Va υμίν. — Τρώϊον
Boeckh, libri Τρώων. — πεδίον VaVc, ut Boeckh coniecerat, vulgo
πεδίλα. — V.3. Ἀμαζόνος Boehe, vulgo Ἀμαζόνας. Cobet ζωστῆρ' Ἀμα-
ζόνος, Hermann ζωστῆρ' ὅτ' Ἀμαζόνος. Schneidewin ζωστῆρ' ἂμ' Ἀμα-
ζόνος. — ἦλθεν Boeckh, v. ἦλθε. — ἐδόξαν om. Vc. — V.4. ἐκτελέσσαις
Schneidewin, ἐκτελέσας Va, vulgo ἐπιτελεντήσας, hinc Boeckh ἐκτελευ-
τάσαις εἷλεν. — ἐν Κόλχων δόμοις VaVc, in Κόλχων δόμων vulgo: locus
de vitio suspectus.

150. [160.]

∨ –́ ∠ – ∠ – ∠ – ∠ – ∪ ×
Σύριον εὐρυαίχμαν διέπον στρατόν.

151. 152. 153. [159. 161. 162.]

Pausan. VII 2, 7: Πολλῷ δὴ πρεσβύτερα ἔτι ἢ κατὰ Ἴωνας τὰ ἐς τὴν Ἄρτεμιν τὴν Ἐφεσίαν ἐστίν· οὐ μὴν πάντα γε τὰ εἰς τὴν θεὸν ἐπύθετο, ἐμοὶ δοκεῖν. Πίνδαρος, ὃς Ἀμαζόνας τὸ ἱερὸν ἔφη τοῦτο ἱδρύσασθαι στρατευομένας ἐπὶ Ἀθήνας τε καὶ Θησέα. — Idem I 2, 1: Ἐπελθόντων δὲ ἐς τὴν πόλιν ἐστὶν Ἀντιόπης μνῆμα Ἀμαζόνος· ταύτην τὴν Ἀντιόπην Πίνδαρος μέν φησιν ὑπὸ Πειρίθου καὶ Θησέως ἁρπασθῆναι. — Plut. vit. Thes. c. 28: Τῆς δὲ Ἀντιόπης ἀποθανούσης ἔγημε (Θησεὺς) Φαίδραν, ἔχων υἱὸν Ἱππόλυτον ἐξ Ἀντιόπης, ὡς δὲ Πίνδαρός φησι, Δημοφῶντα. Haec tria fragmenta ad hlem carmen pertinere verisimile est.

154. 155. 156. 157. 158. [164—168.]

× ∠ ∪ – ∠ ∪ – ∠ ∪ – ∪ –
× ∠ ∪ ∪ – ∪ – ∠ ∪ – ∪ –

Πεπρωμέναν θῆκε μοῖραν μεταπραπεῖν
ἀνδροφθόρον, οὐδὲ σιγᾷ κατερρύη.

Fr. 150. Strabo XII 514: Καὶ Πίνδαρός φησιν ὅτι αἱ Ἀμαζόνες Σύρ. εὐρ. διεῖπον (διέπων C, διῆκον lw, διέπον nxs) στρ. τὴν ἐν τῇ Θεμισκύρῃ κατοικίαν οὖσα δηλοῖ. ἢ δὲ Θεμίσκυρά ἐστιν ἡ τῶν Ἀμαζόνων. αὕτη δὲ Λευκοσύρων τῶν μετὰ τὸν Ἅλυν. Pro Σύριον Welcker Σκύριον, non recte probante Schneidowino.

Fr. 151—153. Priscian. de metris Comic. p. 248 ed. Lindem.: "Pindarus teste Heliodoro ἀντιστρέψει, hoc est euarctii rhythmum Iambicum hoc modus Πεπρωμέναν Ἰσμην μοῖραν μεταπραπεῖν Ἀνδροφθόρον οὐδὲ σιγᾷ κατερρύη (It Πεπρωμένεισιν, Α τενειν, V ιθησιν. deinde R om. μοῖραν pst. ἀνδρ., tum R αιδασαταματερρύη, Α οιδέ). In accusudo enim Iambo pyrrhichium secundum et tertium trochaeique et quartum spondeum posuit. Idem Τροχὸν μῖλος εἰ δὴ Χείρωνος ἐντολαῖ (R τροχον σ. σιανοςευσσαλι, Λ χειροτος, Pulsch, ἐντολάς). Hic iambus in tertio trochaeum habet et in quarto spondeum. Idem Λίγιγμα π. ἐξ ἀγρίαν γυ. (VILA ιταρτεννον). Hic quarto loco spondeum posuit. Idem ἐν δαδύλοισιν πατὴρ, νηλεεῖ πυρ δ' (ita Hermann, Pulsch, ἐν δ' ἀσελόισιν πατῆρ ἠν ἔνναοα, and V εν δ' ασπιοισι, R επδαπυλοδινεπατρρδια, Λ επδπαπυον· σινπατεριηλεειτοπλι). In hoc quoque iambo trochaeum in tertio loco posuit, et in quarto spondeum. Idem δ' οὐδὲν προσπιτεῖον ἐφθεγξάμαν ἔπη. (sic Hermann, vulgo ἔφη· ἐχόμαν ἔπει, V δ' σπδεν, R δουδεν, Α διάνεν, deinde V εφθεξαμνιπι, Α εφευτξαμνιπι). Hic similiter in quarto loco spondeum habet." Holladori verbum ἀντιστρέψει, quod ad strophicum responsionem referendum est, non intellexit Priscianus, nec tamen utar nunc hoc argumento, ut fr. 154 v.1 a v.2 dirimendum putem, quamquam aequabilitatem facile restituas (potest ἀνδροφθόραν scribi aut producl extrema syllaba), nam sententias tam apta est necessitudo, vix ut

348   PINDARI FRAGMENTA.

Τροχὸν μέλος· ταὶ δὲ Χείρωνος ἐντολαί.
‿ ‿ ‿ ‿ ‿ ‿ ‿ ‒ ‿ ‿ ‿ ‒ ‿

Αἴνιγμα παρθένου δ' ἐξ ἀγρίαν γνάθων.

Ἐν δασκίοισιν πατήρ· νηλεεῖ νόῳ ὁ'.

.' οὐδὲν προσαιτέων ἐφθεγξάπαν ἔπι.
                                    159. [169.]

○ ‿ ‿ ‒ ‿ ‿ ‒ ‿ ‿ ‒ ‿ ×
Νόμων ἀκούοντες θεοδμάτων κέλαδον.
                                    160. [170.]

︙ ‿ ‿ ‒ ‿ ‿ ‒ ‿ ‿ ‒ ‿ ×
‒ ‿ ‿ ‿ ‿ ‿ ‿ ‿ ‿ ‿ ‿ ‿

Ὑφαίνω δ' Ἀμυθαονίδαις ποικίλον
ἄνθημα.

divellendam esse versus credibile sit. Scripsi autem v. 1 θῆκε pro ἔθηκε,
quod cum iam Heliodorus reperiisset, eo adductus est, ut senarium hunc
esse existimaret et non solum eos versus qui huic respondent, sed etiam
alios plane diversi numeri eodem revocaret. — Fr. 155. ταὶ δὲ Herman-
num accentu scripsi pro ταί δὲ, quod per se numero versus non offici, nam
iuxe foret versus compositus ad exemplum v. 2 fr. 151; quod si ταὶ δὲ
scribimus respondet hic versus versui 1, et hoc suadent Prisciani verba,
nisi forte apud Priscianum omissa sint verba: in secundo pyrrhichium et.
— Fr. 156 παρθένου δ' scripsi, in libris δ' deest: constat hic versus
pariter atque fr. 158 ex duabus tripodiis iambicis. — Fr. 157. respondet
fr. 164 v. 1. — Fr. 158. respondet fr. 156. Fuit haud dubie ἐγώ δ'   οὐ-
δὲν κτλ. Pro ἔπι Hermann etiam ἔτι, posuit etiam ἐστί, ut ipsa oratio
subsequatur. Ceterum in hoc carmine poeta Oedipi fortunam, qui Sphin-
gem superavit, decantaverat, in quo obiter potuit etiam Chironis prae-
ceptorum mentio fieri.
    Fr. 159. Prisc. de metr. com. p. 261 Lind.: „Idem (Heliodorus)
ostendit Pindarum etiam trisyllabon in fine versus posuisse: Νόμων ἀ,
θεοδμήτων κ. ecce in hoc iambo in fine tribrachyn posuit, qui nec con-
catenatus esse potest eum consequente, quippe in consonantem desi-
nens." It vopor, Λ κοέσντες, Η θιοντηταν, V θεοδμά τον. scripsi θεο
δμάτων. Boeckh θεοδμάτων. Versus videtur ex Hymno primo petitus et
ad Cadmi nuptias pertinere, quamquam geminus versus illius carminis
non exstat: sed epodi quale diagramma fuerit, nescimus.
    Fr. 160. Schol. Pind. Nem. VII. 116: ἐπεὶ τὸ ποίκαν ὑφάσματι
ἐπιλοίσιν, ὡς καὶ αὐτὸς ἐν ἄλλοις· ὑφαίνω κτλ. ubi vulgo Ἀμυθαο-
νίδαις.

161. [172.]

⏑⏑−⏑⏑−⏑−⏑⏑−⏑×
⏑⏑−⏑⏑⏑−⏑⏑−⏑⏑⏑⏑⏑⏑−⏑⏑×

Μὴ πρὸς ἅπαντας ἀναρρῆξαι τὸν ἀχρεῖον λόγον·
ἔσθ' ὅτε πιστοτάτα σιγᾶς ὁδός· κέντρον δὲ μάχας ὁ κρα-
τιστεύων λόγος.

162. [174.]

[⏑⏑⏑−]⏑⏑−−⏑⏑⏑−⏑⏑−⏑⏑−−

.... Ὁ γὰρ ἐξ οἴκου ποτὶ μῶμον ἔπαινος κίρναται.

163. [175.]

⏑⏑−⏑⏑⏑−⏑⏑⏑⏑−⏑⏑⏑
−⏑⏑

Ὢ πόποι, οἷ' ἀπατᾶται φροντὶς ἐπαμερίων
οὐκ εἰδυῖα.

164. [177.]

⏑⏑⏑−⏑⏑−⏑́⏑⏑−⏑⏑−⏑⏑−
⏑⏑⏑−⏑⏑−⏑́⏑⏑−⏑×

Ὃς Δολόπων ἄγαγε θρασὺν ὅμιλον σφενδονᾶσαι,
ἱπποδάμων Δαναῶν βέλεσι πρόσφορον.

Fr. 161. Clem. Al. Str. I 315: ἔστι γοῦν ἀκοῦσαι καὶ Πινδάρου τοῦ
Βοιωτίου γράφοντος· Μὴ πρὸς ἅπ. κτλ. διατείνεται οὖν εὖ μάλα ὁ μακά-
ριος ἀπόστολος Καρπιανῶν ἡμῖν· μὴ λογομαχεῖν τε δι' οὐδὲν χρήσιμον
ἐπὶ καταστροφῇ τῶν ἀκουόντων κτλ. Primus versus legitur etiam ap.
Theodoretum Gr. Aff Cur. I 19, 21; apud utramque est τὸν ἀρχαῖον, quod
correxit Boeckh. — V. 2. vulgo ὅτι πιστοτάταις σιγᾶς ἀδοῖς, emendavit
Sylburg, sed fort. legendum πιστοτάταις σιγᾶς ὁδοί.
Fr. 162. Schol. Pind. Nem. VII 89: Οὐδείς με φήγει, ὅτι ἐπαινῶ
τοὺς Αἰγινήτας· οὐ γὰρ πολίτας ὄντας ἑαυτοῦ διὰ τοῦτο ἐπαινῶ, προσ-
χαρίζεσθαι γὰρ ἂν ἐδόκουν διὰ τὴν οἰκειότητα ἐγκωμιάζων· ὁ γὰρ κτλ.
Pindaro probabiliter tribuit Boeckh.
Fr. 163. Aristid. II 547: Καὶ πάλιν ἀρρηθεὶς ἐκ τῶν περὶ τῆς Ἐρι-
φύλης λόγων, ὦ (ὢ Γ) πόποι, φησί (Πίνδαρος) κτλ. ἐπαμερίων ΓW, ἐφα-
μερίων dL — εἰδυῖα, Boeckh ἰδυῖα.
Fr. 164. Strabo IX 431: Ὁ μὲν οὖν ποιητὴς οὐδαμοῦ μέμνηται Δο-
λοπικῆς στρατιᾶς κατὰ τοὺς περὶ Ἴλιον ἀγῶνας· οὐδὲ γὰρ αὐτὸν τὸν
ἡγεμόνα Φοίνικα πεποίηκεν εἰς τοὺς κινδύνους ἰξιόντα, καθάπερ τὸν
Νέστορα· ἄλλοι δὲ εἰρήκασι, καθάπερ καὶ Πίνδαρος, μνησθεὶς τοῦ Φοί-
νικος· Ὃς Δολόπων κτλ. Respicit Eust. II. 311, 22. — V. 2. πρόσφορον,
Λ (a manu pr.) egi πρὸς φόνον.

165. [179.]

Ὑπερμενὲς ἀδαμαντόχαρμαν Λίαν.

166. [184.]

Ἔτι δὲ τειχίων κηκίει καπνός.

167. [185.]

Αὐτόν με πρώτιστα συνοικιστῆρα γαίας
ἱσδέξαι τεμενοῦχον.

168. [186.]

Ἥρωες αἰδοίαν ἐμίγνυντ' ἀμφὶ τράπεζαν θαμά.

169. [190.]

Φθέγμα μὲν πάγκοινον ἔγνωκας Πολυμνάστου Κολοφωνίου ἀνδρός.

Fr. 165. Choeroboscus I 106 (Bekk. An. III 1183): καὶ παρὰ Πινδάρῳ· ὑπερμ. ἀδ. Λίαν· περὶ οὗ ἐστιν εἰπεῖν, ὅτι ἢ κατὰ συνεκδρομὴν τοῦ Λίαν ἐγένετο ἀδαμαντόχαρμαν, ἢ διὰ τὴν ἐκαλλιλίαν τῶν φωνηέντων. cod. Marc. καὶ παρὰ Πινδάρῳ τὸ ω ἀδαμαντοχάμαρ οἷον ὁπ. ἀδαμαντοχάμαρ Λίαν. cf. Choerob. I 128. Et. M. 44, 45.
Fr. 166. Et. Gud. 321, 51: Κίκυς ... καὶ παρὰ Πινδάρῳ· ἔστι δέ τοι χίκων ἀκμῆτι καπνός. Cram. An. Par. IV 35, 21: ἔστι δὲ τειχίων κηκίει καπνός. Boeckh ἔτι δὲ τειχίων, ego κηκίει scripsi, sine ἀνακηκίει malis, Schneider ἀνακηκίει conl. De Troiae ruina videtur sermo esse.
Fr. 167. Apollon. de Synt. II p. 138 ed. Bekk. sine auctoris nomine: Αὐτόν με κτλ. sed A in m.: Πινδάρου ἡ χρῆσις. — V. 1. Fort. ξυνοικιστῆρα ant πρωίτιστον. — V. 2. ἰσδέξαι τεμενοῦχον A ex corr., vulgo ἰσδέξιμα μενοέχον.
Fr. 168. Plut. Quaest. Symp. II 10, 1: τὰ δὲ Πινδαρικὰ (συμπόσια) βελτίω δήπουθεν, ἐν οἷς ἥρωες ...· θαμά, γὰρ κοινωνεῖν ἁπάντων ἀλλήλοις. sic Stephanus, libri ἥρως ... ἐμίγνυντ' ... θ' ἅμα, fort. ἅμα scribendum: tunc poterit versus ad Hymnum I referri, ut poeta de deorum et heroum commercio verba fecerit.
Fr. 169. Strabo XIV 643: λέγει δὲ Πίνδαρος καὶ Πολύμναστόν τινα τῶν περὶ τὴν μουσικὴν ἐλλογίμων, φθέγμα κτλ. Plut. de mus. c. 5: τοῦ δὲ Πολυμνήστου καὶ Πίνδαρος καὶ Ἀλκμὰν οἱ τῶν μελῶν ποιηταὶ ἐμνημόνευσαν. Ap. Strab. xe πᾶν κοινόν, F κολοφανίον. Ceterum videtur accita esse sententia aliqua, fort. fr. 161.

FRAGMENTA INCERTA. 351

170. [197.]

_ _ ᴗ ᴗ _ _ ᴗ ᴗ _ _ ᴗ ᴗ _ ᴗ

Πανδείμαντοι μὲν ὑπὲρ πόντων Ἑλλας πόρον ἱρόν.

171. [198.]

ᴗ ᴗ _ _ ᴗ ᴗ _ _ ....

Ἁ Μιθύλου δ' αὐτῷ γενεά ....

172. [199.]

_ ᴗ ᴗ _ ᴗ ᴗ _

Καί μοί τιν' ἄνδρα τῶν θανόντων.

173. [201.]

ᴗ ᴗ _ _ ᴗ ᴗ _ _ ᴗ ᴗ _ _ _

Αἰολεὺς ἔβαινε Δωρίαν κέλευθον ὕμνων.

174. [204.]

_ ᴗ ᴗ _ _ ᴗ ᴗ _

ᴗ ᴗ ᴗ _

Δελφοὶ θεμίστων [ὕμνων] μάντιες
Ἀπολλωνίδαι.

Fr. 170. Schol. Aristoph. Vesp. 306: Νῦν πόρον τὸν παροιμιῶν φησι, ἐπήνεγκε δὲ τοῦτο παρὰ τὸ Πινδαρικόν Πανδείμαντι (Ven. ser. Bekker. πανδείμαντοι, tες. Dübnerum πανδείμαντοι) μὲν ὑπερπόντιον Ἑλλὰς πόρον ἱερόν. ὁ Πίνδαρος τὸν πλοῦν τοῦ Ἑλλησπόντου, νῦν δὲ πορισμόν. Ilav. nihil nisi ὑπερπόντιον Ἑλὰς πόρον. Boeckh ὑπὲρ πόντιον Ἑλλας scripsit, deinde correxi ἱρόν. Dindorf coni. πᾶν δεῖμά τοι, Hermann ingeniosce: (γέφυραν) τὰς δείματα μὲν ὑπὲρ πόντων πόρον Ἑλλας ἱερόν. Videtur autem fr. ad dithyrambos pertinere.
Fr. 171. Schol. Pind. Pyth. VIII 53: Φαιρέα ἐν Αἰγίνῃ Μιθυλιδῶν ἀπὸ Μιθύλου προγόνου ἐπιδόξου γεγονότος, αὐτὸς δ' ἐν ἄλλοις· ἁ Μιθύλου (sic cod. Gott., vulgo Μιθυλίδου omisso articulo) δ' αὐτῷ γέννα φησί. γενεά Hermann. Fortasse rectius et hic Μιθύλου et in Pyth. VIII. Μιθυλιδᾶν scribitur.
Fr. 172. Schol. Pind. Isthm. IV inscript. loco satis impedito: λέγει δ' ἤδη τετελευτηκότα τὸν Πυθίαν οἱ μοι ... θανόντων καὶ τὰ ἑξῆς. fortasse ex Threno est fragmentum, aut ex isthmiaca aliqua oda.
Fr. 173. Sch. Pind. Pyth. II 127: ἐν Αἰολίδεσσι Βοιωτίαις, ἐπειδὴν γὰρ ὁ Πίνδαρος. (Αἴλιας) ἐπεὶ οἱ Αἰολεῖς μιθαρμόδοι· τὸ δὲ μέλος Αἰολικῷ ῥυθμῷ συνέταξε· τοιοῦτόν ἐστι καὶ τὸ ἕτερον λεγόμενον· Αἰολεύς κτλ. ubi It Δωρίας et ὑμνῶν. Videtur aliquid excidisse, fort. Αἰολεὺς τέκτων ἔβαινεν. Hartung ἔβαινον scripsit.
Fr. 174. Schol. Pind. Pyth. IV 4: δύναται δὲ καὶ τοὺς Δελφοὺς λέγειν (Λατοΐδας), ἑτέρωθι γὰρ Ἀπολλωνίδας αὐτοὺς προσηγόρευσε· Δελφοὶ θεμιστᾶν τῶνων μάντ. Ἀ.— θεμίστων scripsit Heyne deleto ὑμνῶν.

175. [205.]

```
......↓∪∪__∪∪__
_↓∪∪__↓∪__↓∪∪__∪∪__↓∪_
```

...... Πενταετηρὶς ἑορτά
βουπομπός, ἐν ᾇ πρῶτον εὐνάσθην ἀγαπατὸς ὑπὸ σπαρ-
γάνοις.

176. [206.]

```
↓∪∪__↓∪__↓∪∪__∪∪__
↓∪__↓∪__↓∪_
↓∪∪__↓∪∪_
_↓∪__↓∪∪__∪∪__↓∪∪__∪∪__↓∪_
6 ↓∪∪__↓∪__
```

Κεκρότηται χρυσέα κρηπὶς ἱεραῖσιν ἀοιδαῖς·
εἶα τειχίζωμεν ἤδη ποικίλον
κόσμον αὐδάεντα λόγων·
ὃς καὶ πολυκλειτάν περ ἐοῖσαν ὅμως Θήβαν ἔτι μᾶλλον
ἐπασκήσει θεῶν
5 καὶ κατ' ἀνθρώπων ἀγυιάς.

Fr. 175. Vita Pindari T. II p. 9 Boeckh (p. 97 Westermann): Καὶ γάρ ἐν τῇ τῶν Πυθίων ἑορτῇ ἐγεννήθη (Πίνδαρος) ὡς αὐτός φησι· Πίνδαρ, vel. ex Eustath. Procem. 27. Respicit Plat. Sympos. Qu. VIII 1, 1: τὰς δὴ καὶ Πίνδαρος ἐπὶ ἀκμῇ ἐν Παθίοις γενόμενος, πολλάν καὶ καλὴν ὕμνων τῷ θεῷ χορηγός. — V. 1. ἑορτά, cod. Vrat. ἑορτᾶς (ἑορτή a pr. m.). — V. 2. Eust. ἐν ᾗ πρῶτος ἐβάσθην ἀγ. ἐν σπαργάνοις.
Fr. 176. Aristid. II 509: οὐ γὰρ δή που καὶ Πίνδαρον φήσεις ὑπ' ἐμοῦ ταῦτα ἀναπεισθέντα ἐμβαλεῖν εἰς τὴν ποίησιν τὴν ἑαυτοῦ· ἄκουε δὴ καὶ ἕτερον· Κεκρότηται... λόγων. Ἡράκλεις, τοῦτὶ μὲν οὐδὲ παντάπασιν ἀναίτια τοῖς ῥήμασιν, ἀλλ' ὅμως καὶ ἐπὶ τούτοις διανύετε, ὡς οὐδέν ἀτιμοτέροις τοῦ νέκταρος, καὶ φησὶν ὅτι οὗτος μέντοι ὁ τῶν λόγων κόσμος· Καὶ πολυκλ... ἀγυιάς· ὥσπερ οὐκ ἀρμόσει εἰ κατὰ ἀνθρώπων μόνον, ἀλλὰ καὶ τοὺς θεοὺς ἔτι μείζονας τιμήσοντας δι' ἐκείνου τὴν τῶν Θηβαίων πόλιν εἰς τὸ λοιπόν. Coniunxit haec in unum Boeckh, qui v. 4 ὃς καὶ scripsit, nisi forte quaedam omissa sunt, quod Arist. indicare videatur; coniecit Fr. 129 hic inserendum esse: Μελισσοτεύκτων κηρίων ἱερὰ γλυκερώτερος ὀμφᾷ, ἃ καὶ κτλ. — V. 1. Respicit Plut. de prof. in virt. c. 17: Ἄλλ' οἵ γε χρυσόπεπλοι, οἷς ἤδη καθάπερ ἱεροῦ τινος οἰκοδομήματος καὶ βασιλικοῦ, τοῦ βίου κεκρότηται χρυσέα κρηπίς. eide monarch. democr. et olig., c. 1 omisso ancturiènom. Ἀκεκρότηται χρ. κρ. ἱεραῖσιν ἀοιδαῖς, Lucian. Demosth. enc. c. 11: Παρίτω δὴ τὰς Ἀθήνας ἐπάξιται τὸν λόγον πατὴρ τῷ ἡμεδαπὸς χρυσέα κρηπὶς κατὰ Πίνδαρον. — ἱεραῖσιν, ἱερησιν Θ. — ἀοιδαῖς Θ et Plut. altero loco, vulgo ἀοιδαῖς. — V. 2. εἶα scripsi, Γ εια et supra οι, vulgo οἶα. — τειχίζωμεν Γ, vulgo τειχίζομεν. — ποικίλον, fort. ποικίλων. — V. 4. πολυκλειτάν περ Γ, πολύ κλειτάν περ Θ, vulgo πολυκλειτόν περ. Dindorf πολυκλείταν περ. — Post θεῶν vocabulum excidisse putat Hartung, hinc Hanscheustein θεῶν ἐν ὀδοῖ conicit. Ceterum apparet ipsum hoc esse carpinis initium. Hartung hymnum in Thebas fuisse parum recte censet.

177. [207.]

⏑ ⏑ – – ⏑ ⏑ – ⏑ ⏑ – – ⏑ ⏑ – ⏑ –
⏑ – ⏑ – – – – –

Εὐάρματι, χρυσοχίτων, . . ἱερώτατον . .
ἄγαλμα, Θήβα . . . .

[178. [209.]

. . . – ⏑ ⏑ – ⏑ ⏑ – ⏑ ⏑ – ⏑ –

. . . Λιπαρᾶν τε Θηβᾶν μέγαν σκόπελον.

179. [210.]

⏑ – – – ˘ – ⏑ . . .

Ὦ ταλαίπωροι Θῆβαι . . .

• 180.

. . . . – ⏑ – ⏑
– ⏑ ⏑ – ⏑ ⏑ – ⏑ ⏑ – ⏑ –
– ⏑ . . .

Οὔτοι με ξένον
Οὐδ' ἀδαήμονα Μοισᾶν ἐπαίδευσαν πλυταί
Θῆβαι.

Fr. 177. Schol. Pind. Pyth. IV 25: εἰώθασι δὲ οὗτοι ἐπιπλέκειν τὰ τῶν χωρῶν ἢ τῶν πόλεων καὶ τὰ τῶν ἡρωίδων ὀνόματα διακοινωποιοῦντες, οἷον· Εὐάρματι χρ. ἱερώτατον ἄγ. Θ. τὸ μὲν γὰρ εὐάρματι τῆς πόλεως, τὸ δὲ χρυσοχίτων τῆς ἡρωίδος. Pindari eam versum ostendit Schol. Pyth. II inscript. καταφέρεσθαι γάρ φησί πως τὸν Πίνδαρον εἰς τὸ τὰς μὲν Ἀθήνας λιπαρᾶς προσαγορεύων, τὰς δὲ Θήβας χρυσοπήχους καὶ εὐαρμάτους καὶ λευσίππους καὶ νεανέμπνους. Schol. Iliad. δ 391: ἔνθεν καὶ εὐάρματον (εὐάρματον) τὴν Θήβην φησὶ Πίνδαρος. Lacunae indicavi, fort. χόρας δ' ἱερώτατον αἰτία, Hartung coloece scripsit ἱερώτατον.
Fr. 178. Schol. Pind. Pyth. II inscript. καὶ τὰς Θήβας δέ ποτ᾽ εἶπε λιπαρὰς· λιπαρᾶν κτλ.
Fr. 179. Thomas M. vita Pindari T, II 4 ed. Boeckh (Biographi p. 99 ed. Westerm.): ἐχθρὸς δὲ διακριθεῖσαν τῶν Ἀθηναίων πρὸς τοὺς Θηβαίους, ἐπεὶ εἶπεν ἐν τοῖς ποιήμασιν αὐτοῦ. Θ. καὶ μεγαλοπόλεις Ἀθᾶναι. Boeckhio fragmentum suspectum.
Fr. 180. Chrysippus, qui mihi videtur, περὶ ἀποφατικῶν c. 2 sine poetae nomine quater affert, sed Pindari esse vidit iam Iatroanes: scribitur οὐδ᾽ ἀδαήμονα Μοισᾶν, Μοισᾶν Schneidewin.

181. [211.]

⏑⏑–⏑–⏑–⏑̆–⏑–
≡–⏑–⏑–⏑–⏑–

Μελιγαθὲς ἀμβρόσιον ὕδωρ
Τιλφώσσας ἀπὸ καλλικράνου.

182. [213.]

⏑–⏑–⏑⏑––⏑–⏑⏑–⏑⏑––⏑––
⏑⏑––⏑⏑⏑⏑–⏑⏑⏑

Ἔνθα βουλαὶ γερόντων καὶ νέων ἀνδρῶν ἀριστεύοισιν
αἰχμαί,
καὶ χοροὶ καὶ Μοῖσα καὶ Ἀγλαΐα.

183. [214.]

≡–⏑–⏑––⏑̆–⏑⏑–⏑–⏑....

Οὔτ' ἀργίλοφον παρ Ζεφυρίων κολώναν....

Fr. 181. Athen. II p. 41 E: Καὶ Πίνδαρος· Μέλιγ. κτλ. κρήνη δ' ἐν Βοιωτία ἡ Τιλφώσσα. καλλικράνου Boeckh, v. καλλικρήνον. Emlem Emst. Od. 1668, 7. Ceterum ex eodem hoc carmine sunt, quae affert Strabo IX 411: Καὶ τὸ γε παλαιὸν οὐκ ἦν τῆς Λίβυης κανὼν ὄνομα, ἀλλὰ καθ' ἑκάστην πρὸς αὐτῇ κατοικίαν ἐκείνης ἐπώνυμος λέγετο. Κωπαῖς μὲν τῶν Κωπῶν, Ἁλιαρτίας δὲ Ἁλιάρτου, καὶ οὕτως ἐπὶ τῶν ἄλλων· ὕστερον δ' ἡ πᾶσα Κωπαῖς ἐλέχθη κατ' ἐπικράτειαν· καὶ λέγεται γὰρ τοῦτο τὸ χωρίον. Πίνδαρος δὲ καὶ Κηφισεῖδα καλεῖ ταύτην· παρατίθησι γοῦν τὴν Τιλφώσσαν κρήνην ὑπὸ τῷ Τιλφωσσίῳ ὄρει ῥέουσαν πλησίον Ἁλιάρτου καὶ Ἀλαλκομενῶν, ἐφ' ᾗ τὸ τοῦ Τειρεσίου μνῆμα· αὐτοῦ δὲ καὶ τὸ τοῦ Τιλφωσσίου Ἀπόλλωνος ἱερόν. cf. Steph. Byz. v. Τίλφουσα.

Fr. 182. Plut. vit. Lycurg. c. 21 de Sparta: Πίνδαρος δέ φησιν· Ἔνθα β. γερόντων καὶ ν. ἀ. ἀριστευόντων αἱ. καὶ χ. καὶ Μοῦσαι καὶ ἀγ. — V. 1. βουλαὶ μὲν coni. Boeckh, ἀριστεύοισιν idem scripsit, Codex ἀριστεύουσιν, et ἀριστεύοοσιν Plut. an seui resp. sit. ger. c. 10 ubi v. 1 affert: καὶ μάλιστα σώζεται πόλις, ἔνθα β. γ. κ. ν. ἀ. ἀριστεύοισιν αἰχμαί. — V. 2. Μοῖσα Boeckh, et Μοῦσα Plutarch. ibid. c. 6; ὅπου καὶ ὕπνερα καὶ κῶμπαι καὶ νεμήσεις καὶ χοροὶ κ. Μοῦσα κ. ἀγλ. In hoc carmine furtasse Terpandri mentionem fecit. vid. fr. 260.

Fr. 183. Robel. Pind. Ol. XI 17: τρέχεια δὲ εἰωθυῖα λέγοιτο [Lacerorum Epinephyriorum urbs] λοφώδης οὖσα καὶ ἐπιθαλασσίδιος· αὐτὸς γὰρ φησιν· Οὔτ' (om. hoc W4) ἀργ. παρ Ζεφύροιο καλ. ubi V a2 ἀργίλοφον παρ ξεφυρία, Vindob. ἀργιλλοφον παρζεφυρίον, W4 παρζεφυμιον. Scripsi παρ Ζεφυρίων, Boeckh παρ Ζεφύριον, Heyne παρ Ζεφυρίαν.

FRAGMENTA INCERTA. 355

184. [215.]

‿ ⁓ ‿ ‿ ‿ ‿ ⁓ ‿ ‿ ‿ ⁓ ‿ ‿
‿ ⁓ ‿ ‿ ‿ ⁓ ‿ ‿ ‿ ‿ ⁓
⌣ ‿ ‿ ⁓ ⌣ ‿ ‿ ‿ ‿ ‿ . . . . .

Αἰγυπτίαν Μένδητα, παρ κρημνὸν θαλάσσας,
ἔσχατον Νείλου κέρας, αἰγιβάται
ὅθι τράγοι γυναιξὶ μίσγονται . . . . .

185. [216.]

. . . . . . ‿ ‿ ‿ ‿ ‿ ‿ ‿ ‿ ‿ ‿
. . . . . . Λευκίππων Μυκηναίων προφάται.

186. [217.]

‿ ‿ ‿ ‿ ‿ ‿ ‿ ‿ ‿ ‿ ‿ ‿
‿ ‿ ‿ ‿ ‿ ‿ ‿ ‿ ‿ ‿ ‿ ⌢ ‿ ‿ ‿ ‿
⌣ ‿ ‿ ‿ ‿ ‿ ‿ ⌢ ‿ ‿ ‿ ‿ ‿ ‿ ‿ ‿ ‿ ‿ ‿

Ἄνδρες τινὲς ἀκκιζόμενοι Σκύθαι
νεκρὸν ἵππον στυγέοισιν λόγῳ κτάμενον ἐν φάει·
κρυφᾷ δὲ σκολιοὺς γένυσιν ἀνθέροισιν πόδας ἠδὲ κεφαλάς.

Fr. 184. Strabo XVII 802: καὶ Μένδης, ὅπου τὸν Πᾶνα τιμῶσι καὶ τῶν ζῴων τράγον· ὡς δὲ Πίνδαρός φησιν οἱ τράγοι ἐνταῦθα γυναιξὶ μίγνυνται· Μίνδησα παρα κρ. κτλ. (om. verens codd. EF.) Aristid. II 464: αὐτίκα Πίνδαρῳ πεποίηται, ὥσπερ μάλιστ' ἀληθείας ἀντεχεσθαι δοκεῖ τῶν ποιητῶν περὶ τὰς ἱστορίας, καὶ οὐ πόρρωθεν, ἀλλ' ἐξ αὐτῶν τῶν τόπων καὶ οὗτος ὁ Γλυχὺς· φησὶ γὰρ· Αἰγυπτίαν Μένδητα παρὰ κρημνὸν θαλάσσας. καίτοι οὔτε κρημνός ἐστιν οὐδεὶς ἐπεί οὔτε θάλαττα προσοχεῖ, ἀλλ' ἐν πεδίῳ πολλῷ καὶ πεχυμένῳ κτλ. Respicit Aelian. Hist. An. VII 19 οὗτοι μὲν καὶ ὁμιλεῖν γυναιξὶ φασιν αὐτοὺς (hircos) καὶ ἔσμεν αὐτὸ θαυμάζειν Πίνδαρος. — V. 1. Μένδητα cf. Prisc. VI, 60: „Μένδης, Μένδητος, nomen urbis est Aegyptiacae, cuius mentionem Pindarus fecit." que Boeckh. vulgo παρά, κρημνὸν cf. Schol. Aeschyl. Choeph. 802: ἡ γράδος συνήθης, ὡς καὶ ὁ κρημνὸς παρὰ Πινδάρῳ καὶ ἡ ἤχω παρὰ Σιμωνίδῃ. — θαλάσσας, Str. θαλάσσης. — V. 2. αἰγιβάται Hermann, vulgo αἰγίβοτοι, mss αἰγίβοτον. — V. 3. ὅθι, fort. τόθι hoc numero: αἰγιβάται τόθι τράγοι | γυναιξὶ μίσγονται. Hartung haec ad hymnum in Iovem Ammonem refert.

Fr. 185. Sch. Pind. Pyth. IV 206: εὐεπιφόρως δὲ ὁ Πίνδαρος Λευκίππους καλεῖ αὐτούς (hoc corruptum)· Λευκ. κτλ.

Fr. 186. Zenobius V 59: Ὁ Σκύθης τὸν ἵππον· ἐπὶ τῶν κρύφα τινὸς ἐφιεμένων, φανερῶς δὲ ἀπωθουμένων καὶ διαπτυόντων αὐτὸ εἴρηται ἡ παροιμία· μαρτυρεῖ δὲ καὶ Πίνδαρος λέγων· Ἄνδρες τινὲς ἀκκιζόμενοι Σκ. ν. ἵπ. στυγέουσι λ. κτ. ἐν φαεί· κρύφα δὲ σκ. γ. ἀναδέρουσι πόδας ἠδὲ κεφαλάς. Diogenian. VII 12, Apostol. XIII 7, Arsen. 349 nihil nisi haec exhibent Ἀκκιζόμενοι (ἀτυξ. Apost. Ars.) Σκ. ν. ἵπ. 2. κρύφα δὲ σκολιοῖς γάνυσιν (γάνυσιν Apost. Ars.) ἀναδέρουσι πόδας. Hoyne correxit ἐν φάει, reliqua emendavit Boeckh. — V. 3. κρυφᾷ scripsi, legebatur κρυφά. — κεφαλάς, fort. κεφαλάν.

23 *

187. [218.]

Καὶ λιπαρῷ Σμυρναίῳ ἄστει.

188. [221.]

_ ᾰ ◡ ◡́ _ _ _ _ _ ᾰ ◡ _ ᾰ ◡ _ _ ᾰ ◡
ᾰ ◡ _ _ ᾰ ◡ _ ᾰ ◡ _

Ἀρχὰ μεγάλας ἀρετᾶς, ὤνασσ' Ἀλάθεια, μὴ πταίσῃς
ἐμάν
σύνθεσιν τραχεῖ ποτὶ ψεύδει . . .

189.

_ ᾰ ◡ ◡ _ _
Οὐ ψεῦδος ἐρίξω.

190. [222.]

◡ ◡ _ ᾰ ◡ ◡ _ _ ◡ _ _

Παρὰ Λύδιον ἅρμα πεζὸς οἰχνέων.

Fr. 187. Schol. Pind. Pyth. II inscript. καὶ γὰρ καὶ ἄλλας πλείους (πόλεις) λιπαρὰς καλεῖ, ὥσπερ τὴν Σμύρναν· καὶ Λιπ. Σ. ἄ. Σμυρναίων μνοι. Boeckh. sed poterat a vers ἄστει (ἄστεϊ) novus versus inchoari. Ceterum Pindari fortasse est, quod Aristides Or. XV T. I, 378 affert: αμιλασαν δὲ [Smyrnaei] τῆς μητροπόλεως (Athenarum dici) ἀμφότεροι, ἀφεντῶες μὲν εἰς τὸ καθ' ἡμέραν, τεκμήρια δὲ εἰς τοὺς πολέμους κρείττον ἢ πολλοῖς ἱρέσαι λυσιτελεῖν, ὥστε καὶ τῶν ποιητῶν ἤδη τοὶ Σμυρναῖον τρόπον τὸ τοιοῦτον εἰρῆσθαι. Igitur Σμυρναῖον τρόπον dictum de iis qui fortissime pugnantes adversarios penitus afflixerunt, quique ex eodem loco haud dubie etiam potuam quod praecedit κρεῖσσον ἢ πολλοῖς ἱρέσαι λυσιτελεῖν, quae pauluium immutavit rhetor. Similiter eodem loco cum dicit οἱ ποιηταὶ λέγουσιν vel καλοῦσιν, respicit Pind. Ol. I 38 et Pyth. III. 43.

Fr. 188. Stob. Flor. XI 3: Πινδάρου· Ἀρχὰς μεγάλας ἀρετὰς ἄνασσ' (ὤνασσ' A Vos. Vind.) κτλ. Io. Philop. de mundi creat. IV 20: ἀλλὰ καὶ Πίνδαρος τῆς ἀρετῆς ἀρχὴν εἶναί φησι τὴν ἀλήθειαν, οὕτω λέγων· Ἀρχὰς μεγάλας ... πταίσῃς τραχεῖ ποτὶ ψεύδει. Sed Clem. Alex. VI 784 sine poetae n. Ἀρχὰ μεγάλας ἀρ. ἄνασσ' ἀλήθεια. et Plat. vit. Mario c. 20: βέβαιον ἄνδρα καὶ τὴν ἀλήθειαν ἀρχὴν μεγάλης ἀρετῆς κατὰ Πίνδαρον ἡγούμενον.

Fr. 189. Eustath. Procem. 21: τὸ μέντοι ἐρίξαι ἦγουν εἰς ἔριν κινῆσαι, οἷον· οὐ ψεῦδος ἐρίξω, ἤγουν οὐ πρὸς ψεῦδος φιλονεικήσω, οὐχ οὕτως ἀσαφές.

Fr. 190. Plut. vit. Nic. c. 1: οὐ μὰ Δία παρὰ Λύδιον ἅ. π. οἰχνεύων (ita lic, vulgo ἰχνεύων) ὡς φησι Πίνδαρος. et de discr. adul. et amici c. 35 ubi ἰχνεύων legitur. Scripsi οἰχνέων. Ceterum cf. Diogenian. VI 28, Gregor. Cypr. II 99, Apostol. XII 38, Arsen. 340, Gregor. Naz. Or. XX p. 331: εἰ καὶ πεζοὶ παρὰ Λύδιον ἅρμα ἐθέομεν τὸν ἐκείνου τρόπον καὶ δρόμον.

191. [223.]

‿ ‿ ‒ ᴗ ‿ ‒ ‿ ‒ ‿ ⌢ ‿ ‒ ‿ ‒ ‿ ‒ | ‒ | ‿ ‿ ‒
Ταρτάρου πυθμήν πιέζει σ' ἀφανοῦς σφυρηλάτοις ..
ἀνάγκαις.

192. [224.]

‿ ‿ ‒ ‿ ‿ ‒ ‿ ‿ ‒
‒ ‿ ‿ ‒ ‿ ‿

Μανίαις τ' ἀλαλαῖς τ' ὀρινόμενοι
ῥιψαύχενι σὺν κλόνῳ.

193. [227.]

|‒| ‿ ‿ ‒ ‿ ‿ ‒ ‿ ‿ ‒

Ἀτελῆ σοφίας καρπὸν δρέπειν.

194. [229.]

Plut. de cohib. ira c. 8: Χαλεπώτατοι δὲ ἄγαν φιλοτιμίαν
μνώμενοι ἐν πόλισιν (Hartung πολίεσσιν) ἄνδρες ἢ στάσιν.
ἄλγος ἐμφανές, κατὰ Πίνδαρον. ubi Schneidewin scripsit ἄνδρες;
ἵστασαν al. ip.

195. [230.]

‿ ‒ ‿ ‿ ‒ ‿ ‿ ‒
‒ ‿

Κακόφρονά τ' ἀμφάνῃ πραπίδων
καρπόν.

Fr. 191. Plut. Consol. ad Apoll. c. 6: ἀλλὰ Ταρτάρου πυθμήν πιέζει
σ' (ita B, vulgo πυθμένα πιέζει ς) ἀφανοῦς σφυρηλάτοις ἀνάγκαις, ὥς
φησι Πίνδαρος. κεῖσαι Boeckh scripsit. Hermann praeterea coniecit
ἀφανῆς, ego vero πιέζει σ' ἀφανέος scripsi, deinde autem suspicor
legendum σφυρηλάτοις δεσμοῖς ἀνάγκας.
Fr. 192. Plut. Quaest. Symp. VII 5, 4 sine poetae n.: οὕτως ἡμεῖς
ἐν ταῖς τοιαύταις τερετίσμασι καὶ σκιρτήμασι μανίαις τ' ἀλαλαῖς τ'
ὀρινόμενοι ᾖ. σ. κλ. Contra ibid. I 5, 2 ι μανίαι τε ἀλαλαί τε ὀρινο-
μένων ἐριαύχενι σὺν κλόνῳ κατὰ Πίνδαρον. ubi scrib. μανίᾳ τ' ἀλαλᾷ
τ' ὀρινομένων, quae anae accommodavit orationi. Ibruique de def. orac.
c. 14: μανίαι τε ἀλλαι τε ὀρινόμεναι ᾖ. σ. κλ. legitur, Videntur versus
ad libros Tποργημάτων pertinere, si Boeckh quoque suspicatur.
Fr. 193. Stob. Flor. LXXX 4: Πινδάρου· Τοὺς φυσιολογοῦντας
ἔφη Πίνδαρος· ἀτελῆ κτλ. Cf. Eust. Prooem. 33. Pindari Apophth. T. II
p. 10 ed. Boeckh, neque tamen dubitandum, quin hoc ex carmine aliquo
petitum sit. Hospicii etiam Plato Republ. V p. 457 B.
Fr. 195. Plut. de sera Num. vind. c. 19: ἄχρις ἄν ἐκχυθεῖσα (mania)
τοῖς πάθεσιν ἐμφανὴς γένηται, κακόφρονά τ' ἀμφάνῃ (sic Ruhnken, v.

196. [231.]

Plut. de cap. ex inim. util. c. 10: Καὶ πᾶσα φύσις ἀνθρώπου φέρει φιλονεικίαν καὶ ζηλοτυπίαν καὶ φθόνον κενεοφρόνων ἑταίρων (ita Xylander, ἑταίραν B, vulgo ἑταίρων) ἀνδρῶν ὥς φησι Πίνδαρος.

197. [232.]

⏑ — ⏑ — ⏑ — ⏑ ⏑ — ⏖
— ⏑ ⏑ — — ⏑ ⏑ — ⏑ ×
⏑ — ⏑ ⏑ — ⏑ ⏑ —
⏑ ⏑ — ⏑ ⏑ — — ⏑ —

Πότερον δίκᾳ τεῖχος ὕψιον
ἢ σκολιαῖς ἀπάταις ἀναβαίνει
ἐπιχθόνιον γένος ἀνδρῶν,
δίχα μοι νόος ἀτρέκειαν εἰπεῖν.

198. [233.]

⏑ — ⏑ — ⏑ ⏑ — ⏑ . ⏑ — ⏑ ⏑ — ⏑ — ⏑ ×
— ⏑ ⏑ — — ⏑ — ⏑ ⏑ — — . — ⏑ ⏑ — ≅

τὸν ἀσφαλῆ, Ven. τ' ἐν φανεῖ(?), κφ. π. ὥς φησι Πίνδαρος. Hartung κενοφρόνα l. c. κενοφροσύνα.

Fr. 197. Plato de Republ. II 365 B (loco, ubi etiam alia si non ex Pindaro, certe ex poetis petita sunt, ut Θεσπίαισι βίος, κήρυον (ἄκρον) εὐδαιμονίας.): λέγει γὰρ αὖ ἐκ τῶν εἰκότων πρὸς αὐτὸν κατὰ Πίνδαρον ἴαντον τὸ Πότερον δίκᾳ (codd. plerique δίκαι, Vind. D δικ' καὶ, Vind. F ὃς καὶ, Ang. B Flor. RT δίκαις, Lob. Vind. D. Vat. M. δίκαιον, vulgo δίκᾳ ut Vat. B Ven. B Flor. D) ε. ὕψιον (ὑψηλὸν Vind. F Ang. B Flor. ACB). ἢ σκολιαῖς ἀπάταις 'ita codd. plerique, vulgo σκολιᾶς ἀπάτας, quod exhibent Vat. B Ven. B Flor. B, σκολιᾶς ἀπάταις Ang. B a m. pr.) ἀναβὰς, καὶ ἑαυτὸν οὕτω περιφράξας διαβιῷ. Plonius exstat apud Maxim. Tyr. XVIII init.: Π. δίκᾳ (cod. Reg. δίκα, vulgo δίκας) τ. ὕ. ἢ σκολιαῖς ἀπάταις (vulgo σκολιὰς ἀπάτας) ἀναβαίνει ἐπιχθόνιον γ. ἀνθρώπων δίχα μοι ν. ἀτρέκειαν (cod. Reg. ἀτρεκείαν) εἰπεῖν. Alterum Platonicum, ap. Euseb. Praep. Ev. XV 797 D: εἴγε μὴ μέλλοισιν ἀγνοεῖν, πότερον δίκας τεῖχος (vulgo δὴ κατ' ἔχνος, cod Neor. δεῖ κατ' ἴχνος (ἴχνος) ὕψιον ἢ σκολιαῖς ἀπάταις ἀναβαίνει ἐπιχθονίαν γένος ἀνδρῶν. Cicero ad Attic. XIII 38: „Nunc mu iuva, mi Attice, consilio, πότερον δίκας τ. ὕ. id est aperte hominem aspernor et respuam, ἢ σκολιαῖς ἀπάταις (sic XZR, et similiter rursus lib. XIII 41, sed M σκολιᾶς ἀπάταις), ut enim Pindaro, sic δίχα μοι νόος ἀτρέκειαν εἰπεῖν." V. i. stillter sine auctoris nomine Dionys. Halic. de comp. verb. c. 21. Hartung haec ita constituit: πότερον δίκας τεῖχος ὕψιον, ἢ σκολιᾶς ἀπάτας, ἀναβαίνειν ἐπ' ἐπιχθόνιον κτλ.

Fr. 198. Plato de Rep. I 331 A: τῷ δὲ μηδὲν ἑαυτῷ ἄδικον ξυνειδότι, ἡδεῖα ἐλπὶς ἀεὶ πάρεστι, καὶ ἀγαθὴ γηροτρόφος, ὡς καὶ Πίνδαρος λέγει· χαρίεντως γὰρ τοι. ὦ Σώκρατες, τοῦτ' ἐκεῖνος εἶπεν, ὅτι ὃς ἂν δικαίως καὶ ὁσίως τὸν βίον διαγάγῃ, γλυκεῖά οἱ ἀτάλλοισα (ἀτάλλοισα Par. BR Flor. B, ἀτάλλοισα Vind. F Ang. B Flor. ACB) γηρ. συναορεῖ (ξυναορεῖ Vind. B, ξυναγορεῖ Vind. E) ἐλπίς, ἅ μ. θνατῶν π. γ. κυβερνᾷ

FRAGMENTA INCERTA. 359

Γλυκεῖά οἱ καρδίαν ἀτάλλοισα γηροτρόφος συναορεῖ
ἐλπίς, ἃ μάλιστα θνατῶν πολύστροφον γνώμαν κυβερνᾷ.

199.

⏑⏑—⏑⏑—⏑—⏑——

Ἐλπίσιν ἀθανάταις ὁρμῷ φέρονται.

200. [152.]

⏑—⏑—⏑—⏑⏑—⏑—⏑——
—⏑—⏑⏑

Ἄλλο δ' ἄλλοισιν νόμισμα, σφετέραν δ' αἰνεῖ δίκαν
ἕκαστος.

201. [235.]

⏑—⏑—⏑—⏑⏑—⏑—⏑——

Σοφοὶ δὲ καὶ τὸ μηδὲν ἄγαν ἔπος αἴνησαν περισσῶς.

(κυβερνᾶν Vos. C) quae excerpsit Stob. Flor. XCIV 22. Exhibent etiam
Synesius de insomn. 147 A: ὥστε ἦν ὑπηγεῖ τὴν ἐλπίδα ὁ Πίνδαρος,
περὶ ἀνδρὸς λέγων εὐδαίμονος, ὅτι αρα αὐτῷ γλυκεῖα καρδίαν ἀτάλλοισα
κουροτρόφος συναορεῖ... κυβερνᾷ φαίη τις ἂν οὐ περὶ τῆς ὕπαρ
λέγεσθαι, τῆς ἀκατηλῆς, ἣν ἡμεῖς ἑαυτοῖς διακλέπτομεν, ἀλλ' οἷον
τοῦτο μικρού μέρους (εναρίων ἕκαινος εἴρηται τῷ Πινδάρῳ et Nicepho-
ras in Scholliis ad Syn. 408, qui coniectura ad Nemea retulit,legit, ἐν τοῖς
ἀγῶσι τῶν Νεμέων, ita cod. Rhedig.), qui ex Platone lectionem γηροτρό-
φος memorat, et Iustinus Coh. ad Gent. p. 26. Respiciunt huc Plut. de
anim. tranq. c. 19, de fraterno am. c. 5, Themist. VIII 101 B, Theodor.
Metoch. p. 559 (ubi ξυνάορεῖ) et 659, Nicephor. Greg. VIII 9 (ubi non
male τὰν μείρουσι.) Choricius p. 85 ed. Boisson. Olymp. in Alcib. 1 p. 23
Aposiol. V 52a.
Fr. 199. Ensl. procem. 21: Μάλιστα δὲ ἀτρεμεῖν εἰς αὐτήθη γνῶσιν
τὸ ἀρμῷ, ἤγουν ἄρτι, ὃ παρ' ἑτέροις ὁρμοῖ λέγεται..., Ἐλπίσιν κτλ.
Fr. 200. Cram. An. Par. III 164, 13: Καὶ Πίνδαρος· ἄλλα δ'...
αἰνεῖ δ. τι. τὸ γὰρ θεῖον ὅ φησι μὲν ἓν, θέσει δὲ πολύ. Maerange An.
475. ἄλλος δ' ἄλλοισι νόμιμα κτλ. Respicit Artemidor Oneir. IV 2: ἄλλα
δὲ ἄλλαις νόμιμα, σφέτερα δίδεικται ἑκάστοις, φησὶν ὁ Πίνδαρος, unde
Schneider δὲ νεῖται conlecit. — V. 1, αἰνεῖ, Schneidewin αἴνεσε. Vide-
tur scribendum σφετέραν δὲ δίκαν ἕκαστος αἰνεῖ, ut omnia uno versu
comprehendantur.
Fr. 201. Plut. consol. ad Apoll. c. 28: ὁ δὲ Πίνδαρος, σοφοὶ δέ, φη-
σίν, καὶ τὸ μηδὲν κτλ. Scholiast. Eurip. Hipp. 263: μάρτυρες (ἔσονται οἱ
σοφοί, εἴπερ ἡμῖν τῶν ἑπτὰ σοφῶν ἐστιν ἀπόφθεγμα τὸ μηδὲν ἄγαν,
ὃ περὶ Χίλωνι ἀνατιθέασιν ὡς Κριτίας καὶ Πίνδαρος· Σοφοί... ᾔνησαν
περ. et Nephalio 91 omisso auctoris nomine, sed ut exemplum metri
Pindarici. Ceterum Hartung αἴνεσαν flagitat.

202. [237.]

–⏑⏑–⏑–⏑–⏑–⏑⏑

Γλυκύ τι κλεπτόμενον μέλημα Κύπριδος.

203. [239.]

⏑⏑––⏑⏑⏑⏑⏑⏑––⏑⏑–⏑⏑––
–⏑⏑–⏑⏑⏑–⏑⏑––⏑⏑––
–⏑⏑––⏑⏑––⏑⏑––
⏑⏑––⏑⏑⏑⏑⏑⏑–––⏑⏑–∞
* * * * * * * *
6 ....⏑⏑–⏑⏑⏑––⏑´–⏑⏑––∞

*Ανίκ' ανθρώπων καματώδεες οίχονται μέριμναι
στηθέων έξω, πελάγει δ' εν πολυχρύσοιο πλούτου
πάντες ίσα πλέομεν ψευδή προς ακτάν·
ός μεν αχρήμων, αφνεός τότε, τοι δ' αυ πλουτέοντες*
* * * * * * * *
. . . . . *αέξονται φρένας αμπελίνοις τόξοις δαμέντες.*

204. [240.]

⏑⏑⏑––⏑⏑–⏑⏑⏑–⏑⏑⏑

Οί δ' άφνει πεποίθασιν.

Fr. 203. Clem. Alex. Paedag. III 295: Εντεύθεν αφελπρίνος ὁ
Βοιώτιος Πίνδαρος· Γλυκύ τι, φησί, κλπ. p. K.
Fr. 203. Athen. XI 782 D: Λέξει γαρ καί τρέφει μεγαλύνει τε την
ψυχήν ή εν τοις πότοις διατριβή αναζωπυρούσα και ανεγείρουσα μετά
φρονήσεως τον έκαστον νούν, ως φησιν ο Πίνδαρος· *Ανίκ'* . . . *πλου-
τέοντες, πλ' έπαρτι· αέξονται* κτλ. — V. 2. έξω et πολυχρύσοιο Mit-
scherlich, vulgo έξωθεν et πολυχρύσου. — V. 3. ίσα πλέομεν scripsi,
vulgo ίσα νέομεν, Hermann ίσα νέομεν, sed ίσα Pindarum adverbii loco
adhibere, non est verisimile. Ceterum ψευδής hoc uno loco apud Pin-
darum legitur, sed dixit ψεύδις et αψευδής. — V. 4. αφνεός Hermann,
v. αφνειός. — V. 5. affert Eustath. 1367, 30, ubi τόξοισι. Patavi autem
aliquando haec addito fr. 199 sic poste redintegrari

τοί δ' αυ πλουτέοντες
ίκρίαις αθανάταις αμφί φέρονται,
τον αέξονται φρένας αμπελίνοις τόξοις δαμέντες.

Sunt haec haud dubie ad Scalia referenda: cf. quae ad fr. 101 adno-
tata sunt.
Fr. 204. Et. M. 178, 10: παρά το άφνος γίγνεται άφνος, ώ κέχρηται
Πίνδαρος· οί (D οί) δ' αφ. πεποίθασιν. sed V ο δ' έφετι πέποιθεν.

205. [241.]

... τώνδε γὰρ οὔτε τι μεμπτὸν
οὔτ' ὦν μεταλλακτὸν .. ὅσσ' ἀγλαὰ χθών
πόντου τε ῥιπαὶ φέροισιν.

206. [242.]

Ἀελλοπόδων μέν τιν' εὐφραίνοισιν ἵππων
τίμια καὶ στέφανοι, τοὺς δ' ἐν πολυχρύσοις θαλάμοις
βιοτά·
τέρπεται δὲ καί τις ἐπ' οἶδμ' ἅλιον ναὶ θοᾷ
σῶς διαστείβων ....

207. [243.]

... Διὸς παῖς ὁ χρυσός·
κεῖνον οὐ σὴς οὐδὲ κὶς δάπτει,
δάμναται δὲ βροτέαν φρένα κάρτιστον κτεάνων.

Fr. 205. Plut. Quaest. Symp. VII 5, 3: τώνδε γὰρ οὔτε τι μεμπτὸν οὔτε (vett. edd. οὐ ἐὰν) μεταλλακτὸν (edd. vett. μεταλλάττων, cod. Pal. οὔτε μεταλλ. om., Dübner edidit οὔτ' ὧν μεταλλάκτων), ὥς Πίνδαρος ἔφη, τῶν ἐπὶ ταῖς τραπέζαις, ὅσ' ἀγλαὰ χθὼν (Wyttenbach ed. ὡς ἀγλαόχθων) πόντου τε ῥικαὶ φέρουσιν, ἄρτι παρασκευίμενα. Componit Boeckh. — V. 2 fortasse scribendum: τραπέζαισιν ὅσσ'.

Fr. 206. Sextus Empir. Ilypoth. Pyrrh. I 20 ed. Bekker ὁ μὲν γὰρ Πίνδαρός φησιν· ἀελλοπόδων κτλ. — V. 1. εὐφραίνοισιν Boeckh, v. εὐφραίνουσιν. — V. 2, τίμια Boeckh, v. τιμαί. — V. 3. τέρπεται δὲ, Boeckh coni. τέρπεται δ' αὖ. — οἶδμ' Boeckh, v. οἶδμα.

Fr. 207. Schol. Pind. Pyth. IV 408: ἄφθιτον δὲ αὐτὸ εἶπε, καθὰ χρυσὸν ἦν· ὁ δὲ χρυσὸς ἄφθαρτος· καὶ ἡ Σαπφώ, ὅτι Διὸς παῖς κτλ. sed Schneider et Boeckh viderunt excidisse Sapphus fragmentum Pindarique haec esse collato Proclo ad Hesiod. Opp. et D. 428: τοῦτο καὶ Πίνδαρον οὕτω καλεῖν περὶ τοῦ χρυσοῦ λέγοντα· κεῖνον οὐ σὴς οὐ κὶς δάπτεται, ὡς ἄσηπτον. Deinde Sch. κὶς δάπτει, βροτέαν. Inde Valckenaer vidit recipiendum esse utrumque verbum δάπτει, δάμναται δὲ. — V. 3. κάρτιστον Boeckh, vulgo κράτιστον. — κτεάνων Boeckh, vulgo φρενῶν.

208. [244.]

∪ – ∪ – ∪ – ∪ – ∪ –
∪ – ∪ – ∪ – ∪ – ∪ –
⏑ – ∪ – ∪ – ∪ –

Καὶ φέρονταί πως ὑπὸ δούλιον τύχαν
αἰχμάλωτοι, καὶ χρυσέων βελέων
ἐντὶ τραυματίαι . . . .

209. [246.]

∪ – ∪ ∪ – ∪ ∪ – ∪ – ∪
∪ ∪ – ∪ . . . . .

Ἴσον μὲν θεὸν ἄνδρα τε φίλον (θεῷ)
ὑποτρέσσαι . . . . .

210. [247.]

– ∪ ∪ – ∪ – ∪ – ∪ –
∪ ∪ – ∪ ∪ – ∪ ∪ – ⏑ ..

. . . Ὁπόταν θεὸς ἀνδρὶ χάρμα πέμψῃ,
πάρος μέλαιναν καρδίαν ἐστυφέλιξεν . . .

211. [248.]

– ∪ ∪ – ∪ ∪ – ∪ . . . .

Οὔτις ἑκὼν κακὸν εὕρετο.

Fr. 208. Theodor. Metoch. 562: Καὶ φέρονται κτλ. Πίνδαρός φησιν.
V. 1. τύχαν Boeckh, v. τύχην. — V. 3. ἐντὶ, cod. Mon. ἐν τῷ.
Fr. 209. Schol. Hom. Il. φ 98: ὁ γάρ φησι μαχόμενος τῷ ὑπὸ θεῶν τιμωμένῳ ἢ ὑπὸ θεῶν ἀγαπωμένῳ, αὐτῷ τῷ θεῷ μάχεται τῷ ἐκεῖνον στέργοντι· ὁ Πίνδαρος ἴσον . . . φίλον ὑποτρέσσαι (Bekker ὑποτρέσαι) ἐπιλέγουσιν, ἐπίσης τὸν θεὸν καὶ τὸν φίλον θεῷ ἄνδρα θεοφιλῆ. — V. 1. θεῷ recte addidit Heynius.
Fr. 210. Schol. Pind. Ol. II 40: πρὸ τῶν ἀγαθῶν τοῖς ἀνθρώποις γάρ τὰ κακά, ὅπις καὶ ἐν ἑτέρῳ φησίν· ὁπότε κτλ. — V. 1. ὁπόταν schol. Vindob., vulgo ὁπότε. — V. 2. πάρος Nauck, πρόσθε Bergk, vulgo πρός, quod tuetur Mommsen. — καρδίαν schol. Vind., v. καρδίαν. Deinde poeta videtur scripsisse ἐστυφέλιξε πένθει.
Fr. 211. Aristid. II 517: Ἀλλὰ ἰλλαίων καὶ Πίνδαρος πολλαχῇ μὲν καὶ ἄλλῃ σοφαῖς, καὶ δὴ καὶ κατὰ τόνδε τὸν λόγον οὐχ ἥκιστα, ὁ μὲν οὕτωσὶ λέγων· οὔτις κτλ.

212. [250.]

| ⏑ ⏑ | ⏑ ⏑ ⏑ ⏑ _ ⏑ ´ ⏑ _ _ ⏑ ⏑ _
⏑ ⏑ _ ⏑ ⏑ _ ⏑ ⏑ _
⏑ ⏑ ⏑ ⏑ ⏑ _ _ | ⏑ | ⏑ ⏑ ⏑ ⏑

.. Νέων δὲ μέριμναι σὺν πόνοις εἱλισσόμεναι
δόξαν εὑρίσκοντι· λάμπει δὲ χρόνῳ
ἔργα μετ' αἰθέρ' ἀερθέντα . . .

213. [252.]

... ⏑´ ⏑ _ ⏑ _ _
⏑ ⏑ _ ⏑ _ ⏑ _ ⏑´ ⏑ _ _

.... Τιθεμένων ἀγώνων
πρόφασις ἀρετάν ἐς αἰπὺν ἔβαλε σκότον.

214. [253.]

_ ⏑ ⏑ _ ⏑ ⏑ ⏑ _ ⏑ ⏑ _ ⏑
⏑ ⏑ _ ⏑ ⏑ ⏑ _ _

Νικώμενοι γὰρ ἄνδρες ἀγρυξίᾳ δέδενται
οὐ φίλων ἐναντίον ἐλθεῖν.

215. [254.]

. . . ⏑ ⏑ _ _ ⏑ _ _ ⏑ . . .

Ἐπὶ λεπτῷ δενδρέῳ βαίνειν.

Fr. 212. Clem. Alex. Str. IV 588: Καὶ ὁ Πίνδαρος· Νέων δὲ κτλ. — V. 1. εἱλισσόμεναι et V. 2 εὑρίσκοντι Boeckh, v. εἱσσόμεναι et εὑρίσκουσι. — V. 3. ἀερθέντα Boeckh, v. Ιαμπιεθέντα, Schneider Ιαπαερυθέντα (dehebat Ιαμπερθέντα), Hutlmann ἀναμπερθέντα.
Fr. 213. Plut. an seni sit ger. respubl. c. 1: Ὅτι μέν, ὦ Εὔφανες, ἐπαινέσῃς ἂν Πινδάρου, πολλάκις ἔχεις διὰ στόματος ὡς εἰρημένον εὖ καὶ πιθανῶς ὑπ' αὐτοῦ· τιθεμένων κτλ. Eadem leguntur de sollert. animal. c. 23.
Fr. 214. Schol. Pind. Olymp. XIII 92: καὶ ἀλλαχοῦ· Νικώμενοι κτλ. — V. 1. affert idem ad Pyth. IX 169: Νικ. δὲ ἀγρ. δέδενται, integrum autem versum Plut. de cap. ex inim. util. c. 4.
Fr. 215. Liban. Epist. CXLIV: Μηδ' οὕτως οἷον τὰ ἡμέτερα κατὰ Πίνδαρον ἐπὶ 1. δένδρῳ β., ἀλκά τι καὶ ἀδάμαντος μετέχειν. δενδρέῳ Boeckh.

216. [255.]

─ ╵ ╵ ╵ ... ╵ ╵ ─ ╵ ─ ╵ ─ ╵ ⩗
⩗ ╵ ╵ ╵ ....

Τόλμα τέ μιν ζαμενής και σύνεσις πρόσκοπος
ίσάωσεν.

217. [256.]

─ ╵ ╵ ╵ ─ ╵ ╵ ─ ╵ ╵ ─ ╵ ╵ ─ ╵ ╵
╵ ╵ ....

Σχήσει το πεπρωμένον ου πυρ, ου σιδάρεον
τείχος.

218. [257.]

╵ ╵ ╵ ─ ─ ╵ ╵ ..

Πιστόν δ' άπίστοις ουδίν.

219. [258.]

.... ─ ╵ ╵ ─ ○
╵ ╵ ─ ─ ╵ ╵ ─ ╵ ╵ ─ ○ ╵ ─ ○
○ ╵ ╵ ─ ╵ ╵ ─ ╵ ╵ ─ ─ ╵ ─ ╵ ...

Ἵπ' ἄρμασιν ἵππος,
εν δ' αρότρω βους· παρά ναυν δ' ίθύει τάχιστα δελφίς
κάπρω δέ βουλεύοντα φόνον κύνα χρή τλάθυμον έξευ-
ρεῖν . .

Fr. 216. Schol. Pind. Nem. VII 87: Ὅλως ἀποδέχεται ὁ Πίνδαρος
τὴν μετά συνέσεως τόλμαν· Τόλμα κτλ. Forl. Pindarus τόλμα ultima
correpta adhibuit.
Fr. 217. Plut. vit. Marcell. c. 29: ἀλλά γάρ το πεπρ. ου πυρ, ου σι-
δαροῦν (ΗΜ σιδηροῦν) σχήσει τείχος, κατά Πίνδαρον. Correxit Boeckh,
Hartung ουδέ σιδάρεον.
Fr. 218. Clem. Alex. Paedag. III 307: Π. δ' ά. ουδέν κατά Πίν-
δαρον.
Fr. 219. Plutarch. de virt. mor. c. 12: ὑφ' ἅρμασι γάρ ἵππος, ὡς
φησι Πίνδαρος, ἐν δ' ἀρότρῳ βοῦς, Κάπρῳ δέ κτλ. Auctius affert eine
poetae nom. de tranquill. anim. c. 14. — V. 1. ὑφ', altero loco ἐν. —
V. 3. βουλεύοντα priore loco B Ven. 3 et altero loco C, βουλεύοντι
reliqui.

220. [259.]

⏑⏑–⏑⏑–⏑–⏑⏑–⏑–⏖
⏔–⏑⏑–⏑⏑–⏑–⏑⏑–
–⏑⏑–⏑⏑⏑–⏑⏑

'Αλίου δ' ἐρεθίζομαι δελφῖνος ὑπόκρισιν·
τὸν μὲν ἀκύμονος ἐν πόντου πελάγει
αὐλῶν ἐκίνησ' ἐρατὸν μέλος.

221. [260.]

⏑–⏑⏑–⏑⏑–⏑⏑–
Φιλάνορα δ' οὐκ ἔλιπον βιοτάν.

222. [261.]

⏑–⏑⏑–⏑⏑––
⏑–⏑––⏑⏑–
Ὄπισθε δὲ κεῖμαι θρασειᾶν
ἀλωπέκων ξανθὸς λέων.

223. [262.]

–⏑⏑––⏑⏑––⏑⏑–
⏑–⏑⏑–⏑...

Ἔνθα καὶ ποίμναι κτιλεύονται κάπρων
λεόντων τε......

224. [265.]

...⏑⏑–⏑⏑––⏑⏑–⏑–⏑–
Ἰαχεῖ βαρυφθεγκτᾶν ἀγέλαι λεόντων.

Fr. 220. Plut. Sympos. Quaest. VII 5, 2: Ὁ δὲ Πίνδαρός φησι κινηθῆναι πρὸς ᾠδὴν ἁλίου δελφ. κτλ. Idem de Sollert. Anim. c. 36: ὁ (δελφίν) καὶ Πίνδαρος ἀπεικάζων ἑαυτὸν ἐρεθίζεσθαί φησιν, οὗ δελφῖνος ἀκύμονος ἐν, τὸν μ. ἀ. ἐν πόντου π. αὐ. ἐκίνησεν ἐ. μ. — unde δ' ἐρεθίζομαι revocavi. III versus fortasse ex libris Ὑπορχημάτων petiti.
Fr. 221. Schol. ad Hom. Od. π 240: φιλάνορα...(δελφῖνες) κατὰ τὸν Πίνδαρον. Cf. Eust. 1667, 13.
Fr. 222. Aristid. II. 509: Πάλιν τοίνυν πρός τινα τῶν ἀκροατῶν, ἐπειδὴ ὑπονοεῖ τά τε ἰδοτα καὶ οὐκ εἰδότα, ὅπῳ σύνεστιν, οὗτωσί πεποίηκε· ὄπισθεν δὲ κ. θρασειᾶν κτλ. ὄπισθε Boeckh, Θρασειᾶν ΓΘ.
Fr. 223. Schol. Pind. Pyth. II 81: καὶ αὐτὸς γάρ ὁ Πίνδαρος τὸ τιθασσεύεσθαι καὶ κτιλεύεσθαι λέγει· ἔνθα ποιμένες κτλ. sed cod. Gott. ἔνθα αἱ ποίμναι, hinc Boeckh correxit.
Fr. 224. Herodian. περὶ σχημ. 60, 13: Πινδαρικὸν δὲ τὰ ταῖς πληθυντικαῖς ὀνόμασιν ἑνικὰ ῥήματα ἔχοντα ἐπιφορά, οἷον ἄνδρες ἐπὶ πόλιος (sic Λ, vulgo ὑπὲρ πόλιαν vid. fr. 66) καὶ ἰαχεῖ βαρύφθεγκτ'

225. [269.]

Μὴ σιγᾷ βρεχέσθω

226. [280.]

Ποτίκολλον ἅτε ξύλον παρὰ ξύλῳ.

227.

Ἀ μὲν πόλις Αἰακιδᾶν.

228.

...... Φὰν δ' ἔμμεναι
Ζηνὸς υἱοὶ καὶ κλυτοπώλου Ποσειδάωνος.

229.

Πρόφασις βληχροῦ γίνεται νείκεος.

ἂν ἀγίλαι (sic A, ἂν ἀγίλας B, vulgo ἀναγγείλαι) λεόντων, correxit Fiorillo.
Fr. 225. Schol. Pind. Ol. XI 58: τὸ βρέχετο ἀντὶ τοῦ κατεσιωπᾶτο φησι· συνήθως γὰρ τὸ βρέχεσθαι ἐπὶ τοῦ σιωπᾶσθαι τίθησι· καὶ ἀλλαχοῦ κεῖται· Μηδὶ γάρ βρ. corr. Boeckh.
Fr. 226. Athen. VI 248 C: ἀλλὰ μὴν καὶ αὐτός, ἔφη, τὸ ποτίκολλον κτλ. ὡς ὁ Θηβαῖος εἴρηκε ποιητής, περὶ κολάκων ἐρῶ τι. ποτίκολλον AD PV, ποτικολλᾶν Let BasiL Idem I 24 B: ποτίκολλον (L ποτικολλῶν) ... ξύλω φησὶν ὁ Θηβαῖος μελοποιός.
Fr. 227. Schol. Arist. Pac. 251: ὅτι πόλιν εἶπε τὴν Σικελίαν νῆσον οὖσαν ... καὶ Πίνδαρος δὲ περὶ τῆς Αἰγίνης· ἁ μ. πόλις (Ven. πολλάκις) Αἰακ.
Fr. 228. Herodian. περὶ σχημ. 59, 29: καὶ τὸ παρὰ Πινδάρῳ ἐπὶ τε τοῦ Πειρίθου καὶ τοῦ Θησέως λεγόμενον· φὰν δ' κτλ. Pro φὰν ἁ φαμὶν. — οἱοὶ CD, υἱὸς B, υἱὸν A. — καὶ, ἦ CD. — Ποσειδάωνος, Ποσιδάωνος A. Eadem Moschopul. 83 et Tryphon in Mus. Cantabrig. I 60. Ad hoc carmen fort. pertinet fr. 242.
Fr. 229. Cram. An. Ox. I 95, 5: Πίνδαρος μὲν βληχρὸν τὸ ἰσχυρόν· πρόφασις (cod. προφασιν) βληχροῦ γ. ν. Rumpleit Et. M. 200, 13: βληχρόν ... Πίνδαρος δὲ ἐπὶ τοῦ ἰσχυροῦ αὐτὸ λέγει. Zonar. 198, 391. Suid. v. βληχρόν, Eust. Il. 569, 46.

* 230. [286.]

Μελιρρόθων δ' έπεται πλόκαμοι.

231. [123.]

Etym. M. 277, 30: *Διόνυσος*... οἱ δὲ ἀπὸ τοῦ *Διὸς* καὶ τῆς *Νύσης* τοῦ ὄρους ὠνομάσθαι, ἐπεὶ ἐν τούτῳ ἐγεννήθη, ὡς *Πίνδαρος*, καὶ ἐνιεράσθη.

232. [124.]

Plutarch. de adul. et amic. c. 27: εὐθὺς γὰρ ἐπάγει νέφος ὁ κινῶν ἐν παιδιᾷ καὶ φιλοφροσύνῃ λόγον ὀφρῦν ἀνασπῶντα καὶ συνιστάντα τὸ πρόσωπον, ὥσπερ ἀντιτατόμενον τῷ *Λυσίῳ* θεῷ, λύοντι τὰ τῶν δυσφόρων σχοινίον μεριμνῶν κατὰ *Πίνδαρον*. ubi Döbner ed. [καὶ] μεριμνῶν. Nauck conlecit δυσφρόνων ταύτων μεριμνῶν.

233. [153. 130. 131.]

Schol. Il. φ 194: *Ἡρακλῆς* εἰς ᾅδου κατελθὼν ἐπὶ τὸν *Κέρβερον* συνέτυχε *Μελεάγρῳ* τῷ *Οἰνέως*, οὗ καὶ δεηθέντος γῆμαι τὴν ἀδελφὴν *Δηϊάνειραν*, ἐπανελθὼν εἰς φῶς ἔσπευσεν εἰς *Αἰτωλίαν* πρὸς *Οἰνέα*, καταλαβὼν δὲ μνηστευόμενον τὴν κόρην *Ἀχελῷον* τὸν πλησίον ποταμόν, διεπάλαισεν αὐτῷ ταύρου μορφὴν ἔχοντι· οὗ καὶ ἀποσπάσας τὸ ἕτερον τῶν κεράτων ἔλαβε τὴν παρθένον. φασὶ δὲ αὐτὸν *Ἀχελῷον* παρὰ *Ἀμαλθείας* τῆς *Ὠκεανοῦ* κέρας λαβόντα δοῦναι τῷ *Ἡρακλεῖ* καὶ τὸ ἴδιον ἀπολαβεῖν.... ἡ ἱστορία παρὰ *Πινδάρῳ*. Ad eundem locum haud dubie pertinet Schol. Il. Φ 308: *Πίνδαρος* γοῦν ἑκατόν, *Ἡσίοδος* δὲ πεντήκοντα ἔχειν αὐτὸν (*Κέρβερον*) κεφαλάς φησιν. — Cueferas praeterea Tertullian. de cor. mil. c. 7: „Hercules nunc populum capite praeferi, nunc oleastrum, nunc aphus. Habes tragoediam Cerberi, habes Pindarum atque Callimachum, qui et Apollinem memorat interfecto Delphico dracone lauream indulisse qua supplicem."

Fr. 230. Lesbonax de fig 184 ed. Valck: ἔστι δὲ καὶ ἄλλο σχῆμα ἀπὸ *Βοιωτίας*, ὃ δὴ καὶ *Πινδαρικὸν* λέγεται, ὅτι πολλάκις αὐτῷ κέχρηται· γίνεται δὲ οὕτως· *Λακεδαιμόνιοι* πολεμεῖ *Ἀθηναίοις*, μελιρρόθων δ' ἕπεται πλόκαμοι ἀντὶ τοῦ ἕπονται (cod. ἕπεται), διήρηται σάρκες ἀντὶ τοῦ διήρονται. *Ὅμηρος*· καὶ δὴ δοῦρα σέσηπε νέων κτλ. Et medium quidem exemplum certissime Pindari est, ubi Boeckh μελιρρόθων δ' ἀνθέων ἴπ. wL scripsit, Hartnng μελιρρόων, videtur καλιρρόθιον δ' ἕπεται πλόκαμοι legendam: fortasse etiam tertium hnc pertinet, quod affert etiam schol. Philostrati p. 193 ed. Kayser: *Πινδαρικὸν* (σχῆμα)... οἶον· *Λαπίθ*. πολ. *Ἀθ*. καὶ *Ὅμηρος*. δισήρητο δὲ σάρκες ἀντὶ τοῦ διοίγοντο. Fort. διοίγετο σάρκες.

234. [135.]

Pausan. V 14, 6: *Μετὰ δὲ τοὺς κατειλεγμένους Ἀλφειῷ καὶ Ἀρτέμιδι θύουσιν (Ἡλεῖοι) ἐπὶ ἑνὸς βωμοῦ. τὸ δὲ αἴτιον τούτων παρεδήλωσε μέν που καὶ Πίνδαρος ἐν ᾠδῇ, γράφομεν δὲ καὶ ἡμεῖς ἐν τοῖς λόγοις τοῖς Λετρινοίοις.*

235. [139.]

Serv. Virg. Georg. I 14: „Iluic opinioni (*Aristaeum Thebis relictis se primum Ceam, tum in Sardiniam contulisse*) Pindarus refragatur, qui eum ait de Cea Insula in Arcadiam migrasse, ibique vitam coluisse. Nam apud Arcades pro Iove colitur, quod primus ostenderit, qualiter apes debeant reparari." Nisi forte haec ex commentariis ad Pyth. IX 64 petita sunt.

236. [145.]

Plut. Quaest. Nat. c. 36, ubi quaerit cur apes citius pungant, qui stuprum dulum fecerint, ex versione Longolii: „*Et Pindarus: Parvula favorum fabricatrix, quae Rhoecum pupugisti aculeo, domans illius perfidiam.*" sic Dübner (sed Boeckh: Tu militrix favorum parva, perfidum quae punies Rhoecum stimulo pupugisti eum). Huc pertinet Schol. Apoll. Rh. II 477 (EL M. 75, 32) *Χάρων δὲ ὁ Λαμψακηνός ἱστορεῖ, ὡς ἄρα Ῥοῖκος θεασάμενος δρῦν ὅσον οὔπω μέλλουσαν ἐπὶ γῆς καταφέρεσθαι, προσέταξε τοῖς παισὶν ὑποστηρίξαι ταύτην· ἡ δὲ μέλλουσα συμφθείρεσθαι τῇ δρυῒ νύμφη, ἐπιστᾶσα τῷ Ῥοίκῳ χάριν μὲν ἔφασκεν εἰδέναι ὑπὲρ τῆς σωτηρίας, ἐπέτρεπεν δὲ αἰτήσασθαι ὅτι βούλοιτο· ὡς δὲ ἐκεῖνος ἠξίου συγγενέσθαι αὐτῇ, ὑπέσχετο δοῦναι τοῦτο· φυλάξασθαι μέντοι γε ἑτέρας γυναικὸς ὁμιλίαν παρήγγειλεν· ἔσεσθαι δὲ μεταξὺ αὐτῶν ἄγγελον μέλισσαν. Καί ποτε πεσσεύοντος αὐτοῦ παρίστατο* (Keil *παρήετατο*) *ἡ μέλισσα· πικρότερον δὲ ἀποφθεγξάμενος εἰς ὀργὴν ἔτρεψε τὴν νύμφην, ὥστε πηρωθῆναι αὐτόν. Καὶ Πίνδαρος δέ φησι περὶ Νυμφῶν ποιούμενος τὸν λόγον· Ἰσοδένδρου τέκμαρ αἰῶνος λαχούσα(ι).* vid. fr. 142, fortasse ex eodem carmine.

237. [140.]

Harpocrat. p. 41 ed. Bekk.: *Αὐτόχθονες ... ὁ δὲ Πίνδαρος καὶ ὁ τὴν Δαναΐδα πεποιηκὼς φασιν Ἐριχθόνιον καὶ Ἥφαιστον ἐκ γῆς φανῆναι.*

238. [144.]

Appollodor. Bibl. II 4, 2: *Αὗται δὲ αἱ νύμφαι* (Γοργόνες) *πτηνὰ εἶχον πέδιλα καὶ τὴν κίβισιν, ἣν φασὶν εἶναι πήραν.* quibus vulgo et in libris adduntur haec: *Πίνδαρος δὲ καὶ Ἡσίοδος ἐν Ἀσπίδι ἐπὶ τοῦ Περσέως· πᾶν δὲ μετάφρενον εἶχε κάρα δεινοῖο πελώρου Γοργούς, ἀμφὶ δέ μιν κίβισις θέε. εἴρηται δὲ παρὰ τὸ κεῖσθαι ἐπεὶ ἐσθῆτα καὶ τὴν τροφήν.*

FRAGMENTA INCERTA. 369

239. [149.]

Schol. Pind. Nem. VII 103: *Εὐξενίδην δὲ εἶπεν ὡς ἀπό τινος Εὐξένου τῆς ὅλης φατρίας ἀφηγουμένου, ἃς Σκοπάδας καὶ Ἀλευάδας εἴωθε* (Πίνδαρος) *καλεῖν τοὺς Θεσσαλούς.*

240. [155.]

Strabo III 170: *Καὶ τὰς Πλαγκτὰς καὶ τὰς Συμπληγάδας ἐνθάδε μεταφέρουσί τινες, ταύτας εἶναι νομίζοντες Στήλας, ἃς Πίνδαρος καλεῖ Πύλας Γαδειρίδας* (C *Γαδειρίτας*), *εἰς ταύτας ὑστάτας ἀφῖχθαι φάσκων τὸν Ἡρακλέα.* sī p. 171: *Καὶ ὁ Πίνδαρος οὕτως ἂν ὀρθῶς λέγοι πύλας Γαδειρίδας, εἰ ἐπὶ τοῦ στόματος νοοῖντο αἱ στῆλαι· πύλαις γὰρ ἔοικε τὰ στόματα.* Cf. Eust. ad Dionys. Par. v. 64.

241. [156.]

Strabo XV 711: *Περὶ δὲ τῶν χιλιετῶν Ὑπερβορέων τὰ αὐτὰ λέγει Σιμωνίδῃ καὶ Πινδάρῳ καὶ ἄλλοις μυθολόγοις.*

242. [163.]

Pausan. I 41, 5: *Μεγαρέως δὲ Τίμαλκον παῖδα τίς μὲν ἐς Ἀφίδναν ἐλθεῖν μετὰ τῶν Διοσκούρων ἔγραψε; πῶς δ᾽ ἂν ἀφικόμενος ἀναιρεθῆναι νομίζοιτο ὑπὸ Θησέως, ὅπου καὶ Ἀλκμὰν ποιήσας ᾆσμα ἐς τοὺς Διοσκούρους, ὡς Ἀθήνας ἕλοιεν καὶ τὴν Θησέως ἀγάγοιεν μητέρα αἰχμάλωτον, ὅμως Θησέα φησὶν αὐτὸν ἀπεῖναι. Πίνδαρος δὲ τούτοις τε κατὰ ταὐτὰ ἐποίησε καὶ γαμβρὸν τοῖς Διοσκούροις Θησέα εἶναι βουλόμενον* (codd. βουλόμενος, C. Fr. Hermann βουλομένοις), *ἐς ὃ ἀπελθεῖν αὐτὸν Πειρίθῳ τὸν λεγόμενον γάμον συμπράξοντα.*

243. [176.]

Schol. Il. π 170: *καὶ Πίνδαρος πεντηκοντατέτριμους φησὶ τὰς ναῦς τῶν Ἀχαιῶν εἶναι.* Eadem Cram. An. Par. III 280, 27 ubi *πεντήκοντα ἐρετμούς*. Boeckh *πεντηκοντηρέτμους.*

244. [178.]

Aristid. II 339: *Καί τοι τίς οὐκ ἂν φήσειεν οὑτωσὶ εἶναι τὴν ἀλογίαν, ὄντα μὲν αὐτὸν* (Παλαμήδην) *κυριώτερον τοῦ Ὀδυσσέως εἰς σοφίας λόγον, ὡς ἔφη Πίνδαρος, εἶθ᾽ ἡττηθῆναι ὑπὸ τοῦ χείρονος;*

245. [180.]

Soph. Aiac. Arg.: *περὶ δὲ τῆς πλευρᾶς, ὅτι μόνην αὐτὴν τρωτὴν εἶχεν* (Αἴας), *ἱστορεῖ καὶ Πίνδαρος, ὅτι τὸ μὲν σῶμα, ὅπερ ἐκάλυψεν ἡ τοῦ Ἡρακλέος λεοντῆ, ἄτρωτον ἦν, τὸ δὲ μὴ καλυφθὲν τρωτὸν ἔμεινεν.*

POETAE LYR. 24

370   PINDARI FRAGMENTA.

246. [181.]

Schol. ad Il. κ 435, ubi in AD haec leguntur: Ῥῆσος γίνεται μὲν ἦν Θρᾴξ, υἱὸς δὲ Στρυμόνος τοῦ αὐτόθι ποταμοῦ καὶ Εὐτέρπης μιᾶς τῶν Μουσῶν. διάφορος δὲ τῶν καθ' αὑτὸν γενόμενος ἐν πολεμικοῖς ἔργοις ἐπῆλθε ταῖς Ἕλλησιν, ὅπως Τρωσὶ συμμαχήσῃ, καὶ μίαν ἡμέραν συμβαλὼν πολλοὺς τῶν Ἑλλήνων ἀπέκτεινεν· δείσασα δὲ Ἥρα περὶ τῶν Ἑλλήνων Ἀθηνᾶν ἐπὶ τὴν τούτου διαφθορὰν πέμπει· κατελθοῦσα δ' ἡ θεὸς Ὀδυσσέα τε καὶ Διομήδη ἐπὶ τὴν κατασκοπὴν ἐποίησε προελθεῖν· ἐπιστάντες δὲ ἐκεῖνοι κοιμωμένῳ Ῥήσῳ αὐτόν τε καὶ τοὺς ἑταίρους αὐτοῦ κτείνουσιν, ὡς ἱστορεῖ Πίνδαρος. Haec contracta sunt in BLV: ἱστορεῖ δὲ Πίνδαρος, ὅτι καὶ μίαν ἡμέραν πολεμήσας (Ῥῆσος) πρὸς Ἕλληνας μέγιστα αὐτοῖς ἀπεδείξατο κακά, κατὰ δὲ θείαν πρόνοιαν νυκτὸς αὐτὸν Διομήδης ἀναιρεῖ. Cf. Eust. 817, 28. Eudoc. 317.

247.

Pausan. IX 22, 7: Πινδάρῳ δὲ καὶ Αἰσχύλῳ πυνθανομένοις παρὰ Ἀνθηδονίων, τῷ μὲν οὐκ ἐπὶ πολὺ ἐπῆλθεν ᾆσαι τὰ ἐς Γλαῦκον, Αἰσχύλῳ δὲ καὶ εἰς ποίησιν δράματος ἐξήρκεσε.

248. [189.]

Vita Homeri in Gal. Opusc. Myth. p. 763: Ὅμηρον τοίνυν Πίνδαρος μὲν ἔφη Χῖόν τε καὶ Σμυρναῖον γενέσθαι, Σιμωνίδης δὲ Χῖον. ubi Wassenbergh censuit vera Χῖόν τε καὶ delenda esse, quem admodum perhibet auctor vit. Hom. V ap. Westerm. Biogr. p. 28: τὸ δὲ γένος κατὰ μὲν Πίνδαρον Σμυρναῖον, κατὰ δὲ Σιμωνίδην Χῖος. at rursus alteram memoriam tuetur vita VI Ib. p. 30 (Cram. An. Par. III 99, 13): Ἀναξιμένης καὶ Δαμάστης· καὶ Πίνδαρος Χῖον τὸν Ὅμηρον ἀποφαίνονται καὶ Θεόκριτος. et similiter Tzetz. Exeg. Il. p. 7. Pindarus igitur utramque poetae summi patriam testatus erat; poterat in diversis carminibus diversam famam sequi. Id quod Sengebusch Dissert. Homer. I 107 statuit, sed multo verisimilius est, quod iam Boeckh existimavit, Pindarum Homeri, quem Smyrnae natum esse statueret, in Chio insula domicilium testificatum esse. Ac fortasse huc referendum est fr. 187 καὶ λιπαρᾷ Σμυρναίῳ ἄστει. Haec enim non possunt ad Pindari tempus referri, quo Smyrnae urbs nulla fuit, neque cum heroum laudibus convenit urbis memoria, sed cadunt haec bene in Homeri aetatem.

249. [189.]

Aelian. Var. Hist. IX 15: λέγεται δὲ κἀκεῖνο πρὸς τούτοις, ὅτι ἄρα ἀπορῶν (Ὅμηρος) ἐκδοῦναι τὴν θυγατέρα, ἔδωκεν αὐτῇ προῖκα ἔχειν τὰ ἔπη τὰ Κύπρια, καὶ ὁμολογεῖ τοῦτο Πίνδαρος.

250.

Philodem. de Musica col. XX, ubi improbabile dicit esse a Thaleta et Terpandro Lacedaemoniorum dissidia composita esse: τοὺς ἐ(κ̣ὶ τῶν) ἀγώναν ἴ(τ)ερπεν ὁ Τέρ(παν)δρος· τοὺς δὲ Λάκωνας ὁ(πηειθεῖν προσα(ι)ρουμένους (τῷ) μαντείῳ κα(ὶ) [Ἡσρίωης καινῷ] (λ)όγῳ δ' ἴσω(ς) προσχθίν(τ)α(ς) ἀπωτεθεῖσθαι τὴν στάσιν· ἀλλὰ μὴν καὶ τὸ μὲν κα(τὰ) Στησίχορ(ο)ν οὐκ ἀκρι(β)ῶ(ς) ἴστω(ρεῖ)π(αι). τ(ὸ δὲ) Π(ι)νδ(α)ρειον, εἰ τῆς διχ(ον οία)ς Ἐπειαν, οὐκ οἴδαμεν. Ceterum dubium, utrum Stesichorus de Thaleta, de Terpandro Pindarus dixerit, an utriusque testimonium ad Terpandrum sit referendum. Omnino autem quaeritur, an Pindari carmen recte sit restitutum, nam fort. scrib. τὸ δὲ Τερπάνδρειον εἰ τῆς διχονοίας ἔπαυσαν, οὐκ οἴδαμεν, ut philosophus dixerit, Stesichori testimonium de Terpandro Lacedaemonios reconcillante non satis dilucidum esse, Terpandri autem carmen, quo ad concordiam hortatus sit Lacedaemonios, utrum dissidia vere composuerit necne, incertum esse; Igitur superstes etiam postera aetate fuisse Terpandri carmen foret censendum.

251. [191.]

Pausan. IX 30, 2: Ὁ δὲ Σακάδα τοῦ Ἀργείων τὸν ἀνδριάντα πλάσας, οὐ συνιεὶς Πινδάρου τὸ ἐς αὐτὸν προοίμιον. Ἐποίησεν οὐδὲν ἐς τὸ μῆκος τοῦ σώματος εἶναι τῶν αὐλῶν μείζονα τὸν αὐλητήν. Adde Plut. de mus. c. 8: γέγονε δὲ καὶ Σακάδας Ἀργεῖος ποιητὴς μελῶν τε καὶ ἐλεγείων μελοποιημένων· τούτου καὶ Πίνδαρος μνημονεύει. Carmen, quod Pausanias προοίμιον vocat, Boeckh existimat prosodium fuisse, mihi videtur libro III Parthenionum insertum fuisse.

252. [192.]

Tzetz. Chil. I 8: Ὡς γὰρ ὁ Πίνδαρός φησιν υἱὸς τοῦ Δαϊφάντου Ἐλθόντα πρὶν ὡς πρὸς αὐτὸν (Κροῖσον) Ἀλκμαίωνα τὸν πάνυ, Ὁπόσον δύναιτο λαβεῖν ἐκέλευε χρυσίον. Ὁ δὲ χιτῶνα περιδὺς εὐρύκολπον εἰσάγαν, Καθαρούς τε τῶν τραγικῶν καὶ τῶν τρυπησοδίλων Τοὺς θησαυροὺς εἰαδιδυπῶς πάντα πληροῖ χρυσίου, Ὡς καὶ τὴν κόμην τὴν αὐτοῦ πατέχων τοῖς ὀδοῦσι· Τῷ τοῦ χρυσίου βάρει δὲ βαδίζειν οὐκ ἰσχύων Κροῖσον κινεῖ πρὸς γέλωτα βαδίσει καὶ τῇ θέᾳ, Ἐφ' οἷς αὐτὸν ἐκέλευσε δὶς τόσα λαβεῖν ἄλλα· Καὶ ταῦτα μὲν ὁ Πίνδαρος ὁ λυρικός που γράφει.

253. [193.]

Harpocrat. v. Ἄβαρις p. 1: Ἱππόστρατος μὲν γὰρ κατὰ τὴν τρίτην αὐτὸν Ὀλυμπιάδα λέγει παραγενέσθαι, ὁ δὲ Πίνδαρος κατὰ Κροῖσον τὸν Λυδῶν βασιλέα, ἄλλοι δὲ κατὰ τὴν κ' Ὀλυμπιάδα.

254. [194.]

Origenes adv. Cels. III p. 126 Spencer: Καὶ πρῶτόν γε τὰ περὶ τὸν Προκοννήσιον Ἀριστέαν, περὶ οὗ ταυτά φησι (Κέλσος)· Εἶτ' Ἀριστέαν μὲν τὸν Προκοννήσιον ἀφανισθέντα τε οὕτω δαιμονίως ἐξ ἀνθρώπων καὶ αὖθις ἐναργὴς φανέντα καὶ πολλαῖς ὕστερον χρόνοις

372   PINDARI FRAGMENTA.

πολλαχοῦ τῆς οἰκουμένης ἐπιδημήσαντα καὶ θαυμαστὰ ἀπαγγείλαντα
καὶ τοῦ Ἀπόλλωνος ἐπισκήψαντος Μεταποντίνοις ἐν θεῶν μοίρᾳ
μένειν τὸν Ἀριστέαν, τοῦτον οὐδεὶς ἔτι νομίζει θεόν. Ἔοικε δ'
εἰληφέναι τὴν ἱστορίαν ἀπὸ Πινδάρου καὶ Ἡροδότου κτλ. Cf. Aeneas
Gaz. in dial. Theophr. p. 77.

255. [195.]

Vita Pindari Vrat. T. II p. 0 ed. Boeckh (Westerm. p. 89): ἐπίβαλε
δὲ ταῖς χρόνοις Σιμωνίδου ἢ νεώτερος, πρεσβυτέρῳ· τῶν γοῦν αὐτῶν
μέμνηνται ἀμφότεροι πραξέων· καὶ γὰρ Σιμωνίδης τὴν ἐν Σαλαμῖνι
ναυμαχίαν γέγραφε, καὶ Πίνδαρος μέμνηται τῆς Κάδμου βασιλείας·
Boeckh τῆς Καμβύσου βασιλείας, Westermann Ξέρξου, Schneider Δα-
ρείου, cf. etiam Eust. Procem. 20.

256. [200.]

Schol. Soph. Oed. Reg. 899: Ἄβαι, τόπος Λυκίας, ἔνθα ἱερόν
ἐστιν Ἀπόλλωνος· ἢ διὰ τῶν Ἰαμιδῶν (ita Boeckh. coll. ηδ῀' σαρ' ι)
ὅτι καὶ ἐκεῖ μαντεύονται, ὡς καὶ Πίνδαρος. Speciosa coniectura, sed
fortasse scholiastae adnotatio pertinet ad proxima Sophoclis verba οὐδὲ
τὸν Ὀλυμπίαν, ut scripserit ἢ δία τὸν Ὀλύμπιον (σίβων), et respe-
xerit Ol. VI 5. VIII, 2.

257. [202.]

Schol. Apoll. Rhod. I, 411: Αἴσωνὶς πόλις τῆς Μαγνησίας, ἀπὸ
Αἴσωνος τοῦ πατρὸς Ἰάσονος, ὡς καὶ Πίνδαρός φησι καὶ Φερεκύδης.
sed furt. nihil aliud dicere voluit, quam Aesonem, Iasonis patrem, a
Pindaro commemoratum esse (Pyth. IV 118).

258. [288.]

Quintil. X 1, 109: „Nos enim pluvias, ut ait Pindarus, aquas
colligit, sed vivo gurgite exundat (Cicero)." Pindarus συνάγειν ὕδατα
ὄμβρια dixisse videtur.

259. [289.]

Plutarch. de Pyth. orac. c. 18: Πίνδαρος δὲ καὶ περὶ τρόπου
μελωδίας ἀπελουμένου καθ' αὑτὸν ἀπορεῖν ὁμολογεῖ, καὶ θαυμάζει,
ὅτι * *. Ipse locus excidit.

260. [264.]

Plutarch. de sera Num. vind. c. 22 extr. de Neronis anima verba
faciens: προσχειρισμένων δὲ καὶ ταύτῃ τῶν δημιουργῶν Πινδαρι-
κῆς ἐχίδνης εἶδος, ἐν ᾧ κυηθεῖσα καὶ διαφαγοῦσα τὴν μητέρα βιώ-
σεσθαι, φῶς ἔφασκεν ἐξαίφνης διαλάμψαι μέγα. Locus obscurus,
ac fortasse Pindari nomen omnino alienum.

261. [245.]

Theodor. Metoch. p. 282: Τίνα δὲ τῶν ἐν μακραῖς συμβιούντων
οὐσίαις οὐ κατατρίχουσι καὶ σπαράττουσι δή τινες Κῆρες ὀλβο-

Θρίμμονες, φησί Πίνδαρος, μεριμναμάτων αίγινινών (cod.
Mus. αίγινών).

262. [251.]

Theodor. Metoch. 439: Καί φέρειν άνάγκην έχοντες κατά Πίνδαρον άλλότρια μεριμνάματα καί πέρα άλλοτρίας φύσεως (φύσιος).

263.

Eust. Prooem. 21: καί τό άμεῦσαι, ὅ ἐστι παρελθεῖν· καί κινῆσαι, οἷον· ἀμεύσεσθαι Νάξιον Τίσανδρον. scr. ἀμεύσασθαι, cf. Hesych. ἀμεύσασθαι, διελθεῖν (fort. παρελθεῖν), παραμείψασθαι. Et item apud Hesych. continuo sequitur glossa Pindarica ἀμευσιεπής. (vid. Fr. 260 A.) quemadmodum ap. Eustathium.

264. [249.]

Liban. Or. T. I 432 ed. Reiske: πρός γάρ τῷ τά δεύτερα τῶν προτέρων πεφυκέναι κρατεῖν, ὡς ἔφη Πίνδαρος, τό τόν τετιμηκότα τοῦ παρευβρυκότος εἶναι βελτίω μεγάλην ἰσχύν εἰς τό λήθην ἐπιθεῖναι ταῖς φαυλοτέροις ἔχει.

265 A.

Philo de caritate T. II 404 ed. Maug.: Ἔπειτα δ' ὅτι φρονήμασος ὑπόπλεως ἀλόγου γενόμενος πᾶς ἀλαζών οὔτε ἄνδρα οὔτε ἡμίθεον μᾶλλον ἢ δαίμονα κατά τόν Πίνδαρον ὑπολαμβάνει ἑαυτόν, ὑπέρ τούς ὅρους τῆς ἀνθρωπίνης φύσεως ἀξιῶν βαίνειν. Ambigas, utrum μᾶλλον ἢ οὐ δαίμονα an μᾶλλον δὲ δαίμονα corrigendum sit.

265 B.

Philo de providentia II p. 120 ed. Auger.: Pro honore itaque, ut dixit olim Pindarus, silentium laetabundus suscipiam.

266.

Io. Siceliota Rhet. Gr. T. VI p. 305: πάντε τάξεις γλυκύτητος έννοιῶν, ἐν αἷς κατά Πίνδαρον οἷς χαίρει τις, τούτοις καί τιμώμενος ἥδεται.

267. [110.]

Philostr. VH. Apoll. Tyan. VI 26: τήν δέ πρόσω ὁδόν τήν ἐπί τάς πρώτας πηγάς (Νείλου) ἄγουσαν, ἄπορον μέν ἐλθεῖν φασιν, ἄπορον δέ ἐνθυμηθῆναι· πολλά γάρ καί περί δαιμόνων ᾄδουσιν, οἷα καί Πινδάρῳ κατά σοφίαν ὕμνηται περί τοῦ δαίμονος, ὅν ταῖς πηγαῖς ταύταις ἐφίστησιν ὑπέρ ξυμμετρίας τοῦ Νείλου. cf. Phot. Bibl. 241 p. 331. Deus, quem Pindarus Nili fontibus praeesse finxit, Ganymedes videtur esse, vid. Schol. Arat. Phaen. 282: ὑδροχόος δέ οὗτος δοκεῖ κεκλῆσθαι ἀπό τῆς πράξεως· ἔχων γάρ ἕστηκεν οἰνοχόην καί ἰχχυσιν πολλὴν ποιεῖται ὑγροῦ, ἥτις εἰκάζεται τῷ νέκταρι τοῦ Γανυμήδους. τὸν Γανυμήδην γὰρ αὐτὸν ἔφασαν οἱ περὶ Πίνδαρον ἑκατοντόργυιον ἀνδριάντα (poeta ἑκατοντορόγυιον videtur dixisse) ἀφ' οὗ τῆς κινήσεως τῶν ποδῶν τὸν Νεῖλον πλημμυρεῖν. Eundem Pindari locum respicit Philostr. Imagg. I 5: Νεῖλος Αἴγυπτον πλωτὴν ἐργασάμενος εὐπάρπῳ τῇ γῇ χρῆσθαι δίδωσιν ὑπὸ τῶν πεδίων ἐκποθείς, ἐν Αἰθιοπίᾳ δέ, ὅθεν ἄρχεται, ταμίας αὐτῷ δαίμων ἐφίστηκεν, ὑφ' οὗ πίμπεται ταῖς ὥραις σύμμετρος. γέγραπται δὲ οὐρανομήκης ἐπινοῆσαι καὶ τὸν πόδα ἔχει πρὸς ταῖς πηγαῖς, οἷον, ὦ Πόσειδον, προσνεύων· ἐς τοῦτον ὁ ποταμὸς βλέπει, καὶ αἰτεῖ τὰ βρέφη αὐτῷ πολλὰ εἶναι. Egit haud dubie de hoc loco Porphyrius in libro περὶ τῶν κατὰ Πίνδαρον τοῦ Νείλου πηγῶν, vid. Suidas v. Πορφύριος et Eudoc. 361, Hartung hare refert ad hymnum in Ammonem.

268. [111.]

Phot. 71, 1 et Suidas v. Ἥρας δὲ δεσμοὺς ὑπὸ υἱέος. Πολιτείας δ' οὕτω γραπτέον ... παρὰ Πινδάρῳ γὰρ ὑπὸ Ἡφαίστου δεσμεύεται ἐν τῷ ὑπ' αὐτοῦ κατασκευασθέντι θρόνῳ. ὅ τινες ἀγνοήσαντες γράφουσιν ὑπὸ Διός. Καὶ φασι δεθῆναι αὐτὴν ἐπιβουλεύσασαν Ἡρακλεῖ. Κλήμεντος, ἡ ἱστορία καὶ παρ' Ἐπιχάρμῳ ἐν Κωμασταῖς ἢ Ἡφαίστῳ.

269. [141.]

Schol. IL ξ 319: αὐτὴ δὲ (Δανάη), ὥς φησιν Πίνδαρος καὶ ἄλλοι τινές, ἐφθάρη ὑπὸ τοῦ πατραδέλφου αὐτῆς Προίτου, ὅθεν αὐτοῖς καὶ στάσις ἐκινήθη.

270.

Fulgent. Mythol. I 12: „In huius (Apollinis) etiam tutelam corvum ponunt. ... sive quod in horoscopicis libris, secundum Anaximandrum, sive etiam secundum Pindarum, solus inter omnes aves sexaginta quatuor significationes habet vocem." quae fides his habenda sit, satis incertum. Fortasse in commentariis ad Pyth. III 28 tale quid olim legebatur.

271. [117.]

Schol. Aesch. Eum. 11: χαριζόμενος Ἀθηναίοις καταχθῆναί φησιν (Aeschylus) αὐτὸν ἐκεῖσε Ἀπόλλωνα, κἀκεῖθεν τὴν περιπομπὴν αὐτῷ εἶναι, ὁ δὲ Πίνδαρος ἐκ Ταναγρας τῆς Βοιωτίας. Müller coni. Τεγύρας Orchom. p. 147.

272. [120.]

Iulianus Epist. XIX: Πινδάρῳ μὲν ἀργυρίας εἶναι δοκεῖ τὰς Μούσας, οἱονεὶ τὸ ἔκδηλον αὐτῶν καὶ περιφανὲς τῆς τέχνης εἰς τὸ τῆς ὕλης λαμπρότερον ἀπεικάζοντι. Cave haec referas ad Isthm. 118.

273. [121.]

Liban. Epist. XXXIV: Ὁ μὲν Πίνδαρός πού φησὶ μήλων τε χρυσέων εἶναι φύλακ, τὰ δὲ εἶναι Μουσῶν, καὶ τούτων ἄλλοτε ἄλλοις νέμειν.

274. [234.]

Stob. Flor. CXI 12: Πινδάρου· Πίνδαρος εἶπε τὰς ἐλπίδας εἶναι ἐγρηγορότων ἐνύπνια. Cf. Eust. Opusc. p. 124. Boiss. Anecd. Nova 140. Plut. Erot. 16: καὶ οὐχὶ ὥς τις εἶπεν, αἱ ποιητικαὶ φαντασίαι διὰ τὴν ἐνάργειαν ἐγρηγορότων ἐνύπνιά εἰσιν. Fort. apophthegma potius fuit, tribuiturque ab aliis Aristoteli (Diog. L. V 18), ab aliis Platoni (Aelian. V. H. XIII 29).

275. [208.]

Pausan. V 22, 6: Αἴγιναι δὲ ἐς μὲν Κόρκυραν, ὡς μιχθείη Ποσειδῶν αὐτῇ, τοιαῦτα δὴ ἕτερα ᾖσε Πίνδαρος· ἐς Θήβην τε καὶ ἐς Αἴαν. Sed rectius videtur Unger Thebana Parad. p. 96 ad Isthm. VII 18 referre. — Quod dicit Tzetz. Exeg. Il. p. 132: λαβὼν δὲ ὁ προφρητεὶς Ἀσωπὸς πρὸς γάμον Μετάπην τὴν Λάδωνος θυγατέρα, καθά φησι Πίνδαρος, ἐκ ταύτης γεννᾷ Θήβην, Κόρκυραν, Αἴγιναν τὴν μητέρα τοῦ Αἰακοῦ, Σαλαμῖνα, Ἁρπιννάν, Νέμεαν, Κλεώνην ad Ol. VI 84 pertinet, vid. ibi schol.

276.

Probus ad Virg. Ecl. VII 61: „Pindarus initio Alciden nominatum, postea Herculem dicit ab Hera, quam Iunonem dicimus, quod eius imperitis opinionem famamque virtutis sit consecutus." Idem vertloquium Matris secutus est, vid. Diod. Sic. I 24: Ἀλκαῖον ἐκ γενετῆς καλούμενον ὕστερον Ἡρακλέα μετονομασθῆναι, οὐχ ὅτι δι᾽ Ἥραν ἔσχε κλέος, ὥς φησιν ὁ Μάτρις, ἀλλ᾽ ὅτι τὴν αὐτὴν ἐξηλωκὼς προαίρεσιν Ἡρακλεῖ τῷ παλαιῷ τὴν ἐκείνου δόξαν ἅμα καὶ προσηγορίαν ἐκληρονόμησε. idem tamen IV 10: διόπερ Ἀργεῖοι πυθόμενοι τὸ γεγονὸς Ἡρακλέα προσηγόρευσαν, ὅτι δι᾽ Ἥραν ἔσχε κλέος, Ἀλκαῖον πρότερον καλούμενον. cf. oraculum ap. Tzetz. Lycoph. 662: Ἡρακλέα δὲ σὲ Φοῖβος ἐπώνυμον ἐξονομάζει, ἐξ Ἥρας γὰρ ἐν ἀνθρώποις κλέος ἄφθιτον ἕξεις, quod quidem oraculum alii (vid. Schol. II, § 328) sic proferunt: ἦρα γὰρ ἀνθρώποισι φέρων π. ἀ. ἕξεις. Alii porro sic vocatum perhibebant, quod ἀέριον κλέος ἔσχεν, vid. Cram. An. Ox. II 115. Cf. praeterea Et. M. 435, 3 et Suid. v. Ἡρακλῆς.

277. [226.]

Plato Theaetet. 173 D: Ἀλλὰ τῷ ὄντι τὸ σῶμα μόνον ἐν τῇ πόλει κεῖται αὐτοῦ καὶ ἐπιδημεῖ, ἡ δὲ διάνοια ταῦτα πάντα ἡγησαμένη σμικρὰ καὶ οὐδέν, ἀτιμάσασα πανταχῇ φέρεται (πέτεται b, et ΞBC in marg.) κατὰ Πίνδαρον, τά τε γᾶς ὑπένερθε (Ξ corr. ἐπίπιρθιν) καὶ τὰ ἐπίπεδα γεωμετροῦσα, οὐρανοῦ τι ὕπερ ἀστρονομοῦσα καὶ πᾶσαν πάντη φύσιν ἐρευνωμένη τῶν ὄντων ἕκαστον ὅλον, εἴς τι τῶν ἐγγὺς οὐδὲν αὐτὴν συγκαθεῖσα, unde descripsit Iamblich. Protrept. 212. Conferas etiam Clem. Alex. Str. V 707 πέτεται κατὰ Πίνδαρον τάς τε γᾶς ὑπένερθεν οὐρανοῦ τε ὕπερ ἀστρονομῶν καὶ πᾶσαν πάντη φύσιν ἐρευνώμενος (ἢ ἐρευνώμενος). et Theodoret. Gr. Aff. Cur. XII 160, 11: πανταχῇ πέταται (π ποτᾶται) κατὰ Πίνδαρον, τά τε γῆς ὑπένερθεν (C ὕπερθεν) καὶ τὰ ἐπίπεδα γεωμετροῦσα, οὐρανούς τε ὑπεραστρονομοῦσα καὶ πᾶσαν πάντη φύσιν διερευνωμένη. Porro Galen. Protr. c. 1: τὰ τῆς γῆς νέρθεν καὶ τὰ ὕπερθε τοῦ οὐρανοῦ κατὰ Πίνδαρον ἐπισκοπεῖ. Respicit etiam M. Antonin. II 13: οὐδὲν ἀθλιώτερον τοῦ πάντα κύκλῳ ἐκπεριερχομένου καὶ τὰ νέρθεν γᾶς, φησίν, ἐρευνῶντος, cf. Porphyr. de abstin. I p. 62. Macar. ap. Walz Arsen p. 414 τά γῆς ἔνερθεν καὶ τὰ ἐπὶ πέδον. Λείπει οἶδεν ἐπὶ τῶν πολυπραγμόνων. Plato fortasse plura quam quae notavi ex Pindaro sumsit, sed res satis incerta, neque nos iuvant reliquorum scriptorum loci, qui fere a Platone suspensi sunt. Certe non licet Pindari versus instaurare, quamquam ausus est Hartung:

ὃς πέταται τά τε γᾶς ἔνερθεν καὶ ὕπερθεν ἐρευνῶν
οὐρανοῦ δ' ὕπατ' ἄστρα.

278 A. B.

Eust. Procem. 10: Ἀγῶνα δὲ μνησιστέφανον, ὃν καὶ ἑτέρως κατὰ λόγον δριμύτατον μνηστῆρα στεφάνων εἴπεν. Schneidewin, μναμοστέφανον et μναστῆρα.

279. [138.]

Et. M. 60, 37: Ἀλέρα καὶ Ἐλάρα (Tityi mater) ... Ἀλέρα δὲ παρὰ Πινδάρῳ. οἷον· Ἀλίρας ὅζον. sic cum Hemsterhusio scripsi. v. ἀσόν (vs μίον).

280 A.

Eustath. Procem. 21: ὅθεν καὶ ἀρευσιεπῆ φροντίδα φησὶ τὴν ταχέως εὑρετικὴν διάνοιαν, Hesych. ἀμευσιεπής· διαλλάσσουσα καὶ ἀμειβομένη τοῖς λόγοις. Eadem Et. M. 82, 16.

280 B. [203.]

Steph. Byz. Ἀπέσας· ... ὄρος τῆς Νεμέας, ὡς Πίνδαρος καὶ Καλλίμαχος ἐν τρίτῃ.

281. [268.]

Suidas v. Ἀράχνη· θηλυκῶς τὸ ὕφασμα, ἀράχνης ἀρσενικῶς τὸ ζωΰφιον, ... εἴρηται δὲ ἀράχνης καὶ παρ' Ἡσιόδῳ καὶ παρὰ Πινδάρῳ, καὶ παρὰ Καλλίᾳ. Eadem Bekk. An. I 442, 1, nisi quod Καλλίοις ibi legitur; videtur scribendum καὶ παρὰ Καλλιμάχῳ· ἔργον ἀράχνα ἀπὸ τῆς ἀράχνης ὀρθῆς.

282.

Eust. Procem. 21: ἁρμασιδούπους τοὺς ἱππικωτάτους.

283. [270.]

Eust. ad Od. 1406, 14: τὸ διαβάλλειν δὲ οὐ μόνον συκοφαντικὸν ἔχει νοῦν, ὅθεν καὶ ἡ διαβολή, καὶ ὁ παρὰ Πινδάρῳ διάβολος ἄνθρωπος. Idem ad Il. 128, 38: ἡγεμονεὺς καὶ ἡνιοχεὺς καὶ ὁ ἐκ τοῦ Ἀλκαῖος Ἀλκεύς, ὅθεν καὶ Ἀλκείδης Ἡρακλῆς, καὶ ὁ ἐκ τοῦ παρὰ Πινδάρῳ διάβολος κοινῶς διαβολεύς. Mirum profecto vulgare hoc vocabulum, quemquam apud antiquiores non fuit frequentatum, Pindari auctoritate firmari: magis etiam mirum, quod διαβολεύς vulgo usitata, διάβολος rarior forma dicitur: videtur Eustathius antiquioris grammatici sententiam falso interpretatus esse, qui dixerat a Pindaro formam διαβολεύς loco vulgaris διάβολος esse adhibitam, quod fortasse olim legebatur Pyth. II 76.

284.

Eust. Procem. 21: ἐλασίχθονα Ποσειδῶνα τὸν ἐννοσίγαιον. nisi forte Pyth. VI 50 scribendum τὶν δ' Ἐλασίχθον pro Ἑλλιχθον.

285.

Schol. Arist. Av. 920: ἐμὶν τειν· Χλευάζει τὸν διθυραμβοποιῶν τὸν συνιζῇ ἐν τοῖς τοιούτοις Δωρισμὸν καὶ μάλιστα τὸν Πίνδαρον, συνεχῶς λέγοντα ἐν ταῖς αἰτήσεσι τὸ ἐμίν. Pindarum quod dicit, finxisse videtur.

286.

Eust. Procem. 11: ἐνίκησαν οἵ (Schneidewin ἐνίκασαν) ἤγουν οἵτινες ἐνίκησαν.

287. [271.]

Et. Gud. 193, 9: Ἐξεστηκὼς διχῶς λέγεται παρὰ Θουκυδίδῃ καὶ Πινδάρῳ, ὅτι μὲν τὸ μαίνεσθαι καὶ ἄφρονα εἶναι, ὅτι δὲ τὸ ὑπαναχωρεῖν καὶ ὑπεξέρχεσθαι ἢ ἀφίστασθαι.

288.

Eust. Procem. 21: καὶ τὸ ἔπεισα δὲ ἀντὶ τοῦ ἔπεισα ἡ ἀποκοπὴ καινὸν παρ' αὐτῷ ποιεῖ. Error grammaticorum subesse videtur.

289 [272.]

Et. M. 354, 30: Ἐπέτειον· ἐπὶ τοῦ νῦν ἔτους· ἔπετος (V ἐπέτιος καὶ ἐπέτειος) γὰρ δεῖ λέγεσθαι τὸν ἐνεστῶτα καιρόν, οὐχὶ διὰ τοῦ φ, ἀλλὰ διὰ τοῦ π, ὥς φησι Πίνδαρος καὶ Δημοσθένης. Ῥητορική.

Scribendum videtur *ἐπ' ἴτος γὰρ καὶ ἐπίττιον* κτλ. ut hoc exemplum ex Pindaro, illud ex Demosthene attulerit grammaticus, ut a prava, quam existimabat, aspiratione deterreret. Similia leguntur ap. Bachmann. An. I 227, 32 (ubi *ἔτος γὰρ δεῖ λέγειν*), Cram. An. Par. IV 160, 9, Zonar. 800, Suid. v. *ἐπέτειον*, quibus adde Cyrillum in Cod. Vind. n. 319: *ἐπέτειον ἐπὶ τοῦ νῦν ἕως ἔτους· ἐπέτος γὰρ δεῖ λέγειν τ. L π. οὐχὶ ἐφέτος*, ώς φ. Πίνδαρος καὶ Δημοσθένης.

290.

Schol. Il. ω 277: Καὶ Πίνδαρος τὰ ἅρματα ἑντεά φησιν· *ἱππείοις ἔντεσι μεταίσσων*. Ex perdito aliquo carmine haec verba petita, neque ex Ol. XIII 29 *τίς γὰρ ἱππείοις ἐν ἔντεσσιν μέτρα κτλ.* detorta.

291. 292. [263.]

Eust. Prooem. 16: *Καὶ δία εὐρύζυγον* (*καλεῖ*) *ἄλλως παρὰ τὸ ὑψίζυγον· τὸν δ' αὐτὸν καὶ ... ἐρισφάραγον*. de quo cf. idem Eust. ad Odyss. 1636, 8: *ὅθεν καὶ Πίνδαρός, που ἐπὶ πολυήχου τὸ ἐρισφάραγον τίθησιν.* Pindari fortasse versus est, quem sine poetae n. affert Et. M. 166, 53, id quod etiam Galsfurd coniecit:

ἐρισφάραγος πόσις Ἥρας ἔσσεται,

sic enim scribendum, vulgo *Ἥρης ἔσται*.

293.

Cram. An. Ox. IV p. 329, 17: *τὸ Καρβὰν παρασύνθετον, Καριβόος, Καριβόαν καὶ Καρβάν, μόνον τὸ Εὐάν* (Εὐὰντ) *θηλυκὸν παρὰ Πινδάρῳ.* furt. huc pertinet Hesych.: *Εὐάν· ὁ κισσὸς ὑπὸ Ἰνδῶν.* Sed L. Dindorf conl. *Εὐνάν,* coll. Bekk. An. III 1376: *Εἴς ἂν θηλυκὸν οὐκ ἔχομεν· τὸ εὐνάν, εὐνᾶνος ὃ παρεπίθενταί τινες ὡς θηλυκόν, νομίζοντες τὴν γυναῖκα σημαίνειν, δεἰκνυσι Λούπερπος ἐν τῷ περὶ γενῶν, ὅτι ἀρσενικοῦ γένους ἐστίν.*

294. [273.]

Etym. M. 404, 21: Ἐχέτης ὁ πλούσιος, ὡς Πίνδαρος.

295. [274.]

Eust. Il. ξ 975, 48: *ἔστι δὲ καὶ γυμναστικὴ λέξις τὸ ἀλείφειν, ἐπεὶ καὶ οἱ γυμνικοὶ ἀγῶνες εἶχον Πλοιον, ἐξ οὗτινος ἠλαιοῦντο, εἰπεῖν κατὰ Πίνδαρον.*

296. [143.]

Schol. Il. φ 22: *καὶ Πίνδαρος ἰχθὺν παιδοφάγον ἐπὶ τοῦ κήτους.* Cf. Eust. 1221, 35. Choeroboscus I 423 (Bekk. An. III 1232) l. *παιδοφύγα*. Ceterum Ioannes Alex. ton. παραγγ. 12, 30 *ἰχθὺν* apud Pindarum acui dicit.

FRAGMENTA INCERTA. 379

297. [118.]

Lucian. Imagg. c. 8: Συνεπιλήψεται δὲ τοῦ ἔργου αὐτῷ καὶ ὁ Θηβαῖος ποιητής, ὥστ' ἰοβλέφαρον ἐξεργάσασθαι (τὴν Ἀφροδίτην). sic scribendum, vulgo ὡς τὸ βλέφαρον, sed ἰοβλέφαρον latere iam Solanus vidit, cf. Lucian. Imagg. c. 26: ἕτερος δέ τις ἰοβλέφαρον τὴν Ἀφροδίτην εἶπε.

298. [136.]

El. M. 513, 20: Κιδαλία ... ἐκ Πινδάρου· χεῖρα Κιδαλίας (M μείρας ἀκιδ.) εἰς τὴν χεῖρα αἰτιατικὴν μὴ ποιήσῃς ἐκθλίψιν· Κιδαλία γὰρ ἐστίν.

299. [275.]

Schol. Pind. Nem. II 17: ὀρειᾶν Πελειάδων ... ἔνιοι διὰ τὸ ἐπὶ τῆς οὐρᾶς τοῦ Ταύρου κεῖσθαι, κατὰ ὕφεσιν τοῦ ῡ, ὡς καὶ τὸ Κλεὸς Ἕκατι, ἀντὶ τοῦ Κλειοῦς (haec ultima addit R). Corrupte El. M. 517, 25 et El. Gud. 526, 3: κλέος. Πίνδαρος οὐκ οἶδα ὅπου, φησί κλεός· κελεὸς καὶ συγκοπῇ κλεός. ὀξῦναί σε δεῖ. Lobeck Pathol., I 303 putat grammaticum errore deceptum respexisse Nem. III 65 Κλεοῦς Ἰσθμιάδας, ubi unus liber Κλεὸς exhibet.

300.

Eust. Prooem. 21: κρατησιβίαν χερσὶ τὸν ῥωπαλέον.

301. [212.]

Steph. Byz. v. Κρήστων, πόλις Θρᾴκης ... ὁ πολίτης Κρηστωναῖος παρὰ Πινδάρῳ. Meineke coni. Πεισάνδρῳ.

302.

Eust. Prooem. 10: Δεετὴν δὲ Ἡῶ τὴν εὐπταίαν, καὶ ὡς ἄν τις Ὀμηρικῶς εἴποι πολύλλιστον εἶεν καὶ καθ' ἕτερόν τινα τρίλιστον.

303. [276.]

Schol. Hom. Il. o 137: μάρη γὰρ ἡ χεὶρ κατὰ Πίνδαρον. cf. Schol. Lips. IL. y 307.

304. [278.]

Apollon. Lexic. Hom. 117, 25: ξεινοδόκος· ... ὁ δὲ Πίνδαρος· ξεινοδόκησέν τε δαίμων· ἀντὶ τοῦ ἐμαρτύρησε. Cf. Etym. M. 610, 47 et El. Gud. 414, 36, ubi Simonidi per errorem tribuitur ξεινοδόκησε Τελαμών. Pindaro autem versus Simonideus. Zonar. 1415 (Miagarelli Codd. Nan. 496) similiter ex Simonide ξ. τε Λαβών affert.

305. [279.]

Schol. Hom. Il. χ 51: ubi Λ τὸ ὀνομάκλυτος ὡς τοξόκλυτος.

deinde V: ἔστι γοῦν παρὰ Πινδάρῳ τὸ θηλυκὸν αὐτοῦ ἐν παρωνύμῳ χαρακτῆρι· ὀνομακλύεα γάρ ἐστιν. al B: κατὰ σύνθεσιν σὺν ἐστίν, ὡς τὸ τοξόκλυτος παρὰ Πινδάρῳ καὶ περίκλυτος.

306. [267.]

Schol. Eurip. Phoen. 683: ἐκτίσαντο ἀντὶ τοῦ ᾤκησαν, ὡς τὸ Ὀρεικιτίσου (cod. Aug. ὀρεικτήτου, edd. Iunt. Bas. ὀρυκτῇ τοῦ) συός παρὰ Πινδάρῳ ἀντὶ τοῦ ὀρειοίκου. et ad v. 687 ed. Matthiae. φησὶ δὲ καὶ Πίνδαρος ὀρείκιτον σὺν τὸν ἐν ὄρει οἰκοῦντα. Cf. etiam Schol. Pind. Pyth. II 31: καθάπερ φησὶ καὶ ἐν ἄλλοις ὁ Πίνδαρος· Ὀρικιτίσου συὸς. et Schol. Eurip. Orest. 1616: καὶ τὸ συὸς ὀρεικιτίσου παρὰ Πινδάρῳ.

307. 308. 309.

Eust. Procem. 21: καὶ τὸ πίδοικος, ὅ ἐστι μέτοικος, καὶ τὸ πίδα στόμα φλέγει ἀντὶ τοῦ μετὰ στόμα, καὶ τὸ πεδασχεῖν ᾗσι μετασχεῖν.

310.

Cramer An. Ox. IV 300, 20: Ἐπὶ τῆς περὶ Πίνδαρος πέροδον (Nem. XI 40) ἔφη ἀντὶ τοῦ περίοδον καὶ περίνας τηρασυλλάβως. quamquam hoc fortasse ex Attico sermone petitum est exemplum: velut Thucyd. I 30, 3 περιόντι τῷ θέρει scripsit, ubi minime opus est mutatione περιιόντι, quam huius consuetudinis immemores critici commendant.

311. [287.]

Serv. ad Virg. Aen. V 830: Fecere pedem, i. e. podium, hoc est funem, quo tenditur velum, quod (l. quem) Graeci πόδα vocant, ut est apud Pindarum et Aristophanem.

312. 313. [182. 183.]

Eust. II. i 677, 55: εἶτά φησιν (Aristophanes Byz.) ὡς καὶ Πίνδαρός που τὰς Διομήδους ἵππους πρόβατα καλεῖ, τὴν φάτνην αὐτῶν λέγων προβάτων τράπεζαν (cf. praeterea ad Od. 1649, 5)· οὕτω δέ που, φησί, καὶ ἐπὶ τοῦ Πηγάσου ποιεῖ. quod videtur factum in carmine aliquo, ubi Bellerophontem celebravit, cf. Horat. Carm. IV 2, 14: „Per quos cecidere iusta Morte Centauri, cecidit tremendae flamma Chimaerae.

314. [281.]

Choeroboscus II 555 (Bekk. An. III 1287): Σημειούμεθα ... καὶ τὸ φερίφθαι ἔπος παρὰ τῷ σοφῷ Πινδάρῳ. Cf. Cram. An. Ox. IV 185, 16 et 415, 5. An. Par. IV 226, 16.

FRAGMENTA INCERTA. 381

315. [282.]

Schol. Hom. ζ 24 ubi BL: σκότιον τὸν ἐξ ἀδαδουχήτων γάμων νόθον λέγει, τὸ δὲ κύριον ὄνομα Σκοτίας. ABL: σκότιον ὡς λόγιον, τὸ δὲ κύριον πρὸ τέλους ἔχει τὴν ὀξεῖαν καὶ παροξύνεται παρὰ Πινδάρῳ. cf. Cram. An. Par. III 244, 4.

316. [283.]

Et. M. 172, 10: καὶ παρὰ τούτων Δωρικῶς τουτάκι, ὡς παρὰ Πινδάρῳ· Τουτάκι πεξαμένης. Boeckh τουτάκι τε ζαμενής.

317. [284.]

Et. M. 240, 50 et Zonar. 466: δαυλός, ὁ δασύς, παρὰ τὸ δάσος γίνεται ῥῆμα δασῶ, ὡς τεῖχος τειχῶ, ἀφ' οὗ Πίνδαρος τετείχηται. Galsford scripsit τετείχισται, quod est Isthm. V 44. Pyth. VI 9, contra mentem grammatici, sed potuit ille errare.

318.

Eustath. Procem. 21: τόσσαι καλῶν· ἤγουν ἐπιτυχεῖν.

319. [219.]

Eustath. ad Dionys. Per. 467 de Sicilia Trinacria dicta, διὸ καὶ Λυκόφρων τρίδειρον νῆσον λέγει αὐτὴν καὶ ὁ Πίνδαρος τριγλώχινα, nisi forte erravit. nam Choeroboscus Bekk. An. III 1424 Callimachi versum adhibet: Τριγλώχιν ὅλοῳ νῆσος ἐπ' Ἐγκελάδῳ.

320.

Schol. Pind. Pyth. II Inscript.: καταφέρεσθαι γάρ φησί πως τὸν Πίνδαρον εἰς τὸ τὰς μὲν Ἀθήνας λιπαρὰς προσαγορεύειν, τὰς δὲ Θήβας χρυσαρμάτους.

321. [285.]

Et. M. 304, 8: Κίρατα γὰρ καλοῦσι πάντα τὰ ἄκρα, ὡς φησὶ Πίνδαρος· Ὑψικέρατα πέτραν, ἀντὶ τοῦ ὑψηλὰ ἀκρωτήρια (ἔχουσαν). Cf. Et. Gud. 315, 12, Zonar. 1185, Eustath. Procem. 27. Fort. imitatur Arist. Nub. 596: Δῆλι Κυνθίαν ἔχων ὑψικέρατα πέτραν.

322. [220.]

Galen. de puls. diff. VIII 661 ed. Lips. (T. III p. 38 ed. Bas.): Καίτοι γε οὐδ' ἀπὸ τῶν κυρίων ὡς ἔτυχε μεταφέρειν ἔξεστιν οὐδὲ τοῖς ποιηταῖς, ἀλλὰ κἂν Πίνδαρος· ᾗ τις ᾖ (vulgo εἴη τις ἦ) Ὠκεανοῦ τὰ πέταλα τὰς κρήνας λέγων, οὐκ ἐπαινεῖται.

323.

Tzetz. Allegor. II. v. 407: (Matranga Anecd. 14) Εἴπερ μὴ ὑπεδέξατο τούτους Ἀντήνωρ πρῶτον, ὅστις ὑστέρως ἔλαβε καὶ δωρεὰς προπούσας· τῆς Τροίας πορθουμένης γὰρ ἔσωσεν πάντα τούτου, καὶ πλείστα δώρα καί τερπνά διδώκασιν έκείνφ. ad ultimum hunc versum ascriptum scholion ap. Cram. An. Ox. IH 378, 1: τούτου μέμνηται Πίνδαρος, sed fort. haec petita sunt ex schol. Pyth. V 10N, Simillis certe ratio Tzetz. Chil. IV 390: *Ρόδιόν έστιν ὄρος, τὴν κλῆσιν Άτα-βύριον, χαλκάς πρὶν εἶχον βόας, αἲ μυκηθμὸν ἐξέπεμπον χωρούσης 'Ρόδῳ βλάβης' Πίνδαρος καὶ Καλλίμαχος γράφει τὴν ἱστορίαν*. haec enim manifesto petita ex Schol. Ol. VII 159. — Non magis alia recepi quae leguntur apud Eustathium, velut quud est in Procem. 21: οὕτω δὴ καὶ τὸ πρᾶν Δωρικὸν ἀπορεῖτο ἂν, διὰ τί μὴ περιήγαγε τὸ πρὶν εἰς τὴν διὰ τοῦ ῆ γραφήν, ubi errore aliquo deceptus esse videtur Eustathius. Quod idem dicit Eust. Od. 1404, 22: καὶ αὐτοδιδάκτους εἶναι φησὶ (τοὺς ποιδοὺς) καὶ ὡς εἰπεῖν θεμοσόφους, καὶ κατὰ Πίνδαρον αὐτόθεν φυᾷ εἰδότας. referendum ad Ol. II 86 — Quae leguntur ap. Eust. II. 881, 34: καὶ ὅτι Πίνδαρος ξηλώσας νίν ἡ μίγνυσθαι τὸ νικᾶν καὶ ἔργῳ μίγνυσθαι τὸ ἐργάξεσθαι καὶ ἕτερα τοιαῦτα. cf. ad Ild. 1428, 34: μίγνυνται ἀθληταί, Πινδαρικώς εἰπεῖν, νίκαις, ex exempla ficta sunt haud dubie. — Nec magis ambigere licet de alio loco Eust. II, 340, 5: εἰ δὲ καὶ Τυφάων ὁ αὐτὸς ὀνομάζεται, καθὰ καὶ ἐν ταῖς τοῦ Πινδάρου δηλοῦται, τετραχῶς ἅρα σχηματίζεται τὸ δαιμόνιον. Τυφωεὺς γάρ καί Τυφάων, Τυφάονος, ὅθεν τὸ Τυφαονίων ἀλαλητὸν (Oppiani est, vid. Eust. Od. 1059, 51), καὶ κατὰ κρᾶσιν Τυφών, καὶ ὡς ἐν δικαιπλήξίᾳ Τυφώς. Sunt haec ad commentarios in Pindarum referenda. — Quod dicit Tzetzes Epist. p. 23 ed. Pressel: εὐπαλάμων τε ὕμνων τελοῦντε κατὰ Πίνδαρον τέκτονι Cratini est, vid. Aristoph, Eq. 530. De aliis vid. Boeckh T. II 1 p. XXIX seq. et T. II 2 p. 685 seq.

Pindari lucusse ir. deinteacii ap. Schol. II, ρ 373: ἀπὸ τῶν ὀφθαλμῶν ἡ μεταφορά, οἳ σὺν τῷ μύειν τοῦ φωτὸς στερίσκονται. ubi cod. V addit: ὅθεν ἔτι ὀφθαλμὸν ἴσεσθαι τὴν Ἑλλάδα ἔφα, καί· *Σικελίας τ' ἔσαν ὀφθαλμοί* (vid. Plnd. Ol. II 0). conieci olim : ὀφθαλμὸν ἔσεσθαί νιν Ἑλλάδος ἔφα. De aliis versibus, qui probabiliter ad Pindarum referri possunt, vide *Fragmenta Adespota*.

www.ingramcontent.com/pod-product-compliance
Lightning Source LLC
Chambersburg PA
CBHW030602020526
44112CB00048B/933